coleção fábula

AS FORMAS DO VISÍVEL

UMA ANTROPOLOGIA DA FIGURAÇÃO

PHILIPPE DESCOLA

editora■34

TRADUÇÃO DE MÔNICA KALIL

*À memória dos meus pais
e dos meus avós, que me ensinaram
a indagar as imagens*

Sumário

Introdução

A particularidade do visível é ter um forro de invisível no sentido estrito, que ele torna presente como uma certa ausência.

MAURICE MERLEAU-PONTY, *L'Œil et l'Esprit*[1]

Este livro é o resultado de uma sucessão de experiências cujo encadeamento é fruto das circunstâncias. Experiência de vida, em primeiro lugar, que em meados dos anos 1970 me levou a estar entre os achuar da alta Amazônia para investigar as relações que eles mantinham com o seu ambiente, um estudo ao término do qual tive de concluir que nenhuma das categorias descritivas que eu carregava em meu bornal de etnólogo se revelava adequada àquilo que meus anfitriões faziam e diziam. Entre eles, procurei, em vão, algo que se assemelhasse à natureza ou à cultura, à história ou à religião, a saberes ecológicos claramente dissociáveis de práticas mágicas ou a sistemas de exploração de recursos governados pela simples eficiência técnica. O próprio conceito de sociedade, essa hipóstase com relação à qual nossas ciências tão singulares se identificam, era uma descrição bastante insuficiente para um agrupamento de humanos, animais, plantas e espíritos no qual o trato cotidiano ignorava a barreira das espécies e das diferenças de capacidades entre os seres. Todos os níveis analíticos que aprendi a distinguir estavam ali misturados — as atividades econômicas eram religiosas do início ao fim, a organização política não se revelava a não ser nos ritos e na vendeta, a identidade étnica evanescente repousava essencialmente na memória dos conflitos —, de maneira que me foi preciso imaginar um modo de descrição que fizesse justiça e conferisse coerência àquela barafunda etnográfica sem lançar mão das vias habituais.[2]

Essa primeira experiência, indutiva e reflexiva, suscitou uma segunda, de natureza mais teórica, que me manteve ocupado por muito tempo. Os achuar me fizeram tomar consciência de que as ferramentas intelectuais das ciências sociais reconduziam um tipo muito particular de configuração cosmológica e epistemológica engendrada pela filosofia do Iluminismo — uma natureza universal, da qual miríades de culturas fornecem tantas versões limitadas —, uma configuração que dificilmente correspondia àquilo que eu observara em campo e ao que outros etnógrafos relataram a respeito de outras regiões do mundo ou também ao que historiadores descreviam sobre outros períodos da história humana. Lancei-me, então, ao estudo comparativo das diversas maneiras de detectar e estabilizar as continuidades e descontinuidades entre humanos e não humanos das quais os documentos etnográficos e históricos oferecem testemunho, com a intenção de evidenciar aquilo que poderíamos chamar de formas de "mundiação" [*mondiation*].

Ao contrário da ideia clássica em antropologia e história de que existe apenas um único mundo, uma espécie de totalidade autossuficiente à espera de representação segundo diferentes pontos de vista, julguei mais pertinente, e mais respeitoso para com aqueles cujos modos de fazer e modos de ser nos esforçamos para descrever, considerar essa diversidade de usos como uma diversidade de processos de composição de mundos.[3] Devemos entender, com isso, as maneiras de atualizar a miríade de qualidades, fenômenos, seres e relações que podem ser objetivadas por humanos mediante filtros ontológicos que lhes servem para discriminar tudo que seu ambiente oferece à sua apreensão. Dessa forma, uma vez que um humano inicia o movimento de mundiação, ou seja, desde o seu nascimento, ele não produz uma "visão do mundo", isto é, uma versão entre outras de uma realidade transcendente à qual apenas a Ciência ou Deus poderiam ter acesso integral; ele produz literalmente um mundo, pleno de sentido e abundante em causalidades múltiplas, que sobrepõe às suas margens outros mundos do mesmo gênero que foram atualizados por outros humanos em circunstâncias análogas. E são a relativa coincidência de alguns desses mundos, as referências comuns e as experiências compartilhadas de que são testemunhas que dão origem ao que habitualmente chamamos de uma cultura.

Retomando a ideia de Marcel Mauss de que "o homem se identifica com as coisas e identifica as coisas consigo mesmo, tendo ao mesmo tempo a noção tanto das diferenças quanto das semelhanças que estabelece",[4] chamei de "modos de identificação" a esses filtros ontológicos que estruturam a mundiação. Podemos considerá-los como esquemas cognitivos e sensório-motores, incorporados quando da socialização num determinado meio físico e social, que funcionam como dispositivos de enquadramento de nossas práticas, intuições e percepções, sem mobilizar um saber propositivo. Em outras palavras, é esse tipo de mecanismo que nos permite reconhecer certas coisas como significativas e ignorar outras, encadear sequências de ações sem ter de pensar nelas, interpretar de determinada maneira os acontecimentos e enunciados, canalizar nossas inferências quanto às propriedades dos objetos presentes em nosso ambiente; em suma, tudo que nem é preciso dizer e tudo que se diz sem precisar pensar.

Ora, apesar da grande diversidade de qualidades que podemos detectar nos seres e nas coisas ou que podemos inferir a partir de índices fornecidos por sua aparência ou seu comportamento, é plausível supor que as maneiras como essas qualidades se organizam não sejam muito numerosas. Nossos juízos de identidade, isto é, o reconhecimento de similitudes entre objetos e eventos singulares, não podem depender de uma série de comparações analíticas conduzidas termo a termo. Por questões de economia cognitiva, eles devem ser capazes de operar rapidamente e de maneira não consciente, por indução a partir de esquemas compartilhados que são outros tantos dispositivos que permitem estruturar as qualidades percebidas e organizar os comportamentos. Com base numa experiência de pensamento bastante simples, formulei então a hipótese de que não havia mais do que quatro modos de identificação, ou seja, maneiras de sistematizar as inferências ontológicas, cada qual fundada nos gêneros de semelhança e de diferença que os humanos verificam entre eles e os não humanos em dois níveis, o físico e o moral. Retomando em parte uma terminologia convencional, chamei de animismo, totemismo, analogismo e naturalismo essas quatro maneiras contrastantes de detectar continuidades e descontinuidades nas dobras do mundo.[5]

O animismo, que descobri durante minhas conversas com os achuar, é a imputação a não humanos de uma interioridade de tipo humano — a maioria dos seres tem uma "alma" — combinada à constatação de que cada classe de existentes, cada espécie de coisa, é dotada de um corpo próprio que lhe dá acesso a um mundo particular, o qual ela habita à sua maneira. O mundo de uma borboleta não é aquele de um peixe-gato, que também não é o de um humano, de uma palmeira, de uma zarabatana ou da linhagem de espíritos que protege os macacos, já que cada um desses mundos é, a um só tempo, a condição e o resultado da atualização de funções físicas singulares que as outras formas de existência não possuem. Ao abalar minhas preguiçosas certezas, ao me trazer a revelação de que outros mundos podiam se desenvolver à margem daquele em que eu confortavelmente me instalara, o animismo desencadeou a investigação da qual este livro constitui uma etapa. Por outro lado, foi nos textos, nas grandes monografias do início do século passado sobre os aborígenes australianos, que comecei a entrever o que era o totemismo, e com grande espanto. Afinal, contrariamente à intuição habitual, a identificação totêmica consiste em assentar a semelhança entre humanos, animais e plantas pertencentes a uma mesma classe totêmica não na similitude de sua aparência, mas no compartilhamento de um conjunto de qualidades físicas e morais que o protótipo totêmico — geralmente designado por um nome de animal — transmite de geração em geração aos indivíduos humanos e não humanos que compõem o grupo que leva seu nome. Assim sendo, os membros humanos e não humanos da classe da águia não se parecem com a águia nem descendem dela como de um ancestral; eles compartilham com essa ave propriedades — a velocidade, a determinação, a visão em perspectiva, a combatividade, a resistência — que são mais manifestas nela do que em qualquer outra, mas cuja fonte efetiva provém de um dos seres totêmicos que em outros tempos conferiram ordem e sentido ao mundo.

Um terceiro modo de identificação havia surgido no espaço das minhas leituras, da interseção fortuita entre o pensamento chinês na visão de Marcel Granet, o pensamento renascentista na visão de Michel Foucault e o pensamento asteca na visão de Alfredo López Austin: apesar do abismo cultural que parecia separar essas civilizações, eram todas três obcecadas pela analogia como um meio de reduzir a proliferação de diferenças entre os objetos do mundo, seus elementos constitutivos, os estados, situações e qualidades que os caracterizam, e as propriedades das quais os dotamos ao conectá-los a redes ampliadas de correspondências.[6] Nas ontologias "analogistas" tudo faz sentido, tudo remete a tudo, nenhuma singularidade permanece afastada dos percursos interpretativos que permitem enxertar uma cor numa qualidade moral, um dia do ano numa constelação ou um tipo de humor numa função social. Quanto à última forma de mundiação, aquela na qual fui criado, qualifiquei-a, sem grandes esforços imaginativos, de "naturalista". Ela tem essa particularidade de inverter a fórmula do animismo, à revelia daqueles que a praticam, evidentemente, já que eles não imaginam que existam outras: é por sua mente, não por seu corpo, que os humanos se diferenciam dos não humanos, como é também por essa disposição invisível que eles se diferenciam entre si, em blocos, graças à diversidade de realizações que sua interioridade coletiva autoriza ao se expressar em línguas e culturas distintas. Quanto aos corpos, estão todos submetidos aos mesmos desígnios da natureza e não permitem a singularização por tipos de vida, como era o caso no animismo, sendo que a diversidade interna entre os humanos se dá inteiramente em função de suas maneiras de pensar. Ainda que tenha possibilitado um desenvolvimento sem precedentes das ciências e das técnicas, essa ontologia surtiu igualmente o efeito não apenas de "desencantar" o mundo, mas também, e sobretudo, de tornar dificilmente compreensíveis formas de mundiação que não tenham sido baseadas nos mesmos princípios. Afinal, muitos dos conceitos por meio dos quais pensamos a cosmologia moderna — natureza, cultura, sociedade, história, arte, economia, progresso — são, na verdade, tão recentes quanto as realidades que eles designam, forjados que foram há apenas alguns séculos para explicar as perturbações sofridas pelas sociedades europeias ou para provocar o seu advento; eles têm pouca pertinência para explicar civilizações que, não tendo experimentado a mesma trajetória histórica, não detectam as fronteiras entre humanos e não humanos ali onde nós mesmos as estabelecemos.

Foi esse um dos resultados da segunda experiência que conduzi. Diferentemente da primeira, na qual, de alguma forma, eu vivenciava em mim mesmo a legitimidade de minhas interpretações, essa outra experiência assumiu o aspecto de uma investigação visando a verificar hipóteses. Seu desfecho é um modelo geral de sistemas de qualidades discerníveis nos objetos do mundo, apresentando-se em combinações em que cada uma pode se incorporar aqui ou ali numa ontologia que sintetiza de forma ostensiva seus princípios elementares: seja uma continuidade moral entre humanos e não humanos e uma descontinuidade de suas dimensões físicas (animismo); seja uma descontinuidade moral e uma continuidade física (naturalismo); seja uma dupla continuidade moral e física, mas repartida em blocos descontínuos de humanos e não humanos (totemismo); seja, enfim, uma dupla descontinuidade, física e moral, que as redes de correspondência se esforçam em vão para tornar contínua (analogismo). Desse ponto de vista, por exemplo, pode-se dizer que o animismo é bem representado pela ontologia dos achuar da Amazônia, o totemismo pela ontologia dos aborígenes australianos, o naturalismo pela epistemologia neokantiana ou o analogismo pela ontologia dos ameríndios da Mesoamérica. Com frequência, no entanto, esses sistemas de qualidades existem apenas em estado de tendência ou parcialmente encobertos; em vez de considerá-los como cosmologias fechadas e compartimentadas ou como culturas no sentido clássico, mais vale apreendê-los como consequências fenomenais de quatro tipos distintos de inferência a respeito da identidade dos existentes que nos cercam ou que gostamos de imaginar. Qualquer humano é capaz de mobilizar um ou outro desses tipos de inferência conforme as circunstâncias, mas os juízos de identidade recorrentes que ele tenderá a produzir (tal existente pertence a tal categoria e pode ser classificado como esse ou aquele existente) seguirão, na maior parte do tempo, o gênero de inferência privilegiado pela comunidade na qual se deu sua socialização.

Ora, essa segunda experiência havia sido conduzida com os instrumentos habituais da antropologia comparativa, ou seja, tomando por matéria discursos escritos ou relatados: estudos etnográficos sobre as representações da pessoa, sobre os rituais ou sobre a classificação de plantas e animais, de tratados filosóficos ou médicos, de análises filológicas, de compilações de mitos e narrativas etiológicas, e ainda muitos outros gêneros de texto à espera apenas de um pouco de ousadia que os colocasse em conexão. Daí a ideia de uma terceira experiência, da qual resultou este livro. Se os modos de identificação cuja existência eu havia postulado têm realmente o papel estruturante que a eles atribuo, se estão na fonte das formas originais de mundiação compartilhadas por coletividades humanas, então deve ser possível identificá-los também nas imagens que essas coletividades produziram. Afinal, figuramos apenas aquilo que percebemos ou imaginamos, e imaginamos e percebemos tão somente aquilo que o hábito nos ensinou a recortar na trama dos nossos devaneios e a discernir no fluxo das impressões sensíveis. Sabemos há muito tempo que, conforme escreveu Leonardo da Vinci, a pintura é uma "coisa mental", literalmente uma visão do intelecto. E desde então muitos artistas e filósofos repetiram, por vezes sem conta, que a figuração não é uma imitação do real, uma cópia daquilo que é, uma reprodução do visível; ela é, antes, uma evocação daquilo que deve ser, um meio de tornar perceptíveis as qualidades, as situações, os seres que importam para nós ou cuja existência pressentimos, mas que nossos sentidos e nossas palavras apreendem apenas imperfeitamente.[7]

Uma imagem pode, assim, ser vista como uma ostensão de propriedades ontológicas que o olhar de seu autor terá notado na textura das coisas ou nos desvios de seu foro íntimo, seja porque o costume o terá moldado para esse exercício — caso mais comum —, seja porque a figuração, ao liberar o produtor de imagem das limitações sequenciais da palavra, permite a esses "irmãos videntes" que dão corpo ao visível tornarem perceptível aquilo que ninguém terá visto antes; eles conseguem isso por meio de um prodigioso passe de mágica: impor a evidência de uma perfeita adequação entre aquilo que atualizam e o referente vislumbrado cujo advento adoraríamos nós mesmos ter provocado se tivéssemos tido talento para tanto.

De fato, a imagem é o único meio de que dispomos para ver o que os outros veem, para experimentar pessoalmente a maior ou menor coincidência entre o caminho visual que nossa educação, nossa sensibilidade e nossa biografia nos habituam a traçar ao longo de certas dobras do mundo e aquele que outros — em outros lugares, outros tempos, segundo outros códigos figurativos — aprenderam a seguir ao longo de outras dobras igualmente verossímeis.

Um talento modesto para o desenho, uma linhagem de pintores em minha ascendência paterna e uma inclinação a entusiasta da história da arte não me pouparam de algumas ingenuidades iniciais. Como era previsível, e provavelmente inevitável, comecei essa experiência compilando um catálogo de imagens correspondentes às ontologias concretas que me serviram para especificar as características de cada modo de identificação. Máscaras amazônicas, efígies inuítes em marfim de morsa ou tambores siberianos para o animismo; pinturas aborígenes em casca de árvore ou tela para o totemismo; quadros europeus e fotografias para o naturalismo; e, no caso do analogismo, uma série disparatada de figurações provenientes da África, da Ásia, das Américas, desde os quadros de fios coloridos dos huichol do México até os rolos de paisagem chineses, passando por aventais de amuletos da Costa do Marfim. Caí assim neste engano do qual os próprios historiadores da arte nem sempre escapam: tratar as representações convertidas em imagem como ilustrações de sistemas simbólicos e discursivos que as justificam e as tornam compreensíveis. Eu certamente não iria procurar a chave das imagens em tratados de estética ou de moral, em correspondências de pintores ou em relatos de ateliê, como o fazem os especialistas da pintura europeia; eu as interpretava como antropólogo de acordo com o que elas expressavam das estruturas ontológicas que eu havia previamente destacado a partir da consideração de representações verbais. Em ambos os casos, porém, a iconologia acaba por depender daquilo que foi dito e escrito a propósito das figurações mais do que da simples apreciação do aspecto das coisas que as imagens revelam ou que, ao contrário, deixam de figurar. O exercício, contudo, não foi inútil. Ensinou-me aos poucos a observar as imagens pelo que elas mostravam, não por aquilo que eu esperava que elas tornassem visível. Integrando-as em séries indexadas numa espécie de ontologia, isto é, independentemente de sua época e de sua proveniência, e examinando as escolhas visuais que tornavam certas séries homogêneas, comecei a distinguir os mecanismos recorrentes de figuração que revelavam "o forro de invisível" próprio a cada modo de identificação.

O desejo de ver encarnarem-se nas imagens os esquemas ontológicos que eu havia teorizado a partir de textos também me levou, num primeiro momento, a considerar a figuração como uma operação muito estritamente mimética. As imagens, porém, não se contentam em dar a ver continuidades e descontinuidades entre os existentes, as linhas divisórias ao longo das quais o mobiliário que compõe um mundo pode ser reconstituído; elas têm também a perturbadora capacidade de sinalizar em outro sentido, pela causalidade atuante de que algumas delas são investidas. À semelhança de um ícone da Virgem que reflete seus ouros à luz das velas ou daquelas divindades hinduístas que são desfiladas à frente de multidões imensas, esse tipo de imagem, ainda que figure de maneira reconhecível aquilo que ela representa, é menos significativo pelo simbolismo de que ela é lastreada do que pelo poder que a ela é creditado. A representação imagética é indissociável da colocação das imagens em cena, ou seja, das condições pragmáticas de sua eficácia como agentes da vida social que parecem compartilhar muitas das propriedades de um humano comum. Aqui também era necessário assumir um distanciamento em relação à tradição da história da arte e permanecer fiel às imagens, muitas vezes desgastadas mas, oh, tão poderosas, das quais se ocupam os antropólogos.

Eu também havia subestimado a possibilidade de as imagens existirem num modo de identificação independente daquele cujo panorama a documentação histórica e etnográfica permite esboçar, não prestando assim atenção suficiente à sua capacidade de prefigurar mudanças ontológicas e cosmológicas que a transformação da cultura visual torna evidentes, mas cuja expressão reflexiva aparece nos textos apenas bem mais tarde. Em geral por falta de testemunhos para atestá-la, nem sempre é fácil de estabelecer essa defasagem entre regime figurativo e regime discursivo, mas ela se delineia claramente em alguns exemplos bem documentados aos quais voltaremos ao longo deste livro. É sobretudo o caso da Europa, com a emergência de uma representação da ontologia naturalista na pintura muito antes que ela começasse a ser tematizada nos escritos de sábios e filósofos. Não se trata apenas da geometria projetiva do século XVII que, como escreveu Panofsky, é "um produto do ateliê do artista";[8] trata-se mais provavelmente da totalidade da reconfiguração epistêmica, da qual são testemunhas as obras de Galileu, de Bacon ou de Descartes, que pode ser considerada o resultado de uma nova maneira, surgida dois séculos antes, de observar e retratar os homens e as coisas.

A experiência que eu evocava no início desta introdução não é, portanto, uma palavra vã. Aventurando-me por um terreno novo para mim e muito pouco trilhado por outros, a antropologia comparativa da figuração, muito tateei, deparei com becos sem saída e multipliquei as experimentações. Uma exposição que organizei sobre esse tema no museu do Quai Branly, em Paris, em 2010-2011 acabou mesmo por se revelar uma experiência dentro da experiência, já que me deu a oportunidade de pôr à prova, com os visitantes, a verossimilhança dos esquemas visuais que eu discernia nas imagens, um teste ainda mais precioso pelo fato de o público envolvido normalmente desconhecer as tradições figurativas das civilizações cujos objetos eu estava expondo e ser livre de preconceitos eruditos a respeito das maneiras de se agruparem obras num museu.[9] Essa longa perambulação no labirinto das imagens me foi, sem dúvida, indispensável. Ela não apenas reproduzia na investigação sobre a figuração a atitude experimental muitas vezes adotada por aqueles que figuram, mas atestava que uma imagem, mais ainda que um texto ou uma situação, sempre supera em muito aquilo que dela podemos dizer, pois torna presente e vivaz a condensação sintética de um objeto que a linearidade de nossas palavras tem dificuldade em encerrar num discurso analítico.[10]

1. O motivo de Órion, achuar, Amazônia equatoriana

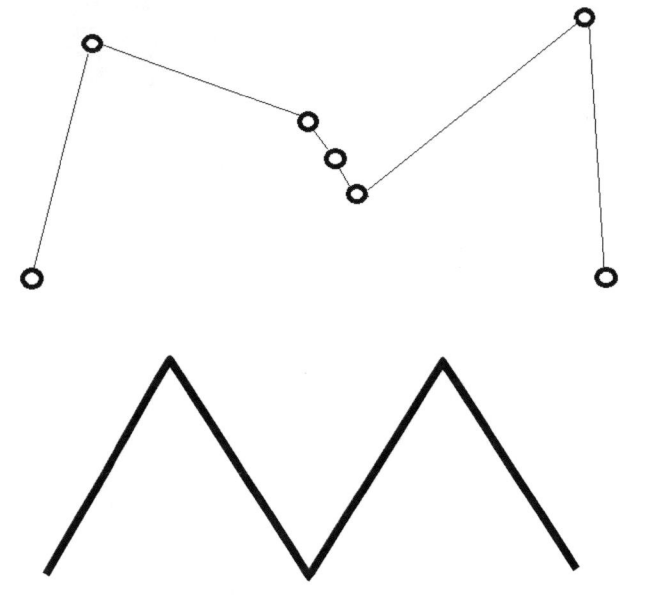

3. O desdobramento dos orifícios da arraia numa máscara yukuna

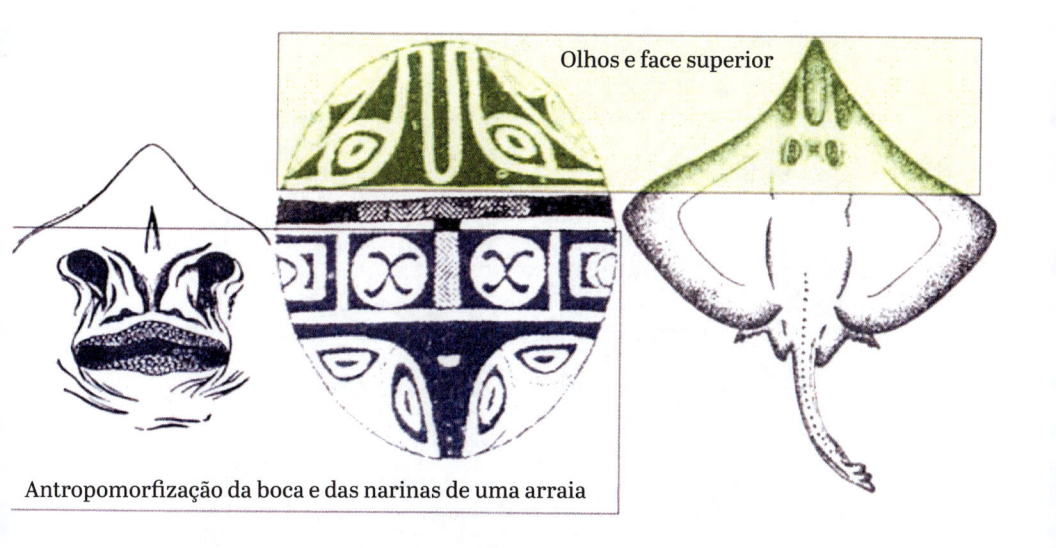

Olhos e face superior

Antropomorfização da boca e das narinas de uma arraia

5. Pintura no frontão de uma casa tsimshian representando um urso
(os dois perfis são repartidos em ambos os lados de uma linha mediana imaginária)

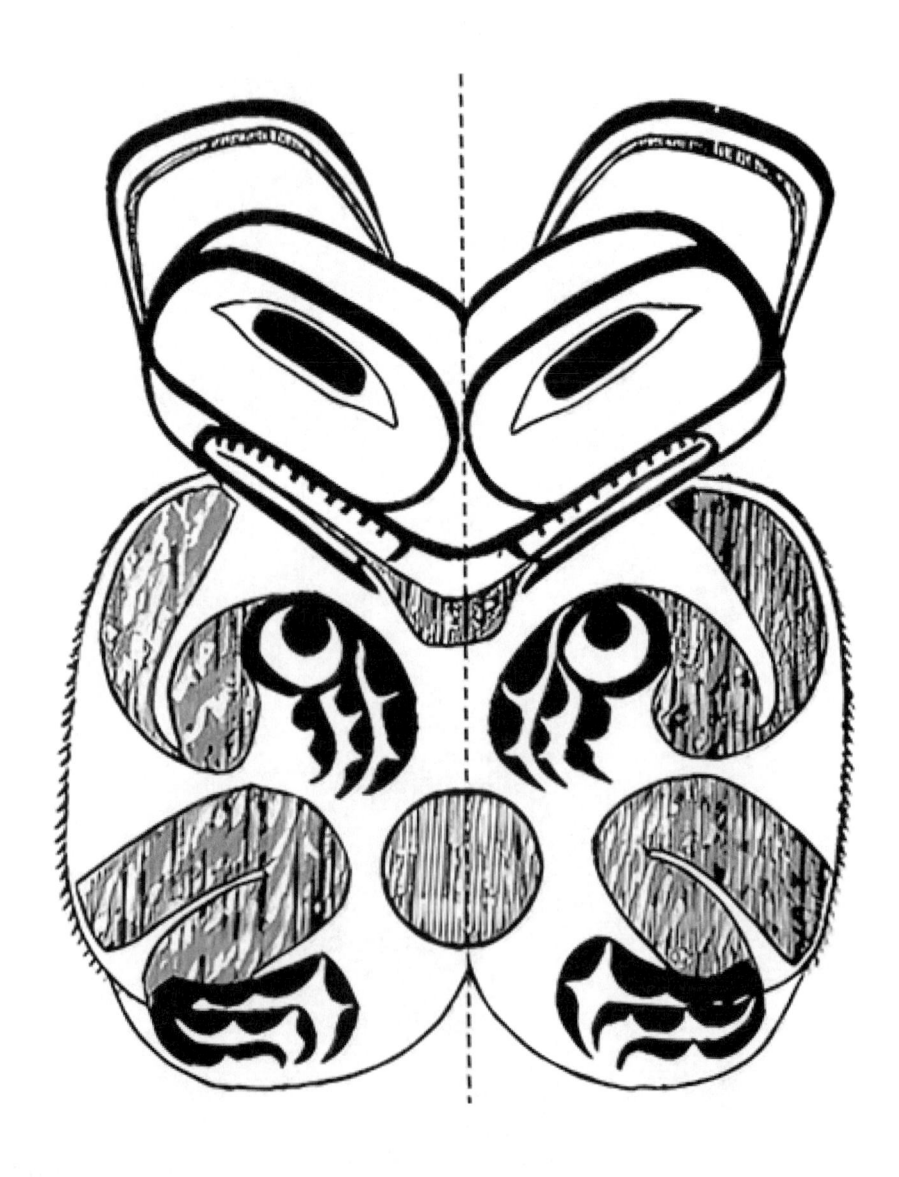

6. *Hārūn al-Rashīd no banho turco*, escola de Kamāl al-dīn Bihzād, Herate, final do século xv, miniatura extraída do poema *Khamsa*, de Niẓāmī Ganjavī

7. Ilustração de Simon d'Orléans no tratado de caça de Frederico II,
De arte venandi cum avibus [A arte de caçar com pássaros], nordeste da França, *c.* 1300

8. Transformações de um objeto (*a*) transposto para o plano (*b*) de uma imagem:
1) ortogonal; 2) por similitude; 3) afim; 4) projetiva

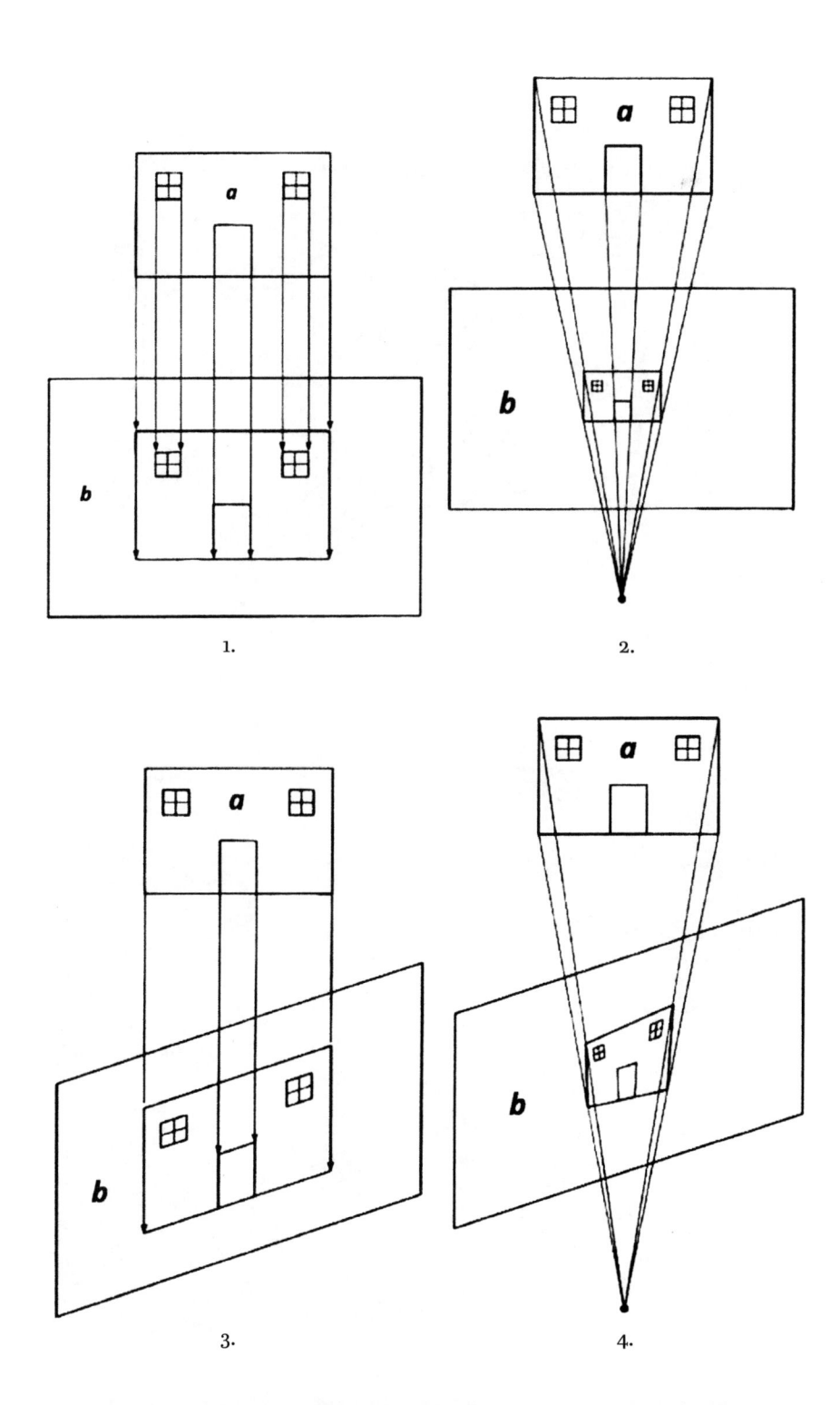

9. Pintura sobre casca de árvore representando uma equidna (plano sagital) e uma tartaruga (plano transverso), anônimo, kunwinjku, Croker Island, Territórios do Norte, Austrália

10. Chapéu de raiz de abeto e casca de cedro vermelho representando um corvo, confeccionado por Isabella Edenshaw (cestaria) e Charles Edenshaw (pintura), haida da ilha da Rainha Charlotte, *c.* 1900

*Toda e qualquer representação do
universo se baseia necessariamente numa
seleção de elementos significativos.*
PIERRE FRANCASTEL, *Medieval Painting*[11]

As dobras do mundo

Da miríade de imagens produzida por humanos nesses pelo menos 80 mil anos em que eles figuram, apenas uma minúscula fração é da esfera da arte e de sua história.[12] Os próprios historiadores da arte não hesitaram em logo reconhecê-lo; ao menos alguns deles, que, de Gottfried Semper a Carl Schuster, passando por Aloïs Riegl ou Aby Warburg, souberam tratar em pé de igualdade todas as imagens, tanto aquelas que são da ordem da arte ornamental, dos motivos decorativos e dos objetos de culto de populações tribais quanto as obras-primas consagradas da Antiguidade e da civilização ocidental. Que elas assumam a forma de efígies, máscaras, gravuras rupestres, pinturas na pele ou em cascas de árvore, padrões de cestaria, cerâmicas antropomórficas ou zoomórficas, marcas corporais ou desenhos na areia, a maior parte das imagens de "antes da era da arte"[13] não tem como desígnio imitar fielmente um objeto, satisfazer o ideal do Belo, transmitir uma mensagem edificante nem retratar um acontecimento notável. Sua função é tornar visível e vivaz uma divindade, um espírito, um lugar, um animal, um morto; em suma, ocasionar o advento da presença de um ausente. No entanto, como já escrevia Alberti, é preciso também que esse ausente seja identificável por algum signo que transpareça na imagem:

> Guarda em si a pintura uma força divina que não apenas, como se diz da amizade, faz os homens ausentes estarem presentes, mas também os mortos estarem quase vivos, de maneira tal que, com grande admiração do artífice e grande satisfação, são reconhecidos.[14]

Não é de hoje, portanto, que data entre os teóricos da arte esse sentimento de que o poder evocativo das imagens, sua aptidão para encarnar seres como se estivessem vivos, procede de uma "força divina", um talento misterioso capaz de mobilizar nossos afetos e que o intelecto se esforça para elucidar.

Contudo, se encontramos aqui e ali nos textos da tradição europeia alusões a essa dimensão perturbadora da pintura, foi tardiamente que ela passou a ser levada a sério. Talvez porque admitir imediatamente a potência de agir das imagens teria rebaixado os especialistas e os eruditos, cujo número o mercado da arte multiplicou a partir do Renascimento: todas essas pessoas cultas e de bom gosto, aptas a decifrar os símbolos dos quadros e a reconhecer as cenas históricas que eles retratam, não poderiam em nada se assemelhar aos primitivos adoradores de fetiches ou aos camponeses crédulos à espreita da mensagem enviada por uma estátua da Virgem. Em sua corrente majoritária, a história da arte desde Winckelmann tornou-se, assim, uma ciência das circunstâncias e dos signos: sua ambição é analisar o significado das obras de arte, distinguir os símbolos ostensivos ou ocultos nelas espalhados, identificar os personagens e as cenas representadas, reconstituir a influência das ideias filosóficas, políticas, literárias e estéticas no desenvolvimento dos motivos, estilos e composições, detectar as genealogias, os empréstimos e as rupturas entre as escolas, os territórios e os gêneros, avaliar o peso do mercado, dos mecenas e dos gostos dominantes sobre a produção dos artistas. As obras de arte são ali tratadas como signos icônicos e conjuntos de símbolos: elas representam um objeto para um espectador capaz de reconhecê-lo e de lhe conferir um sentido.

Rompendo com essa abordagem sobretudo semiótica das obras de arte, um punhado de historiadores e antropólogos começou, a partir do final do século xx, a examinar as imagens de uma maneira diferente, tratando-as como agentes de pleno direito que produzem um efeito na vida social e afetiva daqueles que as observam em vez de um conjunto de símbolos, códigos e narrativas que um estudo contextual permitiria decifrar.[15] De David Freedberg e Hans Belting a Alfred Gell e Horst Bredekamp, em cerca de trinta anos esses pioneiros conseguiram tornar menos extravagante a ideia de que as imagens existem numa espécie de autonomia em relação aos humanos, de que elas gozam de uma disposição para produzir efeitos intencionais que desde o século XVIII os autores ingleses chamam de *agency* e que convencionaremos traduzir nestas páginas como "agência".[16] O presente livro segue nessa esteira, mas nem por isso renuncia à ideia de que as imagens sejam também signos de um gênero particular que dão a ver algo do mundo transfigurando-o. Afinal, se hoje as obras de arte saíram das molduras e desceram dos pedestais para conduzir uma existência autônoma, se em certa medida elas se libertaram das armadilhas do simbolismo nas quais a história da arte quis confiná-las, se elas se juntaram à enorme massa de figurações que os humanos não cessaram de integrar em todas as dimensões de sua vida social como parceiras cotidianas e agentes intencionais, se, graças a alguns pioneiros, hoje é permitido admitir essa nova qualidade de imagens, nem por isso a maioria delas deixou de representar, de imitar, de figurar, em suma, de fazer as vezes de algo para alguém. Seria preciso, então, considerá-las como puras presenças imanentes em si mesmas, espécies de ectoplasmas que deveríamos tomar primordialmente como forças atuantes das quais contariam apenas os efeitos que produzem e os meios empregados para alcançá-los? Isso seria absurdo. E, no entanto, talvez pela preocupação em convencer, a revolução praxiológica tendeu a relegar ao segundo plano os efeitos produzidos pela dimensão icônica das imagens e até mesmo, nos casos extremos, a negar que elas fossem *também* representações. Ao estabelecer uma oposição capciosa entre a experiência direta do mundo à qual os pré-modernos teriam acesso privilegiado e as reflexões semânticas que os modernos teriam multiplicado, buscou-se fazer da representação uma espécie de *repoussoir*,* a negação da possibilidade de perceber uma imagem como manifestação, entre outras, daquilo que ela torna visível.[17]

Certamente, encontramos nos escritos dos defensores da agência das imagens referências à sua figuralidade. Assim, Gell admite sem reservas que as obras de arte cuja potência de agir ele analisa têm também uma dimensão icônica baseada na semelhança, ainda que os traços sobre os quais ela se apoia sejam às vezes mal esboçados: "só se pode falar de representação na arte visual quando houver semelhança a desencadear reconhecimento".[18] Contudo, não é esse aspecto das imagens que lhe interessa, mas seu caráter indicial, ou seja, a capacidade que têm de apontar na direção da intencionalidade dos agentes que elas retratam, que as fizeram ou que as utilizam. Também para Belting, uma imagem implica a um só tempo a aparência e a presença.[19] Em seu estudo sobre o poder dos ícones cristãos, Belting observa ainda que a presença imediata da Virgem, do Cristo ou do santo na imagem — cada ícone é uma encarnação autêntica do ser representado, não uma cópia de sua aparência — não a impede de ser também um signo icônico, já que representa um personagem histórico que deve ser reconhecido como tal por convenções figurativas. Mesmo as relíquias, que, antes dos ícones, davam testemunho da presença efetiva dos santos no santuário, faziam-no por metonímia, isto é, por um dispositivo figurativo por meio do qual um fragmento fazia as vezes da totalidade do ser ausente que ele representava.[20] É verdade que a Idade Média foi um período de ruptura com a minúcia mimética da Antiguidade clássica na medida em que as formas e as cores das imagens eram então interpretadas como índices da natureza invisível da divindade, um equivalente figural do mistério da Encarnação, e não como imitações que aspirassem à semelhança com o que representavam. O fato é que a iconicidade no sentido mais amplo permanecia como imperativo para identificar os personagens cuja presença se instaurava nos artefatos e para restituir seu lugar na história sagrada, condições indispensáveis para uma teofania eficaz.[21]

---

*Elemento pictórico em primeiro plano que favorece, por contraste, o efeito de profundidade e de distanciamento dos demais planos; algo ou alguém cujos defeitos, por contraste, valorizam as qualidades do outro. [N. T.]

Que uma imagem qualquer seja sempre ao mesmo tempo um signo icônico daquilo que ela representa e um agente cujas disposições para agir sintetizam as intenções das pessoas que a fabricaram e utilizaram é algo que se torna manifesto nos casos em que é sobretudo a segunda função que parece prevalecer. Em seu principal livro, *Arte e agência*, Alfred Gell demonstrou muito bem que tratar uma imagem como índice em vez de símbolo — isto é, como impressão ainda vivaz de uma ação ou de uma intenção em vez de uma palavra da linguagem — permite elucidar o papel que ela desempenha na vida social de maneira incomparavelmente mais econômica e convincente do que se a restringíssemos a uma função semântica; a imagem não é mais, então, um signo convencional cujo significado é compreensível em virtude de uma gramática interpretativa previamente dominada; ela se tornou parte daquilo que representa, um prolongamento visível no espaço e no tempo do referente do qual ela é como que uma emanação.[22] Isso explica notadamente a eficácia conferida às efígies na magia do enfeitiçamento, que permaneceria misteriosa se contemplássemos seu poder do mero ponto de vista de uma hermenêutica daquilo que elas simbolizam. Por que meu inimigo deveria sofrer algum dano pelo fato de eu crivar de alfinetes uma estatueta que o figure, se a relação entre ele e sua efígie permanece da mesma ordem que a relação arbitrária entre um significante linguístico e seu significado? O que James Frazer chamou de magia simpática, a saber, que as propriedades compartilhadas entre um objeto A e um objeto B permitem ao primeiro influenciar o segundo, torna-se então explicável se aceitarmos seguir Gell e considerarmos a estatueta da vítima como parte substantiva dela, e não como um signo saussuriano que a denota.[23] Dito isso, para não ser um símbolo ou uma configuração de símbolos, a imagem da feitiçaria não deixa de ser *também* uma representação, nesse caso um signo icônico no qual certas qualidades da pessoa figurada — seu sexo, sua silhueta, por vezes apenas seu nome — são retratadas de maneira reconhecível para o indivíduo que deseja prejudicá-lo. O fetiche do enfeitiçamento é, portanto, um agente (considerado) eficaz nas relações interpessoais, tanto por ser um elemento da vítima deslocado para um artefato — muitas vezes literalmente, na medida em que contém dela fragmentos removíveis — quanto por ser identificável, ao menos por aquele que o manipula, como sua figuração.

FORROS DE INVISÍVEL

A investigação sobre a figuração, cujo desenvolvimento este livro reconstitui, visa a mostrar aquilo em que os objetos e as relações retratadas pelas imagens icônicas, as formas pictóricas sob as quais elas se apresentam e os tipos de agência que exercem são interdependentes e expressam, em linhas gerais, as propriedades de um ou outro dos quatro grandes regimes de mundiação mencionados na introdução. No entanto, uma questão se coloca de imediato: por que tomar por objeto a figuração em vez da arte ou da imagem? Primordialmente, porque a figuração é universal, enquanto a arte, em sua acepção costumeira, não o é. Melhor dizendo, a figuração é definível sem grande dificuldade pela adequação entre os meios que emprega e os fins que pretende alcançar — a instauração de agentes icônicos — e de tal maneira que suas expressões variadas possam ser consideradas como outras tantas modalidades de uma mesma atividade cognitiva e prática. Nesse sentido, ela oferece um objeto exemplar ao comparatismo antropológico, essa operação temerária que consiste em colocar em evidência não os traços da atividade cultural e social compartilhados por todos os humanos, mas uma sistemática de suas diferenças que se repetem em diversos pontos do globo. O saber dos historiadores sobre a arte flamenga do século xv ou dos etnólogos sobre a pintura dos aborígenes da Austrália setentrional é insubstituível — e a ele recorreremos amplamente neste livro; mas ele não permite mostrar, como ambicionamos fazer, aquilo em que as obras sobre as quais os primeiros se debruçam podem ser consideradas como transformações possíveis daquelas que estes últimos estudam. Que a figuração, efetiva ou proscrita, seja uma pulsão universal não faz de seus produtos uma categoria unificada, e é por isso que os filósofos da estética, assim como os historiadores da arte, empenharam-se sem êxito para especificar uma classe trans-histórica de objetos de arte com base apenas nas propriedades perceptivas ou simbólicas a eles inerentes. Voltaremos a isso num instante. Acrescentemos que a figuração é um processo do qual as imagens são o produto, de modo que a compreensão daquilo que as caracteriza em toda a sua diversidade só pode vir da inteligibilidade das ações que as instituem. Além disso, a autonomia intencional que se credita às imagens não é intrínseca a elas, mas resultado de um conjunto de interações que deriva de todas as operações por intermédio das quais elas se tornam para alguém uma presença ativa e reconhecível, ou seja, precisamente o que, desde sua fabricação até as circunstâncias de sua exposição, constitui a longa cadeia daquilo graças ao qual elas figuram. Cada um desses pontos merece ser esclarecido.

É evidente, em primeiro lugar, que a iconografia mobilizada por uma antropologia da figuração é incomparavelmente mais vasta e diversa que as obras pelas quais os historiadores da arte se interessam. Gell caiu assim num curioso paradoxo quando achou por bem qualificar de "objetos de arte" as imagens sobre as quais teorizava, ao passo que a imensa maioria delas são artefatos utilitários e rituais — escudos, fetiches ou clavas — empregados como substitutos de pessoas e agentes desencadeadores de emoções — o medo, a admiração temerosa, o desejo, a sedução, a repugnância —; essas imagens não têm, portanto, primordialmente por ambição satisfazer naqueles que as observam um prazer estético nem lhes comunicar uma mensagem que possa ser interpretada à maneira de uma linguagem simbólica. Manter uma referência à arte em relação a objetos tornados "artísticos" apenas por terem entrado nos circuitos do mercado de arte introduz no livro de Gell um equívoco que se deve essencialmente a um fato mais genérico: é duvidoso que se possa distinguir, em qualquer circunstância histórica, uma classe de objetos artísticos ou estéticos que poderiam ser especificados por meio de propriedades inequívocas em relação a outros tipos de objeto. Trata-se de um ponto que foi claramente estabelecido por Jean-Marie Schaeffer, de maneira que me contentarei em recordar seu argumento.[24]

Desde que Marcel Duchamp transformou uma pá de neve em obra de arte, tornou-se impossível definir o estatuto estético de uma categoria de objetos com base apenas nas características perceptivas que lhes seriam próprias — formas ou cores visualmente atraentes, por exemplo — e que viriam de alguma forma se juntar às dos objetos comuns e especificar aqueles comparativamente a estes. Se admitirmos, efetivamente, que as obras de arte constituem uma fração dos objetos estéticos, então nada mais permite distinguir um número crescente dessas obras tornadas célebres na história da arte — urinol, escorredor de garrafas ou caixa de esponjas de aço — de um objeto desprovido de qualidades estéticas, a não ser que as instituições qualificadoras — museus, galerias, críticos — assim o tenham decidido. Nenhuma das formas de se esquivar dessa dificuldade é verdadeiramente satisfatória. Pode-se, a princípio, restringir a noção de obra de arte de maneira a excluir as obras que sejam indiscerníveis, no plano perceptivo, de meros artefatos utilitários, mas isso equivaleria a expulsar dos museus de arte contemporânea um grande número das peças que eles expõem. Ou então se pode, ao contrário, ampliar a noção de obra de arte para nela incluir quase todos os artefatos, o que a esvazia de todo significado e torna caduca uma distinção categorial cuja existência social é, no entanto, bem comprovada.

É a essa a tentação que Gell cedeu, e ela impede que se discrimine entre um objeto de arte e um artefato banal em diversas culturas nas quais as ferramentas, as armas e os utensílios são considerados agentes autônomos dotados de uma agência eficaz e socialmente reconhecida. Segundo a definição que Gell propõe das obras de arte, com efeito, uma zarabatana entre os achuar da Amazônia e um trenó entre os koyukon do Alasca poderiam ser classificados nessa categoria, isto é, como objetos que "fazem a mediação da agência social",[25] uma vez que servem de intermediários entre as intencionalidades humanas que eles incorporam e redistribuem: tanto à zarabatana quanto ao trenó é creditada, por aqueles que os fabricam e os utilizam, uma capacidade de agir por conta própria, nesse caso negativamente, quando, sentindo-se ofendidos por uma ação de seu proprietário, recusam-se a prestar os serviços que deles se esperam.[26] Não são, contudo, objetos de arte, nem mesmo objetos nos quais se possa verificar uma intenção de figurar algo; poderíamos dizer, talvez, que são belos, porque têm uma linha refinada e sua forma é perfeitamente adaptada à sua função, mas sua finalidade permanece instrumental, e eles não são a imagem de nada.

Uma última escapatória consiste em sustentar que a noção de obra de arte corresponde a uma categoria ontológica irredutível cujas propriedades distinguem em blocos os objetos a ela subsumidos de todos os outros artefatos, inclusive os objetos estéticos que não são obras de arte (por exemplo — para alguns — um pôr do sol ou a plumagem de um pássaro). Isso equivale a renovar uma distinção entre os fatos estéticos, que seriam da esfera de propriedades perceptivas enraizadas na natureza (do sujeito que percebe e dos objetos percebidos), e os fatos artísticos, que estariam, por sua vez, inteiramente no campo do simbólico, ou seja, da cultura e das convenções por meio das quais ela se expressa. Ora, as propriedades simbólicas consideradas distintivas entre as obras de arte e os objetos estéticos arriscam ser tão difíceis de isolar quanto as propriedades perceptivas que supostamente caracterizam os objetos estéticos, pelo menos se desejarmos conferir a elas o grau de universalidade que uma abordagem normativa desse tipo requer. Em suma, a incapacidade da antropologia da arte de definir seu objeto não é o simples efeito da dificuldade que ela encontra na tentativa de generalizar nos mundos não europeus uma noção que se desenvolveu no Ocidente; ela é intrínseca à própria iniciativa de qualificar um artefato qualquer como objeto de arte.

Nenhum desses inconvenientes macula a noção de figuração. Numa primeira aproximação, ela pode ser definida como uma representação imagética, isto é, como essa operação comum a todos os humanos por meio da qual um objeto material qualquer é instituído como signo icônico de um ser ou de um processo após uma ação de representação plástica, de simulação ou de ornamentação, o que permite a esse objeto, a um só tempo, evocar de maneira reconhecível as qualidades daquilo a que se refere e adquirir, em determinadas circunstâncias e para determinadas pessoas, uma forma de independência de ação. Figurar é, portanto, fazer surgir uma representação duplamente significativa: como um ícone que torna visível de maneira ostensiva algo daquilo cujo lugar ele ocupa — às vezes simplesmente sua propriedade de existir — e como um índice que torna presente e ativa a espectadores a agência do protótipo e das intencionalidades de qualquer natureza da qual esse signo seja o efeito. Entretanto, esse processo não está entregue à mera fantasia expressiva daquele que figura, tampouco é redutível ao encontro acidental entre características do objeto figurado e limitações técnicas de execução; ele procede de uma convenção figurativa, um esquema ao mesmo tempo sensível e inteligível por meio do qual uma matéria e uma forma podem ser combinadas segundo regras que com frequência permanecem tácitas a fim de produzir um agente icônico que atenda às expectativas de todos aqueles através dos quais e para os quais ele é instaurado.[27] É à evidenciação desse tipo de esquema que o presente livro é consagrado.

Figurar é ocasionar o advento de uma figura. Ora, como bem demonstrou o estudo filológico de Erich Auerbach, a própria semântica do termo "figura" aponta para sua função mediadora entre uma ideia e uma forma, um modelo abstrato e uma expressão sensível.[28] Em Varrão, Lucrécio e Cícero, o termo *figura* designa a forma plástica, aquilo que é imposto pelo artesão à matéria que ele modela, e distingue-se em geral de *forma*, o "molde", aquilo a partir do qual uma forma é produzida. Daí a afinidade entre os dois termos: *forma* se relaciona com *figura* do mesmo modo que a cavidade de um molde se relaciona tanto com o objeto modelado que dele resulta quanto com o protótipo a partir do qual o molde foi produzido. Nesse sentido, *figura* é não apenas a aparência exterior, o aspecto visível, mas também a encarnação do gabarito abstrato, o vestígio do objeto moldado que subsiste subjacentemente e que se incorpora às imagens em conformidade com sua aparência inicial.

Além disso, essa ideia de que a figura é a atualização dinâmica de uma forma potencial se encontra nos usos posteriores de *figura* como conceito especializado para traduzir o vocabulário filosófico grego: *forma* é utilizado como equivalente de *morphê* e de *eidos*, isto é, o modelo ideal, a dimensão ontológica do objeto, ao passo que *figura* traduz *schêma*, a saber, a forma tal como é percebida, a estrutura visível enquanto categoria qualitativa do objeto. Auerbach consagra ainda uma longa elaboração a um uso posterior de *figura* que vem enriquecer o campo semântico do conceito. Na patrologia latina, com efeito, *figura* designa a prefiguração da ação crística pela ação dos profetas. Ora, os eventos anunciadores no

Antigo Testamento e seu cumprimento no Novo são vistos como plenamente históricos, reais portanto, de maneira que, como aponta Santo Agostinho, a atualização daquilo que havia sido figurado não apenas confirma retrospectivamente a veracidade da figura anunciadora, mas constitui também o arquétipo real daquilo de que ela foi a imagem por antecipação.[29] Na gênese da ideia de figuração, encontramos, então, felizmente sedimentado, esse encadeamento de combinações entre a figura-imagem (o traçado, o envoltório) e a figura-forma (o esquema), entre o índice icônico visível e o protótipo invisível que lhe confere sua singularidade, entre o modelo ideal e sua atualização autêntica. Em suma, as imagens são a marca ativa não apenas dos objetos que elas figuram e com os quais compartilham propriedades reconhecíveis, mas ainda dos modos de ser desses objetos.

O SIGNO ENCARNADO

Duas questões se colocam neste momento. Em primeiro lugar, escapariam a esta investigação as imagens que não figuram nada ou devemos admitir, acompanhando David Freedberg, que "a noção de aniconismo é completamente insustentável"?[30] Depois, por meio de quais mecanismos as imagens conseguem tornar visíveis não apenas existentes dos quais são às vezes a única modalidade de existência, mas também processos e estados comumente inexprimíveis de outra maneira e relações entre os existentes que adquirem força de evidência ao serem representadas? Para adentrar a primeira questão, notaremos que é difícil traçar a fronteira entre o figurativo e o não figurativo e que ela assume mais o aspecto de uma gradação contínua entre um polo reservado a representações icônicas marcadas por uma obsessão da *mimésis* — a arte dita "realista" — e outro polo em que se assentam representações deliberadamente anicônicas que, a exemplo de certas formas de decoração e de arte não figurativa, recusam a própria ideia de representação. Nos estados intermediários, encontramos gêneros de ornamentação estilizada nos quais os motivos ou combinações de motivos remetem a um referente ou, então, obras da arte dita "abstrata" que expressam um estado ou uma intenção que o autor antecipa que serão reconhecidos pelo espectador. Para dar substância a esse continuum de iconicidade, revela-se necessário um pouco de tipologia. Existem, a princípio, imagens que não são nada mais do que a figuração de si mesmas, porque incorporam a presença de um ser normalmente invisível ou suscetível de assumir formas múltiplas, à maneira dessas pedras mais ou menos amorfas que desempenham um papel nos cultos de diversas civilizações. É o que se passa com os bétilos, pedras, às vezes caídas do céu, brutas ou grosseiramente talhadas em forma cônica ou quadrangular, veneradas em inúmeras culturas antigas do Mediterrâneo oriental e da Arábia, e que podiam coexistir com estátuas de divindades de fatura realista (na Grécia ou em Roma, por exemplo) ou constituir, ao contrário, as únicas expressões visíveis de uma divindade (no mundo semita). Nos sítios da civilização nabateia, notadamente em Petra, onde esses bétilos são comuns, eles são às vezes ornados com um rosto sumariamente esculpido em baixo-relevo; em geral, porém, não eram trabalhados e nada em seu aspecto exterior indicava de imediato aquilo a que remetiam. E há uma boa razão para isso: em diversos casos, e conforme indica a etimologia do termo — que, através do grego, vem do hebraico *beth-el*, "morada divina" —, os bétilos não eram imagens no sentido mais imediato, mas o receptáculo da divindade, o lugar em que ela residia, de modo que o culto a eles prestado não se dirigia diretamente à pedra, mas à presença sagrada que ela tornava visível e que se podia alcançar por meio dela. Conforme observa Gell justamente a propósito da forma grega dos bétilos, a pedra é aqui uma figuração de um deus que não possui necessariamente uma forma própria e, em vez de representá-lo de maneira mimética, torna tangíveis certas propriedades espaçotemporais que lhe são imputadas por aqueles que o veneram.[31] A pedra "representa", então, a divindade, não no sentido de retratar de maneira realista um protótipo do qual não se sabe propriamente a forma originária que ele pode assumir, mas no sentido com que se diz que um diplomata representa seu país: não se trata de uma figuração mimética da nação que ele representa, mas a imagem visível que ela oferece em determinadas circunstâncias aos olhos de outra nação que o acolhe.

Pode-se dizer o mesmo das *huacas* no antigo Peru e de seus equivalentes nos Andes contemporâneos. Em quíchua, o termo designava objetos, locais, pessoas ou animais nimbados de uma presença sagrada e aos quais se prestava um culto, particularmente montanhas, grutas, nascentes, múmias, santuários e monolitos, estes últimos sendo talvez a manifestação mais comum, ainda hoje visível ali onde o zelo dos extirpadores de idolatria não foram capazes de identificá-los. Faziam-se sacrifícios a essas rochas-*huacas*, adornadas nessas ocasiões com tecidos suntuosos, o que levou os espanhóis a considerá-las logo de início como ídolos, ou seja, no sentido primeiro — *eidôlon* —, como a imagem de uma realidade espiritual, testemunhando assim que eles tinham uma apreensão fina de seu estatuto. Essas rochas eram efetivamente o signo icônico de quê? De uma potência sagrada durável e localizada, porém irrepresentável por não ter forma definida: o monolito figurava a permanência inalterável dessa potência ao mesmo tempo que a confinava a limites bem estabelecidos, a exemplo das montanhas-*huacas*, das quais constituía uma espécie de eco metonímico. Sob essa tripla função imagética — fixação, expressão, circunscrição —, a rocha-*huaca* se assemelha aos *pokara* dos chipaya contemporâneos da província de Carangas, na Bolívia.[32] Esses pequenos monumentos cônicos de adobe espalhados pelo território da comunidade são vistos como a morada dos *mallkus*, divindades ctônicas masculinas e individualizadas que ali habitam na companhia de suas esposas. Os *mallkus* dos chipaya são análogos às divindades-montanhas de seus vizinhos aimarás, e podem-se considerar os *pokara*, que servem de receptáculos a essas divindades, como substitutos em miniatura de montanhas, modelados outrora num planalto de grande altitude desprovido de elevações naturais, a fim de prover de uma representação física seres que não podiam se incorporar em outro lugar.

Dois exemplos sucintos permitirão encerrar esses comentários sobre a natureza singular da iconicidade de certas imagens que, no entanto, a nada se assemelham. O primeiro remete à descrição que fez Alain Babadzan das pedras de fertilidade polinésias conhecidas pelo nome de *mauri* e que, tal como os bétilos, as *huacas* e os *pokara*, são figurações não miméticas de uma potência que não tem outra forma a não ser aquela da imagem fornecida pelo objeto que a representa.[33] Usados pelos maoris da Nova Zelândia, os *mauri* são pedras mal desbastadas, frequentemente perfuradas, que recolhem e condensam uma dinâmica genésica a fim de estendê-la, por meio de ritos apropriados, a todas as atividades humanas que dependem da abundância e da fecundidade contínua dos não humanos, a saber, a agricultura, a caça e a pesca. Ora, a pedra é aqui tanto um atrativo quanto um receptáculo de uma força impessoal que pode ser colocada em movimento ao agir sobre o objeto que a encarna: conforme escreveu Babadzan, "a objetivação do *mauri* permite que as manipulações rituais se exerçam por meio de uma coisa sobre o próprio princípio".[34] Por que se pode falar aqui de imagens? Porque, a despeito do aniconismo aparente do *mauri*, ele figura a fertilidade. Ele dá à fertilidade não uma expressão semelhante — pois que esta somente pode existir na forma de instanciações distribuídas nos seres sobre os quais ela age —; ele encarna, em vez disso, uma existência unitária e concentrada sob uma forma controlável. A pedra é a hipóstase sob a qual a fertilidade é conhecida e por meio da qual pode ser representada.

O mesmo se aplica aos *boli*, objetos de argila que assumem ligeiramente a forma de um quadrúpede e que são cobertos com uma pátina acastanhada feita de uma mistura de urina, sangue sacrificial e estrume de vaca. Os *boli* eram a peça central de um culto masculino outrora comum no vale do Níger, onde figuravam uma "potência", o *nyama*, não à maneira de uma imagem semelhante, já que essa própria potência não tem forma estável, mas precisamente porque tornavam tangível a propriedade que tem o *nyama* de mudar de figura sem cessar.[35] Assim como as outras imagens não imediatamente miméticas que acabamos de examinar em detalhe e que tornam presente ou ativo um ser ou um princípio, o *boli* não "representa", portanto, no sentido de retratar de maneira realista um protótipo irrepresentável; ele também não "simboliza" o *nyama* como um significante significa um significado — assim como o bétilo não simboliza uma divindade nem o *mauri* a fertilidade; ele representa no sentido em que se diz que um mandatário representa um mandante, isto é, encarnando a figura sob a qual ele pode ser reconhecido e com a qual as transações podem ser conduzidas. Assim, essas imagens de presença, à primeira vista anicônicas, são na verdade signos complexos que funcionam ao mesmo tempo como índices — elas são receptáculos, partes de um todo, o vestígio de uma ação, portanto quase-pessoas — e como ícones — elas tornam visível uma propriedade fundamental do objeto cujo lugar ocupam: sua existência.

Algumas vezes se quis contrapor de maneira categórica dois modos da figuração que a Grécia antiga teria tematizado em seu vocabulário e que se poderia conjecturar terem um alcance mais amplo: o *eidôlon*, um simples decalque da aparência sensível, um simulacro fundado numa relação de semelhança física, e o *eikôn*, uma transposição da essência do ser representado, a evidenciação num símbolo da afinidade de natureza, de qualidade ou de valor que a mente apreende entre o objeto figurado e o seu modelo.[36] O ídolo seria um engodo, pois cativa o olhar e faz esquecer o referente que ele substitui — é essa a justificativa das iconoclastias —, ao passo que o ícone incita ao entendimento dando a ver uma relação mais inteligível que sensível, uma similitude não ostensiva entre a imagem e aquilo que ela representa. Para além do contexto grego, esse contraste permitiria distinguir dois tipos de imagens: as que tornam um objeto presente sem aspirar à semelhança e as que imitam aquilo que figuram, fundamentalmente as obras de arte na tradição ocidental moderna. Jean-Pierre Vernant pode ter parecido emprestar sua autoridade a essa generalização simplificadora que muitos antropólogos adotaram e que, conforme destacou Hans Belting, prestava-se havia muito tempo a contrapor as imagens dos "primitivos" àquelas dos "civilizados".[37] É verdade que, analisando a passagem "[d]a presentificação do invisível à imitação da aparência" no mundo grego na virada do século V para o IV, Vernant mostrou que ao culto de emblemas do divino sem forma reconhecível nem visada figurativa sucedeu-se a produção de imagens semelhantes e uma reflexão sobre a *mimésis* em Xenofonte e, sobretudo, em Platão. Ora, como ele próprio especificou posteriormente, se há mesmo uma diferença entre *eidôlon* e *eikôn*, ela reside na sucessão temporal do emprego desses termos, não na contraposição de seus campos semânticos.[38] *Eidôlon* se encontra nos textos mais antigos, nos quais designa um duplo de ser humano — sonho ou fantasma; estritamente falando, trata-se de uma aparição que é "tanto presença daquele cuja identidade se reconhece ao vê-lo plantado à sua frente quanto completa ausência de um ser que abandonou a luz do dia ou que lhe é originalmente estranho".[39] Por sua vez, o *eikôn* surge apenas no século v, como produto de uma atividade mimética. Dito isso, a "semelhança" que o *eidôlon* reveste se expressa desde a origem pelos próprios termos dos quais deriva *eikôn*.[40]

Na Grécia antiga, ídolo e ícone não são antitéticos como depois vieram a se tornar em Bizâncio, onde aquele acabou por se aplicar a deuses que existem apenas através de suas imagens e este foi reservado às representações de Deus. É, portanto, inútil se apoiar na autoridade dos antigos para contrapor como duas categorias irredutíveis as imagens que tornam presente o invisível e aquelas que se assemelham por mimetismo, já que tanto umas quanto as outras recorrem à iconicidade ao mesmo tempo que exploram campos de similitude diferentes: as primeiras expressam uma relação de conformidade com um modelo e devem, assim, ainda que apenas no nome, manifestar algumas das qualidades sensíveis e inteligíveis que lhes são atribuídas, ao passo que as últimas se contentam em imitar a aparência exterior. Em ambos os casos, há de fato uma forma de congruência com aquilo que é representado, uma adequação entre uma manifestação concreta da imagem e a identidade, seja ela física ou normativa, do objeto figurado.

Ao lado das imagens que figuram apenas a si mesmas, situam-se aquelas que, ainda que pareçam perfeitamente anicônicas, remetem de maneira oblíqua a referentes identificáveis. Costuma-se dizer que uma das razões que tornam árdua a articulação entre a história da arte e a etnologia da arte provém do fato de que a reflexão sobre a arte ocidental se fixou nas obras figurativas até o início do século xx, enquanto as imagens habituais mais comuns nas sociedades tradicionais da África, da América, da Ásia e da Oceania parecem, à primeira vista, não figurativas.[41] Daí a desmesurada importância conferida nos museus etnográficos às esculturas e às máscaras, cooptadas pelos amantes de arte primitiva como obras análogas às que se encontram nos museus de belas-artes, em detrimento de objetos ornamentados, tecidos, cestarias ou adereços, que se veem relegados à mesma categoria dos artefatos ocidentais expostos nos museus de arte decorativa. Para se convencer disso, basta olhar as capas de revistas de arte primitiva nas quais se entronizam de maneira praticamente exclusiva as elegantes máscaras da África central, as faces contorcidas dos gnomos do Sepik, na Nova-Guiné, ou as efígies de animais hieráticos da costa noroeste da América do Norte. Esse menosprezo é ainda mais acentuado pela ideia, desenvolvida a partir do fim do século XIX por autores como Alfred Haddon, Knut Stolpe ou, um pouco mais tarde, Karl von den Steinen, de que os motivos decorativos nas sociedades ágrafas seriam o resultado de uma simplificação e de uma esquematização de figurações realistas de animais aos poucos reduzidas a formas geométricas.[42] Alguns conseguiram ver nessa evolução hipotética o testemunho de uma degeneração do impulso criativo e de um empobrecimento de significações simbólicas associadas às imagens, como se na história da humanidade a convencionalização e o desenvolvimento da ornamentação tivessem caminhado lado a lado com a perda de sentido.

Entretanto, uma tal separação entre o figurativo e o decorativo está longe de ser assim tão bem marcada. De fato, o uso de motivos ornamentais em objetos da vida cotidiana costuma resultar no estímulo à imaginação visual, portanto no desencadeamento da produção de imagens mentais que muitas vezes são inteiramente figurativas sem serem, todavia, figuradas num suporte material. Essa função, que poderíamos chamar de "iconogênica", é a princípio característica das decorações estilizadas, isto é, dos motivos esquematizados e não diretamente miméticos que, no entanto, evocam, para aqueles que os observam, um referente facilmente identificável: a iconicidade é aqui o efeito de uma motivação cujo conteúdo semântico pode ser de uma enorme pobreza, mas que é, contudo, ativado pela figuração de ao menos uma propriedade daquilo que o motivo denota. O mesmo se verifica com a linha quebrada entre os achuar da Amazônia equatoriana, um motivo decorativo bastante comum cujo nome vernacular, *utunim*, designa Órion e remete ao zigue-zague que conecta as estrelas dessa constelação (ilustração 1).

O motivo *utunim* é usado em diferentes suportes nos quais é possível que o termo pelo qual ele é designado não desempenhe nenhum papel (pinturas faciais, aljavas para os dardos de zarabatana, braceletes e tornozeleiras entrançados), mas há pelo menos dois em que ele funciona como símbolo icônico: no flanco das pirogas monóxilas, nas quais é gravado a fogo, e na borda interna de tigelas de terracota (*pinínkia*) próprias para se beber a cerveja de mandioca. Em ambos os casos, a presença de uma figuração de Órion tem sentido por razões explicitadas por um mito. Ele relata como um grupo de órfãos, os *musach*, que fugiam numa jangada para escapar dos maus-tratos que o padrasto lhes infligia, acabou por chegar ao local onde o rio se encontra com a abóbada celeste, na orla do mundo, e pôde assim subir ao céu. Os *musach* tornaram-se as Plêiades, e a jangada que os acompanhou transformou-se em *utunim*, a constelação de Órion, cuja forma quase retangular, com o zigue-zague, veio a ser para os achuar um dos dois aspectos notórios desse conjunto de estrelas.[43] Eles dizem que o périplo aquático dos *musach* recomeça a cada ano quando, em meados de abril, as Plêiades e depois Órion desaparecem do céu na direção oeste no início da noite para se precipitarem na cabeceira dos rios e reaparecerem a leste pouco antes do nascer do sol, no decorrer do mês de junho, ao final de sua descida rumo à foz. Durante a viagem, diz-se que as Plêiades e Órion fazem borbulhar os cursos d'água, o que explica as cheias que os afetam ao longo desses três meses, um borbulhamento que é considerado um tipo de fermentação cósmica análoga à fermentação da cerveja de mandioca nos grandes jarros nos quais o processo é iniciado pelas enzimas da saliva das mulheres que mascam e cospem o tubérculo cozido.

A linha quebrada que conecta diversos pontos da jangada Órion possui, assim, uma dimensão icônica com a qual os achuar jogam quando a gravam numa piroga ou a desenham num recipiente: no primeiro caso, *utunim* evoca propriedades de seu referente transmitidas à embarcação, a saber, a potência e a regularidade do fluxo aquático ao qual Órion se incorpora durante uma parte do ano, ao passo que o mesmo motivo que aparece na borda da camada de cerveja de mandioca numa tigela lembra de modo metonímico o processo de fermentação ao qual Órion é associada.

Esse motivo muito simples, portanto, é decorativo apenas na aparência, já que sua função, pelo menos para os dois suportes mencionados, não é meramente ornamental: ele é ao mesmo tempo icônico, ao tornar inequivocamente visível aquilo cujo lugar ocupa, e dotado de agência própria, nesse caso a delegação intencional de uma propriedade cósmica a um artefato. Por conseguinte, ele se insere de pleno direito no registro figurativo.

Exemplos desse tipo são comuns na Amazônia, onde às vezes assumem formas complexas, nas quais uma mesma estrutura de motivos pode remeter a referentes múltiplos que se significam mutuamente, em eco. É o que acontece com o motivo da "arraia astronômica", cujas transformações em diversos suportes ao longo de um transecto estrutural, que vai do sopé dos Andes às Guianas, foram acompanhadas por Dimitri Karadimas, demonstrando, afinal, que a invariante que organiza esse esquema iconográfico é, ali também, a constelação de Órion.[44] O ponto de partida é a interpretação de uma máscara ritual comum às populações miránha, makúna, yukuna e matapi do médio Caquetá e do Apapóris na Amazônia colombiana, máscara essa que leva em sua face anterior motivos difíceis de identificar. Ela é utilizada por ocasião de uma festa celebrada no equinócio de março, no momento da frutificação da palmeira *Bactris gasipaes*, durante a qual os espíritos animais, representados por dançarinos usando máscaras, são recebidos com grande pompa na casa comunal e regalados com a cerveja de *Bactris* em troca do alimento que fornecem aos humanos pelo resto do ano. A palmeira *Bactris* pertencia em outros tempos ao povo dos peixes no mundo subterrâneo, de maneira que o ritual celebra também um episódio mítico: o roubo, pelo herói cultural Sol Médio, do primeiro caroço de *Bactris* trazido para a terra firme, seguido pelo conflito com os peixes e pelo triunfo do herói sobre seu rival Arraia, que ele mata com um golpe de lança.

Em número aproximado de quinze e diferenciadas por motivos variados, as máscaras são polivalentes, e cada uma serve para encarnar diversas espécies cuja identidade é revelada toda vez pela expressão do rosto do dançarino quando ele se desvela para beber a cerveja que lhe é oferecida. As máscaras não são, portanto, icônicas em um sentido realista habitual, já que cada uma delas serve para denotar diversas espécies cujos atributos ela sintetiza — a máscara que representa os animais terrestres e aéreos ostenta, assim, penas e pelos, dando vida sucessivamente a espécies diferentes graças ao humano que tornará presente o espírito de todas elas. No entanto, a máscara do mestre dos peixes, a chamada máscara de Arraia, possui características singulares. Trata-se de uma placa elíptica fixada no capuz do dançarino na qual são pintados círculos e linhas que, à primeira vista, em nada lembram uma arraia. Ora, segundo a interpretação de Karadimas, esses círculos remetem aos olhos da arraia assim como aos ocelos que ela traz em suas duas asas: os dois maiores desses ocelos ocupam o topo de um trapézio em que os olhos formam a base mais curta, análoga, portanto, à constelação de Órion (ilustração 2.1). Contudo, a arraia pode ser vista de outra maneira, como uma espécie "de quatro olhos", se dispusermos num mesmo plano sua face dorsal (a que tem os olhos) e sua face ventral, na qual se situam a boca e as narinas, sendo que cada uma dessas faces forma como que um rosto dotado de olhos que pode, então, ser sobreposta à outra na máscara (ilustrações 2.2 e 3).

A associação entre a arraia e Órion se explica por razões mitológicas. Arraia-Órion é o meio-irmão uterino do Sol Médio e ocupa no céu noturno uma posição equivalente à que este último ocupa no céu diurno. É essa condensação de associações míticas, posições astronômicas e características anatômicas que é figurada pelos motivos aparentemente anicônicos da máscara da arraia.

Há mais, porém. Prosseguindo com sua investigação sobre o motivo da arraia astronômica, Karadimas o desencava longe dali, nas Guianas, figurado pelos wayana em suas rodas de teto, discos pintados que ornamentam internamente o centro da cobertura das casas circulares, e gravado em clavas de madeira dura oriunda da costa, provavelmente atribuível aos kali'na.[45] Em ambos os casos, os motivos evocam a arraia e Órion, seja figurando uma estrela central emoldurada por dois desenhos simétricos que formam um trapézio num disco assemelhado a uma arraia — a roda de teto —, seja desdobrando as duas faces das arraias nas duas faces da clava, de modo a fazer surgirem quatro olhos para figurar as estrelas que emolduram o cinturão de Órion. Em suma, a arraia e a constelação de Órion, devido às características anatômicas singulares da primeira e ao papel de marcador sazonal da segunda, encontram-se combinadas repetidas vezes na Amazônia em grafemas híbridos para figurar relações de coincidência espaciais e temporais, de antagonismo e de correspondência de formas que um mito havia com frequência colocado em cena de modo paralelo.

Certamente, nem todos os motivos decorativos amazônicos são figurativos. Podemos mesmo dar crédito à conjectura de Pierre Déléage segundo a qual os termos aparentemente motivados que designam por referentes análogos os motivos decorativos muito semelhantes que encontramos em toda a Amazônia resultam, na realidade, de uma motivação a posteriori que serve para fixar, por meio de nomes provenientes da observação do mundo fenomenal, repertórios gráficos formados independentemente dele, pela combinação de figuras geométricas simples — em forma de V, cruz, quadrado ou triângulo.[46] Isso explicaria por que os motivos em zigue-zague ou constituídos por losangos adjacentes seriam designados praticamente em toda parte — exceto entre os achuar, como vimos — por termos que denotam a serpente ou a anaconda, ao passo que os motivos compostos de quadrados encastrados uns nos outros seriam nomeados com referência aos cascos de tartaruga. A proposição é interessante mas difícil de provar na medida em que nada permite decidir categoricamente entre essa hipótese de motivação puramente terminológica e a ideia mais usual de que formas proeminentes no plano perceptivo e observáveis no ambiente — escamas de serpente, movimentos de réptil, espinhas de peixe — teriam fornecido gabaritos analógicos e, portanto, figurativos para os motivos decorativos mais correntes nessa região do mundo.

No fundo, trata-se da mesma coisa. Afinal, o que importa verdadeiramente aqui é menos corroborar ou não a fonte icônica eventual do repertório gráfico do que avaliar os efeitos da iconicidade que a *combinação dos motivos* pode engendrar. Ainda na Amazônia, entre os motivos decorativos que remetem a um referente por tornarem visível uma de suas propriedades e aqueles que são anicônicos por completo, há casos de ornamentação iconogênica nos quais os motivos não são icônicos quando tomados separadamente, ao passo que em conjunto figuram um objeto do mundo. É o caso das pinturas faciais dos shuar da Amazônia equatoriana às quais Anne-Christine Taylor dedicou um estudo.[47]

Os motivos com que os homens shuar pintam o rosto quase diariamente, com uma tintura vermelha à base de urucum, são figuras geométricas — linhas, pontos, triângulos, faixas com uma linha quebrada, listras verticais ou losangos — às vezes designadas pelo nome de uma espécie animal, não porque simbolizariam essa espécie, mas porque o animal em questão — serpente, borboleta ou felino — é, ele próprio, ornamentado com elas. Esses motivos são, assim, da esfera daquilo que Déléage chama de repertórios gráficos: eles constituem um estoque comum de ornamentação tanto dos animais quanto dos humanos, e estes últimos não os ostentam para se assemelharem à espécie cujo nome carregam. Por outro lado, cada combinação de motivos com que um homem se pinta remete a um protótipo que, no entanto, só é conhecido através de outra imagem. Esse protótipo é um espírito individualizado chamado *arútam* que um homem encontra na forma de espectro durante uma experiência visionária, um finado que se identifica nominalmente e que vai se tornar o alter ego daquele para quem apareceu, indo habitá-lo à maneira de uma autoconsciência desdobrada que implica uma potencialidade de objetivação recíproca. A pintura facial é, então, o índice de que um homem foi visitado por um *arútam* e que dele recebeu, além de ardor para o combate, longevidade e talento oratório, certas disposições que são particulares a esse *arútam* que, por sua vez, recebeu ele mesmo em vida de outro *arútam*. Ainda assim, os motivos não representam simbolicamente a classe de disposições que o *arútam* transmitiu ao visionário, mas apenas a pintura facial que ele usava no momento em que apareceu, uma figura que somente o portador teve o privilégio de ver e da qual não deve mencionar o nome nem as características. Portanto, a pintura facial é mesmo uma imagem icônica, já que designa de maneira mimética uma individualidade singular — assim como Carlitos é representado por seu bigode, seu modo de andar e seus trajes ou Palas Atena por seus atributos guerreiros; trata-se, porém, de uma imagem que, por falta de espelho, o próprio portador não podia ver antes, quando a desenhava no rosto, e cujo protótipo permanece desconhecido de todos aqueles que, por sua vez, podem ver os motivos dos quais ele é constituído. Temos aqui, portanto, um tipo de memória pintada que de fato remete a um referente no modo da semelhança, mas do qual os espectadores tudo ignoram e que o autor da pintura só pode imaginar rememorando a imagem da qual ela é o vestígio.

Essas maneiras sutis de empregar motivos "ornamentais" para figurar referentes esquematizados, encastrados uns nos outros ou altamente individualizados, não são exclusivos da Amazônia. O trabalho monumental de Karl von den Steinen sobre a arte decorativa das ilhas Marquesas fornece diversos outros exemplos que o comentário virtuoso de Alfred Gell converteu numa verdadeira teoria autóctone da transformação estrutural das imagens.[48] Não deixa de ser verdade que uma parte significativa da iconografia não europeia dá as costas à figuração, ainda que aconteça de ela se combinar localmente a imagens miméticas, na maioria das vezes tridimensionais. De onde vem essa enorme generalização de ornamentações geométricas, sobretudo em objetos de uso cotidiano? Por que tantos coletivos humanos optaram ao longo do tempo por ornar seus artefatos, seus corpos, suas moradias, suas indumentárias, seus locais de culto com decorações anicônicas em vez de imagens figurativas? A falta de competência técnica deve ser excluída: a perfeição de certos motivos decorativos complexos executados por ceramistas ameríndios à mão livre, sem interrupções e sobre superfícies convexas torna tal explicação pouco provável. A resposta sugerida por Alfred Gell parece mais convincente.[49] Nos diferentes gêneros de representação figurativa, a agência concedida à imagem se assenta num jogo complexo de delegações de intencionalidade no interior da rede que conecta essa imagem àquele que a produziu, ao referente que ela retrata e àquele que a observa. Na arte decorativa, ao contrário, o poder de ação autônoma da imagem não é mais sub-rogado, dependente em certa medida daquilo que ela representa; ele é puramente interno à composição e resulta do fato de os motivos e suas combinações parecerem interagir entre si, dando a impressão de serem animados simplesmente por suas características de forma e de posição. Relativamente às imagens icônicas, os motivos decorativos têm, com efeito, essa particularidade de jogar com as propriedades visuais intrínsecas da repetição e da simetria, as quais produzem uma ilusão cognitiva de animação bastante econômica em meios, já que fundada em apenas quatro movimentos de deslocamento no plano: o reflexo simétrico, o reflexo invertido, a translação e a rotação. Mesmo as mais elementares das decorações — como a grega, ou seja, a translação repetida de um motivo muito simples ao longo de uma linha contínua — parecem movidas por um dinamismo próprio, pois não se pode deixar de observá-las transpondo mentalmente o motivo à direita ou à esquerda, de maneira a corroborar sua congruência por sobreposição, engendrando a ilusão de que os próprios motivos estão na fonte da movimentação. Essa ilusão não é de modo algum um erro de percepção, uma vez que se trata da atribuição à coisa percebida da ação intencional em operação no ato perceptivo, que é o verdadeiro fundamento cognitivo da animação dos motivos. Com as imagens anicônicas, é efetivamente o arranjo que realiza a agência.

É por isso que, conforme sugere Gell, os motivos ornamentais funcionam como armadilhas para o pensamento, mecanismos que captam e fixam a atenção, capazes de suscitar um vínculo com os objetos que eles ornamentam, não apenas porque esses objetos e o projeto coletivo do qual emanam se tornam assim mais proeminentes que outros desprovidos de decoração, mas também porque o efeito de fascinação que os motivos suscitam conduz a um desprendimento em relação ao ambiente expandido e às preocupações mundanas daquele que os observa; graças a essa propedêutica da atenção, o espectador estará, desse modo, em melhor posição para se concentrar num pensamento, num estado íntimo, ou mesmo num objeto irrepresentável: Deus ou o infinito. Perder-se na contemplação de motivos decorativos permite desprender-se de si mesmo e pode constituir um exercício espiritual que canaliza a piedade; seu uso na decoração de locais consagrados à oração explora esse papel de fixador de uma atenção não direcionada, por ausência de distração referencial, tornando assim particularmente vivaz experienciar uma agência cuja fonte é ainda mais difícil de determinar por parecer totalmente inerente às relações autônomas de interação sustentadas por motivos aliás desprovidos de significado intrínseco. Assim, uma das vias possíveis na direção do acesso à transcendência passa pela expressão automática e de plena imanência de efeitos ópticos incólumes a qualquer simbolismo.[50]

A arte dita "abstrata" se assenta sobre os mesmos princípios. Num quadro de Rothko, Pollock ou Soulages, uma mancha, um risco, uma cor sólida podem também dar a impressão de exercer uma ação sobre um elemento vizinho, seja por um contraste de traçado, seja por um contraste de cor. Ao contrário do que ocorre na arte decorativa, não são a repetição e a simetria que dão a ilusão do movimento por meio de uma armadilha cognitiva praticamente mecânica; são a engenhosidade, o talento ou o gênio do artista que constituem a sua fonte, quando o pintor soube discernir as relações de forma e tonalidade mais adequadas à impressão de animação que a tela causa no espectador. O resultado é que o efeito de agência não é mais interno à imagem, como no caso dos motivos ornamentais, mas diretamente imputável à intencionalidade do artista, cujo quadro, ainda que desprovido tanto de significado quanto de referência a um protótipo, apresenta uma marca, uma espécie de grafo vibrante e depurado da maneira pela qual seu autor poderia figurar objetos se assim lhe apetecesse. De resto, o espectro da iconicidade desenrola também suas nuances dentro da própria arte abstrata, desde um polo bastante próximo da arte decorativa do ponto de vista da fonte de seus efeitos oculares até outro mais francamente iconogênico no qual a intenção figurativa não desapareceu, ao menos sob a forma de um estado do artista ou de uma circunstância em que ele se encontre, a respeito dos quais se considera que a obra forneça índices e que seu título por vezes busque de outra maneira evocar. O primeiro polo é bem ilustrado pela *op art* e pelo partido que artistas que recusavam qualquer referência ao mundo e a si mesmos, como Victor Vasarely ou Frank Stella, souberam tirar das ilusões da percepção visual, ao passo que o segundo pode remeter a membros daquilo que se chamou expressionismo abstrato, tal como Pollock, cuja *action painting* figura o próprio processo de criação, ou Robert Motherwell, cujas telas, embora completamente "abstratas", aspiram a tornar visíveis sua vida íntima, suas emoções e suas reações diante dos acontecimentos que o afetam (tabela 1).

FIGURATIVA				NÃO FIGURATIVA	
ICONICIDADE MIMÉTICA	ICONICIDADE "ICONOGÊNICA"			ANICÔNICA	
A imagem reproduz um número maior ou menor de propriedades do referente	Motivo estilizado (motivação ativa devido a pelo menos uma propriedade do referente)	Combinação de motivos que figuram um referente ou se juntam a uma figuração mimética	A imagem figura um estado, uma situação, um processo (expressionismo abstrato ou bétilos)	Arte decorativa (motivação ausente ou inativa)	Arte não referencial (*op art*, por exemplo)

TABELA 1 — O ESPECTRO ICÔNICO

Estendendo-se ao longo de uma gama contínua que vai da arte "realista" mais mimética à arte abstrata menos figurativa, os graus de iconicidade se modulam também proporcionalmente ao grau de autonomia concedido à imagem. Quanto mais "semelhante" ela for, isto é, quanto maior for o número de qualidades daquilo que ela figura cuja impressão visual ela é capaz de restituir, mais o efeito de agência que parece animá-la será atribuível às características e às circunstâncias dos objetos e das situações que ela retrata, ainda que esses referentes estejam ostensivamente desprovidos de vida. É o que ocorre com as fascinantes naturezas-mortas da escola holandesa; em seus detalhes aparentemente mais triviais — a espuma que transborda de uma caneca, o olho fresco de um peixe que se acabou de pescar, a mancha de sangue que começa a se esparramar sob a perdiz ainda tépida —, elas tornam manifestas as intenções daqueles que providenciaram esses víveres e os dispuseram sobre uma toalha florida, mas também uma espécie de teleologia geral dos organismos que associa particularmente a mosca à casca de limão, a borboleta à rosa, o camundongo à tigela de leite. Inversamente, quanto mais tênue a iconicidade, e com maior razão ainda se ela for rechaçada, mais a agência da imagem parece ser inerente à sua estrutura formal e, assim, remeter à engenhosidade daquele que a produziu, de maneira que a intencionalidade deste último, seu talento, sua habilidade, sua imaginação se tornarão mais manifestos que numa obra figurativa, dado que nenhuma referência a um modelo virá desviar a atenção do espectador. Como bem compreendeu Pollock, a mais figurativa das imagens é aquela que figura sua própria realização.

É por isso que a faixa menos icônica do espectro da iconicidade é pouco propícia à presentificação visual dos traços característicos de uma ou outra ontologia: encontramo-nos distraídos pelo virtuosismo puro de uma criação que toma a si mesma por objeto, fascinados até a suspensão do juízo pelos entrelaçamentos, pelos contrastes e pelas simetrias, incapazes de objetivar aquilo que observamos, impedidos, portanto, de fazer com que a percepção desempenhe seu papel de detectora e distribuidora das qualidades do mundo. A exemplo dos demônios que se tentam petrificar na soleira das casas na Índia do Sul com os *kolam*, motivos apotropaicos tão complexos que quem os observa se esquece das próprias más intenções, o espectador que contempla uma ornamentação anicônica sedutora por sua composição tende a renunciar ao próprio discernimento e abandona a tarefa sempre reiniciada de fazer coincidir o objeto percebido numa imagem com o tipo por meio do qual ele adquire sentido numa rede de relações. Quanto às figuras sem forma nem rosto, do tipo *huaca*, bétilo ou *boli*, que atestam a existência de uma divindade ou de um princípio ativo sem chegar a mostrar ao que eles se assemelhariam, elas exigem, para serem ativadas ou adoradas, que já se saiba o que elas são ou aquilo que fazem, uma vez que nada em sua aparência o anuncia, às vezes nem mesmo o sugere. Em contrapartida, as imagens figurativas, qualquer que seja o seu grau de mimetismo ou de potência iconogênica, oferecem todas um acesso, por meio de seus próprios recursos, aos esquemas que os humanos empregam para discriminar e modelar suas percepções segundo as ontologias dentro das quais receberam sua educação visual. Será esse, portanto, o assunto principal das análises que se seguirão.

Voltemos agora à questão dos mecanismos da iconicidade quando ela não constitui uma simples imitação que reproduz um número suficiente de propriedades de um objeto a fim de que ele se torne identificável, mas quando é empregada para figurar processos, estados, relações. Se concordarmos com os semiólogos que o signo icônico difere do signo linguístico por sua motivação, em que exatamente ela consiste? É mera semelhança? Até que ponto ela permite substituir o signo pelo referente? Ela é, contudo, convencional em determinados aspectos e baseada em esquemas culturais de percepção que guiam o reconhecimento de um objeto figurado em razão do aprendizado ao qual o olhar foi submetido para discerni-lo? Seria ela de fato inexistente, como pretende Nelson Goodman, para quem os signos icônicos são análogos aos signos linguísticos, espécies de rótulos daquilo que denotam e cujos usos e regras sintáticas é indispensável aprender?[51] Sem entrar aqui no labirinto de controvérsias filosóficas sobre a iconicidade, um tema desenvolvido mais livremente no *postscriptum* desta obra, ainda assim diremos algumas palavras sobre a abordagem semiológica que parece coincidir melhor com a ideia de esquemas figurativos desenvolvida nestas páginas, aquela de um coletivo de semiólogos de Liège que atende pelo nome bastante chestertoniano de "Grupo µ".

Recordemos primeiro essa evidência de que a percepção de uma semelhança entre uma imagem e aquilo que ela figura é certamente em parte resultado da experiência e do condicionamento, mas que essa percepção se torna "natural" rapidamente, a partir do momento em que se consegue distinguir quais aspectos da imagem correspondem às qualidades selecionadas entre aquelas do referente e quais outros são efeito de uma convenção figurável que confere a essas qualidades uma aparência particular. Um rosto retratado de perfil figura apenas uma parte dos traços da pessoa que ele representa e permanece, no entanto, identificável contanto que, como na percepção direta, tenha-se aprendido a completá-lo mentalmente. As imagens icônicas em duas dimensões emaranham assim elementos que correspondem aos objetos dos quais são o signo — aspectos de suas formas, cores, texturas, orientações — e elementos que cada tradição iconográfica acrescenta como uma espécie de construção gradual visível a fim de "manter unidos" os traços semelhantes — a opção por essa ou aquela geometria projetiva, a escala, uma relação entre figura e fundo... É essa combinação entre porções de realidade mais ou menos fielmente transpostas e códigos icônicos sui generis que explica podermos tratar uma imagem em determinadas circunstâncias como sendo o próprio objeto que ela figura, mesmo sabendo, no fundo, que não é nada disso.

Ora, ao propor complexificar os elementos constitutivos da estrutura geral dos signos, os teóricos do Grupo µ apresentaram uma solução elegante a essa hibridez original dos signos icônicos, que combinam códigos visuais convencionais e índices de seme- lhança.[52] Um desses elementos novos é próprio do signo icônico, o "tipo"; o outro é compartilhado com o signo linguístico, o "estímu- lo". Este último é o meio concreto, acústico ou visual, que expres- sa o significante (a imagem mental da forma do signo) por meio de um som, de uma letra ou de um desenho, ao passo que o tipo, próprio do signo icônico, funciona como um esquema visual que garante uma correspondência entre o referente (o objeto da repre- sentação) e o estímulo através do qual ele ganha uma expressão material. O significado saussuriano (a representação mental que o signo denota) é assim eclipsado do signo icônico (mas permanece no signo linguístico) para se ver substituído pelo tipo, um protóti- po conceitual que sintetiza as propriedades visuais do referente. Suponhamos que o estímulo seja o desenho de uma palmeira real- çado com aquarela; ele mantém com o referente (uma tamareira avistada num oásis tunisiano) uma relação de transformação: a palmeira figurada não é idêntica à *Phoenix dactylifera* que o ar- tista tomou por modelo. Contudo, reconheço uma palmeira nes- se desenho — ainda que eu não chegue a reconhecer a espécie —, porque o estímulo (o desenho) está em conformidade com uma re- presentação figurativa (o significante) equivalente a um tipo (um conjunto de traços visuais) que condensa aquilo que sei do referen- te (a classe de plantas formadas por um caule lenhoso que porta uma coroa de palmas no topo). O processo de significação — ou, se quisermos, a "semelhança" — decorre do fato de que o estímulo (o desenho) e o referente (a coisa representada) "mantêm relações de conformidade com um mesmo 'tipo' que explica as transforma- ções que se interpuseram entre o estímulo e o referente".[53]

Um grande mérito da teoria do signo icônico proposta pelo Grupo µ é que ela em nada prejulga a natureza do referente: pode ser um objeto, uma qualidade, um processo, real ou imaginá- rio, concreto ou abstrato, em suma, aquilo que chamei em outro momento de um "existente", entendido como qualquer entidade, propriedade ou fenômeno que uma ontologia local estipule fazer parte do mobiliário de seu mundo. E é certo que uma imagem pode representar uma divindade que ninguém jamais viu ou então um estado de espírito, uma disposição, uma emoção — tal como a série de *Improvisações* de Kandinsky —, ou mesmo, como no caso dos bétilos, o simples fato de existir. No entanto, se o tipo de uma palmeira, de um leão ou mesmo de uma casa não é difícil de imaginar por analogia com aquilo que a psicóloga Eleanor Rosch chamou de protótipo — um membro de uma categoria de objetos com aparência mais destacada que se torna, por isso, o melhor exemplar dessa categoria —,[54] é menos intuitivo o tipo por meio do qual podem ser figurados numa imagem o espírito auxiliar de um xamã, a existência de propriedades compartilhadas entre humanos e não humanos ou a ideia de hierarquia estatutária. É que, para além dos tipos de objetos, que correspondem a sínteses convertidas em imagem de entidades das quais se dispõe de uma descrição prévia — objetos que, desse modo, já são signos cujo tipo vem encarnar a expressão —, há que se considerar a existência de *tipos de relação* figuráveis, isto é, protótipos das conexões que os signos dos objetos do mundo mantêm entre si. É exatamente a isso que correspondem os filtros ontológicos cujo papel na organização das imagens este livro ambiciona colocar em evidência.

ONTOLOGIAS DAS IMAGENS

Se figurar é fazer aparecerem de maneira reconhecível objetos, estados e algumas das relações que os unem, é também tornar visível o modo de existência singular desses seres que se instauram nas imagens e através delas, é mostrar aquilo que os distingue por preterição daqueles que foram ignorados ou incompreendidos, é às vezes desvelar a própria razão pela qual eles adquirem uma presença sensível em vez de permanecerem na orla do devir. Figurar, pois, é dar a ver a ossatura ontológica do real a que cada um de nós se adaptará em função dos hábitos que nosso olhar tiver adquirido para seguir esta ou aquela dobra do mundo — um fenômeno, uma qualidade, um objeto que se destaca no fluxo de nossa experiência sensível —, mantendo-se ao mesmo tempo indiferente a outras solicitações discretas que outros sujeitos humanos, em outros lugares ou outros tempos, terão, ao contrário, atualizado e que se tornarão para eles carregadas de um significado que fundamentalmente nos escapa. No entrelaçar das qualidades destacáveis em que cada um de nós traça a própria rota de intérprete de signos, há, contudo, dois caminhos que foram mais percorridos que outros, porque se abrem seguindo esses sistemas de índices que chamei de modos de identificação, a saber, essas formas contrastadas de discernir continuidades e descontinuidades entre um humano e aquilo que o cerca. É preciso voltar um instante a esses modos de identificação — o animismo, o totemismo, o analogismo e o naturalismo — para melhor especificar como cada um deles se manifesta num modo de figuração singular, o qual, no plano icônico que nos interessa aqui, é detectável tanto na escolha dos objetos a serem representados quanto nos meios pelos quais eles se relacionam entre si.

O jogo de contrastes entre as quatro formulações diz respeito ao reconhecimento ou não, num objeto indeterminado à espera de identificação — um *aliud*, em termos filosóficos —,[55] de uma fisicalidade e de uma interioridade semelhante ou dessemelhante àquelas que todo humano experimenta: esse pássaro que me olha de cima, esse banco de névoa que me envolve aos poucos, essa panela que transborda, eles têm intenções, aspirações, desejos do mesmo tipo que os meus? Estão se dirigindo a mim? Temos qualidades de forma ou de temperamento em comum? Compartilhamos uma mesma essência ou uma mesma origem? Somos feitos dos mesmos componentes? Respondemos aos mesmos princípios de ação? Existem correspondências entre as nossas propriedades e maneiras de ser? Todas essas questões que alimentam as indagações metafísicas habituais da humanidade equivalem a perguntar se eu detecto ou não no objeto em pauta disposições interiores da mesma natureza daquelas que reconheço em mim mesmo, se ele parece ser constituído dos mesmos elementos que eu e desenvolver as mesmas funções. A hipótese deste livro é que esses critérios de discriminação ontológica fornecidos pela gama de semelhanças e diferenças entre a interioridade e a fisicalidade devem se encontrar na figuração das junções que articulam os elementos dos mundos. Podemos, pois, esperar que seja primeiramente explorando esse contraste e tornando essas combinações perceptíveis pela forma, pelo traço e pela cor que os modos de figuração se distinguirão entre si. É por isso que temos de retomar o jogo de contrastes em cada um dos casos.

Longe de ser uma mera curiosidade exótica, o animismo surge da propensão da humanidade a detectar intenções no comportamento dos seres mais diversos, mesmo aqueles que foram feitos pela mão do homem. Tendo em vista os índices que ela me fornece e aquilo que ouço dizer a seu respeito, posso ter a intuição de que uma entidade presente em meu ambiente é animada a partir de seu interior por disposições análogas às minhas: animal, planta, simples "presença" perceptível por seus efeitos, até mesmo artefato ou imagem, ela parece movida por uma vontade própria, capaz de ações autônomas, dotada de discernimento e em condições de fazer escolhas. Por outro lado, a aparência física sob a qual ela se oferece à minha percepção difere enormemente da minha: coberta de pelagens, penas ou cascas de árvore, munida de asas, nadadeiras ou galhos, incapaz de sobreviver fora da água ou de se deslocar em plena luz do dia, essa entidade é predeterminada por seu envoltório material a ocupar um nicho ecológico específico e nele conduzir uma existência distintiva. Em suma, posso inferir de muitos dos seres que me cercam que eles atendem a estas características: sua interioridade não é muito diferente da minha, mas eles se distinguem de mim por suas propensões físicas, pelo tipo de operação que elas lhes permitem realizar e pelos pontos de vista contrastados que, desse modo, elas lhes oferecem do mundo.

É quando uma tal atitude se generaliza e se sistematiza num grupo de humanos que se pode falar de animismo, um modo de identificação comum entre os ameríndios da Amazônia e do norte da América do Norte, na zona ártica e na Sibéria setentrional, entre as populações do sudeste asiático e da Melanésia. Os animais, as plantas, os espíritos, determinados objetos são ali vistos e tratados como pessoas, agentes intencionais dos quais se diz possuírem uma "alma", isto é, uma faculdade de raciocínio, de comunicação e de juízo moral que faz deles sujeitos de pleno direito com os quais os humanos podem manter relações de toda sorte. Em virtude dessa posição de agente que lhes é reconhecida, considera-se que a maioria dos existentes se organizam segundo modalidades análogas às dos humanos: eles têm sua casa, seus chefes e seus xamãs, casam-se segundo as regras vigentes e praticam as artes da civilização. E se, apesar da diferença de formas físicas, a comunicação é possível entre os coletivos de humanos e de não humanos — geralmente nos sonhos ou em certos rituais —, é porque o corpo de cada um deles é visto como uma simples vestimenta que recobre interioridades similares, as quais os tornam capazes de trocar mensagens significativas com outras entidades dotadas das mesmas faculdades. Em suma, ali onde o Ocidente moderno identifica a fronteira entre humanos e não humanos numa descontinuidade moral, o animismo a vê numa descontinuidade física.

Para figurar uma ontologia desse tipo, é preciso poder tornar visível a interioridade dos diversos tipos de existente — não retratar as sutilezas psicológicas do seu eu, mas indicar que eles têm uma subjetividade — e mostrar que essa interioridade comum se abriga em corpos de aparências bastante variadas — corpos de presas, corpos de predadores ou corpos de estrelas — que devem poder ser inequivocamente identificados por meio dos índices de espécie. Essa dupla exigência já estipula condições figurativas mínimas para o animismo: por exemplo, um certo grau de iconicidade a fim de que os envoltórios físicos sejam reconhecíveis por sua forma geral, por um atributo ou uma atitude típica, até mesmo por um movimento; ou ainda que cada ser figurado o seja por sua conta, em sua singularidade de sujeito — às vezes no que se refere a outro que se encontre com ele numa relação de interação complementar — e jamais numa composição de conjunto em que sua própria agência seria diluída na de outros agentes. Este último ponto é intrínseco ao animismo: cada tipo de existente intencional possui um ponto de vista legítimo sobre o mundo, de maneira que não existe para a figuração animista nenhuma posição privilegiada a partir da qual um agrupamento que reúne um grande número de seres diferentes poderia ser retratado.

O totemismo, esse modo de identificação do qual os aborígenes australianos oferecem um impressionante testemunho, apresenta um contraste com o anterior na medida em que leva a tomar por irrelevantes as diferenças entre os humanos e os outros existentes do ponto de vista tanto da interioridade como da fisicalidade e, ao contrário, dá ênfase ao compartilhamento, dentro de uma classe híbrida composta de determinados humanos e determinados não humanos, de um conjunto de qualidades que uns e outros igualmente possuem. Transmitidas a cada geração pelas sementes de um protótipo original, essas qualidades remetem menos à forma dos corpos e mais às substâncias de que eles são feitos, às disposições que os habitam, ao "temperamento" que manifestam, tornando, assim, mais verossímil a ideia de uma relação de identidade entre seres de aparências muito diferentes. As qualidades comuns aos membros da classe — humanos, plantas, animais — diferenciam-nos em bloco dos membros de outras classes que contêm não apenas outros humanos, mas também outras plantas e outros animais. Assim, cada classe é autônoma no plano ontológico na medida em que ela encarna uma essência particular localizada num lugar preciso, ainda que seja dependente de outras classes no plano funcional — pelo menos para os humanos que nelas encontram seus pares e o acesso aos territórios de caça e aos serviços rituais. Enfim, cada classe se identifica em primeiro lugar pelo nome de seu totem, um ser que viveu na Terra em outros tempos, no "tempo do Sonho", e do qual são fisicamente oriundos os membros humanos e não humanos do grupo que ele encarna. Ainda que esse ser muitas vezes seja designado pelo nome de um animal, é antes o contrário que se dá: o totem é nomeado segundo a qualidade que constitui sua marca distintiva, e o animal ao qual ele é identificado é que leva, na verdade, o nome dessa marca. Isso significa que um totem não é um animal que os humanos considerariam como um "ancestral" nem mesmo uma espécie cujas propriedades poderiam servir para caracterizar a classe híbrida que dela procede; ele é um conjunto de atributos hipostasiados num nome de qualidade que serve também para designar uma espécie animal.

Vê-se que o totemismo é muito mais do que um dispositivo classificatório que utiliza contrastes entre espécies para significar contrastes entre grupos sociais; trata-se de uma ontologia que detecta e distribui, de maneira original, as qualidades percebidas nos seres e nos lugares. Como figurar essas classes totêmicas que reúnem existentes humanos e não humanos de aparências tão diferentes e, contudo, aparentados por uma origem comum e disposições compartilhadas? Dando a ver a identidade profunda de seus membros tal como ela é derivada das propriedades do totem do qual eles se originaram. Identidade interna, pelo fato de incorporarem uma mesma "essência" cujo nome sintetiza o campo de predicados que eles têm em comum; identidade física, uma vez que são constituídos das mesmas substâncias, organizam-se segundo uma mesma estrutura e possuem, consequentemente, o mesmo gênero de temperamento. Homologias de estruturas, identidade de percursos de gênese e referências compartilhadas com um protótipo comum são aqui os traços que a figuração totêmica se empenhará para tornar presentes.

A fórmula do analogismo inverte a do totemismo. Em vez de humanos e não humanos estarem fundidos no interior de uma classe em virtude de compartilharem uma essência e substâncias comuns, são, ao contrário, todos os componentes do mundo, todos os estados e as qualidades que ele contém, todas as partes de que os existentes são feitos que se veem distinguidos uns dos outros e diferenciados em outros tantos elementos singulares. À maneira dos *wan wou*, as "10 mil essências" da cosmologia chinesa,[56] ou das inúmeras entidades compondo a "grande cadeia do ser" na cosmologia medieval, esse modo de identificação se assenta sobre o fracionamento e a individuação das propriedades dos seres e das coisas. Para que um mundo formado por um número assim tão grande de elementos singulares possa ser concebível pelos humanos que o ocupam, para que seja mesmo habitável de maneira prática sem que nele nos sintamos por demais prisioneiros do acaso, é preciso interligar, numa rede de correspondências sistemáticas, as múltiplas partes das quais ele é constituído. Ora, em suas formas mais visíveis, essas instaurações de correspondência baseiam-se todas na figura da analogia: é o caso, por exemplo, das correlações entre microcosmo e macrocosmo estabelecidas por determinados sistemas divinatórios, das geomancias chinesa e africana ou da ideia de que desordens sociais — incesto, homicídio, perjúrio, abandono de ritos — acarretam catástrofes climáticas. É por essa razão que propus chamar de "analogismo" essa ontologia da atomização e da recomposição que foi dominante na Europa da Antiguidade ao Renascimento e da qual ainda encontramos diversas ilustrações contemporâneas entre as civilizações do Oriente, na África Ocidental ou nas comunidades ameríndias dos Andes e do México. Diante da constatação de que o mundo é povoado por uma miríade de singularidades, trata-se de organizá-las em cadeias significativas e em quadros de atributos para tentar conferir ordem e sentido tanto aos destinos individuais quanto aos coletivos.

Em relação às outras ontologias visuais, a figuração analogista apresenta características incomuns. O analogismo se baseia efetivamente no reconhecimento de uma descontinuidade geral de interioridades e fisicalidades que resulta num mundo povoado de átomos únicos, um mundo profuso e fracionado no qual os humanos se esforçam para reduzir a proliferação de diferenças detectando entre os existentes, assim como entre as partes de que são constituídos, redes de correspondência que permitam conferir um sentido ao seu comportamento. Ora, numa ontologia desse tipo, na qual o conjunto de existentes é fragmentado numa pluralidade de instâncias e de determinações, existem necessariamente muitas maneiras de representar a associação dessas singularidades, de forma que a objetivação do analogismo em imagens assumirá figuras mais diversas do que em outros modos de identificação. Por exemplo, e na medida em que o analogismo dá ênfase ao esmigalhamento das interioridades e à sua dispersão numa multiplicidade de suportes físicos, pode-se esperar que seja feito um esforço para dessubjetivar a interioridade de humanos e não humanos, de maneira que ela seja disseminada e acoplada a uma fisicalidade também ela distribuída. Para figurar isso, é preciso dar a ver um conjunto de descontinuidades frágeis e coerentes, seja diretamente num único objeto de natureza ostensivamente compósita, uma quimera, seja indiretamente por meio de efeitos de encastramento metonímico da imagem e daquilo que ela figura. Em outras palavras, o objetivo figurativo do analogismo é primordialmente tornar presentes redes de correspondência entre elementos descontínuos, o que pressupõe sobretudo multiplicar os componentes da imagem a fim de melhor individualizar seu sujeito.

O último modo de identificação, o mais familiar aos europeus, inverte termo a termo as premissas do animismo: os humanos são os únicos a possuir uma interioridade — uma mente, uma intencionalidade, uma capacidade de raciocínio —, mas eles se ligam ao grande continuum dos não humanos por suas características físicas; assim como as marés, os postes de iluminação ou as papoulas, sua existência material é regida por leis das quais nenhum existente pode se eximir. Chamei de naturalismo a essa maneira de inferir qualidades nas coisas porque ela tem por efeito, em primeiro lugar, dissociar claramente na arquitetura do mundo aquilo que é do âmbito da natureza, um campo de regularidades físicas previsíveis, já que governadas por princípios universais, daquilo que é do âmbito da sociedade e da cultura, a saber, as convenções humanas em toda a sua diversidade instituída. Disso resulta uma dissociação entre a esfera dos humanos, os únicos capazes de discernimento racional, de atividade simbólica e de vida social, e a multidão imensa de não humanos fadados a uma existência maquinal e não reflexiva, dissociação inaudita que nenhuma outra civilização havia pensado em sistematizar dessa maneira. Nascida na Europa, essa forma de mundiação se propagou por muitas partes do mundo durante os últimos dois séculos, sobrepondo-se ou misturando-se ao longo do caminho a outras ontologias, de maneira que, sob o nome de modernidade, ela veio a encarnar um futuro desejável que o progresso das ciências e das técnicas podia apenas tornar inelutável para todos os humanos. Em Singapura, Joanesburgo ou Buenos Aires, os modernos são aqueles que acreditam que a natureza existe como uma totalidade à qual os humanos pertencem por sua constituição física, mas da qual se distinguem fortemente por sua interioridade (ou, à escolha, sua mente, sua alma, suas faculdades cognitivas e linguageiras), uma cláusula de exterioridade suficiente para que estejam em posição de tratá-la como uma jazida de recursos, de desvelar seus princípios de funcionamento e, mais recentemente, de protegê-la dos usos excessivos a que ela é submetida.[57]

Aqui também, e de maneira certamente ainda mais acentuada que em outros modos de identificação, o contraste entre a vida íntima dos sujeitos e as restrições materiais que os cercam orienta as linhas de força do figurável. Afinal, os dois traços que uma representação imagética da ontologia naturalista deve essencialmente objetivar são a interioridade distintiva dos humanos em geral e de cada um deles em particular — o gênio da espécie e a mente de seus membros — e a continuidade física dos seres e das coisas representada de maneira homogênea num espaço homogêneo, um teatro da natureza em que o papel de cada um, animal, planta ou artefato, é escrito nessa língua única que a mente científica deu à luz. Que esse projeto figurativo seja aquele sobre o qual dispomos da maior quantidade de informação, que ele também seja, talvez, o mais reflexivo de todos aqueles sobre os quais nos debruçaremos e que ele tenha, além disso, pelo menos desde Alberti, uma série de comentadores designados não são a menor das dificuldades que será preciso enfrentar para explicá-lo. A isso responderemos, como teremos feito com o animismo, o totemismo e o analogismo, bebendo generosamente na erudição dos especialistas e ao mesmo tempo, por vezes, violentando os hábitos de pensamento nos quais repousa esse saber.

Os esquemas figurativos pelos quais este livro se interessa são identificáveis nas imagens pelas maneiras de dispor os seus componentes que refletem as continuidades e descontinuidades entre os existentes que um coletivo humano percebe e sistematiza numa ontologia. Algumas dessas ontologias têm parecenças e podem ser agrupadas segundo grandes modos de identificação que se estendem em arquipélagos em todos os continentes e se encontram às vezes combinados dentro de um mesmo coletivo, de maneira que as imagens que figuram um ou outro desses modos estão elas também distribuídas ao redor de toda a Terra. Como se assegurar de que os índices através dos quais detectamos esses esquemas figurativos são mesmo do âmbito das diferenças nas opções ontológicas que estruturam as culturas visuais? Por quais meios comprovar que a recorrência, em diversos locais, de procedimentos iconográficos semelhantes não é efeito da difusão de um motivo ou da generalidade de um dispositivo formal que pode servir a fins diferentes em conjuntos culturais diferentes ou ser, ao contrário, empregado com um mesmo fim em quase todos os lugares? Eliminando os universais indevidos e aqueles que não parecem manter ligação com uma ontologia figurativa particular. Daremos aqui apenas uma breve indicação disso, reservando seu exame cuidadoso aos capítulos que se seguem.

Entre as deficiências da explicação das imagens, há uma forte constante que consiste em postular para elas uma função tão genérica que não explica mais nada, uma vez que dissolve as particularidades das tradições iconográficas, dos códigos figurativos e das culturas visuais num objetivo considerado comum a respeito do qual, na maioria das vezes, é possível demonstrar não haver a universalidade que lhe é atribuída. É o caso, por exemplo, da ideia proposta por Hans Belting — mas que mergulha suas raízes na narrativa de origem da pintura relatada por Plínio — de que a finalidade primeira das imagens seria a de preservar a memória dos mortos, uma afirmação surpreendente na pena de um dos raros historiadores da arte que possui uma verdadeira cultura antropológica e da qual geralmente faz bom uso.[58] Pois se ele ilustra sua tese examinando com grande refinamento e erudição o estatuto da imagem dos mortos, é limitando-se apenas à orla mediterrânea, como se o Oriente Próximo, o Egito e a Grécia fossem a única pátria das representações figurativas e, para todos os efeitos, o berço de seu nascimento. Não se pode deixar de interpretar assim sua observação a respeito dos crânios de Jericó, sobremoldados em gesso e pintados, supõe-se, à semelhança do finado ao qual pertenciam: "a humanidade quase não possui imagens que sejam mais antigas [cerca de 9 mil anos] que os crânios de Jericó".[59] Sem dúvida se trata de uma força de expressão, e Belting quer dizer com isso que não se conhecem em outros lugares representações tão antigas de um indivíduo particular, em contraste com as imagens antropomórficas em geral que se tornaram comuns pelo menos 20 mil anos antes. No entanto, essa conclusão apressada implica que o arquétipo da imagem legítima seja a figuração mimética de uma pessoa humana e é sintomática de uma tendência dos teóricos da imagem a generalizações partindo daquilo que conhecem melhor, o mundo mediterrâneo antigo e o Ocidente, em direção às periferias, que lhes são menos familiares. Belting não escapa a isso ao atribuir a fonte dinâmica das imagens a um desejo de compensar a ausência dos mortos, uma aspiração que seria bem difícil de verificar em muitas regiões do planeta e que diversos povos, se dela tomassem conhecimento, acolheriam sem sombra de dúvida com uma incredulidade horrorizada.[60]

Em contrapartida, motivos icônicos com uma distribuição muito generalizada — as caricaturas, os grafites obscenos, as figuras das brincadeiras com barbante, os desenhos apotropaicos — ou ainda técnicas de representação visual bastante disseminadas — a pictografia, a heráldica — não deixam transparecer em seu conteúdo ou em sua forma gêneros particulares de mundiação; devemos antes considerá-los como manifestações de pulsões universais no primeiro caso ou, no segundo, como soluções formais apresentadas por toda parte, de maneira independente, para restrições específicas de expressão. Um bom exemplo deste último caso, ao qual voltaremos no *postscriptum*, é a figuração sequencial típica das pictografias. Um pictograma é um signo icônico que evoca de maneira simplificada aquilo a que se refere e cuja forma é de tal modo estabilizada que sua interpretação é sempre idêntica dentro de uma mesma tradição cultural. A globalização tornou certos pictogramas universais, mas um pictograma não é uma pictografia. Para que haja pictografia, é necessário um conjunto de pictogramas formando um sistema e que, por meio deles, seja possível representar sequências de ações. Ora, é raro que essas sequências sejam decifráveis apenas com base nas imagens que retratam. O estudo comparativo das pictografias ainda vigentes mostrou que elas são sempre ilustrações de um discurso que acabaram de escandir e estruturar; além disso, em inúmeros casos, elas constituem um memento que facilita a rememoração e a enunciação correta de discursos normalizados longos e complexos, muitas vezes de natureza ritual.[61] A função mnésica atribuída às pictografias explica por que as encontramos em diversas regiões do planeta, inclusive em grutas ornamentadas, e isso de maneira independente dos regimes figurativos e dos estilos iconográficos localmente dominantes, sendo esse tipo de roteiro narrativo reconhecível de imediato por suas centenas de propriedades formais, como a linearidade do encadeamento dos motivos correspondente à sucessão de episódios e a repetição de certos pictogramas numa estrutura paralelística.

Os modos de figuração cuja existência este livro ambiciona comprovar não devem, portanto, ser considerados à maneira de uma matriz iconológica que se possa aplicar a qualquer gênero de imagem para que ela encontre seu lugar numa tipologia formal. Afinal, um esquema figurativo tal como o entendemos é primordialmente um conjunto de meios a serviço de um objetivo, que é tornar presente de maneira reconhecível esse ou aquele traço que caracteriza uma ontologia particular, individualizando-o numa imagem que, em sua qualidade de agente icônico, vai se comportar relativamente a outros existentes como uma das entidades reconhecidas no repertório dos seres entre os quais se situa. A fim de levar a cabo uma operação desse tipo, são necessários meios, isto é, tanto técnicas quanto códigos figurativos, entre os quais alguns serão mais adequados que outros à ambição de tornar manifesta uma ou outra dimensão dessa ou daquela ontologia. Isso significa que uma mesma técnica ou um mesmo código figurativo podem ser empregados para diferentes fins em quadros ontológicos distintos, sendo que a discriminação entre os tipos de esquemas figurativos não concerne apenas aos meios que eles empregam, mas também, e sobretudo, às dimensões icônicas e indiciais das imagens, ou seja, à natureza do referente ao qual elas remetem e ao tipo de causalidade intencional que lhes é imputada.

GEOMETRIAS DA FIGURAÇÃO

Figurar não é somente reter num círculo familiar aquilo que merece se tornar visível; é também privilegiar uma técnica para dar corpo a essa visibilidade, é fazer escolhas quanto aos gêneros de espaço dentro dos quais se distribuem os objetos cujo advento é gerado em função dos meios de expressão icônicos que imitam sua aparência — imagem sobre uma superfície plana ou tridimensional, volume em esculturas de vulto redondo ou em relevo, aderecos, indumentárias e decorações que sobredeterminam um corpo... Para além do conteúdo das imagens, para além da ostensão do tipo de relação que as estrutura, a própria forma que elas revestem, ou seja, a distância e o ângulo a partir dos quais os objetos retratados são oferecidos à vista, a disposição espacial de uns em relação aos outros, a maior ou menor divergência que sua configuração apresenta quanto àquela restituída pela visão humana, todas essas opções geométricas são outras tantas variantes formais que refletem a maneira pela qual um coletivo compõe seu mundo.

Certamente não é nova a ideia de que os valores cardinais de uma civilização se expressam tanto, e talvez até mais, nas formas que ela confere às suas realizações plásticas quanto nos objetos que representa. Na virada do século XX, Aloïs Riegl havia defendido esse princípio veementemente quando, inspirado pelo método de análise formal de Adolf Hildebrand, propunha contemplar todos os produtos das artes decorativas e figurativas do Império Romano tardio — os móveis, a pintura, a arquitetura, a escultura, os ornamentos metálicos — como característicos de um estilo unitário definível particularmente pela desagregação da forma figural e pela fusão entre o primeiro plano e o fundo.[62] Conforme Riegl, a unidade das artes plásticas numa forma visual generalizada — o estilo "óptico", que começaria então a suceder ao estilo "táctil" — refletiria traços constitutivos da cultura romana da época, um processo inconsciente de ordenamento do mundo cujos vestígios seriam visíveis na estrutura de um baixo-relevo assim como na teologia de Santo Agostinho, nas incrustações de grená de um broche assim como na organização da ordem jurídica. Simplificadora em sua formulação, já que a "vontade artística" (*Kunstwollen*) da humanidade teria afinal resultado em apenas dois estilos sucessivos que englobam a totalidade da produção plástica conhecida, a abordagem evolucionista de Riegl convidava, no entanto, a indagar sobre as relações entre geometrias formais, técnicas figurativas e escolhas culturais que uma história da arte por demais apegada ao estudo das doutrinas estéticas tendera a negligenciar.

Nas décadas que se seguiram, é sobretudo a metafísica incorporada aos diferentes tipos de perspectiva que reterá a atenção dos autores interessados nas relações entre visão do mundo e formas de figuração. O ensaio que Erwin Panofsky publica em 1927 sobre o assunto teve tamanha repercussão que mal precisamos nos deter nele.[63] Lembremos apenas que ele demonstra como o emprego da geometria projetiva para construir a perspectiva linear na Itália da primeira metade do século xv teve o efeito de tornar visível uma relação nova entre o sujeito e o mundo, entre o ponto de vista do humano que examina e um espaço matematicamente construído em que a forma, a disposição e a dimensão conferidas aos objetos são inteiramente função de sua distância e de sua orientação para com aquele que os observa. Essa nova "forma simbólica" da mundiação apresenta assim o paradoxo de que o espaço infinito e homogêneo que ela engendra se encontra, no entanto, construído e orientado a partir de uma posição arbitrária: ela cria uma distância entre o homem e o mundo ao mesmo tempo que devolve ao primeiro a condição da autonomização do segundo. "Objetivação do subjetivo" segundo Panofsky, a perspectiva linear institui, desse modo, o confronto entre o indivíduo e a natureza do qual a ontologia moderna é portadora e que a pintura de paisagem melhor encarna no campo artístico.[64]

É nos contrastes entre diferentes geometrias da representação que sobressai mais nitidamente a influência que elas exercem na maneira como as qualidades do mundo são percebidas e sistematizadas; por isso, os debates que opuseram os adeptos da perspectiva albertiana aos que a ignoravam ou a rejeitavam são ricos em ensinamentos. Um dos mais bem argumentados é aquele que o teólogo russo Pável Floriênski conduziu em 1919 a favor da "perspectiva inversa" e contra a perspectiva albertiana, acusada de afugentar o sagrado por ser dependente demais da esfera subjetiva criada para e pelo espectador.[65] Filósofo, matemático, físico e sacerdote ortodoxo, admirado por Lênin e Trótski, companheiro de estrada dos bolcheviques antes de ser executado em 1937 nos expurgos stalinistas, o padre Floriênski foi um fervoroso apologista da riqueza espiritual da fé ortodoxa; seu texto sobre a perspectiva inversa, originalmente uma conferência preparada para o monastério da laura da Trindade-São Sérgio, visava a reabilitar o método de construção projetiva empregado nos ícones bizantinos e russos até o século XVI, que ele opunha ao naturalismo desencantado da perspectiva linear adotada pelos artistas da Europa Ocidental. Na perspectiva inversa, o ponto de fuga é homólogo ao ponto de observação, de maneira que as linhas não convergem a partir do espectador em direção a um ponto situado atrás da imagem; elas convergem, ao contrário, a partir da imagem em direção ao espectador, um efeito principalmente obtido figurando-se os objetos mais afastados maiores que os objetos próximos (ilustração 4a). Floriênski é também da opinião de que o objetivo da pintura não é imitar o melhor possível aquilo que nossos olhos veem, uma tarefa de qualquer maneira fora do alcance, já que não existe método matemático que permita transpor um objeto em três dimensões para uma superfície plana, conservando ao mesmo tempo a totalidade de seus pontos e sua estrutura formal. Todas as formas de perspectiva são, portanto, simbólicas, e aquela utilizada nos ícones é, em muito, preferível à geometria albertiana, pois, longe de se contentar em emular o olhar humano, ela dá acesso a realidades que nossos sentidos habitualmente não conseguem captar.

Além disso, conforme observa Floriênski, os pintores de ícones não foram os únicos a usar esse procedimento: no afresco do Juízo Final da Capela Sistina, Michelangelo também retratou as figuras mais afastadas do espectador — o Cristo, a Virgem e os santos — maiores que aquelas que estão à sua frente na altura do olhar — os mortos, condenados e ressuscitados. Resulta daí uma "completa incomensurabilidade" com o espaço normal, sendo que o afresco não convida os fiéis a penetrarem na cena que descreve, como poderiam ser induzidos a fazê-lo por uma perspectiva linear, mas os repele, ao contrário, para fora do campo, como por "um mar de mercúrio", um meio de garantir, tal como fazem os ícones, a exterioridade ostensiva da transcendência perante o mundo imperfeito em que residem os pecadores.[66] É exatamente o efeito inverso que o respeito estrito à perspectiva florentina produz, sendo particularmente nítido em certas representações religiosas: ela promove uma intimidade compartilhada com o personagem contemplado projetando-o no rosto do devoto que, esquecido de que é o foco ordenador da imagem, vê-se antes como o destinatário que ela teria elegido (ilustração 4b).

A outra vantagem da perspectiva inversa, segundo Floriênski, seria a de que ela combate a tendência ao solipsismo por meio do uso do policentrismo. Colocar o ponto de fuga no lugar do espectador permite dissociar os elementos da imagem e contemplar suas diferentes partes como se a cada vez se adotasse um ponto de vista específico, multiplicando de fato horizontes particulares. A consequência paradoxal dessa visão aparentemente contraintuitiva é que, em vez de encerrar o espectador em sua subjetividade criadora de mundo, o ícone concede, ao contrário, um acolhimento a uma multiplicidade potencial de fiéis, visto que "a experiência compartilhada da pintura está contida dentro da própria pintura".[67] Nesse sentido, a perspectiva inversa torna disponível para a visão humana uma objetividade religiosa desatrelada da subjetividade do demiurgo albertiano; ela abre as condições para uma "metafísica suprapessoal", um espaço poliperspectivista animado pela presumida comunhão sensível dos adoradores do ícone. A subjetividade do ponto de vista ordenador próprio da perspectiva linear ou a evidenciação de uma autonomia metafísica proposta pela perspectiva inversa são consequências dos modos de organização do espaço pictórico que tradições iconográficas adotaram, por vezes durante períodos bastante longos, e que estabilizam visualmente maneiras contrastadas de detectar continuidades e descontinuidades no tecido das coisas percebidas. É preciso, então, dizer aqui algumas palavras a respeito desses métodos de espacialização antes de examinar mais detalhadamente, nos capítulos que se seguem, as correspondências que eles apresentam com cada um dos regimes figurativos cuja coerência nos propomos demonstrar.

Transpor para uma superfície plana objetos em três dimensões exige fazer escolhas dentro de uma gama de soluções ópticas muitas vezes interdependentes que comporta muito mais do que apenas opções de perspectiva.[68] O primeiro critério concerne ao ponto de vista, isto é, à alternativa de construir a imagem a partir de uma posição de observação única, como na perspectiva linear, ou a partir de pontos de vista múltiplos, como é o caso, por exemplo, da representação desdobrada da costa noroeste da América do Norte, uma técnica para a qual Franz Boas já havia chamado a atenção há mais de um século. Recordemos o seu princípio: produzir uma imagem em duas dimensões que dê a ver os aspectos de um ser — humano, animal, espírito — normalmente escamoteados por uma visão frontal, repartindo as duas laterais de seu corpo, e às vezes sua parte posterior, em ambos os lados de uma linha mediana imaginária traçada a partir do alto do rosto até a base da pélvis. Uma das ilustrações que Boas fornece desse procedimento é a pintura de um urso (ilustração 5) cujos flancos, vistos de frente, são acrescidos de cada lado de uma prega central invisível que se origina na parte inferior de uma fenda na fronte do animal, ponto de partida do eixo de simetria sagital.[69] Na máscara yukuna, o alinhamento dos quatro orifícios da arraia num mesmo plano (os olhos na face superior, as narinas na face inferior) resulta também de uma justaposição contraintuitiva de pontos de vista. Por mais estranho que possa parecer a um olho formado na perspectiva linear, esse gênero de disposição permite, na realidade, figurar um número muito maior de traços físicos do modelo, inclusive aqueles que um olho humano não pode ver simultaneamente; ela contrasta assim com a visão ilusionista da pintura europeia que reproduz aquela do olhar, deixando de retratar aquilo que não se percebe — por exemplo, a outra face de um rosto vislumbrado de perfil. Seu realismo é conceitual, ou seja, fiel a uma concepção das propriedades dos seres, e não imitativa de aparências.

Como se pode ver a partir desse exemplo, a variável do ponto de vista é fundamental, já que revela imediatamente as diferenças formais dentro das opções figurativas. Do século xv à revolução cubista, que reabilitará com brilhantismo os pontos de vista múltiplos, a maioria das imagens europeias é construída a partir de uma posição de observação única, uma escolha pouco comum na história da figuração e que se torna excepcional quando, como na Europa, é combinada a outra particularidade, a saber, a adoção de uma distância moderada em relação ao centro da projeção. É essa preferência que o preceito de Leonardo da Vinci ilustra, recomendando ao pintor que situe o seu ponto de observação a uma distância de ao menos vinte vezes a dimensão do objeto a ser retratado ou até mais, se a imagem tiver de ser observada simultaneamente por diversas pessoas, sendo-lhe então necessário acomodar sem grandes deformações a visão por parte de espectadores situados em ângulos diferentes com relação ao plano do quadro.[70] Uma posição de observação próxima, isto é, situada a uma distância inferior àquela preconizada por Da Vinci, parece ser desconhecida em outras tradições figurativas e raramente é encontrada na iconografia europeia posterior ao Renascimento em virtude da estranheza visual do extremo escorço engendrado pela perspectiva linear — com os objetos do primeiro plano em tamanho desproporcional relativamente ao restante —, da qual a figuração se torna, então, antes um pretexto para uma exibição de virtuosismo do que um meio de descrever uma cena, a exemplo da *Lamentação sobre o Cristo morto* (c. 1480), de Mantegna.[71] Essencialmente, a perspectiva linear, conforme seus princípios construtivos enunciados por Alberti, corresponde assim às características decorrentes do ponto de vista único situado a uma distância moderada. O esquema geométrico típico da figuração naturalista é efetivamente a transformação projetiva, sendo que essa transposição implica uma convergência das linhas de projeção entre o sujeito da composição e o ponto de observação ao mesmo tempo que um ângulo oblíquo entre o plano da imagem e o plano do sujeito. Ora, as linhas de projeção convergentes são um efeito necessário de uma posição de observação situada a uma distância moderada do sujeito a ser retratado, sem que aliás seja indispensável que essa posição única seja centrada — ela pode ser desviada para a direita ou para a esquerda — nem que a imagem comporte um único ponto de fuga.

É verdade que outras tradições iconográficas adotaram igualmente um ponto de observação único; elas são raras, e na maioria dos casos esse ponto situa-se no infinito óptico, e não a uma distância moderada, sendo que os objetos retratados ficam por isso desprovidos de relevo, como se fossem vistos do céu a uma grande altitude, e não apresentam variações nas suas dimensões em função da distância ou da informação a respeito de seus respectivos tamanhos relativamente uns aos outros. É o caso das miniaturas persas, por exemplo, cuja geometria é afim e não projetiva (as linhas permanecem paralelas), sendo que a profundidade se dá por uma estratificação rigorosa dos planos na falta de convergência em direção a um ponto de fuga e o tamanho das figuras não diminui à medida que elas ficam mais afastadas. Não há necessidade, contudo, de uma perspectiva linear para centrar o olhar, como bem ilustra uma miniatura realizada em Herate no final do século XV (ilustração 6). Ela retrata uma visita ao banho turco do califa Hārūn al--Rashīd e figura dois cômodos contíguos dos quais as divisórias de frente para o espectador teriam sido suprimidas: no da esquerda, reservado às abluções, os cabelos do califa estão sendo cortados por um barbeiro, enquanto o da direita, uma espécie de vestiário, mostra banhistas se vestindo, um empregado pendurando as toalhas para secar com uma vara e um ancião sentado à direita, não se sabe muito bem em quê, absorto na contemplação das toalhas. Ora, conforme sugere uma exegese da miniatura, o personagem central da história, Hārūn al-Rashīd, não é de forma alguma o foco da imagem, que chama a atenção mais para a cena do vestiário e mais particularmente para o elo entre o ancião e as toalhas.[72] Ao apontar com o olhar para a roupa pendurada, uma indicação direcional acentuada pela vara que risca obliquamente a porção direita da miniatura, esse personagem à primeira vista marginal focaliza a imagem: ele permite ao espectador ver a cena através de seus olhos, estabelecendo assim uma relação entre o ancião, vestido como um sábio sufista, e as toalhas, muitas vezes interpretadas na época como símbolos de pureza. A despeito da banalidade dos acontecimentos que ela retrata, essa miniatura não é em nada a cópia de uma porção do mundo real na qual as necessidades de higiene exigem lavar a si mesmo e às toalhas: o ponto de vista único, que em geral coloca o espectador em posição de desfrutar de uma cena como se ela tivesse sido realizada especialmente para ele, encontra-se aqui contrabalanceada pelos efeitos da geometria afim e do infinito óptico que dão aos personagens do banho turco uma singular autonomia relativamente a quem os observa, consagrando-os a indicar aquilo que deve ser em vez daquilo que é.

A visão dos modernos foi por tanto tempo deturpada pelo hábito da perspectiva linear que teve dificuldade em identificar como uma escolha em outras tradições pictóricas — de longe as mais comuns na história da humanidade — a construção de imagens a partir de posições múltiplas de observação. Podiam, quando oportuno, ser reconhecidos como arte outros estilos iconográficos que, sem verdadeiramente chegar a restituir a perspectiva "natural", conformavam-se, no entanto, a um ponto de vista único, desde as paisagens chinesas até as miniaturas persas, passando pela pintura japonesa do gênero *yamato-e*. Quanto ao restante das imagens pintadas e gravadas, por vezes apreciadas pela sedução "mágica" que liberavam, por seu frescor ingênuo, pela potência de sua expressão ou simplesmente por sua antiguidade, elas não mereciam ser classificadas na mesma categoria, em virtude daquilo que era percebido como uma estranheza ou uma imperícia em sua composição. Compreende-se, então, o escândalo provocado pelas primeiras telas cubistas, que desintegravam as ilusões da perspectiva linear e destronavam o sujeito único de seu ponto de vista imperial para substituí-lo por corpos e objetos fracionados, deslocados, considerados sob diversos ângulos e reduzidos a planos geométricos e emaranhados. Pontos de observação múltiplos não haviam mais sido aplicados de maneira tão clara nas imagens europeias desde as iluminuras romanas (ilustração 7). Contudo, em vez de distribuir os pontos de vista dissociando figuras e fundo — os elementos do cenário vistos de cima, figuras vistas de frente ou de perfil —, a exemplo do que faziam os pintores de miniatura oito séculos antes, os cubistas multiplicaram os pontos de observação sobre uma mesma figura. Conforme luminosamente definida por Albert Gleizes e Jean Metzinger, dois dos fundadores do movimento, a nova maneira de figurar consistia em "mover-se ao redor do objeto para dele captar diversas aparências sucessivas que, fundidas numa só imagem, reconstituem-no em sua duração".[73] Vê-se que a multiplicação dos pontos de vista sobre um mesmo objeto visava menos a descontruir a perspectiva albertiana do que a restituir, na tela, a experiência de uma sucessão rápida de percepções daquele objeto, um efeito cinematográfico que passa pela decomposição ostensiva das figuras retratadas, fragmentadas em tantas vistas simultâneas quanto a verossimilhança de sua aparência pudesse tolerar. E, conforme o gênio de Picasso provou em seu *Retrato de Ambroise Vollard* (1910), essa tolerância podia atingir um notável vigor mimético.

Voltemo-nos agora para o efeito das diferentes transformações geométricas na organização do espaço pictórico (ilustração 8). Característica da geometria euclidiana, a transformação métrica se baseia no princípio de que as propriedades métricas da figura — a dimensão, a distância e os ângulos — são preservadas quando da transposição para um plano. Na medida em que apenas a posição e a orientação da figura podem variar, todas as outras propriedades do objeto figurado permanecem invariantes: dimensão, forma, abertura dos ângulos, caráter retilíneo das linhas e paralelismo. A figuração de artefatos nos afrescos dos túmulos egípcios é um bom exemplo de transformação métrica, estando o plano da imagem rigorosamente paralelo ao plano do objeto: quer se trate de um vaso, de um tamborete ou de um prato, ele será sempre representado de maneira frontal sob sua forma mais imediatamente reconhecível, como se esta fosse um decalque ou uma sombra projetada do protótipo. A projeção ortogonal permite, assim, uma grande clareza na identificação dos objetos retratados; ela poderia ser considerada como exatamente o oposto da anamorfose, já que assegura a permanência da forma eliminando qualquer possibilidade de ilusão perceptiva.

A transformação por similitude inclui as três transformações precedentes, ao que se acrescenta a transformação radial, em outras palavras, uma amplificação ou uma diminuição proporcional da figura, com todas as suas dimensões variando simultaneamente. Nas transformações desse tipo, as invariantes de comprimento e de superfície são eliminadas, mas a forma e a abertura dos ângulos permanecem, assim como todas as propriedades a elas associadas, particularmente o paralelismo e a perpendicularidade. Em suma, a invariante fundamental aqui é a forma. Trata-se de uma transformação crucial na percepção visual. Com efeito, cada vez que nos aproximamos ou nos afastamos de um objeto visto frontalmente, opera-se uma transposição por similitude, contanto que o objeto esteja sempre situado na mesma altura em relação ao campo visual do observador: ele parece aumentar ou diminuir sem mudar de forma, uma propriedade que fornece informações sobre o tamanho dos objetos quando se destacam no horizonte, uma vez que, qualquer que seja a distância de observação, a porção do objeto situada sob o horizonte é sempre equivalente à altura da linha de visão do observador. No campo das imagens, esse gênero de transformação corresponde, por exemplo, aos desenhos arquitetônicos que representam uma fachada em elevação, desde que não se introduza nenhum efeito de perspectiva para dar profundidade a partes da construção, como os alpendres ou os vãos.

Uma transformação afim não preserva nem a dimensão dos segmentos, nem as superfícies, nem a abertura dos ângulos, mas transpõe o paralelismo, razão pela qual, a esse respeito, frequentemente se fale de transformação paralela. Com relação às duas transformações precedentes, nas quais o plano dos objetos figurados é o mesmo que o dos objetos que se figuram, a projeção afim confere a eles uma inclinação diferente, com o resultado de que os ângulos variam e as linhas paralelas permanecem as mesmas. As miniaturas persas constituem uma boa ilustração disso (ilustração 6), ou, ainda, as edificações na pintura chinesa ou japonesa, com sua falta de convergência das paredes ao longe, tão surpreendente para olhos europeus habituados à projeção central. Com relação à transformação ortogonal nos afrescos egípcios, que figura as propriedades métricas das coisas como se elas fossem independentes do ponto de vista de um sujeito que percebe, a transformação afim permite contemplar o mundo a partir de uma posição de observação particular, conservando ao mesmo tempo uma nítida distinção entre aquilo que é visto por um humano em posição normal e aquilo que ele escolhe restituir dessa visão numa imagem. Essa distinção desaparece na transformação projetiva, base da perspectiva linear, sendo o paralelismo substituído pela convergência das retas em direção a um ponto de fuga. Diferentemente da transformação afim, a transformação projetiva autoriza, sem dúvida, uma melhor figuração daquilo que é percebido por um humano, mas com o resultado paradoxal de que essa técnica considerada mais fiel à realidade fenomenal é, na verdade, a mais infiel às propriedades geométricas dos objetos transpostos, pois é aquela que mais as elimina: o realismo "visualista" dos ilusionistas europeus se opõe assim ao realismo ontológico no qual perseveraram outras tradições iconográficas.

De alcance menos ostensivamente cosmológico que as opções de transformações geométricas, a maneira de dispor as figuras retratadas na superfície que as acolhe nem por isso é menos rica em ensinamentos quanto à prioridade concedida por uma tradição iconográfica àquilo que é visualmente significativo em sua aparência. Por não se contentarem em representar objetos segundo um plano dominante por meio de um tipo de transposição geométrica, muitas das imagens bidimensionais procuram fazê-lo optando por lhes conferir uma orientação sistemática no que diz respeito ao plano da imagem e relativamente aos próprios objetos entre si. As imagens de visada icônica em geral se empenham em transmitir informações que permitam identificar os objetos que elas figuram ou, no mínimo, identificar os elementos dos quais são compostos — no caso das quimeras ou das ilusões de óptica, por exemplo — ou mesmo a estrutura geral do efeito que seu conjunto busca produzir. Por esse motivo, não surpreende que certos tipos de objetos sejam representados dentro de uma mesma cultura visual na forma estereotipada pela qual se considera que eles exibam o maior número de qualidades reconhecíveis.

Isso depende também dos objetos representados. A maioria das tradições figurativas optaram por retratar os humanos segundo uma seção frontal — o plano que separa o que está adiante daquilo que está atrás (uma visão "de frente" ou, muito mais raramente, "de costas") — ou segundo uma seção sagital — o plano que separa o lado direito do lado esquerdo (uma visão "de perfil") —, e quase nunca uma seção transversa — o plano que separa a parte superior da parte inferior (uma vista "de cima" ou "de baixo"). Não é nada surpreendente, portanto, que Alphonse Bertillon tenha inventado a fotografia de identificação forense combinando a visão frontal e a visão sagital, enquanto, para pássaros, é a visão sagital que predomina — nos túmulos do Egito antigo, nos biombos japoneses e nos manuais europeus de ornitologia —, já que nela eles são mais prontamente identificáveis. Sem a necessidade de invocar aqui hipotéticos universais, não resta dúvida de que, independentemente de particularismos iconográficos locais, existem formas preferenciais de representar certos seres em virtude de sua conformação. Isso pode ser visto numa pintura feita por um aborígene australiano anônimo no chamado estilo "raio x" que figura uma equidna em corte sagital, reconhecível por seus espinhos e seu focinho fino e tubular, e uma tartaruga em corte transverso, única maneira de revelar seus detalhes internos (ilustração 9). Uma das modalidades da figuração aborígene, que, como veremos no capítulo 5, desdobra a ordem totêmica desvelando a anatomia de um protótipo originário, encontra aqui as limitações de representação engendradas pela morfologia do animal com cujos traços ele é retratado.

É forçoso reconhecer, no entanto, que, uma vez satisfeita a exigência de um reconhecimento mínimo do objeto representado, as escolhas concernentes aos aspectos mais representativos desse objeto variam conforme os pressupostos figurativos dos produtores de imagem e de seu público. É o que acontece, como vimos, com a "representação desdobrada" da costa Noroeste, que equivale a justapor duas visões sagitais que dão a ilusão de uma visão frontal (ilustração 5) ou da torção estranha com que são afetados os humanos nos afrescos egípcios, resultado da combinação de um plano frontal (para o torso e os braços) e de um plano sagital (para as pernas, a pélvis e a cabeça). Em suma, entre os critérios formais a serem considerados, não se trata apenas da escolha de um ponto de vista único ou múltiplo nem da distância em relação aos objetos figurados, mas também da orientação uniforme ou compósita desses objetos.

Há que se considerar uma última alternativa figurativa, aquela resultante do interesse ou, ao contrário, da indiferença testemunhados pelas tradições iconográficas no que diz respeito à restituição do volume de objetos físicos. Para além dos problemas específicos relativos à conversão geométrica de um volume numa figura plana que ocupa um lugar sobre uma superfície circunscrita, coloca-se a questão de saber se a imitação fiel da extensão espacial ocupada por esse volume é pretendida ou não. A escolha é evidente na pintura europeia a partir do Renascimento, que rompe com a bidimensionalidade da Idade Média desenvolvendo técnicas para emular a impressão de tridimensionalidade. É o caso do efeito de realidade da sombra e da luz, uma particularidade do visualismo naturalista que não tem equivalente em nenhuma outra parte e graças à qual se pode dar modelagem à redondeza de um rosto, relevo às dobras de um tecido ou granulação a um bloco de pedra.[74] É o caso ainda do escalonamento estratificado dos planos de uma paisagem que contribui para acentuar a sua profundidade, um efeito reforçado pelo uso da perspectiva atmosférica, que consiste em suavizar os contornos dos planos mais afastados e atenuar progressivamente seus tons para se integrarem ao do céu, dois procedimentos dos quais a pintura chinesa de paisagem soube igualmente tirar partido.

É possível também dar ilusão de volume a uma imagem em duas dimensões pintando-a diretamente numa superfície cujo relevo ou multiplicidade de planos vão lhe imprimir profundidade. Ao contrário de uma estátua policromática, em que a forma é primeiramente executada à semelhança do objeto que ela representa antes de ser finalizada com cores, esse outro procedimento explora as características de uma forma preexistente a fim de conferir mais verossimilhança a uma pintura que permanece bidimensional. Algumas imagens virtuosas da arte rupestre são bastante ilustrativas disso. Na caverna de Chauvet, por exemplo, assim como em Altamira ou Lascaux, os produtores de imagem utilizaram as irregularidades da superfície rochosa para dar volume e dinamismo às suas figurações de animais segundo uma técnica de acentuação plástica dos detalhes anatômicos que se assemelha quase ao baixo-relevo. Além disso, a desordem aparente com que eles espalharam as figuras, chegando às vezes a sobrepô-las, indica bem a sua intenção: representar os animais, cada qual por conta própria e independentemente de seu meio, simulando o melhor possível seu volume e seu movimento, em vez de dispô-los relacionados entre si tal como elementos a compor uma cena organizada de acordo com princípios de economia interna. O mimetismo cinético, e consequentemente o efeito tridimensional, tinha ali primazia sobre qualquer outra consideração. Esse efeito é também evidente nos elegantes chapéus trançados dos haida, que habitam as ilhas da Rainha Charlotte, ao largo da costa noroeste do Canadá. Eles os enfeitam com pinturas em preto e vermelho que representam animais-brasões — rã, lobo, corvo... — cuja forma se ajusta à de seu suporte. Aquele da ilustração 10, confeccionado com raízes fendidas de abeto, figura um corvo cuja cabeça parece como que moldada na copa, com o bico transbordando na ampla aba, emoldurado pelas asas com suas rêmiges características. A exemplo da maioria dos chapéus haida, e conforme indicado pela fenda entre os olhos, trata-se de uma representação desdobrada — não estando o bico, ao menos na intenção, formalmente separado em dois — à qual é justamente o bico que confere unidade visual, já que, sobrepondo-se ao rosto do portador do chapéu, toma dele emprestado o efeito de volume devido à visão frontal, ao mesmo tempo que admite ser visto de perfil segundo um corte sagital.[75]

Apesar das expressões tão diversas, o desejo de simular volumes e o espaço em que eles se inscrevem continua sendo muito pouco comum. A maioria das tradições figurativas se interessa mais em tratar o plano da imagem como um espaço a ser preenchido com formas definidas primordialmente em função de princípios de composição internos: eixos de simetria, saturação da superfície disponível, redução dos contornos a figuras geométricas simples... A arte funerária do Egito antigo é um exemplo perfeito disso: tanto nas paredes dos túmulos quanto na superfície dos caixões de cedro, a preocupação em articular formalmente figuras num plano prevalece sobre a vontade de descrever uma situação real. Disso resulta uma acumulação de objetos (essencialmente, animais e artefatos que acompanham o finado até o além) descritos com minúcia sob o ângulo pelo qual são mais reconhecíveis, sendo que a pintura obedece a uma economia de sua repartição que privilegia os efeitos de simetria, de repetição, de remissão e de justaposição contrastiva. Não é de surpreender que as opções figurativas — transformação métrica, multiplicidade de pontos de observação, encastramento de objetos uns nos outros, indiferença quanto ao efeito de realidade de seu volume — contribuam para conferir às cenas funerárias o aspecto de um inventário pictórico que vem ecoar os objetos reais — muitas vezes os mesmos — depositados na sepultura. Veremos ao longo destas páginas que esses mesmos critérios de geometria representacional são sistematicamente adotados pelos regimes figurativos nos quais as imagens têm por finalidade repertoriar atributos, evidenciar conexões em vez dos elementos que elas associam ou figurar seres e situações que devem permanecer num plano de existência independente daquele do espectador.

FORMAS DE OSTENSÃO E POTÊNCIAS DE AGIR

Em um texto de 1947, conhecido sobretudo pelo ensaio de Gaston Bachelard a seu respeito, Hermann Hesse coloca em cena um prisioneiro condenado a passar a vida encarcerado que, para se distrair do tédio e escapar por um instante de sua condição, pinta numa parede da cela um trem entrando num túnel. Num dia de interrogatório, ele pede aos carcereiros para esperarem um momento, pois ele tinha de entrar no trenzinho a fim de verificar alguma coisa, no que eles consentem, rindo, já que o condenado tinha entre eles a reputação de ser simplório. O narrador prossegue:

Me fiz bem pequeno. Entrei no meu quadro, embarquei no trenzinho, que se pôs em marcha e desapareceu na escuridão do pequenino túnel. Por alguns instantes, percebia-se ainda um pouco da fumaça flocada que saía do buraco redondo. Então essa fumaça se dissipou e com ela o quadro, e com o quadro a minha pessoa.[76]

Bachelard viu nessa história o exemplo de uma imaginação "miniaturizante" graças à qual o sonhador escapa para um mundo em escala reduzida, pintura, miniatura, até rachadura na parede, que é um meio de se libertar de um encarceramento interior ou físico, por vezes através do simples absurdo.[77] Em todo caso, quantas vezes os amantes de paisagens figuradas, na Europa, no Extremo Oriente, na América do Norte, não tiveram a experiência de atravessar a película invisível que os separa dos lugares representados a fim de ali se deslocarem à vontade, o ouvido atento ao vasto rumor do rio Amarelo ou o coração desabrochado pela luz dourada da campina romana? Não apenas as imagens parecem ter vida própria, mas é uma vida que pode ser compartilhada.

É por isso que um regime figurativo não se deixa definir somente pelos tipos de objeto e de relação que ele escolhe tornar visíveis nem apenas pelos instrumentos formais que emprega para fazê-lo; ele é também particularizado pelas circunstâncias e lugares em que as imagens são mostradas, pelo papel que são destinadas a desempenhar ou não num coletivo, pelas redes que as acolhem e, sobretudo, pelos meios reservados para desencadear o gênero de potência de agir que lhes é creditado. Demorou algum tempo, no entanto, para que os especialistas em arte — um punhado deles somente — acabassem por admitir este último ponto, essa insistência das imagens em abrir, nos mundos que habitamos, um caminho que lhes seja próprio, em nos enviar mensagens, em se comportar como agentes, às vezes diretamente (o fetiche do enfeitiçamento ou o bétilo), a maior parte do tempo por delegação da intencionalidade dos humanos que as fizeram advir, que as utilizam, que até mesmo as desaprovam. Entre todas as razões que explicam essa relutância — a autoridade absoluta dos signos linguísticos, o primado da exegese dos motivos em detrimento do estudo das modalidades da recepção, a indiferença pela iconografia não europeia, a desconfiança da maioria dos historiadores em relação às motivações psíquicas da dileção estética —, há também o fato de permanecerem pouco conhecidas as disposições afetivas e mentais que levam a fazer de uma imagem uma entidade autônoma que pareça manifestar uma agência. Para evitar substituir a visada comparativa dos antropólogos pela abordagem experimental dos psicólogos, e tomando nota do frágil consenso entre estes últimos quanto à natureza dos mecanismos cognitivos que conduziriam à imputação de uma potência de agir aos artefatos icônicos, optamos por considerar tal imputação como resultante das diversas maneiras de se apresentarem imagens, dos diversos gêneros de conduta delas esperados nas atividades sociais e da diversidade de redes locais que coordenam as atividades de agentes humanos e não humanos das quais elas fazem a mediação ou a síntese.[78]

Dirigindo seu sorriso enigmático a um grupo de turistas chineses que visita o Louvre, apresentando o rosto banhado de lágrimas a uma alma piedosa ajoelhada na capela lateral de uma igreja toscana, saltando em direção a uma criança aterrorizada na praça central de uma aldeia amazônica ou cumprimentando uma de suas companheiras durante um passeio de palanquim nas montanhas do Himalaia, uma imagem não interpela da mesma maneira aqueles que a contemplam e por ela se deixam contemplar. Afirmar que as impressões produzidas na pessoa que interage com uma imagem seriam sempre causadas pelo mesmo mecanismo projetivo supõe que esses efeitos sejam idênticos em cada uma das ocorrências; evidentemente, não é esse o caso. Se admitirmos o gênero de pluralismo ontológico que defendo aqui, então a variabilidade nos tipos de agência creditados às imagens não pode surpreender: em função do modo de identificação que vai prevalecer no mundo singular que cada coletivo vivencia, os seres dos quais esse mundo é composto e as qualidades que neles reconhecemos vão diferir enormemente daqueles que outros coletivos terão detectado por conta própria na trama de fenômenos oferecidos à sua observação — de maneira que o grau de autonomia desse seres, as condutas que deles se esperam, sua capacidade de intervir na vida dos humanos e as situações em que podem manifestar suas propriedades também vão flutuar ao sabor dos filtros ontológicos empregados aqui e ali no projeto de mundiação que cada um de nós realiza ininterruptamente.[79]

É chegado o momento de pôr fim a esta jornada já tão extensa de reconhecimento na floresta das imagens, ao longo de caminhos ora bastante frequentados, mas que, logo se constata, desenvolvem-se em circularidade, ora mal trilhados, mas suscetíveis de proporcionar pontos de vista inesperados sobre modos alternativos de fazer mundo. Como em todas as expedições dessa natureza, esta também deveria ser conduzida de maneira a formar uma ideia do território a percorrer, dos recursos que ele abriga e dos impasses a evitar, ou seja, de maneira a especificar aquilo de que falaremos nas páginas que se seguem. Deveria estar claro, a esta altura, que este ensaio sobre a figuração não tratará as imagens como uma série de símbolos portadores de um sentido análogo àquele transmitido pela linguagem nem como reflexos de circunstâncias históricas ou de particularismos culturais; ele vai tratá-las como *agentes icônicos*, simultaneamente figurativos e dispostos à ação, reveladores da camada de invisível que eles atualizam, ao mesmo tempo investidos da autonomia causal de todos aqueles, humanos e não humanos, que contribuíram para sua instauração. Contudo, seria preciso também ficar claro que o regime de existência desses agentes de um gênero específico, a forma que assumem e a animação que lhes é creditada serão contemplados aqui como tributários de um ou outro dos grandes regimes ontológicos por meio dos quais a humanidade soube manifestar sua aptidão para declinar internamente diferenças contrastivas. Poderíamos enxergar essa opção metodológica como o efeito de um espírito de sistema levado para além do razoável. Conforme se escreveu na introdução, é preciso antes considerá-lo como a busca de uma experiência incitada pelo gosto da investigação que se julgará, no decorrer das análises e sobretudo no momento da conclusão, se merecia ser empreendida.

Lembraremos efetivamente que meu interesse inicial pelas imagens nasceu do pressentimento de que elas podiam desempenhar o papel de indicadores ontológicos, ou seja, de figurar, talvez com mais força e clareza do que um registro discursivo, as continuidades e descontinuidades entre os objetos do mundo que os humanos optam por reconhecer ou ignorar e que eles sistematizam em configurações cujas variações me esforcei em reconstruir. É, portanto, permanecer fiel a essa intuição a escolha por estudar a figuração tomando por gabarito os quatro regimes de mundiação cujos lineamentos tracei, desde o menos conhecido, o animismo, até o mais frequentado, o naturalismo, na esperança de que este último, sob o efeito das imagens pouco habituais que serão contempladas antes, recupere um pouco do estranhamento que uma familiaridade demasiado estreita com a história da arte fez com que perdesse. Como se pode ver, afinal, esse percurso não é uma deambulação num museu imaginário erguido a partir apenas de dileções pessoais; ele se norteia por um olhar aguçado pela abordagem contrastiva, isto é, o fato de considerar um ou outro modo de figuração não como uma etapa numa série evolutiva ou como um gabarito para conceber seu modo de existência, mas sim como uma transformação estrutural dos outros três, de maneira que nenhuma das formulações icônicas poderá ser tratada como proeminente ou fundadora.

A transformação afeta as imagens não apenas sob o aspecto das espécies de objetos que elas figuram, mas também da maneira pela qual elas figuram e dos efeitos que provocam naqueles que as observam. Ou seja, três ângulos distintos, ontológico, morfológico e pragmático, que caracterizam toda figuração. Ontológico, primeiramente, porque esse é o principal índice que aponta na direção do que posso conhecer do trabalho imaginativo do outro, do que atrai a sua atenção e do que lhe apraz conceber em seu foro íntimo; e é por isso que cada uma das partes do livro começa pelo estudo daquilo que um estudo figurativo revela das qualidades detectadas nos existentes segundo os modos de identificação dentro dos quais eles se desenvolvem, especialmente as analogias e os contrastes percebidos entre os tipos de interioridade e de fisicalidade sob cuja forma os humanos se percebem e cuja presença eles induzem ou não em outro humano ou não humano. Somente depois de estabelecida a base ontológica de um regime de figuração — ao mesmo tempo os objetos que ele privilegia e as relações que estruturam seu modo de visibilidade — é que poderão ser abordados, na continuidade, em primeiro lugar o repertório de formas às quais ele recorre para realizar seus objetivos, depois os mecanismos de animação das imagens, particularmente os tipos de inferência que permitem imputar-lhes uma agência e os diversos quadros performativos nos quais elas se tornam actantes de um gênero específico para outros actantes predispostos por esses mecanismos a serem por elas afetados. E para tranquilizar, se necessário, aqueles que julgariam tal projeto por demais ambicioso, é preciso reconhecer claramente os seus limites: a infinita variedade de imagens, sua hibridação crescente, a ignorância em que nos encontramos, em muitos casos, em relação àquilo que motivou a sua gênese e à maneira como foram recebidas tornam ilusória a aplicação automática de critérios discriminatórios que funcionariam como universais. Pode-se, quando muito, tentar discernir tendências figurativas próprias a cada um dos quatro grandes modos de identificação que distingui, não examinando o conjunto de iconografias de áreas culturais ou de períodos históricos que a eles corresponderiam, operação evidentemente impossível, aliás, onde os testemunhos materiais são pouco numerosos, mas apoiando-se para essa tarefa numa dupla garantia de verificação: por um lado, provar que essas tendências são detectáveis onde quer que eu tenha anteriormente localizado a presença de um desses modos de identificação e, por outro, certificar-se de que onde diversas tendências parecem coexistir dentro de um mesmo coletivo, caso sem dúvida frequente, pode-se estabelecer que isso resulta de combinações históricas ou estruturais cuja lógica é passível de elucidação.

Para dar uma ideia de como se organizam essas espécies de combinações, serão interpoladas "variações" entre as partes, sendo a primeira sobre a forma como os tsimshian da costa noroeste do Canadá conseguiram fazer coexistir imagens animistas e imagens totêmicas, e a segunda sobre o imaginário ontológico da arte contemporânea. Pelo menos na mesma medida que as ilustrações de casos particulares de hibridação, essas elaborações devem ser consideradas como convites dirigidos a todos aqueles que tal abordagem tenha seduzido a multiplicar as investigações a fim de dar uma base mais sólida à antropologia comparativa das imagens conforme é meu desejo. Por fim, e para o leitor que não desanima com as discussões acadêmicas, inseri, após a conclusão, um *postscriptum* no qual explicito mais detidamente as posições teóricas que adotei neste livro com relação àquelas propostas pelas correntes dominantes do estudo das imagens na antropologia, na estética e na história. Assim como aquela das "variações", essa leitura não é imprescindível à compreensão do propósito geral.

Primeira parte

PRESENÇAS

Olhar as coisas nos esquecendo
daquilo que delas sabemos
é aprender com elas que elas nos esquecerão.
JOË BOUSQUET, *Le Meneur de lune*[80]

2.

Espíritos de corpo

O animismo pode ser considerado uma maneira de sistematizar a experiência do inopinado. Um barulho inesperado do qual não se distingue a fonte, um animal silencioso e habitualmente arisco a me observar, uma rajada de vento imprevista, um turbilhão repentino no rio, todos esses acontecimentos que contrastam com o corriqueiro de maneira ínfima convidam nossa imaginação a exercer um "direito de seguimento", inferindo uma presença ali onde deveríamos estar sozinhos, detectando uma intenção que parece dirigida a nós no movimento de uma ramagem ou na atitude de um pássaro, atribuindo a objetos inanimados uma resistência deliberada às nossas ações, em suma, imputando a não humanos visíveis ou invisíveis, quando as circunstâncias assim o permitem, comportamentos, estados interiores e desígnios análogos aos nossos.[81] Sempre que essa disposição universal à abdução de agência se torna estabilizada nos discursos e nas imagens, ela se transforma num modo de identificação que podemos chamar de "animismo", um meio de compor mundos cuja verossimilhança será reforçada dia após dia por narrativas etiológicas, interpretações estereotipadas de acontecimentos e operações rituais que tornarão normal e legítimo conferir uma interioridade à maioria dos não humanos. E como não deixaremos também de notar — para aqueles que são atentos a essas coisas — que todos esses seres cuja subjetividade parece análoga à nossa não se encontram equipados das mesmas disposições físicas, que diferem enormemente os ambientes em que eles vivem e se deslocam, as coisas que comem, a sua maneira de se propagar, a tal ponto que cada tipo de corpo deve necessariamente se abrir a um mundo que a ele corresponda e que dele constitua um prolongamento, então a generalização das interioridades só pode andar lado a lado com a particularização de sua encarnação física. O animismo é, assim, o melhor antídoto que existe para o solipsismo, já que o mundo fechado no qual cada forma de existência está confinada em virtude de suas características físicas cede lugar a um gigantesco espaço de troca transespecífica logo que as interioridades que habitam tipos de corpos distintos começam a se comunicar numa linguagem comum.[82]

No arquipélago ontológico do animismo, nas florestas da Amazônia e da Insulíndia, na taiga e na tundra que se estendem de ambos os lados do estreito de Bering, nos vales das terras altas da Nova Guiné assim como nos fiordes congelados da Terra do Fogo, vive uma infinidade de seres cuja roupagem animal ou vegetal, por vezes uma aparência sui generis que somente os habitantes locais conhecem, dissimula uma intencionalidade e afetos análogos aos dos humanos. Cada classe desses seres dos quais se diz terem uma "alma" e conduzirem uma existência social em aldeias debaixo da terra, nos céus ou no mais alto das montanhas pode assim se ver reconhecida por uma forma que lhe é própria, desde as diferentes tribos de humanos com seus adereços, suas armas, suas ferramentas e suas vestimentas distintivas até as numerosas linhagens de espíritos, cada qual identificada por uma morfologia e características específicas, passando pela grande variedade de corpos de plantas e, sobretudo, de animais. Figurar tudo isso é, portanto, tornar visível em imagens a interioridade das diferentes espécies de existentes e mostrar como ela se encarna em envoltórios físicos extremamente diversos, ainda que indubitavelmente reconhecíveis. Afinal, o animismo é uma ontologia ainda mais visual na medida em que o próprio termo por meio do qual se designam os espíritos — nas línguas amazônicas, mas também, provavelmente, bem mais além — é o mesmo que aquele que significa "sombra", "reflexo" e "imagem".[83] Ainda que os espíritos sejam invisíveis na maior parte do tempo, é a possibilidade de torná-los presentes numa imagem que coincida com a sua descrição verbal que paradoxalmente atesta a sua existência. Uma maneira comum de alcançar esse fim é combinar elementos antropomórficos que evocam a intencionalidade humana, geralmente um rosto, com atributos específicos que evocam a fisicalidade de uma espécie. Embora pareçam compósitas, as imagens resultantes não o são verdadeiramente: não se deve nelas enxergar quimeras feitas de peças anatômicas emprestadas de famílias zoológicas diversas, qual Pégaso ou o grifo, mas espécies de animais, plantas e espíritos a respeito das quais se sinaliza por meio de predicados antropomórficos que, tal como os humanos, elas bem possuem uma interioridade que as torna capazes de uma vida social e cultural. Em suma, o desafio da representação imagética animista é tornar perceptível e ativa a subjetividade dos não humanos.

AS PESSOAS ANIMAIS

Um dos meios mais sóbrios para figurar a interioridade de um espírito animal é a máscara, um artifício graças ao qual uma pessoa humana pode assumir a aparência de uma pessoa não humana, tornando ao mesmo tempo manifesto que nem por isso deixou de ser o que era antes de se revestir dos atributos daquele que ela está encarnando. A máscara permite ainda mostrar de maneira muito simples a metamorfose, a experiência epistêmica por excelência do animismo que consiste em oscilar entre dois pontos de vista na percepção de um ser, ora pelo ângulo de seu corpo — o dessa ou daquela espécie particular —, ora pelo ângulo de sua interioridade, em geral figurada por uma aparência humana. A máscara de transformação, que permite revelar ou ocultar traços com o auxílio de partes móveis, constitui a ferramenta mais eficaz e mais espetacular para realizar tal comutação, mas há outras que agem sobre uma simples assimetria no eixo vertical ou horizontal ou ainda sobre contrastes entre a forma plástica e a ornamentação.

Todas essas possibilidades foram exploradas de maneira notável, a partir do final do século XIX na Europa e na América do Norte, por uma civilização famosa pela originalidade de suas máscaras, os yupiit (plural de yup'ik) do Alasca ocidental, os únicos membros da família linguística esquimó a utilizar esse gênero de dispositivo ritual. Ocupando os cursos inferiores e o delta do Yukon e do Kuskokwim, os yupiit se reuniam no inverno em grandes aldeias onde se dedicavam a uma vida cerimonial intensa na qual as máscaras desempenhavam um papel preponderante, notadamente quando da "festa da bexiga" (*nakaciuryaraq*), que marcava o início da estação cerimonial, e ao longo do último rito do ciclo de inverno (*agayuyaraq*), quando se cantavam súplicas às pessoas animais encarnadas por máscaras.[84] As cerimônias eram realizadas na "casa-comum" dos homens (*quasgiq*) e visavam a tornar presentes as "almas-pessoas" (*yua*) dos animais, que eram festejadas para que, de bom grado, continuassem a ser mortas a fim de servir de alimento. Entre a grande variedade de máscaras esculpidas em madeira flutuante, cada qual ilustrando um acontecimento singular, um mito ou a narrativa de uma relação específica com um espírito animal, distinguiam-se mais particularmente duas grandes categorias: as máscaras de espíritos animais que eram acolhidos na *quasgiq* para serem homenageados e as máscaras de xamãs que figuravam os seus espíritos auxiliares *tunraq* — seres de toda sorte, em geral invisíveis, exceto para aquele que requer a sua assistência. Os xamãs (*angalkuq*) cumpriam o papel de mediador ontológico, e sua função, deslocando-se nas *quasgiq* aquáticas e celestes onde as espécies se reuniam para deliberar a respeito da maneira como elas haviam sido acolhidas pelos humanos, era sobretudo rogar para que os animais gentilmente entregassem o próprio corpo aos caçadores.[85]

Uma constante das máscaras yup'ik de espíritos animais é que elas figuram a qualidade de pessoa da espécie representada, o seu *yua*, seja pela inserção de um rosto humano numa face ou num corpo animal (ilustrações 11 e 12), seja, mais raramente, pelo acréscimo de membros humanos a um corpo animal, até mesmo por uma combinação dos dois (ilustração 13). Confeccionadas para a ocasião por especialistas, as máscaras vinham na maioria das vezes aos pares, distinguindo-se entre si por um detalhe — simetria invertida, diferenças na cor, nos ornamentos ou no posicionamento do rosto humano nela inserido — de maneira a colocar em evidência uma relação de complementariedade, quer entre duas espécies cujas peripécias são narradas por um mito ou uma historieta, quer entre os versos da canção de dança que as máscaras ilustram. Humano ou não humano, um sujeito intencional jamais está sozinho no mundo do animismo, mas a relação que essa pessoa mantém com outras não poderia ser figurada por sua justaposição numa mesma imagem, a qual implicaria uma impossível visão de topo, exterior à vida intencional de cada uma delas.

Segundo Ann Fienup-Riordan, o *yua* esculpido nas máscaras não é tanto uma disposição interior quanto um estado, aquele da pessoa, estado compartilhado por todos os existentes, mesmo inanimados, e que se exprime da maneira mais ostensiva no rosto dos humanos.[86] Por derivação, no entanto, podemos supor que a escolha do rosto humano para figurar esse estado remeta a atributos da interioridade humana tais que possam ser apreciados de forma reflexiva: da intencionalidade ao discernimento, passando pela antecipação e interação linguageira; por introspecção, o sujeito humano se torna o protótipo figural de toda subjetividade. Entretanto, o *yua* pode também se apresentar sob outros avatares, tanto materiais quanto imateriais. Assim, o nome do festival deriva das bexigas de foca infladas como um balão que se penduravam na casa-comum e das quais se dizia que continham o *yua* em suspensão desses animais, que eram festejados antes de serem devolvidos ao mar, a fim de que eles pudessem relatar aos seus congêneres a consideração com a qual haviam sido tratados pelos humanos. Quanto às imagens de mãos humanas por vezes acrescentadas às máscaras, elas evocam igualmente o *yua* da espécie figurada, mas de outra maneira: é por meio delas que se considera o componente espiritual do animal como exercendo uma agência, como se manifestando ativamente no mundo dos humanos. Inversamente, as mãos dos portadores de máscara eram ocultadas, seja por luvas, seja por adereços ad hoc, pois sua exibição demonstraria uma potência intrusiva dos humanos que poderia afugentar o *yua* do animal e levá-lo a abandonar a cena ritual.

Knud Rasmussen diz que os povos esquimós a leste dos yupiit descrevem um componente de um humano ou de um animal aparentado ao *yua*, o *tarniq*, como um modelo reduzido do ser que ele qualifica como pessoa, alojado numa bolha de ar situada em sua virilha.[87] É, portanto, a aparência corporal geral, mas em miniatura, que denota aqui a subjetividade, sendo a diferença de escala suficiente para que a relação metonímica entre a totalidade da pessoa humana ou animal e a sua imagem minúscula previna qualquer confusão categorial entre aquilo que é do âmbito da interioridade — um núcleo interno de disposições para agir figurado por uma efígie — e aquilo que é da esfera da fisicalidade — a atualização dessas disposições num corpo funcional. Para além da manifestação convertida em imagem num rosto humano, a mais imediatamente ostensiva, a interioridade pode então se encarnar de diversas maneiras, desde que um efeito de contraste se torne visível: contraste entre uma forma corporal animal e uma função corporal humana, contraste entre um continente físico e um conteúdo espiritual, contraste entre duas formas corporais idênticas em que uma engloba a outra.

As máscaras yup'ik eram frequentemente circundadas por uma faixa de pelo de caribu à maneira de um halo, uma evocação da borda de pelagem do capuz das parcas usadas pelos humanos.[88] A relação metonímica entre o corpo e a sua imagem interior em miniatura assumia aqui outra forma: uma máscara que torna presente a qualidade de pessoa (*yua*) de um animal mediante atributos que denotam a humanidade tanto no plano "físico" (o rosto, as mãos) quanto no "cultural" (a vestimenta) via-se ativada por uma pessoa que ocultava o rosto sem, no entanto, disfarçar sua humanidade. A imagem da máscara debruada de pelagem remete ainda à prática que consiste em erguer o capuz da parca para xamanizar e receber os espíritos ou para proferir *irinaliutiit*, fórmulas performativas empregadas sobretudo para pedir caça aos espíritos. Encapuzar-se, para um inuíte, é portanto, em determinadas circunstâncias, favorecer a comunicação com os espíritos dos animais e sinalizar que se está atento às suas mensagens, de maneira que a evocação da borda de um capuz numa máscara sugere que o animal que ela representa se encontra nas mesmas disposições relativamente aos humanos.[89] Uma máscara de animal é, então, literalmente uma pessoa "encapuzada", isto é, receptiva à comunicação entre espécies.

A casa-comum onde se realizavam as cerimônias funcionava um pouco como um teatro, ou mesmo uma sala de música, em que os yupiit colocavam em cena o mundo dos espíritos animais graças a toda sorte de acessórios engenhosos: móbiles suspensos formados por arcos que podiam ser agitados à distância, decorados com penas e pelagens e sustentando estatuetas, ou ainda esculturas articuladas igualmente penduradas no teto e representando aves, peixes ou humanos em voo, os quais se fazia com que batessem as asas, sacudissem as nadadeiras e mexessem os membros por meio de fios. É preciso imaginar essa vida efervescente na penumbra de um espaço varrido pelo brilho vacilante das lâmpadas a óleo e que serve de cenário animado para o espetáculo das danças e pantomimas oferecido pelos portadores de máscaras, que contavam historietas a respeito de seus encontros com os animais figurados, cantavam versos em homenagem a eles e deles reproduziam, às vezes com bastante realismo, as mensagens sonoras. De quando em quando, personagens surgiam da abertura para saída da fumaça ou da entrada subterrânea, suscitando surpresa e causando uma reviravolta na ação. É essa combinação de artifícios, cenários convertidos em imagem e talentos individuais que, como em qualquer espetáculo de sucesso, contribuía para tornar presente o *yua* dos animais dentro da *quasgiq*.

Sem dúvida, as máscaras exibiam, de maneira reconhecível, certos traços característicos do animal que representavam, mas sua iconicidade e, portanto, sua qualidade de agente apto a encarnar uma presença eram asseguradas primordialmente pelo dispositivo cênico no interior do qual elas estavam inseridas. É por isso que as marcas da interioridade figuradas nas máscaras eram quase supérfluas: qualquer que fosse o talento com que o portador da máscara imitasse o animal representado, ele não podia deixar de revelar a todos a sua humanidade devido ao seu corpo, outrora parcialmente desnudado durante as danças, de maneira que era evidente para os espectadores que a presentificação dos animais se operava pela mediação de uma intencionalidade humana que adotava o ponto de vista do animal, isto é, que incorporava de maneira mimética a intencionalidade do animal sem, contudo, estar possuída por ela. Os dançarinos não estavam alienados pelo espírito do animal que representavam como mandatários, diferentemente, por exemplo, daquilo que ocorre quando os participantes de um ritual de candomblé são campeados pelos espíritos *orixás*; eles guardavam pleno domínio de sua interioridade e serviam somente de filtro ao ponto de vista animal graças à agência objetivadora da máscara. Além do mais, certas máscaras que figuravam espíritos guardiões, ou seja, ligados a um caçador específico e que lhe prestavam assistência, em geral aves, constituíam-se de uma simples testeira frontal portando um bico e outros atributos da espécie (ilustração 14); a finalidade da operação era fazer-se reconhecer e apreciar pelas focas, das quais se dizia que enxergavam os humanos como aves.[90] O rosto do homem, perfeitamente visível, em nada impedia esse reconhecimento, uma vez que figurava a interioridade do espírito de maneira ainda mais direta do que os medalhões de rosto esculpidos nas outras máscaras, sendo que o portador da testeira tornava-se ele mesmo, de alguma forma, a exemplo do bico, um signo indicial numa imagem.

A máscara é um dispositivo bastante eficaz para colocar em evidência propriedades ontológicas nem sempre visíveis a princípio, uma aptidão que não deveria surpreender se lembrarmos seu nome latino, *persona*, a máscara teatral. De fato, uma máscara pode representar a identidade pública de uma pessoa ao revelar aquilo que o rosto de carne e osso esconde — a saber, sua dimensão social, o aspecto e o estatuto pelos quais ela aspira a ser considerada — e pode esconder aquilo que o rosto revela, muitas vezes em contradição com o eu ideal projetado na aparência, de modo que a fisionomia desnudada pode, então, funcionar à maneira de uma máscara que encobre outra identidade. Isso deriva das propriedades da face em inúmeras espécies, entre as quais os humanos: minha experiência do mundo se dá em grande parte por meio do rosto, centro da quase totalidade dos órgãos da sensibilidade, mas não enxergo essa parte de mim que me permite perceber o outro e que o outro percebe como emblemática da minha identidade; em outros termos, meu rosto é a manifestação perceptível para o outro da minha qualidade de pessoa enquanto sujeito singular que percebe.[91] Ao receber uma expressão convertida em imagem numa máscara de não humano, essa propriedade acaba então por converter a máscara numa encarnação, indefinidamente reproduzível, da subjetividade de qualquer existente que nos apraze figurar, mesmo aqueles que, a exemplo dos moluscos, não têm face (ilustração 13). É essa faculdade que as máscaras yup'ik exploram, e se diz que elas transmitem àqueles que as ativam a acuidade de visão do animal figurado, de maneira que os portadores devem manter os olhos abaixados a fim de deixar aberta a passagem a esse poder perceptivo.[92] Compreende-se desde logo todo o partido que se pode tirar das máscaras numa ontologia animista caracterizada pela divisibilidade das interioridades e das fisicalidades, na qual, por conseguinte, jamais se tem certeza da identidade real da pessoa que se disfarça no interior da vestimenta corporal percebida.

Afinal, um dos méritos da máscara yup'ik é que ela permite suspender em grande parte a indecisão quanto à identidade dos existentes. Longe de induzir uma construção em abismo no interior da qual o rosto humano — real no caso das testeiras frontais, figurado no caso das máscaras — introduziria uma profundidade referencial suplementar remetendo à alma-pessoa do portador atrás daquela do animal, a máscara permite, ao contrário, bloquear o processo recursivo ao tornar visível uma comutação operada por um actante humano que jamais é confundido com aquilo que ele objetiva. O dançarino, como vimos, é uma pessoa ostensível que torna ostensiva outra pessoa, animal, assinalando por meio de imagens — inclusive ele próprio transformado em agente icônico — que essa outra pessoa por ele presentificada é mesmo uma pessoa como ele e pertence, por seu corpo e seu comportamento, a essa ou àquela espécie. O urso, a mobelha ou a morsa cujo advento o dançarino ocasionou são identificáveis por essa ou aquela característica física reconhecível por todos, muitas vezes amplificada pela imitação de uma postura, de um movimento ou de uma mensagem sonora, sendo que a sua qualidade de pessoa é ainda atestada não apenas por imagens de rosto ou de mãos, mas também pelo portador que, de certa forma, desempenha a função de alma visível. Ele é ao mesmo tempo um facilitador, entre outros, da vinda do animal em meio aos humanos reunidos e o intérprete animado da intencionalidade desse que se exprime por meio das imagens que ele ativa, sendo o objetivo da atividade ritual, conforme escreveu Ann Fienup-Riordan, "abrir caminho para animais e espíritos entrarem e saírem do mundo humano".[93] Em qualquer dos casos, estamos lidando não com a evocação de identidades múltiplas que se encaixam umas nas outras em cascata, mas sim com agentes icônicos que tornam presente, imagética e eficaz a identidade, ora física, ora moral, de um animal por meio de uma grande diversidade de contrastes visuais — máscara e corpo humano, rosto humano e atributo animal, capuz aberto e capuz fechado; em suma, uma forma espetacular e altamente controlada de figuração da temática animista por excelência, a diferença de planos entre a alma e o corpo.

ANIMAIS EM MENTE

Segundo os yupiit, tanto os humanos quanto os animais possuem uma faculdade, *ella*, definível como a consciência íntima das manifestações sensíveis e dos seres que os cercam, sendo que os animais a têm num nível muito mais agudo do que os homens.[94] Cultiva-se essa faculdade pela prática, e ela assume uma importância crucial para o sucesso na caça, que exige que se esteja com os sentidos atentos a todos os índices que se apresentem e a mente concentrada no objetivo a alcançar. É por isso que os velhos caçadores não deixam de lembrar aos jovens que eles devem ter os animais sempre em mente, qualquer que seja a atividade em que estejam envolvidos, como um exercício propedêutico da atenção. Esse imperativo parece característico do animismo circumpolar, e o insucesso dos jovens caçadores é muitas vezes imputado à sua indolência nesse quesito. Não surpreende, portanto, que imagens venham ou bem ilustrar essa necessidade de se concentrar na caça, ou bem ajudar a nela fixar a atenção.

Uma categoria de máscara yup'ik parece cumprir a primeira função figurando com uma grande economia de meios as relações intrincadas entre o ponto de vista do caçador e o ponto de vista de sua presa. Trata-se das máscaras assimétricas, comuns também entre os alutiiq da ilha Kodiak, das quais se sabe apenas que tinham uma ligação com a caça; elas representam rostos humanoides ligeiramente encurvados, com um olho semicerrado e o outro esbugalhado, este último em geral cercado de animais, e uma boca com dentes protuberantes e afiados assinalando uma atitude predadora (ilustração 15). No par apresentado aqui, um dos olhos arregalados é circundado por três focas, enquanto o outro, por flechas arredondadas destinadas à caça de aves; as faixas de pele atreladas ao redor dos rostos indicam que eles eram originalmente debruados de pelagem.

Foram apresentadas diversas interpretações dessas máscaras assimétricas, mas a mais plausível é, sem dúvida, a de Jarich Oosten, que propõe considerá-las como figurações da importância conferida à caça por uma visão aguçada: o caçador deve ser capaz de vislumbrar a presa antes que ela o detecte.[95] Muitas máscaras yup'ik atestam o papel preponderante atribuído à visão: quer permitindo ver ao longe e entre os mundos, uma faculdade autônoma para a qual o portador da máscara não devia constituir um obstáculo, quer objetivando as visões que os xamãs tiveram por intermédio de seus espíritos auxiliares, sendo que as máscaras funcionavam às vezes também como amplificador de visão para identificar os companheiros que se serviam de seus talentos com fins maléficos.[96] No caso das máscaras assimétricas, porém, é possível levar a interpretação ainda mais adiante e conjecturar que o olho semicerrado figura o do animal — que é visto pelo caçador sem que ele próprio o veja —, ao passo que o olho arregalado representa o do *yua* do animal, sua alma-pessoa, que já viu o homem na iminência de matá-lo e que olha no *yua* dele para verificar se ele tem de fato "o animal em mente" — seu objetivo ou os meios de alcançá-lo — e então se assegurar de que ele seja digno de receber o seu corpo em doação. Se a hipótese é correta, teríamos assim, nesse tipo de máscara, uma figuração ao mesmo tempo densa e despojada de uma rede de interações e de trocas de perspectivas muito complexas entre pessoas humanas e pessoas animais.

Outra maneira de o caçador das altas latitudes manter os animais em mente é levar sempre consigo uma cena de caça animal.

É essa, sem dúvida, a função de uma pequena escultura em marfim de morsa conservada no museu Pitt-Rivers de Oxford (ilustração 16), que foi recolhida entre os esquimós do litoral norte do Alasca, ou entre os yupiit, ou entre os iñupiat, provavelmente na primeira metade do século xix.[97] Esse tipo de objeto, bastante comum na região, é um botão pelo qual se passa uma correia de couro que permite amarrar ao cabo do arpão uma linha em que está preso um flutuador feito de pele de foca inflada como um balão; graças ao flutuador, a foca arpoada podia ser trazida à superfície e rebocada até o caiaque. Não surpreende, portanto, que o botão em marfim figure com grande exatidão, de um lado, uma foca e, de outro, uma cabeça de urso-branco, o principal predador desse animal ao lado da orca e do homem. A imagem alcança uma enorme força expressiva ao introduzir no interior de um mesmo contorno geral formas radicalmente diferentes conforme o olhamos de um lado ou de outro, sendo a inventividade do escultor expressa pelo fato de que, como já escrevia Henry Balfour, "a forma do botão, que é a da cabeça do urso, foi em parte utilizada para representar o contorno da foca".[98] Tudo leva a crer, portanto, que essa imagem figura não tanto dois seres justapostos como o anverso e o reverso de uma medalha, mas uma relação de envelopamento à moda animista, a saber, a devoração de uma foca por um urso-branco, representado com a boca escancarada, com todos os dentes expostos. Mais uma vez, como em outros exemplos examinados anteriormente, a relação entre os dois seres é sugerida não por sua figuração simultânea num mesmo espaço visual, mas pelo movimento de comutação necessário para passar de um ao outro, aqui pela alternância entre as duas faces do botão. O caçador de focas que leva em seu arpão a figura de outro caçador de focas em concorrência com ele encontra-se assim bem equipado para manter os animais em mente e, sobretudo, para revivificar a qualquer momento a relação predadora que o liga a eles.

Por mais excepcional que seja a imaginação plástica com a qual a escultura que acabamos de descrever expressa o englobamento, ela contudo não é única; outros botões em marfim de mesma procedência e servindo à mesma função figuram igualmente um urso-branco em oposição contrastada com uma foca. Edward Nelson apresentou diversos deles em sua monografia sobre os esquimós do estreito de Bering, entre os quais havia um, proveniente de Paimut, que figura, numa face, um urso-polar cujas patas anteriores estendidas para a frente formam, na outra face, as patas traseiras, enquanto as patas posteriores estendidas para trás formam, sempre na outra face, as patas dianteiras. Inserida entre as patas do urso numa face há uma foca esculpida em relevo, outra maneira de figurar um englobamento, talvez mais completo que o anterior, já que a presa está de certa forma envolvida de todos os lados pelos dois perfis do urso.[99] Em seu atlas de arte ornamental ameríndia, Knut Stolpe publica igualmente, além da figura proveniente de obra de Balfour, toda uma série de botões em marfim recolhidos em Port Clarence, no Alasca, pela expedição *Vega*, conduzida entre 1878 e 1879 por Adolf Erik Nordenskiöld ao longo das costas do oceano glacial Ártico e que são, muito provavelmente, de origem iñupiat. Em vários deles, o corpo da foca é representado em torno da cabeça do urso não naquilo que seria uma improvável devoração inversa, mas como a expressão plausível de que também o urso conserva a sua presa em mente.[100]

As estatuetas em miniatura esculpidas em marfim de morsa são extremamente comuns entre os povos do Ártico de ambos os lados do estreito de Bering; elas representam em geral animais em ação, sendo cada espécie reconhecível, a despeito de seu tamanho diminuto, mais por uma postura típica do que pelos detalhes de sua aparência. Essa tradição figurativa não data de hoje. Desde antes da aurora do primeiro milênio, os paleoesquimós da cultura de Dorset (de 800 a.C. a 1500 d.C.) deixaram em diversos sítios do Ártico canadense estatuetas de animais, frequentemente interpretadas como acessórios xamânicos representando espíritos auxiliares, que em todo caso já são características da arte exímia com que os escultores do Grande Norte foram capazes de figurar animais em movimento. Um dos exemplos merecidamente mais conhecidos é a efígie de um urso-branco encontrada na região de Iglloolik, animal por vezes descrito como "volante" por inferência indolente a partir do clichê do voo xamânico, mas que é mais provavelmente figurado como se estivesse nadando numa postura distintiva, com as patas estendidas para trás e o focinho aflorando à superfície da água (ilustração 17).

A cultura de Thule, que coexistiu ao longo do primeiro milênio com a de Dorset e a substituiu no século xv em toda a zona esquimó, é também conhecida por suas estatuetas de animais em miniatura que representam um movimento em suspenso (ilustração 18). Estas, por sua vez, parecem se confundir com aquelas que, ainda no final do século xix, eram modeladas pelas populações árticas de ambos os lados do estreito de Bering. As mais bem-acabadas do ponto de vista da minúcia de detalhes figurados são, sem dúvida, as que Waldemar Jochelson recolheu entre os koryak do litoral norte de Kamchatka em 1900. Vê-se ali, por exemplo, um cormorão nadando, um urso-pardo que acaba de apanhar um peixe com a boca ou uma lebre ártica assustada e prestes a escapar, sendo que nenhum desses animais ultrapassa o tamanho de um mostrador de relógio e cada qual é esculpido de tal maneira que a expectativa é vê-lo concluir a ação em que se encontra envolvido (ilustração 19). Segundo Jochelson, essas pequenas imagens de animais não tinham função ritual e eram feitas por homens de habilidade reconhecida para o uso de todos e, ao que parece, com a única finalidade de satisfazer o prazer de encontrar a evocação do animal em sua representação, já que, conforme ele escreveu, "a posição e o movimento dos animais dos entalhes são reproduzidos com tamanho realismo que suscitam vividamente sua imagem na mente do espectador".[101] Esse gênero de estatuetas de animais eram também comuns, na mesma época, entre os tchouktche e os kerek da costa asiática do estreito de Bering e entre os povos esquimós do Canadá. Jochelson faz ainda referência àquelas que foram descritas um pouco antes dele por Lucien Turner entre os inuítes do distrito de Ungava, no norte do Quebec, sem poder evitar, por uma espécie de orgulho alheio comum aos etnógrafos, de considerá-las bastante inferiores às dos koryak.[102]

Sem dúvida mais simples, e nisso comparáveis às estatuetas da cultura de Dorset, as imagens dos inuítes de Ungava não são menos impressionantes, uma vez que, desprovidas de qualquer detalhe ou ornamento que viesse a distrair a atenção, elas expressam com um vigor plástico pouco usual a dinâmica única do movimento em que o animal está envolvido (ilustração 20). Ora, figurar uma ação captando-a como um instantâneo é fazer surgirem na imaginação as circunstâncias que a provocam ou a acompanham: essa mobelha que, com o pescoço esticado para a frente, afasta-se nadando vigorosamente para escapar daquilo que a alarmou (ilustração 20, objeto c), essa lebre fixada no momento em que se apronta para saltar, esse urso prestes a abater com uma patada um salmão imprudente, todos esses animais que vemos empreendendo uma ação claramente intencional ou respondendo devidamente a um acontecimento imprevisto não podem deixar de impor a quem observa sua imagem a ideia de que eles são movidos por objetivos, que sabem o que fazem, que reagem de maneira astuciosa às solicitações de seu ambiente, em suma, que têm uma interioridade, tal como os humanos. É pela figuração do movimento em suspenso que a subjetividade animal, característica do animismo, aqui se dá a ver.

As estatuetas de animais dos inuítes de Ungava destinavam-se sobretudo às crianças, ao passo que as dos koryak eram bastante apreciadas pelas mulheres, que, segundo nos conta Jochelson, sacavam-nas a qualquer momento para contemplá-las por um instante; os homens as levavam de preferência consigo, presas às vestimentas, por vezes às armas de caça. Contudo, e conforme sugere Jochelson, onde quer que os encontremos no Ártico, esses animais em miniatura permitiam a todos, homens e mulheres, crianças e adultos, provocar o advento da imagem mental do animal, rememorá-lo na dinâmica de seu movimento, enfim, jamais perdê-lo de vista; essas esculturas minúsculas que podemos girar na mão como se manuseássemos lembranças são, assim, pensamentos figurados, representações encarnadas.[103] Para os caçadores, além disso, levar consigo estatuetas de animais é não apenas ter a todo momento animais "em mente", mas também deles se servir como intermediários materiais na relação contínua que eles têm de manter com os espíritos da presa, cuja generosidade garante aos humanos um abastecimento constante de carne. De fato, a prática é geral a toda a zona circumpolar; munir-se de figurações de animais significa atrair para si as boas graças do animal e dos espíritos que o protegem. Há testemunhos disso entre os inuítes de Norton Sound, entre os sugpiak da península do Alasca e entre os aleútes, outros grupos esquimós aparentados aos yupiit, cujas viseiras e bonés de madeira arqueada eram pintados com cenas de caça ou de predação animal e exibiam ornamentos em marfim que figuravam focinhos de morsa, aves aquáticas e animais marinhos (ilustração 21); parte desse bestiário era às vezes pendurada em vibrissas de leão-marinho que meneavam na periferia do campo visual, estimulando com sua presença a visão que os homens tinham do animal quando, sentados em seus caiaques, espreitavam-nos sob a luz ofuscante.

Levar consigo ou nas próprias armas imagens de animais a fim de testemunhar que eles povoam o seu foro íntimo e, assim, atrair para si os espíritos guardiões da presa não é uma prática exclusiva dos povos esquimós. Ela é crucial também para os ameríndios cree, outra joia do arquipélago animista, que fazem fronteira com os inuítes do Labrador ao sul. Para a caça, e somente nessa circunstância, os cree vestiam um plastrão ritual enfeitado com a figura de um ganso, de um urso ou de um castor, conforme o tipo de presa procurada, ou cobrindo a cabeça com um boné branco revestido de motivos animais para a caça do caribu.[104] Tais imagens não surgiam da fantasia decorativa individual, já que cada motivo era revelado em sonho ao homem que os usava por um de seus espíritos guardiões pessoais, *potawakan*, que frequentavam os seus sonhos desde a adolescência a fim de informá-lo da localização dos animais a serem caçados e de tudo o que podia contribuir para agradá-los. Cada *potawakan* era especializado no controle de uma classe de presas — os animais com garras, aqueles que voam, os que entram na água, os caribus, os castores —, de maneira que um homem devia imperativamente contar com a assistência de diversos visitantes de sonhos se quisesse se tornar um caçador completo, tão à vontade na armadilha de castores quanto diante de um urso. Além do mais, e na medida em que, como dizem os cree, "tudo o que um homem usa na caça, ele tem de sonhar antes",[105] as figuras animais não eram as únicas imagens que eles carregavam consigo para agradar à presa. A trela destinada a arrastar ou carregar os animais mortos (*nimapan*) devia efetivamente, segundo as indicações fornecidas por um espírito guardião, figurar um animal específico. No entanto, ao contrário dos botões que permitiam amarrar as linhas de reboque dos esquimós do Alasca, era a totalidade do *nima-*

pan que representava, de maneira estilizada, um animal. Dotada de uma "cabeça" e de uma "cauda", ornada com penas, contas de vidro e fios de lã que indicavam a natureza da caça para a qual ela seria utilizada, a trela era uma encarnação do espírito do animal que ela representava e, como tal, possuía uma alma própria. Os cree afirmam que as figurações de animais empregadas pelos caçadores são um trunfo para se tornarem atraentes para suas presas, e elas, uma vez mortas, devem ser postas em contato com a própria imagem, talvez como uma maneira de pedir à alma já desencarnada do animal que consinta assim, a posteriori, e por coincidência mimética, na relação estabelecida com o caçador. Era, aliás, quando da primeira caça da estação para cada tipo de presa que os cree deviam exibir o maior número de figurações animais, como se, nesse reinício anual de relações com uma espécie, fosse imperativo que os homens fizessem com que todas as probabilidades jogassem a seu favor, demonstrando de maneira inequívoca que eles mantinham a presa em mente.

Ao menos entre os inuítes, o tamanho diminuto das estatuetas de animais não era somente uma comodidade para carregá-las consigo. Vimos que, para a gente de Igloolik, a alma *tarniq* é a imagem minúscula de uma pessoa humana ou animal alojada em seu corpo. Conforme escreveu Knud Rasmussen, "no caso de seres humanos, é realmente um pequenino ser humano; no caso do caribu, um pequenino caribu [...]. [É da alma que] provêm aparência, pensamentos, força e vida, é isso que faz de um homem um homem, do caribu um caribu, da morsa uma morsa [...]".[106] Será que podemos estabelecer uma relação entre essa imagem da alma sob a forma de um homúnculo (ou de um animálculo) e as imagens materiais de animais em miniatura? Muitas delas, sem dúvida alguma, são brinquedos, tendo todos os etnógrafos dos inuítes canadenses observado, desde o final do século XIX, o quanto é disseminada entre eles a prática de fabricar para as suas crianças utensílios e armas em escala reduzida, bonecos e pequenas esculturas de aves e mamíferos em madeira flutuante ou marfim. Os meninos são particularmente grandes apreciadores de arcos, arpões, trenós e animais em miniatura, com os quais brincam durante horas imitando os caçadores adultos, uma forma de treinamento nas técnicas que lhes será preciso dominar e também uma oportunidade de adquirir o hábito de observar os animais e de manipular, por meio do pensamento, as relações que com eles convém manter.[107]

Há, porém, algo mais. Conforme sugeriram Frédéric Laugrand e Jarich Oosten, muitas das imagens em miniatura, bem mais que brinquedos, eram operadores rituais que, devido à dinâmica ontológica conferida às mudanças de escala pelos inuítes, permitiam efetuar metamorfoses e amplificações.[108] Creditam-se, por exemplo, os mestres da presa, quando satisfeitos com as oferendas e as cerimônias que os humanos lhes consagram, pela capacidade de fazer crescerem até o seu tamanho adulto imagens de animais em miniatura que eles conservam em casa e, então, de enviar para a terra um desses protótipos figurativos que faz com que a espécie que ele representa se torne novamente abundante. Os próprios artefatos têm uma alma *tarniq*, um tipo de modelo platônico em escala reduzida que os inuítes confeccionam e conservam com muito cuidado: desde que a chaleira ou a lâmpada a óleo liliputiana não seja danificada, o objeto do qual ela é a essência perfeita permanecerá intacto. O potencial de ampliação da miniatura era patente nas tradições funerárias. Em Thule, na Groenlândia, colocavam-se então, ao lado do cadáver, objetos de uso cotidiano em escala reduzida — caiaque, arpão, trenó ou víveres — a fim de que a alma *tarniq* do morto pudesse ampliá-los até a justa dimensão e que o falecido, assim equipado, estivesse em condição de se dedicar às suas ocupações.[109] Os mortos não eram os únicos a poder agir sobre as escalas, utilizando objetos minúsculos que conectam o plano da alma-imagem àquele em que os humanos normalmente atuam; isso era também uma das prerrogativas dos xamãs, assistidos por espíritos auxiliares minúsculos que residiam em sua boca e que eles equipavam com armas em miniatura penduradas em seus cintos. A imagem diminuta da essência física que dá forma a uma espécie ou a um ser funciona, então, como um agente icônico que seu tamanho reduzido permite manipular, fazer crescer ou manter livre de danos.

Vê-se que o poder das imagens em miniatura, especialmente estatuetas de animais, não é intrínseco ao objeto, mas o efeito do campo de relações que elas permitem condensar. Relações de mediação em primeiro lugar, já que a efígie adquire agência somente quando ativada no âmbito de uma conexão bem definida: com um finado, em que ela seja o substituto de um dos objetos que constituíam o prolongamento de sua pessoa; com um mestre de animais, como potencialidade de um animal a se caçar; com um espírito auxiliar figurado de maneira metonímica, como o efeito que ele pode mobilizar a serviço do xamã que o emprega; com um espírito guardião ou familiar cuja figuração minúscula represente a alma-imagem. O poder das imagens resulta também de uma ligação complexa decorrente a um só tempo da relação de escala própria a qualquer representação icônica, aqui acentuada pela miniaturização, e da semelhança perturbadora, salientada à exaustão pelos observadores, entre as imagens e aquilo cujo lugar elas ocupam, uma semelhança que se explica pela inversão de polaridade entre o signo e o referente. Afinal, para os inuítes, e essa é uma característica comum na figuração animista, uma imagem em miniatura não é tanto a cópia mimética do objeto que ela representa quanto o inverso, a saber, o seu protótipo, a essência de um animal, de um espírito ou de um artefato incorporada ao marfim e cuja materialização em tamanho natural é apenas uma amplificação das qualidades já contidas na estatueta. É por isso que a semelhança e o realismo do movimento se revestem de tamanha importância; é ainda mais fundamental que as qualidades essenciais do referente sejam identificáveis na escultura na medida em que na realidade, ao contrário da operação figurativa tal como concebida no Ocidente moderno, é ela que possui as qualidades que o ser que ela encarna deverá manifestar. Aqui a imagem é que é o protótipo do objeto figurado, sendo este, no fundo, somente uma projeção em outra escala daquilo que se poderia tomar por sua cópia. Nesse uso invertido da iconicidade, a miniatura permite agir sobre dois elementos: ela mantém em escalas diferentes ou a constância da forma ou a constância da matéria. No primeiro caso, a efígie de um animal esculpido é a figuração de sua essência interior, de sua alma-imagem, incorporada na sua forma de espécie; no segundo, trata-se, por exemplo, de pequeninos pedaços de carne deixados ao lado do corpo de um finado para que sua alma possa ampliá-los e deles se nutrir. A imagem faz aqui mais do que ajudar a manter o animal em mente: ela é o próprio espírito do animal à espera de sua realização física.

As estatuetas em miniatura em marfim são hoje coisa do passado, especialmente em virtude das restrições que pesam sobre a caça à morsa. Por outro lado, "a arte inuíte" conheceu uma expansão notável a partir dos anos 1950, a ponto de se estimar em mais de 1 milhão o número de obras de arte — esculturas, pinturas e desenhos — criadas para o mercado mundial por alguns milhares de inuítes canadenses ao longo da segunda metade do século XX.[110] O início dessa mutação na natureza e na função das imagens data do final do século XIX, quando os missionários, os baleeiros e os comerciantes começaram a manter relações regulares com os inuítes e, seduzidos pelas qualidades formais e estéticas dos artefatos e das estatuetas, puseram-se a adquiri-las como "suvenires", estimulando assim uma produção adaptada ao gosto desses entusiastas, em geral cenas da vida cotidiana esculpidas em marfim e compostas de miniaturas de personagens e animais em pedestais. O suvenir se torna uma obra de arte somente no final da década de 1940, com a organização, pelo escritório em Montreal da Guilda Canadense de Artesanato, de uma exposição de peças recolhidas entre os inuítes do Labrador. O sucesso foi tamanho que se estabeleceu um verdadeiro mercado, conduzindo a uma padronização relativa das esculturas, primeiramente em razão da incitação do governo canadense à aderência a um catálogo de modelos, mas também da substituição do marfim pela pedra macia, em geral o esteatito, e, por fim, do aumento do tamanho das estatuetas, agora destinadas a serem exibidas. Os temas, contudo, permaneceram os das esculturas em miniatura do passado, com uma predominância de motivos animais.

Teriam a mercantilização e a normalização das imagens feito desaparecer as dimensões ontológicas da figuração inuíte? Não exatamente, ao que parece. Em primeiro lugar, o fato de que as esculturas sejam doravante confeccionadas para se converterem em valor de troca não afeta em nada o seu estatuto na medida em que as estatuetas em miniatura de outrora nada tinham de sagradas. Como se viu, essas pequenas imagens funcionavam primordialmente como relações materializadas e como amplificadoras de essência, sendo, portanto, operadoras ou intermediadoras nas conexões com os animais e os espíritos, e não objetos inalienáveis mediando uma conexão de base na origem das coisas. Se, conforme propõe Maurice Godelier, a marca dos objetos sagrados é não circular a fim de garantir que outros objetos possam ser transacionados,[111] então essas estatuetas que os inventários dos museus insistem em chamar de "amuletos" não tinham nada de religioso no sentido convencional. É, portanto, indevido falar em "secularização" a respeito da reorientação da escultura inuíte na direção do mercado.[112] O que a produção em massa trouxe foi a alteração de escala: confeccionadas para serem exibidas como signos de distinção em ambientes burgueses, as estatuetas perderam, com seu tamanho e sua mudança de destinação, a aptidão para figurar suvenires manuseáveis e transportáveis de conexões íntimas com os animais e os espíritos que os protegem.

O fato é que a inspiração que guia os artistas inuítes contemporâneos parece muito próxima daquela que movia seus antepassados a figurarem animais. O desenhista e poeta Alootook Ipellie fala sobre isso sem rodeios: "uma razão pela qual tantos inuítes se tornaram tão bons artistas ou entalhadores é que eles vêm de uma cultura bastante visual. [...] Eles estavam sempre visualizando animais em seus pensamentos".[113] Para o produtor das imagens, trata-se sempre de manter o animal em mente, mas dentro do próprio processo da figuração e em benefício de outro alguém que, espera-se, seja sensível a essa evocação. Ao descrever um escultor inuíte trabalhando nos anos 1960, Edmund Carpenter expressa isso de outra maneira:

> Enquanto o entalhador segura delicadamente o marfim bruto, girando-o na mão de lá para cá, ele murmura: "Quem é você? Quem está se escondendo aí?". E logo depois: "Ah! Foca!". [...] Ele, então, a desvela: uma foca, oculta, emerge. Ela sempre esteve ali.[114]

Para um inuíte, esculpir um animal não é impor uma forma preconcebida a uma substância informe, mas libertar a forma aprisionada no material, ajudá-la a vir à tona, literalmente provocar o seu advento, não no sentido de que o material comanda a forma — ideia comum na arte europeia —, mas porque a própria atualização dessa forma, mais do que o resultado concreto que ela produz, é o que verdadeiramente importa: ela obriga a discernir o animal em potência encolhido num devir ainda não realizado. O trabalho do escultor inuíte contemporâneo não é, portanto, comparável à produção-criação de algo novo a partir de uma matéria inanimada informada pela arte e pelo projeto de um agente autônomo; deve-se antes vê-lo como uma relação de facilitação que torna possível uma verdadeira metamorfose, isto é, a mudança de estado de uma entidade já existente como sujeito e que, na operação, conserva grande parte de seus atributos.

Entretanto, não é somente no gesto do escultor que acompanha com mão cúmplice a emergência de uma forma animal que os artistas inuítes demonstram a que ponto a morsa ou o caribu assombram constantemente seus pensamentos; é também na expressão absolutamente explícita de que a visualização clara dirigida a um animal é efeito de uma visão interior sustentada pela prática. É precisamente isso que figura o desenho de Simon Tookoome, um inuíte da costa oeste da baía de Hudson, sobriamente intitulado *Uma visão de animais* (ilustração 22). Nele se veem quatro personagens de aparência humana, mas que deixam despontar extremidades animais, rodeados de cães latindo e cujos respectivos rostos trazem, na borda inferior do campo visual, dois lobos face a face, com os beiços arregaçados. O comentário do artista não deixa pairar nenhuma dúvida sobre o fato de que se trata mesmo de manter os animais em mente: "Os inuítes [...] costumavam pensar e visualizar — ter uma visão em que saíam para caçar, caçar particularmente lobos".[115] Ora, esse desenho retoma quase que exatamente a organização formal e a temática de uma máscara yup'ik do Kuskokwim (ilustração 23) recolhida por Edward Nelson no final do século XIX a mais de 3 mil quilômetros da baía de Hudson.[116] Trata-se de uma máscara com abas que representa um *tunghak*, um espírito mestre de animais, e nela se distinguem, na face interna das abas, focas à esquerda, caribus à direita, ao que parece urinando e defecando, uma postura frequentemente associada a uma reação alarmada diante de um perigo repentino e que seria o sinal, nesse caso, de que os animais também são sensíveis à presença do caçador.[117] O *tunghak* pode assim manter em mente os animais que estão a seu cargo, uma vez que, quando as abas estão fechadas, as focas e os caribus se estendem diante de seus olhos em suas interações potenciais com os humanos. Tanto na máscara quanto no desenho, os animais são figurados na periferia do campo visual, como uma antecipação convertida em imagem de ações vindouras a flutuar no limite da consciência dos sujeitos.

QUEM VEM LÁ?

Grande parte das esculturas inuítes contemporâneas são ditas "de transformação", o que significa que elas figuram metamorfoses, em geral de xamãs reconhecíveis com rosto humano que, no entanto, deixam transparecer atributos do corpo do animal que lhes serve de espírito auxiliar — presas de morsa, asas de cormorão, um corpo de boi-almiscarado. Dessa forma, apesar da mudança de escala e a despeito da normalização de temas induzida pelos intermediários do mercado de arte, os esquemas gerais da figuração animista perduraram e se tornaram até mesmo mais explícitos, talvez em virtude de o animismo — mais frequentemente sob o nome de "xamanismo" — ter se convertido, na zona circumpolar, numa espécie de saber reflexivo objetivado nos livros de etnólogos, reivindicado pelos inuítes como um traço de sua identidade cultural e apreciado como tal pelos não inuítes. A abundância de esculturas "de transformação" deve-se, portanto, ao fato de serem apreciadas pelos amantes de arte primitiva, que as consideram mais autenticamente inuítes, sendo que esse entusiasmo incita os artistas a vendê-las bem mais caro que as peças normais.[118] Para além das razões conjunturais, contudo, a figuração da metamorfose é uma constante da iconografia inuíte, ainda que se faça agora de maneira menos sutil que antigamente.

Onipresente nos mitos, mas também considerada comum na vida cotidiana, a metamorfose é a prova por excelência do animismo, uma vez que revela com grande clareza a pedra angular que garante solidez e coerência a essa ontologia: não apenas os sujeitos, tanto humanos quanto não humanos, gozam de uma interioridade equiparável, mas esta também, movente, pode vir habitar envoltórios corporais muito diversos.[119] Essa errância de almas se torna possível pelo fato de que as disposições subjetivas, das quais a maioria dos existentes tem condições de fornecer um índice, se expressam de maneiras diferentes segundo o tipo de corpo em que se manifestam, já que cada um deles, devido às suas característi-cas físicas e às formas de vida por elas autorizadas, torna-se o foco de um ponto de vista e de uma gama de ações sobre o mundo que lhe são próprios.[120] Certamente, e na medida em que a maioria dos povos do arquipélago animista é de caçadores, as relações entre pessoas humanas e animais se desenrolam mais frequentemente sob a forma da fisicalidade: trata-se de localizar uma presa e matá--la para dela se alimentar. No entanto, como as interioridades dos predadores e das presas são, em princípio, semelhantes do ponto de vista das aptidões que elas mobilizam, deve mesmo haver si-tuações em que essa comunidade de destinos ontológicos possa se realizar em comunicações transespecíficas que coloquem por um momento de lado os limites impostos pela diferença dos corpos. Isso se produz em diversas circunstâncias, pretendidas ou fortui-tas, excepcionais ou cotidianas. Primeiramente quando as plantas, os animais ou os espíritos, que são suas respectivas hipóstases, fa-zem uma visita aos humanos sob a mesma aparência deles — na maioria das vezes em sonhos ou durante transes induzidos por psicotrópicos. Em geral, eles se identificam por aquilo que são e às vezes levam uma marca que revela sua verdadeira natureza, de maneira que, por trás da abordagem humana, sabe-se com quem se está lidando. Acontece também de um encontro imprevisto dar errado: esse animal que me olha fixamente quando deveria fugir, esse murmúrio que se eleva de uma árvore num lugar deserto, esse homem desconhecido que deixa atrás de si pegadas animais, todos os acontecimentos que levam a enxergar num ser algo diferente daquilo que ele aparenta e que sinaliza, porque já se caiu no ponto de vista que ele impõe, que ele repentinamente mudou de forma e de aspecto, todas essas confrontações metafísicas são os materiais que fabricam a experiência íntima da metamorfose.

Deslizar para dentro da interioridade de um outro leva a en-xergá-lo com o corpo sob cuja aparência ele mesmo se percebe, uma confusão compartilhada que por vezes conduz à loucura, esse estado em que nos encontramos encurralados na perspectiva do ser que nos atraiu para o seu foro íntimo e no qual, único humano entre bichos que parecem humanos, tornamo-nos nós mesmos efetivamente um bicho. É por isso que a experiência controlada da metamorfose é a condição de um animismo de certa forma apaziguado. Ela permite ao xamã abandonar a sua fisicalidade humana para se fazer reconhecer como um congênere pelos animais e pelos espíritos, um cidadão honorário que vem pedir-lhes para serem generosos com os humanos e não se vingarem, enviando-lhes doenças, da sua propensão a comerem a caça. Inversamente, ela permite também convocar as almas animais para cerimônias coletivas a fim de que, sobretudo por meio de máscaras, elas possam ser vistas como aquilo que elas próprias acreditam ser, humanos, e ao mesmo tempo tal como os humanos as veem, como essa ou aquela espécie de animal ou de espírito. Diferentemente do encontro fortuito nos sonhos ou distante dos locais de hábitat no qual é o face a face que impõe a imagem que ele deseja oferecer de si mesmo e que não se pode compartilhar com outros humanos, o convite a não humanos dentro das casas e à sua presentificação ritual permite tornar pública a sua imagem no interior de um dispositivo cênico controlado, impedindo assim qualquer perigo de se afundar em seu ponto de vista. De maneira que as imagens de animais e de espíritos utilizadas nessas ocasiões, longe de serem falsas aparências destinadas a enganar os sentidos, são, ao contrário, instrumentos indispensáveis para evitar que os humanos que acolhem os animais venham, à própria revelia, entrar no mundo ilusório para o qual seus anfitriões poderiam tê-los atraído. Figurar a metamorfose na ação ritual não é, portanto, empenhar-se para tornar verossimilhante a passagem de uma forma à outra em etapas sucessivas — à maneira da ontogênese dos insetos —, mas conferir uma expressão concreta a uma relação de intersubjetividade transespecífica, modificando, graças a indutores de imaginação, a posição de observação que a sua fisicalidade original impõe aos humanos a fim de que ela coincida com a perspectiva sob a qual o ser figurado contempla a si mesmo. Não se pode operar tal processo a não ser por uma comutação franca: ora vejo a interioridade humanoide de um ser que se vê como humano, ora vejo a sua vestimenta física distintiva.

As imagens de metamorfose animista realizam essa mudança de pontos de vista por meio de toda sorte de procedimentos. Para voltar à iconografia inuíte recente, as esculturas "de transformação" adotam a solução visual mais simples combinando um corpo animal com uma cabeça humana, ou o inverso. É esta última forma que a mulher-raposa esculpida por George Tataniq ilustra (ilustração 24). A obra faz referência à história de Kiviuk, um herói da mitologia dos inuítes Netsilik que se casou com uma raposa, história essa cujo tema geral é conhecido sob diversas variantes entre os inuítes canadenses e até mesmo além, na zona periártica e na Ásia oriental. A versão dos inuítes de Igloolik relatada por Bernard Saladin d'Anglure conta que um homem, de volta da caça, constata que haviam esquentado sua panela de carne durante sua ausência; ao avistar no dia seguinte uma raposa branca saindo de sua tenda, ele decide se esconder para esclarecer tudo aquilo e, então, vê a raposa se aproximar, tirar a pele e pendurá-la num dos tensores da tenda, revelando uma mulher que se põe a cozinhar; o homem, então, corre na direção da tenda, apodera-se da pele da mulher-raposa e consente em devolvê-la apenas se ela aceitar desposá-lo; depois de veementemente recusar, ela concorda, vencida pelo cansaço. Eles vivem assim por algum tempo, como marido e mulher, até que ela decide retomar o seu corpo de raposa e abandonar o marido.[121]

A história da mulher-raposa é um excelente exemplo dessa ideia característica da ontologia animista em geral, segundo a qual o corpo é a vestimenta removível da interioridade, designando-se frequentemente pelo mesmo termo os dois envoltórios físicos. A metamorfose consiste, então, em desvelar a própria interioridade sob a forma de uma figura humana ou a vestir novamente seu traje de espécie para voltar a ser, de maneira ostensiva, aquilo com que se parece, sendo que esse vaivém de pontos de vista constitui terreno fértil para as histórias de casamento entre humanos e animais, bastante comuns no arquipélago animista e que resultam muitas vezes de uma chantagem com a pele análoga à qual se entrega o herói do mito inuíte. Em tais encontros, a identidade verdadeira de um "despido" é visível apenas para o homem que já houver desposado o ponto de vista do animal, que se vê como um humano vestido como animal. Entrando à própria revelia na falsa aparência que o animal o conduz a adotar, o homem iludido, ao fazê-lo, terá perdido sua humanidade.

Na iconografia esquimó, os animais costumam revelar sua interioridade pela cabeça; o mesmo se aplica no sentido inverso, quando seu corpo de espécie volta a imperar e sua interioridade se apaga, à maneira do gato de Alice, do qual não subsiste mais que o enigmático sorriso. É esta última situação que o desenho de Paulusi Sivuak figura ao ilustrar o episódio em que a mulher-raposa, fugindo do marido com uma passada lépida, retoma pouco a pouco a aparência vulpina (ilustração 25). Sob o capuz da parca, ela conservou o rosto humano, sobre o qual linhas pontilhadas partindo das abas e da raiz nasal desenham, no entanto, na base do focinho, o início dos contrastes de cor da pelagem de verão, enquanto ela se desloca caminhando sobre as quatro patas, das quais duas já são patas de raposa. O escultor da mulher-raposa assumiu outra posição: em vez de lhe conferir uma postura animal mantendo-lhe uma cabeça humana, ele lhe fez uma cabeça animal coroando uma atitude e um traje humanos. Talvez George Tataniq tenha com isso desejado demonstrar aquilo que se passa quando um humano vê um animal que de alguma forma se desvelou ao contrário. Trata-se, na verdade, de um tema comum de historietas entre os povos circumpolares, o do homem que inadvertidamente se desgarrou no mundo de uma espécie animal e que descobre, a partir de pequenas incongruências, que aqueles que ele tomava por humanos são, na realidade, lobos, caribus ou alces.[122] Ora, essa é uma situação perigosa, pois o homem, que agora vê as coisas através da perspectiva de um animal, não tem a certeza de poder fazer o caminho inverso e voltar a ser plenamente humano, enxergando os animais por aquilo que são — de maneira que a verdadeira face dos animais aparentemente humanos não é visível como uma face animal a não ser que nosso errante ontológico venha a sair da sua ilusão e da animalidade em que seu ponto de vista equivocado o mergulhou. Pode-se, portanto, considerar a estatueta de Tataniq como a imagem de uma raposa, não tal como seria percebida por um observador a quem ela desvendasse a sua interioridade pela primeira vez — com uma cabeça humana e um corpo-vestimenta animal —, mas conforme enxergada pelo herói do mito cujos olhos turvados pelo desejo enfim se abrem e que de repente vê a natureza vulpina de sua esposa se manifestar na face, e não no corpo dela.

A iconografia esquimó figura assim a ontologia animista, seja de maneira perfeitamente literal nas máscaras yup'ik — com a representação de um rosto humano como índice de interioridade inserida num corpo de animal ou de espírito —, seja de maneira mais sutil na escultura paleoesquimó e inuíte tradicional, que torna visível a subjetividade animal, figurando um comportamento intencional, ou, ao contrário, de maneira tão ostensiva que ela se torna quase irônica na escultura inuíte contemporânea, com as peças "de transformação". Essa constatação leva a questionar por que as máscaras yup'ik precisam ser tão literais, uma vez que o mesmo resultado pode ser obtido de forma mais econômica. Tudo indica que o uso de máscaras e de acessórios cênicos espetaculares servia ao menos a duas finalidades: por um lado, compartilhar com os outros imagens mentais de entidades anímicas com morfologia instável e provenientes de uma experiência privada; por outro, assegurar-se de que a experiência permanecesse sob o controle de humanos. Afinal, uma característica marcante da figuração animista em geral é que nela as imagens materiais são frequentemente a objetivação de imagens mentais bastante precisas e decorrentes de uma experiência individual, por vezes onírica ou visionária, da qual o detalhe deve permanecer secreto — de maneira que as imagens que objetivam essa experiência dela revelam muito pouco ao outro. As máscaras rituais yup'ik, ao contrário, fazem com que essa experiência individual seja revivida coletivamente até tornar presentes os espíritos animais na casa-comum, estendendo assim a todo o coletivo um vínculo de conivência com os não humanos que alguns indivíduos conseguiram estabelecer no acaso de seus encontros. Quanto à utilização de um grande número de mediações materiais a fim de tornar presentes os espíritos, recordemos que isso permitia um melhor controle das condições dessa objetivação que não é isenta de riscos, uma vez que se desenrola numa confrontação imprevista. Tanto as esculturas em miniatura inuítes quanto as máscaras yup'ik são ao mesmo tempo incorporações materiais e desencadeadores de pensamentos sobre os animais e os não humanos em geral. Contudo, as imagens são empregadas aqui menos como um memento do que como meios de renovar livremente a experiência da presença de animais e de espíritos, de suvenires portáteis e manuseáveis que podem ser reatualizados, reavivados e renovados a qualquer momento. Ainda que tenham a ver com a memória, essas figurações não possuem, no entanto, de forma alguma, o mesmo estatuto das imagens pictográficas, também bastante comuns no grupo esquimó: os pictogramas são balizas que estruturam uma narrativa, geralmente de caça ou de viagem, vestígios mnésicos organizados de maneira linear e sequencial que não têm sentido se tomados separadamente, enquanto as esculturas inuítes e as máscaras yup'ik são índices da experiência de uma relação singular com um animal ou um espírito e, simultaneamente, o meio de renová-la à vontade.

A estética esquimó revela também, com bastante clareza, outro traço distintivo do animismo: a capacidade de cada classe de existentes de ter um ponto de vista específico sobre o mundo em função das características de sua fisicalidade, ao que se acrescenta a possibilidade de um ser de se transferir para o ponto de vista de outro. As máscaras yup'ik permitem tal conversão, sob comando, por assim dizer. Vimos que os animais que revelam sua verdadeira natureza o fazem somente aos humanos que já mudaram de perspectiva e que, por isso, tornaram-se de algum modo congêneres. As máscaras autorizam a operação inversa, permitindo aos humanos objetivarem entre si a presença de pessoas animais. Dessa forma, considera-se que o animal figurado adota o ponto de vista humano, isto é, a posição ocupada pelo portador da máscara; convocado a estar presente em pessoa na casa-comum, ele é, de certo modo, compelido a partilhar das aspirações dos humanos.

A máscara de transformação é o procedimento mais espetacular, e sem dúvida o mais explícito, para figurar comutações complexas de pontos de vista: uma cabeça de animal, de monstro ou de espírito se abre graças a abas móveis, em geral para revelar um rosto humano. Os exemplares mais bem-acabados no plano formal não se devem aos yupiit, mas provêm de culturas ameríndias mais ao sul do litoral do Pacífico, especialmente dos kwakwaka'wakw, outrora chamados de kwakiutl, da ilha de Vancouver. As máscaras de transformação eram utilizadas nos rituais de inverno e nos *potlatchs*, em conjunção com outros acessórios cênicos, para tornar visível de maneira ostensiva uma metamorfose, ou seja, a transformação de um ser cujos avatares eram narrados pelo portador da máscara. Aproveitando-se da penumbra que reinava na grande casa de madeira, o dançarino, vestido com uma capa ornada de motivos aplicados ou com um traje feito de lâminas de cedro, afastava-se por um instante do público para acionar as abas e apresentar a todos uma nova face. Podia ser um ancestral que o encontro com um espírito animal transformara de maneira duradoura ou talvez um personagem da mitologia, ou ainda um animal se revelando como um espírito guardião. Em qualquer um dos casos, buscava-se o efeito de surpresa por meio dessa transição súbita da dimensão física do ser evocado à sua interioridade distintiva, quando, através de uma muda repentina, o rosto humano emergia sob a máscara animal. Como bem observou André Breton, "a virtude [da máscara de transformação] reside antes de tudo numa possibilidade de passagem brusca de uma aparência a outra".[123]

Certas máscaras apresentavam configurações mais complexas, dando a ver, quando as abas estavam abertas, diversos outros personagens sob a forma de faces ou de corpos retratados no verso dos painéis móveis, às vezes por meio de outra máscara interna que podia se abrir a fim de revelar um terceiro nível de profundidade ontológica, em geral um rosto humano. Essas máscaras, cujas múltiplas transformações acompanhavam as peripécias de uma narrativa, não invalidam o princípio da comutação; elas simplesmente multiplicam as suas ocorrências à medida que o dançarino as relata, terminando quase sempre com a exposição derradeira da pequenina face de homem emboscada no último círculo das metamorfoses.

Detenhamo-nos um momento numa dessas máscaras para melhor compreender o mecanismo das suas revelações em cascata. Foi George Hunt, um colaborador autóctone de Franz Boas, quem a recolheu entre os kwakwaka'wakw no início do século XX, e ela representa uma cabeça de alcaboz, peixe comum nessas águas, reconhecível por seu nariz chato e por seus olhos recuados para cima da cabeça (ilustração 26). Com a boca escancarada, a máscara de alcaboz faz surgir uma cabeça de corvo que se fende em duas para exibir um rosto de homem com nariz vermelho e um beicinho de desdém. Boas fornece uma ilustração da máscara em seus três estados em sua monografia sobre os kwakiutl e, na legenda que a acompanha, faz referência a um episódio de um mito em que a máscara supostamente auxilia a narrativa, única chave que temos para interpretá-la.[124] Trata-se de uma história longa e complicada na qual um humano grosseiro e indolente chamado Pangaiado-a (*Paddled-to*) vai visitar, sob as águas de um lago, um grande chefe que o coloca sob sua proteção e lhe concede poderes mágicos, bem como novos nomes, entre os quais o principal é Nascido-para-ser-a-cabeça-do--mundo (*Born-to-be-the-head-of-the-world*). Ele retorna para junto dos seus, onde é reconhecido como um grande chefe. Um dos avatares que ele adota, especialmente para ir debaixo d'água, mas também para se identificar ao irmão caçula, é o de um grande alcaboz com rosto de homem, ou seja, uma das transformações da máscara.[125] Sua casa à beira-mar contém inúmeros objetos rituais, particularmente máscaras de baleia, de lontra, de "urso-pardo do mar" (uma espécie mitológica) e de corvo. Pode-se, então, considerar a máscara de transformação como o suporte narrativo de um episódio da história de Nascido-para-ser-a-cabeça-do-mundo no momento em que ele, em seu avatar alcaboz, usa uma máscara de corvo, o qual se encontra muito naturalmente intercalado entre o rosto humano e a cabeça do peixe. Não é preciso aqui, de modo algum, supor uma regressão ao infinito nas identidades encastradas, já que a comutação entre o corpo do alcaboz, necessário para que o nosso herói viaje pelas águas como se estivesse coberto com um escafandro, e a interioridade humana que ele jamais deixou de possuir é intermediada por um filtro suplementar, a saber, uma das máscaras que ele veste por ocasião dos rituais que organiza em sua casa. Tal como os humanos comuns, com efeito, os seres metamórficos da mitologia se servem também de máscaras a fim de multiplicar as possibilidades de modificarem a própria aparência e, graças a esse artifício, de se transformarem em tantas imagens de corpo quantas as que eles aspiram a tornar visíveis a outro alguém.

As máscaras de transformação oferecem um meio radicalmente simples de figurar uma metamorfose; talvez simples demais, uma vez que guiam a imaginação indolente sem lhe dar a oportunidade de exercer por si só o esforço visual necessário para passar de uma forma a outra. É por isso que, entre os yupiit, a grande maioria das máscaras que retratam uma metamorfose apresenta simultaneamente os dois estados da transformação, de maneira que seja o próprio espectador a proceder à comutação de pontos de vista, fixando sua atenção ora num aspecto da imagem, ora noutro. Esse mecanismo de oscilação da atenção, que costuma agir sobre um englobamento parcial ou sobre uma assimetria no plano vertical, é até provavelmente mais eficaz que aquele implementado nas máscaras com abas na medida em que solicita a participação ativa do olhar na ilusão da alternância, tornando-a mais verossímil. As formas mais elementares são aquelas em que um rosto humano faz uma aparição disparatada na boca ou no bico escancarado de um animal, uma imagem que retoma uma disposição ainda mais simples, e outrora comum, na qual era o rosto do portador da máscara que aparecia no orifício.[126] Uma dessas máscaras, proveniente de Goodnews Bay, representa uma foca-barbuda com dentição generosa — trata-se de um predador marinho — em cuja boca aparece um pequeno rosto humano animado por um sorriso um pouco constrangido (ilustração 27). Infelizmente não se sabe muito a respeito desse objeto, assim como da maioria das máscaras yup'ik recolhidas no final do século xix, mas pode-se inferir que ela figura uma metamorfose, operação costumeira com as focas-barbudas. Paul Johnson, interlocutor yup'ik de Ann Fienup-Riordan, sem dúvida nos forneceu a chave:

> Nessa época, podia-se ver uma figura humana sentada no gelo sem caiaque. Ela se mantinha sobre as pernas dobradas, com sua parca de intestino de foca. A foca-barbuda que se tornou humana é chamada de *qununiq* [...] e, ao ser arpoada através da parca, ela caía na água. Dizem que, quando voltava à superfície pela primeira vez, tinha a cabeça de uma foca-barbuda. Na segunda vez que emergia [...] havia se tornado um pouco mais foca [...], na quinta vez era plenamente foca.[127]

A "foca que se tornou humana" se manifesta, então, na máscara por meio do seu rosto, que parece timidamente pedir por reconhecimento, sem dúvida fixado aqui numa das etapas da transformação.

A metamorfose não revela necessariamente uma pessoa genérica de aspecto ora humano, ora animal; ela pode também servir para desvelar a identidade oculta de um animal com aparência inofensiva, identidade que se manifesta mais frequentemente sob o aspecto de um espírito encarnado em outra espécie, predadora, e cuja atitude contrasta com a benevolência atribuída à presa na zona circumpolar, onde se diz que ela se entrega ao caçador por sua livre e espontânea vontade.[128] Ainda que seja rara em regime animista, a metamorfose de uma espécie animal em outra sinaliza, com efeito, antes uma estranheza de comportamento atribuível ao fato de que o animal pacífico que súbito se torna agressivo é, na realidade, um espírito malfeitor que se manifesta ocasionalmente sob a aparência de uma espécie carnívora. Em sua forma mais simples, as máscaras de transformação podiam tornar visível essa mudança do banal ao perigoso. Assim, as máscaras que os yupiit chamam de *patulget* permitiam aos xamãs, ao manipularem uma aba, fazer surgir sob a face do animal que lhes servia de espírito auxiliar um rosto com presas ameaçadoras que atestava seu poder ofensivo.[129]

Contudo, há um meio mais simples, e talvez mais eficaz, de figurar uma metamorfose desse gênero: ele consiste em reunir numa máscara os dois perfis dos animais em questão, o inofensivo e o predador, de maneira que a comutação dos pontos de vista se opera facilmente pela rotação de um lado ou de outro na cabeça do dançarino. Uma máscara yup'ik do Museu Nacional do Indígena Americano, em Nova York, nos dá um exemplo impressionante (ilustração 28). Ela figura, de um lado, um perfil de caribu prontamente identificável por suas galhadas e suas narinas alongadas e, de outro, um perfil de morsa, reconhecível por seu bigode cerrado sobre um focinho achatado do qual surge uma longa presa. Ora, o escultor teve a genialidade de figurar sobre cada hemiface um atributo que lembrasse o outro — uma galhada em miniatura no perfil da morsa e caninos desmesurados no perfil do caribu, de maneira que cada um desses traços representa como que um eco abafado num e noutro avatar da metamorfose que acaba de se realizar e da qual se compreende que não poderia ser perfeita, não mais do que a comutação de pontos de vista que a torna possível: os dentes de carnívoro saindo da boca do pacífico apascentador de líquen e o coto de galhada comicamente se destacando da cabeça da morsa projetam em sobreposição fragmentos de suas respectivas identidades que não tiveram tempo de se dissipar. Esses tênues testemunhos de um estado anterior mostram que a justaposição das faces é, de fato, aqui, o índice de uma metamorfose, de uma verdadeira mudança de perspectiva, e não de uma relação de predação entre duas espécies do tipo do englobamento de uma foca por um urso-branco figurado no botão de marfim do museu Pitt-Rivers — sem contar, é claro, que a morsa não caça o caribu. Essas máscaras metamórficas permitiam domesticar os espíritos de um modo lúdico: fazendo da metamorfose um simulacro ativado por uma imagem ao mesmo tempo surpreendente e conceitualmente complexa, elas contribuíam para tornar pública a objetivação controlada dos espíritos animais numa situação ritual que colocava momentaneamente de lado, e talvez afastava, o perigo com que o caçador podia ser confrontado quando se apercebia de que o animal inofensivo que ele havia matado ou rastreado era, na realidade, um espírito nefasto. Durante as cerimônias, não era o animal na solidão da taiga que tomava a iniciativa de desvelar sua verdadeira natureza, mas um homem reconhecível num meio plenamente humano, além disso inserido numa cadeia de interações coletivas, e não mais limitado ao face a face entre duas pessoas com identidade flutuante.

A justaposição das faces pode funcionar também como um artifício icônico da metamorfose em máscaras absolutamente planas, nas quais portanto, em contraste com as máscaras do gênero anterior, os dois estados são visíveis simultaneamente na sua totalidade. Disso dão testemunho as máscaras yup'ik que representam *ircenrrat* (ilustração 29), uma linhagem de espíritos que aparece alternadamente como um humano e como um animal predador, aqui uma raposa.[130] Constata-se com facilidade que tê-los colocado lado a lado num mesmo plano não constitui, de maneira alguma, um obstáculo para que o olhar oscile entre os dois avatares: a nítida separação mediana, o contraste acentuado das cores, a inversão da inclinação da boca, a disparidade na forma dos olhos e da arcada supraciliar são suficientes para que, ainda que oferecidas à vista na sua totalidade, as duas hemifaces apareçam como transformações uma da outra, e não como um ser compósito.

Por conseguir figurar a metamorfose com uma grande economia de meios é que essa disposição também se encontra a mais de 10 mil quilômetros dali, em outro bastião do animismo, entre os ma'bétisek dos mangues de Selangor, na costa ocidental da Malásia.

Ao lado de outros povos aborígenes que os malaios chamam genericamente de Orang Asli, os ma'bétisek compartilham de fato a ideia de que as plantas e os animais dos quais se nutrem são como humanos e que eles se vingam do mal que lhes é causado enviando ferimentos e enfermidades. O tratamento xamânico dessas aflições exige, então, a participação de espíritos animais, creditando-se ao mais poderoso deles, *moyang melur*, a capacidade de adotar a forma de um humano ou de um tigre. Quando um xamã ma'bétisek demanda a assistência de seus espíritos auxiliares animais, eles vêm um após o outro nele incorporar-se sem verdadeiramente possuí-lo, de maneira que as suas ações são guiadas e tornadas mais eficazes pela presença de cada um deles, que se manifesta, aos olhos do público, pelo comportamento do curandeiro e da sua maneira de falar: de fato, ele empresta sua voz e seu corpo ao espírito que veio ajudá-lo. A máscara confeccionada por Ahmad Kassim figura essa metamorfose temporária (ilustração 30); trata-se de um acessório de uso excepcional entre os ma'bétisek, mas que dá a ver de modo espetacular uma dupla dualidade — a qualidade de pessoa do espírito tigre e a qualidade tigre do xamã que recebe sua assistência —, uma dualidade obtida unindo-se um rosto humano a uma face de tigre com tamanha engenhosidade que basta um ligeiro deslocamento do olhar à direita ou à esquerda para alternar entre um ou outro avatar.[131] A exemplo da máscara do tipo *ircenrrat*, os contrastes são suficientemente marcados entre os dois lados — e, além disso, acentuados aqui pela técnica do entretalho — para que cada parte da máscara seja percebida de maneira inequívoca como uma transformação da outra e que, devido à equivalência de superfície introduzida pelo eixo mediano, nenhum dos dois estados da comutação apareça como mais estável ou fundamental que o outro.

DISTINGUIR AS SEMELHANÇAS

O emprego de um mesmo código formal para figurar a metamorfose por povos tão distantes quanto os yupiit e os ma'bétisek é rico em ensinamentos. Essa circunstância permite, em primeiro lugar, precisar o bom nível com que uma semelhança de técnicas imagéticas se torna pertinente num projeto comparativo do mesmo tipo que estou conduzindo. Afinal, muitas dessas técnicas, por mais espetaculares que sejam às vezes os seus resultados, nada mais são do que soluções dadas a problemas figurativos comumente encontrados, e não a expressão dos mesmos esquemas formais que remetam a propriedades ontológicas daquilo que se dá a ver. É o caso, por exemplo, de meios gráficos e plásticos bastante diversos empregados para figurar o interior de um continente orgânico. Um breve inventário consideraria os mais conhecidos, como aqueles perturbadores bonecos anatômicos confeccionados no século XVIII por ceroplastas italianos — Clemente Susini, Ercole Lelli ou Felice Fontana — na forma de jovens mulheres de pele diáfana das quais se podia remover o torso para ensinar medicina interna e obstetrícia. Igualmente familiares são as "virgens abrideiras" da Idade Média, esculturas da mãe de Cristo cujo corpo, abaixo do rosto, pode se abrir graças a duas ventanas a fim de revelar o fruto de sua carne, tendo cumprido seu destino com o auxílio do Espírito Santo — seu filho na cruz. Pertence a esse mesmo conjunto, além das radiografias modernas, que desvelam o esqueleto sob os contornos reconhecíveis do corpo, essa variedade de pintura australiana à qual terei a oportunidade de voltar, justamente chamada de "em raios x", e que representa, sobre uma placa de casca de árvore, a silhueta de um animal totêmico no interior da qual são retratados os órgãos e a estrutura óssea. São também dessa mesma esfera, entre tantas outras imagens, as máscaras articuladas da costa noroeste do Pacífico, meios de acessar a interioridade oculta de um animal ou de um espírito.

O que há de comum entre a "Vênus dos médicos", essa figura de cera "nua até as vísceras" cuja filiação erótica e sangrenta Georges Didi-Huberman retraçou de Botticelli a Bataille,[132] e a imagem do canguru ou do emu dos aborígenes da Terra de Arnhem cujos órgãos e carne são como que previamente cortados para sua alocação nas diferentes categorias de parentesco? E o que compartilham essa carta social incorporada na anatomia de um animal e o mistério da encarnação que a casta mãe indica a todos ao revelar nas suas entranhas o filho supliciado? Evidentemente nada, já que cada uma dessas imagens abrideiras é uma resposta singular ao problema da representação de uma estrutura interna a um envoltório exterior, e não a expressão de um esquema icônico compartilhado que revelaria propriedades ontológicas comuns aos objetos figurados.

Desse modo, é preciso desconfiar de soluções imagéticas destinadas a resolver questões de figuração que podem legitimamente se apresentar para toda a humanidade — revelar o conteúdo oculto de um objeto como o fazem as imagens abrideiras ou tornar visíveis aspectos de um objeto que escapam da vista quando se passa de uma representação em volume a uma representação em duas dimensões, assim como ocorre na iconografia do Egito faraônico ou naquela da costa Noroeste —, sendo que essas soluções não bastam em si para qualificar modos de figuração que oferecem acesso às escolhas ontológicas por meio das quais se compõem mundos diversificados. Ainda menos pertinentes para tal projeto são os critérios derivados de categorias de imagem conforme sejam classificadas por convenção — as máscaras, as fotografias, os baixos-relevos — ou procedentes de suportes figurativos singulares nos quais elas aconteçam — as pinturas corporais, as gravuras rupestres ou as brincadeiras com barbante. Para se convencer disso, basta olhar a luxuosa e inesgotável produção de livros de arte sobre tatuagem, mais notáveis pela beleza e, por vezes, pela sedução erótica das fotos que os ilustram do que pela sutileza ou erudição das interpretações antropológicas nas quais ela se apoia. À exceção dos perpétuos lugares-comuns sobre o imperativo, supostamente universal, de marcar com signos simbólicos da cultura corpos humanos percebidos como demasiado naturais, em geral nos abstemos de imaginar quais objetivos comuns poderiam perseguir, quando se tatuam, um maori da Nova Zelândia, um *punk* de Hamburgo, um poeta japonês ou um indígena da Amazônia.

O que deveria preferencialmente importar quando se ambiciona colocar em evidência esquemas figurativos que remetam a ontologias contrastantes é, ao mesmo tempo, o conteúdo empírico daquilo que as imagens dão a ver, o que ele revela das escolhas operadas em relação ao que se destaca ou não no mobiliário do mundo e na maneira como ele é agenciado, e os efeitos visuais por meio dos quais são expressos os contrastes elementares correspondentes a cada ontologia. Desse ponto de vista, pode-se considerar como uma prova de pertencimento ao mesmo regime figurativo o emprego, por culturas que nada permite pensar que tenham entrado em contato entre si, de um mecanismo visual idêntico e raro — a justaposição de uma hemiface animal e de uma hemiface humana — para representar uma mudança entre o ponto de vista da fisicalidade e o da interioridade.

Afinal, a questão do empréstimo é evidentemente central na apreciação das causas da recorrência de formas e de motivos semelhantes em lugares muito afastados um do outro no planeta. Sob a influência das teorias difusionistas que ainda persistiam até o primeiro terço do século xx, por muito tempo interpretaram-se as semelhanças estilísticas entre imagens provenientes de zonas distantes entre si como uma indicação segura de que esses traços, ou complexos de traços, resultavam de contatos culturais, por mais improváveis ou difíceis de estabelecer que fossem. Ora, a esse respeito, diversas situações podem ocorrer. Em primeiro lugar, como no caso das imagens abrideiras ou da representação das partes ocultas de um volume, as analogias detectadas não o são verdadeiramente, já que se assentam não tanto em códigos estilísticos, mas nas soluções técnicas, aliás bastante diversas, empregadas independentemente para resolver um problema figurativo específico. É então altamente improvável que um contato cultural possa estar na origem da ambição de tornar visível a interioridade de um ser manifestada no norte da Austrália, na costa noroeste da América do Norte e dentro dos ateliês de escultores da Europa gótica.

A hipótese da difusão tem ainda menos fundamento quando a analogia se apoia num simples motivo, por mais surpreendente, aliás, que possa ser a coincidência das formas. É o que também se verifica nos entrelaçamentos de madeira esculpida pelos quais são famosos os povos ditos "marrons" do Suriname. Conforme lembram dois especialistas da iconografia dessas populações, Sally e Richard Price, a semelhança entre certos motivos ornamentais dos saamaka (ou saramaka) e aqueles da arte popular alsaciana (ilustração 31) não deve levar à crença num empréstimo que os últimos teriam feito aos primeiros.[133] Se não é inteiramente impossível que um saamaka tenha podido um dia notar, na casa de um senhor de *plantations* ou de um funcionário francês da Guiana, uma daquelas cadeiras com o espaldar esculpido que se chamam na Alsácia pelo sugestivo nome de *Bredschdelstuehl* ("cadeira-pretzel"), é muito menos provável que essa observação tenha podido dar origem a uma inovação estilística na fabricação de almofarizes de amendoim saamaka na medida em que os entrelaçamentos com que são ornados se encontram há quase um século em outros artefatos — tamboretes, pentes, caixilhos de porta — ou gravados nas cabaças. Visto que o repertório de formas não é ilimitado, é mais razoável pensar que algumas delas puderam brotar aqui e ali de maneira independente.

Outra situação é aquela em que, ao contrário, existem analogias reais entre as iconografias de sociedades pouco distantes entre si que mantenham, ou tenham mantido, vínculos historicamente comprovados. É o caso de algumas das máscaras que acabamos de examinar. Elas provêm essencialmente de dois conjuntos que, embora contíguos no espaço, não deixam de ser bem diferenciados nos planos linguístico e cultural: de um lado, as populações ameríndias do litoral pacífico do Canadá e do Alasca, elas próprias pertencentes a diversas famílias linguísticas, e, de outro, mais ao norte, os esquimós yupiit e iñupiat. Como vimos, algumas dessas máscaras têm essa particularidade em relação àquelas de outras sociedades de máscaras, inclusive nas Américas, de combinar, de maneira ostensiva e imediatamente reconhecível, um rosto humano e uma cabeça ou um corpo animal, seja por meio de uma divisão frontal ou de um englobamento concêntrico num mesmo plano, seja por sobreposição.[134] Pode-se avaliar que essas similitudes sejam efeito de influências que passam por trocas comerciais, sem que se saiba ainda muito bem em que sentido as difusões são praticadas e qual papel os negociantes russos, presentes na região desde a segunda metade do século XVIII, podem ter desempenhado. O que é certo, em todo caso, é que esses empréstimos prováveis podiam se produzir ainda mais facilmente na medida em que intervinham num terreno favorável, isto é, num meio cultural em que determinadas imagens eram dotadas de características figurativas interpretáveis de imediato como índices de propriedades ontológicas reconhecidas em toda essa região, primordialmente a ideia de que os não humanos são pessoas dotadas de uma interioridade de tipo humano. Se a difusão tiver ocorrido, ela não terá feito, portanto, nada mais do que conferir uma forma icônica suplementar à gama já existente no local, permitindo assim tornar visível, de uma maneira talvez ainda mais expressiva, um traço do animismo que outros esquemas figurativos já exprimiam a seu modo.

Por outro lado, quando analogias formais podem ser detectadas nas imagens de culturas distantes umas das outras e entre as quais é pouco verossímil que se tenham podido efetuar trocas, e se essas analogias não resultam de soluções técnicas oferecidas a problemas universais de figuração, então é preciso tomá-las por sintomas da presença de esquemas icônicos que têm finalidades idênticas, a saber, figurar com o mesmo repertório de meios os traços contrastivos de uma forma de construir mundos cujos princípios se fazem ecoar em regiões bastante diversas do planeta. É essa via que Lévi-Strauss indicava quando, a respeito de semelhanças estilísticas entre imagens provenientes da China antiga, dos maoris e da costa americana do Pacífico, escreveu:

> Se a história, solicitada sem trégua (e que deve ser solicitada *antes de mais nada*), responde que não, voltemo-nos então para a psicologia ou para a análise estrutural das formas e perguntemo-nos se conexões internas, de natureza psicológica ou lógica, não permitem compreender recorrências simultâneas.[135]

O desvio pela máscara ma'bétisek introduz outra maneira de administrar esse tipo de prova que se aproxima, em muitos aspectos, de uma verificação experimental. Com os chewong e os batek, os ma'bétisek fazem efetivamente parte de coletivos que, com base apenas na documentação etnográfica, eu havia identificado na Malásia como pertencendo claramente à esfera de um regime animista.[136] Eu não sabia nada sobre sua iconografia, a respeito da qual tentei sem sucesso me informar, e foi totalmente por acaso que descobri, na casa de um amigo, a máscara do espírito tigre, que não apenas vinha confirmar numa imagem a legitimidade dessa identificação, mas que, conforme depois me dei conta, tornava visível o mecanismo da metamorfose — o *experimentum crucis* do animismo — por meio da mesma disposição formal que aquela empregada em outras máscaras a milhares de quilômetros de distância. Além de a operação proporcionar o delicado prazer da descoberta, discernir uma correlação significativa entre dois traços culturais a respeito dos quais nada permite afirmar que um tenha sido inspirado pelo outro — a combinação das faces — constitui uma demonstração mais verossímil de que a homologia estrutural desses traços remete a uma razão comum do que o acúmulo de ilustrações díspares de uma semelhança mal definida. É nesse sentido que deve ser entendido o comparatismo praticado nesta obra.

CAMUFLAGENS ONTOLÓGICAS

Em todo o arquipélago animista, os animais e os espíritos têm corpos removíveis que eles às vezes retiram, longe do olhar dos homens, para compartilhar entre si a ilusão de que são mesmo como estes últimos, isto é, com aquela aparência humana que é a forma subjetiva sob a qual, a exemplo de todos os outros sujeitos animados por uma interioridade, eles habitualmente percebem a si mesmos. Uma raposa que se despoja de seu corpo-parca entre os inuítes, orcas que abandonam suas "conchas" para brincar na praia segundo os nivkhs da bacia do Amur, antas impulsivas que se desfazem do seu couro para se ornar de pinturas com urucum e dançar como os makuna da Amazônia colombiana ou gibões da Malásia que revestem a sua interioridade com uma "capa" a fim de parecer, aos olhos dos chewong, aquilo que na verdade não são, todos esses seres têm a faculdade de retirar um corpo que é o seu meio de conduzir a existência mais cômoda possível num dado ambiente.[137] Reciprocamente, e porque cada um desses tipos de corpo representa o melhor arranjo para se viver sob as águas, subir com agilidade nas árvores ou voar acima do dossel das florestas, os humanos podem ficar tentados a tomá-los de empréstimo, menos para se aquecer ou se enfeitar do que para acrescentar a si mesmos a infinidade de disposições que eles contêm e das quais eles próprios são extremamente carentes.

Observamos, dessa forma, que os trajes de pele dos povos da Sibéria oriental e da América norte-ocidental recapitulavam a anatomia dos animais de que eram feitos, sendo que cada peça destinada a uma parte do corpo humano era oriunda da parte equivalente do animal.[138] A *khonba* dos koryak, dos tchouktche e dos esquimós da Ásia, por exemplo, uma combinação em pele de rena própria das mulheres, era confeccionada de maneira a ser vestida como o era pelo animal do qual provinha, com a pelagem do dorso cobrindo as costas, as patas anteriores servindo de mangas e as posteriores, de pernas.[139] Do outro lado do estreito de Bering, os homens sugpiak usavam às vezes uma combinação feita da pele de um urso-negro em que a parte da cabeça formava um capuz enquanto a das patas dianteiras servia para compor as mangas e luvas sem separação entre os dedos, e a das patas traseiras, as calças e botas.[140] Muito comum na Sibéria e no Alasca era também fazer capuzes com o despojo da cabeça de um caribu, de uma raposa ou de um lobo cujas orelhas estivessem preservadas.[141] Essa ideia de que o corpo-vestimenta do animal retém, em benefício dos humanos que o vestem, algumas das qualidades que ele possuía não se limita à zona periártica. Ela é encontrada nas cercanias do outro polo, entre os povos da Terra do Fogo que, quando dos primeiros contatos com os europeus nos séculos XVIII e XIX, vestiam peles de guanaco, lontra ou foca, às vezes de raposa ou cormorão, drapeadas como capa sobre o corpo nu untado com gordura de foca e de baleia, deixando a pelagem e as penas sempre na parte externa.[142] Ao trajar esses farrapos animais, não se tratava tanto de se camuflar nessa ou naquela espécie para melhor caçá-la, mas de tomar emprestadas de corpos não humanos, além de uma módica proteção contra o frio e o vento, as disposições físicas de que essas espécies desfrutam e, portanto, a eficiência com que tiram partido de seu ambiente.

A prática tipicamente animista de captar potências de agir animais tornando-se uma imagem viva de seu corpo está longe de ter desaparecido. Muitas etnografias contemporâneas são testemunhas disso. Assim, os youkagir da Sibéria ainda hoje confeccionam com a pele de patas de alce os revestimentos que colocam sobre os seus esquis a fim de que, na aproximação de um desses grandes cervídeos bastante apreciados como caça, o chiado produzido pelos esquis do caçador pareça o de um alce andando na neve.[143] Diz-se também do caçador naskapi do Labrador que, quando ele "veste seu traje [de pele de caribu], torna-se caribu e magicamente atrai outros de sua espécie".[144] Quanto a Clarence, um gwich'in do norte do Alasca, ele diz, de maneira mais simples e com uma ponta de nostalgia: "Quando eu era pequeno, me vestiam como um caribu e eu jamais sentia frio".[145] Qualquer que seja o caso, quando um caçador usa a vestimenta animal da espécie que está perseguindo, ele copia os movimentos e o comportamento de sua presa, decerto em parte para enganá-la, mas também para se fazer reconhecer com um congênere num coletivo animal com o qual ele aspira a renovar os laços de harmonia. Em suma, assim como usar uma máscara de animal é acessar sua interioridade e controlá-la, vestir um traje de animal, introduzir-se em sua pele e adotar seus gestos é acessar sua fisicalidade e desviá-la para uso próprio.

Nem sempre é necessário cobrir-se da totalidade do despojo de um animal para dele emprestar qualidades. Basta, às vezes, fazer de um corpo humano em movimento uma evocação plausível de uma espécie mediante adereços ou motivos pintados na pele que venham acrescentar algum tipo de assinatura icônica a um efeito de mimetismo obtido primordialmente a partir de uma imitação das posturas do animal. E, como o corpo humano nesse caso não é disfarçado, a alternância entre uma atitude humana e uma atitude animal aproxima esse mecanismo imagético daqueles que dão a ver metamorfoses, exceto que aqui se trata de uma transformação de um corpo em outro, e não de uma mudança entre dois pontos de vista. É isso o que bem demonstram os motivos recolhidos por Boas de dois modelos de pinturas corporais com que se enfeitam meninos kwakiutl quando da dança do urso e da dança da rã (ilustração 32). Boas analisa esses motivos como ilustrações exemplares da "representação desdobrada" típica da iconografia da costa noroeste do Canadá, isto é, a decomposição e a reconfiguração numa imagem bidimensional das diferentes partes do objeto representado, geralmente um animal, seja dispondo horizontalmente seus dois perfis unidos de cada lado de uma linha mediana, seja, como é o caso das tramas *chilkat* — mantas tecidas com motivos heráldicos usadas por pessoas de alta estirpe —, por um verdadeiro desmembramento que distribui as diferentes visões que se pode ter do modelo — de frente, de costas, de perfil, de cima, de baixo — num mesmo plano contínuo e ligando entre elas essas partes sem preocupação aparente de verossimilhança.[146] Ora, assim como salientou Hubert Damisch num artigo tão breve quanto incisivo, a noção de representação desdobrada aplicada a esse caso peca por etnocentrismo, já que supõe uma fragmentação imposta a posterori à figuração de um sujeito a princípio unitário e não leva propriamente em conta o efeito buscado pela recomposição dos motivos nos meninos, a saber, a oscilação entre um corpo humano e um corpo animal.[147] Numa primeira aproximação, de fato, o urso e a rã são decompostos em diversas partes distribuídas pelo corpo do dançarino, sem consideração aparente pela fidelidade anatômica. Trata-se, então, mais de uma figuração fragmentada do que de um desdobramento no sentido de uma imagem especular, ainda que as imagens reproduzidas aqui tenham sido obtidas por Boas perguntando a um informante sobre a lista de elementos que compõem as duas pinturas corporais, elementos reproduzidos em seguida num modelo de papelão de silhueta humana com duas faces que impõe, portanto, um desdobramento — um anverso e um verso —, o qual, contudo, se verificará não existir.

De fato, se a frente e as costas do urso estão bem situadas respectivamente na frente e nas costas do corpo do dançarino, o mesmo não se dá com a rã, cuja imagem não pode ser recomposta a não ser por um constante movimento de vaivém entre o anverso e o verso do boneco. A descrição proposta por Boas parte da cabeça do animal, cujo topo aparece nas costas do dançarino, com os olhos situados na região lombar, sendo o seu caráter globular indicado por uma espécie de sobrancelha a coroá-los; a boca é desenhada mais abaixo, sobre as nádegas, curvada como num sorriso. Nesse ponto, a descrição atravessa o modelo para mostrar, de frente, o maxilar pintado sobre o púbis e curiosamente guarnecido de dentes. Diante dessa incongruência anatômica, Boas esclarece que os dentes, "na verdade, não pertencem à rã", sem especificar a quem se deve atribuí-los.[148] Podemos pensar, por analogia com outros casos semelhantes no arquipélago animista, que essa dentição exposta sinaliza que a rã é dotada de uma agência predadora: não estamos aqui diante de uma imagem de um batráquio comum, mas em face da encarnação, num corpo de rã, de uma interioridade atuante na qual os dentes inquietantes indicam uma aptidão para se apoderar do mundo como sujeito. É preciso, em seguida, retornar às costas do menino, em cuja parte superior está figurado o dorso da rã, mas de certa forma invertido, uma vez que as patas traseiras, vistas de cima, estão desenhadas na face posterior dos braços do dançarino, enquanto a vista de baixo dessas mesmas patas está desenhada na parte da frente dos seus braços; a ausência da parte inferior da pata no braço esquerdo do modelo em papelão resulta, ao que parece, de um esquecimento do copista. O torso do dançarino se confunde com o da rã à custa da inversão imposta pela posição contraintuitiva que a cabeça do animal ocupa. Quanto à figuração da parte dianteira da rã, ela exige uma ginástica visual ainda mais complexa entre o anverso e o verso do menino: a articulação dos ombros está marcada sobre a prega da virilha, ao passo que as patas se inscrevem no reverso das coxas, estando os punhos do animal marcados novamente na frente, nos joelhos, enquanto os seus dedos são figurados atrás, nas panturrilhas.

Bem se vê que uma imagem completa e verossímil da rã não pode ser obtida a partir da efígie dupla-face de papelão, mas sim imaginando o dançarino de cócoras, com as costas voltadas para o público e dando saltos para revelar o seu torso em rotação rápida em torno do próprio eixo, conforme acontece na dança que ele executa. Ainda que seu rosto escurecido permaneça indistinto e tenda a obliterar sua humanidade, nem por isso ela desaparece, já que é impossível esquecer que o que confere vida a essa rã saltitante é um corpo humano. O que a imagem animada do garoto dá a ver no halo tremulante dos tocos de vela é uma silhueta que ora se decompõe em rã, ora se reconstitui em humano, um efeito deliberado, visto que, nos próprios termos de Boas, "a rã é mostrada de tal maneira que é como se o corpo da pessoa fosse a rã".[149] Os bonecos não ilustram, portanto, uma representação desdobrada, mas o movimento em suspenso de um humano no processo de emprestar de um animal a sua forma, a sua postura e as suas disposições a fim de encarná-lo temporariamente. Como tão bem observou Damisch, "o dançarino não tem de fingir ser urso ou rã [...], basta-lhe, uma vez que esteja pintado como convém, dançar para que se recomponha [...] uma figura nascida do encontro entre o corpo, ou a 'pessoa', de carne, e o corpo, ou o animal, de pintura".[150]

Em outra parte completamente diferente do mundo, nas encostas do monte Bosavi, nas terras altas da Nova Guiné, os kaluli também produzem, por meio de um corpo transfigurado pela dança e pelos adereços, um efeito em imagem de transformação de um humano em animal. Juntamente com outros povos vizinhos dessa região — notadamente os kasua, os etoro e os bedamuni —, os kaluli formam um conjunto tipicamente animista dentro de uma zona cultural, a Papua, onde as inflexões ontológicas são, sem dúvida, menos fáceis de definir de maneira simples do que em outros lugares. O isolado biogeográfico do monte Bosavi, um dos mais ricos em biodiversidade da grande ilha, é povoado por coletivos de humanos, animais e espíritos que percebem os seus congêneres como humanos, mas que enxergam os membros de outros coletivos como animais ou espíritos: os kaluli, então, caçam porcos selvagens nos quais se encarnam os espíritos, enquanto os espíritos caçam porcos selvagens nos quais se encarnam os duplos dos humanos.[151] As aves ocupam um lugar central nas trocas de perspectiva, pois se considera que elas sejam as vestes que o espírito dos humanos usa após seu falecimento. Ao longo da vida, os kaluli têm um duplo animal — o casuar para as mulheres e o porco selvagem para os homens — chamado de "reflexo", *mamma*, que vive no coração da floresta e se transforma, quando da morte daquele ou daquela a quem está associado, em *ane mamma*, "reflexo desaparecido", mais frequentemente sob a forma de uma ave. De maneira geral, diz-se que os pássaros se enxergam uns aos outros como humanos e que, sempre que os kaluli os ouvem, interpretam os seus cantos como mensagens que lhe são dirigidas por seus mortos tornados *ɔbe mise*, "em forma de ave".

Assumir "a forma das aves" é também uma ambição à qual os homens kaluli aspiram durante suas cerimônias, imitando-as com cantos e danças, cobertos de espetaculares ornamentos de penas. Afinal, tornar-se ave é uma maneira de se aproximar dos mortos e deles se lembrar, uma metamorfose que constitui o coração da experiência estética desse povo na medida em que dá corpo a um estado emocional potente no qual se casam os sentimentos da perda, da nostalgia e do abandono. Provocar o advento de uma ave pelo movimento do corpo e pela oscilação dos ornamentos permite reunir novamente, por um momento, as interioridades separadas dos vivos e dos mortos para além da descontinuidade das barreiras físicas. Tal como no caso das pinturas corporais do urso e da rã entre os kwakiutl, a presentificação ritual de uma ave joga, entre os kaluli, com o contraste entre o caráter praticamente alegórico dos adereços e a iconicidade dos movimentos. Com efeito, visto de maneira estática, o grande traje cerimonial *kɔluba* (ilustração 33, foto da esquerda) é um repertório de símbolos composto de um amplo diadema e de leques de penas brancas de cacatua e calau amarrados a braçadeiras e tornozeleiras, combinados com pinturas faciais e corporais pretas e vermelhas e com uma correia ao redor do pescoço, do torso e dos membros — colar, boldriés, cinto —, de maneira que cada peça, cada cor, cada item posicionado sobre o corpo remete a uma evocação mítica, faz referência a um ou ao outro sexo, indica um estágio no ciclo de vida e uma função social.[152] Contudo, o mesmo traje pode ser colocado em movimento pela dança no decorrer de um ritual noturno, com o diadema e os leques batendo ritmados como grandes asas roseadas pela luz das chamas; o homem emplumado torna-se, então, intermitentemente ave, frágil passarela em direção ao mundo em que os mortos sobrevivem sob outro avatar (ilustração 33, foto de baixo). E, como diz um kaluli, "no meio da noite, enquanto os dançarinos seguem dançando e dançando... você se cansa e se deita... e então, de repente, algo o deixa sobressaltado, um som, ou alguma outra coisa... você abre os olhos e vê o dançarino... é um homem em forma de ave".[153]

Se há uma região no arquipélago animista onde se fizeram esforços para transformar os corpos humanos em imagens de animais, é mesmo a Amazônia: máscaras-trajes, adereços espetaculares, pinturas em preto e vermelho que acompanham a sinuosidade dos músculos e dos traços faciais, tudo é feito para que a nudez, às vezes quase completa, dos homens e das mulheres desapareça atrás dos índices de atributos emprestados de não humanos. Elevado ao nível de arte, aquilo que Mauss chamava de ornamêntico [*ornementique*] domina aqui a função imagética em detrimento da preocupação com a semelhança mimética. Há certamente exceções a essa indiferença declarada pela imitação da natureza, exceções sobre as quais temos, aliás, menos informações contextuais do que sobre os motivos geométricos de uso bem mais corrente na Amazônia e a respeito dos quais existe um verdadeiro saber constituído. Esses casos de realismo icônico, porém, são pouco numerosos.[154] Uma das raras tradições de cerâmica francamente mimética que recua um pouco no tempo é a dos wauja do alto Xingu; ela se constitui de pratos fundos e tigelas que o acréscimo de patas e de uma cabeça transforma em animais imediatamente reconhecíveis devido ao cuidado com que são reproduzidas as particularidades anatômicas de cada espécie — morcego, rã, tatu, pato, gavião ou coruja. Ainda que atualmente sejam em parte destinadas ao mercado turístico, essas peças são idênticas às que os wauja faziam já na época dos primeiros contatos no final do século XIX e que Karl von den Steinen celebrizou em sua obra sobre o Brasil central.[155]

As estatuetas antropomórficas são igualmente incomuns na Amazônia. As mais difundidas são as de argila crua dos carajás do Araguaia, representações simbólicas de homens e mulheres cuja finalidade original é pouco conhecida e a fatura, bastante rudimentar: os membros inferiores são reduzidos a cilindros, os braços, ausentes ou representados por cotos, sendo que apenas as características sexuais e as tatuagens tribais são nitidamente marcadas. Karl von den Steinen relatou, ainda, o uso de bonecos em argila no alto Xingu, assim como de estatuetas de animais em cera cujo emprego ele não especifica.[156] Sabe-se, enfim, que os kadiweu do Mato Grosso do Sul esculpiam pequenas estatuetas antropomórficas em madeira, chamadas *santos* em português; as indicações fornecidas a esse respeito por Guido Boggiani e depois por Claude Lévi-Strauss são pouco conclusivas, uma vez que eles as descrevem ora como bonecos, ora como efígies de heróis míticos praticamente divinizados.[157] A essas imagens figurativas se somam os tamboretes esculpidos num bloco de madeira cujo assento se prolonga de ambos os lados com a cabeça e a cauda do animal — tartaruga, ave, macaco, jaguar ou caimão; presente também ali, entre os ameríndios do alto Xingu, assim como no piemonte andino e nas Guianas, esse tipo de banco animalizado é, sem dúvida, a imagem mimética menos rara na Amazônia.

Também é fato que as máscaras são bastante difundidas nessa região, sobretudo em sua porção ocidental e no Brasil central, mas, salvo algumas exceções, como entre os catuquinas e os matises, não se trata tanto de placas que cobrem apenas o rosto e figuram a face de um ser, geralmente um espírito, quanto de trajes que envolvem todo o corpo. Eles são compostos de cogulas de casca de árvore batida ou de estruturas em cestaria por vezes dotadas de mangas e prolongadas com saias de fibras que disfarçam a humanidade daquele que as veste. Diferentemente das máscaras yup'ik ou kwakiutl, o rosto é figurado de maneira bastante esquemática, às vezes nem isso, o que não impede de modo algum que os espectadores identifiquem o tipo de ser que a máscara representa graças a índices convencionais que sinalizam um ou outro de seus atributos: uma mancha que ele tem nas costas, a natureza de sua dentição ou mesmo, conforme se viu na máscara yukuna da arraia, uma associação mítica entre a libré de um animal e a forma de uma constelação. Conforme demonstram os exemplos oriundos do Brasil central que logo examinaremos, o reconhecimento daquilo do qual uma máscara é a figuração não se baseia, na Amazônia, numa correspondência mimética comum entre uma imagem e o seu referente, mas no conhecimento dos diversos avatares sob os quais os não humanos gostam de aparecer para os humanos.

Em toda a Amazônia, constata-se, assim, um desinteresse explícito pela iconicidade direta em favor de um gosto pela abstração e pelo despojamento que faz com que os ameríndios prefiram o uso de motivos geométricos que decoram indistintamente diversos tipos de superfície, desde as cerâmicas até os corpos humanos, passando pelos tecidos e cestarias. Não é impossível que essa escolha tenha sido em parte ditada pelas circunstâncias históricas: a terrível catástrofe demográfica engendrada pela Conquista, a necessidade em que se viram os sobreviventes de se deslocar incessantemente para escapar das incursões escravagistas, do trabalho forçado nas *plantations*, do confinamento no universo totalitário das reduções missionárias de sedentarização e evangelização, da eliminação, pelas mãos das milícias, dos barões da borracha, tudo isso certamente não contribuiu muito para a manutenção e o desenvolvimento dessa iconografia refinada e de grande realismo icônico da qual dão testemunho vestígios arqueológicos, tais como as urnas funerárias de Marajó ou os vasos e estátuas da cultura de Santarém. Pode-se, contudo, pensar que a principal razão dessa indiferença pela imitação seja menos conjuntural do que estrutural: em vez de produzir imagens de corpos à semelhança de modelos "naturais", os amazônicos empenharam-se em fazer com que os próprios corpos fossem imagens, emprestando para isso motivos, signos e disposições dos seres que eles ambicionam representar, primordialmente os animais e os espíritos.

Para compreender as razões dessa representação imagética dos corpos por meio de fragmentos reais ou icônicos de não humanos, é preciso se debruçar por um momento sobre aquilo que os mitos amazônicos dizem a respeito da gênese das plantas e dos animais. Recordemos primeiramente que, em regime animista, todo coletivo, quaisquer que sejam os seres que o compõem, é concebido à maneira de uma espécie, isto é, como uma classe de indivíduos que se diferenciam dos outros por disposições físicas particulares, portanto, pelos ambientes que elas lhes permitem habitar e pelos comportamentos que suscitam. Aquilo que chamamos de espécie humana não tem muito sentido numa ontologia desse tipo, já que cada grupo humano — cada tribo, se quisermos — distingue-se por atributos que são contemplados do mesmo modo que as características biológicas dos animais ou das plantas: o traje, os ornamentos, as pinturas corporais, as ferramentas, as armas, a forma de habitação, os modos de subsistência e a própria língua são outros tantos traços físicos intrínsecos a um coletivo humano e que o definem tão rigorosamente quanto o fazem as asas, as nadadeiras, os casulos ou as raízes tabulares para coletivos não humanos. Contudo, nem sempre foi assim, e o papel essencial dos mitos amazônicos é relatar os acontecimentos catastróficos que engendraram descontinuidades no mundo e produziram a atual diversidade de espécies, incluindo os vários tipos de homens.

Como se apresentava a situação inicial, quando os existentes ainda não haviam se dividido numa infinidade de tribos-espécies? Longe de ser uma época de ouro ou um estado de natureza, essa era deve antes ser considerada um estado de cultura integral, anterior à emergência das diferenças "naturais", no qual os humanos, as plantas, os animais, os espíritos, os meteoros, até mesmo os artefatos, manifestavam uma interioridade análoga, comunicavam-se sem dificuldade numa língua universal e conduziam uma vida social comparável à dos humanos de hoje: eles residiam em casas, praticavam as artes da civilização, chamavam-se entre si por termos de parentesco e faziam amor assim como a guerra, com a impetuosidade que essas coisas merecem. Em suma, todos os existentes se espalhavam num mundo uniforme tal como sujeitos que não se distinguiam uns dos outros em natureza, ou seja, pelo corpo, mas por meio do nome pelo qual eram conhecidos, nomes de espécies que já continham em potência aquilo em que eles iriam se transformar. E mesmo que os mitos não sejam tão eloquentes sobre a questão, pode-se deles inferir, contudo, que todas essas pessoas ontologicamente equivalentes tinham um mesmo gênero de corpo, concebido por analogia ao dos humanos, mas combinando o conjunto de aptidões então repartidas entre as diversas espécies: esses seres tinham, sem dúvida, dedos e uma boca, já que tocavam flauta transversal; tinham provavelmente quatro membros, visto que subiam em árvores; podiam também ascender à abóboda celeste, viajar sob as águas e enfiar-se no interior de bambus.[158] Enfim, eles podiam fazer de tudo. Foi a esse estado de coisas que a especiação mítica deu fim, tendo cada forma de existência herdado uma variante empobrecida do corpo originário, uma porção apenas das capacidades e disposições das quais antes desfrutava, um único ponto de vista sobre as coisas e, portanto, um mundo que lhe é próprio, mas atrofiado por supressão. A interioridade subsistiu como uma qualidade subjetiva reconhecida na maioria dos existentes, mas a fisicalidade polivalente das origens é agora distribuída entre todas as espécies e, por isso, particularizada para cada uma delas. Então, sobre o fundo de uma continuidade cultural inicial, a infinita cintilação das descontinuidades estabeleceu agora o seu domínio. Explica-se que, a partir daí, para tentar compensar essa amputação, os amazônicos teriam buscado recuperar a plenitude física anterior à especiação tomando emprestado de outras espécies aquilo que cada uma conservara do corpo infinitamente potente das origens. Feitos essencialmente de fragmentos de animais, os adereços cumprem em parte essa função.[159]

Certamente, tanto na Amazônia quanto na Nova Guiné, os ornamentos servem também para demarcar estatutos, sublinhar as diferenças entre homens e mulheres, sinalizar etapas da existência, seduzir parceiros do sexo oposto, impressionar adversários e agradar aos espíritos. Alguns deles são verdadeiros repertórios de símbolos que denotam, com grande precisão, a posição social tanto daqueles que ostentam o adereço quanto de seus parentes próximos. É o que ocorre com o faustoso diadema de penas *paríko* dos bororos.[160] Com cerca de cinquenta centímetros de altura, confeccionado e usado pelos homens por ocasião das cerimônias, ele é composto de três fileiras de penas parcialmente sobrepostas cuja disposição difere segundo a afiliação daqueles autorizados a usá-lo. Com efeito, cada um dos dezesseis subclãs bororos é proprietário de diversos modelos de *paríko*, sendo que o estoque total de modelos ultrapassa uma centena e cada tipo se distingue dos demais pela combinação de tonalidades dentro de uma paleta de dez cores e pela origem das penas, provenientes de cerca de trinta espécies de aves. Os diademas *paríko* são, portanto, brasões que, sobre a base de uma estrutura comum, identificam cada unidade social por combinações semânticas de grande complexidade.

No entanto, os adereços amazônicos não são apenas registros de símbolos, mas também signos indiciais que remetem à diversidade dos corpos dos quais foram extraídos. Daí essa proliferação barroca de dentes, garras, penas, plumas, bicos, élitros, pelagens, ossos, escamas, usados no topo da cabeça, no pescoço, na altura do peito, a tiracolo ou em volta da cintura, pendurados nas orelhas ou no nariz, ou circundando os braços e as panturrilhas, índices no sentido literal de qualidades agora dispersas numa quantidade praticamente infinita de animais, qualidades cujo uso os humanos buscam recuperar a fim de resgatar uma parcela da experiência do mundo e que as outras espécies, cada qual por sua conta, levam inscritas em suas fisicalidades específicas. Além disso, os adereços de cabeça mais espetaculares, como os dos baniwa ou dos rikbaktsa, podem utilizar as penas de ao menos quinze espécies diferentes; trata-se, por certo, de trabalhar sobre uma ampla paleta cromática, mas também, e sobretudo, de multiplicar numa composição, com graça frágil e surpreendente, os seres dos quais se retêm propriedades físicas (ilustração 34). Longe de ser uma confecção pelas artes da cultura de um corpo demasiado natural, a ornamentação tem origem, ao contrário, numa vontade de supernaturalizar um corpo que tenha uma fisicalidade por demais especializada a fim de que ele resgate a totipotência que a especiação fez com que perdesse. Diferentemente do traje dos povos circumpolares, que visa a se apropriar das disposições de uma única espécie vestindo seu despojo tal qual ele era usado *in vivo*, tomar emprestados atributos animais equivale aqui a reconstituir numa imagem em mosaico um corpo originário desaparecido por meio dos vestígios que dele subsistem em outros corpos.

Os indígenas da Amazônia não se contentam em reter apêndices dos animais; eles também tomam imagens emprestadas deles, a saber, os motivos com os quais diversas espécies pintam o corpo e dos quais os humanos se servem para inscrever em seu próprio corpo informações que possam ser lidas por todos. Sem dúvida, as pinturas corporais, bem como os adereços de penas, possuem essencialmente uma função heráldica: elas sinalizam, por meio de um código acessível a todos, uma posição social ou um estado ritual — o pertencimento a um grupo etário, a viuvez ou o fato de ter matado um homem. Entre os caiapós-xicrins, por exemplo, quando do nascimento de uma criança, o bebê, a mãe, o pai, os quatro avós e os irmãos e irmãs dos pais são todos pintados com motivos anicônicos vermelhos ou pretos específicos para cada um e que mudam a intervalos regulares durante pelo menos dois meses.[161] Desse modo, cada qual leva consigo o tempo todo o registro exato da situação em que se encontra, dos acontecimentos pelos quais passou e das relações que o constituem. Os humanos, porém, não são os únicos a se distinguir assim uns dos outros, por meio de motivos, uma vez que todos os existentes que ocupam uma posição de sujeito, ou seja, uma grande parte dos não humanos, ostentam pinturas corporais que servem para marcar seu pertencimento a um coletivo e, no interior dele, estatutos e estados específicos. Disso resulta que os motivos habitualmente percebidos pelos humanos no corpo dos animais — manchas, ocelos, listras, escamas, rosetas — são vistos pelos congêneres desses animais como pinturas corporais num corpo humano, já que, recordemos, os animais se veem em geral como humanos; esses desenhos geométricos a diferenciar corpos que de outro modo seriam por demais uniformes têm, então, uma função heráldica análoga àquelas que eles têm entre os ameríndios. Isso explica estranhezas aparentes na nomenclatura local dos animais. Assim, os achuar têm um termo genérico, *yawá*, que engloba mamíferos carnívoros de aspecto "felinesco", sem por isso serem todos felinos: vai do jaguar (*juúnt yawá*) ao gato doméstico (*tankú yawá*), passando pela ariranha, por duas espécies de cachorros-do-mato-vinagre, pela suçuarana e por mustelídeos. Ora, conforme as descrições que os achuar fizeram delas, diversas espécies nomeadas *yawá* parecem desconhecidas das ciências naturais; semelhantes a jaguares, esses animais se distinguem por pelagens incomuns: eles têm, por exemplo, ocelos muito grandes (*shiá shiá yawá*) ou, então, são pretos com riscas e pontos brancos na testa (*káyuk yawá*), ou, ainda, apresentam uma pelagem vermelha e vivem principalmente nas árvores (*tsenkú tsenkú yawá*). Não se trata de subespécies desconhecidas de jaguar (*Panthera onca*), mas muito simplesmente de *yawá* com um estatuto especial, notadamente animais de estimação de diversos tipos de xamã, que se distinguem então por pinturas que lhes são próprias.[162]

Para um humano, conhecer as pinturas corporais próprias dos coletivos não humanos é saber sob qual aparência específica os animais e os espíritos se apresentam aos seus congêneres, é conhecer a sua face oculta. Por isso é que os indígenas da Amazônia que desejam ser vistos por animais como membros de seu coletivo não se pintam do modo como os humanos enxergam esses motivos, mas tal como eles pensam que os próprios animais os percebem, isto é, como desenhos anicônicos que têm uma função heráldica. São geralmente os xamãs que vestem esses disfarces ontológicos de maneira a obter uma espécie de afiliação temporária num coletivo não humano, uma vez que é sua missão ir negociar com os espíritos animais — principais disseminadores de doenças em todo o arquipélago animista — o alívio e a cura dos aflitos que fazem apelo aos seus serviços (ilustração 35). Eles, porém, não são os únicos, já que, ao se apropriar do brasão de uma espécie, um humano não está tomando emprestada apenas a aparência com que um membro de um coletivo se reveste aos olhos de seus congêneres, mas também as disposições físicas específicas que o farão ser reconhecido por esses mesmos congêneres como parte integrante de um corpo coletivo, desviando, assim, as aptidões da espécie em benefício próprio. Certas pinturas corporais amazônicas constituem, desse modo, um exemplo de figuração totalmente paradoxal: nela, a iconicidade da imagem não se baseia na imitação de um modelo "natural" — até onde tal qualificativo faça sentido aqui —, mas na imitação da ornamentação de animais e espíritos, ou seja, na maneira "cultural" que eles adotam para apresentar sua verdadeira natureza a seus congêneres. É um modo de estabelecer uma conexão entre imagem material e imagem mental diferente daquela que se dá no conjunto esquimó: não por meio de máscaras e estatuetas realistas que permitem objetivar uma relação com animais e de revivê-la em pensamento ou em público, mas sob a forma de um catalisador de visualização mental não diretamente mimético que permite se passar, diante de outras tribos-espécies, por aquilo que na verdade não se é; em suma, uma camuflagem ontológica.

Pode-se dizer o mesmo das máscaras-trajes amazônicas, muito comumente consideradas como vestimentas dos espíritos: ao se cobrir com tal roupa, um humano se faz reconhecer como um congênere por uma classe de seres da qual ele se torna por algum tempo membro de honra. Esta última propriedade é bem destacada pelas máscaras dos wauja do Xingu. Trata-se de grandes máscaras-trajes em cestaria confeccionadas por sugestão dos xamãs como um dispositivo terapêutico e que figuram entidades normalmente invisíveis chamadas *apapaatai*, os mestres dos motivos decorativos e das doenças, tal como vistas em sonho pelos xamãs. Após identificar a causa da aflição discernindo sua imagem em miniatura no corpo do paciente, o xamã se põe a curá-la, fazendo com que se fabrique uma vestimenta — em outras palavras, uma máscara — para o *apapaatai* que ele terá visto como responsável, o qual figurará sob esse avatar em pleno curso de uma festa que visa a apaziguá-lo. As categorias de máscaras são numerosas, mas os tipos de espíritos que elas atualizam o são ainda mais — mais numerosos, de fato, que os próprios wauja —, conforme atestam as centenas de desenhos de *apapaatai* que o etnólogo brasileiro Aristóteles Barcelos Neto pediu que os wauja realizassem a fim de dar corpo àquilo que, até então, eram apenas imagens mentais.[163] Os *apapaatai* são as "vestimentas" (*naî*) de seres ligeiramente antropomórficos, os Yerupoho, e a sua expressão fenomenal abrange todas as espécies animais conhecidas, objetos tanto rituais quanto usuais, além de seres monstruosos, em geral invisíveis, exceto nos sonhos dos xamãs.

A distribuição atual dos Yerupoho, dos *apapaatai* e dos humanos é o produto de uma ontogênese durante a qual os primeiros, tendo tomado conhecimento de que os heróis culturais dos wauja fariam surgir o sol para iluminar um mundo mergulhado na escuridão, puseram-se apressadamente a confeccionar vestimentas e máscaras a fim de se proteger de seus raios destruidores. Ao se cobrirem com esses envoltórios protetores, os Yerupoho se tornaram *apapaatai*, embora diferenciados num grande número de espécies de acordo com aquilo que representava a vestimenta que eles haviam confeccionado para si mesmos. É por isso que a classe ontológica dos *apapaatai* é tão diversa nas aparências que os seus membros adotam. Alguns são os Yerupoho que conseguiram se trajar antes da aparição do sol, os *apapaatai*-"vestimenta", ou seja, todos os animais visíveis — os mamíferos, os peixes, as aves, os insetos — juntamente com os duplos invisíveis desses animais, que podem se tornar visíveis usando um traje inspirado naquele de uma espécie animal que nem sempre corresponde ao da espécie da qual são o duplo. Outros Yerupoho não lograram vestir uma proteção e foram transformados pelos raios do sol em *apapaatai* "verdadeiros", monstros canibais que vivem em geral sob a superfície das águas (tabela 2).

Uma "vestimenta" é, então, uma espécie de envoltório físico em forma de ave, de peixe, de panela, de árvore ou de instrumento musical que recobre um Yerupoho, cuja verdadeira aparência é conhecida somente pelo que dizem os mitos; a rigor, não se trata, portanto, de um corpo, já que apenas os humanos e os Yerupoho têm um verdadeiro corpo; todas as outras entidades visíveis no dia a dia são vestimentas que se animam somente quando usadas por um Yerupoho ou por um humano, no que tange a essas vestimentas específicas que são as máscaras-trajes. Mesmo que escolha um envoltório estável, cada Yerupoho pode tomar para si, a qualquer momento, a vestimenta que lhe agrade confeccionar; em outras palavras, um Yerupoho que habitualmente se vista de caimão pode usar o traje de um inseto, de um peixe ou de uma ave, de maneira que o cosmos wauja é povoado de seres com uma identidade impossível de detectar tendo em vista sua aparência, um traço característico do animismo, mas levado aqui aos seus limites extremos.

ESCURIDÃO Os humanos dificilmente coexistem com seres híbridos (Yerupoho)	LUZ Aparição do sol e mutações ontológicas
YERUPOHO → → → → → → → → → → → → → → → → → (transformação)	**APAPAATAI** Nome genérico dos Yerupoho que fabricam para si mesmos vestimentas (*naĩ*) a fim de se proteger do sol e que continuam a usá-las; essas vestimentas correspondem a todas as espécies animais e às formas delas derivadas; não são fixas; trocá-las permite aos Yerupoho adotar identidades variadas.
YERUPOHO → → → → → → → → → → → → → → → → → (transformação)	**APAPAATAI IYAJO** Todos os Yerupoho que foram transformados de maneira irreversível, uma vez que não puderam se proteger do sol; são "monstros" gigantes e sem vestimentas, devoradores de corpos e almas cuja morfologia é tomada de empréstimo de artefatos (panela, piroga etc.) e de animais (serpente, caimão etc.).
YERUPOHO → → → → → → → → → → → → → → → → → (transformação)	Outros avatares definitivos, tais como árvores "sobrenaturais", instrumentos musicais, meteoros, que também se podem chamar *apapaatai*.

TABELA 2 — ONTOGÊNESE WAUJA

Dito isso, há uma correlação entre o Yerupoho (o ser mais ou menos antropomórfico que se transforma em *apapaatai*), o próprio *apapaatai* (a saber, a vestimenta usada pelo Yerupoho em sua transformação inicial) e o animal, a planta, o meteoro ou o artefato dos quais deriva a forma corporal do *apapaatai*. Essa relação é concebida como um controle ou uma possessão exercida pelo Yerupoho e o *apapaatai* sobre o animal ou a planta. A rã *eyusi*, por exemplo, como animal tal como percebida e desenhada por um xamã (ilustração 36), é subordinada à rã-Yerupoho (ilustração 37), à rã *apapaatai* "normal" (ilustração 38) e à rã *apapaatai* "monstro" (ilustração 39), sendo coextensivas todas essas formas de existência, uma vez que compartilham um mesmo tipo de interioridade (*paapitsi*). Quanto à máscara da rã que o xamã encomendou para uma sessão de cura (ilustração 40), ela corresponde àquilo que, em sonho, ele viu do seu *apapaatai*.

Como se pode ver, as máscaras não são adereços, mas "vestimentas" de espécie como as outras; elas cobrem, aliás, a totalidade do corpo. A peça principal, que esconde a cabeça, os ombros e às vezes o torso, é uma estrutura em cestaria na qual eventualmente se fixa um rosto, ao que se acrescentam mangas, polainas e uma saia de fibra trançada. A identidade da máscara-traje é determinada pela forma da "vestimenta de cabeça" (circular, oval, cônica etc.), pelos motivos com que é ornada e por aqueles que são pintados na placa que serve de rosto, motivos esses extraídos de um repertório de cerca de quarenta grafemas de base.[164] O conjunto desses índices permite uma ampla gama de variações dentro de um grupo de 22 tipos de máscara, entre as quais algumas têm um referente variável, enquanto outras correspondem a um ser ou a um objeto singular, geralmente reconhecível (tabela 3). Desse modo, assim como um Yerupoho pode vestir a roupa que lhe aprouver, também um humano pode se vestir com uma máscara a fim de tornar presente um não humano, incorporando de maneira efetiva o protótipo real ou imaginário do qual a máscara é um avatar: essa espécie animal ou aquela linhagem de espíritos que se poderá reconhecer por um detalhe característico. No entanto, na medida em que certas categorias de máscaras remetem a múltiplos referentes, é somente por meio das variações de sua ornamentação que se poderá verificar a identidade do ser do qual a máscara se tornou temporariamente a vestimenta. Ora, essas ornamentações não são fixas para uma espécie — uma vez que os existentes não param de mudar de roupa e de enfeitar o corpo com pinturas sempre diferentes; elas são especificadas pelo xamã em função da aparência dos ornamentos do *apapaatai* que ele viu em sonho e cujos detalhes a máscara deverá reproduzir a fim de que o espírito a adote como muda de roupa.

TIPOS DE MÁSCARA	REFERENTES DAS MÁSCARAS	FORMAS GEOMÉTRICAS
1. Atujuwá	Amplamente variável	1. Circular
2. Atujuwátãi	Variável no interior de duas ordens (aves e peixes)	
3. Awajahu	Homem-monstro emplumado	2. Semicircular
4. Yakui	Variável no interior de duas ordens (aves e peixes)	3. Retangular
5. Nukuta Pitsu Run Run Run	Ĩyãu-kumã arqueiro	
6. Yutsipiku	"Bicho" (a "vestimenta" não remete a nenhuma espécie animal definida)	4. Cônica
7. Awaulu	Raposa-do-campo (*Dusicyon vetulus*)	
8. Keju	Tucano	
9. Yukuku	Árvore não identificada	5. Cilíndrica
10. Yuma	Peixe *yuma* (Pirarara, *Phractocephalus sp.*)	
11. Tuapi	Flauta *kawoká*	
12. Watana-mona	Flauta *watana*	
13. Apasa	Ĩyãu-kumã canibal	6. Esférica
14. Kuwahãhalu	Variável no interior da ordem dos peixes	7. Oval
15. Ewejo	Ariranha (*Pteronura brasiliensis*)	
16. Paho	Macaco-prego (*Cebus apella*)	
17. Kapulu	Macaco-aranha (*Ateles sp.*)	
18. Iyá	Camaleão	
19. Sapukuyawá	Amplamente variável	8. Semioval
20. Eiusi	Rã	
21. Kajutukalu	Sapo	
22. Kyakyá	Coruja (*Bubo virginianus*)	

TABELA 3 — TIPOLOGIA DAS MÁSCARAS WAUJA[165]

As consequências dessa cosmologia original são profundamente esclarecedoras do ponto de vista da teoria da figuração animista. Em primeiro lugar, é patente que a matriz do visível, nesse caso, é constituída por imagens mentais em que as entidades não humanas, potenciais ou atuais, são apenas instanciações. Cada corpo ou vestimenta de espírito ou de animal é, com efeito, a atualização de um protótipo extremamente preciso oriundo de um gigantesco repertório mental de fisicalidades potenciais no âmbito do qual os espíritos e os xamãs obtêm os elementos de suas realizações. Figurar, portanto, não é aqui imitar o mais fielmente possível um objeto já presente, mas objetivar uma imagem suspensa na memória de um homem, tornando-a concreta num corpo-vestimenta ou numa máscara-traje. A fisicalidade não é um dado da natureza, mas uma presentificação do invisível em imagens que preexistem aos corpos que elas figuram. No limite, poderíamos dizer que o mundo wauja é tão somente uma floresta de imagens cujo advento é provocado pelos espíritos e pelos xamãs de maneira a fomentar a diversidade dos existentes. Além disso, a interioridade, no sentido da essência invisível de uma pessoa, e a fisicalidade, no sentido do envoltório material que ela apresenta ao olhar do outro, são aqui extremamente dissociados, amplificando assim ao máximo a independência desses dois planos, que é uma das principais características do animismo. De fato, a uma interioridade estável do não humano correspondem diversas formas possíveis de fisicalidade: um corpo-Yerupoho fixo mas invisível, uma forma *apapaatai* animal correspondente a uma vestimenta de espécie estabilizada tal como vista pelos humanos comuns, um número ilimitado de formas *apapaatai* tal como vistas pelos congêneres do animal e pelos xamãs, entre as quais algumas correspondentes às vestimentas de outras espécies, e, por fim, uma forma *apapaatai*-máscara tal como interpretada pelos xamãs em função de suas visões.

Compreende-se por que as máscaras e os animais são transformações e variações uns dos outros: a diferença entre organismo e artefato, sempre tênue no animismo, desaparece tão completamente aqui quanto a diferença entre a imagem e o seu referente. Por conseguinte, o princípio da iconicidade presente no próprio núcleo da operação de figuração sofre uma torção paradoxal. Afinal, se certos tipos de máscara visam inequivocamente a uma semelhança de forma, de cor e de ornamentação com aquilo que representam, muitos outros são reconhecíveis somente pela identificação que lhes confere aquele que encomendou sua confecção segundo especificações particulares, a saber, o xamã. Nem por isso estes últimos tipos de máscara são anicônicos, uma vez que figuram não uma pintura corporal com função heráldica que seria reconhecível pelos congêneres do animal representado, como pode ser o caso em outras sociedades amazônicas, mas a imagem mental que o xamã concebe da incorporação desse animal numa vestimenta específica, imagem absolutamente precisa e caracterizada pela ornamentação que o xamã visualizou como idiossincrásica do avatar que esse animal adotou. Portanto, há mesmo um protótipo, a saber, uma visão bastante precisa do xamã, construída, aliás, segundo princípios de composição reconhecidos por todos, e uma iconicidade real, mas não compartilhada, já que se considera que a máscara corresponde àquilo que o xamã vê, mas que ele é o único a ter visto. O paradoxo dessa iconicidade mínima é que ela é obtida essencialmente por meio de marcadores gráficos anicônicos aplicados sobre formas que também não são motivadas, as estruturas de cestaria circulares, retangulares ou ovais que cobrem o topo do corpo do dançarino. Esses motivos gráficos são, na verdade, quase todos anicônicos, pois, mesmo que seu nome remeta a referências animais que, supõe-se, evocam enfeites ("cabeça de anaconda", "asa de borboleta" etc.), esse nome é tomado aqui numa acepção puramente convencional, e não como um índice de uma motivação semântica fundamentada numa semelhança.

Definir a identidade de um existente — animal, espírito ou humano — menos por uma forma de conjunto do que por motivos que cubram uma superfície, assim como o fazem os wauja e, de maneira mais geral, os ameríndios da Amazônia, tem a vantagem, num plano formal, de poder figurar o envoltório físico e sua transformação de maneira bastante econômica, o que é tornado inteiramente explícito pelo mito wauja sobre a origem dos motivos gráficos. Eles são atribuídos a Arakuni, um jovem que cometeu incesto com a irmã e, por conseguinte, foi expulso da aldeia pela mãe. Inconsolável, Arakuni faz para si uma roupa de serpente monstruosa que ele vai vestir para se tornar um réptil; ele a trança com fibra vegetal enquanto canta o próprio desespero, e cada uma das estrofes faz surgir um motivo diferente de cestaria, de maneira que, ao final do canto, a roupa apresenta em sua superfície todos os motivos do sistema gráfico wauja dispostos não sucessivamente, mas como uma transformação contínua de um no outro.[166] Um desenho que Barcelos Neto pediu que um xamã fizesse da roupa de Arakuni figura apenas uma dúzia de motivos em vez dos cerca de quarenta que constituem o repertório completo, mas não deixa de ser um feito extraordinário se pensarmos que, antes de serem objetivados pela primeira vez no papel nessa ocasião, a ordem dos motivos e o modo como eles se transformam um no outro sem solução aparente de continuidade existia somente sob a forma de uma imagem mental (ilustração 41). De resto, pouco importa que a amostra seja limitada, já que o corpo-serpente de Arakuni é expansível e que os desenhos poderiam se prolongar; como disse outro xamã wauja, o "desenho não acaba nunca".[167] Nesse sentido, o corpo-vestimenta de Arakuni constitui a matriz a partir da qual se podem imaginar todas as roupas que os existentes são passíveis de vestir no cosmo wauja; ele contém em potência o catálogo completo de todos os corpos concebíveis, uma vez que em sua superfície se estende o conjunto de índices que permitem a diferenciação entre os seres e todas as ocorrências imagináveis de transformação de um no outro.

Aliás, também não por acaso esse repertório gráfico é inscrito na pele de uma serpente, já que, conforme lembra Barcelos Neto, numa grande parte das terras baixas da América do Sul, os répteis são, por excelência, os seres da invenção e da transformação dos motivos gráficos. As mulheres caxinauás do Peru e do Brasil operam concretamente essa transformação ao tecer o algodão de modo que os motivos se fundam uns nos outros sem cessar, a exemplo do que faz Arakuni ao trançar o seu corpo-vestimenta. Foi uma mulher jiboia, Yube, quem ensinou às mulheres os motivos que os caxinauás reproduzem sobre o próprio corpo pintando-se com jenipapo, tecendo suas redes, trançando seus cestos e decorando suas cerâmicas.[168] E também aqui a pele da serpente serve de repertório para todas as identidades gráficas, pois, como disse um caxinauá, "na pele de Yube tem todos os desenhos possíveis".[169] E se os wauja, os caxinauás e muitas outras culturas amazônicas dizem que a pele das serpentes está associada ao trançar e ao tecer, meios por excelência da fabricação de corpos em toda essa região, é que essas duas técnicas fazem surgir os motivos da própria matéria que elas trabalham, sem dissociar o suporte e o ornamento, ao contrário dos desenhos que são aplicados posteriormente numa superfície. Os motivos dos tecidos e das cestarias não são, portanto, decorações, enfeites acrescentados a uma forma que estaria já plenamente constituída; eles representam partes constitutivas do ser para cuja fabricação contribuem. É por isso que o trançar e o tecer podem ser considerados transposições do corpo-roupa das serpentes em outros corpos-roupas, seja na forma de vestimentas ou de máscaras-trajes, seja na forma de cestos que os ameríndios das Guianas concebem como verdadeiras metamorfoses do corpo de espíritos animais, "corpos transformados", para retomar a expressão de Lúcia Hussak van Velthem a respeito dos cestos wayana.[170]

Os motivos têm aqui uma agência própria que facilita ou torna possíveis a animação e a metamorfose. Muito mais do que marcadores de identidade heráldica que permitem reconhecer essa ou aquela espécie por sua ornamentação corporal, os motivos são desencadeadores criativos dessa identidade. Os wauja, aliás, manifestam isso muito claramente quando dizem que objetos decorados — pintados, ornados com motivos, trançados — podem "tornar-se animal" e ir para o mato. Compreende-se logo que os motivos wauja não são uma cópia ou uma interpretação do grafismo animal, mas uma ferramenta que os humanos tomam emprestada dos espíritos *apapaatai* para tentar igualar-se a eles na produção contínua de novas formas de existência com as quais seja possível estabelecer um convívio. É por isso que a potência de agir reside nos motivos que transformam em animal ou em espírito os artefatos que eles ornamentam, e não em imagens completas e mimeticamente realistas, como é o caso do mundo esquimó. E assim se esclarece a diferença entre a comutação de perspectivas própria das máscaras dos yupiit ou daquelas da costa Noroeste, de um lado, e a variação contínua dos motivos nos tecidos caxinauás ou no corpo réptil de Arakuni, de outro. O primeiro gênero de imagem, em três dimensões, joga com uma mudança brusca e teatral entre o ponto de vista da interioridade e o da fisicalidade, extrai a sua eficiência performativa de uma narração, ao passo que o entrelaçamento de motivos é, antes, da ordem da metarrelação; ele torna visível a transformação como um processo infindável, um comentário mudo mas permanentemente disponível sobre o potencial metafísico oferecido pelo fluxo das identidades. Comutação de pontos de vista e variação contínua de motivos, no entanto, tornam visível, por meios contrastantes, uma única e mesma inquietação, própria do animismo: qual subjetividade se esconde atrás da aparência do ser que se apresenta à minha vista, de qual corpo convertido em imagem é ela originalmente a transposição?

3.

Multiplicar os pontos de vista

Que elas assumam a forma material de máscaras, corpos camuflados ou estatuetas em miniatura, as imagens animistas são na maioria das vezes tridimensionais e visam mais a ativar uma presença, a revelar uma mudança de perspectiva ou a atualizar uma imagem mental do que a descrever estados, lugares ou situações. Os desenhos que representam espíritos ou metamorfoses são inovações recentes no arquipélago animista, suscitadas pelos etnólogos e pelo mercado de arte. Os mais antigos, tais como aqueles recolhidos pelos pioneiros alemães da etnografia amazônica, de Karl von den Steinen a Herbert Baldus, passando por Max Schmidt e Theodor Koch-Grünberg, remontam aos últimos anos do século XIX e às primeiras décadas do século seguinte.[171] Por mais que os ameríndios soubessem reproduzir no papel, com grande exatidão, os motivos ornamentais com que decoravam o corpo e os artefatos, seus desenhos de humanos, de espíritos e de animais eram tão sucintos que temos dificuldade em reconhecer o que eles figuram. Representar os espíritos e os humanos (entre os quais, os etnólogos) em visão frontal e os animais em visão sagital faz com que eles sejam reduzidos a um simples contorno no caso destes e a uma silhueta do tipo "boneco de arame" no caso daqueles, por vezes enfeitados com um detalhe para identificar o personagem — uma barba para o etnógrafo, um cinturão para uma mulher bororo. É por isso que, de início, essas imagens foram comparadas a desenhos infantis, um campo que na Europa começava a despertar o interesse de psicólogos e teóricos da arte. Nos escritos de um etnólogo como Karl von den Steinen, aliás maravilhado com a qualidade estética das máscaras e dos adereços de penas dos bororos, não se tratava, porém, de maneira alguma, de uma comparação depreciativa, mas antes de uma constatação de que, na falta de aprendizagem especializada, as crianças pequenas e os autóctones do Brasil eram bastante principiantes em matéria de experiência figurativa.[172] Trinta anos depois dele e instruído por inúmeros exemplos de desenhos similares recolhidos por etnólogos na América do Norte e do Sul, Franz Boas também interpretava a semelhança entre desenhos ameríndios e desenhos infantis como inteiramente devida à ausência de formação tanto de uns como dos outros num meio de expressão que ninguém domina espontaneamente.[173]

Os desenhos mais recentes não diferem muito disso. Certamente, as imagens de espíritos *apapaatai* produzidas no final dos anos 1990 por Kamo, um xamã wauja do Xingu, em atenção a Aristóteles Barcelos Neto revelam-se mais complexas e precisas do que aquelas obtidas na mesma região um século antes (ilustrações 36 a 39). Em visão frontal, os corpos adquirem consistência, se não densidade, por meio do preenchimento com uma camada sólida de preto ou outra cor, sendo nitidamente figurados os atributos pertinentes de cada espírito. O fato é que essa coleção de documentos de identidade é mais da esfera do *eikonismos* — um retrato em palavras — do que da experiência animista de uma presença inesperada; trata-se da transcrição em duas dimensões das centenas de *apapaatai* que povoam a cosmologia wauja, um bestiário de monstros que teria podido muito bem se limitar ao imaginário de um xamã talentoso, caso um etnólogo igualmente talentoso não o tivesse persuadido a desvelar suas imagens mentais no papel. Como se viu, a destinação figurativa dos espíritos *apapaatai* não é se fazer representar em duas dimensões para satisfazer a curiosidade dos estudiosos, mas se encarnar em máscaras-trajes, avatares sob os quais podem interagir com os wauja de maneira espetacular — e por vezes um pouco inquietante (ilustração 42). No plano formal, aliás, a transposição feita por Kamo em seus desenhos não tem nada de surpreendente para uma imagem que deve sintetizar de maneira inequívoca os atributos essenciais do objeto retratado: a exemplo das figurações faraônicas de artefatos, ela combina corte frontal, ponto de observação único, distância infinita e transformação métrica.

Talvez mais reveladores de um esquema ontológico animista sejam os desenhos de Taniki, um xamã yanomami, viabilizados por Bruce Albert no final dos anos 1970 no norte da Amazônia brasileira. De fato, ao contrário do catálogo de espíritos elaborado por Kamo em atenção a Barcelos Neto, Taniki se expressou livremente assim que Albert lhe forneceu os instrumentos necessários — papel Canson, canetas hidrográficas e lápis pastel — e em diversos estilos, à medida que a ele se revelavam as possibilidades desse novo meio de expressão. Na ausência de modelos precedentes, uma vez que os yanomami desprezavam a representação mimética e que as imagens naturalistas ainda não haviam chegado até eles nessa época, Taniki se viu entregue a si mesmo; é por isso que suas obras podem ser consideradas ilustrativas de uma tradição figurativa *in statu nascendi*. Um dos gêneros que ele desenvolveu chama particularmente a atenção: Albert classificou-o como "estenografias xamânicas" — alusão à tela *Stenographic Figure* (1942), de Jackson Pollock —, das quais expôs alguns exemplares em 2012 na Fundação Cartier.[174] Nelas se combinam motivos abstratos, espaços delimitados (por círculos, linhas e quadros) que remetem a sítios ou etapas cósmicas e uma profusão de entidades individuais, de animais, humanos e espíritos, ora isolados, ora agregados (ilustração 43).

Antes de tentar compreender o que esses desenhos expõem e como o fazem, convém dizer algumas palavras a respeito do estatuto das imagens entre os yanomami. Ali, assim como em muitas outras populações do arquipélago animista, o termo que se pode traduzir por "imagem", *utupë*, designa a essência dos existentes, o seu princípio de vida, uma exteriorização do seu foro íntimo visível durante os sonhos e transes alucinados dos xamãs. Estes últimos têm auxiliares, os espíritos *xapiripë*, que são as "imagens" dos animais da floresta antes de eles terem adquirido, em tempos passados, a aparência com a qual os conhecemos hoje, depois da grande especiação mítica, e é sob essa forma original que eles fazem visitas àqueles a quem prestam assistência. Antes que Taniki se pusesse a objetivá-los num suporte físico, esses seres-imagens estavam fora do alcance dos profanos, que sabiam deles apenas aquilo que os xamãs quisessem contar: eles se parecem com os humanos, embora pouco maiores que as partículas de poeira que flutuam num raio de luz, e descem aos milhares, dançando em espelhos ao longo de caminhos cósmicos que se assemelham a teias de aranha luzindo sob o brilho da lua, com seus corpos resplandecentes ornados de pinturas pretas e vermelhas e de adereços de penas multicoloridas.[175] Para transcrever esse tipo de visão estroboscópica, talvez seja mais fácil manejar as palavras do que as imagens, e é compreensível que Taniki tenha ficado fascinado e absorvido durante muitos anos pelo desafio de lhes conferir uma transposição figurativa.

Afinal, esses desenhos têm essa característica paradoxal de, a rigor, não serem "imagens" (*utupë*), a saber, a interioridade figural dos existentes tal como percebida pelos xamãs, mas "vestígios" (*õno*) dessas imagens, marcas análogas àquelas que os yanomami desenham no próprio corpo e que agora são pintadas nas "peles de papel"; em suma, índices inventados a serviço de uma função sem precedentes, "a transdução gráfica de um universo acessível unicamente em virtude das 'imagens' (*utupë*) do transe xamânico".[176] Essas imagens-vestígios, transcrições de imagens mentais altamente pessoais que o despertar de um interesse didático ou experimental levou Taniki a atualizar, agem assim como emissários gráficos do mundo dos espíritos, e não como composições a descrever uma cena. Cada grupo de figuras, cada figura em si, vem ocupar um lugar ao lado das outras sem a preocupação com um efeito de conjunto, ao sabor daquilo que é quase uma escrita automática, fazendo com que o papel ofereça um espaço aberto a tantas subjetividades figuradas quantos forem os actantes metafísicos concebidos pela visão do xamã — alguns representados de perfil, outros de frente, outros ainda de cima — e sem que jamais possa prevalecer um ponto de vista único, nem mesmo o do desenhista, que é tão somente o instrumento mediador de sua aparição caótica. É por isso tentador aproximar aquilo que Bruce Albert chama de uma "multiplicação não euclidiana de pontos de vista" do poliperspectivismo que Eduardo Viveiros de Castro considera como um dos traços característicos das ontologias animistas.[177] Essa alegre desordem policromática situa-se, em todo caso, no extremo oposto do pequeno teatro pictórico que o todo-poderoso pintor-sujeito ordena unicamente sob o seu olhar por meio da perspectiva linear, uma vez que às características geométricas do desenho de Kamo — distância infinita e transformação métrica — soma-se aqui uma exuberância de pontos de observação.

Dessa proliferação de perspectivas, Simon Tookoome oferece outra variante, em parte domesticada pelos cânones da arte europeia. Esse escultor e desenhista inuíte de Nunavut que já mencionamos no capítulo anterior certamente não passou por uma escola de belas-artes; contudo, já na casa dos trinta anos e após uma vida de caçador num bando seminômade, ele se instalou na aldeia de Qamani'tuak (Baker Lake) quando ali acabava de se estabelecer um casal de consultores artísticos enviados pelo governo canadense com a missão de estimular a emergência de uma comunidade de artistas autóctones, especialmente lhes fornecendo material e adquirindo a sua produção. Ao contrário de Kamo e Taniki, Tookoome foi então exposto a procedimentos e modelos figurativos estrangeiros, o que se verifica pela preocupação mimética de seus desenhos, que parecem se empenhar em captar um instantâneo do cotidiano (ilustrações 22 e 150). Nada é mais enganoso, no entanto, que essa afinidade aparente com a arte europeia, primeiramente em virtude daquilo que essas imagens tornam ostensivo: visões interiores de presas, a mudança para o ponto de vista animal ou a interioridade subjetiva de cães de trenó; enganoso sobretudo, aqui também, devido à sua construção formal. Por mais que as figuras humanas ou animais sejam facilmente identificáveis, seus movimentos, plausíveis, e suas mímicas, sugestivas, a simples escolha de representá-las segundo uma geometria métrica e no infinito óptico as distribui todas num mesmo plano — que se torna mental, e não mais visual. Esse efeito é poderosamente reforçado pela diversificação de pontos de observação: nós estamos na cabeça de um personagem ao mesmo tempo que diante dele, nós o vemos simultaneamente como se a cada vez ele nos apresentasse sua face conforme o rodeamos, nós oscilamos incessantemente entre a perspectiva do animal e a do humano.

Essa façanha convida a matizar a ideia que se tem dos talentos excepcionais do xamã como mediador cósmico entre seres que são todos diferentes, já que cada um deles é definido pelo ponto de vista por meio do qual ele atualiza sua porção do mundo. No regime animista, o xamã não é o operador totalizante dessa pletora de perspectivas quiasmáticas e difratadas — nesse caso, ele não seria muito diferente do Deus analogista das religiões do Livro Sagrado; ele tem apenas a capacidade, o que já é muito, de ocupá-las alternadamente para explorar suas disponibilidades. Acima de tudo, ele não é o único a poder tornar múltiplas na sala de projeção interior as diversas posições de observação que escolhe adotar, até ver a si mesmo alterizado com os olhos de outro alguém ou provocar num outro a ilusão de não ser o que esse outro vislumbra. A exemplo de Simon Tookoome, alguns notáveis produtores de imagem souberam figurar essa aptidão singular em superfícies planas dando a ver, com os meios formais que já examinamos, a ronda de pontos de vista e essa comutação entre o interior e o exterior cujo hábito e gosto foram suscitados pela mundiação animista entre os humanos nela envolvidos.

Mas por que são tão excepcionais e tão tardias as representações figurativas bidimensionais em regime animista, quando nele é, aliás, tão comum, especialmente na Amazônia, a prática de cobrir de motivos abstratos toda sorte de volumes, desde a cerâmica até os corpos humanos? Provavelmente porque o movimento, efetivo ou em suspenso, conduzido além disso pelos sons que o acompanham por ocasião dos ritos, oferece um meio superior a qualquer outro de encarnar uma presença, de fazer pressentir que intencionalidades normalmente invisíveis estão em operação. Os personagens mascarados, os dançarinos metamorfoseados em seus corpos flamejantes, o transe titubeante do xamã, as imagens mentais suscitadas ou sustentadas pelo tabaco e pelos alucinógenos na Amazônia ou aquelas que na região periártica são desencadeadas pelo manuseio de estatuetas de animais congelados numa ação, e mesmo a densidade palpitante dos artefatos em que se incorporam espíritos — as cestarias nas Guianas, os bonecos *ongon* na Sibéria —, todas essas expressões de um cinetismo manifesto ou sugerido permitem, sem dúvida, melhor do que imagens planas que imitam a aparência de seres e fenômenos dos quais, além disso, não existe praticamente nenhum referente visual em comum, figurar com brilho e verossimilhança, aos olhos dos humanos do arquipélago animista, a vida fervilhante de subjetividades não humanas com as quais compartilham os seus respectivos mundos. Afinal de contas, ao longo de centenas de milênios, e ainda hoje em certos lugares, a humanidade não julgou necessário armazenar em signos físicos estabilizados — imagens, pictografias ou escrituras — os universos virtuais que ela criava, preferindo a visualização mental e as analogias sugeridas pelas condutas, posturas, música e onomatopeias sob a condução do imaginário e a perenização de alguns de seus estados por objetos que tivessem valor de signos.

Por sua indiferença à ilusão mimética disposta sobre uma superfície plana, o animismo herda em parte essa condição, mas de maneira diferenciada. Nós o encontramos no xamanismo boreal, que Charles Stépanoff demonstrou apresentar-se sob duas variantes contrastadas pelas relações distintas que elas mantêm diante da domesticação do imaginário.[178] Em determinadas partes da Sibéria, assim como entre os ameríndios do norte da América do Norte, as sessões xamânicas se desenrolam na escuridão de edículas ou de tendas de onde provêm, comunicadas pela voz muitas vezes irreconhecível do xamã, mensagens de espíritos animais que permanecem invisíveis aos espectadores; o oficiante ritualístico desempenha aqui o papel de um facilitador de relações diádicas entre humanos e não humanos. Mesma atitude na Amazônia, onde o xamã costuma ser apenas um personagem que mobiliza uma experiência mais categórica que outras na interação com os espíritos, sem por isso monopolizar a exclusividade do seu convívio; cada qual, especialmente nos sonhos e nas viagens visionárias induzidas por plantas psicotrópicas, tem condições de encontrá-los sem a mediação de um especialista. Mais disseminado na Sibéria que o anterior e já mais próximo da hierarquização metafísica dos existentes que encontramos na Ásia central, o dispositivo da "tenda clara" oferece à vista de todos a ação do xamã, que convoca os espíritos para dentro do seu corpo e lhes dá voz de maneira teatral antes de empreender com eles uma viagem de longa duração cujas etapas ele descreve minuciosamente aos espectadores. Estes se encontram, portanto, numa situação de contemplação, exercendo uma imaginação guiada pelo curandeiro, ao passo que a cenografia do outro dispositivo, a "tenda escura", induz, ao contrário, entre os ouvintes, uma imaginação ativa livremente estabelecida. E, contudo, mesmo ali onde o trabalho da imaginação é confiado a especialistas que dominam técnicas singulares para torná-la visível e acumular os frutos dessa busca em significações duradouras, as imagens em duas dimensões têm menos uma função estritamente figurativa do que de estruturação do espaço ritual.

O mesmo se dá com um dos raros exemplos de imagens miméticas retratadas de maneira tradicional em superfícies planas que a iconografia xamânica pode oferecer. Os tambores dos xamãs siberianos costumam ser efetivamente enfeitados em sua membrana exterior, aquela que fica exposta ao público, com figuras pintadas — personagens, animais, árvores, separados por uma faixa central — que parecem formar um cosmograma. Ora, as análises que Stépanoff dedicou à maneira como os xamãs cacasses do alto Yenissei se servem de seu instrumento estabelecem que essas imagens funcionam menos como símbolos descritivos do que como uma interface visual com o mundo e com a iurta na qual a cura se realiza.[179] A interpretação vai de encontro à análise semiológica habitual, que se empenha em decifrar motivos destacados de seu suporte; ela propõe, ao contrário, apreender o tambor de um ponto de vista sensório-motor, como um objeto vivente e ativo, integrado a uma rede de gestos, de cantos, de efeitos visuais e sonoros. A iurta e o tambor, duas superfícies circulares, ecoam entre si, operando como campos vetoriais por meio dos quais o espaço habitado em que se realiza o ritual coordena-se com os vastos espaços que o xamã percorre em sua viagem, uma maneira de encastrar o cósmico no cotidiano, as paisagens reais nas paisagens virtuais. Os motivos que decoram o tambor são, portanto, índices de um itinerário e pontos de fixação de correlações espaciais, e não representações icônicas de seres e acontecimentos. Além disso, ali onde ele é mais patente no universo animista, esse tímido avanço das imagens icônicas em duas dimensões é talvez um sintoma de que determinadas formas do xamanismo siberiano se deslocaram aqui e ali para uma combinação híbrida mais próxima dos imperativos da figuração analogista, que, diante da multiplicação das singularidades existenciais e de suas relações de correspondência, é obrigada a reforçar as redes nas quais elas se desenvolvem, registrando-as em inscrições.

Lembremos, em todo caso, que está em jogo aqui também a distinção yanomami entre "vestígio" (*õno*) e "imagem" (*utupë*), tão significativa na figuração animista: a imagem enquanto tal não é figurável, não pode ser indicada a não ser por vestígios. Existe uma diferença da mesma ordem entre os wayana do Brasil que permitirá precisar a natureza e o papel desses vestígios. A exemplo de outros povos das terras altas das Guianas, tais como os waiwai, os yekwana ou os wayãpi, os wayana são notáveis cesteiros que descrevem os cestos, balaios, cabazes e tabuleiros que os homens confeccionam como "viventes", encarnações de seres míticos com intenções agressivas e que é preciso manusear com precaução.[180] Eles têm uma anatomia — uma cabeça, membros, um tórax, um tronco, costelas, nádegas, órgãos genitais —, e os motivos que os adornam figuram de maneira estilizada aqueles que são apresentados pelo ser do qual são a transmutação ou até mesmo, no caso dos desenhos que decoram o interior dos cestos, os de seus órgãos internos. O corpo de fibra difere, porém, do corpo ameaçador do protótipo cuja presença ele atualiza na medida em que não é reconstituído de maneira completamente idêntica, privando-o com isso de sua subjetividade predadora original. Evidentemente indispensável para inativar a cestaria de uso doméstico, essa pequena imperfeição não é adequada no caso de objetos trançados para uma função cerimonial que, conforme se diz, materializam completamente o corpo dos espíritos animais. Aproveitado nos ritos de cura, tal mimetismo ontológico deriva da crença de que as cestarias possuem as mesmas propriedades que a entidade da qual constituem uma transformação, especialmente "peles" idênticas, já que apresentam os mesmos motivos que essa entidade ostenta.

O repertório de motivos formados do cruzamento de ripas claras e ripas matizadas constitui-se de figuras geométricas simples e combináveis entre si — quadrados, losangos, cruzes, gregas — que reproduzem as pinturas corporais que os predadores tinham antes da especiação mítica; em boa lógica animista, torna-se o seu corpo presente, portanto, trançando-se a vestimenta convertida em imagem que eles trajam, sendo que humanos, animais e artefatos somente adquirem uma identidade visual, isto é, um corpo que lhes seja próprio, graças aos desenhos com os quais são recobertos. Com efeito, para os wayana, uma pele pintada com um certo tipo de motivos representa, conforme escreveu Lúcia van Velthem, "o elemento principal que permite a identificação de um ser".[181] O vestígio, um grafema abstrato e visível para todos, é portanto o índice que permite remontar à imagem do ser com ele adornado e que varia segundo o ponto de vista de quem o observa, uma distinção expressa na língua wayana pelo contraste entre a imagem perceptiva impressa na retina humana pela visão de um animal comum (*ukuktop*) e o motivo gráfico (*mirikut*) com o qual é ornado o corpo desse animal que percebe a si mesmo com uma conformação humana, motivo que serve então para representar sua aparência verdadeira nos objetos em cestaria que figuram sua imagem. Compreende-se, portanto, que não se coloca aqui a questão da transposição de um volume para um plano, já que, inversamente, são os motivos não figurativos bidimensionais que fazem de um continente com diversos planos a imagem figurativa de um ser que ninguém jamais viu de outra maneira que não dessa forma metamorfoseada. Quanto ao problema de variar os pontos de vista multiplicando as posições de observação, assim como Taniki e Tookoome se esforçam em fazer, ele se torna irrelevante no presente caso, uma vez que, a exemplo das figurações tridimensionais típicas do regime animista — máscaras, corpos ornados, estatuetas —, as cestarias "vivas" são visíveis sob diferentes aspectos conforme o observador ou aquilo que ele observa se deslocam.

O desenho tem, com efeito, esse aspecto singular, daí sua raridade e sua aparição tardia em regime animista, de lhe ser necessário tornar visíveis, de maneira simultânea, num mesmo plano, perspectivas múltiplas que podem apenas ser sequenciais. Conforme dissemos, nem mesmo o xamã poderia ocupar ao mesmo tempo duas posições. Por outro lado, ele é capaz de encastrá-las, de alterná-las rapidamente, de colocar em cena o vaivém entre a própria subjetividade e aquela dos espíritos auxiliares que ele convoca. E é nas imagens sonoras que melhor se comunica à sensibilidade essa pirotecnia comutativa, impossível de ser representada em toda a sua complexidade e o seu movimento através de variações de pontos de vista numa imagem em duas dimensões. Na Amazônia, erguendo-se na penumbra de uma casa ou emergindo à noite de um abrigo na América do Norte e em certas regiões da Sibéria, a voz do xamã, por vezes impossível de se reconhecer e reduzida a onomatopeias, dá corpo aos espíritos, tanto àqueles que o assistem quanto aos que ele deve combater ou convencer a se retirarem. É essa aptidão que faz com que dele se diga que é um "enunciador múltiplo": como um ator consumado que interpreta todos os papéis, fazendo a si mesmo a réplica e fornecendo ainda indicações didascálicas, ele encarna em seus cantos, diálogos e emissões sonoras alternadamente a si mesmo e ao comentário daquilo que está fazendo, a esse ou àquele espírito a quem se dirige em sua língua ou que lhe responde, fazendo malabarismos com as perspectivas num encaixamento cujo caráter vertiginoso é muitas vezes atenuado pelo uso de marcadores dêiticos, meios de especificar o jogo de alternâncias de papel graças a precisões espaçotemporais e à identificação dos locutores.[182]

Ao estudar os cantos dos xamãs quíchuas da Amazônia peruana, Andréa-Luz Gutierrez-Choquevilca demonstrou como o emprego sistemático de ideofones — o sibilo da anaconda, o marulho do golfinho que vem à tona, o bramido do jaguar —, um fenômeno característico das curas em muitas populações amazônicas, permite que seja ouvida a "feição acústica" dos espíritos e se assemelha ao uso das máscaras: assim como elas, os ícones sonoros oferecem a um só tempo a possibilidade de exibir uma subjetividade outra e dela dissimular a fonte.[183] Esse efeito ostensivo da voz dos espíritos, sem dúvida mais espetacular do que uma imagem pictórica, contribui para a polifonia enunciativa por meio da qual o xamã torna presentes sucessivamente, numa construção em abismo, as perspectivas das entidades que ele mobiliza em sua empreitada. Erguida a um alto nível de virtuosismo pelos especialistas rituais, essa manipulação de pontos de vista não é apanágio deles.

Tanto os quíchuas do rio Pastaza quanto seus vizinhos achuar procedem de maneira análoga quando dirigem cantos (*kayachina* em quíchua, *anent* em achuar) aos espíritos mestres das presas a fim de convencê-los a liberar, em benefício dos humanos, alguns dos animais sob sua guarda.[184] Os caçadores dominam perfeitamente o carrossel enunciativo que, num canto analisado por Gutierrez-Choquevilca, entremeia a posição do cantor que interpela o mestre dos queixadas, a do próprio mestre que acarinha seus animais de estimação, a dos queixadas que respondem ao mestre e a do autor ancestral do canto a quem o intérprete concede a palavra, sendo que essas diferentes vozes são pontuadas pelas onomatopeias que uns e outros emitem. Conforme atestam as cromolitografias aplicadas da escola de pintura "vegetalista" que pretendem evocar as visões sob ayahuasca dos *curanderos* da Amazônia peruana, nenhuma imagem mimética parece estar em condições de fazer variar assim o caleidoscópio de pontos de vista, de emular a experiência alucinada do transe ou de traduzir a intensidade de um encontro ritual com espíritos mascarados.[185] Não é nada surpreendente, portanto, que os curandeiros do imaginário animista tenham desprezado esse meio de expressão.

4

Identidades relacionais

Se foi possível dizer, numa primeira aproximação, que as imagens animistas figuram não humanos que manifestam disposições humanas, é talvez mais correto ainda considerar os humanos que delas se utilizam como sendo eles mesmos imagens de espíritos, tamanha é sua contribuição para o advento destes últimos por meio das mascaradas, das pantomimas, das danças, da música, graças às quais eles atualizam, no momento certo, a agitação de seres visíveis e invisíveis cuja existência compartilham. Não é, portanto, tão surpreendente que um espírito possa apresentar caraterísticas humanas, qualquer que seja a forma que adote, e que o espírito de um humano possa se materializar em outra coisa que não ele mesmo. Além disso, mesmo na Europa cristã e ainda extirpadora de idolatrias, os dois sentidos do termo "espírito" — o princípio vital imaterial e sua encarnação ocasional — coexistem já na Idade Média na maioria das línguas vulgares. Por isso é que, normalmente por meio daquilo que Gell chama de uma "abdução de agência", as imagens animistas se veem investidas de uma potência de agir. O espírito atualizado pelo dançarino que veste seu corpo-traje na

Amazônia, a comutação de pontos de vista entre a configuração física e a interioridade de um animal que é ativado numa máscara com abas, a ação da morsa ou do urso congelada numa estatueta de marfim que é manuseada, o mosaico de qualidades animais tornadas múltiplas nos adereços com que um guerreiro amplia o próprio corpo, todas essas expressões metonímicas de uma alteridade de cuja conivência ou cooperação os humanos buscam se assegurar são outros tantos índices incorporados a artefatos, posturas e movimentos não de uma intencionalidade pensada por analogia com a dos humanos, mas da simples aptidão para formar um desígnio do qual parecem dar testemunho vários existentes ao nosso redor. A abdução de agência, demasiadas vezes apresentada como a atribuição a não humanos de faculdades mentais humanas — a capacidade de visar um objeto pelo pensamento, de imputar a outro alguém estados mentais, de sustentar crenças —, deveria antes ser vista como um direito de seguimento decorrente de uma constatação elementar: em diversas circunstâncias, animais, plantas, objetos inorgânicos e manufaturados, fenômenos percebidos, todos se comportam como agentes porque intervêm de maneira tangível no mundo, por exemplo favorecendo nossas iniciativas ou a elas opondo resistência ou inércia, até mesmo parecendo perseguir objetivos que lhes são próprios. Daí a imputar-lhes uma individualidade atuante é apenas um passo, fácil de dar. O animismo é tão somente uma sistematização circunstanciada desse tipo de inferência aberta a cada humano; os coletivos que se podem organizar sob esse regime exploram a qualidade que ela ocasionalmente revela a fim de atribuí-la à maioria dos seres do seu entorno e com eles manter relações especiais por ela autorizadas.

Nem por isso as imagens animistas são desencarnadas, muito pelo contrário. Diante de uma proliferação de agentes de toda natureza, diante das inúmeras promessas de interação que eles oferecem a todo instante, é preciso saber muito bem com quem se está lidando, com o mestre da presa que se vinga do caçador ávido demais, com as pessoas-caribus que se assemelham a humanos ou com as pessoas-peixes que consideram os humanos como espíritos. E é por isso que as imagens que figuram esses seres devem ser ao menos minimamente miméticas. Quando os humanos provocam seu advento, é preciso poder identificá-las: assim, o espírito da foca-barbuda, cuja máscara é ostentada pelo dançarino yup'ik e cujos movimentos são por ele imitados, apresenta a todos sua face achatada na qual se abriga o pequenino rosto da sua interioridade (ilustração 27), o traje do *apapaatai* rã usado pelo dançarino wauja traz claramente desenhados os motivos com que essa linhagem de espíritos enfeita a própria pele (ilustração 40), e até mesmo o garoto kwakiutl cujo corpo nu figura uma rã desconjuntada consegue, dançando, reconstituí-la de maneira reconhecível (ilustração 32). Esses agentes miméticos têm a propriedade de ser, ao mesmo tempo, signos icônicos daquilo que representam — interioridades revestidas de uma aparência física que deve poder ser remetida a um modelo — e signos indiciais de uma disposição para agir que os humanos engrenam quando desejam manipular a agência da qual as imagens estão imbuídas.

Nada ilustra melhor essa dupla característica das imagens animistas do que a *tsantsa*, a famosa cabeça encolhida dos ameríndios outrora denominados jivaros, um conjunto de cerca de 140 mil pessoas que falam o aénts chicam, uma língua isolada da alta Amazônia do Equador e do Peru. A etnia se divide em quatro "tribos" principais — os shuar (no Equador), os achuar (no Equador e no Peru), os awajun e os wampis (no Peru) — que se diferenciam entre si por ligeiras variações dialetais ao mesmo tempo que apresentam uma notável homogeneidade na cultura material, nos valores e nas instituições. Aos olhos dos falantes do aénts chicam, porém, o principal critério que há tempos distingue os grupos tribais é o fato de eles constituírem, uns para os outros, reservas de cabeças a encolher, prática que desapareceu somente no decorrer dos anos 1960 sob a pressão de missionários. Para melhor compreender as razões dessa predação recíproca entre pessoas aproximadas, aliás, por muitas características, é preciso dizer algumas palavras sobre os motivos da sua hostilidade que permitem separar nitidamente duas formas de conflito, a guerra intratribal e a guerra intertribal, contrastantes em suas causas, seus objetivos, seus protagonistas e na lógica de seu desenrolar.[186]

A guerra intratribal opõe pessoas de parentesco reconhecido e que participam de uma mesma comunidade de linguagem e de intercomunicação: elas falam o mesmo dialeto, se conhecem pessoalmente e, em tempos normais, ocasionalmente se visitam. Ela tem, portanto, toda a aparência de uma vendeta no sentido de ser motivada por queixas específicas — em geral, acusações de adultério ou agressões xamânicas — e de contar com mecanismos socialmente admitidos que permitem encerrá-la provisoriamente ou impedir seu prolongamento. A guerra entre tribos, por sua vez, consiste numa alternância de investidas recíprocas para capturar cabeças destinadas ao ritual de *tsantsa*, o que a distingue da vendeta, na qual o cadáver dos inimigos jamais é decapitado. Nela, o adversário é anônimo e genérico, sendo a sua alteridade relativa mensurada pela necessidade de ser suficientemente próxima para compartilhar uma mesma identidade cultural — trata-se sempre de um falante do aénts chicam — e suficientemente distante para ser ao menos percebida como diferente: ele fala outro dialeto e se mantém fora do campo do parentesco. A comunidade de indivíduos no interior da qual é impossível obter uma *tsantsa* constitui, assim, um critério mais pertinente de identificação das fronteiras "tribais" do que as variações linguísticas. Por fim, ao contrário do que ocorria na guerra intratribal, não havia soluções negociáveis para interromper a guerra intertribal ou para indenizar os parentes de uma vítima. Enquanto a vendeta repousa numa reciprocidade meticulosa que ordena jamais deixar pessoas conhecidas roubarem uma vida — por meio do assassinato de um homem ou do rapto de uma mulher — sem devolver na mesma moeda assim que possível, a caça às cabeças afirma seu caráter assimétrico, uma vez que visa a capturar numa tribo vizinha uma identidade encarnada na *tsantsa* a fim de reciclá-la no grupo local do apropriador de cabeça, que tomará todas as medidas para se proteger contra eventuais investidas de retaliação. A guerra intertribal pode, então, ser considerada uma predação metafísica, sem dúvida não isenta de um desejo de vingança, já que era sempre entre os mesmos inimigos que se iam buscar as *tsantsa*, mas cujo princípio se assenta sobretudo na convicção compartilhada por todos os falantes do aénts chicam de que as potencialidades de existência humana das quais dispõem são finitas; eles precisam pescar furtivamente nesse estoque limitado a fim de compensar a subtração de um princípio de vida quando uma

morte, qualquer que seja sua causa, atinge uma parentela. O enco-
lhimento da cabeça e sobretudo o conjunto de episódios rituais em
que ela desempenha o papel principal têm por único objetivo essa
captação de identidade num outro alguém próximo o bastante para
poder fornecer virtualidades de pessoas utilizáveis e distante o suficiente para não vir amputar o estoque local.

Longe de testemunhar um desejo macabro de aviltamento
do inimigo, que seria diminuído física e moralmente pelo encolhi-
mento de sua cabeça, a *tsantsa* cumpre a função de imagem do homem de quem ela foi subtraída e extrai dessa dimensão figurativa
uma parte de sua eficácia como agente de uma metamorfose. De
fato, diferentemente das cabeças-troféus "comuns" da Amazônia,
da Melanésia ou do Sudeste Asiático que, descarnando-se, perdem
rapidamente qualquer referência a uma fisionomia específica, a
tsantsa perpetua — pelo menos durante algum tempo — a representação única de um rosto. O tratamento ao qual a cabeça é submetida não tem outro objetivo que não o de conservar os traços
daquele a quem pertencia. Não há nisso, aliás, nada de misterioso:
imediatamente após ser morto, o inimigo é decapitado, e os agres-
sores se retiram para um local combinado; faz-se então uma incisão na cabeça desde a nuca até o sincipúcio e extraem-se as partes
duras e a maior parte dos músculos antes de fervê-la para dela se
desprender a gordura; o despojo é depois preenchido com areia
escaldante e começa a se contrair e a endurecer à medida que a
água evapora dos tecidos; uma vez concluída essa fase preliminar,
os guerreiros regressam ao seu território e se confinam em estrita
reclusão, durante a qual procedem à dessecação da cabeça, tomando o cuidado de remodelar os traços da vítima cada vez que a pele
se retrai; em seguida, a incisão posterior é recosida, os olhos e a
boca, suturados e o interior da cabeça, recheado com capoque.

No momento de sua confecção, a *tsantsa* desempenha o papel de um condensado de identidade, uma espécie de retrato facilmente transportável. Ora, essa função icônica parece paradoxal
se pensarmos que os inimigos provedores de cabeças são, em princípio, anônimos. É que a *tsantsa* não é a efígie em miniatura de
um ou de outro, mas a expressão de uma singularidade existencial
pura, uma "forma-pessoa", conforme definida por Anne-Christine

Taylor, significável por meio de qualquer fácies distintiva desde que proveniente de um falante do aénts chicam sem relação de parentesco.[187] Com efeito, para todos os membros do grupo étnico, a identidade individual está contida menos nas características da figura do que em determinados atributos sociais da persona: o nome, a maneira de falar, a memória das experiências compartilhadas e, sobretudo, as pinturas faciais associadas ao encontro durante um transe visionário de um *arútam*, a manifestação sob diversos avatares aterradores do espírito de um guerreiro morto que vai conferir força, bravura e proteção a quem buscar sua assistência. Para figurar no ritual em que ela é o elemento-chave, a *tsantsa* deve então estar livre dos últimos resíduos referenciais que ainda a impeçam de encarnar a identidade de um falante genérico do aénts chicam: ela jamais é chamada pelo patronímico — caso o soubessem — daquele de quem foi subtraída; sua face é cuidadosamente escurecida para obliterar a memória dos motivos que nela se inscreviam; por fim, seus orifícios são selados, condenando os órgãos dos sentidos a uma eterna amnésia fenomenal. A *tsantsa* torna-se, então, plenamente operacional como imagem de uma individualidade abstrata, isto é, vestígio visível de um indivíduo do qual se apagaram todos os atributos individuais, exceto a lembrança de sua fisionomia, que indica a fonte a partir da qual ela foi formada e garante a persistência de sua eficácia.

Ao término desse processo físico de despersonalização, a *tsantsa* é submetida a uma aprendizagem do seu novo espaço social: passeiam com ela dentro e ao redor da casa daquele que a capturou, ensinam a ela os pontos cardeais, familiarizam-na, segundo a fórmula dos cantos de acompanhamento, com sua "terra de adoção" (ilustração 44). É o início do desvio de identidade que ela vai sofrer por ocasião das diversas sequências daquilo que os shuar chamam de "a grande festa" (*uunt namper*), o ritual que em torno dela vai mobilizar, de forma duradoura, a parentela do matador.[188] Isso se desenrola em dois episódios de vários dias cada um, separados por um intervalo de cerca de um ano, respectivamente denominados "o seu próprio sangue", *numpenk*, e "a realização", *amiamu*. As cerimônias consistem num encadeamento de figuras coreográficas e corais regularmente repetidas, a princípio na morada do grande homem que conduziu o ataque, depois na do matador: as principais são o *waimianch*, uma ronda cantada ao crepúsculo em torno da *tsantsa*, seguida pelos cantos em cânone *ujaj*, executados pelas mulheres desde o pôr do sol até o alvorecer, e a *ijianma*, uma procissão que acompanha a *tsantsa* em cada uma de suas entradas cerimoniais na casa em meio a uma fileira de escudos redondos golpeados em *staccato* pelos homens para simular o trovão. Além dessas manifestações propriamente litúrgicas e ao longo dos festejos profanos e fortemente regados a cerveja de mandioca que se desenrolam nas tardes em que não está previsto nenhum rito, homens e mulheres têm prazer também em dançar e cantar *nampet*, canções para beber nas quais se insinuam alusões eróticas. Nada de sinistro nesse cerimonial normalmente alegre, sempre intenso e imbuído desse fervor tão especial que um conjunto de humanos reserva às experiências que o transformam enquanto coletivo.

Os principais protagonistas da "grande festa" são a própria *tsantsa*, sucessivamente designada pelas expressões "perfil" e "coisa mole"; um trio que inclui o matador, uma parente consanguínea — sua mãe ou sua irmã — e uma aliada, em geral sua esposa, que responde coletivamente pelo nome de "atabacados", *tsaankram*, em virtude da grande quantidade de sumo de tabaco verde que eles ingerem durante todo o ritual; um mestre de cerimônias, o *wea*, termo comumente empregado como uma marca de respeito para se dirigir ao sogro e que tem por função transmitir certos "poderes" aos *tsaankram* ao mesmo tempo que lhes insufla o sumo de tabaco a fim de "clarificar a visão do pensamento" — observemos que o *wea* acompanha o matador ao longo de todo o ciclo ritual, mas em papéis que variam: ora duplica o apropriador de cabeça, cujos gestos ele guia segurando-lhe as mãos, ora se desprende dele, seja em posição complementar ou em posição antagônica; o *wea* é secundado por uma mulher experiente, idealmente a sua esposa, encarregada de conduzir o coro noturno das *ujaj* femininas, e é por esse termo que ela é designada. A esses oficiantes de destaque, somam-se o "portador de *ujaj*", *ujajan-ju*, um homem que exerce a função de intermediário entre o *ujaj*, de um lado, e o *wea* e os "atabacados", de outro, sendo que estes últimos não podem em circunstância alguma se comunicar diretamente com os demais participantes; vem, por fim, uma série de grupos cerimoniais secundários, entre os quais sobressaem os "iniciados", *amikiu*, isto é, o conjunto daqueles que já participaram de um ciclo completo da "grande festa", e os *yaku*, guerreiros incumbidos de imitar em seus escudos o estrondo do trovão.

Entre os cantos e as danças, oficiantes rituais realizam uma infinidade de ações: ensinam mais uma vez à *tsantsa* as características sociais e espaciais do território para o qual ela foi transportada; ela é enfeitada e novamente cozida num caldo genésico poeticamente chamado de "a água das estrelas"; as mulheres emprestam-lhe a voz nos cantos e a aspergem com gotas d'água branqueadas com mandioca, uma espécie de esperma metafórico; o matador é primeiramente isolado como um bicho perigoso e fétido, e em seguida purificado e enfeitado com novas pinturas depois de ir à floresta em busca de uma visão de *arútam*; o *wea* e ele derramam um no outro sangue de galo no interior das coxas para figurar uma menstruação masculina, descrita ironicamente nos cantos femininos; ele é submetido aos ritos habituais do luto — corte dos cabelos e pinturas faciais pretas com jenipapo; ele assa — atividade masculina — tubérculos de mandioca e em seguida, depois de as mulheres os ferverem e antes que elas os mastiguem para produzir a cerveja fermentada, ele os cobre com bolores, colocando-se assim na posição das mulheres, cuja saliva cumpre a mesma função; porcos são capturados como presas, abatidos e consumidos como "substitutos" dos inimigos; sem contar muitas outras operações enigmáticas que mobilizam cada participante nessa extravagante celebração de uma união morganática entre um inimigo genérico e uma comunidade vitoriosa, salpicada de alusões esotéricas à plasticidade dos gêneros, das categorias ontológicas e das posições de parentesco, à morte e ao renascimento, à inimizade e à vingança, à fecundidade e ao parto, à ferocidade alegre do canibalismo e aos deveres entre parentes.

Desse rito grandioso cuja sutileza cerimonial e enredamento simbólico os próprios missionários católicos admiraram na qualidade de conhecedores, o que se pode tirar como ensinamento? Para começar, como já havia dito há um século Rafael Karsten, o primeiro etnógrafo a assistir à totalidade de uma "grande festa", que a *tsantsa* "não é um troféu no sentido comum do termo"; ela é tudo menos uma "marca de distinção", prossegue ele, já que o guerreiro, por meio dela, "busca antes de mais nada garantir o controle da alma do seu inimigo".[189] Diferentemente do que ocorre entre outros povos caçadores de cabeças, a *tsantsa* não é de forma alguma um despojo que atesta uma proeza, sendo que, aliás, dela simplesmente se desfazem ao término do ritual uma vez cumprida sua função; ela também não é uma espécie de amuleto, fonte de energia e de potência que permitiria conquistar os espíritos, atrair a caça ou aumentar a fertilidade do terreno. E ainda que os shuar afirmem que o espírito de revanche do guerreiro que foi morto (*emesak*) se encontra prisioneiro dentro da cabeça, não é tanto para impedi-lo de fazer o mal que ele é ali confinado, quanto, conforme escreveu Karsten, para melhor controlá-lo, para canalizar a sua raiva vingativa e comutá-la em dinamismo transformacional. Imagem animista por excelência, a *tsantsa* difere em tudo do vitalismo furtivo dos fetiches, aos quais se atribuem intenções humanas, no sentido de que ela é, sem dúvida, um agente, mas um agente do qual se houvesse desviado a potência de agir a fim de fazer dele um operador lógico, uma marca abstrata de identidade capaz de servir, devido à sua própria abstração, à fabricação de identidades novas.

De fato, a despersonalização à qual a *tsantsa* é submetida se assemelha à apropriação indébita de um documento de registro civil por um falsário: a autenticidade do documento é aqui atestada pela permanência do rosto, signo da proveniência legítima do suporte de identidade e equivalente físico do número de código designado a cada um pela previdência social. O trabalho do ritual consiste, então, em maquiar gradativamente esse suporte sem modificar sua aparência original — o que o tornaria inválido —, construindo a partir dele a gênese progressiva de uma nova identidade. Ao longo de toda a "grande festa", com efeito, a *tsantsa*, o *wea* e os "atabacados" permutam suas situações originais, trocando alternadamente de sexo e de posição de parentesco entre si numa série de relações de sentido único ou recíprocas, antagônicas ou complementares, desdobradas ou simetricamente opostas, expressões figuradas de uma genealogia fictícia elaborada em episódios. Ao término desse balé topológico, a *tsantsa* assumiu todos os papéis sociais de uma procriação: não aparentada, doadora de mulher, apropriadora de mulher, concubina do matador, amante de suas esposas e finalmente embrião, "focinho fixado no ventre da mulher", conforme os cantos a ela dirigidos no fim do ritual.

O fruto bastante real desse simulacro de aliança — uma criança que vai nascer na parentela do matador ao longo do ano que virá — carrega assim esse paradoxo de ser perfeitamente consanguíneo sem ser incestuoso. Virtualidade de existência subtraída a desconhecidos não de todo estranhos, a criança deverá a sua identidade à metódica e espetacular apropriação indébita da agência de uma imagem por uma série de protagonistas que a terão cooptado entre eles mesmos como o elemento desencadeador, ao mesmo tempo preeminente e totalmente desprovido de livre-arbítrio, de uma epifania coletiva.

Não surpreende que se encontrem diversas propriedades praxiológicas da aplicação da *tsantsa* na ativação de outras imagens do arquipélago animista, essencialmente nas mascaradas amazônicas e norte-americanas. Entre os wauja do Xingu, os yupiit do Alasca, os povos da costa Noroeste, as máscaras e os trajes são plenamente icônicos no sentido de figurarem de maneira inequívoca a identidade do ser que os humanos que os vestem têm por missão tornar presente em público. A exemplo da *tsantsa* no ritual em que ela opera, essas encarnações mascaradas também se tornam agentes de plena função graças à totalidade da disposição cênica no interior da qual elas ocupam um lugar, graças aos acessórios que as acompanham e aos papéis que são levadas a desempenhar, graças às relações estabelecidas com esse ou aquele oficiante e às intervenções dos participantes, graças sobretudo à animação, visível ou presumida, dessas imagens por humanos vivos ou mortos. Se os dançarinos representam os não humanos que eles personificam, é à maneira de um mandatário ou de um procurador, recebendo ostensivamente do ser do qual são a imagem uma delegação de agir em seu nome, modo sutil de inverter a transferência de agência do actante real ao agente presumido. Por fim, as máscaras são efetivas somente durante a *performance* na qual são mobilizadas e, uma vez que ela seja concluída, tanto os yupiit quanto os wauja delas se desfazem. A abdução através da qual os espectadores lhes imputam uma agência é incitada apenas caso a caso, num contexto excepcional em que as máscaras, assim como a *tsantsa*, agem em meio a outros catalisadores de uma transformação brusca ou gradual: uma mudança entre pontos de vista, a produção por etapas de uma identidade nova, a cura de uma doença, o aparecimento de espíritos entre os humanos. Essa eficiência que vai e vem de maneira intermitente corresponde bem à função comutativa da maioria das imagens animistas. Para que elas passem de um estado a outro, é preciso lhes dar corpo de forma tangível e deliberada; é por essa razão que, em contraste com os ídolos, sempre prontos a voltar ao trabalho para agradar aos seus adoradores, elas exigem ainda menos que lhes seja concedido um crédito permanente na medida em que se faz com que desapareçam uma vez cumprida sua missão.

Poderia, no entanto, surgir uma questão insidiosa, arrastando seu lodo de preconceitos primitivistas e de condescendência secular. Ainda que em função das circunstâncias, ainda que no frenesi do ritual e na ambiguidade sustentada em relação ao que ali se passa, como é que se pode acreditar que a imagem de um espírito visivelmente personificado por um humano seja suficiente para ativar a potência atribuída a essa entidade misteriosa? Será que se trata de uma confusão entre a imagem e aquilo que ela retrata, algo, no entanto, que os psicólogos garantem se dissipar antes dos dois anos de idade,[190] ou devemos talvez nela enxergar uma credulidade assumida somente em determinadas circunstâncias, quando a efervescência de ações compartilhadas conduz à suspensão do discernimento? Nada do gênero. Inferir de um artefato uma disposição para agir não é tão surpreendente, conforme já vimos, sobretudo se esse artefato, por um mimetismo mais ou menos exitoso, fizer as vezes de outra coisa que não ele mesmo. Os psicólogos — mais uma vez — foram capazes de demonstrar que as crianças muito pequenas, e provavelmente os adultos, têm dificuldade em fazer coincidir dois aspectos de uma imagem tridimensional, a saber, suas características plásticas e sua função de signo icônico. Devido ao seu volume, eventualmente ao seu movimento e ao esforço que sua exploração exige, o artefato se torna em si objeto de interesse, de maneira que parece adquirir uma autonomia não apenas como artefato singular digno de atenção, mas também por se dissociar em parte daquilo que ele figura.[191] Tal como a máscara, ele já não é mais verdadeiramente uma imagem — derivada, infiel, auxiliar —, mas um sucedâneo em busca de independência.

11. Par de máscaras yup'ik, urso-pardo (à esquerda) e urso-negro (à direita), Alasca

15. Máscaras assimétricas yup'ik, Alasca

16. Botão em marfim de morsa, provavelmente iñupiat, litoral norte do Alasca

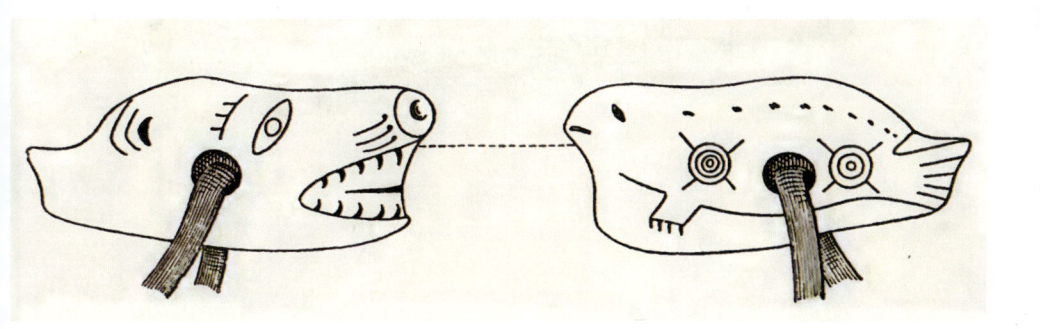

17. Urso-branco em marfim de morsa, cultura de Dorset, região de Igloolik, Canadá

18. Ave aquática em marfim de morsa, cultura de Thule, Canadá e Groenlândia

19. Estatuetas de animais em marfim de morsa, koryak do litoral de Kamtchatka, Rússia:
a) um cormorão; b) um urso-pardo; c) uma lebre

21. Boné de madeira arqueada decorado com estatuetas em marfim de morsa (gaivota, morsa, foca) e ladeado por asas de pássaro em marfim, inuítes de Norton Sound, Alasca

22. Simon Tookoome, *Uma visão de animais*, lápis de cor, 1972

26. Máscara de transformação kwakwaka'wakw (kwakiutl) figurando um alcaboz, um corvo e um rosto humanoide, ilha de Vancouver

29. Máscara yup'ik do tipo *ircenrrat* (um espírito raposa), Alasca

30. Máscara ma'bétisek figurando um espírito tigre *moyang melur*, esculpida pelo xamã Ahmad Kassim, Malásia

31. Espaldar de uma cadeira alsaciana (à esquerda); borda ornamental de uma prancha para triturar amendoins saamaka, Suriname (à direita)

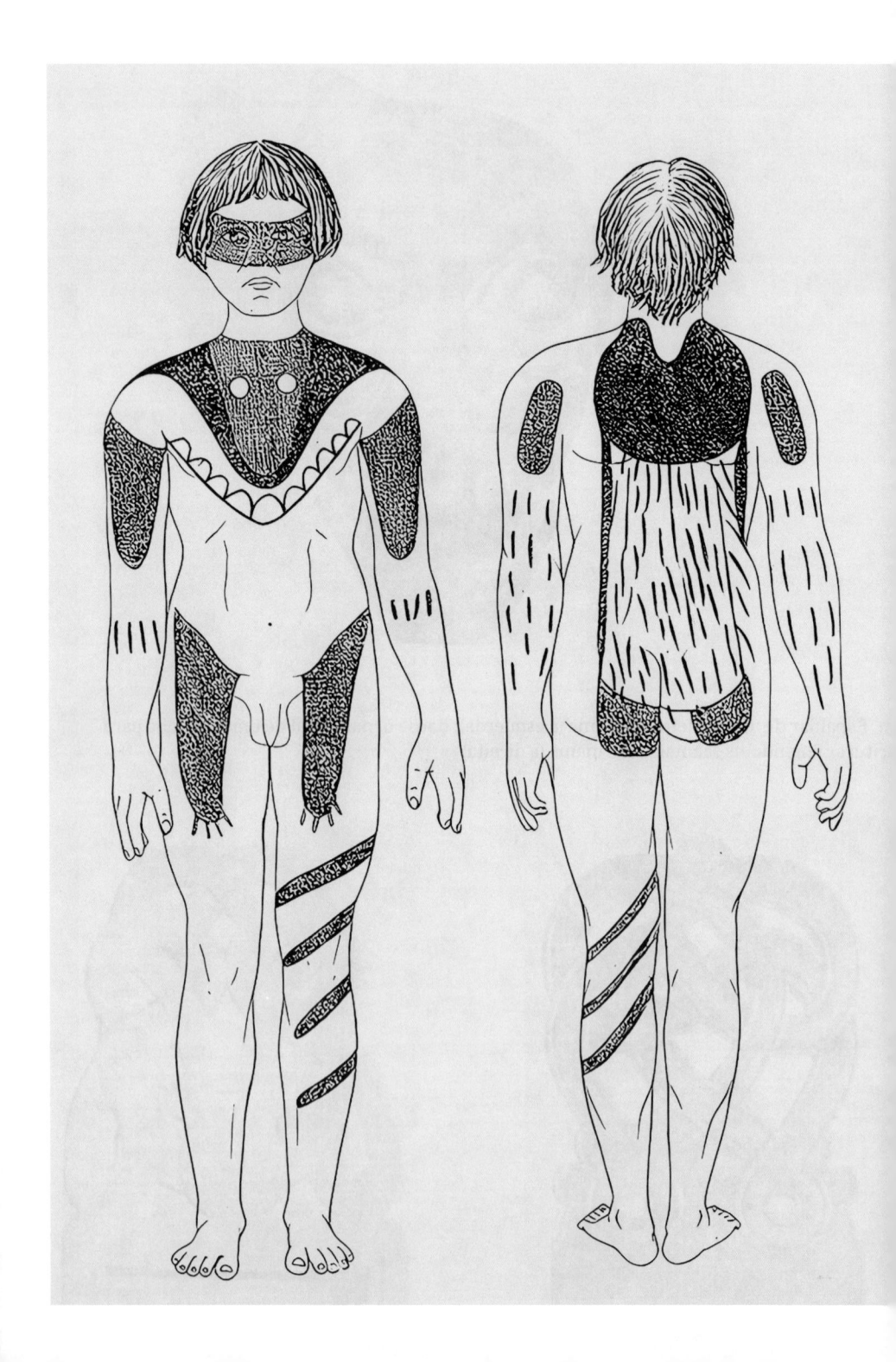

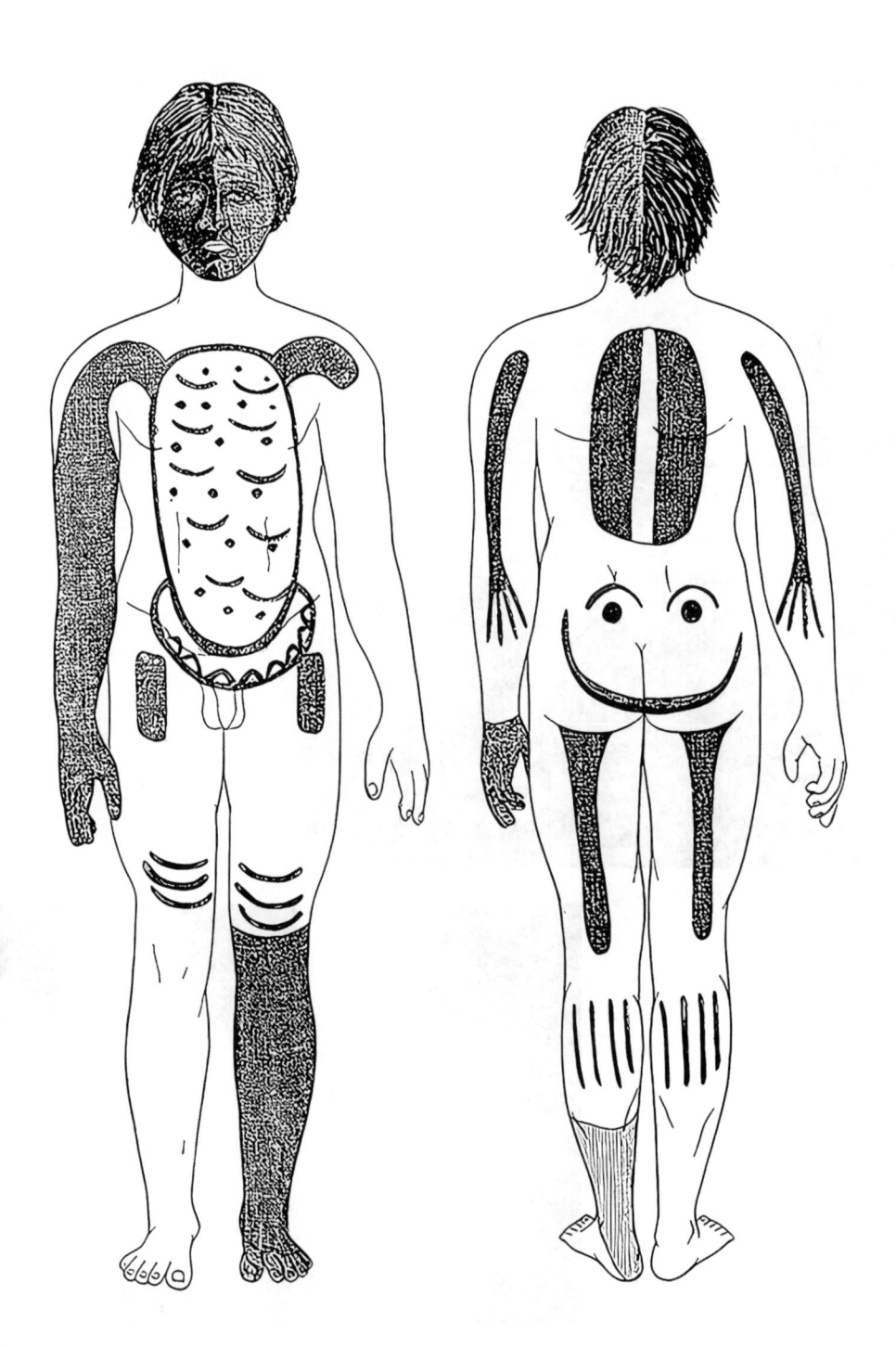

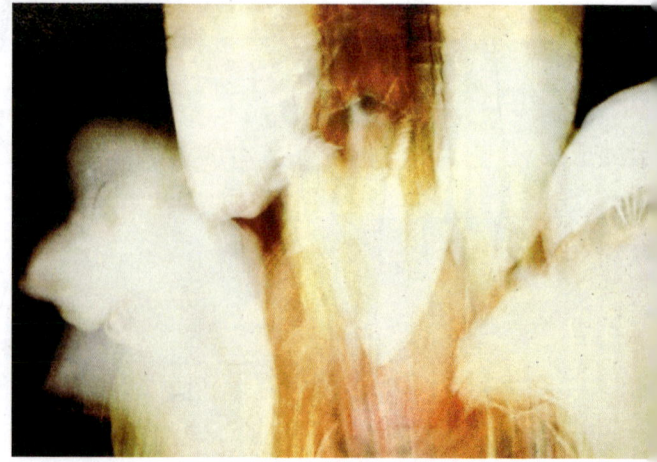

40. Máscaras wauja do tipo *eyusi* (rã), macho e fêmea, feitas por Itsautaku

42. Encontro na praça da aldeia entre Atujuwá, uma máscara de espírito *apapaatai*, e uma criança assustada, wauja, Brasil

43. Taniki, *Visão xamânica*, caneta hidrográfica sobre papel, 1978-1981

44. Shuar do rio Chiguaza, Amazônia equatoriana, 1917
(primeira entrada do apropriador de cabeça portando a *tsantsa* na altura do peito)

Segunda parte

ÍNDICES

Eu avançava a passos lentos, seguros, com a certeza de ser o personagem heráldico para quem um escudo natural se formou: azul-celeste, campo dourado, sol, florestas.
JEAN GENET, *Journal du voleur*[192]

Tipos de seres e percursos de vida

Uma das razões do fascínio que grandes pensadores europeus sentem pelo totemismo na virada do século XX é o fato enigmático de que as classificações dos aborígenes não parecem fundamentadas em semelhanças de forma.[193] Baseando-se nas ricas informações que os primeiros etnógrafos recolheram na Austrália sobre esse assunto, Freud, Durkheim, Frazer, Róheim, Rivers, Smith, Reinach, Bergson e Lévy-Bruhl competem em engenhosidade para tentar explicar um sistema religioso e social em que se considera que humanos, plantas e animais descendentes de um mesmo ancestral totêmico possuem uma mesma natureza. Para os herdeiros de uma civilização que, de Aristóteles a Lineu, tinha o costume de ordenar os organismos em função de suas similitudes morfológicas, as classificações australianas, ao mesclar no interior de uma mesma categoria totêmica humanos, cenouras selvagens, varanos e cacatuas, só poderiam constituir um escândalo lógico deliciosamente provocador. É que esses estudiosos não souberam discernir que os sistemas totêmicos também classificam a partir de semelhanças, não entre as aparências gerais dos corpos e de seus elementos, mas entre temperamentos, comportamentos e disposições morais, tanto inferidas quanto imediatamente visíveis.[194] Para os aborígenes, conforme escreveu Adolphus Elkin em 1933, há uma unidade advinda da "crença numa vida comum compartilhada pelo homem e pelas espécies naturais".[195] E essa unidade deve ser tomada num sentido literal, e não metafórico ou classificatório; ainda conforme Elkin, a inclusão de espécies naturais ou de objetos em grupos totêmicos não é uma forma de categorizar partes da natureza por analogia ou de fazer com que ela desempenhe um papel na esfera social, mas uma expressão da "ideia de que o homem e a natureza formam um todo integrado".[196] Para os aborígenes, a identificação totêmica não resulta, portanto, de uma filiação extravagante ou de uma projeção taxonômica; ela se caracteriza pelo compartilhamento, no interior de uma classe de existentes que integra humanos e diversos tipos de não humanos, de uma coleção de qualidades sensíveis definidas com precisão e que um ser — há muito chamado de totem pelos etnólogos — encarna de maneira exemplar, qualidades essas que diferem em bloco e de forma contrastante de outros conjuntos de qualidades definidoras de outras classes ontológicas que, por sua vez, reagrupam outros humanos e não humanos da esfera de outros totens.

Na Austrália, que tomaremos aqui como referência, visto que é onde a ontologia totêmica se expressa de maneira particularmente nítida, o núcleo de qualidades que caracterizam a classe totêmica provém de um protótipo primordial que os etnógrafos contemporâneos, reticentes a perpetuar os equívocos fomentados pelo termo "totem", chamam de "ser do Sonho". Narrativas etiológicas relatam que, quando da gênese do mundo, no "tempo do Sonho", seres dotados de aptidões humanas, mas que muitas vezes levam o nome de animais e de plantas, emergiram do solo em sítios precisos, viveram diversas aventuras, depois se afundaram nas entranhas da terra; as ações que eles realizaram e os relacionamentos pacíficos ou violentos que estabeleceram com outros seres do mesmo gênero tiveram como resultado configurar o meio físico, seja porque se metamorfosearam num elemento do relevo, seja porque um vestígio de sua presença permaneceu visível, de modo que os traços característicos dos locais de vida aborígenes — os caos rochosos e as jazidas de ocre, os leitos de riacho e os cordões litorâneos, os maciços de árvores e as colinas — dão até hoje testemunho dessas peripécias. Antes de desaparecerem, esses seres prodigiosos também deixaram em depósito sementes de individuação, chamadas de "almas-crianças" na literatura etnográfica, as quais desde então se incorporam aos humanos e aos não humanos, compondo cada classe totêmica derivada de um ser do Sonho e levando seu nome. Por conseguinte, as propriedades herdadas do protótipo se atualizam a cada geração entre os humanos, os animais e as plantas, que constituem, a despeito de suas diferenças em aparência, outras tantas manifestações idênticas do grupo de qualidades fundamentais por meio do qual se afirma sua identidade comum.

As qualidades compartilhadas pelos membros da classe totêmica são suficientemente generalizadas para que sua expressão em seres cuja morfologia seja dessemelhante não pareça, pelo menos aos olhos dos aborígenes, por demais contrária às evidências da intuição sensível. Elas dizem respeito ao comportamento (vivaz ou lento), à conformação (plana ou arredondada, esguia ou corpulenta), à luminosidade (clara ou escura), à textura (rugosa ou sedosa), à consistência (dura ou macia) e a todas as disposições morais que se podem inferir dessas qualidades: indolente ou diligente, sagaz ou grosseiro, bonachão ou ardiloso, colérico ou fleumático.[197] Além disso, os nomes de totem que parecem se referir a animais — a maioria deles se enquadra nesse caso — significam, na verdade, qualidades, por exemplo "o enganador" ou "o brando", que servem também para denotar espécies animais.[198] Um totem não é, portanto, um animal do qual os homens descenderiam em filiação direta, assim como se conjecturava nos antigos debates sobre o totemismo, mas um protótipo nem verdadeiramente humano nem verdadeiramente animal que leva um nome de qualidade dominante por meio do qual se designa também um animal, qualidade essa que engloba outras, associadas a ela na semântica local. Dessa forma, entre os nungar, o nome de totem *waardar*, que podemos traduzir como "o vigilante", faz referência a uma espécie de corvo e abrange outras qualidades consideradas próprias aos membros humanos e não humanos da classe totêmica, tais como a paciência, a tonalidade escura e a acuidade mental.[199] Sob sua forma mais genérica, a identidade de uma classe totêmica é então baseada no compartilhamento entre todos os seus componentes humanos e não humanos de um núcleo de atributos físicos e morais subsumidos sob um termo que remete a uma qualidade distintiva; derivados originalmente de um protótipo que leva esse nome de qualidade, esses atributos são transmitidos desde então de maneira contínua em sítios onde eles existem de modo potencial antes de se atualizarem nos membros da classe totêmica que encontra nesse processo o princípio de sua perenidade. Esses locais de encarnação foram outrora o palco de façanhas de seres do Sonho e conservam dessa maneira, até hoje, o vestígio vibrante da potência de agir que estes últimos neles instilaram sob a forma de almas-crianças, encolhidas em fissuras ou em olhos-d'água, e prontas para se incorporar, com o passar do tempo, a todos os membros da classe totêmica. Ainda que ali se realizem rituais importantes, esses lugares são, no entanto, menos sítios sagrados no sentido europeu do termo do que incubadores ontológicos cuja perenidade garante sua sobrevivência efetiva, e também a da classe em seu conjunto e a de cada um dos seres que a compõe.

Como figurar isso? Mostrando de maneira inequívoca que os membros humanos e não humanos de uma classe totêmica compartilham uma mesma identidade essencial e material. Uma identidade essencial, visto que têm em comum a proveniência de um mesmo protótipo originário, portanto, a origem a partir de um mesmo estoque de princípios de individuação localizado num sítio; uma identidade física, já que são feitos da mesma substância, são organizados segundo uma estrutura idêntica e possuem, assim, o mesmo tipo de temperamento e de disposição para agir. Contudo, é raro que essa identidade de elementos humanos e não humanos dentro de um grupo totêmico se dê a ver representando-se diretamente humanos, seja na Austrália, seja em outras regiões do arquipélago totêmico: a conexão dos humanos com os protótipos originários e o fato de eles serem as suas encarnações reiteradas ficam, em grande medida, subentendidos por meio de códigos figurativos impressionantemente isentos da dileção antropocêntrica que a arte ocidental vem testemunhando desde o Renascimento. De fato, toda a iconografia australiana tem por objeto os seres do Sonho e sua ação fundante, uma vez que tudo no mundo, a começar pela segmentação dos existentes em classes designadas, deve sua gênese e seu desenvolvimento a esse momento primordial.

A fim de objetivar a permanência de protótipos totêmicos no tempo, o caráter imutável de seus traços estruturais e os efeitos de seus atos criadores sobre particularidades geográficas, os aborígenes empregam três estratégias figurativas que são outras tantas transformações de umas nas outras. A mais literal delas combina figurações de protótipos totêmicos em pleno processo de realizar uma ação fundante, figurações de sítios que são a um só tempo o quadro e a resultante dessa ação, e figurações de emblemas associados aos grupos totêmicos derivados desses acontecimentos; essa representação de uma ordem espaçotemporal e classificatória a se atualizar num acontecimento é bem ilustrada pela tradição figurativa dos yolngu do nordeste da Terra de Arnhem. Duas transformações são possíveis a partir desse esquema figurativo da ordem totêmica no decorrer de seu advento: ou figurar essa ordem por meio da imagem daqueles que a engendraram sem mostrar o resultado de suas ações, ou, ao contrário, figurar tão somente esse resultado, omitindo aqueles que o provocaram. A primeira formulação corresponde às pinturas ditas "em raios x" dos povos da parte norte-ocidental da Terra de Arnhem, notadamente os kunwinjku, enquanto a segunda corresponde às pinturas dos aborígenes do deserto central, primordialmente os warlpiri e os pintupi.

FIGURAR O ORDENAMENTO

Conhecidos antigamente pelo nome de murngin e famosos entre os antropólogos pela complexidade de seu sistema de classes matrimoniais em oito subseções, os yolngu adquiriram, a partir dos anos 1980, uma notoriedade mais ampla em virtude do sucesso alcançado no mercado de arte internacional por suas pinturas em casca de árvore.[200] Eles formam um conjunto linguístico situado no nordeste da Terra de Arnhem, na Austrália setentrional, composto de cerca de quarenta clãs falantes de dialetos aparentados e cujos membros se casam entre si. Os habitantes das terras yolngu se repartem em duas metades patrilineares exógamas, Dhuwa e Yirritja, uma divisão que inclusive rege o conjunto do cosmos e de seus habitantes: nada no mundo poderia existir fora das duas metades, e cada qual inclui seus próprios seres do Sonho, chamados de *wangarr* em yolngu, cujas atividades moldaram seu território de maneira exclusiva — dizem, assim, que os *wangarr* da metade Dhuwa se deslocavam debaixo da terra quando tinham de atravessar o território da metade Yirritja, e vice-versa. É o clã patrilinear, porém, que constitui o coletivo detentor do patrimônio totêmico, dito *mardayin*, outrora concedido a seus membros por um ou mais seres do Sonho, patrimônio esse constituído por direitos de utilização em sítios e territórios, por cantos, danças, objetos rituais e, é claro, imagens. Estas últimas são chamadas de *mardayin miny'tji*, sendo que o termo *miny'tji* faz referência a qualquer motivo, seja ele visível no ambiente ou traçado por humanos, contanto que resulte de uma ação intencional realizada em outros tempos por um ser do Sonho.[201] Os motivos formados, por exemplo, pelas escamas de um casco de tartaruga lhe são próprios, já que resultam da ação de um *wangarr*, do mesmo modo que um motivo de pintura corporal é considerado como sendo propriedade de um clã e representativo de sua identidade, de maneira que uma distinção entre motivos "naturais" e motivos "culturais" não tem muito sentido.[202] Pode-se traduzir a expressão *mardayin miny'tji* por "os motivos dos seres do Sonho", motivos esses que remetem de maneira direta aos atos ordenadores realizados pelos protótipos totêmicos e que permitem aos humanos, sempre que os reproduzem e manipulam, conectarem-se a esses seres e torná-los presentes em suportes bastante diversos: desenhos na areia, figuras na brincadeira com barbante, pinturas corporais ou em casca de árvore, motivos traçados em objetos rituais.

As imagens yolngu são a expressão mais visível da ordem totêmica em artefatos confeccionados pelos humanos, no sentido de que suas formas, cores e disposição provêm diretamente daqueles que a instituíram e de que elas refletem a segmentação do mundo que eles operaram. Em primeiro lugar, porque essas imagens apareceram no corpo do ser do Sonho que elas representam e porque foram designadas por ele ao patrimônio iconológico do grupo humano a ele associado, geralmente um clã; depois, porque as imagens são a expressão icônica dos acontecimentos que as engendraram e dos quais elas constituem, da mesma maneira que certos elementos do meio físico, um vestígio durável; por fim, porque tanto sua forma quanto sua matéria incorporam as qualidades e a causalidade atuante dos seres do Sonho, considerando-se os pigmentos como provenientes das substâncias — gordura, urina, excrementos — que esses seres deixaram atrás de si.[203] As pinturas condensam, assim, as propriedades de cada classe totêmica decorrente dos acontecimentos do tempo do Sonho, o que as qualifica para um uso ritual. Afinal, as imagens fazem muito mais do que representar no sentido icônico; dizem que elas são dotadas de uma agência própria que emana do ser do Sonho que elas evocam, sobretudo quando finamente hachuradas de branco a fim de produzir um efeito de cintilação que sinaliza que a potência de agir do *wangarr* está incorporada à sua figuração. Chamada de *maar*, essa potência é a mesma que aquela emanada dos objetos sagrados, e ela pode ser perigosa, razão pela qual é preciso evitar o contato com as pinturas quando se está debilitado, por exemplo durante um luto ou uma doença. Como se pode ver, as pinturas yolngu são instrumentos rituais, assim como a vasta maioria das imagens no mundo anterior ao Renascimento. Sua eficiência é ao mesmo tempo intrínseca — graças ao *maar* do ser do Sonho do qual são portadoras e que se manifesta independentemente de seu significado — e resultante daquilo que elas figuram na cerimônia em que são utilizadas. Com os cantos e as danças que formam o patrimônio de cada clã, as pinturas são associadas a sítios designados nos territórios clânicos onde outrora se desenrolaram as ações fundantes de seres do Sonho, e elas contribuem para reconstituir os acontecimentos que conduziram à emergência desses sítios, sendo que cada desenho em casca de árvore detalha um episódio dessa gênese. Em suma, conforme escreveu Howard Morphy, uma pintura yolngu é "comportamento ancestral armazenado".[204]

A pintura yolngu em casca de árvore combina de maneira original uma narração, uma heráldica e uma topografia, mas tratadas de modo dinâmico, como uma gênese em pleno processo de se realizar. Trata-se de uma narração, pois cada pintura reconstitui uma sequência de um relato etiológico relativo às aventuras, num lugar preciso, de um ou vários seres do Sonho rigorosamente representados. Muitas vezes figurados como animais ou plantas, esses seres devem ser reconhecíveis de imediato, e não é raro que uma pintura seja criticada sob a alegação de não se parecer o bastante com o animal que ela supostamente retrata. A identificação, porém, é facilitada pelo uso de atributos convencionais: um gambá é sempre representado com a cauda enrolada, e um varano, com uma risca ao longo do dorso. Quanto ao aspecto heráldico, ele diz respeito às pinturas comportarem também motivos geométricos pertencentes ao clã ou ao grupo de clã ao qual são associados o acontecimento do tempo do Sonho que a imagem evoca e o sítio em que ele se deu ou que dele resultou. Criadas pelos protótipos *wangarr* e oferecidas aos ancestrais dos yolngu, essas espécies de brasões constituem variações próprias a cada clã, por vezes a um grupo local no interior de um clã, de um motivo mais genérico de tipo geométrico, mas sempre remetendo a um referente. Dessa forma, os brasões de clãs da metade Yirritja associados ao mel selvagem, ao fogo e ao complexo do crocodilo são todos baseados no modelo do losango, por analogia com o alvéolo do ninho de abelhas, mas apresentados segundo combinações de formas múltiplas e enriquecidas pelo uso da cor depositada em finas hachuras conforme uma técnica chamada *rarrk*;[205] a hachura branca denota as larvas, a hachura vermelha, o mel, a hachura amarela, o pólen. Além disso, outros gêneros de losango empregados em brasões podem denotar o fogo ou a água, aqui também diferenciados pelas hachuras internas: o branco evocando a cinza ou as marolas dos rios na estação das chuvas.

Por fim, o quadro é na maior parte do tempo recortado em blocos, sendo que cada bloco é consagrado a uma peripécia dentro da sequência, no local preciso em que ela se deu — ou em cuja origem ela está —, e comporta, sob a forma de animais ou de plantas, os seres totêmicos que foram os protagonistas desse acontecimento. A posição dos blocos reflete de maneira esquemática a situação dos locais relativamente uns aos outros na disposição espacial retratada, e essa é a razão pela qual se trata antes de uma topografia do que de uma paisagem; o lugar é visto de cima, como uma série de pontos de referência num itinerário, e não como um todo apreendido por um espectador no nível do chão. Além disso, os elementos do relevo — ou os componentes orgânicos dos seres do Sonho que se transformam em elementos do relevo — são bastante estilizados: um círculo representa um olho-d'água, uma fogueira, um ovo, um acampamento ou uma noz, enquanto linhas pontilhadas representam uma nuvem, um bosque ou uma nascente; do mesmo modo, o corpo de uma ave representará alternadamente um tronco de árvore ou um objeto ritual. Conforme o significado atribuído a esses motivos polissêmicos, o mesmo bloco na mesma pintura pode, então, servir de suporte a diversos acontecimentos no interior de uma sequência, contanto que os acontecimentos em questão tenham todos ocorrido no mesmo setor topográfico. Essa disposição permite reconstituir um trajeto percorrido em outros tempos por seres do Sonho, tanto quanto um trajeto realizado no presente, nesse lugar, por um membro do clã. A organização em blocos reflete assim um esquema espacial real, um gabarito que possibilita a inserção de todas as histórias que tenham acontecido em um local, tanto no tempo do Sonho quanto hoje em dia.[206]

Uma ilustração emprestada de Howard Morphy tornará mais explícito esse modo de composição complexo.[207] Trata-se de uma pintura sobre casca de árvore realizada por Banapana Maymuru, um homem do clã Manggalili, que representa uma etapa de uma viagem empreendida no tempo do Sonho pelos Guwak — nome dado a uma espécie de cuco, *Eudynamys scolopacea* — num local de aparência bastante prosaica chamado Djarrakpi, um lago de água salobra rodeado por dunas de areia na costa do golfo de Carpentária (ilustração 45). A narrativa conta que dois Guwak, dois gambás, dois emus e alguns outros seres do Sonho embarcam numa jornada partindo de um local chamado Burrwanydy; a cada noite, eles acampam num novo sítio, e os Guwak (4, na ilustração) se instalam no alto de um cajueiro (4a), do qual comem os frutos. Os gambás (figurados nas partes laterais da pintura) sobem então no cajueiro, representado aqui pelo corpo longilíneo dos Guwak, tecendo seus pelos para deles fazer cordões, os quais são oferecidos ao clã no território em que estão acampando. Os emus (7) viajam com eles, perfurando o solo com suas patas para criar olhos-d'água. Essa é a versão pública da história, conhecida por todos os adultos do clã Manggalili.

Um homem idoso desse clã, Narritjin, que é também o pai do pintor, forneceu a Morphy detalhes suplementares que permitem uma interpretação mais completa da pintura. Ele relata que, ao longo de sua viagem, os Guwak e os gambás visitam um local chamado Gaarngarn, nas terras do clã Dharlwangu; ali, eles conversam com um ser do Sonho de nome Barrama, a quem declaram estar buscando um lugar para se estabelecer. Barrama diz a eles que continuem a caminhar na direção sudeste até chegarem a uma terra próxima do mar onde a areia é escaldante e onde o mar é pródigo em alimentos. Ao chegar a esse local chamado Djarrakpi (trata-se do sítio retratado na pintura), eles verão uma árvore-Marrawili, ao pé da qual deverão acampar. De fato, eles encontram a árvore em questão e ali montam acampamento. Marrawili é o nome dado a um ser do Sonho do qual se diz que se assemelha ora a uma anacardiácea, ora a uma casuarina. A pintura retrata, então, os acontecimentos que se seguem, combinando os índices de um itinerário e os traços pronunciados de uma topografia. Com efeito, quando se dirigem à localidade de Djarrakpi, os protagonistas da história encontram um sítio informe, com exceção de algumas árvores, sendo sua configuração presente o resultado das ações que eles ali empreendem. Ao chegar a Djarrakpi, os Guwak se estabelecem então num maciço de anacardiáceas que, na pintura, é representado em vista aérea (6, na ilustração), enquanto os gambás tecem seu cordão de pelagem. Depois disso, realiza-se a primeira cerimônia ngaara do clã Manggalili: os gambás utilizam a distância entre dois grupos de árvores (5 e 6) para ajustar os comprimentos de cordão que eles em seguida oferecem a outros clãs reunidos em Djarrakpi, os quais têm em comum o fato de compartilharem com o clã Manggalili os seres do Sonho Guwak e de serem ligados ao "cordão de gambá"; os segmentos de cordão se tornam as pequenas ravinas continuamente observáveis ao norte do lago, cada qual associada a um clã. Depois, os seres do Sonho dançam até a árvore-Marrawili (4) e novamente fabricam cordões; o pedaço mais longo, destinado ao clã Manggalili, transforma-se no banco de areia que bordeja a margem oeste do lago de Djarrakpi, representado na pintura pelo corpo do Guwak do lado direito. Nyapililngu, um ser do Sonho do sexo feminino, já vivia em Djarrakpi, em meio às árvores situadas do outro lado do lago (2 e 3); observando os gambás, aprende a tecer cordões que ela deposita nas suas idas e vindas à beira do lago, criando assim as dunas costeiras da margem leste. Enquanto isso, os emus perfuram o leito do lago para buscar água fresca, mas sem sucesso, sendo que a água permanece salobra (7); por despeito, jogam suas lanças no mar e, ali onde elas caem, surgem fontes de água fresca que podem ser observadas na maré baixa — expressas na pintura pelas colunas onduladas à esquerda da cabeça do Guwak do lado esquerdo.

A pintura, portanto, figura as etapas de uma morfogênese ao mesmo tempo que retrata uma topografia, e cada lugar significativo da localidade de Djarrakpi é representado relativamente aos outros na mesma situação em que se encontra na realidade. Por isso, a imagem pode também ser considerada como uma carta que permite reconstituir um itinerário, assim como o fez Narritjin, o pai do pintor, indicando na pintura os lugares onde ele parou numa viagem recente a Djarrakpi: "Chegamos aqui (1C) [...] e seguimos pelas dunas até um maciço de árvores (6) onde acampamos por duas noites [...] depois seguimos para o maciço seguinte (5) [...]. Daí fui até onde estava a árvore-Marrawili (4) e rezei. Então construímos nossas casas sob as dunas no final do cordão de gambá [...] (à direita da cabeça da ave do lado direito)".[208]

A sobreposição de diferentes usos da pintura é possibilitada por uma estrutura formal estável igualmente observável em outras representações do lugarejo de Djarrakpi que retratam outros episódios da gesta dos seres do Sonho que deram ao sítio sua fisionomia atual. A imagem é efetivamente recortada sempre em três blocos verticais (indicadas como A, B e C na ilustração) que figuram o lago no centro, delimitado de ambos os lados por dunas. O bloco à esquerda representa o lado do lago na direção do mar, isto é, tal como na aproximação a pé quando se vem do norte, e não como seria representado numa carta convencional, e o da direita, o lado na direção da terra, uma divisão que, aliás, coincide com a dos cantos de água doce e os cantos de água salgada no ciclo ritual Djarrakpi. Cada um dos três conjuntos é, em si, segmentado em locais todos característicos dos acontecimentos que ali ocorreram, sendo que o esquema geral constitui um gabarito para a organização narrativa que permite todas as inserções possíveis de sequências novas (tabela 4). À primeira vista, o esquema figurativo parece ser a simples tradução formal da topografia do sítio, com sua clara divisão entre os dois lados do lago; mas isso seria esquecer que a própria topografia é o produto de ações que o esquema organiza, esquema esse que não visa de modo algum à precisão cartográfica.

SUL

A	B	C
4		4
	4	
3		5
	7	
2		6
	8	
1		1

NORTE

BLOCOS FIGURATIVOS	
A	Praia, feminino, Nyapililngu, dunas, cordão de gambá
B	Lago, árvore-Marrawili
C	Mato, masculino, Guwak, banco de areia, cordão de gambá
FIGURAÇÕES ASSOCIADAS	
1	Parte norte do lago, ravinas nas dunas, cordão de gambá
2	Nyapililngu, cordão de gambá
3	Nyapililngu, cordão de gambá
4	Árvore-Marrawili, nuvem, Guwak
5	Maciço de ameixeiras selvagens, cordão de gambá
6	Maciço de anacardiáceas, área cerimonial ngaara, cordão de gambá
7	Lago, emus, lanças
8	Leito seco do lago, emus, lanças

TABELA 4 — ESTRUTURA DE COMPOSIÇÃO DAS PINTURAS DE DJARRAKPI[209]

Desse modo, o gabarito estrutura o meio físico tanto quanto é por ele estruturado; longe de ser um modelo conceitual que se impõe a um ambiente amorfo e desprovido de sentido, ele emerge pouco a pouco como uma estrutura obtida a partir da observação dos lugares, da escuta das narrativas etiológicas e da prática de sua figuração sob a direção dos anciões do clã. O fato de existirem esquemas formais do mesmo gênero para todos os grupos de pinturas que retratam as aventuras dos *wangarr* e os sítios delas resultantes atesta veementemente que, para os yolngu, "as formas de superfície são engendradas por formas subjacentes",[210] sendo que as subdivisões atuais dos seres e dos lugares sob as quais o mundo se apresenta afloram por toda parte como ressurgimentos discretos do tempo do Sonho.

Cada pintura yolngu em casca de árvore figura assim, ao mesmo tempo, uma narrativa ordenadora do tempo do Sonho, a gênese de um ambiente, uma carta esquemática de traços topográficos e uma espécie de escudo armorial, o conjunto comprobatório de um vínculo profundo entre um grupo de filiação, um sítio e uma gênese ontológica. Nesse sentido, essa tradição icônica ilustra com grande economia de meios os objetivos figurativos da ontologia totêmica, dando a ver a perenidade dos protótipos totêmicos e das subdivisões que eles instituem, sendo que cada pintura representa uma faceta específica da grande ordem segmentar que ninguém, nem mesmo os seres do Sonho, está apto a atualizar como um esquema geral. Pois é essa uma das particularidades do totemismo: cada classe que mistura humanos e não humanos é ontologicamente autônoma, cada qual constitui uma totalidade integral e autossuficiente, uma vez que fornece o âmbito da identificação de seus componentes humanos — é assim que se definem os clãs e as metades entre os yolngu. Nenhuma totalização é possível a partir do interior, e é isso o que bem demonstram as imagens: cada uma delas não apenas figura tão somente uma pequena parte das determinações ontológicas de uma classe totêmica, como é, além disso, dividida em blocos claramente diferenciados que vêm reforçar a impressão de segmentos autônomos. De fato, a totalização não seria concebível a não ser pela combinação do conjunto de imagens possíveis do conjunto de acontecimentos do Sonho ocorridos no conjunto de sítios a eles associados nos territórios de cada clã; contudo, uma tal totalização suporia que cada clã renunciasse ao segredo concernente aos determinantes ontológicos que lhe são próprios. Ora, isso parece difícil, já que é o segredo — mais ou menos bem guardado na prática, mas essencial em seu princípio — que garante a cada clã o caráter distintivo do vínculo que ele mantém com seu patrimônio de imagens.

FIGURAR O ORDENADOR

A tradição icônica dos povos da parte norte-ocidental da Terra de Arnhem se apresenta como uma simplificação lógica da imagética yolngu, uma vez que ela condensa num único personagem o acontecimento que provocou o advento da ordem totêmica. Em vez de dar a ver esse acontecimento em todas as suas circunstâncias e com todas as particularidades que ele engendra, os kunwinjku e seus vizinhos representam apenas o agente da geração, suprimindo todo o contexto. Trata-se de mostrar inequivocamente que a organização totêmica se desenrola a partir do próprio corpo do ser do Sonho: a ordem social, a ordem cósmica, a classificação exaustiva dos seres e dos locais, tudo se desenrola a partir da estrutura anatômica dos protótipos totêmicos.[211] Esse resultado é obtido por meio de um procedimento original, dito "em raios x" na literatura etnográfica, que consiste em representar em placas de casca de árvore contornos animais ou humanoides cujos órgãos internos, e por vezes o esqueleto, são retratados com grande precisão (ilustração 46). A técnica figurativa é claramente bastante antiga, já que imagens similares, algumas datando de muitos milhares de anos, encontram-se nas paredes de cavernas e abrigos rochosos da região. Nos anos 1980, um estudo sistemático revelou assim cerca de 3 mil pinturas rupestres desse tipo no parque nacional de Kakadu, que margeia a oeste o território kunwinjku, sendo que diversas delas remontam ao primeiro milênio antes da nossa era, todas caracterizadas essencialmente pelas mesmas convenções estilísticas que as pinturas em casca de árvore contemporâneas, como ainda hoje é o caso, os mesmos pigmentos vermelhos, brancos e amarelos (ilustração 47).[212] Até a década de 1950, os kunwinjku habitavam abrigos rochosos ou cabanas formadas por placas de casca de eucalipto, de maneira que eles pintavam indistintamente sobre um ou outro suporte imagens que tinham por função primordial ensinar às crianças e aos jovens iniciados as características físicas dos animais e dos seres do Sonho cujas aventuras eram reconstituídas.[213] Impressionados com a singularidade dessas pinturas, os primeiros europeus a percorrerem a região nos anos 1920, notadamente o etnógrafo Walter Baldwin Spencer, adquiriram o hábito de recolher placas de casca de árvore pintadas provenientes das cabanas e, em seguida, encomendar diretamente pinturas em casca de árvore no mesmo formato. Numa época em que os aborígenes ainda eram menosprezados em sua terra, Spencer soube reconhecer as qualidades estéticas das pinturas dos povos da Terra de Arnhem e tentou fazer com que fossem apreciadas pelos artistas vanguardistas de Melbourne, dos quais era amigo, contribuindo assim para uma difusão internacional dessa iconografia que ele considerava, porém, enquanto evolucionista convicto, típica das formas mais primitivas da arte.[214]

Para os kunwinjku, a qualidade principal de uma pintura depende da semelhança que ela apresenta em relação ao objeto figurado. No decorrer de seu aprendizado, os pintores treinam para dominar diversos esquemas morfológicos que correspondem a uma grande diversidade de espécies animais, um longo processo durante o qual se expõem a comentários críticos dos quais seu amor-próprio não escapa ileso. Em contraste com as pinturas yolngu, bastante compartimentadas e com a superfície inteiramente coberta por motivos, as pinturas tradicionais kunwinjku são constituídas por um ou dois temas cujas silhuetas, inicialmente pintadas num branco brilhante, destacam-se sobre um fundo de ocre vermelho uniforme. Cada espécie deve ser reconhecível por um perfil canônico; de fato, sendo o interior da silhueta preenchido em seguida pelo desenho de seus órgãos e de seu esqueleto, é somente a reprodução de seu contorno que permite identificá-la, uma imposição de mimetismo às vezes difícil de atender quando se trata de individualizar espécies cuja morfologia se distingue apenas por detalhes mínimos — assim, as sete espécies locais de canguru se diferenciam pelas orelhas mais ou menos pontudas ou por uma cauda mais ou menos espessa. Uma vez dominadas as formas e suas variações, é preciso aprender a compor os quadros de maneira equilibrada e a conferir fluidez e dinamismo às atitudes, um talento que fez o sucesso dos primeiros grandes artistas kunwinjku, tais como Yirawala ou Bobby Barrdjaray Nganjmirra.

O sistema de parentesco kunwinjku é análogo ao dos yolngu, com uma divisão fundamental entre duas metades patrilineares, igualmente denominadas Duwa e Yirridjdja, sendo que o acesso à terra se faz através da filiação patrilinear a clãs distribuídos numa e noutra metade e detentores de direitos de usufruto dos territórios graças aos sítios totêmicos que eles contêm. Assim como em outras partes da Austrália, esses sítios foram outrora frequentados por seres do Sonho que ali realizaram ações fundantes e depositaram as "almas-crianças" que, desde então, se incorporam nos membros do clã deles provenientes. Cada clã dispõe, portanto, de um patrimônio de cantos, danças, narrativas etiológicas e motivos iconográficos concernente a seus próprios seres do Sonho — localmente chamados *djang* —, mas de uso menos exclusivo do que entre os yolngu. Afinal, além dos direitos de acesso a sítios totêmicos recebidos em linhagem paterna, os kunwinjku desfrutam ainda da permissão de gerir determinados elementos do patrimônio totêmico materno: eles podem, por exemplo, fabricar objetos rituais para cerimônias do clã de sua mãe ou pintar motivos sobre o corpo de membros desse clã que não estejam autorizados a fazê-lo por si mesmos. Eles podem visitar os sítios totêmicos mais importantes do clã materno, aprender as narrativas que lhes digam respeito e reproduzir os motivos a eles associados. Essa flexibilidade autoriza o acesso individual a um patrimônio iconográfico muito mais vasto, na medida em que a pintura sobre casca de árvore é aqui mais aberta nos seus gêneros e seus conteúdos do que entre os yolngu, em que abrange tão somente a figuração de narrativas etiológicas próprias aos membros do clã paterno.

Acompanharemos Luke Taylor, que distingue dois gêneros de figuração em raios x entre os kunwinjku: um, de natureza profana, apresenta-se como uma espécie de modelo de corte da caça, enquanto o outro figura seres do Sonho em seu avatar animal e se vincula ao complexo cerimonial *mardayin* — o mesmo termo

empregado no leste da Terra de Arnhem para designar o patrimônio totêmico.[215] O primeiro tipo de imagem representa um animal
inerte, na maioria das vezes visto de perfil, destacando-se sobre o
fundo ocre vermelho do retângulo de casca de árvore. O interior,
delimitado por uma linha de um branco brilhante, retrata as articulações principais do esqueleto e alguns órgãos, geralmente o ner-
vo óptico, o tubo digestivo, o coração, os pulmões, o fígado e o estô-
mago; zonas hachuradas indicam partes do animal ricas em gordura ou cuja carne é considerada mais suculenta. Trata-se sempre
de animais "comuns", aqueles encontrados diariamente no mato e
que proveem alimentação. Segundo os kunwinjku, esse gênero de
pintura se refere prosaicamente à carne e lembra a necessidade de
distribuir a caça entre os parentes: o corpo do animal recortado
em linha pontilhada é uma imagem do corpo social segmentado e
da interdependência funcional de suas partes, entre as quais a circulação de alimento não deve ser interrompida. Essas pinturas de
"carne" (*mayh*) costumam comportar pequenas figuras humanoides
bastante estilizadas, filiformes e desengonçadas que gesticulam
sem constrangimentos ao lado de animais mortos ou representadas em plena ação de caçá-los; são os *mimih*, uma raça de espíritos
que habitam as fendas das falésias e que levam uma vida em todos
os aspectos semelhante à dos humanos: eles caçam, dançam, copulam, cozinham, e foi com eles que os humanos aprenderam em outros tempos a cortar e a dividir a caça de maneira apropriada (ilustração 48). Os *mimih* ensinaram ainda os homens a pintar, e as pinturas
rupestres mais antigas são a eles atribuídas. As imagens desse gênero, que antigamente ornavam os abrigos feitos de placas de casca
de árvore, não têm nenhuma outra função que não seja decorativa e
pedagógica; elas colocam em cena, de maneira agradável, espíritos
que têm muito a ver com os aborígenes; elas constituem gabaritos
de corte da carne; elas rememoram a necessidade de compartilhar
a caça entre os parentes e as condições sob as quais essa prática foi
transmitida aos humanos; elas apresentam às crianças a anatomia
daquilo de que estas se alimentam; elas podem, por fim, serem realizadas por qualquer pintor de qualquer clã.

O outro gênero de pintura é quase exatamente semelhante ao
primeiro, inclusive na presença eventual de um *mimih*, a não ser

pelo fato de os animais serem aqui figurados, para além de órgãos e por vezes substituindo-se a eles, com finas hachuras, geralmente contrastadas em branco, amarelo e vermelho. Denominadas *rarrk*, o mesmo termo que em yolngu, essas hachuras sinalizam não se tratar de uma caça comum, mas de um *djang*, um ser do Sonho (ilustração 49). Diferentes conforme os *djang* e próprios aos clãs deles originados, os motivos *rarrk* das pinturas em casca de árvore são idênticos àqueles que os homens levam no corpo quando dos rituais *mardayin*; eles eram ostentados pelos *djang* nos tempos da gênese e detêm uma potência de agir própria que faz deles expressões metonímicas de protótipos totêmicos.[216] Utilizar esses motivos num contexto cerimonial transfere a potência dos seres do Sonho tanto para aqueles que o levam no corpo quanto para os que os observam, contribuindo assim para aumentar a fertilidade dos humanos e dos não humanos, para facilitar a circulação da seiva, para tornar a caça mais farta. Os motivos clânicos *rarrk* figuram ainda, de maneira esquemática, as particularidades dos sítios criadas pelo ser do Sonho na origem de cada clã e os seus órgãos internos, permitindo assim que seja transposta para a pessoa dos dançarinos uma dupla relação icônica de equivalência: entre os seus órgãos e aqueles do *djang* que eles encarnam, entre o meio que sua ação física gerou e seus próprios corpos derivados do corpo dele. Podem-se, então, considerar as pinturas corporais como uma parte intrínseca do registro geral das pinturas em raios x, das quais elas constituem uma variação no interior de um grupo de transformação mais geral de manifestações fenomenais de um ser do Sonho: este pode ser figurado e, portanto, atualizado por meio de seus próprios motivos de superfície usados pelo homem de seu clã que com ele se identifica ou pela revelação de sua estrutura interna e da segmentação totêmica que ela torna manifesta.

Dois traços da iconografia kunwinjku caracterizam todas as representações dos seres do Sonho em sua forma animal. Em primeiro lugar, sua perfeita imobilidade: eles jamais são figurados em plena ação nem em interação uns com os outros. Não que eles estejam mortos, a exemplo das imagens de "carne", uma vez que são imortais — tanto que os motivos hachurados com os quais são decorados cintilam e vibram na luz, manifestando assim a potência, o *rarrk*, que deles continua a emanar. Retratá-los em movimento, no entanto, iria de encontro àquilo que eles representam, a saber, a carta atemporal da organização totêmica, por meio da qual tudo que existe no mundo é como deveria ser, encontra-se em seu devido lugar. Em contrapartida, os *mimih* são sempre retratados em processo de ativação, à maneira dos humanos, dos quais constituem uma metáfora icônica baseada na conivência funcional, mas não ontológica, entre os inventores das artes da civilização e aqueles que os imitam. Em segundo lugar, cada ser do Sonho é representado como uma silhueta que se destaca de um fundo uniforme, sem ornamentação externa ou evocação do meio ambiente. Para além desse protótipo totêmico, não há mais nada, nenhum contexto, cenário ou temporalidade — a não ser, talvez, noutro lugar um outro ser do mesmo gênero, contendo outras qualidades do mundo, mas jamais representado de maneira contígua. Aqui também, e ainda mais que entre os yolngu, não é possível nenhuma representação da organização totêmica em seu conjunto a partir do interior, sendo que, para afirmar sua identidade, cada classe totêmica se apoia somente em seu gabarito ontológico, retratado como imóvel, eterno e desacompanhado.

Pode acontecer, no entanto, excepcionalmente, de um humano ser retratado ao lado de um ser do Sonho, mas com uma convenção iconográfica absolutamente singular: os dois esqueletos são figurados lado a lado, sem órgãos ou linhas de corte, a fim de melhor evidenciar o caráter imortal das qualidades que eles compartilham, já que a essência eterna dos protótipos está contida em seus ossos. Uma espetacular ilustração disso se encontra numa obra de Yirawala relativa à cerimônia de segundas exéquias instituída pelo ser do Sonho Kandakidj, o canguru-antílope (ilustração 50). No decorrer desse rito fúnebre, os kunwinjku apresentam um sainete que relata um episódio da narrativa etiológica de Kandakidj no qual sua mãe, depois de ele ter sido morto por um espírito *mimih*, reúne seus ossos e entoa cantos para que o filho reencarne. É esse ato de devoção materna que justifica o hábito que têm os kunwinjku de, uma vez desprendidas as carnes, depositar os ossos do finado num tronco oco e trabalhar, por meio de cantos e danças, para que sua "alma do clã" seja liberada dos ossos para regressar ao seu sítio totêmico, onde poderá se reincorporar numa criança do clã. Em outras palavras, a imagem evoca um processo típico de perpetuação totêmica: o ser do Sonho Canguru-Antílope subsiste por meio de seus ossos, que portam as sementes de individuação totêmica dos membros do clã e são depositados num sítio onde permitem a continuidade destes últimos pela reincorporação periódica em novos humanos de almas-crianças deles procedentes. Para além das ostensivas diferenças de forma, a comunidade ontológica do ser do Sonho Kandakidj e do homem dele originado torna-se visível graças à analogia de sua estrutura óssea, aqui reforçada pelo artifício que consiste em representar o canguru na posição em pé com as patas dianteiras erguidas, como um humano. Além da semelhança das posições que jogam com o antropomorfismo visual, a ausência de carne e de órgãos fixa a atenção nos ossos, foco da essência prototípica que os dois seres têm em comum e maneira de sublinhar a identidade de suas identidades.

Um último modo de figurar os atributos dos seres do Sonho consiste em tornar visível sua natureza autopoiética. Certamente, considerando-se os objetos rituais e os sítios totêmicos como partes transformadas dos *djang*, o uso desses objetos e a conservação desses sítios oferecem aos humanos a oportunidade de manter contato com as substâncias corporais e os poderes fecundantes desses seres. É possível também, no entanto, representar o próprio movimento de atualização durante o qual os órgãos de um *djang* se tornam objetos rituais. Isso é bem demonstrado por uma série de quatro pinturas, novamente de Yirawala (ilustração 51), que figuram Lumaluma, o ser do Sonho gigante na origem do complexo ritual *mardayin*, por ocasião de diversos estágios de seu desmembramento, durante o qual advêm os objetos rituais em uso nessas cerimônias.[217] A primeira pintura, no alto à esquerda, figura esses objetos — bornais, paus, pedras achatadas ou arredondadas — como órgãos de Lumaluma, seus pulmões, sua coluna vertebral, seus testículos; na pintura seguinte, as pernas e o pênis foram cortados, e os ossos de seus membros superiores já se transformaram em substâncias portadoras de identidade totêmica; a terceira pintura mostra pessoas se apropriando dos membros de Lumaluma, tendo suas mãos e pés já desaparecido; por fim, na quarta pintura, o corpo seccionado do ser do Sonho jaz desordenado, transforma-do em outros tantos objetos sagrados.[218] O engendramento totêmi-co é claramente da esfera da cissiparidade: os existentes humanos e não humanos, os lugares que eles frequentam, os objetos rituais que os primeiros manuseiam, as frutas das quais os últimos se ali-mentam, tudo isso resulta da fragmentação dos seres prototípicos e da disseminação de suas partes, o que explica a relação de identi-dade consubstancial que os membros dos clãs continuam a manter com os *djang* dos quais provêm. De resto, e ainda que Lumaluma seja retratado com uma aparência ligeiramente antropoide, a tota-lidade que ele representa é, antes de tudo, de natureza conceitual. Ao englobar em seu corpo todos os objetos rituais e todos os ances-trais dos quais os clãs atuais procedem, ele figura a unidade dos di-ferentes grupos totêmicos kunwinjku na linguagem expressiva da anatomia: tal como as partes constitutivas de um corpo, as classes totêmicas são ontologicamente distintas, embora funcionalmente interdependentes. Um comentário de Tim Ingold a respeito das imagens da Terra de Arnhem em geral se aplica oportunamente a essa representação de Lumaluma: não se deve ver nele um ser particular situado no mundo, mas um condensado de certas qua-lidades do mundo envoltas num ser particular.[219]

A algumas centenas de quilômetros a oeste da Terra de Arn-hem, na parte ocidental de Kimberley, encontram-se igualmente seres do Sonho retratados na forma de silhuetas sobre paredes rochosas. Em contraste com a iconografia kunwinjku, porém, essas imagens figuram seres ligeiramente antropomorfos, e não animais; trata-se de personagens um pouco clownescos, despro-vidos de boca e de orelhas, com grandes olhos redondos e vazios, o pescoço cingido por uma espécie de colarinho e a cabeça rodea-da por um halo (ilustração 52). Chamam-nos de *wandjina*, e eles são associados à chuva e às nuvens, o que é confirmado pelas linhas verticais ou pelos pontos brancos alinhados que cobrem seu cor-po.[220] Ainda que falem três línguas distintas (worora, wunambal, ngarinyin), os grupos tribais da região compartilham um mesmo complexo totêmico, organizado em torno de cerca de trinta clãs, cada qual pertencente a um território, a sítios totêmicos que lhe conferem sua substância e a um ser do Sonho *wandjina* do qual provém. Os *wandjina* são retratados em abrigos rochosos, às vezes em companhia de imagens de certos animais ou plantas por eles engendrados, e cabe aos membros do clã oriundos de cada *wandjina* celebrar nesses sítios "ritos de multiplicação" destinados a favorecer a fecundidade e a expansão das espécies que pertencem à sua mesma classe totêmica; cada um dos clãs é assim responsável perante os outros pela abundância e pelo bom estado físico de um segmento da fauna e da flora locais. O aspecto hierático dos *wandjina* e seu rosto de Pierrô lunar derivam do fato de que, sem boca nem orelhas e com as órbitas vazias, eles são desprovidos de órgãos sensíveis: voltados para si mesmos, tendo realizado sua ação ordenadora, eles existem ao lado dos seres que ocasionaram seu advento, sem jamais interagir com eles.[221]

Um elemento fundamental dos ritos de multiplicação consiste em reavivar as pinturas rupestres retocando pigmentos, uma ação que visa a reconstituir a plenitude dos *wandjina* e dos não humanos que deles dependem ao inverter o movimento de multiplicação cissípara da gênese inicial: provenientes na origem de um protótipo que optou por se esquivar do palco do mundo, os humanos têm agora a obrigação de celebrar sua identidade ontológica com ele consolidando sua objetivação numa imagem. Afinal, a imobilidade hierática dos *wandjina* deve-se ao fato de que eles pintaram a si mesmos nas paredes rochosas depois de terem dado forma aos lugares e existência àqueles que ora os ocupam; eles literalmente se encarnaram em pinturas. Restituir o brilho a essas pinturas, reforçar o seu desenho, é, portanto, assegurar que os seres do Sonho continuem a existir na modalidade particular de incorporação que eles escolheram; não se trata de retocar uma representação para que ela permaneça visível em todo o seu frescor, mas de conservar um modelo e um princípio gerador cujo apagamento significaria a extinção daquilo que ele engendrou. Um *wandjina* pintado não figura nada, já que ele é o ser do Sonho que projetou a si mesmo sobre uma superfície e que, portanto, aboliu a distância entre o signo icônico e aquilo cujo lugar ele ocupa para melhor assumir o regime de fecundidade eterna, embora delegada, no qual ele se introduziu.[222]

Fixados para toda a eternidade na representação anatômica de seu avatar animal ou imperfeitamente incorporados numa projeção visual sempre à beira do desvanecimento, os *djang* e os *wandjina* se perpetuam nas imagens como ecos periodicamente reavivados da gênese pela qual são responsáveis. Pintados em cascas de árvore e em paredes rochosas, majoritariamente solitários mesmo quando cercados por uma sarabanda de *mimih*, os gabaritos do mundo kunwinjku atualizam, em seu corpo e suas partes integrantes, em seu esqueleto, onde reside a substância da identidade clânica, em seus órgãos transformados nos objetos por meio dos quais são celebrados, nos motivos hachurados com que são cobertos, a própria estrutura da ordem totêmica, da organização dos clãs e das obrigações entre parentes, da subdivisão de todos os existentes em classes. Nada existe realmente fora dessas silhuetas cintilantes, uma vez que elas contêm em si as potencialidades de tudo que pôde surgir ao redor: os sítios que resultam de sua pegada, a fauna e a flora que os povoam, as campinas inundadas, o zumbido das abelhas e o fogo que se propaga no matagal. As únicas verdadeiras relações das quais são testemunhas são de inerência e de envoltura. Sua imagem é, portanto, uma forma de involução: o mundo ordenado que se desenrolou a partir dos seres do Sonho não é representado em sua fase fundante, como no caso da iconografia yolngu, mas nas circunvoluções orgânicas daqueles que o fizeram surgir. Quanto aos *wandjina*, esses ectoplasmas que pintaram a si mesmos nas paredes rochosas, eles são talvez, mais ainda do que as imagens de *djang*, a manifestação daquilo que a ordem totêmica, da qual são a encarnação, necessita dos humanos para continuar a prosperar. Afinal, a permanência simultaneamente ontológica e figurativa desses geradores outrora onipotentes, assim como a continuidade e a expansão dos seres a eles associados, dependem agora da diligência daqueles mesmos cujo advento eles provocaram. É por essa razão que seu modo figurativo de existência é da esfera de um gênero singular; sendo aquilo que representam, eles são ao mesmo tempo o ícone exato da aparência que desejaram deixar de si e o vestígio indicial de sua potência de agir, vestígio esse que os aborígenes não cessam de reavivar para mantê-la efetiva.

Se os kunwinjku e os povos de Kimberley transformaram a fórmula iconográfica yolngu ao deixar subsistir da gesta totêmica apenas a figuração de seus atores, os aborígenes do deserto central a transformaram no sentido inverso para dela figurar não mais que o resultado, sem jamais mostrar aqueles que o causaram. À representação de uma ordem incorporada na anatomia dos seres que a atualizam responde a representação de uma ordem inscrita na situação dos locais deixada por seres tornados invisíveis, ou seja, uma topografia. As duas formulações são, certamente, transformações alternativas do esquema iconográfico yolngu, mas há também uma via que permite passar de uma à outra, da imagem do corpo à imagem do território. De qualquer modo, é assim que Luke Taylor interpreta as decorações de um objeto ritual kunwinjku recolhido e descrito por Charles Mountford no volume que relata a expedição à Terra de Arnhem comandada por ele em 1948.[223] Numa das faces do objeto está retratado em modo de raios x o ser do Sonho Barramundi — um peixe —, enquanto a outra face apresenta uma composição de aparência puramente geométrica de hachuras em diagonais que figura, na verdade de maneira bastante estilizada, tanto partes do corpo do Barramundi quanto os traços característicos do relevo cujo advento foi por ele provocado (ilustração 53). Ao passar da frente para o verso, não se alterna entre a perspectiva de um sujeito e a de outro como nas figurações animistas, mas se oscila entre a anatomia que apresenta em filigrana uma topografia vindoura e a topografia concretizada na qual se pode decifrar uma anatomia; em suma, transforma-se o ponto de vista da morfologia estrutural naquele da morfologia estruturada.

É bem verdade que é às vezes difícil reconhecer uma morfologia dos locais produzida por ações nos quadros pintados em acrílica dos povos do deserto central australiano. O gosto por essas obras propagou-se na velocidade de um raio entre os entusiastas que delas apreciam o vigor na abstração, as cores puras e contrastadas, e uma técnica pontilhista que infunde nos motivos uma delicada pulsação, qualidades estéticas que frequentemente, diante de um olhar desavisado, fazem passar ao segundo plano as peripécias vividas por seres do Sonho das quais essas pinturas pretendem ser o vestígio (ilustração 54). Esse meio de expressão data apenas dos anos 1970 e se desenvolveu sob o incentivo de funcionários destacados para os territórios aborígenes do deserto central, uma região gigantesca e árida cuja parte mais seca, imprópria para a pastagem extensiva introduzida na Austrália pelos colonos, permaneceu à margem da frente pioneira até meados do século xx. Ao longo do tempo, os missionários e as agências governamentais estabeleceram uma rede de povoados para fixar e reagrupar populações nômades — essencialmente pintupi, warlpiri, aranda e pitjantjatjara — que falavam línguas diferentes ao mesmo tempo que compartilhavam inúmeros traços culturais, sobretudo itinerários de seres do Sonho segmentados entre seus respectivos territórios. Três desses povoados adquiriram certa notoriedade pelo fato de abrigarem verdadeiras escolas de pintura, Balgo, Yuendumu e Papunya, sendo esta última o centro histórico onde a pintura acrílica nasceu no início dos anos 1970 graças à iniciativa de um professor, Geoffrey Bardon, que incentivou um grupo de homens a pintar motivos tradicionais fornecendo-lhes cores.[224] O sucesso foi fulgurante, tanto entre os aborígenes, que adotaram com bastante desenvoltura esse novo meio de expressão, quanto por parte do mercado internacional de arte, que rapidamente aprovou seus quadros.

A exemplo das pinturas em casca de árvore yolngu, os quadros do deserto central representam trechos de itinerários dos seres do Sonho e os vestígios que suas aventuras deixaram no mundo presente; trata-se de uma maneira de figurar acontecimentos que se desenrolaram na aurora dos tempos e seus efeitos sobre a gênese do relevo e das principais características do ambiente. Os quadros contemporâneos prolongam uma rica tradição iconográfica que era anteriormente expressa em outros suportes, alguns efêmeros, como os desenhos na areia ou as pinturas e ornamentos corporais ostentados durante as cerimônias, outros mais duráveis, como os motivos pintados e incisados em objetos rituais. Contudo, ao contrário do que ocorre na Terra de Arnhem, os protótipos totêmicos jamais aparecem diretamente nas imagens, mesmo que nelas sua potência de agir não esteja ausente.

Entre os warlpiri, por exemplo, os motivos dos seres do Sonho, ditos *guruwari*, são investidos de uma força gerativa própria que, conforme demonstrou Nancy Munn, os predispõe a um uso ritualístico.[225] Afinal, os *guruwari* são os signos visíveis deixados pelos protótipos totêmicos — seus vestígios no solo, os elementos da topografia resultantes de sua metamorfose, os objetos cerimoniais cujo uso foi por eles prescrito e, evidentemente, os motivos específicos associados a cada um deles — ao mesmo tempo que continuam a irradiar o poder fertilizador que esses seres depositaram nos sítios totêmicos para que ele se incorpore, geração após geração, nos humanos e nos não humanos, compondo as classes totêmicas que cada um deles instituiu. Nos ritos, os *guruwari* podem ser pintados sobre os corpos ou aplicados em diversos tipos de ornamentos efêmeros ostentados pelos dançarinos — adereços de cabeça, tiras de felpa, cruzetas multicoloridas — a fim de amplificar sua potência multiplicando sua quantidade e sua capacidade de expressão para além da superfície dos corpos, uma maneira espetacular de personificar um ser do Sonho dissimulando a pessoa que o encarna sob a profusão de suas manifestações gráficas.[226] Os *guruwari* podem também ser desenhados ou figurados no chão com penugem, bem como pintados e incisados em diversos tipos de objeto ritual, sobretudo as churingas e os escudos cerimoniais. Assim como na Terra de Arnhem, a ideia é mesmo que os motivos gráficos sejam investidos de uma agência própria em virtude de sua conexão com os seres do Sonho, e é essa força gerativa que faz com que sejam empregados primordialmente em operações orientadas à reprodução da vida: o desenvolvimento das crianças, a manutenção da fertilidade do mundo, os ritos de multiplicação das espécies e até mesmo a sedução erótica.

No nível mais imediato, porém, os motivos servem para ilustrar histórias do tempo do Sonho — eles são, então, desenhados na areia para acompanhar uma narrativa —, pontuando os diversos episódios por meio da figuração das pegadas deixadas no chão pelos protagonistas desses acontecimentos. Um círculo representa um acampamento; linhas em forma de estrela a partir de um círculo, a movimentação relativamente a um sítio central; cinco círculos em quincôncio interligados por linhas, a deambulação numa região; um semicírculo figura uma pessoa imóvel; ao passo que diversos signos estereotipados representam de modo esquemático, embora mimético, os rastros de passos deixados por esse ou aquele ser do Sonho em seu avatar animal (ilustrações 55 e 56). Essa linguagem gráfica se aproxima de uma pictografia na medida em que é composta por grafemas de base, combináveis entre si de maneira sequencial e aos quais se atribui um ou vários referentes constantes. Trata-se de fato de uma figuração icônica, ainda que paradoxal, já que a semelhança aqui é de natureza indicial: com efeito, a qualidade reconhecível do protótipo figurada na imagem é o vestígio que ele deixa de uma parte de sua anatomia impressa em negativo no solo — os pés, a cauda, o ventre, as nádegas; há, portanto, uma continuidade física entre o signo e o referente, como num índice, e também, assim como num signo icônico, semelhança mínima entre a imagem — a pegada gravada em côncavo — e seu referente — aquilo do qual ela é o vestígio.

Essa iconografia se assemelha também a uma cartografia, mais exatamente às rotas traçadas pelos navegadores em cartas náuticas. Em vez de figurar o conjunto dos elementos significativos de uma porção de espaço, como é o caso numa carta comum, os motivos figuram um itinerário seguido por um ser do Sonho cujas etapas sucessivas não são definidas pela presença prévia de um elemento marcante do relevo, mas se tornam, ao contrário, em razão de uma peripécia da vida desse ser, o local onde surge esse elemento. A cada um dos motivos padronizados que figuram a pegada de um protótipo totêmico corresponde um traço característico do ambiente: o vestígio deixado pelo canguru ao se sentar tornou-se uma nascente, a linha sinuosa traçada pelo avanço da serpente formou o leito de um riacho, os ovos depositados pelo píton são agora um amontoado de rochas arredondadas. Os motivos figuram, portanto, simultaneamente vestígios, os acontecimentos que esses vestígios evocam, os sítios que esses vestígios se tornaram, os itinerários que interligam esses sítios e, por fim, metonimicamente, a presença sempre ativa dos seres que estão na origem de tudo isso. Ainda que na literatura etnográfica seja costumeiro falar de paisagem para qualificar a iconografia do deserto central, bem se vê que isso constitui uma simplificação de linguagem: com efeito, não se trata aqui absolutamente da figuração de uma porção de terra que um sujeito abarca com a vista a partir de um ponto fixo e na qual, via de regra, consiste a representação paisagística, mas da figuração de trajetos de morfogênese eventualmente interconectados sem jamais por isso serem integrados num espaço homogêneo.

Antes da moda dos quadros pintados em acrílica, a forma ao mesmo tempo mais estável e menos comumente observável de figuração totêmica no deserto central eram os desenhos que decoravam as churingas, objetos rituais habitualmente escondidos da vista. As churingas são, em geral, grandes lâminas de pedra ou tabuinhas de madeira de forma elíptica, muitas vezes gravadas com sinais e figurando o corpo de um ser do Sonho, que os membros humanos do grupo dele provenientes guardam escondidas no sítio em que ele é celebrado. Cada churinga retrata um segmento diferente da narrativa etiológica do protótipo totêmico do sítio no qual foi depositada, um acontecimento singular, portanto, na história de suas aventuras na superfície da terra, e é atribuída a um humano da classe totêmica por ele engendrada, o qual se vê, assim, individualizado no interior dessa classe bastante abrangente por algumas peripécias do ser do Sonho que lhe confere sua identidade. Trata-se de um documento um pouco análogo a uma certidão de nascimento que atestaria a identidade ontológica de um indivíduo, uma vez que o especifica por um local de origem, por um pertencimento a um grupo designado e pelo compartilhamento de qualidades com um protótipo eterno — exceto se ele se tornar reutilizável por outro membro do grupo quando do falecimento daquele que ela caracterizava, sendo que, então, a alma totêmica do finado retorna ao repositório da classe para se reencarnar num recém-nascido. As churingas só são trazidas à vista nas ocasiões cerimoniais para serem polidas, recobertas com gordura, cinzas e ocre, e celebradas com cantos; somente os homens idosos que zelam por elas estão habilitados a interpretar seus motivos, que se apresentam em número bastante reduzido — círculos e linhas retas, curvas e pontilhadas — e podendo remeter a diversos referentes. A exemplo do que ocorre com as pinturas em acrílica, cada seção de um trajeto de morfogênese representado numa churinga lhe é então específico, assim como são específicos os objetos retratados em suas duas faces por meio da mesma gama limitada de pictogramas polivalentes. Na churinga proveniente dos aranda aqui ilustrada, por exemplo, os motivos descrevem as ações da mais velha entre as duas mulheres que acompanharam, no tempo do Sonho, o povo do totem Ukakia — uma espécie de sândalo que produz frutos comestíveis (ilustração 57). As três séries de círculos concêntricos (*a*) figuram rãs, enquanto as fileiras de pontos que as rodeiam são os vestígios deixados pelas mulheres; as linhas transversais (*b*) representam a casca do eucalipto; e as linhas arredondadas no alto da churinga (*c*), uma idosa recolhendo rãs.

Ao comentar outra churinga aranda, Lévi-Strauss observava que esses objetos são análogos aos nossos documentos de arquivo, retirados da vista em repositórios protetores para, no momento adequado, serem exumados a fim de revivificar, por meio de um atestado probatório, os vínculos dos quais eles são o vestígio.[227] É isso o que explica, segundo Lévi-Strauss, que as churingas tenham uma aura sagrada, que elas sejam envoltas em mistério e não possam ser reveladas aos não iniciados. Afinal, a veneração que dedicamos aos nossos arquivos é dessa mesma natureza: tanto num caso quanto no outro, a verdade que esses documentos encarnam, os acontecimentos fundadores dos quais guardam o vestígio — quer seja um título de propriedade ou a filiação a um ser do Sonho — podem ser atestados de mil outras maneiras. Contanto que tenham sido publicadas e que cópias tenham sido conservadas, as peças autênticas que constituem nossos arquivos poderiam todas desaparecer sem que isso afetasse profundamente nosso conhecimento dos fatos aos quais essas peças fazem referência ou alterassem além da medida as situações presentes que resultam desses fatos. O mesmo acontece com uma churinga: expressão concreta de que um princípio de individuação proveniente de um ser do Sonho manifestou-se num humano a quem deu forma, substância e identidade, não significa que ela seja mais do que isto, um simples princípio probatório. Com efeito, os acontecimentos que ela evoca e o trecho de morfogênese do qual é símbolo vivem também na memória dos aborígenes, e com tanta nitidez quanto vivem nos quadros, nos livros, nos monumentos as situações históricas das quais nossos arquivos recolhem a piedosa lembrança. De resto, assim como se pode fazer uma "cópia autêntica" de uma peça de arquivo, pode-se, caso se tenha danificado ou extraviado uma churinga, confeccionar uma nova que terá o mesmo valor de atestação que a antiga. A sacralidade das peças de arquivo e das churingas não se deve, portanto, ao fato de esses documentos serem únicos e condicionarem a veracidade daquilo de que são testemunhas, mas resulta, conforme Lévi-Strauss, de que tanto umas quanto as outras fazem com que aqueles dos quais se servem fisicamente sejam contemporâneos de acontecimentos que de outro modo estariam dispersos nas pegadas indiretas que eles deixaram em outros lugares, em instituições, memórias ou sítios. Assim como os arquivos, as churingas abolem o tempo, reconduzem ao tempo do Sonho, são "o ser encarnado da factualidade [*événementialité*]".[228]

Essa interpretação sedutora da sacralidade das churingas, proposta numa época em que o movimento artístico do deserto central ainda não havia alçado voo, não explica por que os quadros contemporâneos — os quais retratam os mesmos acontecimentos do tempo do Sonho que aqueles figurados nas churingas e com as mesmas convenções figurativas — não são, no entanto, sagrados e ocultados, mas, ao contrário, publicamente expostos no mundo inteiro. Os próprios aborígenes, aliás, sustentaram a esse respeito interpretações divergentes no início do desenvolvimento da pintura em acrílica. Assim, em 1975, homens pitjantjatjara, ao visitar no museu de Perth uma exposição de pinturas realizadas por indivíduos pintupi, exigiram, e conseguiram, que 44 dos 46 quadros fossem virados de frente para a parede por retratarem motivos dos quais esses homens também eram proprietários, já que tinham em comum com os pintores pintupi um mesmo trajeto de ser do Sonho.[229] Conflitos dessa natureza são hoje muito mais raros. A razão disso talvez seja que, diferentemente das pinturas, as churingas são ativadas num contexto ritual por pessoas que, oriundas de um mesmo sítio totêmico, conhecem o significado de cada um dos motivos que se referem à sua gênese comum; conservada pelos anciões por ela responsáveis, a função de arquivo desses objetos encontra-se, então, sempre operante, em contraste com os quadros destinados a não aborígenes notórios por nada saberem do vínculo indicial que interliga um ou outro ser do Sonho a esse ou aquele aborígene. A circulação das pinturas em acrílica no mercado mundial não afeta, portanto, a dimensão probatória das churingas, assim como a circulação cada vez mais comum na *web* de fac-símiles de nossos arquivos não coloca de modo algum em questão o valor de atestação de certidões autênticas das quais esses documentos eletrônicos são a reprodução transitória. Para alienar o que Annette Weiner chama de "bens inalienáveis",[230] ou seja, esses objetos que não devem circular porque, tal como as churingas, as Constituições, os ancestrais, os tratados ou as certidões de propriedade, atestam a autenticidade de uma condição presente pelo recurso a um acontecimento passado, não apenas é preciso estar despojado deles de maneira irreversível e sem que nada de material subsista daquilo que eles significaram, mas é necessário ainda que sua capacidade de fundar uma legitimidade ou uma identidade seja desviada e manipulada com conhecimento de causa por outros que não aqueles a quem essas disposições beneficiavam anteriormente. É improvável que os quadros aborígenes contemporâneos permitam esse resultado.

E, contudo, as convenções figurativas dessas pinturas são extraordinariamente idênticas às das churingas. Para se convencer disso, basta observar o ciclo de obras que retratam o sonho de Velho Homem realizadas pelo artista pintupi Wuta Wuta Tjangala, sobre o qual Fred Myers teceu um comentário perspicaz.[231] Tomaremos como exemplo somente uma única etapa, aquela em que Yina, o ser do Sonho Velho Homem, chega a um local chamado Ngurrapalangunya, que comporta três sítios impressionantes: uma caverna, uma colina e bacias de argila (ilustração 58). A caverna está no centro (1) e leva o nome de Tjuntamurtunya, tomando por modelo um ser do Sonho chamado Tjuntamurtu; Tjuntamurtu está assustado com Velho Homem, pois este é responsável por objetos de feitiçaria; ele, então, se refugia na caverna e expulsa os objetos sagrados que ali se encontram; esses objetos se transformam na colina Wintalynga (4), situada ao sul das grandes bacias de argila (3), as quais resultam da dança de duas mulheres do Sonho, Kungka e Kutjarra. Depois da chuva, plantas chamadas *mungilpa* eclodem nas bacias de argila e seus grãos, amalgamados em bolinhas (2), servem de alimento aos pintupi; ingerindo essas bolinhas é que a mãe do pintor foi penetrada pelas sementes totêmicas de Tjuntamurtu. Esse local é, portanto, crucial para Wuta Wuta Tjangala, uma vez que dali procede sua afiliação totêmica, ali se situa a incubadora ontológica que o muniu de uma identidade. É por isso que ele está autorizado a representar os acontecimentos que se desenrolaram no tempo do Sonho e cujas consequências continuam a afetá-lo. É por isso também que ele pode figurar outros segmentos do itinerário de Velho Homem, um dos protagonistas das interações que moldaram sua "terra" (*ngurra*), desde a partida desse ser prodigioso de Kampurarrnga, nos Henty Hills, até sua chegada ao caos rochoso de Tilirangaranya, passando pelo olho d'água de Yumari, uma série de paragens apresentada numa meia dúzia de quadros e pinturas em placas de madeira que retratam de maneira estilizada, ainda que reconhecível, locais — uma colina de cume arredondado, uma lagoa em forma de cruz de Santo André, um amontoado de pedras —, personagens e motivos totêmicos que eles ostentam, ou até mesmo efeitos materiais engendrados por uma ação, tal como o deslocamento de ar produzido pelo pênis de Velho Homem depois de ter copulado com a sogra. A diferença em relação àquilo que as churingas figuram é tênue, pois se trata realmente, tanto num caso como no outro, de dar a ver o vínculo ontológico entre um humano, um ser do Sonho e aquele que foi o palco de suas façanhas, locais impregnados de afetos de onde brota desde então, por capilaridade, a rede vital de identidades totêmicas. Esses dois tipos de imagem se distinguem mais pelas circunstâncias de seu emprego do que por aquilo que elas oferecem à vista, sendo que o uso ritual das churingas as envolve numa malha de precauções, de saberes e de referentes que fazem sentido somente para testemunhas que saibam ativar e interpretar esses documentos relativamente a outros de mesma natureza. Conforme esperado, a atestação provém, então, tanto da posição daqueles que a autenticam e das condições nas quais eles operam quanto das peças, por mais embebidas que estejam de significações icônicas, às quais foi atribuída a função de anunciá-la.

Os códigos iconográficos do deserto central são, além disso, caracterizados por uma grande estabilidade. Pode acontecer, sem dúvida, de técnicas figurativas europeias serem integradas a quadros contemporâneos, mas de maneira quase imperceptível e sem jamais colocar em questão o equilíbrio geral da linguagem pictográfica própria à tradição local. Essa hibridização apenas esboça-da é característica das obras produzidas em Papunya.[232] Algumas delas tendem para uma estilização no limiar da abstração que quase apaga os motivos, afundando-os na simetria repetitiva das formas ou num campo pontilhista de cores aplicadas em variação contínua, ao passo que outras, de fatura mais clássica, introduzem, porém com bastante discrição, efeitos projetivos antes desconhecidos. É o que se verifica no quadro de Old Mick Tjakamarra (ilustração 59), que retrata com as convenções habituais o leito de um uádi visto de cima pontuado por quatro bacias, entre as quais correm fios d'água (parte central do quadro) bordejados à esquerda pelas pegadas de um menino que caminha ao longo da margem e, ainda mais à esquerda, aquelas deixadas por um gambá que se desloca paralelamente a ele por entre as árvores, que, como de costume, são figuradas por meio de círculos, com exceção de cinco delas, cujos respectivos troncos são representados nas laterais num esboço de perspectiva aérea sob a aparência de pequenos tubos marrons com extremidades arredondadas. A arte da condensação semântica que caracteriza a iconografia do deserto central não apenas tolera, mas até mesmo predispõe a esse gênero de inovação, desde que se conserve o traço essencial que ela tem por missão tornar visível: a conexão remanescente de um grupo de humanos com um protótipo ontológico através do vestígio indicial deixado por ele num mundo segmentado.

A imagética, tanto tradicional quanto contemporânea, dos aborígenes do centro da Austrália revela assim uma movimentação sobre uma superfície análoga àquela realizada por um ser do Sonho, movimentação essa que restitui as condições originárias da ordenação do mundo sem por isso influir nesse mundo, cuja forma há muito foi finalizada. Trata-se, em suma, de tornar presente uma estrutura concluída, mas cujos efeitos persistem, não figurando o arranjo interno daqueles que engendraram essa estrutura e que oferecem desde então sua anatomia como modelo de organização totêmica, como no noroeste da Terra de Arnhem, mas reproduzindo de maneira esquemática os momentos-chave de sua gênese e os acontecimentos que permitiram que ela se inscrevesse na superfície da terra. Para tanto, os povos do deserto central escolheram representar um fundo sem figura, vestígios de ações cujos actantes desapareceram; quanto aos kunwinjku, eles preferiram figuras sem fundo, com os actantes representados na época em que eles abarcavam em si aquilo que faz a diversidade dos existentes. A essas duas estratégias — a ordem incorporada em seres que são considerados receptáculos, cada qual contendo em potência uma parte dos arranjos de um mundo subdividido, ou a ordem incorporada em locais que, dos seres que os moldaram, guardam somente as pegadas de sua gesta —, faz eco a síntese yolngu, que dá a ver ao mesmo tempo os protótipos do tempo do Sonho e os vestígios de sua ação, em resumo, a ordem totêmica em pleno processo de se atualizar no acontecimento.

6.

Uma heráldica das qualidades

Os humanos, em sua maioria anônimos, que em paredes ou em placas de casca de árvore pintaram figuras totêmicas das quais são oriundas as propriedades de uma classe de existentes ontologicamente solidários, aplicaram-se com ardor a nada ocultar das qualidades de que são portadoras essas entidades fundantes — seres do Sonho na Austrália ou espíritos animais na costa Noroeste. O que desejam eles mostrar, esses produtores de imagem (pois ainda o fazem), e como? Primordialmente, que os membros de um clã, de uma metade, de uma casa — e, em certos casos, os não humanos a eles associados — compartilham a mesma identidade distintiva, uma vez que receberam de personagens originários as mesmas aptidões e disposições que são transmitidas de geração em geração. E, como nada é mais difícil do que figurar tipologias de traços físicos e morais que englobam seres de aparência dessemelhante, é ora desvelando a organização interna desses disseminadores de qualidades, ora revelando os efeitos estruturantes de seu corpo nas particularidades dos locais, ou ainda desfraldando o repertório de seus atributos, que se podem tornar visíveis as abstrações das quais eles são a expressão. Na Austrália, gigantesco cadinho em que as formas sociais, ontológicas e rituais do totemismo constituem outras tantas variantes umas das outras, a representação imagética se desenrolou segundo três modalidades principais: representar de maneira narrativa o ordenamento do mundo associando os seres que o provocaram e a paisagem resultante, representar essas figuras gerativas em sua potência irradiante sem nada mostrar do fundo pelo qual elas são responsáveis ou ainda representar apenas o produto de suas ações na superfície da terra sem jamais propriamente as figurar. Vejamos as opções formais adotadas por cada uma delas.

A primeira formulação, cuja tradição foi desenvolvida pelos yolngu do nordeste da Terra de Arnhem, consiste em figurar numa placa de casca de árvore um episódio das ações fundantes que os seres do Sonho de cada clã outrora realizaram. Ela mistura numa mesma superfície e com os mesmos meios três ordens de realidade: uma narrativa etiológica própria à morfogênese de um sítio que coloca em cena os seres do Sonho que dele são agentes (na maioria das vezes, identificáveis sob uma forma animal), ao que se acrescenta uma heráldica que expõe, como num escudo armoriado, os motivos geométricos cujo apanágio é reivindicado pelo grupo local associado a esse sítio e os elementos topográficos ainda hoje visíveis que resultam desse encadeamento de acontecimentos. No plano formal, a figuração do processo de engendramento é organizada em blocos justapostos que correspondem às etapas da narrativa, um esquema espacial flexível no sentido de oferecer um suporte à narração dos episódios e à evocação dos lugares em que ela se desenrola, utilizando para isso alternadamente os mesmos blocos em momentos diferentes. A imagem funciona como uma espécie de gabarito modular e sequencial que organiza a representação da sucessão de ações; ela combina, por conseguinte, as visões sagitais e frontais (dos agentes) com visões transversas (do meio físico), segundo posições de observação tão diversas que a mesma figura pode valer a cada vez por uma planta, um animal, um traço da paisagem ou a medida de uma ação (ilustração 45). Ainda que seja descritiva, a imagem não retrata um acontecimento capturado por um humano num dado momento, mas o itinerário narrativo e visual formado por uma série de acontecimentos estabilizados nos e pelos locais: é a economia impessoal da figuração desse itinerário que rege tanto a disposição das figuras relativamente entre si quanto a relação com o fundo do qual elas são o princípio criativo, e não a ilusão de um espetáculo como que inadvertidamente vislumbrado através de uma janela. Não é de surpreender, inclusive por essas opções serem as que permitem simultaneamente a identificação mais nítida das figuras e a melhor esquematização da série de peripécias pelas quais elas passam, que a projeção seja métrica, que a distância de observação esteja localizada no infinito óptico e que o partido bidimensional seja claramente anunciado.

Também pintadas em casca de árvore, porém pelos kunwinjku do noroeste da Terra de Arnhem, as imagens dos seres do Sonho em raios x constituem uma transformação — entendida no sentido estrutural e não histórico — da formulação precedente: apenas o agente da geração é representado, imóvel e sem ornamentos, deixando entrever por transparência os órgãos e, às vezes, o esqueleto de seu corpo animal ou humanoide (ilustrações 46 a 49). É, sem dúvida, a imagem ideal típica do totemismo, aquela que revela melhor e com maior economia de meios os fundamentos desse regime ontológico. A partir da organização interna de um protótipo figurado geralmente sob uma forma animal, desdobram-se a ordem social e cósmica, a repartição dos seres e dos locais em classificações compartimentadas segundo os sítios e os grupos totêmicos, e as regras de distribuição da carne, portanto a solidariedade mecânica baseada nas obrigações do compartilhamento. Torna-se assim patente a homologia entre as partes complementares do corpo físico na origem de um segmento do mundo e aquelas, interdependentes, do corpo social subdividido. As opções formais adotadas pelos produtores de imagem kunwinjku são semelhantes às de seus vizinhos yolngu e motivadas pelas mesmas razões. Os pontos de observação são evidentemente múltiplos, uma vez que se trata de tornar visíveis de maneira simultânea o interior e o exterior dos corpos, um meio de figurar um ser ao mesmo tempo inequivocamente reconhecível por sua aparência — a exigência de exatidão mimética é um leitmotiv da aprendizagem dos pintores — e investido de uma função estruturante pela exibição de sua constituição interna. A visão é com maior frequência em corte sagital, por vezes transverso quando a morfologia do animal não permite revelar claramente seus órgãos numa visão de face ou de perfil (a tartaruga da ilustração 9 ou o crocodilo da ilustração 49); em todo caso, ela é sempre escolhida de modo a apresentar o maior número possível de características que permitam identificar o referente. A distância é obviamente infinita e a geometria, métrica, que são as melhores maneiras de assegurar a estabilidade da figura, de impor a evidência de sua presença e de eliminar qualquer tentação de dinamismo. Longe de ser o exemplar acidental de um ser captado ao natural em seu ambiente — *O pintassilgo*, de Carel Fabritius, por exemplo — ou cujo advento é ativamente suscitado — a aparição mascarada de um espírito animal ou sua visão num sonho —, o gabarito imortal retratado sobre uma casca de árvore afirma, desse modo, que há aspectos do mundo sendo abarcados por um ser essencial.

A terceira transformação figurativa, aquela das quais as imagens dos aborígenes do deserto central oferecem uma ilustração exemplar, retrata o resultado da gesta totêmica inscrito em locais, sem que sejam mostrados os seres prodigiosos que os causaram, a não ser pelos vestígios ali deixados por suas ações. Esses vestígios — um caos rochoso, uma nascente, o leito de um uádi — são expressos de maneira estilizada num repertório de grafemas cujo significado ao mesmo tempo indicial e icônico encontra-se compartilhado por povos falantes de línguas diferentes, do mesmo modo como esses povos compartilham, trecho por trecho e às vezes ao longo de distâncias consideráveis, os itinerários que os seres do Sonho percorreram em outros tempos, espalhando, ao passar, as pegadas das quais o meio físico ainda dá testemunho. Os conjuntos de motivos que servem para descrever as etapas desses trajetos figuram, portanto, a um só tempo, as marcas evocativas dos acontecimentos que os originaram, os locais moldados por esses acontecimentos, os percursos que interligam esses locais e a impregnação metonímica dos territórios por aqueles a quem se deve essa topogênese deambulatória (ilustrações 54 e 58). Pintados atualmente sobre telas com cores acrílicas, esses conjuntos não apresentam, no entanto, ruptura alguma com o passado: eles prolongam num novo meio de expressão uma figuração dos motivos de seres do Sonho sobre os corpos humanos, sobre os objetos e ornamentos rituais, às vezes sobre o solo, onde são traçados como uma pictografia efêmera a pontuar a narrativa da morfogênese de um sítio. Quanto às convenções projetivas, elas não são muito diferentes daquelas empregadas nas outras duas formulações: o corte é claramente transverso, sendo que as cartas iterativas pintadas pelos artistas do deserto central são feitas de vestígios que eles representam de cima, no infinito óptico e segundo uma geometria métrica. Quanto aos pontos de observação, eles são necessariamente plurais na duração, uma vez que, a exemplo das pinturas yolngu, cada motivo pode, se for o caso, ser reutilizado a fim de figurar um episódio diferente: o mesmo círculo será visto ora como um rochedo, ora como uma nascente, ou ainda como um acampamento.

Vimos que artistas originários da região de Papunya empregam, às vezes, técnicas figurativas novas, especialmente inserindo, de modo quase imperceptível, efeitos projetivos em suas telas (ilustração 59). Um dos mais inventivos nesse quesito, Clifford Possum Tjapaltjarri, é conhecido por ter introduzido figuras completas sobre fundos pictográficos comuns, um pouco à maneira das pinturas yolngu. Testemunha disso é uma obra que justapõe cinco trajetos de seres do Sonho que se reúnem num sítio, figurados segundo os códigos habituais (ilustração 60).

A dupla linha vertical que atravessa a tela de cima a baixo é a pista do Sonho de Formiga-Pote-de-Mel repartido em quatro paragens (entre as quais, bem embaixo, aquela que corresponde à localidade atual de Yuendumu); as pegadas animais que sobem à direita desde a parte inferior até o topo são as da pista do Homem-Dingo; os vestígios de passos que atravessam o quadro na porção mediana da direita para a esquerda foram deixados por dois homens vindos de Aralukaja, enquanto as pegadas paralelas logo abaixo são as da pista do Sonho de Wallaby; os vestígios de passos que vão para o lado esquerdo ainda mais abaixo são os da Mulher-Nungarrayi, um ser do Sonho; quanto ao esqueleto, ele figura os restos de um homem que foi morto ali após ser perseguido.[233] O caráter singular da cena vem do fato de que, assim como em outras de suas telas, Clifford Possum Tjapaltjarri retratou uma figura em sua forma corporal, ou aquilo que dela restou, e não segundo a convenção que pretende que os seres animados, ou que outrora o tenham sido, sejam representados tão somente quando já objetivados como um índice num traço topográfico. Essa inovação, porém, não transgride a geometria habitual, com uma projeção métrica no infinito, uma forte ênfase bidimensional e pontos de vista ainda mais diversos na medida em que, também ali, misturam-se no palimpsesto da tela acontecimentos que se desenrolaram em momentos diferentes. Ao associar um ícone que faz a função de índice de um acontecimento (o esqueleto) a índices que servem de ícones para seres (os vestígios de passos), o artista alcança uma notável condensação semântica e retorna a uma simplicidade visual incólume à busca estética própria a muitos de seus contemporâneos; ele se reaproxima, assim, da expressividade robusta das antigas pictografias traçadas na areia.

Figuras sem fundo, fundos sem figura, figuras transformadas em fundo e fundos dos quais emerge uma figura, não há dúvida alguma de que a pintura totêmica na Austrália jogou com um grande número de formulações que dão a ver a situação de seres que em outros tempos marcaram a superfície da terra com seus corpos para nela produzir o advento da particularidade dos locais, da repartição das categorias e das fontes rituais de sua regeneração. É verdade que, qualquer que seja o conteúdo daquilo que é mostrado, trata-se sempre dos mesmos dispositivos formais: os pontos de vista são por toda parte múltiplos e a geometria da representação é estritamente métrica, caracterizada pela preocupação em dispor os motivos em composições esquemáticas que sinalizam uma preferência manifesta pelo bidimensional — cartas, pegadas, transparência dos corpos, conversões topológicas, tudo é feito para transformar os volumes em vestígios sem densidade. A combinação de pontos de vista múltiplos localizados no infinito óptico com linhas de projeção paralelas engendra um duplo efeito. Por um lado, as entidades totêmicas são retratadas em sua autonomia, e não como se fossem dependentes de um ponto de vista específico vinculado a uma distância de observação média ou próxima; por outro, os pontos de vista múltiplos permitem desfraldar todas as qualidades do protótipo totêmico, mesmo aquelas que não são percebidas em visão comum. Graças à transformação geométrica que autoriza a identificação mais segura do referente, sem ilusão de profundidade nem *trompe-l'œil*, o que se representa é uma profusão de propriedades: uma carta incorporada e não um animal avistado no *outback*, uma topografia ritual, não uma paisagem.

Conforme veremos detalhadamente um pouco mais adiante, entre os tsimshian do litoral pacífico da América setentrional, e provavelmente também entre seus vizinhos haida e tlingit, certas imagens podem ser qualificadas de totêmicas, menos em razão da natureza dos objetos representados do que da forma que lhes é dada, das propriedades que lhes são atribuídas e das condições de sua obtenção, de sua ostensão e de sua utilização. São brasões (*ayuks*) que figuram um grupo de qualidades contrastivas encarnadas num totem designado (*ptEx*), cuja imagem estilizada, ao mesmo tempo que os atributos a ela conferidos, foi outrora adquirida por um ancestral no decorrer de uma interação com um espírito e, desde então, é transmitida como um patrimônio entre os descendentes de sua linhagem ou de sua casa. Ao contrário das imagens animistas tsimshian (*halait*), principalmente das máscaras e dos artefatos esculpidos, os brasões totêmicos são representações em duas dimensões, tais como as tatuagens, as pinturas nos frontões, as capas *chilkat* ou os motivos costurados, pintados ou incisados que decoram as vestimentas, os pratos de festa e as joias, ou então se apresentam praticamente em duas dimensões, como os baixos-relevos que ornamentam os frontispícios e os tabiques, ou mesmo os mastros heráldicos — dos quais apenas um dos lados é decorado e que, por isso, integram-se mais a imagens bidimensionais que a esculturas de vulto redondo. Ora, apesar de sua grande diversidade de estilos e de suportes, essas imagens, que não podem ser observadas senão frontalmente, são todas construídas segundo pontos de vista múltiplos. Tomaremos apenas alguns exemplos escolhidos entre os grupos mais setentrionais (tsimshian, haida, tlingit), aqui examinados com base na tipologia de Bill Holm, que distingue três estilos principais na arte da costa Noroeste: "configurativo", "expansivo" e "distributivo".[234]

No modo configurativo, o objeto representado conserva uma aparência reconhecível — geralmente um animal — e preenche uma grande parte do campo, sem ocupá-lo completamente. Alguns traços distintivos do modelo devem poder ser identificados, ainda que os pontos de vista justapostos a partir dos quais ele é retratado transformem profundamente sua morfologia tal como percebida em visão normal. Nesse sentido, Boas observa que o tubarão é sempre figurado na iconografia haida com a cabeça em visão "frontal", pois ela fornece mais informações sobre o animal do que a visão de perfil.[235] Na realidade, trata-se de uma seção transversa (vista de baixo) que revela, de maneira nítida, a boca dentada, as narinas e as pequenas pregas entre elas, as fendas branquiais e os olhos, ligeiramente deslocados, por conveniência, na direção da parte inferior da cabeça. Em compensação, o corpo é fragmentado de diversos modos segundo os pontos de observação adotados. Numa pintura haida de um tubarão galhudo malhado, o corpo se apresenta fendido abaixo da cabeça em todo o seu comprimento, e as duas metades aparecem rebatidas no plano de ambos os lados, encimadas pelas nadadeiras dorsais com suas espinhas características; a nadadeira caudal heterocerca também está fendida no plano e prolonga, voltada para a parte inferior, cada extremidade do corpo, ao passo que as duas nadadeiras peitorais ocupam o lugar sob a cabeça (ilustração 61). Um tubarão gravado num prato apresenta uma configuração mais simples: a cabeça é figurada com as mesmas convenções, enquanto os dois perfis do corpo, em vez de serem claramente separados, encontram-se adjacentes no nível do peito e estendidos no plano de tal modo que as nadadeiras dorsais e peitorais vêm bordejá-los nos dois lados (ilustração 62). Em ambos os casos, o corpo é exibido sob quatro aspectos diferentes, e a cabeça, sob um quinto. Os chapéus trançados haida são também com frequência decorados no estilo configurativo, com os dois perfis do animal pintados cada qual sobre uma das bordas do adereço de cabeça, como que enrolados em torno da copa e unidos um ao outro pela ponta do focinho e a extremidade da parte traseira.[236] Que o animal seja figurado sob dois aspectos ou sob cinco, o resultado é idêntico: ele é plenamente reconhecível por aquilo que é, autônomo porque dissociado de todo ambiente e, graças à multiplicidade de planos sob os quais aparece, desvinculado de qualquer ponto de vista particular que um sujeito tenha sobre ele.

O segundo modo, que Holm chama de "expansivo", é aquele mais espontaneamente associado à arte da costa Noroeste: é o típico "desdobramento da representação" (*split-representation*), no qual o animal é fendido de ambos os lados de um eixo vertical e sistematicamente estendido de modo a figurar num mesmo plano seus dois perfis ao mesmo tempo que mantém em suas grandes linhas a verossimilhança anatômica da ligação entre as partes. Pode-se reconhecê-lo sobretudo pela presença de um entalhe na parte superior da fronte que sinaliza o início do eixo vertical a separar os dois flancos do animal (ilustração 5). O estilo expansivo expressa uma preocupação praticamente obsessiva de exatidão e de fidelidade ao modelo, já que conduz à representação daquilo que não é visto — mas simplesmente presumido, como em visão normal —, enquanto reconstitui de maneira mais verossímil do que pelo modo configurativo a integridade física do animal; condensado na justaposição apenas de suas visões sagitais, este último, com efeito, dá quase a ilusão de se apresentar de frente, não fosse, para o observador atento, a fronte entalhada no meio e a largura excepcional da boca, curvada para cima ou para baixo em ambas as comissuras.

Que relação se pode traçar entre os dois modos, entre o desdobramento completo do animal (incluindo a cabeça) e sua deslocação em diversos pontos de vista, entre os quais a cabeça inteira representa tão somente um aspecto ao lado de outros? Boas sugere que o desdobramento simétrico propriamente dito (o modo expansivo de Holm) procede mais de uma limitação técnica do que de uma intenção figurativa distinta; ele seria o mero efeito de uma extensão em superfícies contínuas, planas e curvilíneas de um procedimento representacional que se impõe naturalmente com objetos em planos múltiplos.[237] Quando pintam um animal numa caixa retangular (de madeira dobrada), os produtores de imagem ameríndios na verdade decompõem seus diversos planos nas faces da caixa, dispondo a cabeça num dos lados menores e a parte traseira no outro, os flancos nos lados maiores e o dorso na tampa. Essa dissociação das partes se torna mais difícil de realizar numa superfície contínua, como um bracelete, no qual não existem divisões naturais de posições de observação, o que leva a desdobrar o animal a partir do meio do arredondado e a estender os dois perfis ao redor do punho. O desdobramento resultaria, assim, da transposição de volumes angulosos para superfícies planas da figuração de objetos que se deseja representar sob todas as suas faces. A sugestão é engenhosa, e pode-se levá-la mais adiante sem provocar a intervenção de especulações sobre a anterioridade eventual da tridimensionalidade sobre a bidimensionalidade. Afinal, supondo essa anterioridade adquirida pela costa Noroeste, o que está longe de ser o caso, nenhuma necessidade impõe aos produtores de imagem restituir a pluralidade de pontos de observação, que é oferecida pelos volumes, às superfícies que não a proponham espontaneamente; ao fim e ao cabo, desde os pintores da caverna de Chauvet, uma grande parte da humanidade também não seguiu esse caminho. Se as sociedades da costa Noroeste, além de um punhado de outras, inventaram de figurar num mesmo plano tanto os aspectos visíveis quanto os habitualmente invisíveis de um objeto, é porque essa multiplicação de suas dimensões físicas era para eles indispensável à representação da verdade desse objeto e à afirmação da plenitude de seu ser. Por mais impressionante que seja por sua elegante simplicidade, o desdobramento simétrico constitui apenas um caso particular, realçado por sua raridade, no interior de uma gama de técnicas que permitem dar a ver numa figura unitária um elemento do mundo contemplado simultaneamente a partir de uma diversidade de pontos de vista.[238]

Prova disso é o modo "distributivo", no qual essa diversidade, ainda visualmente verossímil nos modos "configurativo" e "expansivo", transforma-se numa acumulação desenfreada de peças anatômicas encadeadas umas nas outras sem lógica orgânica aparente. Nas mantas de dança *chilkat*, as partes do animal são assim figuradas de maneira a preencher completamente o espaço retratado à custa de uma deslocação de sua silhueta geral, que se vê recomposta num patchwork de órgãos estilizados sem levar em conta absolutamente suas conexões naturais (ilustração 63). Esse gênero de imagem é o inverso de uma quimera, visto que, ali onde esta última agrega elementos emprestados de diversas espécies cuja combinação plausível nos planos anatômico e funcional engendra um ser novo, considera-se que as figuras típicas do modo distributivo representam uma espécie comum, mas tão desarticulada e reconfigurada em função apenas das exigências gráficas que ela se torna irreconhecível. A obrigação de saturar o espaço da imagem, isto é, de adaptar a um quadro predefinido a forma do objeto representado, entra em conflito com o imperativo da iconicidade, a tal ponto que o animal frequentemente não é identificável a não ser por aqueles que o figuraram. As mantas *chilkat* são o melhor exemplo disso. Provavelmente originados entre os tsimshian, esses emblemas aristocráticos tornaram-se uma especialidade de seus vizinhos tlingit, a ponto de serem designados genericamente pelo nome de uma de suas tribos costeiras.[239] Ora, até mesmo os membros da comunidade em que a manta foi confeccionada revelam-se, na maioria das vezes, incapazes de reconhecer o animal figurado se não forem informados a respeito das intenções do casal na origem do objeto.[240] A manta *chilkat* da ilustração 63 foi assim descrita a George Thornton Emmons, que a recolheu, como se representasse um "urso-marinho" (*sea-bear*), enquanto informantes garantiam a Franz Boas que se tratava de uma "águia-em-pé" (*standing-eagle*).[241] Aliás, pouco importa aqui a semelhança, já que não é isso que está em questão. As mantas de cerimônia eram, na maioria das vezes, escondidas da vista, cuidadosamente guardadas em baús, de onde saíam apenas para serem drapeadas nos ombros dos chefes por ocasião de um *potlatch*. Assim envoltos em seu brasão, eles dançavam e narravam as circunstâncias nas quais um ancestral havia adquirido os poderes vinculados a esse signo de distinção heráldica. É preciso, portanto, considerar as mantas *chilkat* como um tipo de corpo-vestimenta que recobre a figura do dançarino, com as franjas rodopiando ao sabor de seus passos e os planos compósitos do animal totêmico ajustando-se como escamas à sua figura móvel, e não como um quadro exposto numa parede — ou numa vitrine de museu — cuja composição podemos interpretar livremente (ilustração 64). Ao englobar um humano com a imagem de suas qualidades físicas difratadas, o ser que as dissemina amplifica ostensivamente a expressão delas sobre a pessoa que a arvora.

Sejam de estilo configurativo, expansivo ou distributivo, todas essas imagens de pontos de vista múltiplos são figuradas no infinito óptico, uma situação em que o observador não percebe o objeto retratado como uma extensão de seu campo visual fixada no tempo, mas como a representação de um conjunto de traços característicos desse objeto, geralmente um animal. As convenções iconográficas contribuem para que esses traços possam ser inequivocamente identificados. Assim, o urso é reconhecível por suas grandes patas, sua enorme boca com dentes afiados e uma língua saliente, encimada por um grande nariz redondo e num ângulo claramente marcado entre o focinho e a testa, ao passo que o castor exibe grandes incisivos, uma cauda escamosa, e segura um pedaço de madeira nas patas dianteiras.[242] Este último detalhe indica que as qualidades figuradas são não só comportamentais como também físicas, sendo o castor indissociável de sua atividade compulsiva de construtor de barragens. Além disso, tanto no modo expansivo quanto no modo configurativo, a integridade anatômica do animal é, grosso modo, mantida, uma maneira de deixar claro que a imagem representa visões múltiplas de um único objeto, e não uma pluralidade de elementos corporais dissociados. Ora, as linhas de projeção são sempre paralelas, conforme indica o fato de que o corpo jamais aparece em escorço — por exemplo, com as patas traseiras menores que as patas dianteiras. Justapor numa imagem diversos pontos de observação de um objeto exige, sem dúvida, adotar uma visão situada no infinito óptico se quisermos que a figura permaneça identificável, o que não seria o caso numa combinação de geometria projetiva e distância moderada. Assim como nas pinturas australianas, o animal é representado em si mesmo e por si mesmo; como nelas, do mesmo modo, a projeção é geralmente métrica, com exceção, no entanto, do estilo expansivo. Com efeito, e talvez a fim de tornar o desdobramento mais manifesto, é bastante comum que os perfis dos animais justapostos de ambos os lados de um eixo central partam obliquamente de cada lado, seja para cima, seja para baixo, e de maneira significativa no que diz respeito à cabeça (ilustração 5).[243] Trata-se, portanto, de uma transformação afim que transpõe em duas dimensões o efeito de profundidade de certas faces animais pintadas em caixas, de modo que seu eixo de simetria coincida com uma aresta.[244] Essa renúncia à transformação métrica, ela mesma aliás tão característica dos estilos configurativo e distributivo, oferece talvez um novo índice do caráter excepcional do desdobramento da representação entre os procedimentos que figuram pontos de observação diversificados.

Se imagens em modo expansivo expressam, às vezes, se não um desejo de tridimensionalidade, ao menos a ligeira ilusão de deslocamento de planos autorizada pela geometria afim, o mesmo não acontece com o restante da iconografia em duas dimensões da costa Noroeste, que permanece indiferente à representação de volumes. O plano da imagem é ali tratado como um espaço a ser saturado com formas organizadas principalmente a partir de princípios de composição internos à representação, e não com o objetivo de reproduzir volumes e o espaço exterior nos quais eles estão dispostos. Além do mais, mesmo na representação desdobrada, é o desejo de articular motivos numa superfície plana que prima sobre a ambição de reproduzir cenas em três dimensões ou de imprimir à imagem um dinamismo sui generis. Esse formalismo é particularmente nítido no estilo distributivo, em especial nas mantas *chilkat*. Os produtores de imagem empenham-se em preencher a totalidade do quadro, previamente recortado para receber a figura do animal, sem levar em consideração sua aparência original, mas tirando partido das características ornamentais próprias ao motivo bidimensional. Para isso, eles frequentemente exploram os princípios de construção visual que a psicologia da Gestalt colocou em evidência — sobretudo a lei da proximidade (os elementos mais próximos são vistos como formando uma única figura), a lei da simetria (um elemento figurado com eixos de simetria aparece como uma forma autônoma) e a lei de destino comum (os elementos cuja posição ou movimento aparente sejam uniformemente orientados serão percebidos como pertencentes à mesma figura). Essas duas preocupações — saturação e equilíbrio formal — têm precedência sobre o desejo de reproduzir com verossimilhança o volume do tema representado e sua situação num ambiente. O interesse decorativo e o fascínio pelo virtuosismo da composição prevalecem aqui sobre as exigências da iconicidade, a tal ponto que algumas imagens da costa Noroeste poderiam entrar na categoria de arte ornamental, a exemplo das folhas de acanto ou das palmetas na Antiguidade.

Não é tão surpreendente que, desejando mostrar a mesma coisa, os produtores de imagem da Austrália aborígene e aqueles da costa Noroeste especializados em brasões tenham feito as mesmas escolhas formais: figurar um ser que é simultaneamente um conceito encarnado, um dos gabaritos do mundo e um repertório de qualidades exige oferecer a visão mais completa possível de sua materialidade corporal ao mesmo tempo que a representação mais nítida possível de sua armadura estrutural, seja metaforicamente — pela restituição de seus arranjos físicos — ou metonimicamente — pela exibição dos vestígios de sua presença.[245] Retratar esse ser tornando múltiplos os seus aspectos preserva assim a completude e a constância de sua forma, propriedades, portanto, das quais ele é portador, com muito mais eficiência do que o faria uma visão ilusionista em perspectiva linear. Para estar em conformidade com a ideia que expressa, ele deve ser visto com os olhos da mente como uma totalidade livre de defeitos, impermeável às alterações do tempo e às deformações impostas por um sujeito que percebe, e não com os olhos da percepção comum, cujo caráter fugaz e contingente a convergência de linhas de fuga se esforçou para reproduzir. Não é um urso ou um varano que estão sendo representados nessas imagens, mas uma coleção de atributos imemoriais, e isso por meio da transformação geométrica, que autoriza a identificação mais segura à distância garantidora da atemporalidade mais manifesta. Conforme vimos no modo distributivo da costa Noroeste, a diversificação pletórica de pontos de vista e a busca de efeitos estéticos na invenção e no arranjo dos motivos pode, sem dúvida, fazer com que a figuração totêmica deslize na direção de uma arte heráldica na qual a elegância e a sutileza da composição prevalecem sobre a ambição de tornar presente a figura de um protótipo originário. Talvez seja o risco do totemismo, e um dos motivos de sua notável estabilidade, perder de vista sua razão de ser, convertendo-se num simples reservatório de referentes imotivados, pretexto para revestir-se de uma distinção ostensiva, tanto para aqueles que deles se valem quanto para aqueles que os figuram.

O poder do vestígio

Raramente um regime figurativo terá sido tão constante quanto o dos aborígenes australianos em sua maneira de conferir uma potência de agir às imagens: por todo o continente, e qualquer que seja sua forma, elas são índices ainda palpitantes daquilo que os seres do Sonho outrora realizaram, pegadas cujo efeito genésico é reavivado pelos humanos afiliados a cada uma dessas entidades totêmicas toda vez que eles celebram o ardor dos começos. Nada ilustra melhor esse vínculo entre os protótipos do mundo, o vestígio físico deixado por eles e o dever dos humanos de reativar sua fecundidade original por meio de figurações do que as silhuetas fantasmáticas dos *wandjina* com as quais são constelados os abrigos rochosos de Kimberley (ilustração 52). Lembremos que, após ter moldado a geografia dos lugares mediante suas ações, esses seres do Sonho com rosto de *clown* triste se metamorfosearam em pintura de si mesmos. Cabe aos grupos tribais da região conservar essas encarnações convertidas em imagem, isto é, cuidar para que não se apague sob a usura dos séculos o ser depositado através delas numa parede a fim de que, coagulado numa instância fora do tempo, ele continue a assegurar a regeneração das plantas e dos animais pelos quais é responsável. Para além dessa ilustração exemplar da imagem indicial, toda a Austrália é testemunha do princípio de que os signos gráficos traçados pelos aborígenes são os ecos de transformações provocadas no tempo do Sonho pelas atuações de seres prodigiosos. Reproduzir visualmente um vestígio é restituir vida à causa imediata daquilo que o produziu, é despertar sua agência na esperança de orientar seu efeito.

Por intermédio de Howard Morphy, os yolngu da Terra de Arnhem definiram perfeitamente a natureza da indicialidade das imagens em regime totêmico.[246] Vimos que cada clã patrilinear yolngu detém um patrimônio, em parte imaterial, deixado há tempos para os seus membros pelos seres do Sonho. Nele figuram de maneira eminente motivos gráficos que os humanos desenham no solo, no corpo ou numa placa de casca de árvore, adicionalmente ao conjunto de imagens que as terras dos yolngu oferecem à observação — seja enfeitando a pele de uma serpente, as asas de uma borboleta ou a carapaça de uma tartaruga —, uma vez que todos procedem da ação primordial dos protótipos totêmicos. Ao figurar esses motivos que remetem à partição primitiva dos seres e dos locais em segmentos totêmicos, ao manipulá-los nos rituais, os yolngu reatam o fio com aqueles que instituíram essa ordem na aurora do mundo. A potência performativa das imagens deve-se ao fato de que elas são fisicamente inerentes ao ser do Sonho do qual provêm, não apenas porque aparecem sobre seu corpo ou porque resultam de suas atividades, mas também porque são "recarregadas" com a utilização de pigmentos descritos como as substâncias corporais que ele deixou para trás. Em virtude dessas conexões diretas, os motivos se infundem da potência de agir do protótipo totêmico que eles representam por metonímia e contiguidade, especialmente quando finamente hachurados de branco, um efeito de cintilação que sinaliza estar ativada a agência da qual essa fonte está imbuída. As pinturas de cada clã extraem sentido e potência de sua associação com sítios totêmicos onde se desenrolaram em outros tempos as ações fundantes dos seres do Sonho dos quais esses grupos dependem, sendo que as imagens servem nas cerimônias para novamente dar corpo a esses seres, acionando mais uma vez o dinamismo do qual eles eram inicialmente disseminadores.

Para precisar a maneira pela qual as imagens totêmicas se tornam operantes nos rituais, vamos nos deslocar cerca de mil quilômetros mais ao sul, rumo a outra população australiana já evocada no capítulo 5, os warlpiri do deserto central, cuja iconografia foi magistralmente descrita por Nancy Munn.[247] Tal como no caso dos yolngu, os motivos gráficos warlpiri fazem parte do patrimônio de grupos totêmicos e compreendem, para além dos grafemas codificados, todos os signos visíveis que subsistem da passagem em seu território de diversos seres do Sonho, desde as pegadas deixadas por suas movimentações até os objetos rituais cujo uso eles ensinaram aos humanos, passando pelos acidentes do relevo resultante de suas metamorfoses. Recordemos que esses grafemas — desenhados no solo para ilustrar uma narrativa ou aplicados nos corpos e nos objetos rituais durante as cerimônias — são a reprodução exata dos vestígios impressos no mundo pelas ações dos protótipos totêmicos e pelos efeitos de suas deambulações, normalmente com uma parte de sua anatomia desenhando-se em negativo sobre o chão: os pés, o ventre, a cauda, o pênis... A cartografia indicial desses itinerários primordiais oscila entre os dois momentos-chave da vida nômade que foi aquela dos ordenadores do mundo e que seus descendentes por muito tempo perpetuaram: o acampamento, espaço doméstico da alimentação e da sexualidade familiar, figurado por motivos à base de círculos, e a pista, local de encontros inopinados, figurada por linhas retas ou sinuosas (ilustrações 55 e 56). Além disso, em virtude da continuidade física entre a imagem e aquilo que lhe dá forma, considera-se que os motivos que esquematizam as pegadas dos seres do Sonho são investidos da agência daqueles que os produziram na origem, fornecendo assim aos warlpiri uma oportunidade de empregá-los nos ritos destinados a aumentar a fecundidade dos humanos, das plantas e dos animais. A dimensão gerativa dos motivos está, aliás, contida no próprio termo pelo qual eles são designados, *guruwari*, que serve também para designar a força vital insuflada pelos seres do Sonho no corpo de humanos e de não humanos da classe totêmica a eles subordinada;[248] os motivos visíveis que eles legaram aos humanos são, assim, literalmente focos de potência de agir.

Observemos mais de perto a maneira como essa potência se encontra acionada nas cerimônias totêmicas chamadas *banba*. Elas são organizadas por grupos de culto de cerca de quinze homens provenientes de linhagens ascendentes patrilineares sem grande profundidade genealógica, grupos esses que os especialistas nos warlpiri chamam de "lojas" e que têm por missão celebrar os seres do Sonho cuja linhagem ascendente é reivindicada nos sítios onde eles outrora foram ativos.[249] Em número de 150 por toda a terra walbiri, segundo Mervyn Meggit, esses protótipos totêmicos chamados *djugurba* ("sonho") são descritos como aspectos antropomorfos de elementos proeminentes do ambiente de vida — chuva, fogo, inhame, formiga voadora, gambá — ou às vezes como humanos designados, tendo tanto uns quanto os outros deambulado no passado no território do grupo de filiação que os reivindica. Cada loja exerce suas prerrogativas rituais apenas sobre algumas dessas entidades, geralmente as mais importantes de seu segmento totêmico, via de regra nos próprios sítios em que elas foram mais ativas. As cerimônias se desenrolam regularmente à tarde e reúnem os membros de uma loja de culto e seus "assistentes", membros da patrimetade alterna à qual é confiada a tarefa de enfeitar os oficiantes e fabricar os ornamentos e o aparato que eles vão utilizar. A maior parte do tempo é consagrada aos preparativos, sendo que a *performance* ritual em si não dura mais do que alguns minutos. Ela consiste numa encenação dos seres do Sonho em alguma situação de sua existência, dedicando-se às suas ocupações no acampamento ou em deslocamento sobre a pista, ou seja, a mesma divisão espaçotemporal que aquela já atestada pelos repertórios gráficos que os representam. No primeiro caso, um ou vários dançarinos se deslocam com passos deslizantes e em posição encolhida no meio do círculo de espectadores; no outro, os dançarinos avançam lado a lado ao encontro de seus companheiros. A ação ritual propriamente dita se encerra quando os membros da outra patrimetade retiram dos dançarinos os adereços de cabeça e os ornamentos.

De acordo com os comentários dos oficiantes, o aparato ritual e a decoração dos corpos permitem encarnar o protótipo totêmico no sentido literal — "fazer carne" — e torná-lo presente ao reativá-lo — "ele desperta", "ele chega", "ele se desprende" (da topografia da terra).[250] Esta última expressão é particularmente reveladora da natureza do vínculo indicial entre a causa e o efeito: resultados tangíveis da ação de seres do Sonho, o relevo e a disposição dos locais abrigam ainda em sua conformação física a potência de agir daqueles que os engendraram, e cabe aos humanos reavivá-la por meio de suas cerimônias. Certamente os ritos animistas também têm por objetivo materializar presenças eficazes, incorporando nos dançarinos mascarados entidades reconhecíveis sobre as quais se pretende ter influência ou fazendo com que figurações de pessoas humanas e não humanas desempenhem o papel desencadeador de uma mudança de estado, isto é, manipulando relações por meio de imagens. No entanto, as cerimônias totêmicas *banba*, assim como tantas outras na Austrália, não visam a representar de modo icônico um ou outro dos seres do Sonho na origem da topografia de uma terra, da fecundidade de seus habitantes e de sua ordenação segmentada; elas têm por função "despertar" periodicamente a agência da qual essas entidades deram mostras mediante o manejo dos vestígios por elas deixados. E é por isso que os enfeites corporais e o aparato ritual não figuram os traços físicos ou a indumentária gráfica da entidade que os humanos encarnam, a exemplo do que se faz na Amazônia ou na América do Norte, mas sim as marcas de sua passagem na superfície da terra, todas ainda imbuídas de sua energia causativa.

Um breve exame dos costumes coloca bem em evidência essa indicialidade ritual. Os motivos *guruwari* que remetem aos efeitos materiais dos deslocamentos desse ou daquele ser do Sonho são traçados sobre o corpo dos membros da loja de culto que têm a responsabilidade de personificá-lo por meio de tufos de penugem branca ou vermelha (tingida com sangue) e figurados, com plumas e penugens, nos adereços de cabeça feitos de ramos de acácia por eles ostentados. Os motivos e o aparato ritual figuram seja o itinerário, seja a estação no acampamento do ou dos totens personificados, às vezes os dois. Assim, a fim de encarnar o ser do Sonho Rato-Marsupial, o dançarino será enfeitado no rosto, nos braços e no torso com uma linha sinuosa, uma impressão deixada no solo pela cauda e pelo pênis do protótipo que ele encarna, e usará um adereço de cabeça feito de duas coroas sobrepostas que correspondem ao acampamento circular e ao buraco na areia que ele abriu para ali passar a noite — assim como os warlpiri tinham o costume de fazer.

Os sainetes apresentados pelos dançarinos podem também figurar um encontro entre os seres do Sonho. O mesmo se verifica na cerimônia que envolve Noite (*Munga*) e Baga-Comestível (*Yagadjiri*) e comporta três oficiantes. Dois homens figuram Noite por meio de uma silhueta antropoide retratada sobre o rosto, os braços e as coxas, a qual retraça na realidade um circuito tortuoso, e carregam nas costas uma longa vara de acácia decorada com penugem e plumas que representa ao mesmo tempo o caminho de Noite no céu e o vestígio de seu corpo deitado no acampamento (ilustrações 65a e b). O outro oficiante personifica a mulher-baga Yagadjiri, cujo adereço de cabeça evoca a tigela de madeira que lhe serve para recolher as bagas; sentada no acampamento e ocupada em preparar o alimento, ela está acompanhada pelos dois oficiantes que representam Noite, os quais lhe pedem comida e depois com ela copulam.

Em todas as cerimônias observadas por Nancy Munn, os motivos *guruwari* desenhados sobre os corpos ou no aparato ritual figuram assim a marca provocada por atividades passadas, de maneira que os oficiantes se identificam aos seres que representam não pelo esforço em imitar sua suposta aparência, mas sim pelo contato físico que mantêm, graças aos motivos com os quais estão recobertos, com o eco ainda vivaz daquilo que esses seres realizaram no tempo do Sonho.[251] O vínculo entre o motivo como vestígio de uma ação e a potência genésica que o anima não é manifesto somente nas denotações do termo *guruwari*, mas aparece também com nitidez sempre que os oficiantes, animados pela força irreprimível que deles se apoderou, começam a tremer em todos os membros, provocando a queda da penugem que figurava a pegada do totem em seu corpo e irrigando num mesmo movimento a terra sob os seus passos com a fertilidade da qual, por um momento, foram depositários.[252] Longe de proceder de um "pensamento mágico" qualquer, o fato de atribuir aos vestígios convertidos em imagem uma parte da potência causal do agente que se considera tê-los produzido parece ser da esfera do psiquismo comum, sobretudo quando o vestígio torna visível um traço físico desse agente. Trata-se, aqui também, de uma abdução que permite uma inferência às avessas: o resultado de uma causa manifesta que se ausentou incita a imaginar que ela possa ser novamente ativada caso se ressuscite o efeito por ela engendrado. Num outro domínio sensível diferente daquele das imagens, sabe-se que a memória olfativa, estimulada por um perfume, permite recriar sem esforço consciente as circunstâncias associadas numa ocasião anterior a esse estímulo, por exemplo sentir com nitidez a presença de uma pessoa familiar que, no entanto, não está ali, a não ser através do índice odorífero que ela nos deixou.

45. O lago de Djarrakpi, pintura sobre casca de árvore de Banapana Maymuru, do clã Manggalili (as letras e os números não fazem parte da pintura)

47. Pintura rupestre de um peixe barramundi, Bala-Uru, Deaf Adder Gorge, Território do Norte, Austrália, início do século XX

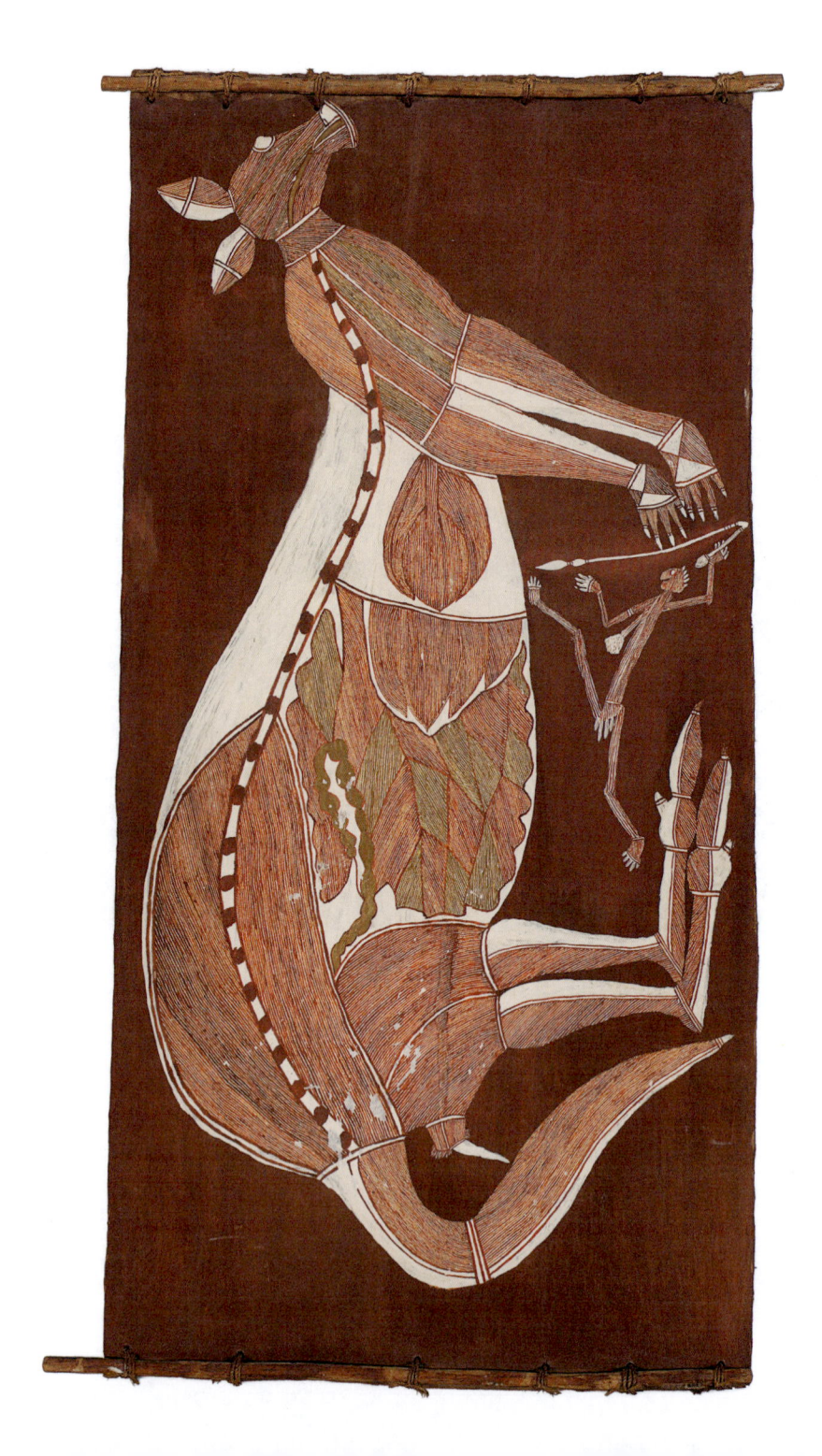

50. Um humano e Kandakidj, o ser do Sonho Canguru-Antílope, desenho a partir de uma pintura de Yirawala

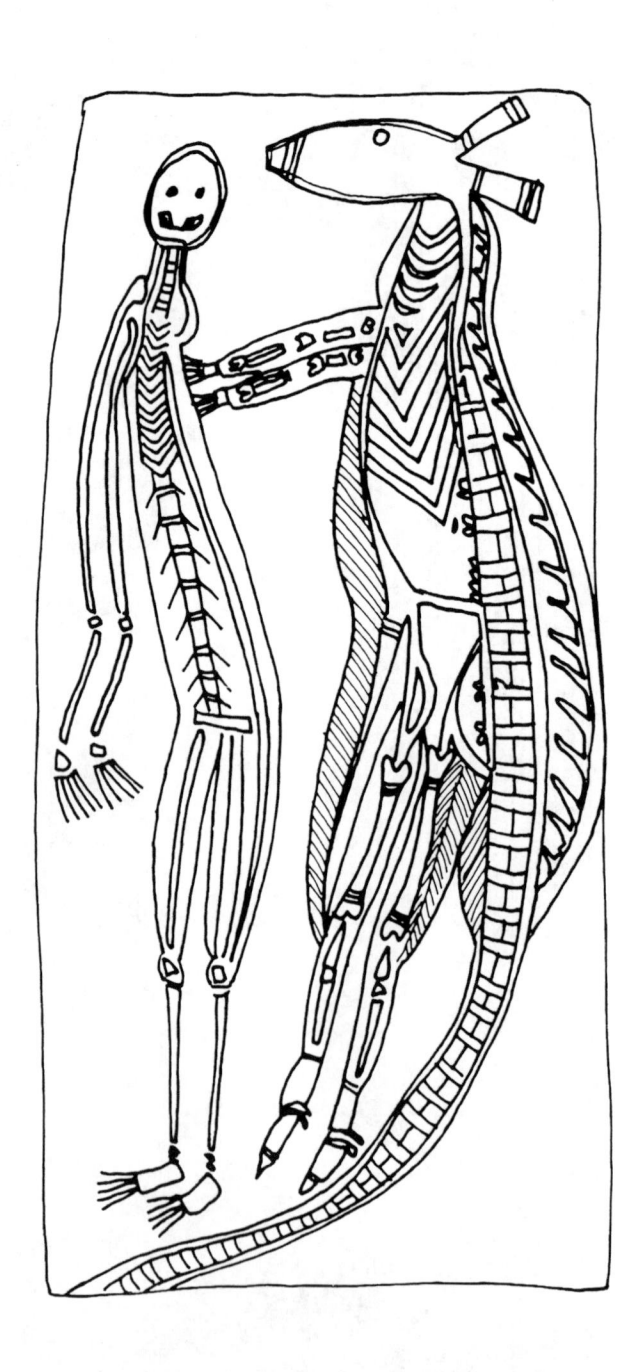

52. Reprodução de uma pintura rupestre de *wandjina*

53. Figuração em modo dito "raios X" (frente) e em modo topográfico (verso) do ser do Sonho Barramundi sobre um objeto sagrado kunwinjku da cerimônia *mardayin*

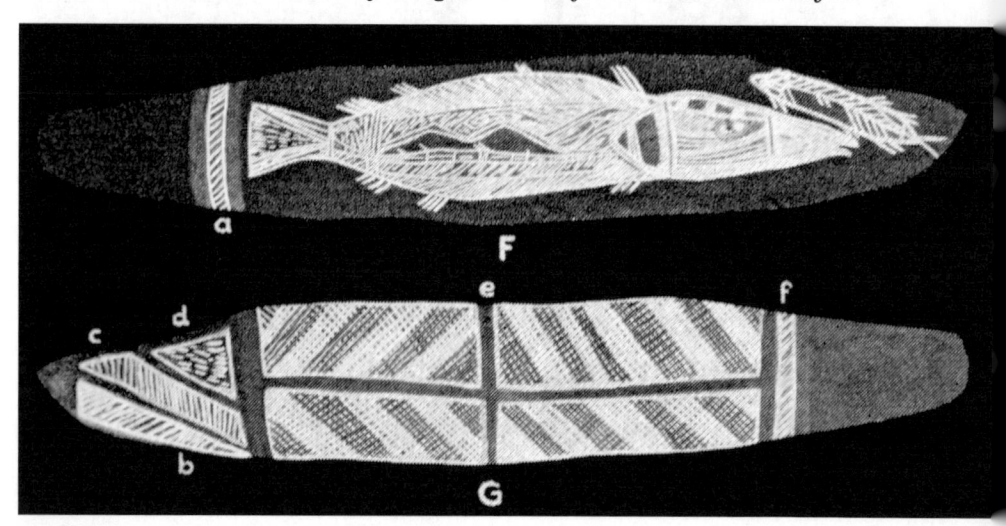

54. *Sonho das larvas witchetty*, pintura sobre tela de Paddy Japaljarri Sims, warlpiri, Yuendumu, Território do Norte, Austrália

55. Alguns motivos *guruwari* de pegadas, warlpiri

3 vestígios de canguru (segundo a aparência)

Gambá   Serpente

Emu   Humano   Peru-selvagem

56. Alguns motivos *guruwari* de deslocamentos, warlpiri

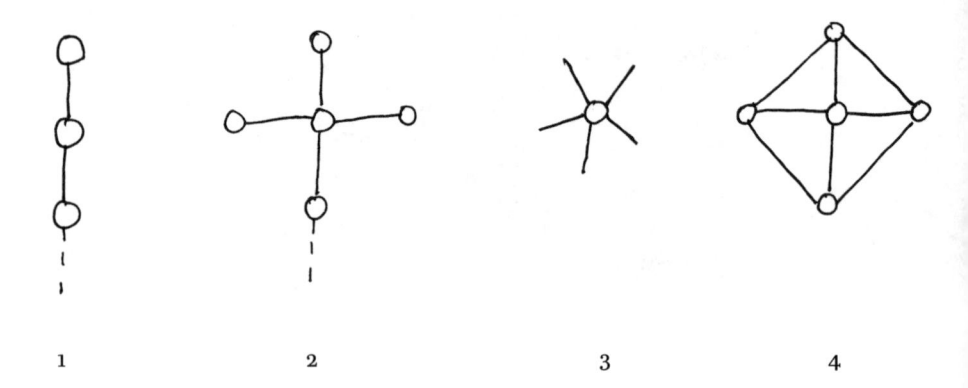

1   2   3   4

1. Linha de acampamentos interligados por um trajeto
2. Acampamentos anexos ao longo de um trajeto principal
3. Movimentação em forma de estrela relativamente a um sítio principal
(p. ex., emergência e dispersão de seres do Sonho)
4. Perambulação numa região.

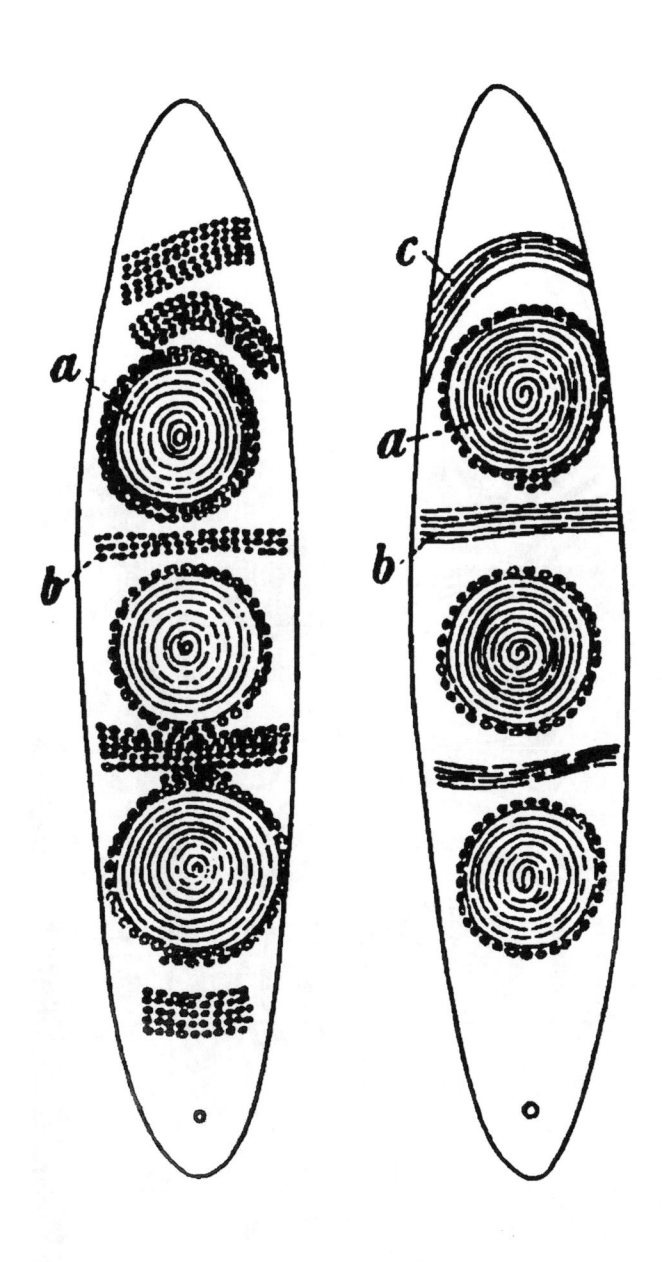

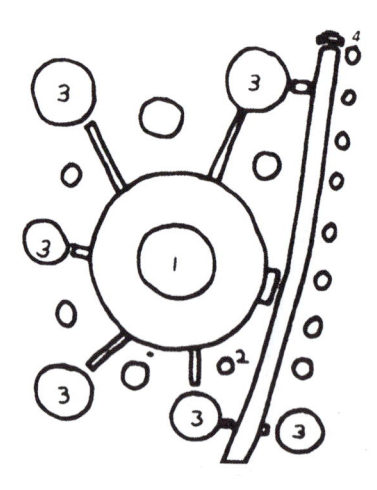

59. Old Mick Tjakamarra, *O sonho da água das crianças com gambás*, 1973

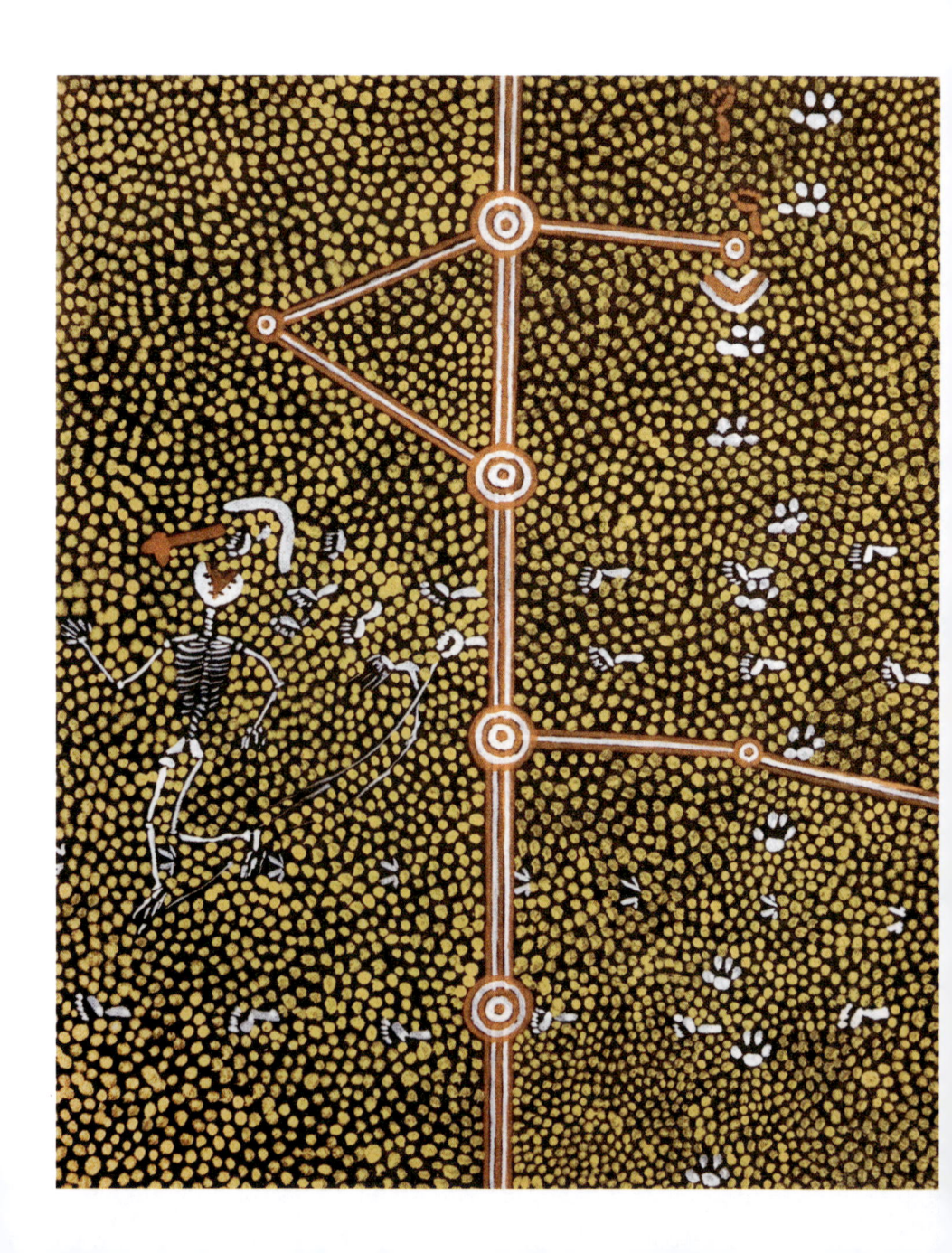

61. Pintura representando um tubarão galhudo malhado, haida

62. Prato em ardósia gravada representando um tubarão, haida, final do século XIX

64. Tony Hunt, artista kwakwaka'wakw (kwakiutl), executando a "dança do adereço de cabeça" coberto por uma manta chilkat cujo direito de uso ele herdou de sua trisavó tlingit

65a. Representação ritual do ser totêmico Noite (*Munga*) por indivíduos warlpiri durante uma cerimônia *banba*

65b. Motivos de Noite: à esquerda, sobre os ombros, o torso e as coxas; à direita, sobre as varas

trajeto de Noite

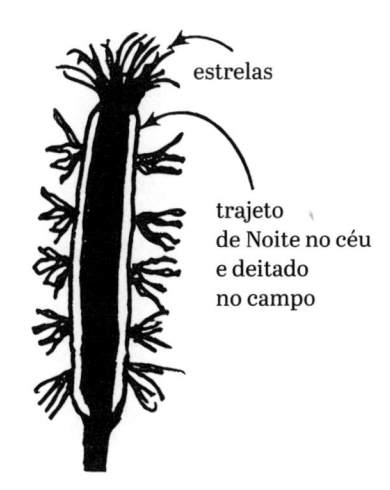

estrelas

trajeto de Noite no céu e deitado no campo

Variação 1

Imagem-repertório e imagem-pessoa

Por razões pedagógicas sem dúvida, por ganas de convencer talvez, agi até agora como se os dois regimes figurativos que examinamos, onde quer que se deem a ver, formassem conjuntos monolíticos. Não é nada disso, evidentemente. É até mesmo provável que a hibridez dos repertórios icônicos seja um lugar-comum, a exemplo da hibridez dos agrupamentos ontológicos que esses repertórios sinalizam de maneira ostensiva e dos quais são indubitavelmente os melhores índices. Na verdade, os modos de figuração animista e totêmico se caracterizam por operações que lhes são próprias — por exemplo, a comutação de perspectivas para o primeiro ou a incorporação de uma estrutura numa entidade autorreferencial para o segundo — tanto quanto pelos dispositivos formais escolhidos para mostrá-los e pelas situações nas quais sua potência de agir se manifesta. Contudo, se é excepcional ver diversas dessas operações combinadas numa única imagem, não há nada de inusitado em que um mesmo coletivo humano invente figurações que sigam, segundo as circunstâncias, ora um modo de identificação, ora outro, sistematicamente e em conformidade com as combinações ontológicas que se expressam em outros campos de sua vida social. A hibridez das imagens resulta nesse caso da coexistência histórica, no interior de um mesmo coletivo, de dois regimes ontológicos distintos que souberam se acomodar um ao outro ao longo do tempo. As expressões mais comuns desse gênero de associação são o produto de trocas muito antigas entre "camadas ontológicas" cujas fronteiras se sobrepõem nas zonas de interface, por exemplo as misturas cosmológicas e figurativas entre animismo e analogismo realizadas por populações amazônicas do piemonte noroeste dos Andes ou pelas minorias "montanhesas" das terras altas do Vietnã e do Laos. Mais originais são os casos de hibridez que, numa vasta região uniformemente marcada por um tipo ontológico, apresentam combinações com outra ontologia da qual não se encontra nas proximidades nenhum vestígio sob uma forma "pura". É necessário, então, supor que a hibridação seja estrutural, na medida em que ela não resulta de um contato comprovado, mas de um desenvolvimento endógeno que diversifica possibilidades contidas em germe na ontologia inicial. É o caso dos povos autóctones mais setentrionais da costa oeste do Canadá — os tlingit, os haida, os tsimshian — cujo sistema ontológico e as instituições justapõem sem discordâncias perceptíveis elementos totêmicos e elementos animistas. O exame atento da maneira pela qual se opera essa combinação nos ensinará mais sobre a hibridação ontológica das imagens do que um sem-número de exemplos díspares, e é por isso que merece que nele nos detenhamos por um instante. Afinal, conforme observou Mauss, "é um erro pensar que o crédito ao qual tem direito uma proposição científica depende do número de casos em que se julga poder verificá-la". A esse respeito, a realidade de uma correspondência "estabelecida num caso único, mas metódica e minuciosamente estudado",[253] é mais indubitável que as provas fornecidas por uma barafunda de fatos tomados de empréstimo de maneira confusa das mais diversas culturas.

De fato, a etnografia do norte da costa Noroeste apresenta um aspecto paradoxal. É certamente fácil detectar nela os traços típicos de um modo de identificação animista, dos quais muitos aspectos são, aliás, comuns à maioria dos ameríndios do norte do continente. Ali se diz a respeito dos não humanos, especialmente dos animais, que eles veem a si mesmos como humanos e que possuem uma subjetividade, uma cultura e instituições análogas às dos homens, com os quais mantêm relações de pessoa a pessoa. Em contrapartida, quando nos voltamos para a produção figurativa desses povos, a dimensão animista parece ter sido em parte apagada, salvo por alguns objetos, como as máscaras de transformação ou os chocalhos xamânicos. Conforme vimos no capítulo 6, a maioria dos especialistas da região insiste, ao contrário, no fato de que as imagens mais comuns são essencialmente brasões, a saber, agrupamentos de signos icônicos que expressam uma classificação totêmica no sentido que Boas havia esboçado e que Lévi-Strauss desenvolveu algumas décadas depois, isto é, um sistema no qual desvios diferenciais entre dois objetos naturais servem de gabaritos mentais a fim de conceitualizar as discrepâncias entre grupos sociais.[254]

Os tsimshian oferecem uma boa ilustração desse paradoxo. Enquanto pesquisas recentes, especialmente as de Marie-Françoise Guédon, levam a classificá-los de modo inconteste num regime animista, os trabalhos mais antigos, particularmente aqueles de Marius Barbeau e Viola Garfield, sublinham antes sua dimensão totêmica.[255] Felizmente, a tese de doutorado da saudosa Marjorie Halpin permitiu esclarecer de maneira luminosa essa contradição aparente.[256] Fundamentada no estudo de copiosas notas de campo recolhidas entre 1914 e 1957 por Marius Barbeau e seu colaborador autóctone William Beynon, sua monografia evidencia a diferença que os tsimshian fazem entre o sistema de brasões, rico em várias centenas de armas designadas que figuram animais heráldicos, e um outro sistema iconográfico que figura espíritos e ilustra os poderes que eles transmitem aos humanos. Pode-se extrair dessa oposição uma tipologia que distingue nitidamente dois tipos de imagens: as primeiras representam um grupo de qualidades contrastivas encarnadas num totem (*ptEx*) que tem forma animal ou humana, enquanto as outras pertencem incontestavelmente à esfera de um regime animista e têm por objetivo tornar visíveis e ativos espíritos (*naxnɔ'x*), em geral animais. Alguns esclarecimentos a respeito do sistema social tsimshian são indispensáveis para compreender a maneira como esses dois registros se articulam.

Os tsimshian vivem no noroeste da Colúmbia Britânica, no litoral do Pacífico e nas margens dos rios Nass e Skeena, regiões arborizadas ricas em recursos haliêuticos graças aos quais, até as primeiras décadas do século xx, eles podiam subsistir exclusivamente da pesca, da coleta e da caça, em especial de mamíferos marinhos. Eles distribuíam-se em três grandes conjuntos geográficos — os tsimshian da costa, os niska e os gitksan —, cada qual falando uma variante dialetal de sua língua que não é associada a nenhuma outra na região. O salmão, principal fonte de alimento, era capturado e defumado durante os meses de verão, os quais as famílias passavam dispersas em seus campos de pesca, ao passo que o peixe-vela, apanhado em quantidades fenomenais no Nass ao longo da primavera, fornecia o óleo que os tsimshian comercializavam com seus vizinhos tlingit e haida. No inverno, as famílias permaneciam essencialmente confinadas nas aldeias, ocupando espaçosas casas de tábuas de cedro-vermelho, onde viviam das provisões acumuladas durante a estação mais quente; era a época das festas e das cerimônias, o momento em que os espíritos vinham rondar as habitações, o momento também em que os membros das sociedades secretas iniciavam os novatos e em que os grandes chefes organizavam *potlatchs* faustosos no decorrer dos quais se transmitiam ritualmente, de uma geração a outra, títulos e privilégios.[257]

Os tsimshian organizavam-se em casas, sob certos aspectos comparáveis às casas aristocráticas do Antigo Regime, unidades sociais autônomas que levavam o nome de seu chefe de classe mais elevada, exerciam direitos sobre os recursos de um território e detinham um patrimônio cerimonial exclusivo composto de brasões, nomes, mitos de origem, cantos e do direito de organizar determinadas festas.[258] Cada casa pertencia a um dos quatros clãs matrilineares exógamos e a um dos 26 grupos locais designados, habitualmente chamados tribos, que correspondiam em geral a uma aldeia de inverno. A estrutura social tsimshian repousava, além disso, sobre uma segmentação em quatro ordens bastante hierarquizadas: as linhagens descendentes de classe mais elevada — qualificadas como "*royal houses*" pelos tsimshian — eram subdivididas entre as casas dos herdeiros diretos (os "príncipes" e as "princesas") e aquelas dos herdeiros presumidos; as casas da segunda ordem, dita "dos conselheiros", representavam a maior parte da população, enquanto uma terceira ordem, a dos *wahayin*, agregava indivíduos rebaixados ou marginais oriundos da classe precedente, e às vezes da dos chefes, relegados ao ostracismo e à degradação em virtude de sua conduta, de seu temperamento ou de seu nascimento ilegítimo; por fim, os tsimshian possuíam escravos, em geral cativos de guerra. Os membros das duas últimas categorias viviam na periferia do sistema, sem brasões, sem mitos de origem, sem nomes cerimoniais, privados de recurso a um passado ancestral que teria podido conferir-lhes direitos e privilégios. As distinções entre príncipes e "conselheiros", assim como entre casas de alta e de baixa linhagem descendente, eram mantidas, e em parte criadas, pelo sistema de trocas agonísticas do *potlatch*, do qual uma das finalidades era a manipulação dos brasões, símbolo de prestígio por excelência.

Os brasões representavam um totem de aparência animal ou humanoide pertencente a uma casa e celebravam o encontro entre humanos fundadores da casa e espíritos que a eles cederam poderes. Ainda que os brasões fossem uma parte essencial do patrimônio coletivo de uma casa, seu controle efetivo permanecia privilégio das linhagens ascendentes principescas, sendo que cada brasão era associado a nomes transmitidos em linha matrilinear de tal maneira que o chefe levava sempre o nome revestido da mais elevada dignidade. Era no decurso de um *potlatch* convocado para a ocasião que os chefes reivindicavam o direito de ostentar um nome caído em herança jacente e de exibir as armas correspondentes. Para isso, eles precisavam erigir um mastro heráldico que levasse os principais brasões da casa em celebração à memória do chefe falecido do qual reivindicavam o nome e contar em pormenores os acontecimentos que outrora conduziram à adoção desse emblema por um ancestral, cujo vínculo genealógico com o pretendente ao brasão tinha de ser especificado. O brasão podia às vezes ser pintado no frontão de uma casa e as circunstâncias de sua aquisição, figuradas num sainete ou mesmo numa representação teatral mais elaborada, um meio espetacular de reclamar publicamente o direito de usá-lo. A narrativa de validação de um brasão, isto é, a história detalhada das peregrinações de um ancestral em locais identificados com precisão, servia ainda para expressar as pretensões de uma casa sobre um território ou para reafirmar seu direito de fazer uso dele, uma conexão entre sítios e acontecimentos passados que não deixa de lembrar a maneira pela qual o totemismo australiano legitima para grupos oriundos de seres prodigiosos o acesso a locais outrora frequentados por eles. As prerrogativas rituais dos chefes situavam-nos assim numa função de intermediários entre os membros de sua coletividade, os animais-emblemas cujos brasões eles detinham e os espíritos animais dos quais extraíam poderes especiais.

Dentro da estrita hierarquia que governava a sociedade tsimshian, o chefe da casa da classe mais elevada numa tribo ocupava a função de chefe da tribo, sendo que todas as casas dos quatro clãs em cada uma das tribos eram ordenadas abaixo dela numa série descendente. Se alguns chefes gozavam de mais prestígio que outros, nenhum deles, no entanto, exercia um real poder supratribal; a correspondência entre os chefes de tribo no interior de cada conjunto geográfico via-se, ao contrário, baseada numa intensa rivalidade que se expressava primeiramente nos *potlatchs*. Chamado de "pessoa real",[259] o chefe tribal era desprovido de autoridade coercitiva, sendo seus deveres e responsabilidades antes de tudo rituais: ele e sua família deviam a todo momento manifestar uma conduta exemplar, e ele tinha a obrigação de organizar *potlatchs* contra os chefes de outras tribos, especialmente mediante contribuições dos membros de sua própria tribo. Seu papel principal, porém, era mais complexo de se definir e combinava as funções de um mediador cósmico com aquelas de uma memória encarnada dos atributos da casa por ele encabeçada. Com efeito, dizia-se do chefe que ele era um *wihalait*, um "grande *halait*", sendo que o termo *halait* designava ao mesmo tempo um estado, uma qualidade e um estatuto.[260] A palavra é indistintamente traduzida por "dança", "dançarino", "xamã" ou "iniciado" e, de fato, qualquer humano pode ser qualificado como *halait* uma vez que seja considerado detentor de um poder proveniente do mundo dos espíritos e em condições de fazer uso dele, não sendo o chefe senão sua manifestação exacerbada. O termo pode igualmente ser aplicado a artefatos que tenham um vínculo com os espíritos, tais como os adereços de cabeça e chocalhos cerimoniais ou as capas *chilkat*. Por fim, *halait* está estreitamente associado à noção de *naxnɔ'x*: um humano considerado *halait* é alguém que esteve em contato com um *naxnɔ'x*, a saber, um ser, um acontecimento ou uma circunstância que foge do comum e indica uma presença ou uma ação de uma entidade extra-humana. Por essa razão, *naxnɔ'x* é o nome genérico dado aos personagens cujas aventuras são reconstituídas pelos mitos, particularmente os espíritos com forma animal; o termo denota também os seres e as peripécias aos quais se referem determinados nomes que os chefes possuem, nomes esses que eles adquiriram não por filiação, a exemplo daqueles ligados a brasões, mas após uma experiência visionária pessoal que os colocou em contato com um espírito.

Os termos *halait* e *naxnɔ'x* remetem, portanto, à dimensão animista dos tsimshian. Assim como acontece em muitos coletivos autóctones da América do Norte, os poderes xamânicos e certos tipos de competências, tal como a aptidão para ser um bom caçador, um bom guerreiro ou um bom orador, resultam de uma busca visionária ao término da qual um humano adquire um assistente extra-humano, geralmente um espírito animal, que lhe servirá de guia e de protetor. Encontram-se, aliás, entre os tsimshian casos de "perspectivismo", esse regime de identificação que, segundo Eduardo Viveiros de Castro, designa a qualidade posicional de determinadas cosmologias animistas nas quais cada forma de vida enxerga as outras de uma maneira distinta daquela com a qual apreende a si mesma: os humanos veem os animais como animais e os espíritos como espíritos; os animais predadores e os espíritos veem a si mesmos como humanos e veem os humanos como animais (presas); quanto aos animais caçados, que se veem também como humanos, eles veem os humanos como espíritos ou como animais (predadores).[261] É em função dessa lógica do quiasmo perceptivo que os tsimshian dizem, por exemplo, que os salmões se veem como humanos e veem os humanos como seres *naxnɔ'x*, ou seja, espíritos, ao passo que veem como salmões as folhas do álamo balsâmico que caem no rio.[262] Cada tribo-espécie se desenvolve assim no interior de seu mundo, onde leva uma existência coletiva da mesma natureza daquela dos tsimshian, pratica a caça e a pesca, reside em aldeias sob a condução de seus chefes, envolve-se em guerras, entrega-se a festas e consulta seus xamãs.

A diferença entre esse regime animista clássico e aquele dos povos falantes de línguas atabascanas mais a leste vem do fato de que, entre os tsimshian, a aquisição e a transmissão de espíritos pessoais não é mais uma questão individual, como ocorre numa grande parte do norte da América do Norte, mas fica sob o controle dos clãs e das casas. Conforme escreveu Marie-Françoise Guédon, "a busca pelo espírito guardião, enquanto necessidade e privilégio de todos os homens e mulheres livres, foi quase que completamente absorvida e redefinida pelo sistema de brasões e, em seguida, pelas sociedades secretas [...], elas mesmas controladas pelos chefes da casa e do clã".[263] Melhor dizendo, em contraste com o costume em vigor em outros coletivos animistas de manter secretas a identidade do espírito que os assiste e as circunstâncias em que se entrou em contato com ele, os tsimshian difundiam essas informações sob a forma de uma máscara, de um canto ou de uma dança que evocassem o encontro. A encenação ritual do acontecimento permitia recriá-lo em público, dar-lhe densidade semântica e efetividade prática, em suma, reconstituir as condições de ativação das capacidades extra-humanas assim outorgadas por um espírito a um humano.

Para melhor compreender em que as imagens que figuram nos brasões diferem das imagens que representam espíritos animais, não será inútil retornar à questão da hierarquia. Como se pode ver, os tsimshian são uma sociedade de classes, obcecada pelo respeito à etiqueta, à distinção dos estatutos e à distribuição desigual de prerrogativas, evocativa sob certos aspectos da corte francesa descrita por Saint-Simon: não apenas as casas eram classificadas por ordem de importância dentro de uma tribo, mas os clãs também o eram entre os gitksan, os subclãs dentro de um clã e os clãs dentro de uma tribo entre os niska, e finalmente também os nomes dentro de uma casa. No entanto, essa obsessão pela classificação, manifesta na destreza com a qual os informantes são capazes de ordenar numa escala de precedência as casas e os clãs, nem por isso implicava uma absoluta fixidez das posições. Os *potlatchs* permitiam efetivamente aos homens ambiciosos subir na hierarquia e adquirir novos nomes, novos títulos, novos privilégios. A tensão entre as posições transmitidas pela filiação — de tio para sobrinho — e aquelas que um *potlatch* permitia que se ganhassem é bastante nítida no caso dos brasões, uma vez que, como vimos, o direito de ostentá-los era herdado, mas devia em primeiro lugar ser validado por um *potlatch* para se tornar efetivo. Sem dúvida, a importância respectiva da filiação e da riqueza na constituição do prestígio pessoal é motivo de debate entre os especialistas nos tsimshian; Philip Drucker afirma que os estatutos eram baseados no parentesco, mas expressos em termos de riqueza, enquanto Marjorie Halpin sustenta o contrário.[264] A ideia que ambos exprimem, porém, é idêntica: não se alcançava uma situação de eminência a não ser pela manipulação de posições herdadas graças a posições adquiridas. A mobilidade, tanto ascendente quanto descendente, era, portanto, mais ampla do que o sistema de classes permite supor, e o brasões, a um só tempo signos de distinção social e figurações de qualidades transmissíveis, desempenhavam um papel importante nessa flexibilidade de condições da grandiosidade.

Como pode um objeto icônico ser ao mesmo tempo um emblema convencional que expressa uma posição estatutária e um suporte encarnado de disposições passíveis de serem herdadas? Trata-se do paradoxo aparente dos brasões tsimshian, no qual precisamos nos deter por um momento. O que se traduz como "brasão" — os tsimshian diziam "crest", em inglês — remete, na verdade, a três termos distintos: *ptEx*, *ayuks* e *dzepk*.[265] Embora *ptEx* seja muitas vezes traduzido como "clã", o termo designa também e sobretudo os animais totêmicos principais associados aos quatro clãs, a saber, quatro pares de protótipos primários (Corvo-Rã, Lobo-Urso, Orca-Urso-Pardo e Águia-Castor) a partir dos quais podem ser declinadas inúmeras variantes de brasões, cada qual caracterizada por uma atributo particular. A esses protótipos totêmicos somam-se espíritos humanoides e seres aparentemente compósitos que representam, na realidade, o produto de uma fusão de qualidades narrada num mito e que se figurava numa imagem. Quanto ao termo *ayuks*, ele se refere às armas, isto é, à imagem como composição simbólica, fixada num modelo icônico que representa uma das variantes de um protótipo totêmico *ptEx* — nele pode haver até uma dezena delas. Por fim, *dzepk* é a realização material de uma arma, sua figuração numa escultura ou numa pintura.

O sistema de brasões tsimshian se distingue daquele das outras populações da costa Noroeste, particularmente de seus vizinhos tlingit e haida, na medida em que cada espécie animal heráldica é ela própria subdividida num grande número de variedades, ou seja, figurações diferentes, sendo cada uma dessas figurações posse exclusiva de uma casa. Dessa forma, os haida tinham apenas um único brasão do

Corvo, enquanto os tsimshian contavam uma dúzia deles, cada qual com seu nome: Corvo-Príncipe, Corvo-Pendurado-por-uma-Pata, Corvo-Branco, Corvo-Sentado-Tranquilamente, Corvo-Comedor-de-Fígado-de-Salmão, Corvo-Fendido etc. Essa diversidade se deve ao fato de que, diferentemente de seus vizinhos, os tsimshian vivenciavam uma hierarquia segmentar interna às linhagens descendentes; em outras palavras, os sub-brasões representavam outras tantas posições classificadas por ordem de precedência no interior do grupo de filiação principal titular do brasão que as englobava. O princípio de partição repousava sobre a aplicação de um núcleo de operadores baseado em atributos de localização, forma, cor e idade aos oito animais que compunham os brasões totêmicos primários.[266] O descritor "do céu" (*laxE'*), por exemplo, define variedades heráldicas do Corvo e do Urso-Pardo, ao passo que o qualificativo "Príncipe" (*łkuwE'ksɔk*) especifica um tipo de brasão para sete dos oito animais totêmicos.[267] O sistema de qualidades que caracteriza um brasão funciona de maneira contrastiva: conforme sua cor seja ou não estipulada; conforme ele seja fendido ou inteiro; conforme ele seja ou não decorado com madrepérola de abalone ou cobre; conforme seu hábitat (água, terra, montanha, céu); conforme ele seja jovem ou adulto; conforme ele se refira à cabeça ou ao corpo; conforme ele esteja em pé ou sentado; conforme ele exista sob uma forma única ou múltipla; conforme ele tenha ou não uma face humana etc. Cada brasão pode assim ser identificado por um traço iconográfico que denota o operador que o caracteriza: por exemplo, uma imagem de urso com incrustações de madrepérola de abalone será "Príncipe-dos-Ursos", uma imagem de rã com rosto humano representará "Rã-Espírito".

Além disso, muitos brasões figuram seres humanoides (Homem-de-Duas-Cabeças, Ser-Inteiro, Capa-dos-Escalpos...); se alguns remetem a ancestrais que realmente existiram, a maioria deles representa antes espíritos antropomorfos que outrora se manifestaram aos ancestrais dos clãs com brilho suficiente para que estes os adotassem como brasão. Por fim, diversos brasões figuram quimeras, entendidas como a combinação entre dois seres cujos atributos estão reunidos; assim é o brasão Urso-Pardo-do-Mar, representado como um urso-pardo paramentado com uma nadadeira. Urso-Pardo era o brasão de uma tribo tsimshian do interior condenada a fugir de sua aldeia após uma maldição dos espíritos e que teve de se agregar a um grupo tsimshian da costa que pertencia ao mesmo clã, mas que tinha Orca como brasão principal. A união dos dois grupos resultou numa troca de brasões: os do interior adotaram Orca, renomeado como "Orca-das-Colinas", ao passo que os da costa tomaram Urso-Pardo, a partir de então "Urso-Pardo-do-Mar", tendo cada grupo acrescentado uma parte das qualidades do outro por meio dessa conversão cruzada. Os dois brasões fusionavam assim, numa imagem prototípica, qualidades anteriormente dissociadas a fim de requalificar a ontologia de um grupo humano cujas características dependem em parte de suas relações passadas com espíritos animais.

A multiplicação de referentes semânticos dos brasões permite colocar em evidência que o totemismo tsimshian não é um mero dispositivo classificatório que se utiliza das descontinuidades naturais entre plantas e animais para qualificar descontinuidades entre grupos sociais, nos termos da tese defendida por Claude Lévi-Strauss em *O totemismo hoje*. Na verdade, dificilmente se pode falar nessa forma de totemismo de uma homologia entre dois sistemas de diferenças, um que seria da esfera da natureza — a discrepância entre a espécie x e a espécie y — e outro da cultura — a discrepância entre o clã a e o clã b —, uma vez que as subdivisões dos brasões não refletem disparidades entre espécies, nem mesmo no interior de uma espécie, mas agregados de qualidades diversamente agenciadas.[268] A diferença entre Corvo-Príncipe, Corvo-Sentado-Tranquilamente e Corvo-Fendido não é indexada à "natureza", mas antes, na terminologia de Lévi-Strauss, à "cultura", isto é, às construções simbólicas por meio das quais os tsimshian conceitualizam as hierarquias estatutárias. Afinal, as subdivisões de cada brasão e, portanto, a particularização da infinidade de posições sociais que o totemismo tsimshian torna possível remetem às circunstâncias iniciais da associação entre um indivíduo humano e um representante da espécie totêmica singularizada por esse encontro, circunstâncias essas que o brasão encarna e cuja memória ele perpetua.

As narrativas míticas trazem informações preciosas a respeito da natureza desses encontros entre um ser extra-humano e o ancestral, que obtém nessa ocasião poderes transmissíveis à sua linhagem. A mitologia tsimshian é tipicamente animista em seu princípio, e o regime ontológico que ela retrata assemelha-se bastante àquele que os mitos amazônicos relatam. Nos tempos por ela descritos, humanos e não humanos tinham muitos pontos em comum: vivendo em coletivos análogos aos dos humanos, os animais usavam vestimentas corporais próprias à sua espécie das quais podiam se despojar à vontade para se fazerem ver com uma aparência humana. Eles, porém, superavam significativamente os humanos, pois detinham poderes e saberes dos quais os humanos eram privados e que eles empregavam para caçar sua alma e seu corpo. Reduzidos à condição de caça, os humanos não tinham outra defesa a não ser adquirir daqueles que os acossavam disposições particulares às suas espécies; ao fazê-lo, transformavam-se um pouco nos predadores que eles procuravam emular captando, por artimanhas de sua parte ou compaixão da parte dos animais, às vezes por simples contato, algumas das qualidades que tornavam estes últimos superiores, operações todas relatadas em detalhe pelos mitos. Uma vez contraída por um humano, essa forma de contaminação ôntica podia ser transmitida de geração em geração em conjunto com as aptidões das quais era a expressão ostensiva, incorporadas que estavam nos brasões e regularmente reativadas por um descendente do personagem que as conseguiu por meio da narrativa pública das circunstâncias de sua entrada no patrimônio disposicional da casa. Ainda que obtidas na origem por indivíduos e transmitidas apenas nas linhagens dos chefes juntamente com os nomes e os brasões associados, essas aptidões beneficiavam desse modo todos os membros da casa a despeito das disparidades hierárquicas internas, uma vez que todos participavam da mesma comunidade física e moral.

O mito de Lobo-Branco, do qual daremos aqui resumidamente a versão recolhida por William Beynon, ilustra bem a maneira como os tsimshian concebem as aquisições de qualidades junto dos animais.[269]

> Havia entre os niska um grande caçador de nome Gadaswaw que era um chefe eminente do clã do Lobo. Ele caçava tão bem que os animais decidiram se ver livres dele e encarregaram os lobos dessa tarefa, já que Gadaswaw pertencia ao seu clã. O chefe de todos os lobos era um

grande lobo branco que sempre conseguira escapar dos caçadores mais hábeis, e é por isso que Gadaswaw estava desejoso de matá-lo e dele fazer seu brasão. Gadaswaw partiu um dia com seu avô em busca de um belo cedro-vermelho para fazer uma piroga. Após deixar o avô por um momento, teve de se render à evidência, no final da tarde, de que ele havia desaparecido. Seguindo seu rastro, ele deparou com uma casinha onde vivia a mulher-rato, que o informou que os lobos haviam pegado seu avô para engordá-lo e comê-lo durante uma grande festa. A mulher-rato conferiu-lhe uma proteção mágica e indicou-lhe onde ficava a aldeia dos lobos. Gadaswaw para lá se dirigiu e viu lobos de todo tipo: alguns usavam capas pretas, outros, capas vermelhas e cinza, enquanto um dentre eles, um homem gigantesco, usava uma capa branca. Ele procurou o avô de casa em casa e chegou à maior delas, onde um grande lobo branco ia tomar seu banho de purificação. Era nessa casa também que seu avô era mantido prisioneiro. A mulher-rato havia acompanhado Gadaswaw e o preveniu de que o chefe Lobo-Branco ia se purificar ao longo de quatro dias, antes de tomar um último banho numa torrente. Ali, ele tiraria sua capa branca e imergiria nu na torrente. Era preciso aproveitar a oportunidade, ela lhe disse, para apoderar-se de sua capa e escapar com o avô.

Gadaswaw seguiu seu conselho e valeu-se do banho de Lobo--Branco para roubar-lhe a imensa capa branca e fugir. Quando Lobo-Branco saiu da água e se deu conta de que sua capa desaparecera, gritou: "Sinto cheiro de Gadaswaw. Vamos persegui-lo!". E todos os lobos se puseram a seguir sua pista. No momento em que estavam perto de alcançá-lo, Gadaswaw trepou num grande abeto. Os lobos atacaram as raízes da árvore, mas, fatigados, acabaram adormecendo noite adentro. Gadaswaw aproveitou para seguir seu caminho. Ele repetiu essa operação diversas vezes e, graças a engenhosos subterfúgios, logrou se ver livre de todos os lobos. Enquanto isso, o avô de Gadaswaw havia conseguido fugir da aldeia dos lobos, abandonada por seus habitantes. Ao partir, ouviu Lobo-Branco lamentando-se por não mais ter sua capa para vestir; ele cantava "Gadaswaw pegou minha pele". O avô e o neto se reencontraram e retornaram para sua própria aldeia. Ali, Gadaswaw convocou uma grande festa durante a qual tomou Lobo-Branco como brasão e como nome de chefe.

O mito de Lobo-Branco é típico das narrativas animistas que descrevem a viagem de um herói entre os seres que se veem e se comportam como humanos, mas que são, na realidade, animais cuja vestimenta-corpo revela sua identidade verdadeira. O roubo dessa vestimenta por um humano a fim de garantir a si mesmo um domínio sobre o animal despojado é igualmente um episódio característico dessas narrativas (ver a história da mulher-raposa no capítulo 2), com a diferença de que a façanha do caçador tsimshian e a aptidão sobre-humana para caçar lobos que ela possibilita se encarnam aqui num brasão e se convertem numa disposição passível de ser herdada. Sem contar que é possível também para um descendente do caçador vestir-se com a vestimenta-lobo e assim desfrutar das competências a ela vinculadas, a exemplo de um chefe do clã do Lobo fotografado no final do século XIX numa aldeia tsimshian do Nass (ilustração 66); ele joga, então, com os dois quadros ontológicos: a capacidade animista de assumir as disposições de um animal tomando-lhe emprestado o corpo e a capacidade totêmica de incorporar num brasão essas disposições tornadas coletivas.

Outro mito recolhido por William Beynon lança uma luz diferente sobre os brasões, uma vez que relata as circunstâncias que permitiram aos tsimshian aprenderem que os animais também os possuem.[270] Ele é apresentado aqui, novamente numa forma reduzida.

Há muito tempo, quatro caçadores tsimshian lançaram-se ao mar para caçar focas e pararam numa ilha para repousar. Eles sabiam que era ali que residia a lula gigante que havia arrastado inúmeras pirogas para o fundo do oceano. Logo viram uma grande orca com um orifício distintivo na nadadeira dorsal mergulhar na direção do antro subaquático da lula, demorar-se debaixo d'água, depois voltar à superfície numa nuvem de sangue. Essa orca era Príncipe-das-Orcas. Ao ver seu cadáver, uma de suas companheiras alertou todas as orcas do mundo a respeito do que se passara. Elas se reuniram na casa do chefe das orcas, que lhes disse: "Temos de nos vingar da grande lula; ela matou meu sobrinho que deveria me suceder, ela arrastou muitas pirogas para o fundo do mar; é preciso matá-la, ou ela irá nos matar".

Pouco depois, os quatro caçadores tsimshian avistaram uma grande quantidade de orcas se aproximando da toca da lula gigante.

Elas se dividiram em quatro grupos, e os caçadores compreenderam imediatamente que essa divisão era semelhante à dos quatro clãs tsimshian, tanto assim que cada grupo tinha seu próprio chefe e seu próprio brasão, marcas distintivas na nadadeira dorsal. A narrativa descreve como as orcas de cada clã travaram batalha com a lula gigante. As primeiras a atacar foram as do clã da Águia, cuja nadadeira levava como brasão círculos brancos que representavam o bastão roído pelo castor. As orcas-Águia pereceram uma após a outra, mas a última trouxe um tentáculo da lula. Em seguida, as orcas do clã da Orca se lançaram ao ataque, com seu chefe ostentando como brasão um orifício na nadadeira dorsal; a maioria pereceu, mas as sobreviventes emergiram com outros dois tentáculos da lula. Foi então a vez das orcas do clã do Lobo de travarem batalha, tendo o seu chefe uma nadadeira dorsal em forma de cauda de lobo; elas combateram longamente a grande lula, e todas foram mortas, não sem ter entregado três de seus tentáculos. Faltavam apenas as orcas-Corvo. O chefe de todas as orcas disse ao chefe das orcas-Corvo, cuja nadadeira dorsal tinha a forma de um bico de corvo, que elas eram as últimas a poder vencer a lula. O chefe das orcas-Corvo disse: "Irei sozinho". E mergulhou. Por três vezes, partiu para o combate e a cada vez entregou um tentáculo; na última vez, retornou quase morto de seu combate e teve de descansar a noite toda. Ao amanhecer, os caçadores tsimshian viram que o chefe das orcas-Corvo se preparava para mergulhar novamente. Ele permaneceu debaixo d'água ao longo de todo o dia, e o mar ficou vermelho de sangue. À tardinha, uma enorme massa viscosa subiu à superfície: era a lula gigante, enfim morta. Quanto ao chefe das orcas-Corvo, ele voltou logo em seguida, com o último tentáculo da lula a tiracolo, quando todos o acreditavam morto; mas ele sobreviveu. Foi assim que a lula gigante foi morta pelos quatro grupos totêmicos das orcas, e é assim que os tsimshian sabem que os animais também têm brasões.

O mito da guerra das orcas contra a lula gigante coloca claramente em evidência o caráter compósito da mitologia tsimshian. Sua estrutura geral é classicamente animista, já que nela se vê uma tribo-espécie, as orcas, levar uma existência semelhante à dos humanos; elas vivem em casas, se deslocam em pirogas e se organizam como os tsimshian, com uma chefia na qual o sobrinho uterino sucede o tio materno. A única diferença digna de nota reside no envoltório corporal que permite às orcas realizar ações impossíveis para os humanos, como mergulhar um dia inteiro no fundo do mar para ali travar batalha com um monstro dos abismos. Estamos aqui, sem dúvida, no perímetro do animismo: generalização aos não humanos de uma interioridade humana — fazendo deles sujeitos sociais — e descontinuidade de naturezas corporais — que abre a cada espécie um mundo bem próprio, prolongando seus trunfos físicos e disposicionais.

Para além dessas características habituais, no entanto, a tribo-espécie das orcas divide-se em quatro grupos, análogos aos quatro clãs tsimshian, cujos chefes ostentam um signo distintivo que anuncia sua afiliação totêmica, nesse caso uma configuração particular da nadadeira dorsal. Os brasões das orcas — e, com maior razão ainda, aqueles dos tsimshian — não são, portanto, meras imagens a figurar uma composição de símbolos que denotam uma posição social, à maneira das armas convencionais. Eles representam vestígios, marcas, índices de qualidades substanciais próprias a cada um dos quatro clãs e que o nome de um animal totêmico permite sintetizar. É por esse motivo que as orcas podem pertencer ao grupo totêmico Orca sem que essa duplicação, inútil de um ponto de vista classificatório estrito, constitua um problema de coerência lógica. Elas são primeiramente orcas em regime animista, isto é, enquanto membros de uma tribo-espécie particular que têm um corpo particular; são, além disso, orcas em regime totêmico, isto é, enquanto detentoras de qualidades contrastivas diferenciadas no interior do grupo das orcas, qualidades essas que as distinguem como orcas-Orca, orcas-Corvo ou orcas-Lobo.

Duas semelhanças com o totemismo australiano merecem ser destacadas. Em primeiro lugar, o fato de que, tanto para os tsimshian quanto para os aborígenes, os motivos que constituem o patrimônio icônico dos grupos são atributos intrínsecos dos seres totêmicos cujas propriedades — e não adereços, ornamentos ou agrupamentos convencionais de signos que remetem a uma classe ou a uma filiação — eles manifestam de maneira visível; eles são uma parte do próprio corpo dos seres que servem de totem ou são a imitação da pegada deixada por eles, razão pela qual podem ser exibidos somente por aqueles que estão aptos a atestar um vínculo com esses seres. E é por incorporarem as aptidões e os poderes de personagens na origem das particularidades físicas e comportamentais de grupos identificados com um totem que esses motivos, tanto na Austrália quanto entre os tsimshian, podem ser empregados em ritos nos quais sua força genésica e coesiva será mobilizada em benefício dos humanos que compõem cada uma dessas unidades. O outro traço comum é a ideia de que a ordem totêmica, se não suas manifestações concretas, existe desde sempre, em todo caso desde esse período de anterioridade indeterminada que servia de moldura para os mitos ameríndios ou quando dessa aurora do mundo que os aborígenes chamam de o "tempo do Sonho". Nesses tempos muito antigos, os existentes já eram divididos em classes, cada qual dotada de uma identidade ontológica singular, cada qual se conformando ao gabarito geral que ordena o conjunto do cosmos. A isso os tsimshian acrescentam uma possibilidade de subdivisões posteriores baseadas em encontros entre um ancestral e um espírito, experiências sempre singulares e que acabam por diversificar os poderes e os atributos dos quais os humanos de cada grupo podem dispor, o que contribui para que sejam tantas as espécies distintas no interior de um mesmo conjunto étnico.

Vejamos agora o que ocorre com as imagens animistas. Lembremos que, paralelamente ao sistema de brasões, os tsimshian utilizavam uma categoria de imagens ditas *halait*, associadas aos espíritos *naxnɔ'x* que eles frequentavam no dia a dia, os quais eram igualmente provedores de nomes, mas em condições bastante diferentes daquelas que permitiam às linhagens ascendentes principescas atualizarem os poderes de espíritos outrora encontrados por seus ancestrais e tornados propriedade de sua casa. Além disso, os nomes *naxnɔ'x* eram colocados em cena em cerimônias distintas dos *potlatchs*, essas ocasiões solenes para os chefes reivindicarem o direito de recuperar um nome e ostentar um brasão. As cerimônias *naxnɔ'x* assumiam na maioria das vezes a forma de uma pantomima burlesca no decorrer da qual um ator mascarado e fantasiado convidava os espectadores ali reunidos a identificarem o espírito que ele estava personificando e cuja assistência havia sido recebida por um chefe após uma visão. Os espíritos que respaldavam os membros das linhagens ascendentes principescas eram objeto, assim como os brasões, de uma transmissão hereditária no interior de uma casa, geralmente por intermédio de sociedades secretas das quais uma grande parte da população era membro, ainda que sob o controle dos chefes. Os interessados comunicavam sua experiência visionária, sendo que o sainete representado pelo ator servia para fixar publicamente a identidade dos espíritos, para lhe agradecer pelo poder concedido, para fazer com que esse poder fosse reconhecido pela comunidade e para integrar o acontecimento ao patrimônio da casa. A encenação ritual dessa adjunção de um espírito auxiliar permitia recriar as circunstâncias do encontro e, assim, recolocar em movimento os poderes delas derivados em benefício dos membros das sociedades secretas e da casa em geral. Ao contrário do modo de exposição narrativa e mais estática que marca a reapropriação de um brasão, os espíritos *naxnɔ'x* eram encarnados e tornados efetivos como pessoas atuais, com sua voz se fazendo ouvir graças aos assobios cerimoniais. Enquanto a exibição de brasões por ocasião dos *potlatchs* celebrava as circunstâncias de uma interação ocorrida entre um humano e um não humano, as cerimônias *naxnɔ'x* constituíam uma presentificação, nos locais habitados, de seres extra-humanos que normalmente viviam fora das aldeias.

Acrescentemos que uma casta de artesãos prodigiosos, os *gitsonk*, secundava os chefes nessas operações. Encarregados de esculpir as máscaras *naxnɔ'x* e os objetos *halait*, de compor as canções e as cenografias em que eles eram dispostos, esses personagens influentes, a exemplo de seus equivalentes nas casas reais e principescas do Renascimento, combinavam as competências do conselheiro, do artista e do mestre de entretenimentos. Os *gitsonk* contrapunham-se, nesse sentido, aos artesãos *ukgihla*, de um estatuto inferior e que, por sua vez, tinham como função fabricar as imagens associadas aos brasões, particularmente os adereços de cabeça e os mastros heráldicos, um contraste que, sem dúvida, parecerá surpreendente aos amantes contemporâneos das "artes primitivas", já que as produções destes últimos são hoje tidas em maior estima do que as dos primeiros.[271]

Os nomes de espíritos *naxnɔ'x* faziam referência ora a seres de aparência humana — "Orgulhoso", "Escravo-de-Origem-Humilde",

"Briguento", "Surdo", "Lamuriento", "Mulher-Macho", "Pessoa-Ávida", "Tolo" etc. —, ora a espíritos animais que podiam também ser nomes de brasão — "Urso-Pardo-Invasor", "Urso-Pardo-Boca-Grande", "Urso-Pardo-da-Ratazana", "Urso-Pardo-Comedor-de-Amoras", "Lobo-Saqueador" ou "Rã-Voadora".[272] Segundo Marius Barbeau, a coincidência parcial entre o nome de espírito e o nome de brasão se explicaria pelo fato de que entidades extra-humanas encontradas como espíritos *naxnɔ'x* por chefes no decorrer de suas buscas visionárias teriam se tornado brasões sem deixar de serem espíritos; é o caso, por exemplo, de "Lobo-Saqueador".[273] Os tsimshian oferecem, assim, o caso exemplar de um regime híbrido que combina todas as características de uma ontologia animista com alguns traços pronunciados de uma ontologia totêmica de tipo australiano. Típica do animismo é a ideia de que a alma dos não humanos reside em envoltórios corporais removíveis que contêm disposições das quais os humanos são desprovidos, precisando adquiri-las dos animais. Quanto à dimensão totêmica, é fácil de ver que ela vai muito além de um sistema classificatório no qual descontinuidades naturais serviriam para pensar e nomear descontinuidades sociais. Em primeiro lugar, porque o sistema de brasões não forma uma série natural, já que compreende toda sorte de elementos díspares que não diferem entre si como poderiam fazê-lo as espécies. Depois, porque cada brasão remete a poderes e disposições obtidos de espíritos por um humano, e esse conteúdo substancial faz dele muito mais do que um mero signo contrastivo. Essas qualidades se acrescentam a outras num patrimônio coletivo transmissível de nomes e de brasões que se tornam como que a "natureza" de uma casa, sua identidade própria constituída do acúmulo de atributos que os ancestrais do grupo conseguiram adquirir de não humanos.

É verdade que a transmissão de características físicas e morais entre gerações deve ser reativada nos *potlatchs*, o que confere às qualidades totêmicas tsimshian um caráter menos intrínseco do que àquelas que se perpetuam no interior dos grupos totêmicos australianos. É verdade também que as disposições adquiridas de não humanos dizem respeito somente ao grupo humano que delas se beneficiam, além do grupo de não humanos dos quais elas foram obtidas, diferentemente da Austrália, onde essas disposições afetam o conjunto do coletivo misto de humanos e de não humanos que tenham uma mesma origem. Assim como entre os aborígenes, no entanto, os não humanos aos quais os humanos estão associados não são de maneira alguma animais "comuns" com os quais a identificação se faria, por exemplo, com base em supostas semelhanças. Do mesmo modo que os seres do Sonho na origem dos grupos totêmicos australianos são protótipos genéricos que, exceto pelo nome que os designa, pouco têm a ver com a fauna e a flora locais, também as fontes das disposições que os ancestrais dos tsimshian receberam não são o urso ou o lobo dos manuais de zoologia, mas espíritos animais que levam uma vida semelhante à dos humanos e com os quais esses ancestrais estabeleceram um relacionamento de pessoa para pessoa. Não se observa nem na Austrália nem na costa Noroeste uma atitude de respeito sagrado perante um animal visto como um ancestral, segundo a imagem veiculada pelas antigas teorias do totemismo, mas antes o reconhecimento de que grupos de humanos transmitem entre si qualidades e aptidões que procedem de uma origem não humana específica.

Como se exprime essa combinação original entre animismo e totemismo no registro figurativo? O grande mérito do trabalho de Marjorie Halpin é ter lançado luz sobre essa questão ao mostrar que as figurações *naxnɔ'x* se distinguem das figurações de brasão menos pelo conteúdo aparente da imagem — o objeto representado — do que pelo tipo de meio escolhido para sua atualização e pelas condições de sua exibição.[274] Dessa forma, os brasões totêmicos eram sempre figurados sobre os mesmos suportes, a saber, os mastros heráldicos, os pilares e frontões da casa, as pinturas murais, os adereços de cabeça e testeiras cerimoniais, as túnicas, os tambores, os chapéus, as conchas de sopa e os pratos de festa. Por outro lado, os brasões jamais eram representados nos anzóis de halibute, nos chocalhos cerimoniais, nas placas de cobre, nas arcas ou nas capas *chilkat*. Entre esses objetos, os anzóis esculpidos, os chocalhos e as máscaras são imagens *naxnɔ'x* dotadas de uma potência de agir, isto é, francamente animistas, mesmo quando representam o mesmo espírito animal que um brasão.[275]

Tomemos o caso da águia, que é ao mesmo tempo um dos oito animais totêmicos, portanto provedor de motivos e de nomes para os brasões, e um espírito *naxnɔ'x* rotineiramente encarnado em determinadas cerimônias por um ator coberto por uma máscara, tal como aquela que pertencia ao chefe Səmədi.'k da aldeia de Kitwanga (ilustração 67). O portador da máscara se movia entre o público imitando o comportamento agressivo da águia e, ao passar, dava golpes com suas garras, sendo que cada pessoa arranhada recebia em seguida uma prenda por seu sofrimento.[276] Contudo, o chefe Səmədi.'k era também um membro eminente do clã da Águia (*laxsk˙ i.'k*) e, como tal, tinha o direito de exibir um brasão sob a forma, por exemplo, de um adereço de cabeça cerimonial do gênero daquele ostentado na ilustração 68; trata-se, segundo qualquer verossimilhança, de uma cabeça de águia empalhada, acessório heráldico para a cabeça usado pelos chefes e pelos personagens de alta estirpe. Consequentemente, e conforme demonstrado do modo mais claro possível pela justaposição de duas fotos do chefe Səmədi.'k (ilustração 68), quando um tsimshian usa uma máscara de águia numa cerimônia *naxnɔ'x*, ele personifica um espírito que lhe é contemporâneo e, quando usa num *potlatch* um adereço de cabeça cerimonial que comporta a imagem de uma águia, ele ostenta um brasão que testemunha uma qualidade totêmica herdada.[277] De uma maneira mais geral, sempre que o rosto do portador de uma imagem permanece visível, ela é um brasão, e sempre que esse rosto é escondido, ela se torna a manifestação de um espírito *naxnɔ'x*. Como era o caso também da pele usada pelo chefe Skateen (ilustração 66), um corpo animal do qual se podem extrair disposições segundo uma lógica animista se converte assim em brasão sempre que os tsimshian de alta classe com ele se vestem em nome de sua casa; afinal, os chefes são considerados os únicos capazes de encarnar o animal totêmico ao se cobrirem com seus despojos, provavelmente porque sua "natureza" própria é a que mais se aproxima do núcleo de qualidades que definem o ser prototípico ao qual o clã deve seu caráter distintivo.

As testeiras representam outro gênero de brasão: trata-se de peças de madeira esculpidas e pintadas usadas como faixas na testa e que se assemelham a escudos europeus em função da gramática complexa de sua composição. Aquela da ilustração 69 figura mais uma vez um brasão do clã da Águia, com a cabeça da ave ocupando a parte superior, enquanto suas asas estilizadas se retraem sobre o ventre e deixam sobressair as patas. Uma pequenina cabeça humana figura a articulação das asas, característica que Leonhard Adam mostrou ser comum à iconografia da costa Noroeste e àquela da China do primeiro milênio a.C. e que ele define como "o princípio da transformação ilógica de detalhes em novas representações que não foram originalmente previstas (por exemplo, [...] em que o ornamento de olho, que não é propriamente um olho, mas apenas indica uma articulação, torna-se olho no sentido estrito desse termo)".[278] Essa disposição faz parte do arsenal formal que os produtores de imagem ameríndios da costa pacífica empregaram a fim de desmembrar os corpos que eles figuram em tantos elementos quanto os pontos de vista que se possam adotar sobre eles. Trata-se talvez, com isso, de indicar uma intencionalidade distribuída da Águia, cujo modo de locomoção adquire assim como que uma autonomia separável da totalidade da ave. Uma rã, referência a um dos outros animais totêmicos, é também colocada sobre o ventre da águia, onde ela vem modular o brasão principal por meio de uma variação.[279] Por fim, a faixa de incrustações de madrepérola de abalone que emolduram a testeira corresponde ao operador "Príncipe-de", empregado para definir subdivisões de brasões caracterizadas pela iridescência do salmão.

Uma capa de chefe em lã vermelha debruada com pelo de arminho introduz outra variante da figuração do brasão da Águia: duas figuras de águia segurando flechas com suas garras são efetivamente representadas na parte superior da vestimenta por meio de um tecido costurado em aplique, realçado com pequenos botões de madrepérola de abalone (ilustração 70). Ora, cada um desses motivos — que muito se assemelham à águia-de-cabeça-branca do grande selo dos Estados Unidos e podem nela ter se inspirado — apresenta, porém, a característica, sempre que a capa é usada com cada uma das abas rebatida sobre um lado do peito, não apenas de combinar uma visão frontal do corpo e uma visão lateral da cabeça, mas também de se encontrar diante do outro, simetricamente invertido ao longo de um eixo vertical que passa pela ponta do bico. Não se pode deixar de ver nessa justaposição de perspectivas múltiplas outra figura clássica da arte da costa Noroeste, o desdobramento da representação, cujo exemplo mais conhecido, já evocado no capítulo 1, é discutido por

Boas em *Arte primitiva*, que o ilustra justamente com o frontão de uma casa tsimshian recolhido por ele e sobre o qual está retratado o brasão do clã do Urso sob a forma de dois perfis de urso dispostos de ambos os lados de uma linha mediana imaginária (ilustração 5).[280]

O único frontão pintado de uma casa tsimshian ainda em perfeito estado de conservação (na Smithsonian Institution de Washington) é testemunha também, muito provavelmente, de uma representação desdobrada, menos manifesta, no entanto, do que no exemplo do urso (ilustração 71). Ele figura o brasão de uma casa do clã *g'ispǝwudw'dǝ* (Orca) da aldeia de Lax Kw'alaams (Fort Simpson), cuja parte central representa Nagunaks, o chefe dos espíritos subaquáticos, sobreposto à porta de entrada e emoldurado por dois perfis simétricos de orcas sobre os quais se pode pensar que sejam os dois lados de um mesmo animal, ainda que os focinhos não se encostem. As orcas são os assistentes pessoais de Nagunaks, e o brasão retrata a estadia em sua casa sob o mar de quatro ancestrais do clã que ali foram acolhidos durante um ano antes de voltarem à superfície carregados de presentes, entre os quais esse brasão que reconstitui suas atribulações.[281]

Outra imagem do brasão da Águia, dessa vez sobre a pele de um tambor, permite enriquecer o esquema da representação de perspectivas múltiplas (ilustração 72). Não se trata aqui de uma representação desdobrada comum, isto é, bilateral, já que a águia é figurada no centro, combinando uma visão frontal do corpo e uma visão lateral da cabeça, a exemplo das águias da capa. Os motivos retratados no círculo externo, porém, acrescentam diversos pontos de vista suplementares: frontal para a cauda da águia na parte de baixo e para a face humana ladeada por mãos na parte de cima, ao passo que as figuras de perfil nas duas laterais representam provavelmente o dorso do personagem cujo rosto aparece no alto, um dorso visto em representação desdobrada, mas invertida em relação a um eixo de simetria que seria preciso imaginar no outro lado do tambor.[282] Este último caso está longe de ser único. De fato, e salvo uma confirmação por meio de um inventário tão sistemático quanto aquele realizado por Marjorie Halpin, pode-se adiantar que os objetos sobre os quais produtores de imagem tsimshian figuraram seres segundo perspectivas múltiplas são, via de regra, suportes de brasão: frontões de casa, mastros heráldicos, pratos de festa, chapéus, braceletes, capas, aventais de dança, tambores, adereços de cabeça e testeiras.

A maneira como os tsimshian organizam as diferenças entre as imagens animistas e as imagens totêmicas pode agora ser sintetizada (tabela 5).

IMAGENS ANIMISTAS	IMAGENS TOTÊMICAS
Objetos halait	Brasões ayuks
Representando um espírito designado (*naxnɔ'x*)	Representando um grupo de qualidades contrastivas sintetizadas num totem designado (*ptEx*)
Motivo adquirido *no presente* por meio de uma interação de um *contemporâneo* com um espírito	Motivo adquirido *em outros tempos* por meio de uma interação de um *ancestral* com um espírito
Patrimônio de um indivíduo (chefe, xamã) ou de um grupo (sociedade iniciática)	Patrimônio de uma casa ou de uma linhagem descendente, mas controlado pelos chefes
Possibilita o acesso a um saber-poder	Encarna um atributo e legitima o acesso a um território
Imagem feita pelos especialistas *gitsonk* de estatuto elevado	Imagem feita pelos especialistas *ukgihla* de estatuto inferior
Imagens atualizadas por rituais em que os espíritos estão *presentes*, encarnados por atores	Imagens validadas por um *potlatch*, na sequência de uma *narrativa etiológica* que celebra sua obtenção
Meios de expressão: máscaras, chocalhos, cabeças de arpão e anzóis esculpidos	Meios de expressão: frontões de casa, mastros heráldicos, pratos de festa, chapéus, braceletes, capas, aventais de dança, tambores, adereços de cabeça e testeiras
Imagens que *autorizam* pontos de vista múltiplos a partir de pontos de observação *múltiplos*	Imagens que *obrigam* a pontos de vista múltiplos a partir de um ponto de observação *único*

TABELA 5 — CONTRASTES ENTRE IMAGENS ANIMISTAS E IMAGENS TOTÊMICAS (TSIMSHIAN)

Vê-se que as duas espécies de imagens se opõem menos pelos objetos físicos que elas representam — sempre um repertório de seres mais ou menos potentes cujo papel na vida dos humanos deve ser atestado — do que pelas propriedades imputadas a essas imagens, pelos modos de acesso àquilo cujo lugar elas ocupam, pelos métodos para ativá-las, pelo estatuto daqueles que as fabricam, pelo tipo de uso para o qual elas servem, pela cenografia de sua exibição, pelo gênero de recursos ao qual elas se abrem, pela natureza do suporte sobre o qual elas são figuradas e pelas convenções técnicas e estilísticas que governam a sua execução. Em outras palavras, trata-se primeiramente das condições de sua obtenção e de seu emprego que, mais do que a natureza das coisas que elas tornam visíveis, caracterizam a distintividade das imagens tsimshian, uma vez que a figura de um animal pode representar ora um ancestral totêmico, ora um espírito auxiliar. Ao contrário dos sistemas figurativos examinados nos capítulos anteriores, nos quais o conteúdo da representação e a organização da imagem bastavam para identificar o regime ontológico que ela tornava visível, as imagens tsimshian refletem assim, com uma admirável fertilidade, a hibridez intrínseca do coletivo que as imagina. Essa hibridez se traduz por mudanças perpétuas em função dos momentos e das distribuições hierárquicas entre a continuidade metamórfica das potências de agir animistas e a descontinuidade imperiosa das segmentações totêmicas, uma oscilação que as imagens exprimem e estabilizam ao sabor de sua origem e de seu modo de ostensão.

Felizmente para aqueles que se interessam pela gramática das formas, a pragmática das imagens não é a única aqui a permitir que se distinga em qual polo de oscilação se refugiou a iconicidade própria a um ou a outro regime. Afinal, ainda que pouco manifestas, as diferenças estruturais entre as imagens animistas e as imagens totemistas existem. No plano da técnica, em primeiro lugar. As primeiras são exclusivamente esculturas de vulto redondo, isto é, reproduzem em seu volume completo a totalidade ou parte do espírito animal ou humanoide cuja presença ativa deve poder ser objetivada de maneira convincente: daí a tridimensionalidade das máscaras, reforçando aos olhos do espectador o efeito de real que os movimentos do portador nelas imprimem. Por outro lado, as imagens totêmicas se apresentam seja em duas dimensões, como as pinturas, as capas *chilkat* ou as imagens sobre as vestimentas, seja praticamente em duas dimensões, como as esculturas em baixo-relevo que ornamentam os frontispícios e os tabiques. Os mastros heráldicos, uma provável inovação recente,[283] são exceção apenas em aparência, já que somente a face dianteira é esculpida, o que os coloca, a despeito de seu aspecto espetacular e suas dimensões, mais ao lado das decorações em baixo-relevo. Em todo caso, essas imagens totêmicas dispostas sobre um plano ou sobre uma superfície praticamente plana tornam possíveis as combinações complexas de atributos que os brasões e sua etiologia exigem, seja sob a forma sequencial que os mastros esculpidos realizam na sucessão ascendente dos protagonistas de sua narrativa de origem — a história que eles relatam parte geralmente de baixo —,[284] seja na simultaneidade barroca de uma profusão de motivos sobre os frontões das casas.

O contraste entre imagens animistas e imagens totêmicas é notável ainda nos princípios de sua composição. Por serem figuradas em vulto redondo, as máscaras animistas representam de maneira plausível singularidades desconhecidas do público, espíritos animais na maioria das vezes, mas dos quais se pode imaginar a forma e o comportamento por analogia com aqueles da espécie cujo nome carregam. A técnica empregada permite chamar atenção pelo mimetismo e admite perspectivas múltiplas sobre o mesmo objeto em função da situação do espectador, o que é congruente com a variabilidade subjetiva de pontos de vista, sintomática do animismo. Quanto às imagens totêmicas, elas resultam de um arranjo complexo que expõe um agrupamento de atributos vinculados às características do personagem figurado como peça principal do brasão e às peripécias que o investiram de um realce singular. Admitamos a hipótese de que os brasões sejam as únicas imagens tsimshian figuradas com perspectivas múltiplas — em "representação fragmentada", se quisermos, da qual a "representação desdobrada" seria tão somente um caso particular —, mas cuja percepção é possível apenas a partir de um ponto de observação frontal, já que se trata de imagens em duas dimensões ou de baixos-relevos; então, torna-se claro que uma tal disposição permite decuplicar a quantidade de informação sobre o objeto representado, sendo que cada elemento figurado constitui um vislumbre de uma parte desse objeto que, em visão natural, pode ser imperceptível. Em outras palavras, ao decompor, estender e justapor numa imagem disposta sobre uma única face todos os planos de um protótipo totêmico e de seus acólitos, consegue-se expor o conjunto de suas qualidades e das circunstâncias de suas manifestações naquilo que se torna, de fato, o equivalente figurativo de uma lista. O brasão tsimshian se apresenta assim como uma coisa em si, um conglomerado autônomo de atributos, independente do ponto de vista subjetivo que um observador possa ter sobre ele, o que bem corresponde a esse caráter autorreferencial do regime geral da estruturação totêmica do qual as imagens aborígenes do nordeste da Austrália oferecem um potente testemunho. Longe de contrariar ou invadir os campos respectivos que elas têm por missão tornar visíveis, a imagem enquanto repertório de qualidades e a imagem enquanto pessoa se completam aqui na diferença de suas expressões formais e de seus modos de ativação para dar mostra dos vínculos de dependência entre dois regimes ontológicos que um povo de pescadores dos confins do mundo soube, com maestria, fazer acomodarem-se um ao outro.

66. Skateen, um chefe Lobo tsimshian da aldeia Gitlaxdamks, Colúmbia Britânica, *c.* 1890

67. Máscara *naxnɔ'x* de águia-pessoa, tsimshian

68. O chefe Səmədi.'k, de Kitwanga, Colúmbia Britânica; à esquerda, ele usa uma máscara *naxnɔ'x* de águia-pessoa (a da ilustração 67); à direita, ele usa um adereço de cabeça cerimonial do brasão da Águia (na realidade, uma cabeça de águia empalhada)

69. Adereço de cabeça cerimonial representando o brasão da Águia, tsimshian, segunda metade do século XIX

70. Capa de chefe, em lã debruada de arminho, apresentando dois brasões de águia segurando flechas em suas garras, em botões de madrepérola de abalone, tsimshian, último terço do século XIX

71. Brasão pintado no frontão de uma casa tsimshian da aldeia de Lax Kw'alaams, Fort Simpson, Colúmbia Britânica

72. Tambor decorado com uma águia, tsimshian, último terço do século XIX

Terceira parte

CORRESPONDÊNCIAS

Cada criatura do mundo
É para nós como um livro,
Como uma pintura, e um espelho.
De nossa vida, de nossa morte,
De nossa condição, de nossa sorte
O fiel selo.
Hino *Omnis mundi creatura,*
atribuído a ALAIN DE LILLE (séc. XII)[285]

8.

Exercícios de composição

Quem vê o mundo com um olhar inocente não pode deixar de observar que ele constantemente se apresenta a nós sob uma nova luz, que jamais nos banhamos duas vezes na mesma atmosfera, que nenhum dos seres, coisas, situações, estados, qualidades, processos que se oferecem ao nosso apetite, sob aspecto algum, é semelhante aos outros. Apoiando-se nessa experiência reiterada da singularidade dos momentos e dos objetos, a ontologia analogista busca apaziguar a sensação de desordem que resulta da proliferação do diverso mediante um uso obsessivo de correspondências.[286] Sem dúvida, cada coisa é particular, cada situação nos aparece sob uma luz diferente, cada local apresenta uma configuração e um sabor que lhe são próprios, mas podemos encontrar em cada coisa uma qualidade que a vinculará a outra, em cada situação uma circunstância já conhecida, em cada local uma conexão com outros locais. E cada coisa poderá estar ela mesma vinculada a uma situação na qual se encontre presente, temida ou aguardada, assim como a um local que a abrigue ou com o qual ela manifeste uma semelhança de forma ou de tonalidade, de maneira que, na miríade de fragmentos de que se compõe nossa experiência do mundo, a maioria deles é associável a outros pela grande cadeia das analogias. Um alimento, uma parte do corpo, uma estação, uma cor, um animal, uma função social, todos distintos e todos singulares, serão não obstante unidos porque é lícito associá-los ao dia ou à noite, ao masculino ou ao feminino, ao leste ou ao oeste, ao puro ou ao maculado, a todos aqueles momentos e qualidades contrastados que se podem alinhar em fieiras de pareamentos.

Tal maneira de ver as coisas é das mais comuns. O estabelecimento de relações entre as diferenças em quadros de atributos é certamente característico de classificações cosmológicas que esgotam de maneira obsessiva a diversidade do real alinhando séries de qualidades contrastivas. É o que se verifica na classificação dos zuñi do Arizona e do Novo México que, de Durkheim e Mauss a Goody e Lévi-Strauss, já fez correr muita tinta.[287] Os animais e os elementos são classificados por orientações — elas são sete — ao mesmo tempo que pelas cores, clãs, estações e por outras rubricas, de maneira que, se o puma está ao norte, o texugo ao sul, o urso a oeste e o lobo-branco a leste, e se, de modo paralelo, o amarelo está ao norte, o vermelho ao sul, o azul a oeste, o branco a leste, então é lícito dizer que o puma está para o texugo assim como o amarelo está para o vermelho, e também como o inverno está para o verão, como o ar está para o fogo...

O uso generalizado de correspondências não se limita às longas cadeias transitivas das classificações cosmológicas. Delas se encontram muitas ilustrações em outras partes: nas tradições astrológicas de diversas civilizações nas quais as conexões são estabelecidas entre destinos humanos e movimentos de corpos celestes; na teoria medicinal das assinaturas, que, da Europa pré-moderna ao Extremo Oriente, prescreve medicamentos extraídos de objetos naturais que tenham a mesma aparência da doença a ser curada; ou ainda na ideia, também amplamente disseminada (ainda que ausente no arquipélago animista ou na Austrália), de que todos os existentes, animados ou inanimados, concernem, segundo os traços comuns postulados que seus componentes apresentam, a um número reduzido de elementos — terra, ar, fogo, água, ferro ou madeira — ou de que possam ser distribuídos em duas classes opostas conforme sejam referidos como quentes ou frios, ou então secos ou úmidos. Todos esses mecanismos de interpretação baseados em gamas de similitudes observáveis ou estimadas entre qualidades sensíveis são apenas um reflexo, ou um sintoma, de uma ontologia mais englobante na qual o mundo é percebido como sendo feito de um sem-número de elementos singulares que convém ordenar por afinidades para tornar essas individualidades mais controláveis pelo pensamento e mais previsíveis em seu comportamento, uma maneira de detectar continuidades e descontinuidades no tecido das coisas que nos é mais familiar que outras na Europa, por ter estruturado nossa cosmologia até o Renascimento e subsistido aqui e ali retalhada em nossas práticas.

Figurar uma ontologia analogista é mostrar ao mesmo tempo que os seres, os estados e as circunstâncias estão fragmentados numa miríade de instâncias e de causas ocasionais, enquanto se assinala que sempre existe, contudo, uma via graças à qual se poderão associar algumas dessas particularidades. Ao se empenhar para tornar visível o rendilhado de correspondências que se estende entre elementos discretos, esse regime de figuração exige, assim, que se façam proliferar os componentes díspares de uma imagem a fim de afastar a tentação de tomá-la pela representação de um sujeito individualizado; com isso, apaga-se toda possibilidade de que se possa dela apreender, como na figuração animista ou naturalista, a potência hipnótica de uma subjetividade única. Nesse sentido, e qualquer que seja a exatidão da representação de detalhes que a figuração analogista alcance, ela visará menos a imitar com verossimilhança um referente objetivamente dado do que a restituir a trama das afinidades dentro da qual esse referente adquire uma significação e exerce uma agência de determinado tipo. É, porém, difícil identificar com toda a certeza uma imagem analogista na medida em que o esquema ontológico que lhe serve de armadura se revela mais abstrato que as configurações relacionais das quais os modos de figuração já examinados são a expressão; nem uma interação entre sujeitos de identidade incerta, como no animismo, nem uma conexão compartilhada, praticamente classificatória, de inerência a um conjunto distintivo, como no totemismo, mas uma metarrelação, a saber, uma relação englobante que estrutura relações heterogêneas. Esse gênero de figuração é, portanto, menos discernível pelo conteúdo ostensivo da imagem, por aquilo que ela restitui de maneira reconhecível desse ou daquele aspecto do mundo, do que pelos mecanismos visuais graças aos quais se podem representar diversos tipos de agrupamentos: seres compósitos, redes espaciais e temporais, correspondências de níveis e de escalas, em suma, acoplamentos bem sortidos de entidades dessemelhantes.

Antes de examinar esses mecanismos, nós nos deteremos por um momento em algumas imagens analogistas tomadas propositadamente de épocas ou partes do mundo bastante afastadas, a fim de tornar tangível aquilo que elas têm em comum. Sem dúvida por ter nascido em Bombaim, o antropólogo Arjun Appadurai pode se permitir proferir, a respeito da Índia, juízos gerais que estrangeiros proporiam com mais cautela. Em todo caso, sua opinião coincide com a sensação de vários visitantes: a Índia não apenas fervilha de humanos de uma maneira propriamente espantosa, mas também transborda de objetos de toda sorte, uma profusão emaranhada na qual estes e aqueles são como aspectos uns dos outros.[288] Appadurai vê uma boa ilustração disso na obra de Raghubir Singh (ilustração 73). As composições do fotógrafo misturam de maneira efetiva os corpos aos artefatos numa cadeia inacreditavelmente densa de efeitos materiais em que se cruzam e se refratam a mão e o tecido, o barro e o metal, os pedaços de edifícios e os rostos, cada qual apreendido em sua singularidade, cada qual se refletindo nos outros. Os humanos, cujo olhar e traços são por vezes extraordinários em intensidade, não são, no entanto, mais expressivos que o bricabraque que os cerca, sendo que as fotos de Singh colocam em evidência que as coisas fazem parte de um continuum animado no qual os objetos usuais e o corpo de pessoas comuns são elementos equivalentes no congestionamento geral. Segundo Appadurai, esse sentido da exuberância dos objetos e de sua inserção espontânea numa ordem englobante é visível por toda parte na Índia, cuja sociedade é

> um panorama de amontoados, pilhas, ajuntamentos, agrupamentos, cestos, sacos, entre os quais as pessoas surgem [...], abrindo cami-

nho em meio a uma paisagem infinita de coisas que vão desde as mais preciosas até as mais feias e repugnantes.[289]

A partir dessa constatação, da qual as fotos de Singh oferecem notável expressão icônica, pode-se tirar uma conclusão que se estende a muitas imagens analogistas em outras partes do mundo: o que se busca, acima de tudo, é o calor da profusão e o encantamento da multiplicidade, o mosaico das formas e das cores, a multiplicação e a cintilação das facetas; em suma, tudo, exceto o minimalismo. Esse pulular inextinguível não discrimina entre humanos e não humanos, entre obras de arte e utensílios do cotidiano, pois a superabundância das formas, dos materiais, das cores e dos estilos na vida social indiana torna quase impossível a segregação entre diferentes gêneros de objeto segundo critérios estéticos. Daí essa mistura muitas vezes observada da arte erudita e do artesanato popular, do refinamento plástico e do kitsch, da sobriedade e do "mau gosto", que é a condição talvez necessária à existência conjunta dessa proliferação de existentes de toda natureza. Conforme assinala Freud, em outro contexto, é verdade, "o acúmulo põe fim à impressão de acaso".[290] Na vida, assim como nas imagens, o aglomerado de elementos de proveniências múltiplas e a repetição de situações excepcionais, longe de provocar uma sensação de confusão ou de impotência, incita, ao contrário, a buscar na desordem manifesta um arranjo oculto.

Contudo, ainda que aparentemente mais austera, a iconografia medieval também não teme a exuberância quando figura o emaranhado de criaturas terrestres nos capitéis, colunas e tímpanos das igrejas. Ao comentar essa prodigalidade de motivos, sobretudo vegetais, Jean-Claude Bonne a relaciona a uma concepção de ornamento eclesiástico que reúne numa mesma imagem entidades ontologicamente distintas — humano, planta, animal — da qual o teólogo Teófilo propôs uma definição no século XII numa passagem de seu *De diversis artibus*.[291] O *ornatus*, tradução latina do grego *cosmos*, é ao mesmo tempo a decoração da casa do Senhor e a beleza ordenada conferida a uma coisa, de maneira a rematar sua natureza; sua execução exige três qualidades cardinais da Idade Média: a ordem, a variedade e a medida. A ordem (*ordo*) implica a ideia de arranjo regular que recorre à simetria ou à hierarquia; a variedade (*varietas*) requer que a repetição seja pontuada de diferenças formais ou cromáticas e traga, além disso, as ideias de opulência, cintilação, virtuosidade e sutileza. A medida (*mensura*) acrescenta-se à variedade e a engloba, impondo-lhe restrições de dimensão e de proporção de tipos rítmico, numerológico ou geométrico. O *ornatus* vegetal de uma igreja realizado com esse espírito torna visível aos fiéis o próprio aspecto do paraíso, seu pintalgado profuso de flores, folhas e ervas, não sob a forma de uma imitação imperfeita com fins meramente edificantes, mas encarnando materialmente nas imagens dimensões do mundo celeste. Nessa mesma época, numa invocação a Deus que encerra a narrativa da consagração da basílica de Saint-Denis, o abade Suger empregou formulações que sintetizam primorosamente ao mesmo tempo o espírito da ontologia analogista medieval e o papel que nela desempenha a prodigalidade suntuosa das imagens:

> Tu que [...] conjugas o material com o imaterial, o corpóreo com o espiritual [...] transformas milagrosamente a igreja presente em reino celestial.[292]

A atenção minuciosa que Suger dispensou ao *ornatus* de Saint-Denis demonstra bem que essa transformação da basílica não é apenas uma metáfora vã, mas que ela converte os fiéis em participantes da graça divina, faz deles elementos conectados a outros todavia ontologicamente dessemelhantes, devido ao poder coesivo daquele que "conjuga" humanos e não humanos no interior de um mesmo conjunto. As imagens tornam sensível essa ordenação da *varietas*, a proliferação de seres singulares, mediante dispositivos de *mensura* que regem a disposição de suas partes por meio de transformações regradas.

HÍBRIDOS E QUIMERAS

A figura clássica da ontologia analogista, aquela que permite com maior probabilidade identificar uma imagem como sendo da esfera desse registro, é a quimera, um ser composto de atributos que pertencem a espécies diferentes, mas que apresentam certa coerência no plano anatômico.[293] A quimera é um híbrido cujos elementos constitutivos são tomados de empréstimo de fontes heterogêneas — espécies animais pertencentes a classes ou ordens distintas, humanos em todas as suas variedades, até mesmo plantas ou artefatos —, mas que são excepcionalmente reunidos num ser sui generis, o qual raras vezes é concebido de imediato como imaginário. Ele pode ser uma entidade singular — a hidra de Lerna, por exemplo, ou a Quimera antiga feita de um leão, uma cabra e uma serpente; às vezes, é uma divindade ou um espírito, ou ainda, como o unicórnio ou o catóblepa, um espécime de uma espécie pouco comum, embora considerada real. As quimeras figuram agrupamentos de qualidades, por vezes contraditórias, cada qual denotada por um elemento anatômico que remete à espécie animal que é dela o paradigma e cujo simbolismo varia evidentemente segundo os contextos culturais. Para que esse agregado de qualidades seja plausível, é preciso, além disso, que a combinação dos elementos que as denotam consiga dar a ilusão da vida sob a forma de um organismo capaz de agir e de perceber por si mesmo. Conforme bem notou Leonardo da Vinci, retratar um animal imaginário exige dotá-lo de uma aparência natural, portanto, muni-lo de membros e órgãos que se assemelhem àqueles de espécies conhecidas, podendo a composição de um dragão, em especial, "tomar para sua cabeça a de um mastim ou perdigueiro, para seus olhos os de um gato, para suas orelhas as de um porco-espinho, para seu focinho o de um galgo, com as sobrancelhas de um leão, as têmporas de um velho galo e o pescoço de uma tartaruga".[294]

Desse modo, a quimera possui sempre uma unidade de composição e um esquema corporal verossimilhantes, a despeito do caráter díspar das peças de que é feita e da estranheza de seu agrupamento. As asas das quimeras voadoras — Pégaso, Garuda, o grifo, certos dragões — são dispostas no dorso para permitir o voo, e não no ventre ou nas orelhas; outros órgãos de locomoção são figurados de maneira a possibilitar o deslocamento, seja na água para as sereias, seja na terra para os centauros; as cabeças animais são colocadas sobre torsos humanos e vice-versa... Mesmo a face disforme e repulsiva da máscara Koma Ba da Costa do Marfim, com sua agitação de tubos orgânicos, orifícios e tentáculos, pode ser vista como o rosto de um ser plausível por evocar vagamente um humano (ilustração 74). E, de fato, os chifres eretos e o bico de pássaro que prolonga o queixo, comuns a esse gênero de figura antifeitiçaria nas terras Dan, estão ali para indicar que, portada por um iniciado, a máscara encarna o espírito do Koma e terá a potência necessária para atrair e fixar os feitiços malignos que vagueiam pela aldeia.

Há, sem dúvida, uma restrição cognitiva à exigência de relativa verossimilhança anatômica das quimeras, ao menos se se deseja atribuir uma existência real ao produto da composição. É nesse sentido que a quimera analogista se distingue dos animais da heráldica europeia ou norte-ameríndia. Na maioria das vezes, de fato, estes últimos são puros símbolos acrescidos ao interior de uma estrutura complexa (escudo, mastro esculpido, painel pintado), cada um deles representando um atributo, um nome ou uma filiação específica; e quando os animais armoriais são mesmo híbridos, como é o caso da fênix ou do grifo, é porque eles procedem de um repertório analogista mais antigo e são reutilizados pela iconografia heráldica por sua potência evocativa. Isso se aplica igualmente aos atributos simbólicos associados às divindades do panteão antigo: à diferença do grifo, geralmente figurado com a envergadura necessária para conduzir aos ares o carro de Ártemis, ninguém imagina que são as pequenas asas fixadas nas sandálias e no capacete de Hermes que lhe permitem se deslocar tão rapidamente; as asas do grifo são tidas como funcionais por se tratar de uma quimera autêntica, as do mensageiro dos deuses são apenas epítetos de natureza.

Contudo, a fronteira entre quimera e animal heráldico nem sempre é tão nítida, na medida em que imagens de seres compósitos podem às vezes ilustrar uma divisa associada a uma pessoa. É o que se verifica, por exemplo, na espetacular estátua de homem-tubarão esculpida por volta de 1890 por Sossa Dede representando Beanzim, último rei do Daomé (ilustração 75). Reproduzidas em diversos suportes, as armas de Beanzim comportavam um tubarão como lembrança das palavras que ele proferiu para indicar a seu povo sua intenção de travar uma guerra contra os franceses, que atravessavam todo dia a barra da enseada de Cotonou para fazer incursões em seu reino: "O tubarão em fúria perturbou a barra".[295] Em contraste com um brasão europeu, no entanto, que é um quadro de atributos simbólicos associados a um indivíduo, um local ou uma linhagem descendente, a quimera pessoal mistura intimamente as qualidades do indivíduo que ela representa e as qualidades do animal que lhe serve de emblema. Esse vínculo entre a divisa e sua figuração salienta um traço típico das imagens de seres compósitos: elas são, na maioria das vezes, ilustrações de narrativas que descrevem as qualidades desses seres, as circunstâncias de sua gênese ou as ações das quais eles são os heróis. Até mesmo, e talvez sobretudo, quando lhes é creditada uma existência real, é preciso que a estranheza de sua aparência seja acompanhada de uma etiologia e de um modo de uso, sendo tanto um quanto o outro vistos como justificativas de sua atualização figurativa. Em suma, as quimeras são indissociáveis do dispositivo narrativo por meio do qual elas são instituídas. É mesmo provavelmente uma característica das imagens analogistas em geral ilustrar, condensar ou pontuar enunciados, como se a complexidade da tarefa que lhes é confiada — ordenar coisas díspares — não pudesse ser cumprida apenas com o auxílio de uma organização espacial e exigisse, para além disso, a sucessão temporal e o contraponto semântico que a narrativa traz.

Por que os seres compósitos são particularmente bons para se pensar e figurar em regime analogista? Notemos em primeiro lugar, invertendo-se o argumento, que esse gênero de imagem não está propriamente presente em todas as épocas e sob todas as latitudes. O exame das máscaras yup'ik, kwakiutl ou ma'bétisek mostra que nem toda combinação entre um humano e um animal é garantidamente uma quimera, assim como também não se qualificam como tal as representações comutativas de metamorfose entre espécies das quais o animismo oferece diversos exemplos. Os híbridos estão igualmente ausentes na imagética totêmica dos aborígenes australianos e são raríssimos nas grutas decoradas do Paleolítico europeu.[296] Em todos esses casos nos quais é patente a aptidão para representar animais com uma grande precisão, a falta de interesse pela figuração de seres compósitos não é passível de ser explicada por meio de razões técnicas. É, portanto, duvidoso que se possam justificar as particularidades do esquema de composição das quimeras por um mecanismo cognitivo universal do gênero daquele invocado por Pascal Boyer para explicar a formação das representações religiosas.[297] Com efeito, segundo ele, os seres sobrenaturais seriam por toda parte caracterizados por estranhezas de aparência e de conduta que vão de encontro às expectativas intuitivas concernentes à forma e às propriedades comuns das coisas — animais que falam ou humanos que voam; esse estado de coisas ofereceria um estímulo inferencial quanto às ações que esses seres são capazes de conduzir e reforçaria a crença em seus poderes presumidos. O caráter contraintuitivo das representações religiosas as tornaria eminentemente notórias, favorecendo assim sua memorização e sua circulação numa perspectiva darwiniana inspirada na "epidemiologia das representações", originalmente desenvolvida por Dan Sperber e que propõe que as ideias religiosas com mais chances de serem acolhidas, de se estabilizarem e de se difundirem são aquelas que transgridem de maneira sistemática nossas expectativas intuitivas no que diz respeito ao comportamento físico e psíquico de nossos congêneres, de outros organismos e de artefatos.[298] Ora, devido à sua dimensão contraintuitiva evidente, as quimeras e suas imagens estariam particularmente predispostas a adquirir por toda parte um estatuto distintivo graças a esse mecanismo de seleção. E, no entanto, não as vemos figuradas a não ser nas civilizações mesoamericanas e andinas, na África Ocidental, numa parte da Ásia que vai do Irã até a China, na antiga África do Norte e antigo Oriente Próximo, na Grécia arcaica, na Etrúria e mais a leste, entre os povos cavaleiros da idade do ferro. Isso, sem dúvida, já é muito, mas está longe de ser universal.

Tomando nota dessa limitação, David Wengrow propôs a ideia de que as quimeras seriam o produto da emergência, 6 mil anos atrás na Mesopotâmia e no Egito, das sociedades estratificadas, dos primeiros Estados e da padronização de normas, procedimentos e objetos pelas elites administrativas.[299] Segundo ele, uma sociedade cria ou adota figuras compósitas por ter atingido um nível de complexidade que estabelece uma nova vinculação entre a parte e o todo, sendo que a quimera expressa ao máximo o imperativo burocrático de tratar o mundo à maneira de um Estado, isto é, como "um reino imaginário composto por sujeitos divisíveis, cada qual abrangendo uma infinidade de partes cindíveis, comensuráveis e recombináveis".[300] Teremos reconhecido aqui uma excelente definição de um aspecto da identificação analogista, sendo que Wengrow admite, aliás voluntariamente, sua dívida em relação à proposição feita por mim em 2010 de ver as quimeras como típicas do repertório iconográfico dessa ontologia.[301]

E efetivamente não resta dúvida de que, com a fabricação sistemática de representações "oficiais" graças a meios mecânicos — estampagem, moldagem, impressão com sinete —, os primeiros Estados da idade do bronze dispunham dos meios para multiplicar em imagens estáveis e de fácil disseminação uma expressão icônica da diversidade ontológica estruturada por um princípio de composição prontamente interpretável. A centralização burocrática, o surgimento de um clero e de uma religião de Estado, o esquema modular próprio ao espaço urbano não poderiam deixar de desempenhar um papel de destaque nesse processo de padronização. No entanto, o que sobretudo os primeiros impérios e os proto-Estados tornaram possível foi precisamente a produção de figuras, de normas e de sujeitos *padrão*, ou seja, um movimento inteiramente novo de totalização dos componentes humanos e não humanos no interior de um coletivo analogista, estruturado a partir de então mais pela centralidade — do soberano, de sua capital, de seu exército — do que pelas lógicas centrífugas de oposições segmentares. Ao atribuir razões socioeconômicas à emergência das quimeras, Wengrow tomou, portanto, o efeito pela causa. Afinal, foi em coletivos já analogistas que o Estado nasceu, em geral sob a forma de realezas divinas e a fim de reunir num ser e num local únicos a multiplicidade de perspectivas outrora difratadas nos componentes díspares do agrupamento sociocósmico. Era, portanto, lógico que as imagens de quimeras nele se tivessem estabilizado sob uma forma normalizada e tivessem conhecido uma difusão mais ampla ali onde sua produção em massa se tornara politicamente útil e materialmente mais fácil, isto é, nesses desenvolvimentos inéditos de coletivos analogistas que associamos à emergência das cidades-Estados e dos reinos da idade do bronze.

Se admitirmos que a quimera torna visível da maneira mais condensada possível o princípio de base de toda ontologia analogista, a saber, a heterogeneidade dos elementos e a coerência de suas conexões, então é fácil ver que os primeiros Estados conferem fundamentalmente aos animais imaginários uma codificação da aparência e uma distribuição mais ampla, e não a causa imediata de seu nascimento, que provavelmente preexiste ao surgimento das condições favoráveis à sua circulação. Prova disso é que encontramos imagens de seres compósitos em coletivos tipicamente analogistas, mas que se desenvolveram fora do Estado ou em seus interstícios, por vezes contra ele. Tomaremos apenas três exemplos entre tantos outros possíveis.

O primeiro exemplo nos reconduz à zona mandê-voltaica, de onde provém a máscara compósita usada por um dos ramos da sociedade secreta do Koma para a caça noturna de espíritos malfeitores (ilustração 74). Ora, outra associação iniciática disseminada nessa região da África Ocidental, o Ciwara, emprega igualmente quimeras em suas danças cerimoniais, nesse caso esculturas de madeira usadas como cimeiras e representando partes de animais emaranhadas, sempre encimadas pelos chifres da palanca-vermelha (*Hippotragus equinus*). Entretanto, em contraste com o monstro aterrador de rosto indefinível que a máscara do Koma figura, as cimeiras do Ciwara são exibidas em plena luz do dia e numa atmosfera festiva, durante as danças e procissões que todos podem acompanhar na aldeia e nos arredores (ilustração 76). A associação iniciática do Ciwara é aberta, não tem hierarquia de estatuto ou de faixa etária, não exclui as mulheres — exceto quanto ao uso da cimeira — e tem por missão celebrar um culto agrário que exalta a união entre o sol (princípio masculino) e a terra (princípio feminino). As cimeiras do Ciwara podem ser legitimamente vistas como "quimeras africanas", para retomar a expressão de Jean-Paul Colleyn a respeito delas, híbridos de animais que escultores talentosos combinaram com bastante imaginação, mas segundo um registro de formas limitado a alguns estilos regionais; essas peças, aliás, cuja elegância depurada fascinou os europeus desde a sua descoberta, muito cedo abriram caminho nos ateliês de artistas, de Derain e Brancusi a Braque ou Léger.[302]

De acordo com Dominique Zahan, o etnólogo que a elas consagrou o estudo mais sistemático, a estrutura de cada gênero de cimeira do Ciwara remete à arquitetura de um gênero de planta cultivado localmente: o adereço de cabeça esguio no qual a palanca-vermelha figura de maneira proeminente corresponde às plantas de enraizamento pouco profundo (fonio, painço, azedinha), o elmo horizontal é associado às plantas rasteiras (amendoim, feijão), ao passo que a cimeira vertical estratificada, um tipo que Zahan chama de "criptofano", equivale às plantas de enraizamento profundo e alto rendimento, como o milho ou o sorgo.[303] Este último caso, característico do estilo da região de Buguni, no Mali, ilustra as formas mais compósitas em que se mesclam até três espécies animais, às vezes com uma pequena estatueta humana. A cimeira reproduzida aqui (ilustração 77) se enquadra nesse modelo e comporta três níveis: o mais baixo é feito de um corpo de oricteropo — um mamífero escavador com grandes orelhas que se alimenta de térmites — homólogo ao sistema radicular; sobre o oricteropo se insere um pangolim, animal tanto escavador quanto escalador e, portanto, próprio para evocar a parte aérea do vegetal resistente ao vento; enquanto os chifres de palanca que cobrem a cimeira representam o sol.

O Ciwara é uma clássica sociedade iniciática da África Ocidental, ou seja, fundada em vínculos de solidariedade que contornam as obrigações de parentesco e as restrições eventuais impostas por Estados, uma instituição igualitária bastante vivaz entre os bamana (ou bambaras) do vale do Níger, mas que também se desenvolveu, independentemente de pertencimentos linguísticos e rótulos étnicos, num território que vai da Guiné à Burkina Faso e do rio Níger à Costa do Marfim. Trata-se, portanto, de um culto cosmopolita com variantes regionais que sem dúvida coexistiu com alguns dos reinos e impérios pré-coloniais que se sucederam na África Ocidental, mas a respeito do qual é impossível afirmar que represente uma emanação de um Estado centralizado. A própria natureza das relações eletivas que se tecem entre os membros da sociedade Ciwara, assim como entre aqueles de outras associações iniciáticas que proliferaram nessa região, fazem dela antes um contrapeso às obrigações de linhagem e às submissões formais a territórios sob a autoridade de um chefe de tribo ou a reinos que jamais tiveram verdadeiramente a capacidade, nem o desejo, de transformar os aldeões de sua órbita em sujeitos políticos normalizados e desvinculados de suas afiliações segmentárias. Em suma, as quimeras do Ciwara são mesmo expressões espetaculares de uma ontologia analogista africana da qual o filósofo malinês Amadou Hampaté Ba oferece uma boa definição quando escreve que os bambaras pensam o corpo humano à maneira "de um santuário onde todos os seres se encontram em inter-relação"; mas essas quimeras não são, de modo algum, manifestações do imperativo burocrático de tratar o mundo como um Estado.[304]

O segundo exemplo de quimera não estatal nos transporta para uma civilização pré-colombiana que se desenvolveu no início do segundo milênio da nossa era no sul do Novo México e que os arqueólogos chamaram de cultura de Mimbres, a partir do nome do rio que atravessa a região.[305] Trata-se de um ramo de um complexo arqueológico muito mais amplo, dito "mogollon", que floresceu no norte do México e no sul dos Estados Unidos do segundo século da nossa era até a chegada dos espanhóis. O período da cultura de Mimbres que nos interessa apresenta dois traços notáveis. Em primeiro lugar, grandes aldeias intrincadas, semelhantes àquelas dos pueblos contemporâneos, com um emaranhado de pequenas construções adjacentes e cômodos semienterrados acessíveis por meio de um alçapão no telhado que os arqueólogos, vendo neles uma analogia com os edifícios cerimoniais dos hopi, denominam "kivas". Essas aldeias foram abandonadas no final do século XIII por razões inexplicáveis, tendo então os apaches vindos do norte se instalado nessa zona que alguns deles ainda habitam nos dias de hoje. Apesar disso, os pueblos contemporâneos afirmam que sua cultura é herdeira da de mogollon, e os arqueólogos também são da opinião de que as aldeias hopi e zuñi atuais são dela derivadas.

A cultura de Mimbres é célebre sobretudo por um gênero distintivo de cerâmica, o estilo III, caracterizado por grandes tigelas de fundo branco decoradas em preto com motivos geométricos complexos, muitas vezes acompanhados de figuras de uma enorme diversidade: inúmeras espécies de mamíferos, pássaros, insetos e répteis, sejam sozinhos, sejam bordejando cenas de interações difíceis de interpretar entre diferentes tipos de seres que ostentam indumentárias, ornamentos, objetos em madeira decorada e tecidos com motivos.[306] Os efeitos visuais são extraordinários, notadamente com composições que jogam com a inversão entre figura e fundo ou que se servem com engenhosidade da superfície côncava para conferir dinamismo às figuras ou para distribuir os personagens em conjuntos contrastantes.[307] Porém, o que impressiona acima de tudo nessa iconografia é a quantidade de quimeras e a inventividade de suas composições, as quais figuram ou animais híbridos (ilustração 78) ou humanos paramentados com atributos animais, ou ainda o inverso. Aqui também, tendo em vista a provável continuidade com as sociedades segmentares pouco hierarquizadas dos pueblos atuais — que, por sinal, comentam de bom grado os motivos das cerâmicas mimbres a eles submetidos pelos arqueólogos —, é improvável que essa civilização tenha sido organizada a partir do modelo de um Estado centralizado e altamente plausível que tenha decorrido do registro ontológico do analogismo, assim como os zuñi e os hopi, que são dele paradigmas e que, de resto, oferecem em algumas de suas imagens atuais como que um eco distante das quimeras mimbres.[308]

O último exemplo se situa novamente nas Américas, porém mais ao sul, nos Andes bolivianos. Ali, na cidade de Oruro, um centro de mineração bastante antigo, executa-se há muitos séculos, por ocasião do carnaval, uma espécie de pantomima denominada Diablada, ao longo da qual dançarinos, em geral mineiros, cobrem-se com máscaras de "diabo" a figurar cabeças grotescas e monstruosas cujos elementos bastante diversos e continuamente enriquecidos são tomados de empréstimo ao mesmo tempo do passado pré-colombiano, da cultura cristã dos colonizadores e, recentemente, dos símbolos transnacionais difundidos pela globalização dos intercâmbios. O tema geral da Diablada decorre de duas narrativas, uma de natureza mítica, que se refere às divindades pré-colombianas dos ameríndios uru-uru — origem do nome Oruro — que habitavam a região no momento da Conquista, e outra de tipo lendário, que remete às tradições crioulas do cristianismo local, narrativas aparentemente opostas em torno de um conflito de legitimidade, mas que são, na prática, transformações estruturais uma da outra.[309]

A variante não cristã coloca em cena uma divindade ctônica, Wari, que vive nas montanhas ao redor de Oruro e é a causa principal dos tremores de terra. Aborrecido por ver que os uru-uru se põem a adorar Inti, o deus Sol, Wari lhes envia calamidades, especialmente lagartos, sapos e serpentes, ou, em outra versão, ele os transforma em feiticeiros que matam suas vítimas fazendo-as ingerir esses répteis, os quais agora se encontram nos ornamentos da máscara do diabo. Inti despacha, então, uma de suas filhas, uma Ñusta — nome dado no Império Inca às jovens virgens oriundas de seu chefe — para que, sob a forma de um condor, ela proteja os uru-uru (ou os faça renunciar à feitiçaria); ela enfrenta as gigantescas criaturas maléficas enviadas por Wari, petrificando-as nos quatro cantos cardinais: o sapo no norte, a serpente no sul, o lagarto no oeste, as formigas no leste. Dizem que essa Ñusta protetora era a Pachamama, divindade benfeitora da terra, ou uma manifestação prematura da *Virgen del Socávon* ("Virgem do Socavão"), protetora dos mineiros e particularmente reverenciada em Oruro, onde seu santuário é o núcleo das cerimônias da Diablada. Quanto a Wari, ele retornou à superfície da terra onde, após a chegada dos espanhóis, tornou-se *el Diablo* ("o Diabo") ou *el Tío* ("o Tio"), mestre das minas e dos minérios, responsável pela boa sorte dos mineiros, bem como pelas desventuras em que eles incorrem, e razão pela qual é preciso com eles manter relações de harmonia mediadas por oferendas de álcool, coca e tabaco. Para isso, os mineiros dispõem de efígies de Wari nas galerias, figuradas com um falo ereto, olhos enormes, dois chifres e uma boca desmesurada da qual saem quatro presas cintilantes.[310] Todos os anos, no carnaval, Wari emerge do mundo subterrâneo para identificar-se com os dançarinos da Diablada.

A lenda crioula situa-se antes na esfera do melodrama edificante. No sábado do carnaval de 1789, um indígena de nome Anselmo Belarmino, bandido de bom coração que roubava dos ricos em benefício dos pobres, é apunhalado pelo pai de uma jovem por quem estava apaixonado. Agonizante, é transportado nos braços da *Virgen del Socavón* até a gruta em que ele mora, no coração do monte Pie de Gallo, onde se encontra seu cadáver jacente ao lado de uma imagem da Virgem, que seria aquela mesma hoje conservada em seu santuário de Oruro. Trata-se de uma história de redenção. Ainda que tenha sido ladrão, Belarmino, animado porém por uma fé cristã e uma devoção mariana ocultadas de todos, recebe a graça da Virgem, que nele soube discernir uma alma pura. Sua confissão ao padre que relatará a história e a descoberta da imagem que ele venerava lhe valerá o repouso em terra consagrada, poupando-o do destino de muitos mortos ameríndios da época colonial, cujos corpos não eram enterrados nos cemitérios em torno das igrejas, o que, aos olhos dos católicos, convertia-os em "diabos". Uma das alcunhas de Belarmino, Chiru-Chiru, designa localmente a carriça, ave cujo nome em francês, *troglodyte*, é suficiente para indicar que ele faz seu ninho nas falhas e nas anfractuosidades. Em outras palavras, eis um homem das sombras, emboscado nas profundezas da terra, larápio e volátil, cujo destino post mortem era tornar-se um diabo e que se vê, no entanto, redimido por sua devoção. É esse aspecto da escatologia cristã triunfante sobre as superstições autóctones que a festa mascarada de Oruro pretende celebrar.

Alimentada por essas narrativas discordantes, a Diablada é um jogo de enganação consentida no qual cada parte finge ignorar que a outra subtrai seus valores e seus símbolos: os mineiros disfarçados de "diabos" aceitam ser conduzidos pelo arcanjo são Miguel, que mata o chefe Lúcifer diante de seus olhos, e vão honrar de maneira solene a Virgem, que estende sua proteção às minas, enquanto a Igreja católica consente em ver sair das profundezas da terra o Wari dos pagãos encarnado nos portadores de máscara a fim de que eles prestem homenagem à Pachamama sob a forma da Virgem do Socavão. As práticas religiosas dos indígenas dos Andes não cessaram, desde a época colonial, de jogar dessa maneira em ambas as frentes, com as imagens e os personagens da história sagrada cristã servindo de suporte formal e de veículo à sobrevivência, sob outros avatares, de antigas divindades, um modo de resistência à colonização do imaginário do qual as mascaradas públicas — especialmente durante esse grande movimento de inversão que é o carnaval — constituíram a mais notável expressão. Essa duplicidade sincrética se reflete na composição das máscaras de "diabo" (ilustração 79). Para além da fantasia individual dos artesãos especializados que as confeccionam, determinados traços permanecem constantes e, ao que parece, há muito tempo.[311]

Primeiramente, notaremos que os signos associados de maneira ostensiva à iconografia europeia do diabo sob a forma de bode, a saber, com os chifres enrolados e as grandes orelhas recortadas, podem ainda muito bem evocar, no caso dos chifres, os feixes torcidos formando uma coroa na cabeça de Illapa, a divindade andina do raio,[312] e, para as orelhas, aquelas de morcego, criatura das cavidades e dos subterrâneos associada ao inframundo. É igualmente ao estranho focinho arrebitado em forma de folha, típico de inúmeras espécies americanas de morcego, que remete o nariz lanceolado, por vezes desdobrado, que figura nas máscaras da Diablada, assim como a seus incisivos aparentes, que fazem referência às presas do diabo. O típico dragão tricéfalo fixado como cimeira evoca muito provavelmente a figura de são Jorge a cavalo derrotando o diabo sob a forma de um dragão, uma associação explícita entre os mineiros de Potosí, que chamam de *Jorge* o *Tío* das minas.[313] O dragão é às vezes substituído por serpentes, lagartos ou sapos, que se referem sem dúvida alguma aos répteis enviados por Wari para punir os uru-uru. Quanto aos grandes olhos esbugalhados, uma inovação mais tardia, eles dão testemunho talvez de um simbolismo iconográfico bastante comum que faz da abertura dos olhos a manifestação de uma projeção da interioridade sobre o mundo e que indicaria, nesse caso, uma reivindicação de potência.[314]

As máscaras quiméricas da Diablada, apesar da folclorização patrimonial da qual são atualmente objeto por parte do governo boliviano, não podem de maneira alguma ser vistas como expressões de um desejo estatal de normalização dos sujeitos; deveríamos, em vez disso, considerá-las como expressões sutis da resistência obstinada das populações autóctones andinas à exploração colonial e, depois, à dominação do capitalismo mercantil. A própria hibridez dessas imagens é característica da capacidade das ontologias analogistas confrontadas com as perturbações da conquista europeia de sobreviverem ao desmantelamento de muitos dos princípios que asseguravam sua coerência, reorganizando em agrupamentos inéditos os resíduos díspares de elementos antigos e de fragmentos escolhidos em meio àquilo que os novos mestres trouxeram.

Quer isso resulte em figurações de seres compósitos ou em associações mais especulativas de elementos heteróclitos, esse gênero de mosaico cognitivo está na fonte do fascínio que os monstros exercem. Contanto que se reconheça a origem de pelo menos alguns dos fragmentos dos quais são formados e que se perceba o esquema geral que torna verossimilhante sua associação, os seres híbridos estimulam a imaginação e incitam, por emulação, a refletir quanto às maneiras de conferir ordem e sentido às singularidades de que é feito o mundo. Mais que o caráter contraintuitivo da associação constituída por seus componentes, o que torna as quimeras notáveis e interessantes à reflexão é sua capacidade de reconfigurar sob formas novas objetos que se acreditava serem bem conhecidos. Ao evocar essa propriedade dos monstros, o antropólogo Victor Turner sugere buscar sua origem na lei de dissociação pelas variações concomitantes proposta no início do século xx por William James.[315] Quando se adquire o hábito de enxergar um elemento a e um elemento b como partes intrínsecas de um mesmo objeto e se descobre uma nova combinação na qual a não é mais associado a b, mas a x, então se torna mais fácil discriminar cada um dos elementos em sua particularidade. Conforme escreve James, "o que está associado ora a uma coisa, ora a outra, tende a dissociar-se de ambas e a transformar-se num objeto de contemplação abstrata pela mente".[316] Essa operação de desconstrução e reconstrução de quebra-cabeças que a observação do mundo oferece à nossa sagacidade — aberta a todos os humanos, mas que os coletivos analogistas cultivaram de maneira sistemática em seus exercícios intelectuais e em suas imagens — sem dúvida não é insignificante na atratividade que as quimeras exercem em nossa imaginação.

Um exame sucinto das imagens de seres híbridos permite nelas distinguir em linha gerais pelo menos três modalidades a que poderemos chamar de recomposição, lexicalização e aglomeração. A recomposição é a forma mais comum, aquela na qual se enquadra a maioria das imagens que acabamos de examinar. É a quimera no sentido literal, um ser mais ou menos coerente nos planos anatômicos e funcionais, ainda que constituído de fragmentos de outros seres que foram decompostos em partes elementares para nele serem recombinadas. Não voltaremos a isso, portanto.

A segunda forma, o híbrido lexical, é a ilustração convertida em imagem de um táxon animal cujo nome é composto por dois lexemas, cada qual remetendo a organismos ou artefatos provenientes de domínios semânticos não aparentados: assim, em português, "mico-leão", "peixe-gato" ou "tubarão-martelo". A imagem típica do híbrido lexical tende para a charada ou o trocadilho, uma vez que ela conjuga a figuração de dois objetos que compõem o nome, um procedimento que os desenhistas contemporâneos, como Siné ou Topor, souberam explorar de forma lúdica. Encontramos também alguns exemplos divertidos num manuscrito mexicano redigido no século XVI em nauatle e em espanhol, o *Codex florentin* (ilustração 80). No livro XI, fólio 63, são retratadas diversas espécies de peixe que formam outros tantos híbridos semânticos: *totomichin*, "pássaro-peixe" (de *tototl*, "pássaro", e *michin*, "peixe"), talvez uma espécie de alcídeo endêmico na costa pacífica do México, assim como o mérgulo-de--asas-escuras, certamente um pássaro, mas excelente mergulhador e nadador subaquático; *huitzitzilmichin*, "colibri-peixe" (de *huitzitzilin*, "colibri"), provavelmente um peixe-agulha (*Belone belone*) de bico afilado, às vezes chamado em português de "narceja do mar" pela mesma razão; *papalomichin*, "borboleta-peixe" (de *papálotl*, "borboleta"), talvez da família Chaetodontidae, igualmente denominado "peixe-borboleta" em português; por fim, *ocelomichin*, "jaguar-peixe" (de *ōcēlōtl*, "jaguar"), possivelmente uma espécie pintada da família Serranidae, peixes carnívoros e parrudos que caçam de tocaia.

Ao figurar palavras compostas, os letrados mexica não tinham por ambição representar quimeras analogistas do gênero de Quetzalcóatl, a serpente emplumada, ou Mazacóatl, a serpente com cabeça de cervídeo, essas divindades híbridas das quais as civilizações mesoamericanas não fazem economia e que se enquadram de pleno direito, no que lhes concerne, no primeiro tipo de forma aqui distinguida, os seres recompostos.[317] Habitantes das terras altas do centro do México, os membros da nobreza asteca reunidos por Bernardino de Sahagún para redigir o *Codex florentin* figuraram animais marinhos que eles jamais tinham visto, conectando para isso fragmentos de informação enciclopédica adquiridos por ouvir dizer e a motivação morfológica intuitiva à qual incitavam nomes compostos por duas espécies, sendo cada uma delas, além disso, conhecida deles. Não é impossível, é claro, que a disposição tipicamente animista de pensar por dissociação e recomposição tenha desempenhado um papel em sua inspiração, porém o resultado não é uma dessas quimeras que lhes eram tão familiares por meio da iconografia religiosa, mas sim um jogo de palavras convertido em imagem.

Mais rara que as duas precedentes é a última modalidade de construção de quimeras, a saber, uma aglomeração de seres completos, em geral facilmente identificáveis, no volume de uma figura única que representa um ser diferente daqueles que o compõem. A expressão mais conhecida na arte ocidental é fornecida pelas *teste composte* de Arcimboldo, aqueles retratos grotescos feitos de plantas, animais e artefatos amalgamados que o artista milanês pintou sobretudo quando residia com o imperador Maximiliano II e, em seguida, com seu filho Rodolfo II, em Praga. Este último cercou-se ali de um séquito de astrólogos, astrônomos, mágicos, alquimistas — entre eles Johannes Kepler, Giordano Bruno, Tycho Brahe ou o matemático e ocultista John Dee —, transformando assim a capital da Boêmia num cadinho daquilo que se poderia chamar de analogismo do Renascimento. Pintor favorito do soberano e organizador de suas festas e cerimônias, Arcimboldo se encontrava no coração desse cenáculo e dava vida, em suas pinturas, aos sutis sistemas de correspondências que a ciência e a retórica da época haviam conduzido a um elevado grau de realização: o jogo de afinidades entre os "elementos" da cosmologia antiga (por exemplo, sua série das *Estações* e os *Quatro elementos*), os vínculos entre macrocosmo e microcosmo (como seu retrato de *Rodolfo II como Vertumno*) ou o simbolismo oculto desvelado pela permutação de uma figura, ao modo de suas famosas naturezas-mortas reversíveis.

Roland Barthes bem falou do porquê de as composições de Arcimboldo suscitarem perturbação; de maneira ainda mais nítida que com os híbridos recompostos, nos seres amalgamados que ele retrata "o todo produz um efeito diferente da soma das partes".[318] Ao contrário dos fenômenos da linguagem articulada e dos fragmentos anatômicos das quimeras usuais, as unidades constitutivas da composição já têm aqui um sentido pleno e integral antes de serem reunidas; as frutas, as flores, os peixes, os livros que formam o agrupamento são, cada qual, autônomos em sua existência, em sua função e em seu modo de agir, muito mais, em todo caso, do que um par de asas, um bico curvo ou uma cauda de serpente. Por esse motivo, o segundo sentido que emerge da combinação desses elementos nesse ou naquele rosto célebre ou anônimo se enriquece do sentido primeiro próprio à sua natureza, com a ressonância entre esses dois níveis semânticos a suscitar um terceiro, fonte da virtude alegórica da imagem; esta resulta da aglomeração de objetos criteriosamente escolhidos, todos diferentes e todavia unidos por seu pertencimento a um campo nocional que remete metonimicamente a um local, um estado, uma atmosfera, uma prática — o mar, o erotismo, o outono, o conhecimento — que fornecem o tema do quadro. Em suma, essas cabeças compósitas são "matemáticas da analogia"[319] que permitem fazer o inusitado a partir do muito comum, tornando ostensivo o princípio de construção de uma correspondência entre elementos icônicos ao mesmo tempo que mantêm alusiva a fonte do efeito que ela exerce sobre nossa sensibilidade.

Ainda que tenhamos adquirido o hábito de relacionar as cabeças compostas de Arcimboldo com uma tradição de caricaturas e seres imaginários que remontam à Antiguidade, suas quimeras aglomeradas brilham com o fulgor particular de uma fórmula obsessiva raramente encontrada antes nos modos de retratar híbridos.[320] Por isso é que, sobretudo fora da Europa, essa variedade de seres compósitos se tornou um gênero pictórico pleno, em primeiríssimo lugar e de maneira notável na iconografia mogol dos séculos XVI e XVII. Muito antes dessa época, a cultura persa islamizada e sua imagética masdeísta e sufista começaram a estender sua influência para além do planalto iraniano, ao norte em direção à Ásia central e atual Afeganistão, a leste em direção ao sultanato de Délhi, onde o persa transcrito em caracteres árabes se impõe ao lado do árabe litúrgico como a língua de chancelaria e da poesia erudita. A invasão das terras iranianas pelos mongóis nos séculos XIII e XIV e depois sua conquista do trono de Délhi em 1526 só fazem consolidar essa influência cultural persa. Os mogóis, como se diz em persa, fomentam em Délhi a emergência de uma cultura de corte brilhante, na qual a arte figurativa de tradição persa desempenha um papel importante, muito particularmente sob o terceiro imperador, Akbar, à frente de um império que, desde Cabul até Bengala, quando de sua morte em 1605, reúne mais de um quinto da população mundial de então. Nascido sunita, Akbar abole qualquer discriminação legal entre seus súditos muçulmanos e hindus e promove o persa como língua comum da elite mogol, sem distinção de crença religiosa. Dessa forma, muçulmanos ou hindus, os pintores da corte de Akbar ilustram para ele os manuscritos de clássicos persas no estilo iraniano, mas neles introduzindo inovações próprias à escola mogol. É nesse cadinho cosmopolita que se desenvolve o motivo das criaturas compósitas formadas por um amálgama de seres inteiros.[321]

Trata-se em geral de uma montaria — dromedário, cavalo ou elefante — composta de uma infinidade entremeada de seres de toda sorte, sendo que o conjunto representa o corpo físico do homem guiado seja por sua alma virtuosa, seja por demônios (ilustração 81). Pleno de sua barafunda de vida fervilhante, o envoltório animal figura o corpo como um microcosmo no qual se misturam e se defrontam pulsões sensuais, emotivas, bestiais, simbolizadas pelas criaturas selvagens e renitentes que a alma deve campear como senhora, pois ela tem necessidade, em sua existência terrestre, dessa égua difícil de conduzir. Tradicionalmente no mundo islâmico, essa imagem do corpo como montaria (*dabba*) remonta à imagem que Platão desenvolve em *Fedro* da alma como uma carruagem alada cujo auriga é a razão e que é puxada em sentidos contrários por seus cavalos, um buscando a elevação rumo ao bem enquanto o outro é governado pelas paixões. O motivo se estabiliza durante o reinado de Akbar, e o soberano é normalmente retratado como cornaca de um elefante formado por todas as criaturas do mundo. Na arte indo-muçulmana dos séculos XVII e XVIII, a montaria compósita da alma pode também se apresentar sob a forma de uma esfinge, a *Borâq* ou "relâmpago", representada com uma cabeça de fada, uma cauda de víbora e um corpo de égua ou de leoa, ele próprio feito de múltiplas espécies animais (ilustração 82). É a besta miraculosa que o Profeta cavalga em seu voo visionário através dos céus até o trono de Deus, uma metáfora da aptidão que tem o corpo de se elevar até as ideias mais abstratas desde que disciplinado pela alma. E, assim como Maomé reúne em si todos os aspectos espirituais da sucessão de profetas, o animal que o carrega também reúne todos os seres do cosmos que o Profeta domina.

Sugeriu-se que o tema iconográfico das montarias compósitas mogóis pode ter sido retomado das "jocosidades" da Europa cristã, aquelas imagens de animais ou de monstros que ornamentavam as margens dos manuscritos góticos e que se difundiram a partir do século XV por intermédio da gravura alemã.[322] O célebre alfabeto figurado de Mestre E. S., um artista renano do qual se conhece apenas a produção abundante, apresenta assim, para cada letra, uma composição original que mistura personagens reconhecíveis por seus atributos — o homem selvagem, o cavaleiro, o músico, o monge, o eremita, são Jorge, são Cristóvão — com um bestiário representado com grande precisão mimética.[323] Inspirado no alfabeto produzido no final do século XIV no ateliê de Giovannino de'Grassi e conservado na biblioteca de Bérgamo, o alfabeto de Mestre E. S. é ao mesmo tempo mais imaginativo, mais irônico e mais inquietante que o do iluminador italiano, especialmente quando ridiculariza a moral e os costumes devassos dos monges, quando representa confrontos sangrentos entre bestas e quando figura a fé cristã a triunfar sobre as obras do demônio ou a indicar o caminho da redenção. O vigor e a crueza de determinadas imagens lembram a virulenta crítica social da qual estavam impregnadas obras contemporâneas, como *A nau dos insensatos* (c. 1500), e o desencadeamento de imagens satíricas que elas trouxeram em sua esteira, primordialmente as de Hieronymus Bosch.

A influência dos alfabetos figurados góticos sobre as montarias compósitas mogóis certamente não é impossível, até porque os contatos entre o mundo muçulmano e os francos, sobretudo os venezianos, eram constantes no século XV e porque as obras circulavam nos dois sentidos e eram, sem dúvida, vistas e comentadas pelos artistas, pelos letrados e pelos cortesãos. Contudo, se o artifício da composição consiste de fato, em ambos os casos, em reunir seres num contorno autônomo, seus resultados são bem diferentes: os alfabetos compósitos europeus resultam de uma mistura de virtuosismo irônico e de preocupações morais que não oferecem nenhuma vinculação de sentido com a forma da letra em que ela se inscreve, ao passo que as quimeras mogóis são, ao contrário, baseadas inteiramente na ideia de uma relação de englobamento entre a diversidade dos seres que elas contêm e o efeito de totalização produzido pela unidade funcional da montaria no interior da qual essas singularidades estão reunidas. A impressão que disso resulta é a de um englobamento da pluralidade do mundo pela alma considerada apta a apreendê-la e a dominá-la, em suma, uma imagem típica de correspondência entre o macrocosmo e o microcosmo, sem dúvida característica desse procedimento iconográfico.

É por isso que a circulação do esquema muçulmano da montaria compósita se produziu com grande facilidade pelo restante da Índia dominada pelo hinduísmo, um regime ontológico analogista talvez mais clássico que o islã sufista, já que desprovido desse princípio de totalização notavelmente eficaz, mas extremamente raro, que é o Deus único. O sincretismo cultural militante dos soberanos mogóis teve por consequência que inúmeros pintores hinduístas adquirissem nos ateliês imperiais as técnicas e o estilo iranista que eles em seguida difundiram entre os príncipes hindus. Ora, o tema do sábio que domina sua égua compósita era ali tão aceitável que a tradição sânscrita desenvolveu igualmente o simbolismo do cavalo como montaria das almas. Aliás, esse esquema icônico perpetuou-se tardiamente, uma vez que se encontram exemplos dele no Irã até o século XX, como no tapete aqui representado (ilustração 83). Ele reproduz provavelmente uma miniatura cuja inspiração é fornecida pelos versos do grande poeta Saadi, caligrafados no cartucho superior:

A árvore brotou, os rouxinóis estão embriagados
    O mundo inteiro está banhado de prazer, os amigos se sentam juntos com alegria.

Os "amigos" em questão são dois *div*, gênios pré-islâmicos com chifres e dotados de cauda, sendo que um conduz um dromedário formado por animais que o outro campeia; a montaria compósita simboliza o poder mágico atribuído aos gênios de fazer surgirem ilusões, ilustrado também pelos "brotos" feitos de cabeças de animais, demônios e homens. A montaria mística não é aqui mais que um clichê, empregado de modo zombeteiro a fim de celebrar os prazeres profanos e a sedução envolvente das fantasias a que a imaginação do poeta dá origem. Da obsessão analogista, resta tão somente a multiplicidade variegada de um mundo composto por uma proliferação de seres ordenada segundo regras de repartição e de englobamento imediatamente visíveis na simplicidade de seus arranjos: o continente e o conteúdo (para o dromedário), a distribuição ramificada (para a árvore).

Por rara que seja, a figura da quimera aglomerada não é desconhecida em outras regiões do arquipélago analogista. Encontramos dela um exemplo impressionante na cerâmica da cultura mochica (ou moche), que floresceu no decorrer do primeiro milênio de nossa era na costa norte do Peru (ilustração 84). Trata-se de um vaso-retrato que figura a cabeça de Aia Apaec, principal divindade mochica, um deus criador e cosmocrata identificável por suas presas de felino e seu rosto enrugado.[324] Assim como em outras cerâmicas do mesmo gênero que representam esse deus sacrificador, sua face contorcida e deformada se compõe inteiramente de espécies animais misturadas umas às outras, entre as quais se reconhecem peixes, uma coruja, outro pássaro, um leão-marinho, um molusco e insetos (ilustração 84b).[325] Em seu estudo sobre a iconografia mochica, Anne Marie Hocquenghem interpreta essa cerâmica como uma ilustração de um rito que visa àquilo que Mircea Eliade chamava de "a regeneração do tempo", isto é, a restauração da ordem que sucedeu ao caos primordial; a cabeça de Aia Apaec, fervilhante de animais emaranhados, simbolizaria esse período original de desordem.[326] Parece, no entanto, mais plausível enxergar nessa imagem uma figuração imbuída de grande força plástica da síntese criadora que uma divindade cosmogônica se encontra em condições de produzir. Assim como os outros híbridos baseados no princípio do amálgama, o retrato de Aia Apaec exprime a evidência sensível de que todos os habitantes de um cosmos profuso podem estar conjugados numa forma única, aquela do ser que foi a causa de seu engendramento e que perpetua o princípio de seus vínculos.

Nem todo ser composto de outros seres amalgamados é necessariamente uma quimera. Um último exemplo nos permitirá julgar isso (ilustração 85). Ele provém de uma região, as estepes da Ásia central, e remonta a uma época, a idade do ferro, ambas conhecidas por terem sido férteis em quimeras "clássicas", isto é, feitas de fragmentos anatômicos, especialmente de pássaros, algumas delas claramente tomadas de empréstimo da Pérsia aquemênida.[327] Trata-se de uma imagem de ouro encontrada em Verkhné-Oudinsk (atual Ulan-Ude, capital da Buriácia) que figura um cervo cujas tripas e cauda terminam em cabeças de ave de rapina e cujo corpo é feito de atos de devoração: dotado de um bico de pássaro, o cervo morde o lombo de um felino, o qual morde uma ave de rapina, que morde um muflão.[328] Sem especular demais a respeito da interpretação de uma peça moldada num estilo difundido desde Altai até o rio Amarelo, é lícito enxergar nela menos um ser compósito comum do que uma cena de predação em circularidade, praticamente uma cadeia trófica, em todo caso uma série de englobamentos na qual nenhum dos animais a comer o outro é verdadeiramente privilegiado. Não seria, portanto, uma quimera analogista típica a reunir num esquema corporal unitário elementos díspares do mundo, mas antes uma expressão visível da predação generalizada própria do animismo ao mesmo tempo que o sintoma da situação intermediária das civilizações das estepes, que representam claramente uma hibridação entre o regime animista do norte da Sibéria e a vasta faixa analogista do sul e do leste da Ásia central.[329]

VÍNCULOS CONVERTIDOS EM IMAGEM

Em última análise, todas as imagens analogistas figuram redes. A quimera é a forma mais simples delas, de todo modo a mais manifesta, uma vez que torna visível o fato de que elementos ligeiramente heterogêneos mas pertencentes a um mesmo registro fenomenal — fragmentos de corpos, vegetais, animais — constituem, a despeito de suas diferenças, partes de um todo cuja coerência não resulta apenas de sua soma. Afinal, o que se encontra objetivado na imagem é a vinculação dos componentes entre os quais existe uma afinidade qualquer, e não um ou outro entre eles tomado separadamente, uma evidência intuitiva que a organização quimérica expressa ao máximo graças ao papel coesivo assegurado pela verossimilhança anatômica e comportamental do ser imaginário produzido por seu agrupamento. Muitas vezes feitas de peças díspares, as imagens analogistas figuram, portanto, menos um conteúdo do que um modo de organização, menos coleções de objetos do que dispositivos de conexão, a saber, as relações que estruturam o conjunto desses objetos de maneira que o espectador não fique por demais distraído com a singularidade de cada um deles. Examinaremos aqui três modos de exercer esse efeito: por hipóstase, por agregação funcional, por determinação expressiva. Na primeira modalidade, singularidades aparecem como formadoras de um conjunto, já que elas são hipostasiadas dentro de um princípio de totalização personificado que ocupa uma posição visual dominante, sem que por isso suas características distintivas sejam apagadas mediante esse processo. A agregação funcional, por sua vez, consiste em reunir num espaço nitidamente circunscrito elementos dessemelhantes em que fica patente serem todos necessários a uma função comum. Por fim, a determinação expressiva reflete a situação na qual cada um dos elementos do agrupamento pode ser visto como um aspecto particular de um todo a ele preexistente.

A figuração de uma rede por hipóstase de um de seus elementos é bem ilustrada pelas espetaculares máscaras de exorcismo de Kōla Sanniya no Sri Lanka (ilustração 86). Kōla Sanniya é uma divindade maléfica, causadora de doenças, que engloba em sua pessoa outros dezoito demônios menores, cada um deles responsável por uma aflição específica; por isso é que ele ocupa na máscara a posição central, erguido em toda a sua altura, segurando com a boca um doente moribundo e brandindo em cada mão corpos arquejantes, enquanto os demônios menores se alinham de ambos os lados, como se dele irradiassem, cada qual identificado apenas por sua face, que ostenta um índice do mal que ele encarna. O caráter eminente do demônio principal, seu papel integrador e totalizante se revelam no fato de que a ação a ele atribuída é ao mesmo tempo diferente e complementar daquelas dos outros demônios, o que o desenrolar do exorcismo permite destacar.

Diz-se no Sri Lanka que uma das causas do infortúnio vem dos demônios (*yaka*) que foram confinados pelo Buda numa parte do cosmos da qual eles não podem sair, mas cuja essência ou espírito (*dishti*) tem a faculdade de penetrar o corpo de um humano a fim de lhe perturbar o equilíbrio dos três humores — os gases, a bile, a fleuma. É essa essência perniciosa que é preciso expulsar ao longo de uma noite, na presença do paciente, num exorcismo público conduzido por um especialista ritual acompanhado de seus assistentes.[330] A razão da malevolência dos demônios Sanni contra humanos aparece em seu mito de origem cantado pelo oficiante no decorrer da segunda parte da cerimônia, uma história patética que detalha a natureza compósita de seu chefe, a um só tempo uno e múltiplo. Kōla Sanniya passou efetivamente por um nascimento atroz, e esse é o motivo de sua aversão pela humanidade. Seu pai, o rei de Visal, suspeitando que sua esposa grávida tivesse cometido um adultério, fez com que ela fosse torturada e depois estripada; o bebê que ela carregava foi ao chão e, consumido por uma raiva inextinguível do pai e de todos os citadinos de Visal, ele cresceu nutrindo-se do cadáver da mãe. A fim de se vingar, recolheu venenos na floresta, triturou-os e deles fez maços sobre os quais lançou sua magia, transformando-os em dezoito potentes demônios inteiramente devotados à sua pessoa. Ele ordenou-lhes que entrassem na cidade de Visal e destruíssem seus habitantes, enquanto ele próprio, "vestindo o disfarce da morte",[331] entrou no palácio do rei, seu pai, quebrou-lhe o pescoço, comeu sua carne e bebeu seu sangue, depois exterminou todos aqueles que se escondiam no palácio. Sucumbindo aos poucos às devastações dos demônios, a cidade se despovoava, e o fedor dos cadáveres se fazia sentir ao longe. Ao ver isso, o buda Dipankara enviou seus principais discípulos com água consagrada a fim de repelir os demônios, enquanto o deus Sakra fazia cair uma chuva torrencial para limpar a cidade de sua pestilência.

O objetivo do exorcismo é recriar essa confrontação inicial entre as divindades e os demônios Sanni, tanto aquelas quanto estes presentes no recinto ritual por intermédio de sua essência e também, no caso dos demônios, através dos humanos mascarados que fazem com que eles evoluam. Os dezoito demônios são figurados pelos assistentes, vestidos com trajes reais para lembrar a ascendência nobre dos Sanni, cada qual ostentando a máscara de um dos avatares de Kōla Sanniya, que é o último a entrar em cena, geralmente encarnado pelo oficiante principal, que porta a grande máscara a englobar todos os demônios. Cada Sanni é uma faceta ou uma personificação parcial de Kōla Sanniya, chefe, criador e princípio de unificação da horda maléfica, sendo que cada um deles materializa em sua pessoa os sintomas de uma doença criada por ele, sem que aliás os especialistas nesse tipo de exorcismo cheguem a um acordo quanto a um inventário uniforme dos demônios e das aflições que eles causam. A lista recolhida por Gananath Obeyesekere no vilarejo de Hiniduma inclui tanto distúrbios da elocução (devidos aos demônios Olmāda Sanniya e Būta Sanniya) ou do comportamento (os demônios Bita Sanniya e Demala Sanniya) quanto o fato de sonhar com coisas estranhas (os demônios Dēva Sanniya, Nāga Sanniya e Vedi Sanniya) ou de sofrer de problemas orgânicos bastante diversos (os demônios Kāla Sanniya, Jala Sanniya ou Kana Sanniya).[332] Em sua obra clássica sobre o exorcismo no Sri Lanka, Paul Wirz menciona outros demônios que não figuram na lista de Obeyesekere, como o da loucura (Kapala Sanniya), do mutismo (Golu Sanniya) ou da paralisia (Kora Sanniya).[333] Contudo, pouco importa a composição exata da equipe de demônios auxiliares, pois o que se torna manifesto, tanto no exorcismo quanto na máscara, é que cada um desses seres exprime apenas um aspecto de Kōla Sanniya, um ou outro sintoma de um mal mais generalizado do qual ele é a causa primeira e única sob a forma de uma divindade panteísta capaz de um grande número de manifestações.[334]

A entrada em disputa dos demônios se desenrola no final da noite e constitui o ápice do ritual. Além da máscara que os identifica, cada um deles é reconhecível por seu comportamento — o assistente que o representa imita com bastante realismo os sintomas da doença da qual ele é o vetor — e por um canto que descreve sua aparência e sua ação. Ao final dessa encenação dos signos do mal de que ele é a causa, o demônio se aproxima do paciente e declara "Acabou-se", confirmando assim que a doença exteriorizada por sua pantomima deixou de fato o paciente. Após cada um dos dezoito demônios desempenharem seus respectivos papéis, o doente lhes faz oferendas e declara igualmente "Acabou-se". É então que, pouco antes do amanhecer, Kōla Sanniya, o demônio que encarna a coalescência de todos os outros, penetra no recinto ritual. Seu comportamento é absolutamente distinto daquele dos demônios que o precederam. Com efeito, ele trava um longuíssimo diálogo com o tamborileiro a fim de ser admitido na cidade cujas portas são guardadas pelas principais divindades do panteão, colocadas ali pelo Buda para protegê-la. Essas divindades são simbolizadas por dois espectadores que Kōla Sanniya tenta alternadamente condoer e subornar oferecendo-lhes presentes, sem que eles cedam. O tamborileiro explica a cada vez as razões da recusa deles e sugere outra oferenda, até que ele declare que somente o Buda pode dar a permissão de entrada, contanto que Kōla Sanniya aceite sua autoridade lendo uma carta com esse propósito. Uma vez realizada sua submissão, Kōla Sanniya se dirige ao paciente, que lhe devolve as oferendas e, em troca, é por ele abençoado. O dia está para nascer, o exorcismo está concluído, o paciente está curado.[335]

A imagem de Kōla Sanniya é um bom exemplo de figuração de uma rede analogista na qual um conjunto de singularidades identificáveis se veem fundidas num princípio personalizado que as expressa como uma totalidade. O registro discursivo sublinha também o vaivém entre o particularismo das partes e sua unificação num ser englobante, uma vez que a etiologia dos demônios cantada no momento do exorcismo oscila entre a primeira pessoa do singular, quando Kōla Sanniya se dirige às suas dezoito criaturas como a um coletivo do qual ele se distingue — "Dou-lhes a permissão de entrar em Visal" —, e a primeira pessoa do plural, quando o narrador o inclui no coletivo — "Vamos, disseram os dezenove demônios". Como geralmente ocorre nessa modalidade da constituição de um conjunto por hipóstase, o vínculo que une o elemento totalizador aos elementos que ele aglutina se apresenta como uma relação de engendrador para engendrado; totalmente explícito na história da origem dos demônios, esse vínculo é também tornado aparente na organização visual da máscara, com a assimetria entre a unidade de conteúdo do eixo central e a diversidade de motivos periféricos; ele é igualmente flagrante no próprio desenrolar do ritual, no qual as ações dos demônios menores a livrar o paciente de um sintoma se distinguem claramente da ação de seu chefe, que se engaja a contragosto numa diplomacia cósmica; esta termina com sua submissão ao Buda, a qual vem encerrar por algum tempo um período de desequilíbrio e restaurar uma ordem que vê o gerador do mal reintegrar seu lugar numa hierarquia da qual ele não pode se eximir de forma duradoura.

Um mecanismo visual em que o elemento em situação dominante engloba individualidades que a ele se assemelham presta-se particularmente bem à figuração de uma linhagem de humanos provenientes de um ancestral apical, tema nuclear dos coletivos analogistas. Estes são, de fato, obcecados pela transmissão, geração após geração, de sobrenomes, terras, prerrogativas ou títulos em grupos de descendência de diversos tipos. Os mundos analogistas são agrupamentos gigantescos nos quais cosmos e sociedade humana se misturam; e é talvez para torná-los mais facilmente controláveis pelo pensamento e pela ação que eles se veem divididos em unidades interdependentes estruturadas por uma lógica de encaixamento segmentar. Cada uma dessas unidades constitutivas — clã, metade, linhagem ascendente, casta — compõe, além disso, uma associação por si só compósita no interior da qual humanos, sítios, rebanhos, ancestrais, montanhas, divindades, terrenos, funções e mil outras coisas participam ainda, em seus devidos lugares, da diversidade do mundo do qual o coletivo é a expressão. De maneira que esses grupos mistos de descendência permitem a seus elementos humanos estender suas conexões desde o inframundo até os céus, projetando por essa via muito afastada no tempo e no espaço a malha de suas relações com o restante dos seres graças às metamorfoses das quais são solidários pela filiação: heróis fundadores, ancestrais, demiurgos ou semideuses. Nada disso acontece nos coletivos animistas, que ignoram na maioria das vezes as divisões internas, praticam com método a amnésia genealógica, destroem os bens dos mortos para que nada subsista daquilo que eles poderiam transmitir e preferem, à rememoração de um passado compartilhado por alguns, o trato cotidiano com a multidão de seus contemporâneos terrestres. Quanto ao totemismo australiano, ao contrário do que dizem as aparências, ele não se encontra mais próximo da ideia de uma descendência a partir de um ancestral. Afinal, as qualidades físicas e morais comuns aos membros humanos e não humanos de um grupo totêmico não decorrem, a rigor, de uma herança que seria legada a cada geração por aquela que a precede, mas são o produto de uma objetivação realizada a cada nascimento pelo protótipo que deixou atrás de si as sementes para que, a intervalos regulares, elas encarnem nesse grupo. Trata-se, portanto, menos de uma transmissão em cascata procedente de um ser perante o qual se é capaz de atestar um vínculo do que a revivificação periódica de uma identidade ontológica.

Na Polinésia, em contrapartida, a genealogia de um indivíduo é um de seus bens mais preciosos: é ela que atesta seus direitos sobre a terra, sua posição política, o posto que ele ocupa e até mesmo seu lugar no cosmos, uma vez que ela às vezes lhe permite se ligar aos atores da criação do mundo. Não é, portanto, nada surpreendente que essa região emblemática do arquipélago analogista possa ter produzido imagens notáveis de linhagens descendentes de parentes integrados na imagem de um ancestral, tais como as "varas genealógicas" dos maoris da Nova Zelândia ou os "deuses-bastão" das ilhas Cook. Aquelas funcionam mais como mementos empregados quando da recitação de genealogias, enquanto estes são a incorporação do *mana* de um grupo de filiação num artefato, razão pela qual eles eram normalmente envolvidos em diversas camadas de tecido de casca de árvore que permitiam confinar e controlar o poder que deles emanava. Os deuses-bastão representam a linhagem oriunda de um ancestral comum e o vínculo de filiação que os une desde a origem dos tempos (ilustração 87). Da cabeça superdimensionada do ancestral descende uma fileira de personagens sentados que figuram as gerações sucessivas;[336] e, para bem demonstrar que cada uma entre elas se distingue daquela que a precede e daquela que a sucede, as figuras são dispostas alternadamente de frente e de perfil, um meio simples e eficaz de tornar visível que os elementos de uma série, unidos por seu pertencimento a um conjunto, são, no entanto, todos diferentes. Posicionado na horizontal, o deus-bastão pode também figurar a embarcação do ancestral fundador a guiar sua tripulação a partir da proa quando da migração original, sendo que cada linhagem descendente dos primeiros ocupantes de uma ilha é vista como procedente de uma mesma piroga. Assim como a máscara de Kōla Sanniya, o deus-bastão coloca em evidência que os componentes singularizados da rede são uma expressão de um princípio de totalização que os engloba e os subordina; aqui, a cabeça do ancestral. Também como na máscara dos demônios, o vínculo que aglutina o conjunto é uma relação de engendrador para engendrado, sequencial nesse caso, e não mais estendida num plano.

Pode acontecer igualmente de uma rede constituída de elementos que formam uma totalidade indissociável ser, ela própria, a figura dominante de uma rede subordinada da qual ela seja o princípio e à qual dê sentido. É o que ocorre com a Santíssima Trindade coroando a Virgem num célebre retábulo pintado por Enguerrand Quarton para a cartuxa de Villeneuve-lès-Avignon (ilustração 88). A rede englobada é o mundo cristão, que o pintor figura numa sobreposição de três níveis. O estrato principal, aquele que ocupa a maior parte do quadro, representa o paraíso, no centro do qual a Santíssima Trindade coroa a Virgem perante os olhos da corte celeste que a rodeia, composta de anjos, apóstolos, santos, profetas, eleitos e, aos pés deles, crianças batizadas; sob o paraíso se desenrola o mundo aqui embaixo, simbolizado pelas duas cidades santas, Roma à direita e Jerusalém à esquerda, enquadrando o Cristo em cruz, diante do qual um cartuxo reza; por fim, na parte inferior, estão representados o inferno e o purgatório. Em suma, trata-se de uma cosmografia de grande riqueza descritiva e narrativa, salpicada de cenas e personagens que os historiadores não deixaram de identificar, uma rede de seres, locais e estados estruturados pela hierarquia escatológica, um dos grandes mecanismos totalizadores do cristianismo.[337] Há, porém, algo mais. Afinal, o princípio do vínculo hierárquico, evocador da grande cadeia do ser, é ele próprio subordinado ao princípio de unidade da Santíssima Trindade, que ocupa o coração do retábulo e dele constitui o tema principal. Na iconografia medieval, a Santíssima Trindade é geralmente representada sob a forma do Trono da Graça, que figura Deus Pai sentado, tendo à sua frente o Cristo crucificado e, acima deste, o Espírito Santo sob a aparência de uma pomba com as asas abertas. Quarton adota um dispositivo muito mais original, sem equivalente na imagética da época, já que ele opta por retratar o Pai e o Filho de forma idêntica, repartindo-os em espelho de ambos os lados do eixo mediano formado pela Virgem e pela pomba, de maneira a mostrar, segundo aquilo que lhe foi solicitado pelo mecenas, que nenhuma diferença os separa. Com efeito, rostos, gestos, posturas e vestimentas são semelhantes, mas estas últimas não têm o mesmo caimento. Conforme observou Jérôme Baschet, uma aba do manto de Deus Pai, à direita, recobre parcialmente o corpo da Virgem, e sua inclinação angulosa aponta sobre o ventre de Maria para um motivo vegetal exuberante localizado bem no centro do retábulo, como se o pintor tivesse querido fazer dessa ornamentação o ponto focal da imagem; do outro lado, a borda adornada do manto de Cristo, à esquerda, desenha uma potente linha vertical. Em outras palavras, "essas duas diferenças parecem mesmo evocar o destino da Encarnação do Cristo: uma aponta para o ventre de Maria, no qual ele se faz carne, e a outra evoca o eixo de sua descida à terra".[338]

Encontra-se aqui a relação de engendrador para engendrado característica da especificação de um conjunto compósito pela hipóstase de um de seus elementos, mas uma relação desdobrada e de certa forma retrospectiva. Sob a forma da Santíssima Trindade, Deus é retratado iluminando com sua graça o cosmos infinitamente diverso que ele criou, ao mesmo tempo que essa admirável integração trinitária de simetria vê a si mesma sutilmente reposicionada a fim de anunciar a incorporação do Pai num ser de carne com o auxílio do Espírito Santo. Conforme indica sua posição no retábulo, a Virgem desempenha um papel central no fechamento da rede que conecta todos esses elementos. O que o tema da coroação da Virgem, tal como apareceu no século XII, traz de novo em relação às imagens trinitárias mais antigas é efetivamente, para além do desafio de representar a absorção do múltiplo dentro da unidade, a expressão de uma união mais estreita, de natureza nupcial, figurada pela Virgem-Igreja, certamente subordinada às três pessoas divinas, mas recebendo delas, por delegação, a totalidade do poder espiritual.[339] Não é, aliás, irrelevante que a ilustração desse processo tenha sido destinada a decorar a capela de uma cartuxa. Afinal, a seguirmos uma interpretação recente, o retábulo de Enguerrand Quarton refletiria a reconciliação das Igrejas gregas e latinas em torno da bula do concílio de Florença, que proclamava em 1439 que o Espírito Santo provém igualmente do Pai e do Filho como de um único princípio — daí a posição ostensiva da pomba como um traço de união entre um e outro. Ora, esse sonho de harmonia cristã simbolizado no retábulo pela Virgem unida à Trindade foi ativamente promovido na época por alguns dos mais notáveis entre os cartuxos, essa ordem cuja ideia-força era a unidade das criaturas com o Criador.[340] Impõe-se mais uma vez um leitmotiv obsessivo do pensamento analogista, o desejo desesperado, mas jamais perfeitamente satisfeito, de fazer conjugarem-se os elementos díspares do mundo numa síntese criadora que reduza ao mínimo as discrepâncias que os separam.

Uma segunda maneira de representar redes consiste em agrupar peças de aparências heterogêneas para fazê-las entrar em ressonância a fim de contribuir para um objetivo comum — em geral, de mediação com as divindades, de proteção mágica, de reparação do infortúnio ou de predição do futuro. A unidade da imagem e sua potência de agir são aqui menos devedoras a um dos objetos que a compõem do que à reunião deles num espaço nitidamente delimitado, grande ou pequeno, que lhes circunscreve a iconicidade e concentra a eficácia, um pouco à maneira das instalações na arte contemporânea. São inúmeros os exemplos no arquipélago analogista: é assim com os altares dos ancestrais africanos ou chineses que reúnem numa peça, num nicho ou num móvel ad hoc figurinos ou símbolos dos antepassados acompanhados de oferendas; ou com aquelas túnicas que os caçadores e os guerreiros portavam na África Ocidental, consteladas de amuletos e talismãs, cada qual mais particularmente destinado a prevenir um perigo ou a favorecer um desígnio, e cuja soma, ou mesmo acumulação, acaba por constituir uma espécie de envoltório protetor polivalente para aquele que o ostenta; ou ainda com os "cestos divinatórios" dos tshokwé e de seus vizinhos da África central que podem conter até uma centena de objetos diferentes, compondo outras tantas refrações de facetas do mundo que o adivinho manipula a fim de interpretar a etiologia dos males a respeito dos quais é consultado.

Uma das melhores ilustrações desses dispositivos de malha icônica são as *mesas*, ou mesas cerimoniais, tão comuns entre as populações ameríndias das terras altas do México e dos Andes. As discussões sobre a origem do termo indicam bem a hibridez daquilo que ele designa; ele vem provavelmente do espanhol *mesa* e remete aliás de maneira literal, tanto para as populações do México quanto para os Tepehua, à mesa ao redor da qual se reúnem as divindades autóctones para consumir as oferendas que a elas foram ali depositadas. Contudo, o termo também se aproxima bastante de *misa*, "missa", e evoca talvez aqueles altares portáteis sobre os quais os missionários católicos celebravam o culto nas comunidades indígenas. Concretamente, trata-se de uma peça de tecido, de uma esteira ou de uma prancha, em geral retangular, colocada num suporte ou diretamente no chão, sobre a qual se dispõem oferendas e objetos cultuais empregados com finalidades bastante diversas. Só na Mesoamérica, as *mesas* servem ao mesmo tempo para curar, praticar a adivinhação, encontrar objetos perdidos, punir os ladrões, causar prejuízos aos inimigos, recuperar um cônjuge que tenha abandonado o lar, realizar magias de sedução, garantir uma viagem sem entraves, consagrar uma nova casa, superar o infortúnio, assegurar a boa sorte, influenciar o clima, evitar ou suportar livre de danos as punições infligidas pelos ancestrais e pelas divindades, pagar o que é devido aos espíritos e, por fim, promover a saúde e a fertilidade das colheitas, das tropas e dos humanos.[341] Também em toda a Mesoamérica, as *mesas* são vistas como réplicas em miniatura de um cosmos estratificado no qual o plano da terra se situa a meio caminho entre um nível celeste e um nível ctônico unidos por um *axis mundi* que assume o aspecto de uma árvore ou de uma montanha. Conforme escreveu Douglas Sharon, "é um mundo no qual tudo se encontra conectado e interdependente através da trama da vida e dos ciclos naturais".[342] Esses modelos reduzidos não são apenas imagens do universo mais ou menos estilizadas, mas também se prestam a manipulações dos elementos que elas contêm a fim de operar neles e com eles conexões e instaurações de correspondência que terão um efeito no mundo que figuram. Tem-se aqui um exemplo daquilo que o antropólogo Evon Vogt, ao analisar os rituais dos tzotzil de Zinacantán, chama de um processo de "colocação em escala" (*scaling*), por meio do qual se torna possível miniaturizar categorias cósmicas e projetar em macroestruturas propriedades e relações aplicadas a objetos reduzidos, portanto controláveis.[343]

Nas comunidades ameríndias dos Andes, as *mesas* também têm essa capacidade de realizar ramificações ou de funcionar como um "benjamim" entre os humanos, as divindades e os diferentes setores do cosmos. Ao contrário das *mesas* mesoamericanas, porém, elas são quase completamente desprovidas de dimensão icônica e se baseiam, em vez disso, numa espécie de física das qualidades sensíveis, já que se trata de apresentar ingredientes — minerais, animais, vegetais, alimentos, bebidas — cuja natureza e combinação variam segundo o objetivo perseguido a fim de assegurar, graças a essas substâncias mediadoras, canais de comunicação entre os humanos e as divindades das quais se requer o auxílio.[344]

As *mesas* estão igualmente em uso entre as populações miscigenadas hispano-americanas, cujo universo simbólico sincrético é muito marcado pela influência das ontologias analogistas autóctones. E, sem dúvida, é nessas espécies de altares terapêuticos tão disseminados nas cidades e nos campos mexicanos e andinos que se expressam mais nitidamente as particularidades de uma modalidade da figuração que poderíamos chamar de imagem plural. A composição dessas *mesas* é efetivamente mais heterogênea e seus elementos, mais ostensivamente miméticos que aqueles das *mesas* indígenas — nelas encontram-se também tanto fotografias e bonecos quanto estatuetas ou pinturas *naïves* —, de modo que é o fervilhar de efeitos figurativos elementares enredando-se numa impressão visual global que essencialmente causa espanto ao olhar. Desse ponto de vista, as *mesas* do noroeste do Peru retêm particularmente a atenção pela profusão de seus elementos e a complexidade de sua articulação.[345] Elas são montadas pelos *curanderos* a fim de sanar uma grande quantidade de infortúnios da alma e do corpo provocados por princípios patogênicos ligados a sítios perigosos ou a intenções malignas: emanações nefastas (*aires*, *vientos*) provenientes de locais carregados de poder, como as cavernas, as nascentes ou os lagos; espíritos de animais, plantas ou ameríndios dos tempos de outrora; almas incapazes de encontrar repouso após uma morte violenta; sortilégios lançados por feiticeiros; perdas da alma devido a um medo súbito ou às várias preocupações decorrentes do "mau-olhado" engendrado pelos invejosos. Para combater todos esses efeitos negativos, o *curandero* ativa os poderes que ao longo do tempo ele adquiriu de entidades diversas com as quais fez pactos mágicos, poderes esses que se materializam cada qual num dos inúmeros objetos que ele dispõe sobre sua mesa de cura. Enquanto as *mesas* dos ameríndios dos Andes e do México não comportam muito mais do que cerca de trinta ingredientes, as *mesas* dos peruanos apresentam efetivamente um sortimento espantoso de artefatos heteróclitos que refletem a um só tempo a variedade das tradições históricas e culturais de que se valem os *curanderos* e as particularidades de seu itinerário pessoal: exposta à vista de todos, o que a instalação revela é a diversidade de encontros e acordos pretéritos com os espíritos por parte de um indivíduo particular. Além de elementos animais e vegetais, doces, pratos e bebidas, temos um inverossímil bricabraque de imagens santas e profanas, efígies a evocar personagens ou divindades pré-colombianas, *varas* esculpidas que autenticam nos Andes a autoridade política e religiosa, frascos contendo preparações diversas, livros contemporâneos de bruxaria, bijuterias, sabres e espadas, e até mesmo crânios humanos (ilustração 89).

A lógica analogista reina aqui absoluta. A semelhança de uma planta ou de um animal com uma parte do corpo determina seu poder curativo, ao passo que determinadas substâncias possuem uma eficácia intrínseca ligada à sua natureza; outros elementos, associados ao calor ou ao frio, servem, segundo as necessidades, para aumentar ou diminuir o "calor" de um órgão; a procedência remete a qualidades próprias de um local ou de um indivíduo; em suma, cada objeto individualizado por sua forma, sua matéria e sua origem induz a uma correspondência eficaz com a doença ou o sintoma. O papel do *curandero* é colocar em movimento, mediante fórmulas rituais e cantos ritmados por meio de um chocalho, os poderes dos objetos que compõem a *mesa*: frequentemente sob a influência de um psicotrópico, ele percorre mentalmente sua instalação da esquerda para a direita, do espaço maléfico para o espaço de cura, passando pelo meio, onde as forças do bem e do mal se equilibram, despertando com seu olhar e com fórmulas rituais a capacidade de agir própria aos objetos que compõem o dispositivo curativo e se esforçando para controlá-lo pelo bem do paciente. Cada *curandero* tem sua maneira de operar. Alguns buscam coativações de objetos cujas energias conjugadas podem ser canalizadas e aproveitadas; outros se deslocam mentalmente na *mesa* como quem caminha num território familiar, sendo que cada encontro com um objeto estimula o poder da entidade à qual ele está associado. Segundo o testemunho dos curandeiros, a grande quantidade de objetos e sua heterogeneidade, suportes necessários à figuração de todas as situações concebíveis que eles têm por missão tratar, constituem as próprias condições da eficácia profilática ou terapêutica.

A *mesa* é ao mesmo tempo um quadro saturado de qualidades convertidas em imagem e um agregado de intencionalidades múltiplas incorporadas em objetos que o terapeuta toca como no teclado de um cosmos em miniatura, ativando um campo, neutralizando outro, induzindo esse objeto a se coligar com aquele para uma ação comum. Como disse um *curandero*, objetos se põem a "trabalhar juntos".[346] De forma mais genérica, todas as *mesas* da América Latina possuem essa característica de que cada um de seus componentes tomado isoladamente se encontra sem dúvida investido de um simbolismo e de uma potência de agir próprios, não tendo esse componente, porém, sentido nem eficácia a não ser em virtude das "ramificações" com seus vizinhos e com o mundo que um especialista ritual está apto a realizar. Ora, devido à superabundância de elementos que define as *mesas* dos curandeiros peruanos, essa colocação de objetos heteróclitos em rede a contribuir para uma função comum torna-se particularmente manifesta. Na figuração global que uma *mesa* oferece, o agente icônico que importa é o agrupamento daquilo que está circunscrito num quadro e as relações potenciais que esse dispositivo autoriza, e não cada uma das partes que o compõem — por mais fielmente miméticas que algumas delas possam parecer. A imagem não tem aqui outro tema a não ser a organização das singularidades que ela torna operativas.

★

Outra maneira ainda de figurar redes joga com aquilo que se poderia chamar, numa alusão a Leibniz, de a "determinação expressiva": singularidades formam um conjunto, já que cada uma é um aspecto de um todo que a elas preexiste. Ao contrário da máscara dos demônios do Sri Lanka, na qual o princípio de totalização é personificado, e diferentemente da Santíssima Trindade, cujo conjunto não é independente das partes que o compõem, o todo é aqui superior e, em certa medida, transcendente à soma das partes. Pode ser uma totalidade muito englobante, um sistema sociocósmico, por exemplo, ou uma instituição agindo na qualidade de pessoa moral, como uma casta, uma linhagem ascendente ou uma nação; contudo, em todos esses casos, os elementos que a compõem assumem ordem e sentido uns em relação aos outros apenas na medida em que são partes da estrutura geral que os determina. Uma maneira eficaz de figurar isso é conferir ao conjunto das imagens um estilo reconhecível que faça com que se perceba um ar de família a despeito de suas diferenças, objetivando-as assim como outras tantas variações de um modelo unitário.

Os bonecos que representam os Katsinam confeccionados pelos hopi do Arizona ilustram esse jogo sutil que consiste em esgotar todas as figuras da diversidade dentro de um gênero no entanto identificável. Os Katsinam (forma plural de Katsina) são espíritos entre os quais cada um encarna uma particularidade, uma qualidade ou uma faceta do cosmos hopi. São mensageiros das divindades ou então dos ancestrais e seus companheiros, ou ainda os espíritos personificados de animais, de plantas, de artefatos, de fenômenos atmosféricos; em outras palavras, expressões singularizadas do panteão e elementos físicos do universo. Todos os anos, do final de dezembro até o final de julho, os Katsinam se hospedam nas aldeias situadas sobre as três mesas que constituem o território hopi antes de partirem rumo aos picos de San Francisco, porta de entrada do mundo subterrâneo onde eles residem em família o restante do ano. Os Katsinam são personificados por dançarinos mascarados que os tornam presentes entre os hopi num ciclo cerimonial longo e complexo no decorrer do qual eles são acolhidos e festejados, sendo cada Katsina identificável por sua máscara, sua indumentária e seus atributos próprios. Haveria mais de quatrocentos Katsinam diferentes, mas, como o mundo hopi não é estático, alguns podem desaparecer quando se extinguem os clãs aos quais são vinculados, enquanto outros são incessantemente introduzidos, em especial por vizinhos ameríndios tais como os zuñi ou os navajos.

Os Katsinam encarnados pelos dançarinos são também tradicionalmente figurados sob a forma de bonecos, chamados *tihu*, e esculpidos numa raiz de *cottonwood*, o álamo americano (ilustração 90). Com eles, presenteiam-se as crianças por ocasião das cerimônias de adeus aos Katsinam em julho ou agosto e, conforme observou Jesse Walter Fewkes, "não é raro ver meninas, depois de presenteadas, carregarem nas costas por toda parte os bonecos enrolados em suas mantas da mesma maneira que os bebês são carregados pela mãe ou pelas irmãs".[347] Pendurados nas vigas ou nas paredes, os bonecos permitem aos pais e avós ilustrar de modo concreto as atividades e os atributos dos Katsinam quando contam às crianças as narrativas etiológicas que a eles dizem respeito. São, portanto, mementos, objetos que servem ao que se poderia chamar de "lições de coisas" — a transmissão do saber a propósito do mobiliário do mundo —, pois, à exceção de determinados espíritos nefastos ou ubiquitários, todos os tipos de humanos e de não humanos, todos os elementos materiais e imateriais de que o mundo se compõe são suscetíveis de receber uma expressão figurativa sob a forma de um Katsina. Existem, assim, cerca de quarenta Katsinam de animais — mamíferos e pássaros, bem como répteis e insetos —; cerca de quinze Katsinam que correspondem a elementos celestes ou atmosféricos — a água, o fogo, a neve, o trovão, mas também a lua, o sol, o alvorecer ou a tempestade de areia —; há

Katsinam que remetem a plantas selvagens ou cultivadas, a utensílios da vida cotidiana, a funções sociais — guerreiros, feiticeiros, chefes ou *clowns* —, assim como a fenômenos orgânicos — vida, morte, germinação —; enfim, inúmeros Katsinam representam qualidades físicas ou morais, às vezes agradáveis, outras pouco amenas: zombeteiro, lúbrico, desgrenhado, compassivo, voraz ou orelhudo. Como convém a uma imagem identificada a um aspecto do mundo, cada Katsina tem seus próprios atributos no interior de uma gama comum a todos — forma do corpo e do rosto, cores, motivos e ornamentos, emblemas —, de maneira que, se reuníssemos a coleção completa de todos os bonecos que representam Katsinam, disporíamos do sistema quase exaustivo das propriedades que definem o universo dos hopi. Diferentemente dos *santons*,* das marionetes e das figuras do teatro de sombras, em que cada um é igualmente a expressão de um tipo, os bonecos *tihu* não interagem entre si para contar uma história; cada estatueta de Katsina, ao exibir uma série de símbolos distintivos extraídos de um repertório comum a todas elas, vale por si e para si como uma amostra do grande catálogo de qualidades do mundo.

Tomemos o exemplo do Katsina *WupaMo* a fim de melhor deslindar os emaranhados semânticos e práticos dessa figuração em cascata na qual um boneco é a imagem de um humano a encarnar um espírito que representa, ele próprio, uma modalidade de existência, uma configuração de qualidade ou a essência de um ser. O Katsina *WupaMo* aparece sob a forma de um dançarino mascarado com todos os seus atributos num desenho que Fewkes encomendou a um informante hopi, provavelmente Kutcahonanû, para ilustrar os diferentes tipos de Katsinam; o desenho pode ser consultado na publicação de Fewkes, mas sua reprodução é atualmente proibida pelo Gabinete de Preservação Cultural Hopi.[348] *WupaMo* fica ativo por ocasião do Powamu, a cerimônia de iniciação aos mistérios dos Katsinam que se realiza em fevereiro; trata-se de um Katsina "guarda" (*Hu'Katsina*) severo e afetado que supervisiona o trabalho dos Katsinam "fustigadores" nas kivas e durante as procissões públicas; o desenho publicado por Fewkes o representa no momento

---

*Estatuetas provençais que enfeitam os presépios de Natal. [N.T.]

de sua captura: com efeito, para zombar de seu rigor e ridiculari-zá-lo, os *Koyemsim* ("Cabeças-de-Lama"), Katsinam maliciosos e bem-dispostos em relação aos humanos, laçam-no e, peça por peça, despojam-no de sua indumentária, de modo que ele acaba nu como os jovens iniciados. Ele ostenta uma coroa feita de uma trança de palha de milho entremeada de pequenas plumas da qual emergem três rêmiges de águia, uma gola de pele de raposa, um cinturão ceri-monial e um boldrié vermelho; ele é coberto de pinturas corporais pretas, amarelas, verdes e vermelhas, e seus dois grandes olhos pro-tuberantes encimam um focinho dentado do qual pende uma língua serpentina. Em suma, não se parece com nada conhecido; por isso, é antes o conjunto dos índices esparsos em seu disfarce que qua-lifica sua identidade. Sua cabeça é vinculada ao sol; não à pessoa de Sol, como é o caso de outros Katsinam a ele aparentados, mas às cerimônias de regeneração do astro após o solstício de inverno. Com efeito, inúmeros *MongKatsinam* (Grandes/Chefes Katsinam) ostentam essa coroa radiante no momento do Powamu. A cor preta na parte inferior de sua máscara atesta suas conexões com a violên-cia, a morte e a guerra — os Katsinam "guardas", assim como os hopi já falecidos, são pintados de preto do pescoço à raiz nasal; a parte central, opondo o amarelo e o verde, indica sua origem: ele vive no sudoeste da mesa, provavelmente em Nuvatokya'ovi ou em Palatso-mo; o duplo traço preto com pontos brancos significa que ele ama a chuva e se compraz, portanto, em interceder junto às almas a fim de que elas se ofereçam sob a forma de chuva; por fim, a coroa é o *hik-wisi* ou "sopro" do Katsina, é sua alma, sua respiração, seu veículo. Quanto ao boneco *tihu* de *WupaMo*, ele retoma em miniatura todos os atributos do personagem mascarado (ilustração 91).

Vê-se que não há um elemento singular do mundo, muitas ve-zes encerrado numa trama histórica e biográfica, conectado por mil vínculos a estações, elementos, grupos sociais, sítios, que não seja figurado como uma essência condensada num Katsina. Com-preende-se que a própria palavra, passada à linguagem corrente na Europa sob a forma "kachina", possa ter desafiado as tentativas de tradução, a exemplo de outros termos que conheceram uma for-tuna antropológica ainda maior, como "mana", "tabu" ou "totem". Afinal, se Katsina designa de fato uma entidade particular, com sua conformação física, sua indumentária, seus atributos simbólicos, seu comportamento, seus vínculos de parentesco e de aliança, essa entidade constitui também uma série relativamente abstrata de predicados que se aplicam ao mundo. Ao animar suas aldeias durante meses com danças e pantomimas recheadas de personagens solenes ou burlescos que agem como emissários das divindades, dispondo uma energia considerável para pontuar sua vida cotidiana com essas visitas esperadas, fabricando máscaras, indumentárias, bonecos e chocalhos a fim de conferir uma densidade teatral à sua presença, os hopi fazem mais do que declinar as qualidades do mundo nas imagens; eles contribuem para atualizá-las numa gigantesca rede que é quase coextensiva ao próprio cosmos. E ainda que não sejam carregados de nenhuma dimensão religiosa, os bonecos *tihu* tornam, porém, ostensiva a causalidade expressiva da qual os Katsinam são investidos na medida em que, pendurados aqui e ali nas casas hopi ou ajuizadamente alinhados nas vitrines dos museus, eles testemunham de maneira inequívoca que os espíritos que eles representam possuem, a despeito de sua imensa diversidade, uma conivência de estilo que os caracteriza como variações de um todo. Seu tamanho, sua cor, seu estilo de ornamentação, até a sistematicidade de suas estranhezas, permitem sem esforço identificá-los como membros de uma gigantesca família, de modo que a coalescência de sua profusão não pode deixar de evocar uma totalidade da qual eles seriam outras tantas manifestações.

O GRANDE MUNDO E O PEQUENO

Outro índice visual revelador das ontologias analogistas, sem dúvida tão típico quanto a prevalência das quimeras, é a propensão a figurar correspondências entre o microcosmo e o macrocosmo, entre a pessoa humana vista como um mundo em miniatura e o universo no interior do qual ela desenvolve suas potencialidades ou a cujas determinações é submetida. Longe de ser um sintoma de antropocentrismo desenfreado, o procedimento funciona como um operador de confinamento semântico: no momento em que toda situação e todo acontecimento podem ser compreendidos como um chamado, uma promessa ou uma condenação, quando a felicidade ou a desgraça, a saúde ou a doença, a glória ou o infortúnio dependem da decodificação correta desses vestígios existenciais, é reconfortante dizer a si mesmo que existe no corpo e na natureza do humano, em seus órgãos e disposições, um modelo interpretativo que permite navegar com segurança na profusão das analogias. Ancorar o homem ao cosmos por uma malha de correspondências torna-se um meio eficaz de limitar e enquadrar a proliferação de signos, concentrando seu princípio de decifração num ser diferenciado entre todos, investido do privilégio de ser o gabarito de sua interpretação e o fiador de sua validade.[349]

É certo que todas as culturas perceberam semelhanças entre o corpo humano, partes de plantas e de animais, e elementos do ambiente inorgânico; por todo lado, houve a intuição de que percursos hermenêuticos podiam ser trilhados entre ciclos climáticos ou astronômicos e funções ou substâncias fisiológicas. O corpo humano apresenta um repertório tão profuso e tão imediato de traços proeminentes que é difícil ver como ele poderia ser ignorado como uma fonte de metáforas para qualificar outras coisas que não ele próprio. Contudo, é somente nas ontologias analogistas que essas correspondências são sistematizadas em *corpus* doutrinários e aplicadas em procedimentos cujos objetivos são sobretudo práticos: leitura do destino, tratamento dos males do corpo e da alma, orientação dos edifícios, decisões individuais e coletivas, tudo se conecta, tudo faz sentido num tecido tão denso de signos respondendo uns aos outros que é impossível dizer se o mundo é que é talhado na medida do homem ou se o homem é que é uma reverberação do mundo. Não se encontram em nenhuma outra parte fora do arquipélago analogista cadeias de causalidade transitivas tão amplas e imbricadas, não se veem em nenhum outro lugar imagens que se empenhem de maneira tão obsessiva em desenhar conexões entre propriedades do cosmos e propriedades da vida e do corpo humano.

Algumas das imagens analogistas examinadas até o momento já evocavam formas de relações entre o grande mundo e o pequeno, seja diretamente, seja de maneira alusiva. Pensemos na miniatura mogol que retrata o soberano como cornaca de um elefante formado por todas as criaturas existentes, metáfora da alma a se apropriar da pluralidade das coisas; ou ainda nas *mesas*, que são ao mesmo tempo imagens reduzidas do universo e operadores que permitem conectar destinos humanos a acidentes do mundo e às metapessoas que influenciam sua ocorrência imprevista. Nesses dois exemplos, trata-se efetivamente de unir de ponta a ponta humanos singulares e conjuntos muito vastos de seres, sítios e acontecimentos, figurando as redes que os vinculam por meio do englobamento, num caso, e de conexões consecutivas, no outro. Todavia, diferentemente das imagens de rede já examinadas, que fazem prevalecer a figuração da relação em detrimento daquela de elementos vinculados, as que tomam por tema explícito as relações entre macrocosmo e microcosmo empenham-se em representar tanto um tipo de conteúdo quanto um procedimento visual. Esse conteúdo é tão característico, tão fácil de ser reconhecido na maior parte do tempo, que acaba por adquirir a força de evidência de um esquema canônico. Em sua forma mais elementar, ele equivale a figurar sobre um corpo humano, ou a ele vincular por meio de linhas visíveis ou imaginárias, os signos cósmicos que fazem eco a essa ou àquela de suas partes ou disposições, signos esses que podem remeter aos planetas, à abóbada celeste, aos elementos, aos acidentes geográficos, a um *axis mundi* ou aos símbolos do zodíaco. Aby Warburg havia, de fato, percebido a centralidade desse esquema visual da relação entre o homem e o mundo quando a ela consagrou um dos três painéis introdutórios de seu atlas de imagens Mnemosine, vendo ali a correspondência basilar graças à qual fazem sentido todas as outras associações figurativas fundamentadas na analogia.[350] As civilizações antigas da Europa e do Mediterrâneo expressaram claramente esse tópico no motivo iconográfico do "corpo zodiacal", conhecido desde a Antiguidade egípcia, fixado em sua composição pelos manuais de astrologia do início da era cristã e ainda bastante comum na era clássica, ou até mais tarde, segundo um modelo imutável que associa cada um dos doze signos a uma parte do corpo, desde Áries para a cabeça até Peixes para os pés. Um de seus exemplos mais originais é a miniatura pintada por um dos irmãos Limbourg no início da segunda década do século xv para *As riquíssimas horas* do duque de Berry, uma imagem que figura em lugar de destaque no painel inicial do atlas de Warburg (ilustração 92).

A miniatura representa um homem desdobrado, de frente e de costas, portando sobre o corpo os doze signos do zodíaco cercados por uma dupla mandorla — e não um círculo, como é o costume nesse gênero de imagem —, no interior da qual também são retratados os signos do zodíaco. Tanto a iconografia quanto as inscrições localizadas nos quatro cantos — descrevendo as propriedades de cada signo de acordo com as qualidades, os temperamentos e os pontos cardeais — mostram que se trata de um diagrama de medicina astrológica cujo modelo geral se fixou na Europa a partir do século XIII sob o nome de *homo signorum*.[351] Em virtude desse modelo, a imagem estipula as correspondências entre os elementos, os temperamentos e a ordem celeste, de maneira que os tratamentos idôneos, em especial a sangria, fossem de fato aplicados no momento oportuno, uma função calendárica que não nos surpreenderemos de encontrar num livro de horas. Os princípios dessa medicina baseada no cálculo astronômico são bem conhecidos. Eles estabelecem que o microcosmo e o macrocosmo são igualmente compostos de quatro elementos (terra, ar, fogo, água) e de quatro qualidades (calor, frio, umidade, secura), de modo que os quatro temperamentos dos humanos (sanguíneo, colérico, fleumático, melancólico) resultam da predominância de um dos quatro fluidos vitais constitutivos (sangue, bile amarela, bile negra, fleuma), eles próprios compostos dos quatro elementos, ao passo que sua constituição física corresponde a uma relação simpática de dependência das esferas celestes na qual o cinturão exterior (o zodíaco) governa a anatomia externa e o movimento dos círculos interiores (os planetas) regem as vísceras. Tudo isso é tornado visível de maneira sintética no "homem zodiacal" que ilustra *As riquíssimas horas*. A delicadeza do traço e dos coloridos, a harmonia da composição, as inovações estilísticas — a mandorla em vez do círculo zodiacal costumeiro, o desdobramento do personagem central, a figuração das nuvens a conferir densidade ao céu atmosférico — fazem dessa miniatura, ao mesmo tempo que uma obra-prima reconhecida, uma das mais notáveis expressões do esquema analogista de correspondências entre o homem e o mundo.

Uma imagem mais antiga também merece que nela nos detenhamos um instante por ser provavelmente, sucedendo-se às representações puramente diagramáticas, a primeira figuração na Europa medieval de uma rede de correspondências entre macrocosmo e microcosmo na qual aparece a pessoa humana. Trata-se de um desenho que ilustra o manuscrito do *Glossário* de Salomão de Constança, copiado em 1165 no *scriptorium* do convento de Prüfening, perto de Ratisbona. Nele se vê um homem nu de aparência crística inteiramente exposto de frente, à exceção do púbis encoberto por uma inscrição, cujo corpo conecta a terra e o céu em toda a altura da imagem e que se encontra, além disso, ligado ao mundo por meio de linhas oriundas de seus órgãos dos sentidos (ilustração 93). O procedimento, que consiste em juntar partes da figura humana ao cosmos através de linhas, ressurge pouco depois na iconografia desse gênero de imagem, por exemplo para ilustrar as célebres visões de Hildegarda de Bingen no manuscrito *Liber divinorum operum*, conservado na biblioteca de Lucca; nele, uma iluminura figura um homem nu inscrito dentro de um círculo cósmico formado pelo Espírito Santo a abraçar o mundo e de cuja cabeça emerge a cabeça de Deus Pai, um motivo que combina com grande audácia visual a teofania trinitária — com o personagem central representando a encarnação humana de Deus — e o tema da correspondência entre o grande mundo e o pequeno.[352]

Numa conferência proferida em 1926 em Hamburgo, Fritz Saxl comentava, sem fazer referência diretamente a seus respectivos suportes, diversas imagens do famoso painel do atlas Mnemosine, que ele ajudava então a organizar com seu amigo Warburg, comparando essas figurações das relações do homem com o cosmos ao desenho do homem microcosmo do manuscrito de Prüfening — por sua vez, ausente do painel — a fim de nele sublinhar um caráter distintivo: ao contrário dos personagens inscritos num círculo que posteriormente se tornaram comuns e cuja largura, com os braços estendidos, é equivalente à altura, o homem contido num retângulo ocupa toda a altura da imagem, essa dimensão frontal inigualável que faz dele uma espécie de *axis mundi* entre a terra e o céu.[353] Dessa forma, a disposição dá ênfase ao corpo humano em detrimento da imagem cósmica, aqui sugerida mais pelas inscrições do que pelos signos icônicos. Inspiradas no *Elucidarium* de Honorius Augustodunensis, essas inscrições especificam as correspondências entre a rotundidade da cabeça e a esfera celeste, entre os sete orifícios do rosto e os sete planetas, entre os quatro elementos e as partes do corpo, assim como entre os quatro elementos e os cinco sentidos. As linhas do tato conectam as mãos com a água, no canto inferior esquerdo, e com a terra, no canto inferior direito, ao passo que os ossos estão relacionados com as pedras, as unhas com as árvores, os cabelos são semelhantes à relva, e o ventre é como o mar, já que tudo nele desemboca. Essa densa malha de escritura encerra a figura humana numa rede de linhas ao mesmo tempo carregadas no plano semântico e eficazes no plano plástico que torna prontamente ostensiva a reverberação dos ecos entre o microcosmo e o macrocosmo. As linhas retas, horizontais, verticais e diagonais, as curvas e os círculos prolongam e amplificam o corpo humano e destacam sua homologia com a ordem mais englobante da qual ele depende. Assim, o círculo que rodeia a cabeça não é somente uma faixa redonda destinada a receber o enunciado de uma correspondência com a esfera celeste, mas uma maneira de dar a ver essa correspondência em sua evidência imediata.

Por fim, três características dessa iluminura, as quais Jérôme Baschet bem destacou, devem ser assinaladas.[354] Em primeiro lugar, que as correspondências não são concernentes à totalidade da pessoa humana, mas somente ao corpo, uma vez que "Deus formou a alma à imagem da divindade, mas seu corpo à imagem do universo", conforme escreve Adaboldo de Utrecht em seu *Ars Musica*; reside aí um contraste notável com as concepções antigas das analogias entre o grande mundo e o pequeno nas quais a alma está em correspondência com o macrocosmo. Em seguida, que Deus recorreu aos mesmos números para criar os dois mundos, de maneira que a conexão entre eles é do âmbito de uma consonância musical, sendo que as mesmas relações de harmonia respaldam tanto um quanto o outro e, de resto, constituem a única força capaz de conjugar num mesmo corpo os poderes contrários dos quatro elementos, uma conjunção tornada sensível nessa imagem com bastante engenhosidade. Finalmente, que a semelhança do homem microcosmo com a representação tradicional do Cristo é claramente deliberada e visa a retratar um arquétipo do homem figurado sob as aparências de sua mais alta dignidade, aquela que o filho de Deus assumiu por meio de sua Encarnação. A alusão crística é aqui um referente esperado, visto que uma imagem de tipo normativo como essa pretende figurar a perfeição humana do microcosmo, ou seja, o homem no seu mais alto grau de realização corporal, exatamente como o modelo oferecido por Deus que se fez carne.

A imagem de um corpo humano constelado de signos que remetem a uma exterioridade por ele refratada não está confinada às províncias europeias e mediterrâneas do arquipélago analogista. Ausentes da iconografia animista ou totemista, essas figurações do microcosmo como gabarito do cosmos ou receptáculo daquilo que ele contém são, pelo contrário, conhecidas das grandes civilizações analogistas da Ásia, por exemplo na imagética tântrica que representa o adepto da *haṭha yoga* em meditação ou nos diagramas dos manuais médicos chineses que ilustram os canais do *chi* por intermédio dos quais a anatomia humana está em relação com o mundo. Detenhamo-nos um instante nas figuras do corpo tântrico para ver as semelhanças e diferenças que essa variante da imagem da relação entre macrocosmo e microcosmo apresenta diante daquela encarnada no Ocidente pelo homem zodiacal.

Surgidas na Índia durante a segunda metade do primeiro milênio da nossa era, as práticas e as teorias descritas nos textos chamados *tantra* têm por finalidade encarnar o divino como meio de honrá-lo, podendo essa experiência corporal da divindade realizar-se mediante técnicas que exigem um longo aprendizado, em especial a colocação de mantras sobre o corpo (*mantra-nyāsa*), a meditação sobre diagramas (*yantra*) e o exercício da *haṭha yoga*. Conforme escreve o sanscritista David White, "todas as técnicas [tântricas] supõem uma identidade virtual entre o microcosmo do corpo humano e o macrocosmo do universo, que é também considerado [...] como o corpo mesocósmico da divindade".[355] Trata-se, para o devoto, de mesclar essas três escalas cósmicas de modo que ele sinta seu próprio corpo à maneira da divindade, isto é, como uma encarnação do universo. O *yogin*, praticante da ioga tântrica, empenha-se dessa forma para passar de um estado normal do ser no mundo para aquele de um mundo englobado no ser, uma apoteose de ordem divina fundada na inversão do continente e do conteúdo. Esse exercício de cosmização do corpo é característico do tantrismo, ainda que, além disso, remeta a concepções mais antigas na Índia de relações de continuidade entre o corpo humano trabalhado pela ascese e as forças cósmicas que o animam.[356] A transformação do corpo se opera por intermédio de uma imagem mental com que o *yogin* se torna um elemento do macrocosmo ao se enxergar pelo pensamento como que abrigando em si todas as coisas e as qualidades que o mundo contém, como que acionado por seu movimento e sujeito às forças que o animam.

Nas línguas europeias, é hábito chamar o corpo cosmizado do *yogin* de "corpo sutil", uma denominação discutível, já que a indologia erudita emprega esse mesmo termo para traduzir *sūkṣmaśarīra* em oposição a *shtūla*, o "corpo grosseiro". Nesta última acepção, o "corpo grosseiro" é o corpo físico, visível e mortal, enquanto o "corpo sutil" em sentido próprio (*sūkṣmaśarīra*) é um elemento invisível da pessoa, cuja presença pode apenas ser inferida, o componente imortal que transmigra de uma existência a outra.[357] O "corpo sutil" assim compreendido é, portanto, uma entidade irrepresentável. Em contrapartida, o esquema mental com que o *yogin* concebe seu corpo é plenamente figurável. Ele é feito de "centros", habitualmente chamados de "rodas" (*cakra*) ou "lótus" (*padma*), interligados por canais principais e secundários no interior dos quais circula o sopro vital (*prāṇa*), uma anatomia de certa forma pneumática em que todas as partes são suscetíveis de serem conectadas aos seres e às práticas que povoam o macrocosmo ou de os abrigarem. É por isso que, conforme propõe André Padoux, é preferível chamar de "corpo imagoico" esse microcosmo tântrico, uma vez que o *yogin* que entra em meditação constrói dele uma representação precisa que lhe serve de atlas para imaginar o conjunto das partes de seu corpo, nele se deslocar e conectar cada uma delas a um elemento do macrocosmo.[358]

Uma boa ilustração da maneira como esse "corpo imagoico" cosmizado pode ser apreendido e percorrido pelo pensamento se encontra num texto escrito no século XII no noroeste da Índia a fim de expor os fundamentos da *haṭha yoga*. De fato, o terceiro capítulo da *Siddhasiddhāntapaddhati* descreve com minúcias as associações entre macrocosmo e microcosmo que o *yogin* deve vivenciar em seu corpo.[359] O primeiro tipo de correspondência diz respeito aos deuses. A tartaruga *kūrma*, segunda das dez encarnações do deus Viṣṇu, localiza-se na planta do pé, com os setes mundos subterrâneos (*tala*) situando-se acima: sendo Pātala no dedão, Talātala acima do dedão, Mahātala no calcanhar, Rasātala no tornozelo, Sutala na panturrilha, Vitala nos joelhos e Atala nas coxas, todos submetidos ao poder de Rudra, o senhor dos deuses. A Terra está situada no ânus, a atmosfera na área genital, o céu na zona do umbigo, estando essas três regiões sob a jurisdição do deus Indra. Maharloka, o "Grande Mundo", encontra-se na base da coluna vertebral; Janaloka, o "Mundo da Geração", em seu canal medular; e Tapoloka, o "Mundo das Austeridades", na medula espinhal, enquanto Satyaloka, o "Mundo da Verdade", está localizado na flor de lótus do *cakra*-raiz; o deus Brahmā reside nesse quádruplo mundo no interior do corpo. O mundo de Viṣṇu se situa no abdômen, o de Rudra no coração, o de Īśvara no tórax, o de Śiva na úvula, ao passo que o deus Nīlakaṇṭha está na garganta. O mundo do deus Bhairava fica na base da epiglote, o de Anādi está no meio da testa, sob o mundo do Clã (*kula*), regido pelo Senhor-do-Clã, encarnação da beatitude. Seguem-se ainda quatro mundos-deuses, igualmente situados em partes da cabeça, entre os quais Śakti, a divindade de todas as criaturas femininas. Quanto aos 33 mil deuses, eles habitam os poros da metade superior, e os demônios Dānava, dríades, espectros e fantasmas vivem nas articulações. Todas as subdivisões da sociedade indiana estão igualmente presentes no corpo, inclusive os *varṇa*, as 64 castas profissionais. O corpo do *yogin* abriga também os sete continentes — Jambudvīpa na medula, Śakadvīpa nos ossos, Sūkcmadvīpa na cabeça, Krauñcadvīpa na pele, Śālmalidvīpa nos poros, Śvetadvīpa nas unhas e Plakṣadvīpa na carne — ao mesmo tempo que os sete mares — o mar salgado na urina, o mar de leite na saliva, o mar de coalhada no catarro, o mar de manteiga clarificada na linfa, o mar de mel na gordura, o mar de caldo de cana no sangue e o mar de néctar no esperma. Além disso, as nove subdivisões do continente central, o Jambudvīpa, formam os nove orifícios corporais. As montanhas encontram da mesma forma seu lugar no microcosmo: o monte Meru na coluna vertebral, Kailāsa na fontanela, Himālaya na parte posterior, Malaya no ombro esquerdo, Mandara no ombro direito, Vindhya na orelha direita, Maināka na orelha esquerda, Śrīparvata na testa. O mesmo ocorre com os nove rios maiores (Pīnāsa, Gagā, Yamunā, Candrabhāgā, Sarasvatī, Pipāsā, Śatarūdrā, Śrīrātri e Narmadā), que se situam nos nove principais canais sutis (os *nāḍī*), sendo que os rios de menor importância ocupam os outros 72 mil canais. O céu e seus astros também figuram no corpo do *yogin*: os 27 asterismos lunares, os doze signos do zodíaco, os nove planetas, tudo que está circunscrito na abóbada celeste reside nas 72 mil linhas da mão e nas vísceras. Quanto às nuvens de tempestade, elas estão nas lágrimas derramadas, os sítios de peregrinação nos pontos vitais do corpo, o sol e a lua nos dois olhos, a infinidade de árvores, folhagens, arbustos e relvas nos pelos que crescem nas pernas. E a litania obsessiva de correspondências, aqui abreviadas para poupar o leitor, conclui-se com esta constatação: "Assim, o Senhor Supremo, que toma por corpo todo o universo, está presente em cada um de seus corpos".[360]

É, pois, realmente um mundo completo que o frágil corpo do devoto envolve; um mundo enumerado em sua diversidade constitutiva com um frenesi fanático e cuja abundância não pode ser visualizada como um todo — nem como uma imagem física, nem como uma imagem mental; um mundo que o *yogin* percorre com o pensamento ao modo de um itinerário, demorando-se nessa articulação aqui, visualizando aquela víscera ali, a fim de nelas acomodar uma montanha, um estado, uma divindade. A cosmização do corpo não é exclusividade da *haṭha yoga*. Outras práticas tântricas também a ela recorrem, em especial as *nyāsa*, a saber, a imposição de mantras ao corpo de um oficiante para nele insuflar a força cósmica de uma divindade.[361] Esse gênero de exercício espiritual tampouco é estranho à tradição analogista europeia das relações entre macrocosmo e microcosmo nas quais as figurações com frequência são redundantes no que diz respeito à imagem que as palavras sugerem ao espírito. Pode-se pensar, por exemplo, que o homem microcosmo que ilustra o manuscrito de Prüfening materializa numa iluminura vínculos entre o homem e o mundo que não necessitam de uma expressão icônica para que se possa sem dificuldade imaginá-los mentalmente. Contudo, a iluminura em questão é simples em sua organização formal, pouco mais que um diagrama; ela não exige um artifício complicado para tornar visíveis os vínculos de um corpo humano com os quatro elementos e os sete planetas. A situação é completamente outra para a miríade de seres, sítios e princípios cuja localização é imaginada pelo *yogin* em seu corpo, sendo eles ainda mais difíceis de figurar na medida em que um mesmo órgão ou parte do corpo abriga muitas vezes diversos componentes do cosmos bastante diferentes entre si. É por isso que as imagens tântricas que figuram o "corpo imagoico" do *yogin* não são tão comuns: mesmo para a imagética indiana, não obstante especialista em representar a proliferação das coisas, elas desafiam a inventividade formal dos ilustradores. Assim como no exemplo apresentado aqui (ilustração 94), a maioria das imagens de um *yogin* cosmizado é, portanto, simplificada e tardia, ou mesmo destinada sobretudo a um uso exotérico. Em sua composição, porém, elas não deixam pairar nenhuma dúvida acerca daquilo que representam, uma vez que não existem propriamente outras formas de figurar as relações entre macrocosmo e microcosmo do ponto de vista do corpo humano.

Por outro lado, há várias maneiras de representar essas relações partindo de uma imagem do mundo. Afinal, as figurações do cosmos são tão diversas quanto as ideias que delas podemos forjar, quanto as formas que a elas gostamos de dar, quanto os habitantes que as povoam e cuja presença estimamos ser necessário sinalizar, e mais diversos ainda são os meios empregados para tornar visíveis os vínculos enredados de um humano com essa totalidade variável, as peregrinações que ele realiza até ela, as disposições físicas e morais que lhe são próprias e das quais ela se faz eco. A experiência mostra, no entanto, que dois esquemas figurativos do universo como abrigo do homem e de seu campo de prática são retomados à exaustão em todo o arquipélago analogista: o cosmograma e o mundo em miniatura. O primeiro figura as analogias entre macrocosmo e microcosmo ao situar atividades humanas — rituais, calendáricas, escatológicas, devocionais — numa representação depurada do cosmos, por vezes um mapa ou um simples esquema, na qual todavia são reconhecíveis direções, níveis e trajetos possíveis. Quanto às imagens do mundo em escala reduzida, elas assumem o aspecto de paisagens em duas ou três dimensões a abrir vislumbres da profusão de níveis e expressões da vida, de perspectivas nas quais é possível se deixar fluir a fim de abandonar por um momento a visão parcial a que nossa condição nos condena.

As mandalas tântricas e budistas são os arquétipos do cosmograma: afrescos murais, pinturas no algodão ou na areia, até mesmo templos inteiros, que figuram de maneira estilizada o universo, seus compartimentos, seus ocupantes e suas orientações, de modo que, guiado pela imagem e suas referências icônicas, o adepto os utiliza como suportes de oração e de meditação que lhe permitem transpor as etapas que conduzem a uma figura central, geralmente o Buda, núcleo do Universo e princípio de toda realidade. A agrimensura do mundo, a plena identificação entre a forma e o conteúdo dos espaços percorridos e as disposições do peregrino que neles se desloca por meio de uma tensão de seu foro íntimo assumem seu sentido pleno e vivificante ao chegar ao coração do diagrama sempre que o viajante imóvel alcança a correspondência perfeita entre o grande mundo e o pequeno, fundindo-se com a divindade para a qual ele nunca deixou de inclinar-se.[362]

Outro gênero de viagem se presta à figuração num cosmograma de itinerários individuais tomados de empréstimo pelos humanos nos desvios do mundo, uma viagem que os aldeões sedentários do arquipélago analogista realizam apenas uma vez, quando sua alma se dirige à terra dos ancestrais. Esses mapas do além, estância das divindades, dos espíritos e dos mortos, são comuns na Insulíndia, muito particularmente em Bornéu, onde, nos rituais fúnebres, servem para guiar os finados em direção à sua última morada.[363] Entre os dayak ngaju do sul de Kalimantan, os sacerdotes do culto aos mortos utilizam desenhos corográficos do cosmos como mementos durante a recitação dos cantos que descrevem o longo percurso aquático que permite à piroga-ataúde, na qual são depositados os restos do falecido, singrar mares, rios e ribeirões até o seu destino final, no mundo do alto para a alma, no do baixo para o corpo. De fato, em vez de empreender um périplo em território hostil, trata--se de regressar a locais familiares, já que o mundo do alto, sede da divindade Mahatala — a ave calau — e de espíritos maiores, é também o local de origem dos humanos, de maneira que a morte é literalmente um "retorno ao lar".[364] Descreve-se esse nível superior do cosmos como semelhante àquele ocupado pelos humanos, com toda a diversidade geográfica e étnica do sul de Bornéu, suas altas colinas, suas florestas e seus cursos d'água, suas comunidades autóctones, hindus, árabes, chinesas e europeias, porém em escala maior, mais bela, mais opulenta.[365] Os cosmogramas dos sacerdotes dayak retratam igualmente o mundo do baixo, a terra das águas primordiais, residência de Jata — a grande serpente aquática, divindade gêmea de Mahatala —, onde ele reina sobre súditos "perspectivistas" que se veem como humanos em seu ambiente e são vistos como crocodilos quando se movimentam entre os homens.[366] É ali, em outra aldeia dos mortos, que vão parar os homens cuja má conduta notória — incesto, adultério com uma virgem, zombarias dirigidas aos animais divinos — escandalizou as divindades o bastante para que, em boa lógica analogista, uma catástrofe se abatesse sobre sua comunidade, em geral um dilúvio.[367]

Os mais antigos cosmogramas dayak atualmente conservados são posteriores à chegada dos holandeses, e é provável que convenções pictóricas europeias tenham desempenhado algum papel na figuração desses mundos sobrepostos que combinam uma visão de perfil de cada estrato, detalhando seus principais sítios, e uma vista aérea do itinerário fluvial e marítimo, conectando os níveis entre si. As mais conhecidas dessas imagens ilustram a monografia clássica sobre a religião dayak de autoria de Hans Schärer, um missionário protestante que viveu uma dezena de anos entre os ngaju nas décadas de 1930 e 1940; elas representam com um luxo de ornamentações o mundo do alto e o mundo do baixo, assim como locais específicos neles localizados ou as embarcações utilizadas para a viagem dos mortos.[368] Dois cosmogramas mais antigos, do mundo do alto e do mundo do baixo, foram recolhidos por outro missionário, Philipp Zimmermann, provavelmente entre 1903 e 1914, quando de sua primeira estadia entre os ngaju; aquele que figura o trajeto da alma dos mortos rumo ao mundo do alto impressiona pela riqueza de detalhes e pela complexidade da estrutura geográfica (ilustração 95). A terra dos humanos é ali visível na base, carregada pela cobra-d'água do mundo do baixo e encimada pelos 32 estratos do firmamento atravessado por uma rota marítima, a qual dá acesso, rumando para o alto, à rede hidrográfica e aos mares onde habitam os espíritos superiores, e em seguida a um mar de formato quadrado e aos dois rios que o alimentam, os quais banham o sopé do domínio da divindade Mahatala, cuja esplêndida morada erigida no topo de uma colina é vislumbrada no canto esquerdo.[369] Com o nome dos locais anotados em escrita romana, essa imagem foi talvez desenhada para fins didáticos direcionados a Zimmermann, com o objetivo de lhe apresentar uma síntese do saber cosmológico dos sacerdotes dayak. Em todo caso, é esse gênero de documento que os oficiantes rituais tinham diante de si quando cantavam as etapas do percurso da alma dos mortos, uma provável inovação tardia que vinha a substituir ou reforçar mnemotécnicas tradicionais e, assim, atualizar num documento os complicados mapas mentais que eles antes tinham de memorizar.

Por que esses cosmogramas são mais do que pictografias que pontuam a descrição de um trajeto ou mapas que permitem a alguém orientar-se nos níveis do mundo? Por que eles suscitam ecos na vida dos homens e servem para conectar o universo ao microcosmo da aldeia, da casa e daqueles que as habitam? Porque os espaços edificados pelos humanos são outras tantas cópias em miniatura de outros sítios do cosmos e porque as etapas no fluxo da vida que os dayak atravessam são outras tantas recordações de momentos da gênese do mundo: o território celeste e o território ctônico são como o território do meio em que residem os homens, a casa dos homens é como a casa dos deuses, a embarcação dos deuses é como a embarcação dos homens, a aldeia dos vivos é como a aldeia dos mortos, em toda parte as analogias entre o cosmos e o mundo humano estendem a malha de suas semelhanças em diferentes escalas. Quanto ao ciclo ritual que, do nascimento à morte, faz e desfaz a pessoa humana, ele é a exata recapitulação da cosmogonia. O banho lustral do bebê a partir de uma piroga em forma de cobra-d'água (a divindade ctônica), a reclusão da jovem "no mundo do baixo" quando de suas primeiras menstruações, o casamento outrora acompanhado da execução de um escravo e, sobretudo, o falecimento que faz os humanos retornarem ao ponto de partida da cosmogênese, todos esses ritos que escandem a vida e a rearmam constituem de maneira explícita as tantas mortes e renascimentos que reproduzem as fases da criação.[370] E é por isso que a imagem mental do cosmos que os desenhos relatados pelos missionários tornaram visível não têm sentido nem eficácia a não ser quando relacionados aos destinos individuais que neles inscrevem a sua trajetória.

Figurou-se por vezes esse gênero de encaixamento de mundos com uma grande economia de meios. É o caso de dois objetos de enigmática simplicidade que o etnógrafo alemão Konrad Theodor Preuss recolheu nos primeiros anos do século xx ao longo de suas investigações entre os indígenas cora do Estado de Nayarit, no oeste do México. Um deles é uma cabaça cerimonial cuja parte côncava é ornada de um motivo em forma de cruz batismal, e o outro é uma rosácea votiva feita de fios de lã entrecruzados sobre uma estrutura de hastes de junco em forma de estrela. Ao descrever o uso ritual do primeiro objeto, a cabaça *yáwime* (ilustração 96a), Preuss diz que ela é uma "imagem do mundo".[371] Feito de contas de vidro coladas na cera, o motivo que ela traz é um cosmograma (ilustração 96b) a figurar um eixo que vai de leste (1-3) a oeste (4-6), cruzado por um eixo vertical que liga o inframundo (7-9) aos céus (10-12). Essa imagem, que representa a intersecção de dois planos do mundo, comporta ainda símbolos religiosos. Com efeito, obliquamente em ambos os lados do eixo leste-oeste, aparecem "flores" associadas a cada uma das divindades que vivem em uma das quatro direções e terminadas em raminhos, quadripartites a leste e bipartites a oeste. No entanto, e como que para conferir ao cosmograma maior complexidade em termos de volume, as flores não correspondem à divindade direcional mais próxima: aquelas situadas de cada um dos lados do eixo do oeste e que terminam em dois raminhos pertencem respectivamente à divindade do leste (13) e à divindade do oeste (14), ao passo que as flores que enquadram o eixo do leste e que terminam em quatro raminhos remetem respectivamente à divindade do mundo subterrâneo (15) e àquela do empíreo (16). O motivo é então organizado segundo uma estrutura em quincôncio — um quadrilátero com um ponto no centro correspondente à posição do observador — da qual se encontram diversas expressões na iconografia mesoamericana, desde o período pré-colombiano até os nossos dias. Além do mais, a forma em quincôncio pode ter relação com referentes bastante diversos e até mesmo com um sistema direcional que difere daquele figurado pela cabaça cora; é esse que Danièle Dehouve denomina simplesmente "o cosmograma", o mais comum na Mesoamérica e que figura os nascentes e poentes solsticiais.[372] Os quatro pontos do quadrilátero correspondem às duas extremidades alcançadas pelo sol durante os solstícios, com o nascer do sol no horizonte oriental, o pôr do sol no horizonte ocidental e o ponto central correspondendo, aqui também, à posição do observador. Devido à referência aos solstícios, o quincôncio permite figurar tanto posições espaciais — cosmológicas, rituais, genealógicas ou dinásticas — quanto durações; assim, entre os antigos mexicanos, o calendário de 260 dias, o ciclo de 52 anos ou as eras dos "cinco sóis".

Discretamente figurado no interior de uma modesta cabaça, o quincôncio mesoamericano é mais que uma "imagem do mundo"; ele corresponde àquilo que Ernst Cassirer chama de uma "forma simbólica", a saber, esse dispositivo em operação na filosofia do conhecimento, nas imagens ou no pensamento mítico graças ao qual um conteúdo significante inteligível passa a se ligar a um signo concreto sensível até se identificar plenamente com ele.[373] Não há nada de surpreendente nessa correspondência: de fato, Preuss compartilha com Cassirer, a quem muito inspirou — e também com uma tradição morfogenética alemã que remonta a Goethe —, a ideia de que determinadas imagens não são simples representações miméticas, mas configurações simbólicas formalmente estáveis a remeter a opções cosmológicas e ontológicas que impregnam a organização espacial e social de um povo, sua concepção da duração, a disposição de seus sítios rituais e a estruturação de seu território.[374] Afinal, o cosmograma de contas de vidro é também uma referência analógica à zona cerimonial circular e ao altar sobre o qual as cabaças são dispostas durante as cerimônias agrícolas *mitotes*, que são homotéticas na medida em que o recipiente, o altar e o recinto ritual repetem a mesma forma simbólica em escalas diferentes.[375] Além disso, cada participante do *mitote* coloca sob um lenço branco que recobre a cabaça um raminho de flor cujo agrupamento forma uma cruz, motivo que reúne assim o conjunto de membros da comunidade englobados no interior do mundo em miniatura, antes que tudo seja recoberto por um maço de espigas de milho, o *téihkame*, objeto central do culto. Continente cósmico dos humanos e do milho, a cabaça é identificada com a morada de Húrimua, divindade criadora da vida, e forma uma espécie de matriz da qual nascem continuamente os cora e o cereal que os alimenta; durante o ritual, ela é ao mesmo tempo uma imagem do mundo e o próprio mundo em pleno processo de dar à luz forças vivas que alimentam a existência, um macrocosmo manipulável que acolhe os microcosmos essenciais dos quais é feito o universo dos ameríndios.

O segundo objeto cora da coleção Preuss, uma rosácea votiva, é também uma imagem do mundo que abriga humanos, porém, humanos mais singularizados que os protagonistas do ritual *mitote*, especialmente porque etapas notórias de sua biografia se veem evocadas por signos tênues (ilustração 97). Os cora chamam essa rosácea de *chánaka*, literalmente "mundo", e ela figura o território extensivo em que vivem e que percorrem ao longo de sua existência.[376] No centro, um círculo representa Tuákamu'uta, uma montanha considerada o coração do território cora e seu *axis mundi*, em torno do qual se dispõem triângulos em círculos concêntricos, sendo que cada um deles corresponde a uma montanha ou a um sítio particular e a diversidade das cores reflete a variedade das paisagens e dos solos. Cada local figurado sobre a rosácea remete a um lugar que as pessoas que a confeccionaram, membros do conselho de anciãos, frequentaram no decorrer de sua existência, inclusive, atualmente, cidades nos Estados Unidos. Uma vez concluída sua obra coletiva, esses oficiantes rituais a depositam numa gruta da montanha Tuákamu'uta ao término da festa que encerra a cada ano a transferência dos encargos cívicos e religiosos: trata-se de uma dádiva a "Nosso Pai Tayau", identificado ao sol, acompanhada de outras oferendas compostas de flechas cerimoniais em homenagem às divindades dos pontos cardeais, *tyahkuatye*, que residem nas colinas e montanhas ao redor da comunidade cora.

Ao comentar as duas imagens do mundo da coleção Preuss, Margarita Valdovinos observa muito acertadamente que a cabaça possui uma orientação mais centrípeta, enquanto o dinamismo da rosácea é mais centrífugo.[377] Em seu uso ritual, a cabaça funciona efetivamente à maneira de um condensador que vem agregar e sintetizar relações dos humanos entre si e entre eles e o universo por meio de um jogo imutável de encaixamentos e réplicas de imagens cósmicas em diversas escalas. A rosácea *chánaka* também oferece uma síntese do mundo, mas que muda periodicamente, uma vez que cada rosácea nova reflete a singularidade dos usos do espaço, dos itinerários e dos hábitos de vida daqueles, diferentes a cada ano, que a teceram. A cabaça é transmitida, idêntica a si mesma, de geração em geração, perpetuando um modelo sociocósmico atemporal que cada ritual *mitote* reativa, ao passo que a rosácea, objeto votivo efêmero destinado a ser esquecido uma vez que é depositado na gruta, figura ao contrário a passagem do tempo, esse lento e insidioso movimento ao longo do qual se transforma pouco a pouco o aspecto do mundo e se modulam os usos que dele fazem os homens. Coexistindo no interior de uma mesma cultura, esses dois objetos-imagens apresentam assim dois modos bem contrastados de figurar o macrocosmo e suas conexões com os humanos: seja por meio de um modelo do mundo que tenha uma eficácia própria em virtude da redução da escala em que opera, modelo esse que permite consolidar, a intervalos regulares, ramificações analógicas entre os humanos, os não humanos e os princípios em comum de ordem e vitalidade que os regem; seja por intermédio de uma representação a meio caminho entre o mapa e a paisagem, a qual torna possível o enxerto sutil de experiências humanas, egocentristas por definição, sobre um esquema cósmico de aparência inteiramente alocentrista.

Quer seja figurado numa cabaça com contas de vidro ou sobre uma rosácea com fios de lã, um cosmograma é reconhecível por reduzir a complexidade do mundo a uma disposição esquemática dos eixos que o estruturam: orientações, sobreposições dos níveis, localização e direção dos cursos d'água, movimentação dos astros. É sempre um macrocosmo abreviado, simplificado em sua representação aos traços essenciais que permitem aos humanos nele situar o vestígio de sua presença e a via possível de seu destino. Outras civilizações analogistas compreenderam isso de maneira mais literal, criando paisagens em miniatura que flertam com o realismo e nas quais uma imaginação indolente pode se abandonar à mudança de cenário sem ter de se confrontar com a abstração austera dos diagramas cósmicos. Uma das melhores ilustra-ções disso é, sem dúvida, a pintura chinesa de paisagem, cujo ideal figurativo é mais metafísico do que propriamente artístico, já que, nos termos inequívocos de François Cheng, ele visa "a realizar o microcosmo vital em que o macrocosmo estará em condições de funcionar".[378] Retratar "a montanha e a água" (*shan-shui*), confor-me se designa a paisagem, é dar a ver a rede de correspondências entre o homem e o universo, no mínimo os dois polos do mundo físico em torno dos quais ela se estrutura e que correspondem, se-gundo Confúcio, aos dois polos da sensibilidade humana: o homem de paixões se encanta com a montanha, enquanto o homem de ideias se deleita com a água.[379] Ao traçar uma paisagem num rolo, ainda que desprovido de qualquer personagem humano, o pintor--calígrafo figura também sentimentos e disposições humanas, faz coincidirem um meio exterior e um meio interior, aciona um feixe de ressonâncias entre o grande mundo e o pequeno. Em suma, e para dizê-lo mais uma vez com as palavras de François Cheng, de acordo com a estética taoista, assim como na tradição confucia-na, "pintar uma paisagem é fazer o retrato do homem; não mais o retrato de uma paisagem isolada, apartada de tudo, mas de um ser ligado aos movimentos fundamentais do universo".[380]

Não é apenas na pintura de paisagem que se dá a ver esse mo-vimento de oscilação entre macrocosmo e microcosmo. Nas civili-zações analogistas do Extremo Oriente, ele adquiriu uma impor-tância religiosa e filosófica considerável que o livro maior de Rolf Stein sobre os "mundos em escala reduzida" permite esclarecer.[381] Na China, no Vietnã e no Japão, sua forma habitual é o jardim em tanque, uma paisagem de plantas e pedras edificada num corpo de água, embelezada com figuras humanas e animais e constelada de pequenas construções, muitas vezes situada no átrio de um tem-plo e acompanhada de inscrições que revelam sua significação. No Vietnã, há casos em que essas inscrições concernem tanto ao sítio geral do pagode e ao território no interior do qual ele foi erguido quanto ao próprio jardim em miniatura; assim, e segundo um pro-cesso de encastramento analógico da mesma ordem daquele da cabaça cora, uma imagem do mundo *in situ* — o pagode em seu sí-tio — serve de receptáculo a uma imagem do mundo *in visu* — a representação da precedente em miniatura —, sendo que os dois conjuntos constituem modelos reduzidos em escalas diferentes de uma mesma realidade macrocósmica. Além disso, o jardim minificado pode assumir uma forma mais refinada, um análogo em três dimensões de uma pintura de paisagem, que os aficionados esclarecidos conservam dentro de casa. Na época dos Song e dos Ming, entre os séculos X e XVII, a literatura destinada a esses aficionados, profusa em conselhos e preceitos a respeito da forma dos tanques e da seleção das pedras para formar pequenas montanhas, insiste no fato de que as melhores paisagens em tanque são aquelas que podem ser colocadas sobre um gueridom ou uma mesa, constantemente ao alcance da vista.[382] Algumas delas figuram sítios célebres; outras, cenas pitorescas em que se reconhecem personagens típicos do folclore; outras, ainda, são metonímias mais ou menos extensivas do mundo em seu conjunto: na China, as ilhas montanhosas onde residem os Imortais; no Japão, a combinação das "nove montanhas" e dos "oito mares" que descreve o universo na cosmologia da Índia antiga.

Sob os Song, tornam-se comuns representações de montanhas em três dimensões, não construídas em corpos de água, mas na própria forma conferida a dois acessórios indispensáveis ao aposento de estudo de um letrado, um retiro que constitui o microcosmo por excelência. Esses dois acessórios são o tinteiro e o incensório, representações do universo "no menor mundo reservado à atividade de um homem", conforme escreve Stein.[383] Os textos não deixam pairar nenhuma dúvida a respeito do fato de que esses objetos devem figurar montanhas e seus habitantes, com a fumaça do incensório emanando ocasionalmente de orifícios dispostos no topo, como se o pico estivesse rodeado de nuvens. É bastante antiga na China, aliás, a ideia de figurar um sítio completo, com seu relevo e suas águas, suas plantas e suas nuvens, suas construções e seus habitantes humanos e não humanos, em suma, um mundo familiar e controlável. Encontram-se efetivamente paisagens místicas em forma de incensório que datam pelo menos do século II antes da nossa era (ilustração 98), ou seja, bem mais precoces que as primeiras paisagens em rolo e as primeiras paisagens em miniatura em tanque, que apareceriam somente cinco ou seis séculos depois.

A que corresponde esse entusiasmo pela representação fiel de paisagens em três dimensões que afeta a China e uma parte do Extremo Oriente influenciada pela cultura chinesa? A partir do século XVII, a fruição estética certamente ocupa o primeiro plano das motivações apresentadas nos comentários chineses sobre os jardins em tanque. Essa apreciação, no entanto, tem raízes num terreno ideológico mais antigo no qual se amalgama uma grande quantidade de temas, em geral de inspiração taoista. Seu eixo central parece ser a metamorfose sofrida pelo espectador do jardim quando ele se imagina em pleno processo de imergir na paisagem em miniatura que ele tem diante dos olhos a fim de percorrê-la em todos os sentidos, como se fosse ele próprio um dos personagens representados. A imagem em três dimensões de um sítio aprazível ou carregado de simbolismo religioso permite àquele que a contempla mudar a si mesmo de escala, escapar do mundo e de seus aborrecimentos para encontrar refúgio num universo à parte, um microcosmo minúsculo onde toda vida flui numa quietude a portas fechadas. A paisagem em miniatura está assim envolvida com o efeito mágico da figuração mimética: figurar não é somente evocar um referente ou suscitar a ilusão de sua presença, mas sim ocasionar o seu advento por meios extraordinários. Dessa forma, quanto mais considerável for a relação de escala entre o artefato e aquilo que ele representa, maior será a eficiência mágica da miniatura, sua capacidade de absorver em sua esfera de atração aqueles que se encontram em condições de renegar as limitações que seu tamanho natural implica. Para além do fascínio pelo virtuosismo que a confecção de uma miniatura exige, a própria relação de proporcionalidade se torna um fator dinâmico.

Longe de se constituírem imagens realizadas para o simples deleite dos olhos, puros objetos de contemplação e descontração, as paisagens em tanque, os tinteiros e os incensórios em forma de montanha funcionam como operadores de transformação que ajudam o sábio a realizar suas propensões. Para se tornarem ou voltarem a ser imortais, os taoistas vão buscar refúgio na montanha, que eles percorrem em todos os sentidos para colher plantas medicinais e alcançar uma condição de suspensão da consciência análoga ao estado intrauterino ou à hibernação. Porém, para acessar essa plenitude elementar, não é indispensável internar-se nas profundezas das florestas escarpadas; o letrado pode criar em sua morada um sítio de peregrinação em miniatura a fim de nele se refugiar sempre que lhe aprouver. Assim, as pequenas montanhas que ele conserva sob o olhar não apenas evocam imagens dos locais remotos onde vivem os Imortais ou dos prodígios que eles contêm em si, mas também são para ele o meio ocasional de se transfigurar lentamente pela meditação, cumprindo suas disposições graças a caminhadas metafísicas na região minúscula que a ele se tornou familiar. Pouco importa aqui que essas paisagens montanhosas não figurem o cosmos por completo, em todo caso irrepresentável de outra maneira que não esquemática. Elas constituem terras distantes que escapam às regras comuns, um mundo em escala reduzida, porém imensamente maior do que aquele onde se desenrola a existência cotidiana e no qual alguns humanos poderão encontrar o eco encantado de suas próprias qualidades interiores.

ENCASTRAMENTO E REPETIÇÃO

Um último dispositivo típico do regime figurativo analogista é a reiteração, em diferentes escalas e diferentes níveis de englobamento, de um mesmo motivo, o qual tende assim a se propagar no espaço com uma intensidade crescente ou decrescente conforme o sentido em que se percorrem suas articulações. Pode-se conceber tal mecanismo recursivo como uma modulação do princípio hierárquico, esse meio característico usado pelas ontologias analogistas para dispor o arranjo de um fluxo de singularidades. Ora, hierarquias por demais extensas são difíceis de gerir num plano prático, em especial quando se trata de organizar coletivos escandidos num grande número de divisões internas. Daí o princípio classificatório simples de uma distribuição hierárquica tornada múltipla em que cada subconjunto englobado reproduz em sua respectiva escala a configuração da categoria que o engloba. O exemplo mais clássico disso é o sistema de castas e varnas na Índia, no qual a subordinação assume a mesma forma em cada nível de encaixamento, sendo que o esquema hierárquico das castas se repete com cada uma das subcastas que as compõem, em seguida com os clãs entre os quais cada subcasta é subdividida, depois com as linhagens descendentes que formam cada clã.[384] O arranjo do todo aparece, assim, de forma manifesta em cada uma de suas partes.

Esse tipo de estrutura metonímica encastrada numa cascata de réplicas se dá a ver com frequência na organização espacial de atividades rituais. Foi o que se viu com a cabaça cora, cujo cosmograma reitera a disposição do altar sobre o qual ela está depositada que, por sua vez, reitera a da zona cerimonial que acolhe esse altar. Outro exemplo de replicação encaixada se revela ainda mais notável na medida em que concerne uma simples forma de hábitat, e não uma topografia ritual representável num motivo. Ele provém da África, uma das regiões mais típicas do arquipélago analogista. Os primeiros etnógrafos dos ba-ila, um povo de criadores da bacia do Kafue na então Rodésia do Norte, descrevem no início do século XX aldeias constituídas de um grande cercado circular para o gado, cuja única entrada se situava a oeste, rodeado por casas redondas em seu perímetro, ao passo que sua circunferência interna era bordejada de maneira contínua por cercados circulares menores.[385] Dentro do cercado principal e em sua parte oriental, encontrava-se um cercado subsidiário que se abria na direção oeste, contornado por casas espaçosas, ocupado pelo chefe, sua família e seu gado; conforme escrevem Edwin Smith e Andrew Dale a respeito da residência do chefe, ela "é uma aldeia por si só" que tem a mesma forma da aldeia principal.[386] No mapa que eles elaboraram da aldeia do chefe Shaloba, em Lubwe, um cercado de diâmetro aproximado de quatrocentos metros, figura ainda uma segunda aldeia subsidiária onde vivem membros da família do chefe, ao que se acrescenta uma pequena cerca envolvendo três ou quatro cabanas que abrigam os *mizhimo*, os manes dos ancestrais (ilustração 99).

A estrutura geral das aldeias ila não difere muito do tipo de hábitat a que se chama kraal em toda a África austral, a não ser pela sistematicidade da exata repetição em escalas diferentes do arranjo da residência de uma família extensa: as casas redondas do chefe de família e de suas esposas situam-se num cercado circular, na extremidade mais afastada da entrada reservada aos animais, sendo que essa disposição reflete um gradiente de tamanho e de estatuto que se estende desde a abertura emoldurada por paliçadas, zona associada ao gado e à impureza, e avança com os celeiros que debruam a circunferência até as casas cujo cômodo mais íntimo, o *chimpetu*, encontra-se no extremo oposto da entrada do curral. A topografia da aldeia repete, assim, o arranjo de base do espaço doméstico, sendo que a parte mais distante da entrada comum a todos acomoda os cercados mais extensos, os edifícios mais amplos e as pessoas de classe mais elevada.

Um século depois, lançando um olhar de especialista cibernético sobre a descrição das aldeias ila oferecida por Smith e Dale, Ron Eglash detecta nelas acertadamente uma estrutura fractal que ele modelizou (ilustração 100).[387] Seu ponto de partida é um simples esquema circular de casa com o altar dos ancestrais localizado do lado oposto à entrada (ilustração 100-1); a iteração seguinte produz um cercado familiar (ilustração 100-2), enquanto a última iteração (ilustração 100-3), ampliada na figura da direita, corresponde ao mapa de toda a aldeia, o qual manifesta o mesmo gradiente de tamanho e estatuto que o da casa, com o cercado do chefe situado à parte e maior no setor mais afastado da entrada da aldeia. A eminência do chefe da aldeia não está, porém, isenta de pesadas responsabilidades, uma vez que ele dedica a maior parte de seus dias a dirimir contendas entre os aldeões e a tentar manter a concórdia entre eles. Conforme disse o chefe Saloba, "chefia é servidão, ser chefe é ser escravo".[388] É por esse motivo que o termo que designa a relação que ele mantém com seus súditos, *kulela*, pode ser traduzida como "acarinhar", "ser atencioso", "cuidar".[389] Segundo Eglash, o jogo de escala do hábitat ila traduz no espaço as iterações sucessivas dessa função mais paternal do que autocrática que se difunde a partir do cercado dos ancestrais em direção ao cercado do chefe e deste em direção ao cercado da aldeia.[390] A estrutura fractal permite assim tornar visível a modulação hierárquica numa topografia ao mesmo tempo que encastra as relações que a fundamentam como outras tantas expressões de um mesmo princípio; dessa forma, ela alcança, com uma bela economia de meios, uma das finalidades mais sutis das ontologias analogistas: fazer o quase contínuo a partir do perfeitamente discreto.

A apresentação do modelo da aldeia ila realizada por Eglash se inscreve na análise mais ampla que ele propõe dos motivos fractais discerníveis nas formas de hábitat, nos artefatos e nos têxteis africanos, sendo fractal, nesse caso, uma qualificação justificada para designar essas estruturas encastradas umas nas outras e que conservam a mesma configuração em diferentes escalas. Ainda que Benoît Mandelbrot, seu inventor, tenha a princípio ilustrado esse conceito pela medida do contorno bastante recortado da costa da Bretanha, portanto apenas com a similaridade estatística dos traços que compõem o litoral, sua expressão mais comum no domínio figurativo é a autossimilaridade exata em todas as escalas, a qual fornece estruturas em cristais de neve.[391] De acordo com Eglash, um fractal possui as seguintes características: é primeiramente uma transformação recursiva na qual cada nova forma produzida é o prolongamento em outra escala de uma forma existente; a configuração é, portanto, idêntica em todas as escalas, uma autossimilaridade que pode assumir uma dimensão "determinista" (o floco de neve) ou "estatística" (o litoral bretão); além disso, essa autossimilaridade é legitimamente infinita, ou seja, ela não é limitada em suas iterações, mesmo que a superfície circunscrita pelo fractal seja, por seu turno, necessariamente finita.[392]

De fato, as formas fractais identificáveis na iconografia e na disposição espacial das sociedades tradicionais raramente comportam mais de três ou quatro iterações sucessivas, de maneira que a implementação da recursividade ao infinito é sempre bastante limitada.[393] Isso não impede que uma série recursiva truncada, ainda que comporte apenas duas iterações, constitua mesmo assim um fractal, já que é o esforço para tornar manifesta uma autossimilaridade em diferentes escalas que vale, no caso presente, como prova de uma "intenção de caráter fractal". As topografias rituais e residenciais autorizam, sem dúvida, séries recursivas mais amplas do que aquelas permitidas por imagens contínuas em duas ou três dimensões, mesmo que o caráter fractal da organização do espaço possa às vezes resultar de outras causas, em especial no que diz respeito a arranjos espaciais unicamente detectáveis em fotos aéreas tiradas em altitudes muito elevadas; é o caso das megalópoles contemporâneas, por exemplo, que são efeito da agregação inconsciente de dinâmicas de populações ligadas à rede de transporte, à distribuição de amenidades ou ao mercado imobiliário. O mesmo não ocorre com os casos de autossimilaridade observáveis nas estruturas aldeãs e urbanas de pequena dimensão ou nos edifícios religiosos e nos espaços que os circundam, nos quais tudo indica serem o resultado de um planejamento deliberado.[394]

Não é nada surpreendente que as civilizações analogistas sejam conduzidas a tais arranjos recursivos. De fato, qual gênero de correspondência seria melhor do que a repetição serial de motivos, idênticos em sua forma e dessemelhantes em suas dimensões? Qual maneira de também reforçar a ossatura de um mundo que se tornou friável pela multiplicidade de suas partes seria melhor do que reagrupar algumas delas em conjuntos fundados na reiteração de sua forma e no encastramento de suas posições? É certo que às vezes podem ser encontrados motivos fractais em sistemas figurativos que não pertencem à esfera de uma ontologia analogista, como em determinadas imagens autóctones da costa noroeste do Canadá, no entanto francamente marcada pelo animismo e seus códigos. Nesse caso, e talvez em outros casos análogos, em que os membros de uma casta profissional de produtores de imagem rivalizam na inventividade figurativa, pode-se pensar que os motivos fractais, aliás bastante raros, representem menos um esquema figurativo que remeta a uma verdade cultural profunda do que o produto praticamente acidental de uma busca de originalidade virtuosa na composição de novos motivos. É isso que Ron Eglash admite quando escreve, a respeito dos jogos de escala em objetos esculpidos dessa região — especialmente os cabos de concha de sopa em chifre —, que parecem ser "o resultado da competição entre artesãos por entalhes cada vez mais elaborados".[395] Em suma, quando visível a olho nu, manifestamente intencional e investida de uma significação por parte daqueles que a produziram, uma estrutura fractal apresenta todas as propriedades de uma forma simbólica que expressa, no registro convertido em imagem, dispositivos de classificação e de consolidação do mundo em operação em outros domínios de coletivos analogistas. Afinal, a recursividade traduz numa figura facilmente decifrável dois traços típicos das ontologias analogistas: o princípio hierárquico — em virtude do escalonamento proporcional dos motivos — e a dinâmica de fluxos que o anima — por meio da impressão de propagação em forma de vaga ou onda suscitada pelo encadeamento da mesma forma em dimensões decrescentes.

Se um dos resultados da reiteração de um mesmo motivo em diferentes escalas é chamar a atenção para a estrutura que organiza o conjunto, não há necessidade alguma de que essa autossimilaridade seja diversas vezes repetida para produzir o resultado pretendido. Prova disso são os *tsikuri*, espécies de cruzes em trevo cujas extremidades portam losangos de fios coloridos que os huichol, vizinhos dos cora no oeste do México, confeccionam como oferendas às divindades, em especial para a festa das colheitas e por ocasião dos ritos de iniciação (ilustração 101). Os *tsikuri*, muitas vezes chamados em espanhol *ojos de dios* ("olhos de deus"), fazem parte de uma categoria mais ampla de objetos e de estados chamados *nierika* que há muito tem atraído a atenção dos especialistas nos huichol.[396] O substantivo *nierika* é derivado do verbo "ver" e designa um conjunto aparentemente heteróclito de artefatos, imagens e disposições cujo único ponto em comum é funcionarem para os huichol como operadores visuais. Nele se encontram tanto objetos rituais perfurados com um orifício no centro ou ornados com um círculo — discos de pedra situados acima da entrada dos santuários ou escudos cerimoniais tecidos aos quais são amarrados feixes de flechas — quanto pinturas faciais usadas pelos *peyoteros*, os huichol que fizeram a peregrinação do peiote no deserto de San Luis Potosí, ou ainda locais de culto considerados passagens entre níveis do cosmos, mas também a faculdade visionária conferida aos xamãs, as máscaras utilizadas pelos *clowns* rituais, motivos iconográficos — o cervo, a estrela, o peiote, a flor — e imagens votivas cujos motivos são feitos de fios de lã multicoloridos colados com cera sobre tábuas de madeira, a forma atualmente mais conhecida de *nierika* em virtude do entusiasmo que ela suscita no mercado de arte étnica. Todos esses referentes são ditos *nierika* por terem em comum o fato de serem instrumentos que permitem a comunicação e a observação mútua entre os diversos habitantes dos níveis cósmicos — daí o papel do orifício ou do círculo central, equivalente a um olho mágico; ele permite particularmente aos ancestrais decifrar as mensagens iconográficas que os humanos figuram em suas oferendas e escutar as preces cantadas que estes lhes dirigem.

Em boa lógica analogista, os objetos *nierika* desempenham, portanto, o papel de conectores, são ferramentas que forjam uma relação de contiguidade entre entidades inicialmente dissociadas. Contudo, esses objetos possuem também outra característica: qualquer que seja sua forma efetiva, todos eles são estruturados pelo modelo cósmico do quincôncio, que retorna de maneira obsessiva nas culturas ameríndias da Mesoamérica: um centro rodeado por quatro orientações que remetem seja aos pontos cardeais, seja aos nascentes e poentes solsticiais. Na maioria das imagens huichol, uma composição de tipo radial ou concêntrica reproduz o esquema do quincôncio, que aparece igualmente em outros dispositivos imagéticos, como as danças ou a música. De fato, todas as formas são uma variação dessa figura: em quadrados ou losangos se ela estiver imóvel, inscrita num círculo quando gira sobre si mesma. Além disso, tal como no caso da cabaça cora, o quincôncio estrutura o cosmos, os espaços rituais e os locais de culto segundo um esquema de encaixamentos repetidos: todo objeto *nierika* é a imagem global do universo definido por quatro orientações em torno de um centro ao mesmo tempo que uma representação de si mesmo no meio do mundo, no ponto de cruzamento do *axis mundi*, simultaneamente um cosmograma e a figuração do ponto a partir do qual ele pode ser apreendido. Ora, esse fenômeno de réplica é geral: cada orientação é, em si, o centro de um novo esquema em quincôncio que, desse modo, torna múltiplas as imagens do mundo, reverberadas em diferentes escalas. O *tsikuri* é a ilustração mais simples dessa estrutura fractal, sendo que cada um dos pequenos losangos situados na ponta dos quatro braços da cruz reiteram em tamanho reduzido a figura central do quincôncio cósmico. Essa maneira de tornar múltiplo o cosmograma não é, aliás, limitada ao registro icônico, conforme demonstrou Danièle Dehouve com relação aos mitos astecas e aos rituais de incensamento.[397] Algumas narrativas mexica relatam efetivamente a partição de uma divindade em quatro entidades divinas de cores diferentes, as quais, por sua vez, subdividem-se em quatro divindades coloridas. Quanto ao ritual, ele consiste em espalhar fumaça de copal nos quatro cantos do mundo, repetindo-se o gesto de elevação do incensório quatro vezes em cada uma das orientações, uma iteração que poderia ter por finalidade reforçar a eficácia do gesto ritual ao propagar o quincôncio.

Ainda que, a rigor, não sejam fractais, certas imagens huichol também jogam com o encastramento de motivos aparentemente geométricos, embora plenamente icônicos, que estão além disso articulados entre si numa série de transformações que produzem uma espécie de quimera conceitual. Encontramos um bom exemplo disso numa figura em contas de vidro multicoloridas que recobre o interior de uma cabaça huichol confeccionada para o mercado de arte étnica, mas cujos motivos são tradicionais (ilustração 102).[398] Partindo do centro em direção à periferia, o motivo focal da estrela (em amarelo, ilustração 103a) se desenrola numa rosácea de seis botões de peiote de forma romboide (em verde, ilustração 103b) cuja parte superior vem a ser uma cabeça de cervo (em vermelho, ilustração 103c). Trata-se de outra maneira de colocar em evidência, por meio de uma imagem, correspondências estruturais entre objetos *nierika*, heterogêneos à primeira vista, mas que podem, no entanto, transformar-se uns nos outros na sequência de uma simples variação ou amplificação de forma: o losango se torna sucessivamente ponta da estrela, parte do botão de peiote, início da cabeça de cervo. E, enquanto cada ramificação de uma cruz *tsikuri* introduz uma mudança de escala efetivamente representada, cada bifurcação no motivo da cabaça a partir das pontas da estrela produz uma metamorfose entre objetos representados na mesma escala, ainda que seus referentes tenham dimensões bastante dessemelhantes.

Aos olhos dos huichol, os jogos de escala não são meros exercícios de virtuosismo lúdico; os objetos e as imagens por meio dos quais eles operam não têm por única função ligar as singularidades a cadeias significantes a fim de que o mundo seja um pouco menos desordenado, um pouco mais previsível; os dispositivos visuais empregados não servem unicamente para figurar de maneira ostensiva a reverberação das conexões entre os humanos, o mundo que os abriga e as divindades que regem sua marcha; eles não servem apenas para tornar imediatamente visível um esquema formal de encastramento *en abîme* que expresse um modelo de organização sociocósmica. Considera-se de fato que esses objetos e essas imagens possuem uma potência de agir própria em virtude da homotetia de estrutura com aquilo que representam: muito simplesmente, eles fazem aquilo que figuram. Dessa forma, de acordo com Preuss, a etimologia das cruzes *tsikuri* refere-se a "enrolar um fio" e, segundo um mito cora, essas estruturas fractais seriam representações da Terra enquanto resultado de uma tecedura;[399] confeccioná-las equivale, enfim, a tecer o mundo. Quanto às cabaças decoradas, onipresentes nas oferendas e nos objetos rituais, elas são úteros fornecidos às divindades a fim de que elas os semeiem para conceder a vida.[400] As imagens dos huichol e dos cora são muito mais que figurações de estruturas encastradas, modos de correspondência ou esquemas cósmicos; devido ao dinamismo induzido pelas variações de escala e pelos efeitos de eco que permitem, elas são investidas de uma potência de agir tornada múltipla.

A repetição e o encaixamento de um motivo em escalas diferentes pode também servir para colocar em evidência que uma singularidade aparentemente autônoma é, na realidade, constituída por redes de relações representáveis como reverberações de si mesma, uma opção muitas vezes explorada na figuração de divindades na Polinésia. Um de seus exemplos mais célebres é a efígie em madeira do deus A'a da ilha de Rurutu, no arquipélago das Austrais (ilustração 104). Sobre o corpo desse personagem um pouco rechonchudo, com os braços colados ao tronco e as mãos pousadas na barriga, brotam figuras em miniatura que representam divindades menores de Rurutu, sendo cada uma delas uma variação da forma de conjunto da escultura.[401] Além disso, na parte de trás da estátua, foi preparada uma cavidade que continha, antes de serem destruídas por missionários britânicos, outras estatuetas de divindades insulares. O personagem é assim composto em sua superfície e em seu interior de quase-réplicas de si mesmo numa outra escala que figuram a rede de deuses da qual ele constitui a totalidade expressiva. Com esse dispositivo bastante simples, a estátua de A'a consegue tornar manifesta uma característica no entanto abstrata das ontologias analogistas, a saber, que uma singularidade muitas vezes é realmente um agrupamento de relações entre humanos e não humanos, no caso uma hierarquia divina figurada por uma semeadura de homúnculos à semelhança aproximativa da figura que os carrega; em outras palavras, ela extrai seu poder totalizante do fato de encarnar uma *metarrelação*. E esse objetivo é alcançado de maneira particularmente sutil, não apenas ao turvar o contraste entre a unidade e a multiplicidade, mas também ao apagar a fronteira entre o interior e o exterior, estando a rede de figuras englobadas ao mesmo tempo interna à efígie — isto é, uma projeção invisível de si mesma em seus avatares — e aflorando em sua superfície, como se as divindades menores tivessem aberto caminho através de sua carne. Por essa via, a escultura de A'a torna perceptível esse outro traço típico da pessoa analogista, humana ou não, na Polinésia, em partes da Melanésia e da África subsaariana ou no México: o fato de que ela é constituída de uma infinidade de instâncias em equilíbrio instável, entre as quais algumas estão situadas fora de suas fronteiras corporais — uma maneira de dizer que ela existe tão somente por meio das relações, internas e externas, que fazem com que ela seja tal como é.

Ainda na Polinésia, as clavas das ilhas Marquesas são uma forma até mesmo mais simples de tornar visível a multidimensionalidade de uma pessoa ao multiplicar imagens dela mesma sobre um único suporte, mas em diferentes escalas. Os marquesanos combatiam com clavas de madeira cuja forma era derivada daquela dos remos de piroga, aliás frequentemente utilizados como arma por pessoas comuns. Os guerreiros mais eminentes, por sua vez, serviam-se de clavas especiais chamadas *u'u* (ilustração 105), decoradas com motivos de rostos segundo um modelo imutável cuja interpretação deve tudo à *opus magnum* de Karl von den Steinen sobre a arte das Marquesas.[402] Em suas duas faces, a parte superior da clava é esculpida à semelhança de um rosto e figura um *etua*, um gênero de divindade secundária que constitui o tema preferido da iconografia marquesana. Ainda nas duas laterais, o mesmo rosto de *etua* aparece em tamanho reduzido no topo do rosto principal e se repete à guisa de pupilas num par de grandes olhos arregalados e abaixo deles, no centro de uma barra transversal, no lugar daquilo que poderia ser um nariz, mas que constitui, na realidade, a linha dos ombros da clava antropomorfa; por fim, vê-se um último rosto de *etua* composto de dois olhos e de um nariz no estreitamento da clava, sob um motivo simétrico em forma de pente conectado por um v (ilustração 106). Por que é necessário tornar múltiplo esse rostinho zombeteiro nas duas faces de uma arma, de resto, temível? Em primeiro lugar, e conforme demonstrou Alfred Gell a propósito das tatuagens polinésias, retratar um *etua* sobre a pele não significa imitar a aparência de um personagem que existiria em alguma parte sob essa forma, mas fazer existir um *etua* na superfície de um corpo humano, geralmente com fins protetores ou apotropaicos: a figuração era uma operação ritual que produzia o advento de uma entidade tutelar por meio de um conjunto de gestos que respondiam a um código estilístico.[403] O mesmo ocorre com as clavas e todas as outras imagens de *etua* em três dimensões. Ora, se as figurações *etua* são realmente os próprios *etua* incorporados em objetos e superfícies, se não se assemelham a nada, mas são o ser que representam, então não é necessário que, como os humanos e os outros organismos, elas tenham uma face na frente e outra atrás distintas entre si. Ao contrário da arte europeia, por tanto tempo obnubilada pela *mimésis* e na qual as imagens em duas dimensões são versões aplainadas de objetos reais em três dimensões, as imagens marquesanas em três dimensões são projeções de motivos em duas dimensões que constituem o objeto que eles figuram, contanto que tenham sido executadas de acordo com o cânone prescrito. Portanto, os motivos esculpidos são os mesmos nas duas faces desse Janus polinésio, pois se trata do motivo que é dotado de uma agência própria, e não uma eventual entidade em três dimensões que a clava procuraria reproduzir com verossimilhança.[404]

Contudo, a interpretação da clava *u'u* por Karl von den Steinen revela uma figura ainda mais complexa, e não dois *etua* simétricos e adjacentes, um meio cômodo de proteger a arma em suas duas faces, mas sim quatro *etua* que guardam uns aos outros ao mesmo tempo que defendem a clava. Inspirada em outras figurações esculpidas de *etua* nas quais esse esquema é mais explícito, a hipótese de Steinen é de que a cabeça saliente no meio da barra transversal é a de um *etua* visto de costas e agarrado ao corpo da clava, como um macaquinho às costas da mãe, mas cujo rosto está completamente virado para trás a fim de vigiar o que se passa, sendo que o v representa a parte superior de seus ombros e os olhos esbugalhados logo abaixo representam suas nádegas (ilustração 107a); quanto aos dois pentes simétricos, eles figuram suas mãos envolvendo a outra face da clava tal como vistas quando se olha desse outro lado (ilustração 107b). E como os dois lados são perfeitamente simétricos, essa figura tutelar encontra-se assim presente em cada face da clava. Em outras palavras, se admitirmos a demonstração de Steinen — e ela é perfeitamente convincente —, a pequena figura de *etua* que discernimos em ambos os lados da parte inferior da clava é um espírito que guarda as costas da grande figura sobre a outra face, de modo que não apenas as costas se veem assim protegidas em virtude da simetria dos motivos, mas também as costas das costas estão protegidas pela figura agarrada à outra face.[405] Essa extraordinária maneira de tornar múltiplas as figuras de *etua* assegura a saturação mágica da clava, encerrando-a numa rede protetora no interior da qual se encastram réplicas, e réplicas de réplicas, e réplicas de réplicas de réplicas, em diferentes escalas e apreendidas segundo diferentes pontos de vista.

Dessa forma, no México, na Polinésia, assim como sem dúvida em outras partes do arquipélago analogista, os dispositivos visuais de encaixamento e iteração, quer eles assumam ou não a forma de fractais autênticos, são mais do que manifestações de virtuosismo plástico e conceitual a conferir uma expressão ostensiva, de fato praticamente reflexiva, a redes complexas de seres e de relações cujas malhas podem se estender a todos os pontos do mundo e a todas as etapas de seu devir; são também maneiras eficazes de acionar efeitos de tipo mágico e apotropaico que provam e confirmam o papel das imagens em sua função de agentes da vida social.

9

Espaços conjuntivos

Se há um traço comum às inúmeras populações de todo o mundo que qualifiquei com o termo um pouco rebarbativo de analogista, é que elas se empenham incansavelmente em tecer elementos dissociados em redes significantes, na maioria das vezes por meio de ressonâncias que elas detectam entre as qualidades sensíveis das coisas ou dos fenômenos oferecidos à sua observação. Suas imagens, quer assumam o aspecto de arranjos híbridos, de correspondências entre corpo e cosmos, de malhagens espaçotemporais ou de encastramentos de um motivo em diferentes escalas, figuram sempre agrupamentos cujas vinculações é necessário tornar manifestas. É por isso que, ao contrário das imagens animistas e totemistas, que retratam mais frequentemente figuras isoladas e sem cenários, aquelas que procedem do arquipélago analogista dão a ver cenas de interações complexas e situadas no mundo, associações por vezes profusas de humanos e de não humanos envolvidos em operações comuns, a exemplo das representações naturalistas, das quais são, em determinados casos, uma prefiguração. O que as distingue, então? O fato de que, por mais entusiasta da arte que às vezes possa ser o espectador analogista, ele nunca é levado em conta na estrutura da imagem; letrado chinês, prior angevino ou *peyotero* mexicano, ele não é explicitamente designado em sua composição como um destinatário. Somente a perspectiva linear é capaz de arrastar o espectador para dentro de um quadro, pois faz dele o prolongamento de seu olhar subjetivo e como que um pedaço do mundo cuja chave ele detém. Entre a frontalidade massiva das imagens totêmicas e a enganosa promessa de infinito que o horizonte albertiano nos sugere, desenha-se uma gama de opções que permite julgar a singularidade da figuração analogista por trás da diversidade aparente de suas manifestações.

Para isso, retornemos ao oeste do México. A estética dos huichol, como vimos, organiza-se em torno do conceito de *nierika*, uma nebulosa semântica centrada na visão e que remete a toda sorte de referentes, desde objetos rituais decorados com um círculo ou perfurados com um orifício até locais de culto em que os habitantes de diferentes níveis do cosmos encontram onde se acomodar, passando pelas pinturas faciais dos iniciados ou pelos motivos que ornamentam artefatos. Todos os *nierika*, dos mais abstratos aos mais figurativos, têm em comum permitir aos humanos e às divindades ancestrais comunicarem-se e observarem-se mutuamente como através de um conduto, preenchendo assim a função eminentemente analogista de conectores entre ocupantes e partes do mundo que um acontecimento antigo tornou descontínuos. Esses objetos compartilham outra característica, ela também típica dos regimes analogistas: o encaixamento recursivo de esquemas cósmicos. Com efeito, qualquer que seja sua forma, os *nierika* são invariavelmente estruturados por um modelo ideal em quincôncio — um centro rodeado por quatro pontos cardeais que reproduzem a estrutura do cosmos —, modelo esse replicado em cada ponta da periferia em escala mais reduzida. Os mais conhecidos desses *nierika* atualmente, e os únicos dos quais falaremos aqui, são quadros votivos compostos de fios de lã coloridos colados com cera sobre um painel de madeira compensada a fim de formar motivos e figuras de grande complexidade, quadros cujo sucesso no mercado internacional de arte étnica é inegável. Diferentemente dos objetos votivos tradicionais, como os *tsikuri* ou as cabaças decoradas, que expressam em formas depuradas esquemas de conexão, de réplica ou de rede, os quadros contemporâneos em fios de lã propõem figurações dinâmicas do universo, verdadeiros cosmogramas que retratam de maneira literal o entrelaçamento de correspondências e associações simbólicas que se desenrolam a partir de um ponto central. Eles, no entanto, permanecem igualmente fiéis aos princípios figurativos próprios dos *nierika* em geral.

É isso que se pode constatar de uma das mais célebres dessas obras, e também uma das mais emblemáticas, já que se encontra entronizada na sala do Museu Nacional de Antropologia do México consagrada às culturas huichol e cora: *La Visión de Tatutsi Xuweri Timaiweme*, de José Benítez Sánchez (ilustração 108). Há diversos comentários sobre esse quadro, e mencionaremos aqui apenas o que for necessário à sua análise formal.[406] Ele figura uma visão da cosmogênese huichol por um ancestral divinizado, "nosso bisavô" (*tatutsi*) Xuweri Timaiweme, e é escalonado em três níveis: o mundo inferior do oceano primordial, o mundo habitado pelos huichol, em que se descobrem lugarejos e milharais, e o mundo solar, no qual se situam tanto a montanha de onde o astro do dia alça voo quanto a fonte de onde nasce a primeira chuva da estação. Exatamente no centro, surge o rosto do ancestral emoldurado por dois discos *nierika* graças aos quais ele adquire a visão iniciática que o quadro ilustra, a saber, uma síntese da mitologia cosmogônica huichol a descrever as ações e as metamorfoses dos ancestrais divinizados em todos os recantos de um mundo tripartite e orientado. A imagem figura, portanto, ao mesmo tempo um personagem envolvido numa experiência visionária e o conteúdo daquilo que lhe é revelado, ou seja, duas posições de observação distintas. Além disso, tudo que esse Tatutsi vê encontra-se retratado em seu rosto sob a forma de uma pintura facial *uxa* do mesmo tipo daquelas ostentadas pelos *peyoteros* após terem ingerido o peiote, pintura essa concebida como sendo o reflexo da luz do sol no rosto do peregrino huichol durante sua busca pelo cacto alucinógeno. Em virtude desse duplo referente, conforme escreve Johannes Neurath, "o ponto de vista da pessoa que observa o quadro é duplo: o de Tatutsi, que proporciona uma experiência visionária *nierika*, e o do sol, que envia essa visão a Tatutsi e contempla o *nierika* de Tatutsi refletido no rosto do novo iniciado".[407] A isso acrescenta-se um artifício de composição que autoriza a imaginação do espectador a combinar elementos autônomos no plano figurativo para fazer deles partes de uma figura mais ampla que emerge no interior da barafunda de formas encastradas umas nas outras: assim, os discos *nierika* de Tatutsi podem ser vistos como seus olhos — ou como suas bochechas, marcadas com pinturas típicas em círculos concêntricos ostentadas pelos *peyoteros* —, ao passo que sua boca emerge da junção de uma serpente e de uma varinha cerimonial. Como é fácil de constatar, não apenas quase toda figura se apresenta sob um ângulo de observação diferente daquele de suas vizinhas (frontal, sagital, transverso), mas também a imagem em si é inteiramente um jogo caleidoscópico sobre a justaposição, as remissões e o englobamento de uma infinidade de pontos de vista.

A disposição num quadro, homogêneo quanto ao tema, de figuras que não o são nem em suas dimensões, nem em sua orientação, é mais bem realizada por uma transposição métrica situada no infinito óptico: à exceção do *axis mundi* figurado pela face de Tatutsi que se desprende e se recompõe em diferentes escalas, todos os componentes da cosmogênese são, assim, vistos como pertencentes ao mesmo plano contínuo e sem profundidade no qual o espectador não é convidado a penetrar, mas em que ele pode acompanhar, ao sabor de sua fantasia, os caminhos associativos sugeridos pela profusão de seres, locais e acontecimentos que se desenrolam diante de seus olhos. Desse gênero pictórico que colocou o horror ao vazio no ápice de suas preocupações estéticas, o quadro de José Benítez Sánchez constitui a melhor ilustração, na medida em que dá a impressão de que um interstício não preenchido, um elemento mantido isolado dos outros, uma vinculação inconclusa colocariam imediatamente em risco o princípio analogista segundo o qual cada elemento do universo exprime e sintetiza o conjunto de relações existentes entre todos os outros. Assim, apesar das semelhanças superficiais, tem-se a medida daquilo em que essa saturação do espaço por uma superabundância de figuras bidimensionais imbricadas difere daquela aplicada pelo estilo distributivo da costa Noroeste. Tanto um procedimento quanto o outro certamente ilustram as exigências próprias à economia interna da imagem, que determinam que se preencha a totalidade de um enquadramento disponível no qual o fundo desapareça atrás da figura; porém, enquanto o animal totêmico, sozinho em cena, estende todas as suas facetas corporais sobre um mesmo plano para não deixar nenhuma lacuna num repertório de atributos visíveis, a proliferação no *nierika* de figuras que são todas diferentes produz o efeito inverso: cada singularidade do quadro, com a série de qualidades sensíveis que a distingue, só faz sentido em relação ao todo quando é reconfigurada e modalizada pelo hermeneuta visionário no centro da imagem.

Em outro continente, alguns séculos antes, outra cosmogênese apresenta características formais análogas. Trata-se de uma iluminura romana do final do século XII, provavelmente realizada no priorado clunisiano de Souvigny, na região dos Bourbon, que representa a Gênese (ilustração 109). Conforme demonstrou Miriam Schild Bunim em sua análise do espaço pictórico medieval, as iluminuras dessa época são, nesse aspecto, o resultado de uma dupla evolução relativamente à pintura da Antiguidade.[408] O espaço dos afrescos romanos era, de fato, organizado seja como uma cena fechada com um início de perspectiva linear, pretexto para retratar temas "elevados" (tal como a megalografia dionisíaca da *villa* dos Mistérios, em Pompeia), seja nas paisagens, representando a profundidade por meio de uma diminuição gradual das figuras em função da distância e pelo uso da perspectiva atmosférica. Durante a Alta Idade Média, o "espaço cênico" se comprime numa superfície plana dourada ou azul, delimitada na parte inferior por uma faixa que representa o sol; por outro lado, a estratificação do "espaço paisagístico" se mantém sob uma forma extremamente atenuada, substituindo por faixas horizontais o *dégradé* de cores do fundo que indicam a profundidade.[409] Tendo-se desenvolvido a partir do século XI, a tradição da iluminura romana é herdeira desse duplo movimento. Em certas escolas, na Alemanha sobretudo, as faixas do fundo se veem substituídas por painéis, às vezes debruados de folhagens, sobre os quais as figuras humanas se sobrepõem, uma evolução empobrecida do espaço estratificado, ao passo que na França e na Inglaterra os planos do fundo são substituídos por uma rede de estruturas verticais, de quadriculados e de rosetas no interior da qual os personagens se assentam. As ilustrações da bíblia de Souvigny são desse tipo.

Quer ele resulte da evolução dos afrescos romanos pela simplificação da construção cênica ou pela depuração da estratificação dos planos, o espaço das iluminuras romanas tornou-se plano, reduzido a um fundo uniformemente colorido, ora marchetado de painéis quadrados ou retangulares, ora emoldurado por bordaduras decorativas e edifícios de fantasia, sobre o qual são aplicadas figuras bidimensionais e, paradoxalmente, os elementos do ambiente que flutuam com elas num primeiro plano insubstancial. Em vez de escalonarem-se em direção a lugares distantes, como outrora nas *opera topiara* dos pintores romanos, as águas, as árvores, os animais e as colinas se encontram repatriados ao mesmo nível que os personagens, e como se se tratasse de evitar a qualquer preço a menor ilusão de profundidade. A *Gênese* de Souvigny ilustra essa obsessão bidimensional que torna mais verossimilhante, é verdade, a multiplicação dos ângulos de observação no interior de cada imagem. De fato, o iluminador figurou Deus sobrepairando, a partir de seu olho de boi simbólico, aos componentes do mundo que ele está a criar, mas estes estão dispostos menos abaixo — exceto em duas vinhetas — do que em círculo ao Seu redor e distribuídos em elevação, desde a Terra e das águas vistas de frente na vertical até Adão, curiosamente deitado numa posição inclinada que dificilmente se presta ao sono no qual ele, em princípio, está mergulhado. Talvez essas cenas contraintuitivas resultem de um desejo de acentuar o contraste em relação àquilo que poderia ser a visão humana normal dessas etapas de uma cosmogonia da qual ninguém foi testemunha, uma forma de chamar a atenção para um tempo em que as coordenadas espaciais eram ainda incoativas.

Além disso, e assim como a diversidade dos pontos de observação se torna aqui mais manifesta que no *nierika* huichol em virtude de ser reafirmada quase que a cada imagem, também a frontalidade massiva engendrada pela geometria métrica e pela visão situada no infinito é nela mais ostensiva em razão do enquadramento rígido na grade com oito casas, que, segundo as convenções de leitura da escrita romana, obriga o olho a tomar um único caminho para acompanhar a narrativa retratada, sendo que aliás, na época, iluminuras e cartas tinham o mesmo estatuto de imagem cognitiva.[410] A organização das imagens em série torna-se ainda mais notável, reforçada que é pelo artifício que consiste em reduzir aos poucos o tamanho do Deus cosmocrata até alcançar aquele de Adão, provável indicação de que o homem é feito à Sua imagem e, não menos provável, uma prefiguração de Sua futura encarnação. Dificilmente haveria um meio mais brilhante de significar que aquilo que está figurado ali não é da esfera do nosso mundo sensível habitual: em vez de mobilizar a redução progressiva para estruturar o fundo, dando a ilusão de profundidade, como fora feito antes e seria feito depois, o iluminador colocou-a a serviço do simbolismo da figura central. Nesse período da história europeia cujo caráter profundamente analogista foi sinalizado pelos historiadores, a *Gênese* de Souvigny, a exemplo de muitas outras iluminuras romanas, descreve um mundo que está vindo à luz e cuja verossimilhança se deve menos às atividades mundanas que nele poderiam se desenvolver do que ao sopro divino que o anima.[411] Assim como o *nierika* torna manifesto primordialmente um princípio de conexão — a visão unificadora de Tatutsi —, também a iluminura da *Gênese* sacrifica a descrição da plenitude de um mundo em vias de nascer à representação apenas alusiva aos fundamentos de sua realização: o engendramento (ao contrário do cosmos dos pagãos, ele é criado), a sequencialidade (ele possui uma temporalidade independente daquela dos homens), a gradualidade (ele é composto de seres e de qualidades hierarquicamente dispostos).

Figurar uma narrativa justapondo seus episódios não significa necessariamente que cada um deles representará um ponto de observação distinto. É disso que podemos nos convencer ao examinarmos uma técnica pictórica que apresenta, no entanto, muitas afinidades com as iluminuras romanas: os rolos pintados no estilo *yamato-e*, em voga na aristocracia e nos templos budistas do Japão entre a época de Heian e o início da de Muromachi (do século VIII ao XIV) — em menor proporção, o gênero perdurou muito além disso. Combinando imagem pintada e caligrafia, os rolos (*e-maki*) tomavam por tema histórias romanescas, como o *Conto de Genji*, epopeias guerreiras, lendas religiosas ou biografias edificantes, em todo caso narrativas com múltiplas peripécias, próprias para manter o leitor em suspense. Elas eram lidas desenrolando-se aos poucos o rolo de papel com uma mão e enrolando-o com a outra (lendo-se a escritura da direita para a esquerda), de maneira a percorrer, a cada vez, o equivalente a uma grande página de códice em que se misturavam, de acordo com diversas modalidades, o texto e a imagem, a exemplo dos manuscritos medievais. Ora, ainda que o rolo se componha de uma série de cenas a serem observadas em sequência, elas não representam pontos de vista múltiplos. Os artistas mostravam, com efeito, diferentes acontecimentos situados em diferentes momentos, mas todos vistos segundo um mesmo ângulo de observação e num mesmo espaço pictórico, utilizando-se para tanto de uma gama de procedimentos que tinham em comum segmentar a narração, sem por isso interromper a continuidade visual com separações abruptas. As vinculações entre os episódios podem, assim, ser de natureza indicial: um personagem é mostrado apontando a cena seguinte ou deslocando-se de uma cena para outra, construções são orientadas para a esquerda para sugerir a partida ou para a direita para evocar a chegada. As mais comuns são sinalizadas por elementos da paisagem: um rio, um muro, uma construção, um lande ou um banco de névoa. Foi esta última solução a eleita pelo pintor do rolo que reconstitui a história da fundação do templo de Hase-dera, no qual a névoa é figurada por camadas sólidas de cinza de onde o personagem emerge correndo (ilustração 110); dá-se preferência a ela quando é preciso expor simultaneamente todas as cenas à visão, como é o caso dos grandes biombos pintados que, à primeira vista, parecem figurar panoramas, mas são na realidade agrupamentos de dioramas separados por nuvens.

O artifício mais original para dissociar os acontecimentos retratados ao mesmo tempo que se mantém a continuidade pictórica é o "telhado varrido" (*fukinuki yatai*). Ele consiste em eliminar os telhados e as paredes que atrapalham a visão, dando assim acesso às cenas internas e permitindo, além disso, juntar os cômodos onde se desenrolam episódios sucessivos de uma mesma história, como se pertencessem à mesma construção. Evidentemente, tal artifício só é possível em virtude daquilo que confere à pintura nipônica da época um caráter distintivo, em parte herdado da pintura de paisagem chinesa: o ponto de vista aéreo a partir de uma posição elevada que coloca o espectador em condição de observar às escondidas a vida íntima dos heróis cuja história está sendo narrada. Conforme indica a linha de fuga oblíqua dos edifícios, aqui não estamos mais diante da evidência frontal imposta pela transformação métrica, um meio de distribuir as figuras na superfície de um campo sem profundidade no qual a variedade de seus arranjos procede tão somente de contornos, de cores e, sobretudo, da coexistência de pontos de observação diferentes. O estilo *yamato-e* é efetivamente típico de uma projeção afim com um ponto de vista situado no infinito óptico, manifesto no tratamento dos personagens. Estes são figurados segundo a convenção que estabelece que seu escalonamento em direção à parte superior da imagem seja uma função de sua distância em relação ao primeiro plano, sem que por outro lado isso afete seu tamanho, que permanece aproximadamente idêntico qualquer que seja seu posicionamento. Essa disposição decorre de uma congruência na geometria da visão comum; reduzir as figuras humanas sobre um fundo de construções que conservassem seu paralelismo causaria um paradoxo perceptivo entre a constância do tamanho dos edifícios e a variação do tamanho dos humanos que neles estariam inseridos.[412]

Outro traço característico do infinito óptico é a ausência de convergência das bordas paralelas ao longe, tornado ainda mais evidente pela visão de topo, que permite alongar à vontade as construções ou fazê-las sucederem-se no prolongamento umas das outras, normalmente sem ter de se preocupar com a posição delas em relação a uma linha do horizonte. Em determinados casos, as bordas são mesmo ligeiramente divergentes, não pelo desejo de criar uma "perspectiva invertida" ao modo bizantino, mas pela simples indiferença ao perfeito paralelismo das linhas oblíquas, conforme também demonstra a ilustração 110. Os seres e as coisas retratados de acordo com tais convenções são animados de um dinamismo próprio graças à profundidade induzida pela transformação afim, que a eles confere, além disso, um relevo impressionante, pois, assim como na geometria projetiva, ela emula a percepção, oferecendo aos olhos diversos planos de um mesmo objeto visto de um único ponto de observação, o que nenhuma representação métrica tem condições de fazer. Por essa razão, a materialidade do suporte tende a desaparecer em benefício da verossimilhança visual daquilo que a imagem figura, o primeiro passo rumo à ilusão que culmina na perspectiva linear. E, no entanto, tal como o herói indiscreto que espia as torpezas de seus contemporâneos através dos telhados de Madri que Lesage descreve em *O diabo coxo*, o leitor do rolo permanece externo à imagem extraordinariamente vivaz que ele sobrevoa com o olhar, uma vez que não está implicado em sua concepção. Ela retrata um mundo em si, e não um prolongamento da subjetividade do observador a ordenar um espetáculo.

Qualificar o estatuto ontológico de uma civilização multimilenar como a do Japão é uma tarefa terrivelmente perigosa para um profano, e, portanto, aqui não nos arriscaremos a isso. Quando muito, podemos nomear a fonte da dificuldade: uma hibridação antiga entre a tradição búdica importada da China a partir de meados do primeiro milênio e um antiquíssimo fundo xintoísta ou, em outros termos, a mistura aperfeiçoada ao longo do tempo entre uma cosmologia tipicamente analogista e uma relação essencialmente animista, com uma profusão de espíritos locais. Poderemos também acrescentar que o estilo *yamato-e*, mesmo que habitualmente considerado como uma reação nacional à antiga dominação da estética chinesa, apresenta em relação a ela inúmeras continuidades, tanto temáticas quanto formais. Por conseguinte, não é infundado ver na construção do espaço pictórico próprio aos rolos *e-maki* determinadas características do analogismo mais explícitas na pintura continental. Quanto à hipótese de que a China antiga, e talvez mesmo a moderna, seja da esfera de um regime analogista, ela parece extremamente plausível, pelo menos se nos fiarmos no parecer de Marcel Granet quando ele escreve, a respeito dessa civilização, que "a sociedade, o homem, o mundo são objeto de um saber global [que] se constitui unicamente pelo uso da analogia".[413] Isso é particularmente nítido em sua estética, e não é de todo incongruente aproximá-la, quanto às ambições que ela persegue, daquela dos huichol.

O ideal da pintura chinesa não é alcançar o belo ou descrever o mais exatamente possível um ser, um local ou um acontecimento, mas tentar recriar um microcosmo total onde seja visível a ação unificadora à qual são creditados os sopros vitais no macrocosmo.

Em outras palavras, trata-se de figurar uma réplica do cosmos em outra escala.[414] O Vazio desempenha um papel central nessa operação: de maneira literal, a princípio, pela superfície importante atribuída ao espaço não pintado, que atua como um meio intersticial percorrido pelos sopros que ligam o mundo visível ao mundo invisível, mas também, no interior do espaço pintado, pela "função Vazio" conferida à nuvem como mediadora entre a montanha (da qual toma a forma) e a água (da qual é formada), sendo que os dois termos justapostos (*shan-shui*) definem e denotam, como sabemos, a pintura de paisagem. Esse gênero pictórico evidencia também outra característica do analogismo chinês examinado no capítulo anterior, a saber, a ambição de dar a ver a rede de correspondências entre o homem e o universo: pintar a montanha e a água é fazer o retrato dos sentimentos e disposições que animam os humanos, com os traços principais do meio físico entrando em ressonância com o meio interior. Sem contar que a figuração paisagística na Ásia oriental possui uma eficácia simbólica sui generis decorrente da relação de escala que ela impõe entre o meio e sua representação; que a imagem assuma a aparência de uma pintura sobre rolo, de um jardim em miniatura ou de um objeto usual — incensório ou tinteiro —, trata-se sempre de um "mundo em escala reduzida", isto é, de uma redução controlável do cosmos, um mundo minúsculo e, no entanto, total que reproduz o grande mundo e no interior do qual o homem pode tanto tecer afinidades quanto encontrar um refúgio.

Estética huichol e estética chinesa têm em comum, portanto, fixar como objetivo à atividade figurativa a ostensão da maneira pela qual singularidades incialmente particularizadas por sua natureza, sua situação, seu estatuto e sua aparência conseguem entrar em correspondência, seja termo a termo, como na relação entre montanha e água, seja no interior de uma rede de afinidades de trama mais ampla, como no caso huichol, levando a reduzir, no espaço da imagem, a amplitude das descontinuidades que as singularizam. É igualmente comum às duas tradições pictóricas a ambição de figurar os vínculos emaranhados entre macrocosmo e microcosmo, sendo a imagem percebida não somente como um modelo reduzido mais ou menos icônico do universo do qual ela reverbera certas qualidades em outra escala, mas também como a expressão de analogias que podem ser verificadas entre as qualidades humanas e as propriedades do cosmos. E, contudo, os meios que elas utilizam, tanto uma quanto a outra, para atingir esses fins não poderiam ser mais diferentes. Frontalidade compacta da projeção métrica ao infinito óptico, saturação do quadro por meio de figuras bidimensionais imbricadas umas nas outras, opção por mesclar pontos de observação múltiplos distinguem os *nierika* contemporâneos, enquanto a pintura clássica de paisagem, por exemplo aquela da dinastia Song cujos méritos os peritos celebram, adota inversamente uma construção projetiva a partir de um ponto de vista único a uma distância moderada ou afastada, neste último caso com um ponto de fuga deslocado acima do horizonte, opções formais que, a exceção deste último traço, assemelham-se mais àquelas da pintura europeia do século XVI em diante (ilustração 111).

Subsistem, porém, algumas diferenças em relação à *ars nova*. A mais nítida delas é o uso de uma geometria afim para os edifícios que, assim como na estética japonesa, estiram suas linhas paralelas obliquamente, sem que elas jamais se encontrem, obrigando os pintores a artifícios de composição com o intuito de dispô-los em paisagens estruturadas, por sua vez, mediante uma relativa convergência das linhas de fuga. Uma solução usual empregada até o início do século XX consiste em erguer a vista aérea a uma tal altura que ela faça desaparecer, com a linha do horizonte, qualquer necessidade de congruência. Outra característica notável da pintura da montanha e da água é uma franca estratificação dos planos, separados por vazios ou nuvens. Praticada já no século X por pintores das Cinco Dinastias, ela é teorizada no século seguinte por Guo Xi em seu tratado sobre a paisagem, que recomenda distinguir três planos, cada um deles caracterizado por um tamanho diferente dos objetos retratados, desde os menores, à frente da imagem e na parte inferior, até os maiores, no fundo em direção à parte superior, geralmente montanhas.[415] Por esse motivo, sob ares diáfanos, a imagem adquire na realidade sua armação graças aos espaços intersticiais manifestos, vazios etéreos percorridos pelos sopros que ligam o mundo visível ao mundo invisível, o foro íntimo ao universo. Ao contrário do espaço saturado da figuração naturalista de acontecimentos e locais, no qual quase todas as casas do quadriculado que foge em direção ao infinito são ocupadas por figuras, o mundo desvelado pela pintura de *shan-shui* não é verdadeiramente aquele do cotidiano; ele convida à contemplação de sítios por vezes reconhecíveis, mas permitindo ao letrado que os observa libertar-se da necessidade de reconhecê-los a fim de melhor vivenciar o sentimento por eles suscitados de uma profunda conivência com o cosmos.

Essas diferenças entre duas modalidades de uma mesma geometria representativa — afinal relativamente mínimas no que diz respeito àquelas que separam os quadros huichol dos rolos de *shan-shui* — causaram espanto, porém, de imediato nos chineses e nos europeus, quando estes se viram na posição de comparar suas respectivas tradições iconográficas. Foi o caso dos jesuítas, no final do século XVI, ao tentarem convencer seus interlocutores letrados da superioridade da *costruzione legittima* trazida da Itália em relação às convenções figurativas localmente em vigor, em especial a transformação paralela oblíqua, a visão de topo e o escalonamento muito marcado dos planos. O imperador a quem Matteo Ricci, fundador da missão, havia doado três telas "à italiana" parecia dividido entre a admiração pela proeza técnica praticamente mágica de que dava mostras a perspectiva linear centrada à perfeição e o mal-estar suscitado pelas retas que convergiam para um ponto único, onde a pintura religiosa europeia havia situado a ideia e a imagem do infinito divino.[416] Encarnando ele próprio um princípio de totalização cósmica, ainda que interna ao mundo cuja harmonia ele assegurava, o soberano não poderia deixar de ficar perturbado por encontrar-se com outro totalizador, porém claramente exposto na exterioridade de uma posição transcendente para a qual não havia nenhum precedente no Império do Meio. A despeito de sua pedagogia cortês e obstinada, e apesar da tradução em chinês dos *Elementos* de Euclides, os jesuítas jamais conseguiram alcançar seus objetivos e decidiram-se por adotar a transformação paralela oblíqua de seus anfitriões, sobretudo para figurar cenas religiosas com fins edificantes ou mesmo para retratar visões profanas, um exercício graças ao qual o mais notável entre esses pintores aculturados, o padre Giuseppe Castiglione, desfrutou de grande consideração na corte dos Qing durante toda a vida. Esses etnógrafos *avant la lettre* tiveram a sabedoria de compreender, no contato com a civilização chinesa, que o ideal da *mimésis* não é universal, que a emulação da visão humana não pode ser o objetivo de toda figuração e que, segundo a formulação lapidar de Su Shi, um letrado do século xi, "discutir a pintura do ponto de vista da semelhança formal (*xingsi*) é apenas uma infantilidade".[417]

É pouco provável, aliás, que o mesmo Su Shi, ou outro esteta qualquer da dinastia Song e daquelas que a sucederam, encontrasse grande mérito nos *nierika* huichol ou nas iluminuras romanas se por acaso deles tivesse tomado conhecimento. Entretanto, com o recuo e a ousadia conferidos pelo olhar sinóptico do comparatista, apreendemos melhor as afinidades formais que conectam entre si as tradições pictóricas tão diversas do arquipélago analogista. O uso generalizado da projeção métrica ou afim ao infinito óptico, a estratificação dos planos, a abundância do vazio e a exiguidade de objetos no caso da pintura chinesa de paisagem, sempre aplicados a agrupamentos de seres em situação e não a figuras isoladas, concedem a essas associações uma autonomia quase palpável: esse mundo, por mais reconhecíveis que sejam alguns de seus elementos, não é aquele do cotidiano. Quando, no caso mais frequente, a imagem é construída a partir de pontos de vista múltiplos, as opções formais que acabamos de ver lhe proporciona um policentrismo que contribui para a constituição de uma espécie de metaobjetividade, sendo que cada objeto retratado se torna um foco independente que exige, por isso, ser conectado a seus vizinhos por outra coisa que não o olhar unificante do espectador. O grande contraste interno à figuração analogista passa pelo mecanismo utilizado a fim de realizar essa conexão entre os objetos: ou fazemos com que ela apareça, dispondo os motivos uns em relação aos outros numa lógica interna à composição da imagem, ou tornamos visíveis os vínculos existentes entre as coisas no mundo real que serve de referente, sendo necessário, então, reproduzir da maneira mais verossimilhante possível o volume e a situação dos objetos relativamente uns aos outros. Em outras palavras, a fim de tornar perceptíveis as correspondências entre as singularidades das quais o mundo é composto, é preciso ou bem injetar coerência formal na imagem — opção bidimensional adotada, por exemplo, pela arte egípcia, pelas iluminuras romanas ou persas, ou pelos *nierika* huichol —, ou bem se empenhar em restituir fielmente a coerência do mundo, mas recusando a contribuição da construção projetiva, isto é, a introjeção da subjetividade do espectador — opção tridimensional mais rara, ilustrada pelo estilo japonês *yama-to-e*, pelos vasos gregos, pela pintura tibetana ou por certos afrescos maias. Ao adotar a construção projetiva para "a montanha e a água", mas negá-la às construções, a China levou esta última opção um pouco mais além, sem por isso ceder à ilusão de que a plenitude das coisas poderia ser descrita matematizando-se o espaço.

10.

Jogo de papéis

As imagens não se animam somente porque nelas reconhecemos a mesma disposição para produzir efeitos que existe nos seres dos quais elas são o substituto, a exemplo da *tsantsa* ou da máscara wauja, ou porque através delas reproduzimos o eco do agente que as ocasionaram, assim como o fazem os aborígenes ao encarnar índices dos seres do Sonho. Para além de sua manifestação como um foco putativo de intenções a decifrar ou como um vestígio ainda impregnado da potência daqueles que as produziram, as imagens podem também gozar de uma vida autônoma, porque parecem estar em conformidade com os papéis sociais estipulados para elas por analogia com aqueles cumpridos pelos humanos. Correspondem por inteiro a esse modo de existência as figurações de divindades que pululam no arquipélago analogista, ao mesmo tempo perfeitamente humanas nos comportamentos que delas se esperam — elas têm fome, zangam-se com seus devotos, têm ciúmes umas das outras — e encarregadas, cada uma delas, de assegurar o bom funcionamento de um setor do mundo, da prosperidade de uma aldeia na trajetória do sol, cooperando entre si e com os humanos nas ações concertadas rumo às quais estas as conduzem. Muitas vezes inertes, mas em geral fiéis às características do ser que esses ídolos têm por missão representar, considera-se que eles sigam regras de comportamento decifráveis, já que calcadas naquelas que movem o comportamento humano: no Egito antigo ou na Índia contemporânea, apesar de sua eminência e da reverência que lhes é devida, nós os alimentamos, lavamos, vestimos, tratamos como se estivessem vivos e, sob certos aspectos, à maneira de outros componentes do coletivo cósmico de humanos e não humanos ao qual eles pertencem. Ao contrário das imagens animistas e totêmicas, cuja potência de agir é desencadeada em função do contexto, os ídolos analogistas estão permanentemente ativos, no sentido de que a capacidade que lhes é conferida de se conduzirem como membros de um coletivo social não é dependente apenas das circunstâncias nas quais os humanos os tomam efetivamente por parceiros com expectativas decifráveis: mesmo quando a eles não se dá de beber ou de comer, mesmo quando deles não se espera um sinal de ira ou de aprovação, eles persistem tranquilamente em seu ser de divindades. Entretanto, a aptidão de uma imagem para perpetuar o papel coativo que lhe é atribuído na vida de uma comunidade ganha ao ser reforçada por manifestações de sua agência que possam se tornar visíveis por todos em determinadas circunstâncias. Para dissipar a suspeita sempre pronta a surgir de que a autonomia das divindades figuradas é, afinal, apenas a realização do programa de ação que seus devotos fixaram para elas, pode ser oportuno tornar ostensiva essa autonomia numa espécie de teatralização paroxística daquilo que as faz assemelharam-se a humanos. Os exemplos disso são tão numerosos que a escolha das ilustrações se revela difícil, pelo que o leitor deverá suportar a arbitrariedade da amostra limitada que apresento.

Evocamos no capítulo 8 os bonecos *tihu*, que figuram os Katsinam e que os hopi tinham o costume de oferecer às crianças por ocasião das cerimônias do início do verão, durante as quais eles se despediam desses espíritos a cada ano. Lembremos que os Katsinam formam uma população de diversas centenas de seres multiformes, cada qual encarnando uma característica do cosmos hopi e distinguindo-se por qualidades que lhe são próprias e que são personificadas por dançarinos mascarados e fantasiados no decorrer dos inúmeros ritos que escandem o calendário litúrgico. Enquanto os hopi descrevem os Katsinam encarnados por humanos como a manifestação física real desses espíritos, os bonecos que os figuram representam tão somente um memento para ensinar os atributos de cada um entre eles, objetos às vezes de apego, como pode ser qualquer boneco para uma criança, mas cuja expressão permanece na esfera íntima dos afetos e do jogo (ilustrações 90 e 91). Bem diferentes desses bonecos, que constituem um pouco o equivalente de uma coleção antropométrica aplicada aos espíritos, são as grandes marionetes que os hopi manipulam em verdadeiros espetáculos rituais e que todos concordam em dizer que estão "vivas". Nós nos deteremos por um momento naquelas denominadas *Sa'lakwmanawyat*, "Duas-Jovens-*Sa'lako*", cujas descrições são extraordinariamente concordantes, desde o primeiro testemunho externo publicado em 1881 até o mais recente, de Armin Geertz, relatando uma cerimônia observada em Hotvela em 1979; é este último, o mais bem documentado e mais preciso deles, que fornecerá o fio condutor das análises que se seguem.[418]

A sessão em que as marionetes *Sa'lakwmanawyat* intervêm faz parte de um ciclo ritual do mês de março, *angkwati*, que comporta diversos episódios, a maioria relacionada à fertilidade, ao sucesso das semeaduras de milho e à esperança de que chuvas de primavera e verão venham irrigar essa região particularmente árida; encadeiam-se assim, dia após dia, marchas cerimoniais, deambulações de máscaras monstruosas na aldeia, distribuições de presentes às crianças, procissões e pantomimas de Katsinam, e a plantação de milho nos jardins em miniatura no coração das kivas, essas câmaras cerimoniais semissubterrâneas típicas das civilizações pueblos. Chegado o momento da sessão de marionetes, e após uma perambulação dos Katsinam em torno das kivas da aldeia, os padrinhos da cerimônia levam grandes quantidades de alimento à kiva da confraria Kwan, onde deve se desenrolar o acontecimento. Perto do fim da tarde, toda a aldeia se precipita na kiva mergulhada na escuridão, mas onde reina uma ensurdecedora cacofonia de assobios, chamados, grunhidos, misturando-se aos murmúrios do auditório, aos risos abafados das crianças e aos cantos dos Katsinam a instalarem o cenário. A luz se faz de repente, ao som da música e dos tambores, revelando a cena. O fundo é formado por uma tela pintada que figura duas portas, cujos alizares são das cores do arco-íris e em torno das quais estão distribuídos motivos atmosféricos e estelares: uma lua gibosa, uma estrela de cinco pontas, o escudo do sol, as nuvens das quais saem raios, duas galinholas... Ao longo da borda superior da tela, outras duas galinholas, dessa vez em madeira pintada, fazem vaivéns, a piar; acima delas, e aparecendo a meio-corpo atrás do ecrã, o Katsina celeste *Sootukwnangw* ("Estrela-Cúmulo") lança raios com seu braço articulado (ilustração 112). Uma dezena de Katsinam entoando o "canto da instalação" tomam posição de ambos os lados da cena, na frente da qual se percebem as duas marionetes em pé, revestidas de trajes coloridos e de adereços de cabeça *tabletas* de arquitetura complicada, agitando os braços ao ritmo da música.[419] Quando os Katsinam entoam o "canto da moedura", as marionetes se ajoelham para moer o milho, rolando o pilão de frente para trás no almofariz de pedra, e em seguida enxugam as mãos e passam a farinha sobre o rosto, assim como o fazem as mulheres hopi em tais circunstâncias. A cerimônia termina com uma distribuição de farinha à audiência. Numa variante observada por Leo Crane em Walpi nos anos 1920, na qual um campo de milho em miniatura havia sido plantado diante dos almofarizes, uma serpente em madeira articulada circulava a toda velocidade por entre as pequenas espigas.[420]

Todas as testemunhas estão de acordo quanto à constatação de que o desempenho das *Sa'lakwmanawyat* atrai a atenção dos espectadores, sem distinção entre crianças e adultos, sendo o seu interesse constantemente despertado por uma encenação plena de reviravoltas. Não há, portanto, muita dúvida de que se trata de um verdadeiro espetáculo cujos ingredientes, da luz à música, são escolhidos para divertir e encantar. Seu simbolismo é, aliás, transparente. As imagens, a decoração, as palavras dos cantos, apontam todas para a celebração da fertilidade das colheitas e das mulheres: as duas jovens que moem o milho são púberes, destinadas a dar à luz; as galinholas (*patro*), aves que frequentam a beira d'água, pressagiam um verão úmido; a iconografia da tela de fundo figura o retorno das estações, as tempestades e a chuva; o "canto da moedura" evoca, por meio de alegorias poéticas, as bênçãos dos aguaceiros torrenciais e a benevolência das divindades para com os hopi; o milho, fonte de vida, é onipresente; em suma, todas essas referências mais ou menos explícitas apontam para uma cerimônia de propiciação agrícola como as tantas que existem na zona indígena do milho. E, no entanto, nesse divertimento ritualizado e sem devoção aparente, as imagens em álamo de duas jovens "vivem"; as pessoas sabem "que elas são feitas de madeira", conforme escreve Armin Geertz: "mas, conforme me disseram [...], essas marionetes estavam vivas [durante o espetáculo] e estão sempre vivas".[421] Melhor ainda, elas se enquadram no "sei bem... mas mesmo assim", menos no sentido freudiano da negação de uma realidade perturbadora, explorado por Octave Mannoni, do que como essa semi-ilusão consentida que nos faz *crer em* algo que nossos sentidos nos revelam, sem por isso nos incitar a *crer que* seu testemunho seja verídico.[422]

De onde vem essa paralisia dedutiva que pode nos afetar a todos ocasionalmente? No arquipélago analogista, ela se deve na maioria dos casos ao fato de que a verdade dos deuses resulta essencialmente do respeito às regras, em geral rituais, por cujo intermédio se interage com eles e que por conseguinte os trazem pragmaticamente à existência. Nada de menos vitalista do que essa vida: se todas as palavras foram mesmo pronunciadas, se todos os gestos foram mesmo consumados, se todos os objetos mediadores foram mesmo mobilizados, então emergem dessas operações agentes sociais legítimos cujos traços vão aos poucos se tornar mais precisos, a exemplo de uma paisagem de montanha que se desvela por partes à medida que a bruma se dissipa. E é bem isso o que se passa com as marionetes *Sa'lakwmanawyat*. Nos próprios termos dos hopi, sua confecção equivale a uma gestação: o escultor deve jejuar como uma parturiente e, uma vez terminada a marionete, ele a confia a uma mãe adotiva que a coloca entre as coxas, simulando um parto; ela, em seguida, lava-lhe os cabelos e lhe dá um nome, assim como se faz com os recém-nascidos. Essas duas ações são repetidas após cada espetáculo por uma parente clânica do marionetista, a qual forma com este último uma espécie de casal adotivo, definido como o "pai" e a "mãe" do boneco por um hopi de Hotvela, que a esse respeito acrescenta: "porque eles o fizeram e cumpriram os ritos como se o tivessem dado à luz, *eles creem nele* [...], [eles] renovavam a vida ao fazer isso".[423] É preciso tratar as marionetes com cuidado, sem contrariá-las demais, como crianças de verdade, visto que elas podem ser travessas: dão risadinhas, soltam gases e beliscam o traseiro das mulheres que estão moendo o milho. Sobretudo, são intermediárias a quem se pedem favores, porque, "ainda que sejam imitações, elas sabem alguma coisa da vida".[424] Ao contrário das máscaras amazônicas ou yup'ik, as marionetes hopi não tomam de empréstimo uma interioridade não humana ativada episodicamente, mas encarnam de forma permanente um laço da rede de relações entre humanos e destes com os espíritos e as divindades, laço esse que pode ser colocado em cena de maneira espetacular, mas cuja pertinência se mantém intacta no intervalo que separa as exibições desses pequenos personagens, desde que lhes seja reconhecida uma dignidade existencial pela maneira como deles se ocupam.

Contanto que os movimentos que animam figurações de não humanos possam ser decifrados pela analogia com aqueles que caracterizam interações comuns entre humanos, não é nem mesmo necessário que essas figurações evoquem de maneira muito precisa a suposta aparência dos seres que elas representam. Mais do que a semelhança com um protótipo, é o comportamento da imagem e as circunstâncias no decorrer das quais ela intervém na vida coletiva que vão identificá-la e tornar manifesta sua potência de agir, um fenômeno certamente bastante geral, mas que adquire um relevo particular no arquipélago analogista em virtude da propensão que ali reina de dar vida a artefatos a partir do momento em que são tratados segundo as convenções que regem as condutas entre humanos em vigor nos coletivos nos quais eles intervêm.

Denis Vidal oferece um excelente exemplo disso quando analisa a maneira como as divindades locais interagem entre si e com os aldeões nas áreas montanhosas do Himachal Pradesh, estado no norte da Índia que bordeja o Tibete.[425] Assim como em outras partes da Índia, as divindades são objeto de veneração em seus respectivos templos sob a forma de uma imagem (*mūrti*) que figura seus atributos, mas também sob uma forma móvel transportada por seus devotos ao longo do percurso cerimonial. Nessa região, utilizam-se para isso pequenos palanquins cuja superestrutura, encimada por um dossel circular ricamente ornamentado, é forrada com tecidos bordados sobre os quais são dispostas máscaras em metal precioso, sendo que uma delas figura a divindade. As varas que sustentam o palanquim são bastante flexíveis, de modo que o menor movimento daqueles que as carregam lhe imprime oscilações que eles parecem ter a maior dificuldade em controlar e que os devotos interpretam como índices de que a divindade está mesmo presente em seu veículo, uma vez que ela guia a marcha de homens de alta casta que se revezam para portá-la, indicando-lhes a direção que sua imagem deseja tomar. Aliás, os balanços sugestivos do palanquim não são direcionados somente àqueles que o carregam. Eles constituem mesmo uma linguagem de gestos que permite a todos dialogarem com a divindade: se permanece imóvel quando solicitada, ela está indiferente ou indisposta; se ela se agita de modo desordenado, é um sinal de cólera, ao passo que movimentos vivos e ritmados indicam satisfação; ao se curvar de maneira rápida e repetida na direção de quem solicita sua aprovação, ela manifesta que esta lhe foi concedida; afastar-se do devoto que a interroga ou inclinar-se no sentido inverso significa uma recusa, enquanto movimentos alternados, na direção dele ou em sentido contrário, testemunham sua perplexidade. Além desse modo de comunicação por gestos, os aldeões possuem ainda a faculdade de recorrer a médiuns, que falam em nome da divindade para responder às perguntas que lhe são feitas.

Não é tão surpreendente que as divindades aldeãs do Himachal Pradesh tenham um comportamento antropomorfo se pensarmos que elas são verdadeiras personalidades locais. Conectadas umas às outras por uma densa rede de vínculos de parentesco e de vassalagem, elas detêm direitos fundiários, aplicam a justiça, fixam as datas do calendário agrícola e intervêm na maioria dos aspectos da vida dos humanos. Um fato curioso nos permitirá avaliar isso.[426] Durante a festa anual consagrada à divindade de uma aldeia e na presença de outras três divindades das cercanias vindas com seus devotos, um habitante a ela se queixa a respeito da modicidade da remuneração que lhe é destinada para colher em alta altitude uma flor indispensável à cerimônia. A princípio surda às suas recriminações, a divindade acaba por aquiescer à proposição feita por seu oficiante (*pūjārī*) de dobrar a soma. O homem, contudo, ainda não fica satisfeito e exige uma resposta através de um médium, o qual lhe comunica que a divindade não voltará atrás de sua decisão. O queixoso continua a discutir com tamanha insistência que uma divindade que estava de visita ordena-lhe, através de seu médium, que ponha fim ao incidente, com o que ele acaba consentindo, a contragosto. Enquanto isso, outros habitantes da aldeia aproveitam a ocasião para também se queixar à sua própria divindade, que dá então todos os sinais de uma cólera extrema: ela se agita furiosamente, depois retorna ao seu santuário, privando a multidão das danças e festividades que deveriam ocupar a noite, ao passo que as divindades em visita manifestam sua solidariedade com a companheira ofendida, retornando para suas respectivas aldeias. As divindades e suas imagens protagonizam essa tragicomédia himalaica. Não que elas esmaguem tudo com sua transcendência altiva; ao contrário, dobram-se aos costumes dos humanos entre os quais residem — fixando as remunerações, tentando arbitrar um conflito (entre homens de altas e de baixas castas), manifestando sentimentos de desdém, de cólera ou de espírito de corpo, em suma, reagindo a condutas compreensíveis na esfera social dos aldeões por meio de ações que eles mesmos não terão nenhuma dificuldade em entender. Enquanto as marionetes *Sa'lakwmanawyat* se veem confinadas ao repertório limitado da criança traquina, as divindades do Himachal Pradesh, submetidas à imanência industriosa do politeísmo hindu, devem assumir o peso da polivalência das funções que lhes são atribuídas. Qualquer que seja o meio pelo qual ela se torna sensível, a agência das divindades procede aqui do fato de que estas últimas, habilitadas a exercer o gênero de encargos delegados aos notáveis na vida local, devem fazer "bela figura" através de suas imagens, inclusive quando do se atenta contra sua dignidade.

De resto, é habitual na Índia fazer as imagens de divindades se mexerem, mas por razões que podem diferir daquelas que acabamos de ver. É isso o que bem demonstra a investigação etnográfica de Emmanuel Grimaud a respeito dos teatros de autômatos divinos de Bombaim.[427] Trata-se de plataformas móveis criadas por artesãos especializados por ocasião do festival anual consagrado a Ganapati (ou Ganesh). Elas associam a uma grande estátua do deus com cabeça de elefante instalada em posição central um agrupamento de maquetes, de efígies animadas, de modelos reduzidos, de máquinas, entre os quais estão ocupados assistentes humanos ao som de uma música ensurdecedora e de efeitos sonoros diversos. Esses carros rituais, equivalentes ostentatórios dos palanquins do Himalaia, são herdeiros de uma tradição bem estabelecida de "trucagens mitológicas" desenvolvidas nos ateliês onde se rivaliza em engenhosidade para simular o movimento dos autômatos, exibidos com meios mecânicos bastante elementares. Ora, em contraste com as divindades montanhesas, Ganapati é o único na plataforma a não se mover, sendo essa imobilidade condição essencial para que seu *darshan*, a visão que se tem de sua imagem, seja benéfico aos devotos que o contemplam. O ídolo ricamente ornado, com seus quatro braços dispostos numa atitude graciosa, deve permanecer estático a fim de transmitir aos espectadores a sensação de serenidade plena e de impassibilidade controlada que faz dele o pivô do microcosmo que se agita à sua volta sobre a plataforma. Reconheceremos aqui uma imagem típica do arquipélago analogista: a potência de agir é deslocada a partir de um agente eminente que se ativa numa rede de humanos e de não humanos em direção a uma rede de mesma natureza, mas muito mais ampla e cujo dinamismo provém de um agente imóvel. Não se trata mais de uma divindade local que atende, ou não, às expectativas de seus devotos, mas de um princípio totalizador mais elevado na hierarquia divina que ordena ao redor de sua plenitude impassível elementos díspares cuja trama de correspondências ele torna manifesta. Afinal, cada carro leva uma mensagem cosmopolítica ao evocar em sua cenografia aquilo que Grimaud chama de um "cosmo-problema", desde o planejamento urbano até as políticas públicas de saúde. Ao acumular em torno da imagem de Ganapati coisas aparentemente heteróclitas que se movem lentas em conexão entre si, os criadores da plataforma fazem "conectarem-se o cosmos, a poluição, a nação, a família, as favelas, a corrupção e as inundações", outra maneira, eficaz por excelência, de ligar o macrocosmo ao microcosmo sob a calma autoridade de uma figura reverenciada.[428]

As imagens analogistas parecem às vezes bastante "semelhantes": a cabeça de Ganesh é prontamente reconhecível como a de um elefante, as marionetes das jovens *Sa'lako* possuem muitas das características habituais do Katsina que elas representam, a imagem alegórica de Beanzim como homem-tubarão não evoca muito da aparência do rei de Daomé, mas sua cabeça de esqualo é bem identificável. Deveríamos nós ver ali um meio de imputar uma potência de agir às imagens, jogando com a ilusão de que elas são cópias idênticas do ser animado que figuram, imbuídas, por conseguinte, de uma agência análoga à dele? Não haveria, então, diferença real entre o modo de animação das imagens próprio à figuração analogista e aquele, conforme veremos, que domina o regime naturalista. Essa coincidência parece, no entanto, duvidosa. Observemos a princípio que, na medida em que as imagens analogistas figuram na maioria das vezes seres que ninguém jamais viu em sua forma original, tanto quanto ela exista independentemente de sua instanciação num artefato, é difícil apreciar o grau de adequação mimética entre o eventual protótipo, do qual conhecemos em geral apenas os atributos, e a representação dele fornecida. Sobretudo, ali onde ele é mais notável no arquipélago analogista, o ideal mimético não é dado como um fim em si, muito menos considerado como o único meio de conferir às imagens uma potência de agir. Mais importante, sem dúvida, para atingir esse objetivo é, aqui também, o tratamento ao qual elas são submetidas a fim de que sua função substitutiva se desenvolva num quadro de hábitos prescritos e de papéis sociais cujo bom cumprimento é indispensável à sua verossimilhança. Em virtude da fascinante impressão de presença que elas geram, as estátuas dos santos homens do budismo japonês pré-moderno são uma boa ilustração dessa falsa aparência da ilusão mimética.[429]

No Japão medieval, os abades dos monastérios budistas eram com frequência figuras carismáticas cuja morte podia colocar em perigo a estrutura e a continuidade da comunidade monástica, razão pela qual se perpetuava sua presença por meio de retratos até que um sucessor fosse entronizado. A princípio instalado nos aposentos do falecido e tratado, sob todos os aspectos, como se fosse a pessoa ainda em vida que ele figurasse, o retrato era transportado, após a acomodação do novo abade, para uma galeria onde era homenageado e venerado na companhia de imagens de outros santos homens, cuja virtude e sabedoria continuavam a irrigar a devoção dos monges. Esses retratos (*chinzō*) eram vistos como "vivos", já que estavam todos impregnados do espírito da pessoa cuja energia espiritual eles materializavam, uma encarnação que passava, de início, por um ato voluntário de autopersuasão dos espectadores; conforme dizia a seus discípulos o "monge sonhador" Myōe, um dos mestres da escola Kegon no início do século XIII, "quando se pensa num objeto esculpido em madeira ou desenhado num quadro como um ser vivo, então ele *é* um ser vivo".[430] Contudo, tentava-se também reproduzir o mais fielmente possível os traços do modelo e sua aparência geral, por exemplo utilizando cristal de rocha para figurar-lhe os olhos e as unhas ou servindo-se de seus próprios cabelos para cobrir-lhe a cabeça ou confeccionar-lhe barba e sobrancelhas. Era também comum incorporar no interior das estátuas resíduos corporais do falecido — lascas de unha, cabelos, cinzas de sua cremação — a fim de que, por metonímia, sua substância animasse a forma de sua figura. A busca da identidade mais profunda entre o corpo atual e sua imagem passava também pela prática, atestada na China no budismo chán desde o primeiro milênio e um pouco mais tarde no Japão, que consistia em preservar um santo homem mumificando seu cadáver e, em seguida, revestindo-o de laca, por vezes recobrindo-o com folhas de ouro, a fim de exibi-lo à vista e à adoração dos devotos.[431] No Japão, acontecia mesmo de mestres, em vida, transformarem-se num "ícone de carne", privando-se, até a morte, de qualquer alimento, com exceção do cinábrio e dos pinhões para favorecer a desidratação, pacificamente sentados em posição meditativa em meio a seus discípulos. Conservado seco, seu corpo terminava de ser mumificado após alguns anos e era depois laqueado, às vezes dourado, e colocado em galerias de retratos (*Zen-chen yuan*) onde essa imagem encarnada, índice de sua presença e ícone de sua aparência, constituía o objeto de um culto.[432]

Para além desse fanatismo mimético, entretanto, o que contribuía verdadeiramente para prover as imagens dos mestres do Zen de uma potência de agir física e espiritual benéfica era a maneira pela qual se cuidava delas como se estivessem vivas. As estátuas eram vestidas, alimentadas e carregadas em procissão, mas também recheadas de relíquias, de textos sagrados e de objetos ligados à vida do personagem figurado, o que conferia à sua efígie uma densidade biográfica concreta própria para reforçar sua autonomia agentiva. Era igualmente costume colocar dentro da estátua reproduções em tecido das cinco vísceras (coração, fígado, pulmões, rim, baço), um modo de restituir-lhe uma parte de sua vida orgânica, mas também, e sobretudo, de fazê-la entrar em ressonância com os cinco elementos cósmicos (fogo, vento, água, terra, éter), as cinco cores (amarelo, branco, vermelho, preto, azul), as cinco sabedorias e todo um cortejo de outros recortes búdicos do corpo, do cosmos e do saber em cinco partes. Tem-se uma ideia precisa da natureza desses objetos graças ao inventário feito em 1955 do tesouro contido na estátua do monge Eizon, fundador da escola Shingon-risshū e sem dúvida a personalidade religiosa mais ilustre da região de Nara no século XIII. Exibida no templo Saidaiji, onde Eizon havia oficiado ao longo de grande parte de sua vida, a estátua em madeira data de aproximadamente 1280 e o representa sentado com as pernas cruzadas, o rosto a um só tempo sereno e marcado por uma notável expressividade, portando uma ampla vestimenta cujo drapeado fluido foi reproduzido com virtuosismo pelo mestre escultor Zenshun e seus assistentes (ilustração 113). Além das informações a respeito dos motivos da encomenda da estátua e das circunstâncias de sua realização, ela contém inúmeros documentos, provavelmente caligrafados pela mão de Eizon, entre eles mandalas, preceitos do buda Śākyamuni Tathāgata, principal fonte de inspiração do monge, mas também as cinzas de seus parentes numa bolsinha de brocado, acompanhada de votos para que seus restos inseminem seu corpo de substituição, bem como um relicário de bronze dourado em miniatura que adota a forma de um pagode *gorintō* (um edifício que sobrepõe cinco formas geométricas distintas correspondentes aos cinco elementos), o qual esconde fragmentos sagrados do dente de Śākyamuni, uma maneira de assegurar que a eficácia indicial dessa relíquia se comunicará com a efígie e aumentará na mesma proporção o poder espiritual que dela emana. *Last but not least*, o interior da cabeça da estátua abriga atrás da fronte uma pequena bobina de fio de cobre e prata que representa o *ūrṇā* do abade, signo habitualmente visível da sabedoria de um santo homem a iluminar o mundo como um raio, ocultado aqui dos olhares e funcionando, no entanto, segundo a formulação de Helmut Brinker, como "um emissor de alta-fidelidade de seu carisma".[433]

O "realismo" da estátua, surpreendente hoje em dia por sua modernidade aparente, é assim apenas um elemento entre muitos outros que concorrem para sua ativação. Mais importantes, sem dúvida, são os inúmeros filamentos que a conectam, por meio de um duplo movimento de englobamento e de interiorização, a uma parentela extensa, a uma rede de correspondências entre macrocosmo e microcosmo, a uma tradição religiosa, aos seus textos e às suas figuras de autoridade. O ambiente imediato cumpre sua parte nessa empreitada de multiplicação de ramificações, tal como o monumento funerário de Eizon em forma de pagode *gorintō* de mais de três metros de altura que, perto da estátua, faz eco ao relicário em miniatura que ela abriga. O ambiente social constituído pelos mais próximos não é menos importante. Assim, na estátua de um mestre do Shingon contemporâneo de Eizon, Shinchi Kakushin, encontrou-se um cilindro de bronze dourado que contém suas cinzas e em cuja superfície interna está gravado o nome de 68 de seus discípulos, os quais formam em torno de sua augusta substância como que uma falange protetora, enquanto estão eles próprios aninhados no abrigo de sua efígie.[434] Esse dispositivo de englobamento mútuo borra a fronteira entre o interior e o exterior, entre o modelo e sua representação, entre a pessoa e seu círculo; ele permite conservar o caráter único de um indivíduo encarnado por seu ícone, reconhecível entre todos na galeria de retratos dos santos homens, ao mesmo tempo que difrata essa singularidade nos elos de uma cadeia multissecular de mestres e adeptos. Assim como em outras partes do arquipélago analogista, nos altares dos ancestrais, nos teatros de divindades ou nas sessões de exorcismo, o caráter operante da imagem procede aqui não tanto da fidelidade, por vezes perturbadora, àquilo que ela retrata quanto de sua inserção em redes de socialização ritualizada nas quais ela se torna retransmissora de outras causalidades atuantes mais antigas ou mais amplamente distribuídas.

73. Raghubir Singh, *Pavement Mirror Shop* [Loja de espelhos na calçada],
Howrah, Bengala Ocidental, 1991

75. Homem-tubarão identificado com Beanzim, escultura de Sossa Dede, Abomei, Benim

78. Cerâmica mimbres (1000-1200 d.C.) figurando um híbrido de cascavel do Texas e de peru

79. Grande máscara da Diablada de Oruro, Bolívia

llama totomjchi, que qujere dezir ave pez: dize se aue: porque tiene la cabeça como aue, y el pico como aue, y pica como aue: y tiene las alas largas como pez, y la cola como pez

¶ Ay vn pez en la mar que se llama vitzitzilmjchi: llamase ansi, porque tiene el piquillo muy delgado, como el auecilla, que se llama zinzon, que anda chupando las flores.

¶ Ay otro pez en la mar que se llama papalomjchi, que qujere dezir pez como mariposa, porque es de la hechura de mariposa.

¶ Ay otro pez en la mar que se llama

tvmjchin, vel mjchi, achia tlapal viac. Injc mjtva tvtomjchi: injtzontecon veliuh qujn tototl itzontecon icca: tenvitztic, temmjmjtztic, da ponjanj, tlachoponja, tlaptvloa.

¶ Vitzitzilmjchi: vel mjchi, mjtva vitzitzilmjchi, achivac injatlapal, injpatlanj mjtlaneloaia. Auh mjtl vel vitztic; viac, vel iuhqui vitzitziltentli mjten: tenvitzponatic, tenvitzmalotic, tenvitzmallotl

¶ Papalo mjchi: veiapan che ne, çaçan ie mjchi: auh injca, injc tlachioalli: vel iuhqui papalotl, patlachtic, iacatlane: injuhquj papalotl, am tlapale; injatlapal vel iuh papalotl y iatlapal: in atl itic ic nemj, iuhqujn patla colonj.

¶ Ocelomjchi: no veiapan

81. *Os demônios cavalgam e conduzem a montaria da alma, esse elefante compósito,* anônimo, escola mogol, início do século XVI

82. *Borâq, a esfinge compósita do Profeta*, anônimo, escola do Decão, Índia do Sul muçulmana, meados do século XVIII

84a. Cabeça da divindade Aia Apaec, cerâmica mochica, Peru
84b. Projeção plana da cerâmica de Aia Apaec

85. Cervo com cabeças de ave de rapina, arte das estepes, Verkhné-Oudinsk, Buriácia, idade do ferro

89. *Mesa* do *curandero* Marco Mosquera, Cajamarca, Peru

90. Alguns bonecos de Katsinam hopi, Arizona, século XX (de cima para baixo e da esquerda para a direita): 1) *Hee'e'e*; 2) *SioSalakoKatsina*, "Katsina-Shalako-Zuñi"; 3) *Qoia*, ou *Kau-a*; 4) Provavelmente *WupaMoKatsina*, "Katsina-Boca-Longa"; 5) Provavelmente *Tasap Yeibichai*, "Avô-Falante-de-Navajo"; 6) *Hilili*; 7) *SakwaQa'öKatsina*, "Katsina-do-Milho-Azul"; 8) *YooyangwKatsina*, "Katsina-da-Chuva"; 9) *KokpölöMana*, "Dama-Mosca-da-Morte"; 10) *SakwaWakaKatsina*, "Katsina-Vaca-Azul"; 11) *KokpölöMana*; 12) *SioQa'öKatsina*, "Katsina-do-Milho-Zuñi"; 13) Provavelmente *Talavahi*, "Aquele-do-Alvorecer-que-Pinta"; 14) *Tsoputsi*, "O-Mohave"; 15) *Hilili*, de costas

91. Boneco (*tihu*) hopi figurando *WupaMoKatsina*, "Katsina-Boca-Longa"

92. *O corpo zodiacal*, miniatura atribuída a um dos irmãos Limbourg, realizada entre 1411 e 1416

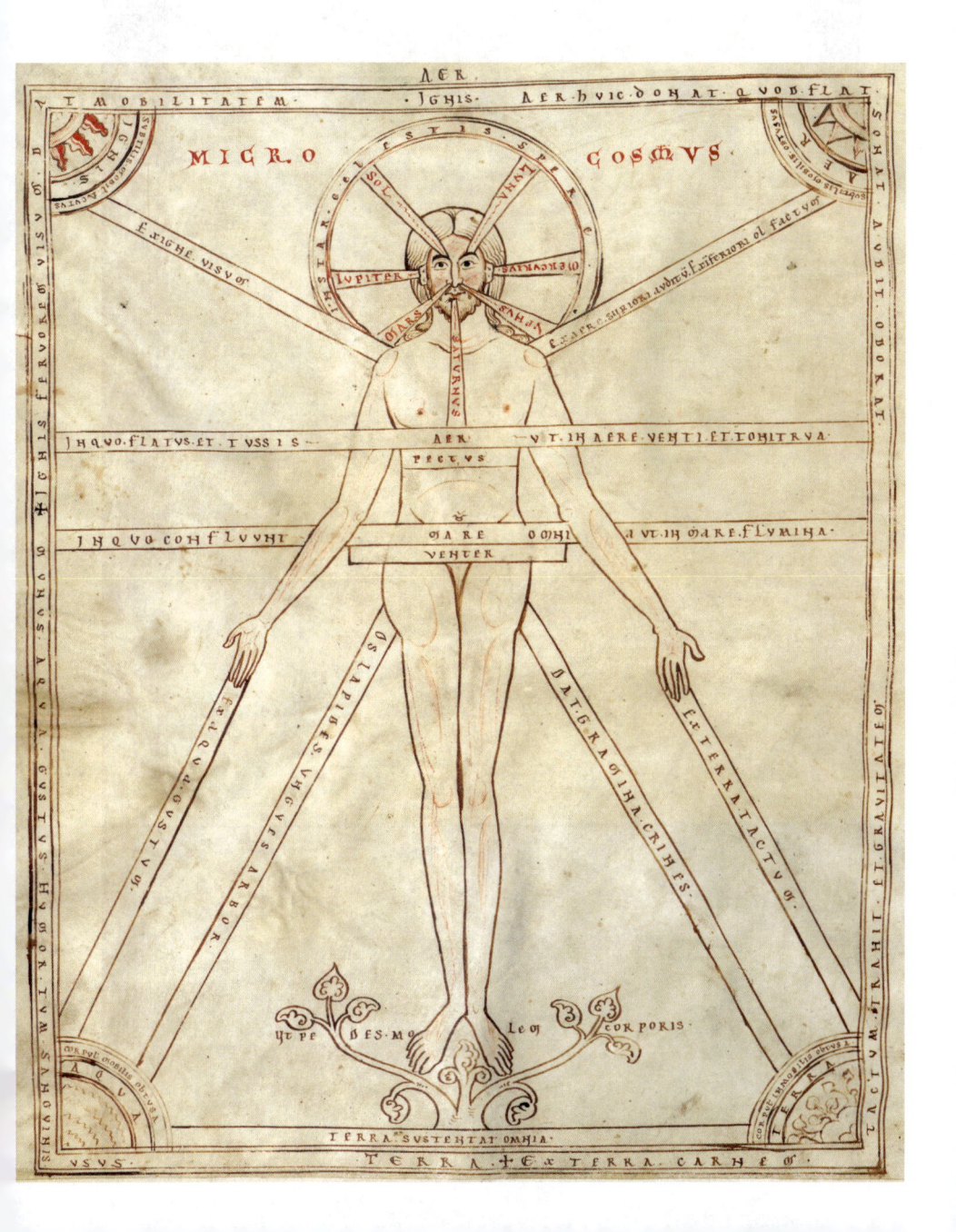

94. Um *yogin* levando no corpo os índices de correspondências com o macrocosmo, imagem anônima pintada por um artista indiano a pedido de um oficial britânico, *c.* 1930

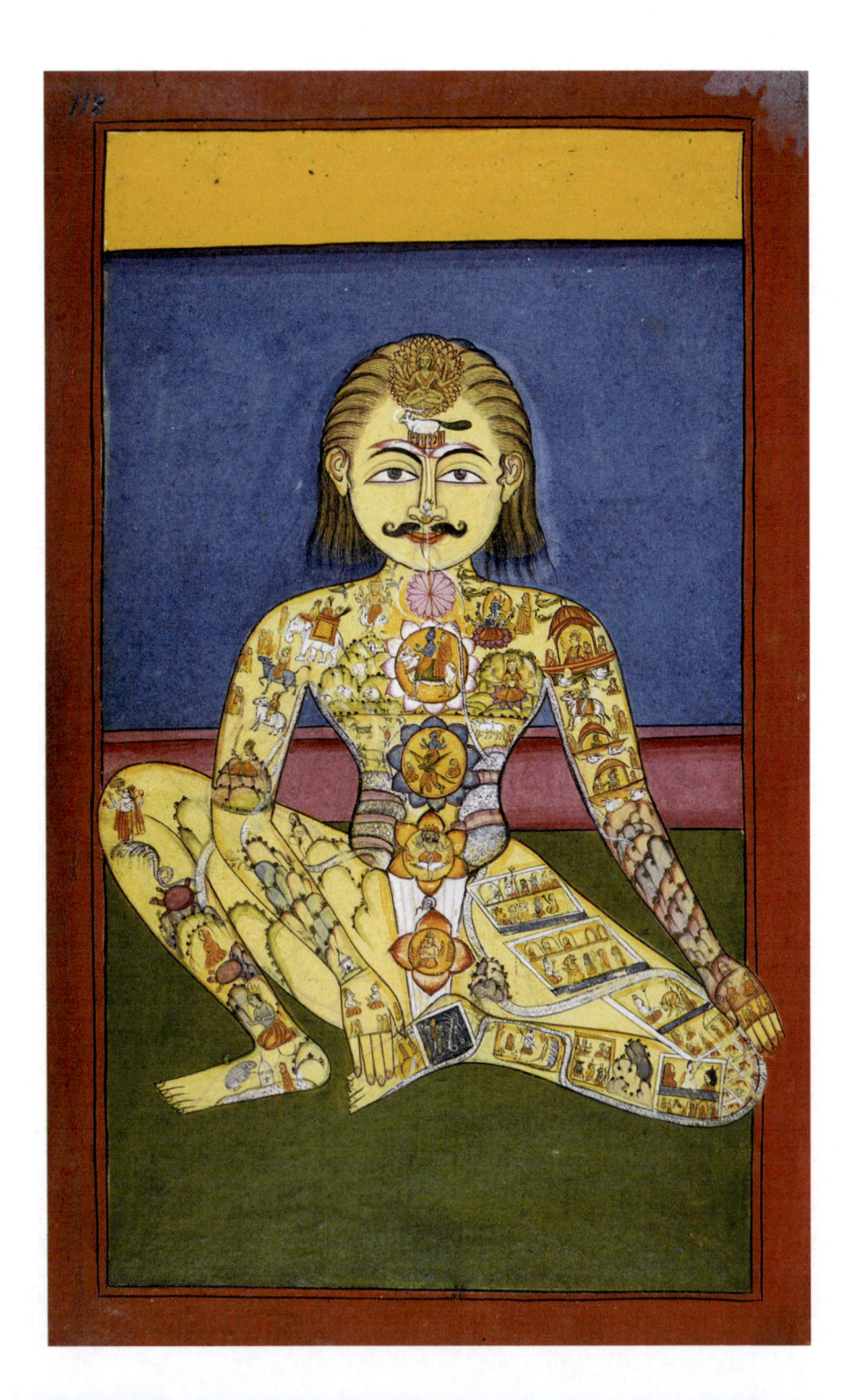

95. Cosmograma da rota da alma dos mortos rumo ao mundo do alto, tinta sobre papel europeu, dayak ngaju, *c.* 1905

96a. Cabaça votiva (*jícara*) cora, México

96b. Esquema da cabaça cora
1-3, eixo leste; 4-6, eixo oeste; 7-9, eixo do nadir; 10-12, eixo do zênite

97. Rosácea votiva (*chánaka*) cora, México

98. Incensório *boshanlu*, bronze incrustado de ouro, dinastia Han Ocidental, século II a.C., encontrado no túmulo do príncipe Liu Sheng, Mancheng, Hebei, China

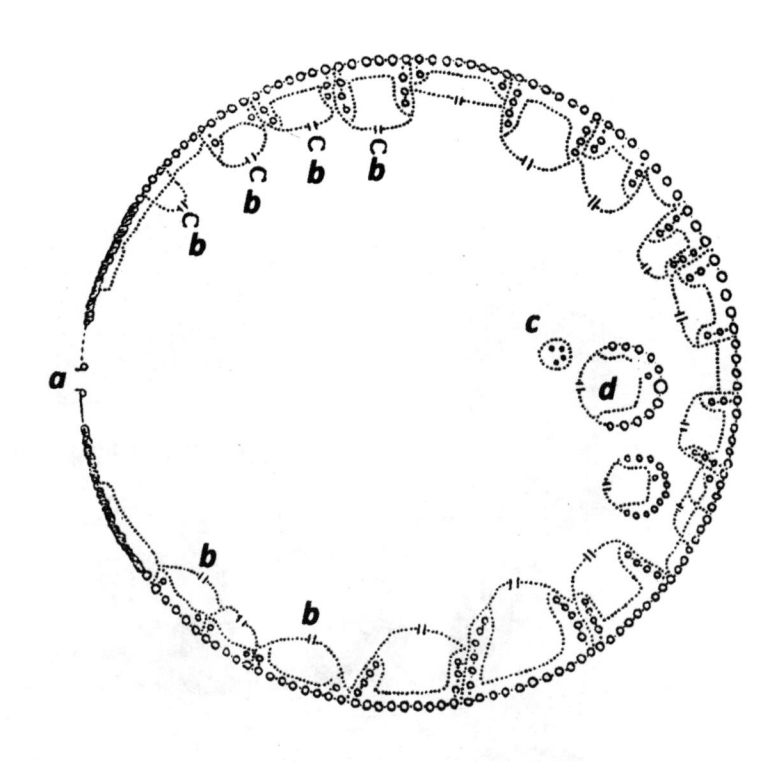

99. Mapa da aldeia de Lubwe, território ila, *c.* 1905:
a) entrada principal; b) entrada dos cercados; c) as cabanas do *mizhimo*; d) o cercado do chefe

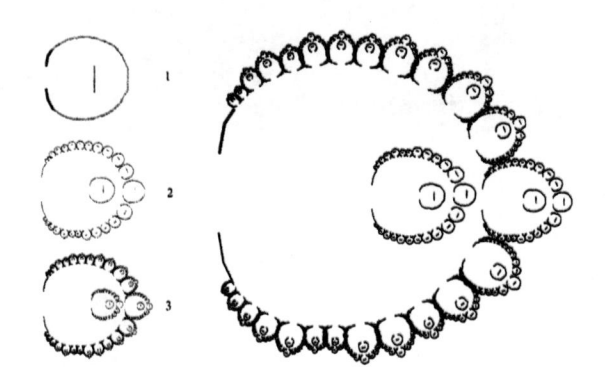

100. Modelo fractal de uma aldeia ila obtido por simulação

101. Um *peyotero* huichol a caminho do deserto de Wirikuta, San Luis Potosí, México, carregando em seu cesto um *tsikuri*

102. Cabaça huichol feita em Tateikie, San Andrés Cohamiata, México

103. Motivos da cabaça huichol:
a) estrela (amarelo); b) botões de peiote (verde); c) cabeças de cervo (vermelho)

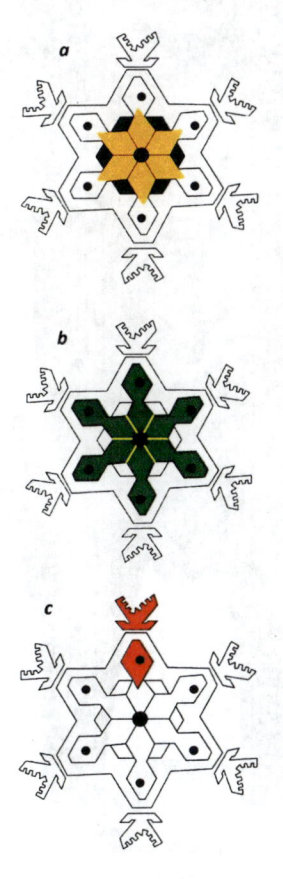

105. Clava *u'u* das ilhas Marquesas
106. Esquema da clava *u'u*

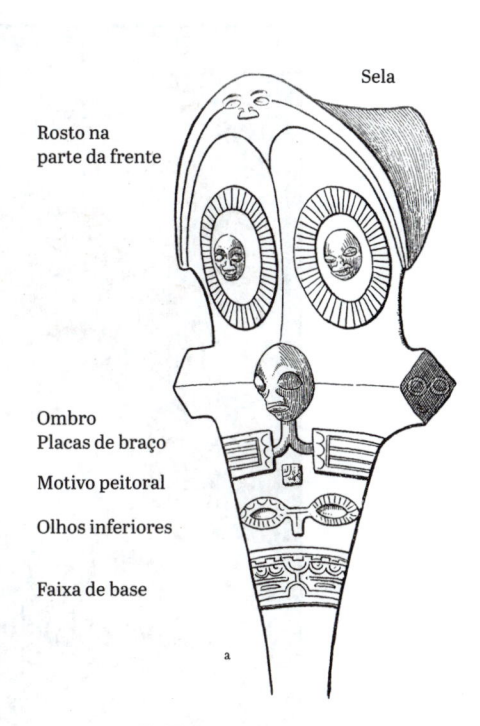

Sela

Rosto na
parte da frente

Ombro
Placas de braço

Motivo peitoral

Olhos inferiores

Faixa de base

a

107. Interpretação da clava *u'u* segundo Karl von den Steinen:
a. O *etua* agarrado a uma das faces da clava
b. As mãos do *etua* vistas a partir da outra face da clava

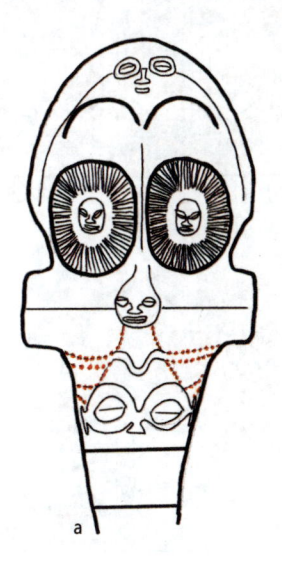

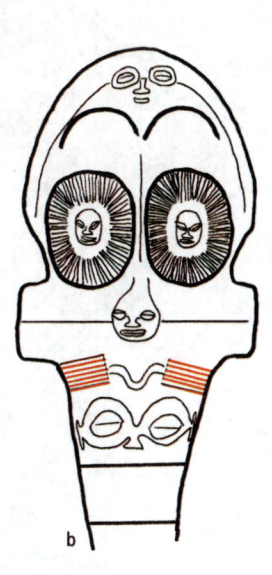

a

b

109. Iluminura da bíblia de Souvigny representando a Gênese no estilo clunisiano, anônimo, final do século XII

110. Um episódio da fundação do templo de Hase-dera, pintura sobre rolo de papel, anônimo, século XVI

111. *Outono no vale do rio Amarelo*, atribuído a Guo Xi, tinta e cores sobre seda (seção de um rolo), século XI

112. As duas marionetes hopi *Sa'lakwmanawyat* na cena da kiva, rodeadas por Katsinam mascarados, Hotvela, terceira mesa, Arizona, 1979

113. Estátua de Eizon por Zenshun e assistentes, madeira pintada, *c.* 1280

Quarta parte

SIMULACROS

*Não há coisas nem mais nem menos preciosas,
o vestido comum e a vela, bonita por si só,
são dois espelhos do mesmo reflexo. Todo o valor
está nos olhares do pintor.*
MARCEL PROUST, *O caminho de Guermantes* III[435]

11.

Diante do mundo

Constatar que os humanos falam, que suas mensagens são mais diversas que os cantos dos pássaros ou os uivos dos lobos, que sua consciência de si é talvez mais garantida que a de um espinheiro branco ou de uma nuvem, mas não deixar de observar igualmente que, assim como os animais, é necessário que comam e bebam para viver e que copulem para sobreviver, que sua trajetória quando caem é tão previsível quanto a de uma pedra e que sua carne morta se converte em húmus; todas essas evidências banais que uma a uma se impõem tornam-se, uma vez metodicamente alinhadas e transformadas em sistema, a armação de uma ontologia original que ninguém havia imaginado em todas as suas ramificações antes que os modernos explicitassem seus princípios. Um ponto de vista naturalista começa efetivamente a despontar na Europa a partir do século XVII, nos textos de filósofos e de sábios, assim como nas referências com que as elites enfeitam sua correspondência e sua conversação, ponto de vista esse que assumirá uma forma acabada somente dois séculos depois, com a invenção da noção de cultura e o surgimento das ciências que dela se ocupam.[436]

Durante esse período, uma percepção seletiva das qualidades do mundo adquire aos poucos certa solidez, apoiando-se em dois gêneros de inferência complementares: os humanos se dissociam de maneira nítida do restante dos existentes em virtude das capacidades cognitivas que sua interioridade singular lhes confere, sendo ao mesmo tempo semelhantes a eles por suas determinações físicas. A fórmula do naturalismo é, portanto, inversa à do animismo: é por meio da mente, não do corpo, que os humanos se distinguem dos não humanos, em especial por essa inteligência reflexiva de si que, desde Descartes, denominamos *cogito*; e é também por meio da mente, hipostasiada numa espécie de alma coletiva, que os humanos se distinguem uns dos outros em conjuntos unificados pelo compartilhamento de uma língua, de uma cultura, de um sistema de costumes, de uma representação do mundo. Quanto aos corpos, viventes ou inertes, eles são todos regidos por processos materiais, eles são da esfera do universal, a exemplo do espaço, do tempo e da substância, de maneira que, a despeito do tamanho desproporcional de seu cérebro, os humanos não têm verdadeiramente uma natureza à parte.

É preciso, no entanto, ter em conta que a figuração não é a simples transcrição em imagens de uma ontologia que teria se desenvolvido antes delas e a distância, fazendo apelo a recursos puramente discursivos ou apenas aos meios da linguagem matemática. Afinal, é em todas as áreas da vida que os modos de identificação operam seu trabalho de discriminação entre os existentes mediante uma esquematização da experiência, e eles são perceptíveis em toda parte: nos enunciados, certamente, mas também nos modos de ação sobre a matéria, nas formas de comportamento, nas instituições, nas atitudes para com os não humanos e, é claro, na maneira de fazer imagens. Ora, se o nascimento do naturalismo europeu pode ser fixado no século XVII sob seu aspecto normativo e proposicional com a intensa produção epistemológica que acompanha o surgimento da ciência moderna, não foi necessariamente esse o caso nos outros campos, em especial no das imagens. E tudo indica, de fato, que os lineamentos do mundo novo começaram a transparecer em representações icônicas bem antes de serem sistematizados no discurso, que eles foram construídos pelo olhar e tornados visíveis quando não eram ainda nem mesmo tematizáveis por agrupamentos de conceitos e de proposições. Além do mais, os próprios artistas que participaram desse movimento não se enganaram; Dürer, por exemplo, na dianteira da revolução ontológica do naturalismo com seus retratos, suas figurações de paisagens e de animais, seu tratado sobre a perspectiva, quando escreve: "A medida da terra, da água e das estrelas se tornou inteligível graças à pintura".[437]

Contudo, não se trata apenas de uma questão de medida, ou mesmo de *commensuratio*, como eram chamadas no Renascimento as técnicas de figuração da perspectiva linear. Seu emprego, sem dúvida, refina a ambição da ontologia naturalista de mostrar a continuidade física dos seres e das coisas num espaço homogêneo estruturado pela apreensão de um sujeito humano;[438] todavia, para ser completo, para aparecer como a exata contraparte da comensurabilidade material que seu olhar objetiva, esse próprio sujeito deve ser representado inequivocamente como o foco de uma interioridade distintiva da qual os outros existentes são privados. Subjetividade ostensiva dos humanos e arranjo das qualidades do mundo num espaço unificado — a *res cogitans* e a *res extensa* de Descartes — são, assim, os dois índices que melhor denotam o naturalismo em imagem. Ora, quase não há dúvida de que esses traços relevantes começaram a se tornar perceptíveis na pintura do norte da Europa a partir do século xv, ou seja, bem antes que as convulsões científicas e as teorias filosóficas da era clássica lhe conferissem a forma argumentada que habitualmente sinaliza o nascimento do período moderno para os historiadores das ideias. O que caracteriza o novo modo de pintar que surge na Borgonha e em Flandres nessa época é a irrupção da figuração do indivíduo, primeiramente nas iluminuras, nas quais são representados personagens diferentes entre si, retratados num enquadramento de configuração reconhecível, a realizar tarefas descritas com exatidão; depois, em quadros singularizados pela coerência dos espaços colocados em cena, pela precisão com que são restituídas as características do mundo material tal como percebidas pelos humanos e pela individuação destes últimos, cada qual dotado de uma fisionomia que lhe é própria e do caráter que ela deixa transparecer. A revolução pictórica que então se produz instala de forma duradoura na Europa uma arte de figurar que opta por acentuar a identidade reconhecível, a um só tempo, do artista, da obra figurativa, do objeto retratado e do destinatário da imagem, uma arte que se traduz por uma virtuosidade sempre crescente em dois gêneros inéditos: a pintura da alma, isto é, a representação da interioridade como índice da singularidade das pessoas humanas, e a instauração da natureza, a saber, a representação das contiguidades materiais no âmbito de um mundo físico que, por si só, merece ser observado e descrito.

Talvez seja surpreendente encontrar o naturalismo no final de minha apresentação dos modos de figuração, como se ele constituísse a coroação de um movimento da humanidade em direção às belas-artes, o destino enfim alcançado de inúmeras tentativas abortadas de retratar os existentes na expressão mais perfeita de sua verdadeira natureza. Meu propósito é exatamente o contrário. Se adotei essa disposição, foi na esperança de que, tendo se familiarizado com as diferentes maneiras de tornar visível a arquitetura dos mundos, o leitor tenha agora, sobre as obras que lhe são provavelmente mais conhecidas, uma mirada aberta pela imersão no gênero de imagem que já se examinou anteriormente. Se esse desvio for bem-sucedido, então a exuberância ou a selvageria de uma paisagem, a profundidade ou a dureza de um olhar, o vigor ou a delicadeza das emoções, a minúcia dos acessórios ou a luz de uma cena interior, todas as coisas que o desconcertam com justa razão cada vez que ele as vê representadas pelos mestres da pintura europeia não lhe parecerão mais como (simplesmente) os resultados incomparáveis de técnicas visuais aprimoradas no decorrer dos séculos num pequeno número de regiões vizinhas, mas antes como uma maneira exótica, e em todo caso muito pouco "natural", de dar a ver certas dobras do mundo.

Além do mais, e no momento de entrar quase em surdina na opulenta cena da arte ocidental com um respeito impregnado de humildade por qualquer liberdade de ação perante o saber daqueles que fazem a sua história, talvez não seja inútil esclarecer desde já em que minha abordagem difere da deles. A princípio, pode soar temerário qualificar o naturalismo por duas característicasticas apenas — a interioridade distintiva dos humanos e a universalidade dos princípios que regem sua dimensão física —, tendo em vista a complexidade do mundo que os modernos originaram, mas é porque tais traços contrastivos parecem ser os mais capazes de fazer sobressair a especificidade dessa ontologia em relação às outras. Sem dúvida, esse viés comparativo obriga a reduzir a parâmetros de uma relativa simplicidade a tão rica tradição da arte europeia, a abundante diversidade da qual ela é testemunha desde o Renascimento, os empréstimos, ecos e citações entre artistas que lhe dão sabor, enfim, toda a simbólica moral, religiosa e política que permite decifrar o sentido das obras, um aparelho hermenêutico cujas raízes bebem de um solo constituído antes do nascimento da ontologia que essas obras deveriam tornar visível. Essa simplificação é, no entanto, um risco assumido, pois é ela que proporciona as ferramentas graças às quais podem ser definidas as especificidades do naturalismo em relação aos outros modos de identificação, algo que uma abordagem puramente internalista teria tornado impossível.

Observemos, por exemplo, uma natureza-morta do século XVII. Posso extrair a significação alegórica dos objetos que a compõem, cada qual remetendo a códigos compartilhados pelo pintor e por aqueles de seus contemporâneos a quem o quadro é destinado; sei, portanto, que cada uma dessas frutas e legumes retratados com uma minúcia frenética, cada um desses animais mortos ou vivos dispostos sobre a tela faz referência à história sagrada, a uma qualidade, a um defeito: a maçã ao pecado original, o pão e a uva à eucaristia, a noz a Jesus, o pêssego ao matrimônio e à fertilidade, o morango ao paraíso, a libélula ao diabo, a borboleta à ressurreição. Graças a esse saber de época, redescoberto e devidamente transmitido pelos historiadores, posso decifrar o sentido moral que o artista desejou imprimir à sua obra, até mesmo a ironia com que ele a insuflou ao conjugar símbolos opostos. Contudo, essa interpretação não me será de ajuda alguma se eu tentar compreender em que esse gênero de imagem é plenamente singular, por que encontramos naturezas-mortas na Europa a partir de determinada época e não no antigo México, na Melanésia ou na Ásia central, por que os pintores investiram nelas uma tal obsessão de imitação servil daquilo que retratam, por que julgam necessário figurar por completo um pássaro em que cada pluma restitua a iridescência original em vez de se contentar em evocá--la por meio de algumas rêmiges inseridas num diadema, assim como o fazem na Amazônia, por que a imagem deve figurar num âmbito doméstico e não num local de culto.

Questões ingênuas, dirão; questões, porém, necessárias se quisermos mostrar em que uma natureza-morta, saturada de cores, de reflexos, de simbolismo, apresenta um contraste pertinente com a máscara animal portada por um yup'ik ou com o cervo estilizado em contas de vidro que um huichol terá figurado numa cabaça. Por mais precioso que seja em cada caso o seu saber, nem os peritos no século de ouro holandês nem os etnólogos especialistas no México ou nos esquimós fornecerão a esse tipo de questionamento uma resposta, a qual pode somente surgir de um modelo transformacional em que cada modo de figuração é tratado como uma variante dos outros. Aquela que o naturalismo oferece à nossa sagacidade, a princípio na Europa, depois por toda parte em que os caminhos da globalização o conduziram, caracteriza--se por uma dinâmica singular, sem dúvida própria a seu regime de temporalidade orientado pela flecha do tempo, cujo curso deverá ser seguido. Ele estende seu fluxo por múltiplos canais que tomaremos de empréstimo sem explorá-los todos, desde a eclosão simultânea das primeiras representações ilusionistas, tanto da interioridade dos humanos que aflora em seus retratos quanto do mundo material que eles tornam contínuo através de seu olhar, até as tentativas mais recentes de reduzir as imagens dessa interioridade apenas a seu substrato físico, passando por todos os braços secundários ao longo dos quais a alma aos poucos se apaga da superfície das coisas representadas. Em suma, são seis séculos que será preciso percorrer, dos retábulos flamengos à neuroimagética, e até mesmo muito mais se levarmos em conta algumas incursões na arte antiga e medieval que se fazem necessárias para melhor estabelecer por comparação a originalidade da maneira moderna de figurar.

O novo modo de figuração que emerge na Europa nas primeiras décadas do século xv é paradoxal na medida em que resulta da combinação entre mutações da cultura visual em parte contraditórias entre si: de um lado, a evidenciação da unidade espacial do visível que os artistas flamengos e os artistas florentinos realizaram por vias completamente divergentes; de outro, a atenção sem precedentes dada pelos flamengos à representação ilusionista do grão das coisas. Conforme bem observou o historiador da arquitetura Giulio Carlo Argan, foi através da invenção de um procedimento aparentemente muito simples, a pirâmide visual de Brunelleschi, que os florentinos aboliram de maneira espetacular o sentimento medieval de um mundo sem limite em cuja esfera os humanos não se dissociam dos outros seres.[439] Graças à perspectiva linear, que ordena a partir do eixo de visão do espectador um espaço geométrico centrado, homogêneo e mensurável em cada ponto, o sujeito criador da imagem e aquele que a contempla contribuem para ocasionar o advento de uma totalidade nova que se emancipa das coisas que ela figura. A perspectiva permite uma experiência inédita do mundo fenomenal, subitamente convertido na natureza moderna enquanto realidade instituída por um agente humano e agora atravessada pela distinção entre um sujeito e um objeto. De fato, conforme escreve Argan, a natureza se torna "a forma da realidade na medida em que a revela e a torna tangível em toda a sua complexidade: as leis da forma são também as leis da natureza, e o processo mental pelo qual chegamos à concepção da natureza é o mesmo que nos leva à concepção da forma, isto é, da arte".[440] Ora, o que permite a instauração simultânea da natureza e da forma artística é a perspectiva, instrumento mediador da relação entre o artista e o mundo e base dessa identidade entre a pintura e a ciência que os teóricos do Quattrocento afirmaram com tanto vigor.[441] Afinal, a perspectiva não é um simples dispositivo de representação do espaço natural e dos corpos que ele contém: ela produz o esquema visual que torna a imagem possível, ela estrutura previamente o espaço para a instalação daquilo que o mobilia, ela é anterior e condicional a tudo que ela figura. Além disso, essa construção de um espaço geométrico no interior da experiência fenomenal do cosmos, sintetizando o espaço sem limite na circunscrição de uma forma, abre-se para uma concepção da ação que contrasta com o emaranhado de correspondências próprio do analogismo medieval. O espaço perspectivo construído a partir de um sujeito central que lhe confere unidade objetiva resulta de uma ação direta que o espírito humano coloca em movimento graças ao domínio da proporcionalidade, a fim de recortar, num ambiente infinito, uma totalidade pela qual ele é responsável.

Para tornar ostensivas a unidade do visível e a infinidade do espaço, os artistas do Norte procederam de maneira completamente distinta. Conforme bem estabeleceu o historiador Paul Philippot, a revolução liderada nas primeiras décadas do século xv por Robert Campin e Jan van Eyck, os dois pioneiros da *ars nova* flamenga, permanece interna à tradição gótica: longe de inventar uma estrutura subjacente da representação como o faziam seus contemporâneos na Itália, eles transformaram suas modalidades por meio de um "espaço-ambiente" que englobava cada coisa, inclusive o próprio espectador.[442] Ora, essa maneira de tratar o espaço não impõe de modo algum a perspectiva monofocal, que os pintores do Norte passam a utilizar somente muitas décadas depois, com Dieric Bouts e Petrus Christus. A imagem flamenga não se constitui, à maneira florentina, como o plano de intersecção de uma pirâmide visual: ela engloba esse plano, ou se situa atrás dele, um resultado obtido por meio de técnicas próprias a Campin e Van Eyck, em especial a escolha de um horizonte elevado que induz a uma vista aérea em parte contrariada pelas figuras e pelas verticais que se mantêm paralelas ao plano do quadro.[443] Para que o espectador não confronte a cena no face a face da perspectiva linear, ele fica como que suspenso no meio dela e quase que ele próprio convertido numa parte do todo representado, um tamanho efeito de imediatez envolvente que a imagem como artefato acaba por se dissolver na presença física daquilo que ela representa.

O "detalhe" desempenha um papel central nessa reificação furtiva. Conhecemos o entusiasmo da pintura do Norte com a opção pelas coisas, o talento desfraldado no retábulo da *Adoração do cordeiro místico* pelos irmãos Van Eyck para descrever as dezenas de espécies de plantas reconhecíveis, o de Campin para fazer crepitar o fogo na lareira ou para figurar o fio de fumaça de uma candeia que um sopro acaba de apagar, a arte com a qual os dois pintores sabem fazer cintilar o moiré dos cetins e dos veludos. Tal como na criação do espaço-ambiente, essa apreensão direta das qualidades secundárias responde a uma única preocupação: instaurar por meio da representação uma presença real do objeto. Com efeito, o detalhe faz sentido apenas em relação à totalidade da qual ele é um dos atributos — o veio em relação à madeira, o matizado em relação ao tecido —, o que faz dele o suporte de uma relação de inerência, e não de proporção, tornando-se cada coisa pintada o índice de uma realidade que a ultrapassa. Isso é bastante nítido em Campin, cujos quadros, ao comprimir as figuras e os planos como um espécime entre duas placas de vidro, são sobretudo notáveis pela proximidade tátil de todos esses acidentes da matéria que adquirem relevo no espaço estreito reservado entre o plano-limite anterior e o plano de assentamento constituído pelo fundo.[444] Proliferam, então, nesse volume esmagado, os pregos a ritmar a superfície das portas, as nervuras das ripas de vime, os reflexos do aço polido, tudo o que dá vigor e proeminência à felicidade de ver a diversidade do mundo (ilustrações 122 e 127).

O detalhe é também o que carrega a ilusão da semelhança, a impressão quase inconsciente de que as próprias coisas desceram ao quadro para ali brincar independentemente do espectador. Os historiadores da arte não deixaram de levantar as "primeiras vezes" em que se representou, com a exatidão mimética que os europeus dos séculos seguintes tomavam como óbvia, esse ou aquele aspecto do ambiente físico dos humanos. Em quase todos os casos, os pintores do Norte foram os precursores dessas descobertas técnicas, Jan van Eyck primordialmente. Se seguirmos Nadeije Laneyrie-Dagen no inventário que ela propõe dessas inovações, não podemos deixar de ficar atônitos com a revolução que se opera em apenas duas ou três décadas.[445] Assim, e ainda que houvesse desaparecido, no começo da era cristã, a figuração dos céus meteorológicos (escuros no zênite, pálidos no horizonte, pontilhados de nuvens), substituídos que foram, na Idade Média, por um fundo unificado, dourado ou azul, uma *Crucificação* atribuída a Jan van Eyck e datada do início dos anos 1430 desfralda um céu diurno em *dégradés* de azul, uma técnica já empregada anteriormente por algumas iluminuras (ilustrações 114 e 115); mas ele é também percorrido por cirros, estratos e cúmulos de formas verossimilhantes — trata-se de uma novidade — e abriga uma lua gibosa cujas manchas são visíveis; ele é, além disso, aqui e ali, repleto de pássaros em voo com identidade indiscernível, já que não têm por função complementar a vida animal da paisagem — aliás, bem modesta —, mas indicar, com sua presença, o vigor das correntes aéreas que os carregam.[446] Há um consenso em reconhecer que o céu é uma invenção nórdica, talvez porque a natureza geométrica de Brunelleschi tenha sido incapaz de acomodar a fantasia das nuvens.[447] Isso ocorre também com a água, provavelmente pelas mesmas razões: a água corrente com seus reflexos e suas transparências — a fonte da *Adoração do cordeiro místico* dos irmãos Van Eyck —, a água que segue um curso preguiçoso num leito de meandros tão plausíveis que se desejou ali reconhecer o rio Mosa — novamente Jan van Eyck, em *A Virgem do chanceler Rolin* (ilustração 126) —, a água que se lança ao areal com a rebentação infinita do mar — ainda Jan van Eyck, numa iluminura do *Livro de orações* de Turim, hoje perdida, mas conservada em heliogravura. Quanto à terra, na maioria das vezes reduzida na Itália a um solo árido e irregular a evocar a condição do homem após a Queda, ela se povoa sob o pincel dos irmãos Van Eyck — em *As três Marias no sepulcro*, em *A estigmatização de são Francisco*, nos painéis laterais da *Adoração do cordeiro místico* — de maciços de arenito erodido, blocos de calcita, folhas de xisto com laminação bem desenhada, granizadas de cúpulas e cobertas de liquens, certamente sem grande verossimilhança geológica em sua disposição, mas notáveis na precisão de suas características mineralógicas. Por fim, o fogo, admiravelmente retratado por Robert Campin em suas cenas de interiores com lareira que logo se tornam modelo para os seus contemporâneos. Em suma, uma ciência da observação e da descrição empírica nasce nos ateliês do Norte, independentemente de qualquer projeto grandioso de uma objetivação do mundo *more geometrico*, uma ciência do concreto que contribuiu de maneira poderosa para ocasionar o advento da natureza como expressão visível da unidade própria atestada pelo agrupamento dos seres e das coisas, e não a despeito de sua diversidade, mas graças a ela.

Eis, então, o paradoxo. Os florentinos instauraram a objetividade da natureza ao descobrirem a construção perspectiva, e, no entanto, foram os artistas do Norte que a expuseram do modo mais fulgurante, não circunscrevendo o mundo fenomenal numa forma nova, mas declinando, da maneira mais precisa possível, suas qualidades num espaço-ambiente do qual o sujeito que conhece e percebe ainda não havia se retirado. A ontologia naturalista resulta do encontro desses dois movimentos figurativos divergentes. Um dos princípios que a fundamentam, a continuidade dos existentes num mesmo regime físico, é sentido tanto na estruturação geométrica do espaço inventado na Itália, um meio de unificar todos os elementos do mundo graças aos mesmos procedimentos de comensurabilidade, quanto na ilusão visual criada pelos flamengos de poder acessar as próprias coisas em sua profusão imediata, desde que elas sejam figuradas no microcosmo independente rigorosamente definido pelo quadro. Quanto ao outro princípio do naturalismo, a absoluta singularidade dos humanos, ele não assume nos países do Norte a forma subjacente do sujeito imperial cujo advento é ocasionado pela perspectiva, mas aquela mais ostensiva, e mais nova, de uma proliferação de imagens a retratar homens e mulheres tão particularizados quanto os cenários em que eles se movimentam. Svetlana Alpers formulou esse contraste de maneira concisa quando colocou em oposição os pintores do Norte, que davam atenção "a muitas pequenas coisas", e os artistas italianos, preocupados com "algumas poucas grandes".[448] Não se pode, no entanto, evitar de pensar que o triunfo da perspectiva no Cinquecento, aquela que em seguida reinará sem reservas na Europa até o início do século XX, teria deixado o naturalismo lacunoso se produtores de imagem talentosos não tivessem empreendido mais cedo, entre Paris, Dijon, Bruges e Courtrai, a sensibilização do olhar de seus contemporâneos à riqueza objetivada de seus meios de vida e da individualidade obstinada de seus concidadãos. É, portanto, essa via que seguiremos aqui, a do "detalhe", para melhor assentar a originalidade da figuração naturalista em seus primórdios.

Entre as diversas iluminuras que ornamentam os livros de horas do duque de Berry, às quais Millard Meiss consagrou parte de sua vida de historiador, *Outubro* é a que lhe parece a mais exemplar da nova maneira de figurar o mundo surgida no início do século xv.[449] Extraída de *As riquíssimas horas* e realizada por volta de 1415 por Paul de Limbourg e seus irmãos, provavelmente finalizada por um ou vários outros artistas — Barthélemy d'Eyck, talvez Rogier van der Weyden — cerca de trinta anos depois, a imagem retrata uma cena campesina de aparente banalidade.[450] E, contudo, essa banalidade é que é revolucionária, ao mesmo tempo pelo que é mostrado e pelo modo de fazê-lo (ilustração 114). O que vemos efetivamente nessa imagem? Não mais, como ainda era o caso alguns anos antes, seres e objetos utilizados como alegorias a remeter a outra coisa que não a si próprios, não mais essências investidas em personagens estereotipados ou em plantas e animais providos de uma significação convencionada para fins de edificação ou de celebração religiosas, não mais símbolos de uma ordem transcendente que visa a ilustrar o sentido que a mensagem divina confere ao mundo, mas pessoas comuns, burgueses e camponeses, envolvidas com as atividades comuns correspondentes a seu estatuto e no âmbito de vida usual em que elas se desenrolam de maneira comum. É outubro nas margens do Sena, e cada um se dedica às ocupações desse mês, fielmente representadas por si mesmas não como a expressão de um desígnio que lhes seja externo. O semeador espalha seus grãos, que se dispersam sob o efeito de um leve sopro, pois é o tempo de fazê-lo; o lavrador passa a grade lastreada com uma pedra, pois é preciso enterrar as sementes; as pegas debicam, de modo algum assustadas pela proximidade do espantalho, pois é essa sua natureza de pega; ao pé do castelo do Louvre, representado exatamente tal como foi reconstruído algumas décadas antes por Carlos v, os transeuntes conversam olhando o rio ou observam seus cães a brincar, pois o tempo ainda está bom nesse fim de outono e eles se apreciam mutuamente. Nenhum deles é figurado como uma via de acesso na direção de um inteligível superior; eles são simplesmente visíveis porque merecem ser observados e retratados em si mesmos, de maneira literal, como uma pequena porção de um mundo ainda maior que se tornou autônomo. Para autenticar a verossimilhança das ações que se desenrolam e sobretudo manifestar que elas formam um todo indissociável, nenhum detalhe é poupado: o excremento do cavalo e sua cobertura recortada em tiras para afastar as moscas, as calças rasgadas do semeador e suas mãos calejadas, os salgueiros podados bem rente e a vegetação espontânea que cresce ao pé das muralhas.

Além disso, e quer elas se devam a Paul de Limbourg ou aos artistas que finalizaram a iluminura, inovações técnicas tornam tangível a impressão de observar um acontecimento real como que por efração. Não apenas os personagens trajam roupas que correspondem à época do ano e à sua condição, mas a hora do dia é nitidamente indicada pela luz e pelas sombras, o azul do céu é mais claro no horizonte que no zênite, as barcas e os personagens se refletem na água, e o movimento do semeador, sua temporalidade própria tornam-se perceptíveis pelas pegadas que ele deixa na terra movediça. Em suma, o objeto é mostrado tal como o vemos num momento e num local específicos, e sua individualidade se delineia não apenas pelo requinte de detalhes que compõem sua descrição, mas também em virtude das qualidades adicionais que lhe são conferidas pelas circunstâncias nas quais ele está situado. A partir de então, e é possível que pela primeira vez nas artes visuais do Ocidente, a pintura serve apenas para mostrar o que está diante do olhar, e não aquilo que se deve saber, temer, compreender ou esperar. Essa maneira de figurar o mundo que pouco a pouco começa a se impor nas iluminuras da primeira metade do século xv equivale, antes de tudo, a tornar visível uma relação, aquela de um sujeito humano com o espetáculo do mundo que ele institui pelo fato de observá-lo dali onde se encontra. Em *Outubro*, humanos e não humanos deixaram de ser essências atemporais ou signos encarnados; eles são fixados somente por aquilo que são num dado momento que suspendeu o curso do tempo. Conforme escreveu Tzvetan Todorov a respeito da arte de Paul de Limbourg, "o realismo não é a supressão do sentido para além da imagem; ele implica antes que as associações por semelhança sejam progressivamente destituídas por associações de contiguidade".[451] Não poderíamos definir de maneira mais feliz a passagem da fisicalidade analogista medieval, fundada na descontinuidade das essências e na continuidade das semelhanças, para uma fisicalidade naturalista, na qual prima uma dupla continuidade, aquela de um espaço homogêneo que unifica os objetos nele contidos e aquela das propriedades que regem sua existência material. Não é, aliás, irrelevante que, nesse período de transição em que se conjugam a tão antiga atração pelas correspondências entre domínios descontínuos e a intuição emergente de que os objetos do mundo sublunar se ordenam num espaço contínuo, possam ter coexistido numa mesma obra duas imagens, cada qual tão emblemática das duas ontologias que elas tornam respectivamente visíveis quanto *O corpo zodiacal* (fólio 14) e *Outubro* (fólio 10), muito provavelmente realizadas, tanto uma quanto a outra, na mesma época pelos irmãos Limbourg (ilustrações 92 e 114). Entre a remanência de um motivo multimilenar, tratado, no entanto, com uma preocupação nova de ser fiel ao mundo, e a invenção de uma maneira de figurar aquilo que jamais havia sido retratado antes, essas duas iluminuras testemunham um momento crucial em que, na técnica e no imaginário de um círculo de artistas, uma mudança, cujos efeitos ainda não mensuramos, está em pleno processo de se realizar. Normal para os irmãos Limbourg e seus contemporâneos, a justaposição dessas duas imagens e dos regimes figurativos que elas ilustram tornou-se em parte enigmática para nós, que, com a decantação do distanciamento histórico, estamos habituados a reconhecer na segunda uma maneira usual de representar o mundo e, na primeira, o precioso vestígio de uma simbólica obsoleta.

PINTAR A ALMA

A singularidade dos indivíduos e das situações se dá a ver nas iluminuras do início do século xv pela maneira nova como os personagens reais são retratados a fim de que aqueles que os conhecem — antes de tudo, eles próprios — possam identificá-los de forma inequívoca. É o caso de uma excepcional imagem realizada por volta de 1412, a princípio atribuída ao mestre de Boucicaut, mais recentemente ao mestre de Mazarine, para ilustrar uma das duas versões do manuscrito, dito "de Genebra", do tratado de Pierre Salmon, *Diálogos de Pierre Salmon e Carlos VI*, uma correspondência fictícia entre o monarca e seu secretário particular a respeito do estado do reino.[452] Diversos traços impressionam de imediato nessa pintura (ilustração 115). Primeiramente, uma construção de planos que emula a visão humana, mesmo que ainda distante da perspectiva florentina. O artifício consiste aqui em representar o espaço a partir de um ponto de vista subjetivo que se tornará aquele do espectador, em retratar objetos, portanto, não tal como considerados em si mesmos, expressões de qualidades perenes determinadas por uma causalidade uniforme, mas tal como aparecem em relação uns com os outros num momento do tempo e sob o olhar de um observador ocasional. A imagem se torna o equivalente de uma abertura — no caso, um pórtico delimitado por duas pilastras e um lintel — através da qual um indivíduo contempla o espetáculo do mundo à revelia daqueles que ele examina. O dispositivo adquire ainda mais destaque graças à presença da vidraça aberta no plano de fundo, a qual permite ao olhar atravessar a cena numa linha de fuga contínua orientada pelo ângulo de abertura das folhas internas da janela, um meio de unificar o espaço e ao mesmo tempo conferir-lhe profundidade. Nota-se esse tratamento original do espaço também na maneira como o iluminador situa seus personagens em diferentes pontos do cômodo em vez de distribuí-los uniformemente sobre um plano, nas variações finamente nuançadas da luz que os ilumina e no clareamento do céu na direção do horizonte, a exemplo da técnica empregada em *Outubro* no mesmo momento. Por fim, e sobretudo, o pintor conseguiu insuflar em cada ator da cena uma individualidade reconhecível — além do rei e seu conselheiro Salmon, avistamos João, o Temerário, bem à esquerda, em conversa com o duque de Berry; cada um deles é dotado de uma fisionomia distinta e de uma atitude própria; cada um deles está em interação com um ou vários outros — até mesmo os animais domésticos brincando ao pé do leito; cada um deles é tratado como um indivíduo apanhado num momento de sua trajetória biográfica em vez de apenas como a encarnação de uma ideia, de um símbolo ou de um estatuto.

Certamente, já se conheciam desde o século XIV retratos atentos às singularidades individuais, mas nenhum dos que sobreviveram possui a força expressiva que os pintores de iluminuras das primeiras décadas do século seguinte souberam imprimir aos personagens que eles figuraram. O mais famoso desses retratos precursores, de autoria de um artista anônimo, é o de Rodolfo IV de Habsburgo (morto em 1365), notável por ser representado com o rosto visto de três quartos (ilustração 116). Trata-se do primeiro exemplo preservado de uma disposição desse tipo, a qual dá a impressão de que o sujeito está situado na profundidade de um campo, em contraste com os retratos de príncipes, monarcas ou papas — inventariados, mas em sua maioria perdidos —, que eram figurados na mesma época de frente ou de perfil, achatando o rosto como numa medalha romana. A despeito dessa apresentação, o soberano austríaco permanece reduzido a um catálogo de traços, o olhar ausente, a coroa colada na testa como um escudo e a cabeça colocada contra um fundo uniforme que a isola de qualquer contexto. É uma imagem que visa, sem dúvida, a afirmar uma presença parecida com o modelo original, mas a fim de melhor perpetuar a lembrança de um ausente, de assentar uma soberania, de confirmar uma legitimidade dinástica, e não para testemunhar o caráter de uma personalidade que se irradia a partir de seus traços, tal como na experiência que seu círculo mais íntimo havia podido vivenciar.

Contudo, mesmo os retratos "parecidos" desses grandes personagens que os pintores do início do século XV começam a produzir não poderiam ser tomados por uma cópia exata da fisionomia de seus modelos. Sua função é objetivar uma existência pessoal, transpondo-a para uma superfície semântica, é fazer de um indivíduo um conceito reificado cuja situação social será tornada visível pelos signos a ele vinculados — vestimenta, insígnias, adereços; é, porém, uma situação como que magnificada também pela particularidade dos traços e pelo efeito de presença a que eles induzem, os quais reforçam a ostensão do estatuto ao dar ênfase à singularidade daquele que o encarna. A respeito desses substitutos de rostos que arvoram a imagem de uma ordem social, Hans Belting diz, com toda a razão, que eles são as novas máscaras inventadas pela primeira modernidade, a manifestação ostensiva de uma persona codificada cujo papel deve ser reconhecível, assim como o eram as máscaras de teatro antigas.[453]

Não se pode deixar de considerar, no entanto, que o movimento em direção à individuação das pessoas, atestado pela emergente arte do retrato, reflete, ou condiciona, a crescente atenção dedicada a partir dessa época à expressão da interioridade por meio do olhar e das expressões do rosto. Dessa forma, Georges Chastellain, cronista ligado à corte de Filipe, o Bom, no momento em que Jan van Eyck transforma a arte do retrato, escreve a respeito de seu protetor que ele "tinha uma identidade de seu interior em seu exterior", significando com isso que sua interioridade singular tornava-se flagrante em suas atitudes, seu olhar e sua fisionomia.[454] Isso é alcançado por pintores como Jan van Eyck ou Dürer, em seus autorretratos, acima de tudo pelo tratamento dos olhos. Enquanto o ícone do Cristo de épocas anteriores voltava seu olhar indiscriminadamente para todos os humanos, que viam em seu rosto não um sujeito qualquer, mas a imagem de uma verdade, o olhar dos retratos flamengos convida o espectador a uma troca de pontos de vista análoga àquela estabelecida por dois humanos de carne e osso; em outras palavras, ele instaura uma situação de intersubjetividade com um artefato mimético.[455] O que importa, portanto, não é saber se esses retratos são mais parecidos com o modelo original do que aqueles realizados anteriormente, mas o fato de que afirmam com vigor a ideia de uma individualidade de determinados humanos a transparecer-lhes no rosto a partir de seu foro íntimo.

Será que estamos realmente certos de que isso jamais aconteceu antes? Imaginemos, por exemplo, a emoção que toma conta dos amantes da arte na última década do século XIX, quando o antiquário vienense Theodor Graf coloca em exposição para venda os "retratos de Faium", aquelas centenas de imagens sobre madeira ou sobre linho inseridas em múmias que os saqueadores de túmulos haviam exumado numa necrópole romana próxima a el-Rubaiyat, a oeste do Nilo. Elas figuravam com um frescor desconcertante, quase 2 mil anos após sua realização, uma coleção de pessoas de todas as idades e de todas as condições notável por sua diversidade e pela preocupação em tornar visíveis suas respectivas individualidades. Freud, que havia comprado de Graf dois desses retratos coptas — um dos quais ainda pode ser visto em seu consultório em Londres —, neles vislumbrava um convite suficiente à identificação para dizer de um deles que "ele tem um rosto judeu simpático".[456] Seriam eles, por isso, retratos análogos àqueles que a *ars nova* do início do século xv nos transmitiu? Procuravam os pintores de Faium representar uma interioridade sem igual em parte alguma, assim como o fazem os quadros dos mestres flamengos? E para quem? Não se pode prescindir aqui de recuar no tempo a fim de avaliar a originalidade dos inventores do retrato moderno.

Não há dúvidas de que os produtores de imagem da Antiguidade se empenharam em figurar, sobre diversos suportes, humanos com individualidade reconhecível — ao menos é assim que hoje os consideramos —, geralmente mortos cuja presença se celebrava, monarcas e personagens públicos cuja autoridade ou posição social eram recordadas à vista de todos, por vezes soberanos divinizados a quem se rendia um culto. Raramente, no entanto, e apenas durante um período bastante breve do Império Romano tardio, essas representações tiveram por ambição manifestar em intenção a uma personalidade singular e a seus contemporâneos a aura que dela emana. Desde o Egito antigo, o faraó é retratado nas paredes de seu túmulo, a princípio sob uma forma bastante estilizada no Médio Império — um modelo ideal a que se acrescenta um atributo que evoca essa ou aquela característica do soberano; em seguida, com uma maior diversidade durante o Novo Império, no qual os faraós são rodeados por servos e funcionários do palácio, identificados pelo nome e às vezes por um traço físico. Contudo, essas imagens de indivíduos desveladas graças ao zelo dos egiptólogos não se destinavam nem aos nossos olhos nem aos de nenhum outro vivente; elas permitiam aos personagens retratados serem reconhecidos pelos deuses e pelos mortos que no outro mundo recebiam os falecidos. Elas não eram retratos no sentido como os entendemos desde o Renascimento, uma vez que sua contemplação, subtraída a seus contemporâneos, jamais poderia oferecer a oportunidade de um face a face intersubjetivo com seres comuns. É ainda mais improvável que as estátuas colossais destinadas a celebrar no espaço público a potência dos faraós pudessem se prestar a esse tipo de exercício: seu aspecto estereotipado e sua monumentalidade faziam delas símbolos da potência do soberano, e não evocações de sua personalidade.[457]

Encontram-se na Grécia antiga duas formas de figuração da pessoa humana, imagens funerárias e imagens de soberania, diversificadas, porém, em seus suportes — estelas, urnas, sarcófagos para as primeiras — e às vezes combinadas num mesmo monumento, como o túmulo dito "das Nereidas", construído em Xanto no início do século IV antes da nossa era, na qual as estátuas antecipam as alegrias de uma vida futura, enquanto os frisos esculpidos evocam as realizações do finado. Meio século depois, o mausoléu de Halicarnasso é edificado segundo os mesmos princípios. É preciso, então, matizar a oposição célebre feita por Erwin Panofsky entre uma representação "prospectiva" do finado por meio da iconografia egípcia, na qual seus traços são preservados para uma existência post mortem, e uma representação "retrospectiva" própria da tradição grega, em que eles o são para permitir àqueles que a ele sobrevivem guardarem a lembrança de sua aparência. A despeito de algumas exceções, porém, os dois estilos funerários oferecem bem um contraste na representação dos mortos entre "a manipulação mágica do futuro" e "a celebração imaginativa do passado";[458] no caso grego, com efeito, o retrato é destinado ao círculo íntimo para aguçar-lhe a lembrança e deve, portanto, ser fiel a fim de que a função memorial se realize plenamente. Quanto às imagens de glorificação pública, elas hoje concernem não apenas aos homens de Estado e aos grandes soldados, mas também àqueles que alcançaram notoriedade por outras vias, a eloquência, a filosofia ou a literatura. Destinadas àqueles que jamais viram o modelo, por vezes morto muitos séculos antes e do qual não subsiste vestígio algum, essas imagens de grandes homens são bastante estilizadas e dotadas de acessórios típicos da função que eles ocupam; elas embelezam o sujeito representado quando ele é alguém conhecido e são marcadas por uma expressividade que se torna ainda mais teatral quando se ignoram seus traços.

É que a exigência de saber "retratar a alma" surge nessa época,[459] mas com um sentido diferente daquele que ela adquire no Renascimento: enquanto os retratos comemorativos e as representações de modelos cívicos visam na Grécia a figurar a bela alma, a essência ideal de um indivíduo, sem ainda se preocupar com a semelhança, o retrato do início da época moderna, embora reforçado na justificativa daquilo que ele cumpre por meio da redescoberta do platonismo, esforça-se antes em fazer coincidir uma fisionomia própria com uma interioridade singular.

Se as funções comemorativas e glorificantes do retrato se mantêm em Roma na escultura, o caso da pintura é mais controverso, pois, assim como na Grécia, e para além das referências literárias que atestam obras pintadas a representar indivíduos, poucas dentre elas sobreviveram para permitir julgar sua intenção de fidelidade ao sujeito representado. É por isso que os historiadores atribuíram tamanha importância ao afresco dito "de Terentius Neos e sua esposa", que figura um casal de aparência comum, realizado em Pompeia num cômodo comum de uma casa comum, sem dúvida pouco tempo antes da destruição da cidade em 79. A imagem é excepcional sob vários aspectos. Primeiramente, porque as raras pinturas interpretadas como retratos de que temos conhecimento representam antes tipos genéricos idealizados segundo as mesmas convenções que a escultura.[460] Ora, não é esse o caso dessa representação de um casal que fita o espectador com intensidade enquanto exibe de maneira ostensiva os símbolos da elite letrada: a mulher segura um díptico — uma tabuinha articulada revestida de cera — e um estilo com o qual ela parece bater levemente nos lábios, ao passo que o homem, vestido com a toga dos cidadãos, empunha um rolo com um selo vermelho (ilustração 117).

Ainda em Pompeia, outro retrato célebre, dito "de Safo", representa não a poeta grega, mas uma jovem da alta sociedade igualmente munida de um estilo e na mesma atitude pensativa que a mulher do casal, como se, ela também, procurasse por suas palavras. Essa pose, que evoca uma escolar em busca de inspiração levando aos lábios a ponta de sua caneta bico de pena, talvez estivesse em voga na época por sugerir uma intensa vida mental; a verdade é que a intelectual picante associada a Safo é mais idealizada do que a mulher do padeiro. De fato, o casal não foi embelezado: a mulher tem as sobrancelhas carregadas e as orelhas um pouco despegadas, tal como o marido, cujo nariz ligeiramente torto e a barba rala contrastam com os cânones estéticos da escultura imperial. Trata-se evidentemente de indivíduos particularizados.

Quem são eles e por que se fizeram representar? Desde a descoberta do afresco por Giulio De Petra em 1868, a identidade dos dois personagens nunca deixou de estar em questão. A hipótese mais plausível atualmente é de que se trata de proprietários de um complexo urbano compreendendo uma panificação de certa importância que quiseram se promover na hierarquia social fazendo-se retratar como letrados.[461] O afresco estava situado num cômodo que dava para o átrio, de frente para um corredor que se abria para a padaria e, portanto, deliberadamente oferecido ao olhar do público, em especial dos funcionários do estabelecimento e dos clientes que o frequentavam.[462] Todos conheciam os proprietários, e pode-se então pensar que o desejo destes últimos de se fazerem representar sem disfarçar suas imperfeições visava a se fazerem reconhecer por aquilo que eram, sendo essa ostensão de sua verdadeira aparência mais significativa a seus olhos do que o respeito aos ideais da beleza masculina e feminina da qual a arte da elite era depositária. A isso acrescentava-se uma ponta de esnobismo — os instrumentos de escrita, índices de educação formal — e sobretudo a manifestação de uma afeição mútua, tornada manifesta por outra imagem acima do retrato que figurava Amor e Psiquê enlaçados. Em suma, tanto pelo local em que se situa quanto por aquilo que representa, esse afresco diz muito sobre o casal que orgulhosamente se colocou em cena para si próprio e para seu meio social no ambiente doméstico que eles ajudaram a construir. Longe dos cânones idealizados da arte do retrato imperial, a imagem dessas duas pessoas pode ser vista, segundo uma formulação de John Clarke, como "uma arte da vida tal como vivida por gente de verdade".[463] Permanece o fato, porém, de que os signos convencionais que eles exibem visam a fazer com que eles sejam reconhecidos, com justa razão ou não, como membros de uma categoria particular de cidadãos, e é provavelmente essa ostensão social que era para eles da maior importância.

As centenas de rostos pintados sobre as múmias de Faium entre o primeiro e o terceiro século da nossa era podem também ser consideradas como retratos romanos, ainda que sua função remeta aos hábitos funerários egípcios e que seus autores tenham provavelmente sido produtores de imagem gregos.[464] A pose, o olhar frontal acentuado por olhos maiores que o natural e a luz que com frequência se reflete nas pupilas, o cuidado tomado para figurar o penteado, as imperfeições dos traços e até mesmo as rugas, tudo isso lembra a intenção mimética do afresco dos panificadores em Pompeia, que foi realizado no início dessa mesma época (ilustração 118). E, no entanto, os retratos de Faium figuravam pessoas já mortas e pertenciam, então, ao gênero "prospectivo" dentro da tipologia panofskyana: eles permitiam preservar a aparência dos vivos para melhor individualizá-los em sua existência post mortem. Eles eram pintados provavelmente muito antes do falecimento, diante do sujeito a ser retratado, motivo pelo qual dão a sensação de uma presença individual bastante assertiva, mas não eram expostos nas paredes da residência à espera de acompanhar seu modelo no além.[465] Contudo, parece que os cadáveres embalsamados eram mantidos durante certo tempo em casa, num sarcófago de madeira encostado na parede de uma câmara funerária, com o retrato do falecido costurado na múmia e exibido à vista dos pais e familiares que quisessem uma última vez se impregnar de seu rosto. Assim, uma dimensão "retrospectiva" efêmera dá cor a esse costume, a meio caminho entre o desejo que o afresco pompeano denuncia de se dar a ver ainda em vida sobre uma parede e o escamoteamento da aparência de um morto nas trevas de seu túmulo.

Pode-se dizer, então, que, ao lado do retrato fúnebre e do retrato glorificante, existiu na civilização romana uma tradição do retrato individual que não visava nem a celebrar ou acompanhar um finado nem a homenagear um personagem público, mas a retratar personagens comuns reconhecíveis pelos traços de sua fisionomia. Pode-se supor, além disso, que as motivações dos que encomendavam o retrato não estavam tão distantes daquelas que reconhecemos na arte do retrato moderno: celebrar a singularidade de um indivíduo ou de um casal que manifesta o cuidado de si e deseja se distinguir aos olhos dos outros. Essas imagens, em especial as de

Faium, conservam, porém, um aspecto hierático e fixo — provável reminiscência de sua função original como retrato fúnebre — que se deve aos contornos bastante acentuados e à ausência de qualquer figuração de um cenário ou de um ambiente. Os rostos e a parte superior do busto, às vezes animados por um ligeiro contraposto, perfilam-se sobre uma superfície plana e unificada, frequentemente dourada, um pouco como uma fotografia de documento de identidade. Visa-se aqui à particularização de um indivíduo dentro de um tipo, e não à colocação em cena de uma pessoa num ambiente de vida familiar que a prolongue e lhe confira uma parte de sua singularidade. O indivíduo profano está bem ali, para si mesmo e em si mesmo, mas o sujeito capaz de refletir e agir sobre o mundo ainda aguardará mais de um milênio antes de ser figurado.

Afinal, no intervalo, a cristianização do Império Romano aos poucos restabeleceu a antiga hegemonia das imagens cultuais por intermédio dos ícones. Conforme resume Hans Belting, "o ícone é uma imagem pintada antiga que sobreviveu à sociedade antiga [...]. Ele se torna, assim, herdeiro universal do quadro antigo".[466] Essa herança se desenvolve nos dois gêneros maiores da figuração de humanos já em vigor na Antiguidade: a imagem fúnebre comemorativa se torna imagem de santo, enquanto a imagem que glorifica o imperador permanece uma imagem imperial à qual por vezes se substitui a imagem do Cristo-Rei. Em qualquer um dos casos, o retrato profano cede lugar às representações cultuais de personagens da história sagrada, soberanos cristãos e santos, objetos de uma veneração pública ou privada. Com o cristianismo, a passagem do retrato de um finado qualquer para o retrato de um santo quase não causava dificuldades, já que era lícito erigir uma imagem memorial de um morto sobre seu túmulo, cuja transformação em imagem cultual dependia, portanto, da personalidade do morto, de seu estatuto, de suas realizações, e não de estipulações concernentes à sua representação, sendo as convenções figurativas, de início, quase idênticas para todas as imagens de pessoas já falecidas. O nimbo, por exemplo, não era de modo algum apanágio dos santos, uma vez que certas imagens que os retratavam eram dele desprovidas, ao passo que retratos de finados comuns, mas conhecidos por sua piedade ou por suas obras, estavam dele munidos.[467] Dessa forma, um personagem particularmente estimado em vida por suas virtudes cristãs era homenageado após a morte por aqueles que o haviam conhecido, afirmando-se ao longo do tempo um culto de sua imagem e de suas virtudes votivas até se converter numa verdadeira devoção pública.

Se o retrato fúnebre da Antiguidade prefigura os propósitos e as formas do ícone, é por oscilar entre a imagem comemorativa, a qual exige a fidelidade ao modelo, e a imagem heroicizada, que demanda a idealização; a primeira diz respeito à vida temporal do finado, com suas particularidades biográficas; a segunda, à sua existência intemporal, à qual apenas o culto pode se dirigir.[468] Por isso é que a aspiração à semelhança, tão notável em certos retratos romanos, atenua-se na pintura de ícones: a figuração da singularidade individual desse ou daquele santo importa menos que a representação sublimada de seu estatuto suprassensível como dispensador de graça e de proteção. O ícone, assim, leva ao paroxismo os traços característicos do retrato de culto antigo, seja ele comemorativo ou glorificante: a opção pela frontalidade reforça o face a face entre a imagem e aquele que a ela se dirige, a estabilidade dos tipos iconográficos restringe a interpretação a um campo bem delimitado, a frágil inventividade estética faz passar ao segundo plano a intervenção do pintor, de todo modo anônimo, a fim de que a imagem não seja mais que um desencadeador de visão e o instrumento de uma devoção íntima. No Oriente cristão, conforme observa Gilbert Dagron, os critérios da semelhança desaparecem atrás dos da verdade; "para evitar ser enganosa, a imagem teve de coincidir tão perfeitamente quanto possível com sua significação [...]. O retrato tornou-se designação".[469]

Além disso, tanto no mundo bizantino quanto no Ocidente, fazer imagens com palavras — descrever — e fazer imagens pintadas — figurar — são aspectos indissociáveis de uma mesma função imagética. Essa complementaridade se manifesta primordialmente por meio de dois gêneros herdados da retórica antiga, a *ekphrasis*, uma descrição literária que retrata a realidade à maneira de uma imagem, e o *eikonismos*, um retrato em palavras que visa a descrever o mais precisamente possível uma pessoa. A *ekphrasis* pretende emular o retrato pintado por meio do emprego de palavras elaboradas e metáforas, situando a pessoa em seu contexto e em sua história, sugerindo dela uma imagem que o leitor é convidado a reconstituir mentalmente, enquanto o *eikonismos* é uma técnica que permite levantar o retrato falado de um indivíduo a partir de um léxico descritivo de uma centena de termos; os magistrados serviam-se disso para dar a sinalização de um escravo em fuga, os notários para autenticar a assinatura de um analfabeto por meio de algumas de suas características físicas, os historiadores para evocar personagens do passado, em especial da história santa.[470] Coletâneas de descrições em palavras foram assim constituídas segundo os preceitos do *eikonismos*, e elas se transformaram muito naturalmente em manuais de pintura que acompanharam o nascimento da arte dos ícones, especificando de modo preciso os códigos iconográficos a serem aplicados a cada protótipo representado.

Dessa associação original com a descrição linguageira, o ícone guardou uma maneira de alcançar a individualidade que difere completamente daquela que o retrato moderno instituirá; a primeira procede acumulando características padronizadas, a segunda por meio de uma captação de conjunto daquilo que faz a singularidade de uma pessoa — a combinação da fisionomia, do porte da cabeça, do olhar, dos sentimentos que o movimento da boca deixa entrever. O ícone é, assim, o que André Grabar chama de um "retrato tipológico", a saber, a imagem de uma pessoa obtida por aproximações sucessivas e cada vez mais finas a partir de tipos previamente definidos que extraem elementos de um repertório de atributos físicos, qualidades morais, categorias profissionais.[471] O indivíduo é apreendido de maneira taxonômica como membro individualizado de um grupo; segundo Gilbert Dagron, ele é "um espécime de uma categoria ou de uma espécie, ainda que essa categoria ou essa espécie seja determinada de modo tão estrito que ele seja dela o único representante".[472] Definição admirável, que vale igualmente para os retratos romanos dos primeiros séculos da nossa era, mesmo aqueles que bem se vê terem por objetivo celebrar uma individualidade, sem, no entanto, que o hábito de retratar a identidade como um acúmulo de traços predefinidos permita fazer surgir sua singularidade da ganga tipológica em que ela se abriga.

Não se trata do menor dos paradoxos do naturalismo que uma ontologia na qual se enraizaram, no decorrer dos últimos três séculos, todas as interpretações materialistas do mundo pudesse dever uma parte de sua gênese à fé cristã. Com efeito, historiadores distinguem na arte do retrato desenvolvida no século xv pela pintura flamenga o resultado de uma evolução da sensibilidade religiosa iniciada no século anterior que combina uma indiferença crescente em relação a especulações teológicas com uma voga das imagens do Cristo e da Virgem empregadas como estímulos visuais do recolhimento pessoal.[473] A precisão com que são reproduzidas as fisionomias, as emoções que elas deixam transparecer, a expressividade que demonstram promovem a devoção, de maneira que o interesse pelas realidades fenomenais que o projeto figurativo testemunha à época, longe de refletir um declínio dos motivos religiosos, que terá início parcialmente apenas no século seguinte, é, ao contrário, um efeito da função devocional atribuída a essas realidades. O cuidado com o detalhe não dispersa a atenção do espectador; em vez disso, favorece um movimento de adesão à sacralidade do mundo ao tornar visível "a tendência inerente das coisas a designar uma realidade transcendente da qual elas derivam o seu ser".[474] Cada vez mais comuns nas cortes principescas, casas aristocráticas e conventos, as imagens de devoção privada começam a ser marcadas por uma vida subjetiva que permite uma identificação mais profunda com o sujeito representado, uma disposição para a empatia que recorre à imaginação do devoto e nele suscita emoção e apego. Prova disso é uma escultura em madeira policromada do convento de dominicanos de Katharinental, em Turgóvia, atribuída ao mestre Heinrich de Constance, que data de 1305 e figura são João Evangelista recostado sobre o peito de Jesus no momento da Ceia (ilustração 119). O sujeito principal da obra não é tanto um personagem ou outro, mas o amor que João dedica ao Cristo e o amor que o Cristo dedica a João, a figuração de uma relação fundada no encontro de duas interioridades e a ressonância de suas afeições mútuas, expressa de maneira suficientemente sugestiva para que uma religiosa que rezasse diante dessa *Andachtsbild* ("imagem piedosa") se encontrasse mergulhada num tal arrebatamento que uma de suas companheiras a visse flutuar acima do chão.[475]

Outro sintoma da emergência da individualidade subjetiva nas imagens no século XIV é a disseminação da devoção privada no espaço público em virtude da multiplicação nas igrejas de afrescos que retratam episódios da história santa nos quais são figurados os doadores. Estes, na maioria das vezes casais, demonstram por meio de sua piedosa aparência a generosidade que os anima, um tema que se tornará generalizado no século seguinte nas pinturas sobre painel e no qual há um consenso em reconhecer os primeiros retratos da *ars nova* ditos "realistas". De fato, para que a cena faça sentido, essa ostensão pela imagem do dom da imagem implica que o doador seja fielmente representado. O tema fornece também um sujeito caríssimo aos manuscritos iluminados. Rivalizando em virtuosidade técnica, esses objetos de exibição são bens suntuosos nos quais o proprietário gosta de se fazer representar contemplando uma imagem de devoção ou, então, no ato de dar ou receber uma obra religiosa ricamente iluminada. Ainda que sua contemplação seja reservada a um círculo restrito, essas miniaturas são um lugar de inovação estilística na pintura da semelhança, conforme atesta a imagem dedicatória inserida como abertura da Bíblia historial que o camareiro Jean de Vaudetar encomendou em 1372 para o rei da França, Carlos V. Embora as iluminuras tenham sido executadas pelo ateliê do mestre da Bíblia de Jean de Sy, deve-se a Jean Bondol, também chamado Hennequin de Bruges, pintor oficial de Carlos V, a cena em frontispício que representa Jean de Vaudetar oferecendo o manuscrito ao soberano (ilustração 120). Ela é notável tanto pelo cuidado em figurar indivíduos reconhecíveis quanto pela expressão dos detalhes: a transparência do pequeno adereço que o rei leva na cabeça, as mechas de cabelo que escapam para fora, o drapeado de seu manto, a barba rala do camareiro, o volume de sua cintura ou a profundidade de campo restituída pela disposição do ladrilho, todos esses elementos dão prova do interesse do pintor pela mais exata descrição dos personagens, de seus atavios e dos lugares que eles ocupam.

E, no entanto, entre essa miniatura e aquela pintada quarenta anos depois pelo mestre de Mazarine (ou de Boucicaut), as diferenças saltam aos olhos (ilustração 115). Trata-se, em ambos os casos, de figurar uma interação entre o rei da França e um personagem importante do palácio, mas a semelhança se encerra aí. Afinal, nesse ínterim, afirmou-se uma tripla subjetividade: a do pintor, incorporando-se à cena que ele dá a ver; a do espectador, convidado a compartilhar esse ponto de vista e cujo olhar desliza como que furtivamente pelo quarto a que o artista lhe dá acesso; por fim, a dos personagens, cada qual com sua fisionomia própria, cada qual exibindo uma atitude e uma postura que os torna ímpares, cada qual envolvido numa relação com os outros que revela sua capacidade de agir. No entanto, as novas convenções que os mestres da iluminura inventavam bem no início do século xv mantinham-se dissimuladas nos objetos de prestígio reservados ao deleite de alguns. Para que uma nova maneira de figurar pessoas humanas diante do mundo se tornasse visível aos olhos de todos, era necessário que ela abandonasse os livros ilustrados para se revelar nos quadros, alguns deles vistos nas igrejas. Esse movimento se deve a uma falange de pioneiros, alguns tão talentosos na iluminura quanto na pintura sobre painel, entre os quais se destacam dois artistas já evocados e aos quais é preciso retornar, Robert Campin e Jan van Eyck.

Por muito tempo ignorado pelos historiadores da arte, que descobriram sua existência apenas bem no final do século xix, Robert Campin, hoje identificado como "mestre de Flémalle", é, no entanto, o genial precursor da revolução na arte de figurar os seres e as coisas que se pode creditar aos pintores flamengos no limiar do século xv.[476] Nascido por volta de 1378 numa família de Valenciennes, encontra-se estabelecido como pintor em Tournai em 1406, provavelmente após um aprendizado na corte da Borgonha, em Dijon. A partir de 1418, ele está no comando de um imponente ateliê em Tournai que conta, em especial, com Rogier van der Weyden e Jacques Daret como aprendizes; ele morre nessa mesma cidade em 1445. Vários de seus quadros propõem inovações dignas de nota que transformam a cultura visual da época e evidenciam nitidamente a maneira como a ontologia naturalista começa a se expressar nas imagens.

O primeiro é uma *Natividade* que se pode datar entre 1418 e 1432, quando Campin se encontra em plena inovação criativa (ilustração 121). Esse quadro é um paradoxo, um índice perfeito da transição em curso, uma vez que mistura de modo inextrincável o novo e o antigo, opções técnicas e figurativas de uma perfeita originalidade com a subordinação dos personagens e dos motivos para fins de edificação e de ilustração da história santa. É seu aspecto geral que remete à tradição: a imagem amalgama uma profusão de detalhes anedóticos e em parte desconectados entre si, sendo que a impressão de conjunto que dela emana é a de um amontoado de emblemas e símbolos reunidos num local em torno da potência unificadora de um acontecimento. Os dois personagens à direita são parteiras mencionadas nos evangelhos apócrifos e que se expressam por meio de filactérios, a primeira para declarar que "a virgem deu à luz", enquanto a segunda, vista de frente, exclama: "Uma virgem que dá à luz. Acreditarei se tiver provas". Sua mão direita logo seca, e um dos anjos se aproxima dela para lhe anunciar: "Toque na criança e estará curada". Quanto à vela, cuja chama é protegida por José, ela faz referência a uma revelação de santa Brígida da Suécia: estando munido de uma vela para alumiar o parto, ele se dá conta de que ela é inútil, já que a luz vem da própria criança. A esse somatório de historietas vem acrescentar-se uma construção que agrupa de maneira improvável elementos díspares: os personagens não estão integrados na escala correta em espaços por si só heterogêneos que se justapõem em vez de se encaixarem, as montanhas no canto superior esquerdo não têm nada de plausível ali onde se situam, estando mais de acordo com a figuração convencional de um lugar selvagem; quanto ao sol, também retratado de maneira alegórica, ele quase não ilumina, já que a luz vem da parte da frente do quadro. Em suma, trata-se de uma justaposição de cenas, locais, personagens, histórias, elementos do ambiente que, longe de ser apreendida e unificada a partir de uma perspectiva única, empilha sem grande preocupação de composição ou de verossimilhança conceitos, símbolos, citações, paisagens, acontecimentos cujo único ponto em comum é serem estruturados pelo nascimento milagroso de Jesus. A imagem, portanto, seria antes da ordem da profusão de correspondências analogistas, se não tomarmos o cuidado de nos deter nos detalhes que a compõem, os quais enfatizam a banalidade da cena e, ao mesmo tempo, a singularidade dos seres e dos lugares.

Banalidade do acontecimento, em primeiro lugar, sublinhada pela importância atribuída às parteiras, do mesmo tamanho de Maria e José; se elas ali estão é porque se trata de um nascimento comum, para o qual suas habilidades podem ser mobilizadas. Banalidade de Jesus também, a despeito da luz que ele irradia; pouco visível de tão pequeno, quase enfermiço, não é o habitual bebê rosado e rechonchudo cuja saúde resplandecente dá fé e esperança àqueles que o contemplam, mas um lactente franzino, como poderia ser à época do pintor aquele de gente do povo, compelida pelas perseguições a buscar refúgio num estábulo. Por fim, banalidade dos pais, em especial de José, um sujeito de predileção de Campin; ainda que esteja no centro do quadro, é um homem discreto e sem pretensão, preparando-se para assumir a responsabilidade que agora lhe cabe. Em seguida, singularidade dos personagens, particularmente os masculinos. Os três pastores possuem não apenas uma fisionomia distintiva, mas também uma expressão própria na qual se combinam em níveis diversos a curiosidade, o espanto, a benevolência, até mesmo uma ponta de inquietação; quanto a José, é um homem idoso, com a fronte enrugada e uma abundante barba branca, representado aqui com o mesmo rosto distintivo daquele que Campin lhe confere no *Tríptico de Mérode*, o que faz pensar que ele usara o mesmo modelo (ilustração 122). Singularidade, ainda, dos lugares, sobretudo da paisagem de notável precisão que ocupa o ângulo superior direito do quadro e que contrasta tão nitidamente com os blocos rochosos artificiais diante deles à esquerda. Voltaremos mais adiante a essa paisagem agreste de uma radical novidade, mas que não deixa de ser estranha na economia geral do quadro, na medida em que se ajusta desajeitadamente à cena do primeiro plano e às montanhas do outro lado. Por fim, singularidade das coisas, perceptível na minúcia obsessiva com que Campin figura as qualidades particulares dos materiais: os veios da madeira e seus arranhões, as ripas e a taipa do estábulo, as dobras e os reflexos dos tecidos, até um entalhe oco no pilar da direita com os orifícios prontos para receber tarugos. Talvez jamais se tenha restituído o mundo profano com tamanha precisão e, ao que parece, somente pelo prazer de ser fiel a tudo o que ele nos oferece à vista.

Essa ambição se faz ainda mais manifesta naquilo que é comumente visto como a obra-prima de Robert Campin, uma *Anunciação* também chamada de *Tríptico de Mérode*, presumivelmente pintada entre 1425 e 1428, a respeito da qual comentaremos aqui apenas os painéis laterais, a fim de melhor destacar sua relativa independência em comparação com a cena da história sagrada que ocupa a parte central (ilustração 122). Três coisas impressionam imediatamente nesses painéis. Em primeiro lugar, e em contraste com a *Natividade*, a continuidade dos locais representados é mais verossímil; as cenas de interior — um jardim murado e uma tenda-ateliê — justapõem-se melhor no fundo urbano recortado nas aberturas preparadas para dar profundidade à imagem e fazer com que se perceba que os sujeitos do proscênio se interligam mediante planos sucessivos no meio secular mais englobante que constitui seu ambiente cotidiano. As variações de escala dos personagens podem certamente parecer canhestras, tal qual a construção como cenário de teatro em que cada plano é comprimido pelo seguinte, mas elas o são somente ao nosso olhar, habituado que é à geometria perfeita da perspectiva linear. Isso se deve igualmente ao fato de Campin construir seus quadros como um escultor gótico, com suas figuras se projetando para a frente, como estátuas em nichos, sobre um fundo que chega a se animar graças à dinâmica plástica dos personagens. A ligação entre os diferentes espaços de vida, entre a esfera doméstica e a esfera pública, não poderia dessa forma ser comparada àquela obtida a partir de um ponto fixo, e se ela é, no entanto, quase "natural", é por estar em conformidade com aquilo que um corpo humano experimenta ao se deslocar no espaço.

O segundo traço marcante do tríptico é a exatidão quase maníaca, a virtuosidade técnica, portanto, com a qual as menores características do mundo material são figuradas. Não apenas sabemos onde nos encontramos, em qual momento do ano e do dia, mas também a plenitude desse mundo aqui embaixo — enquadrando, contudo, uma manifestação emblemática da transcendência divina — provém do fato de que nenhum detalhe, mesmo o mais trivial, é considerado inútil: aqui as portas são fechadas à chave, as folhas da janela são retidas com linguetas, as enxós são bem afiadas e devidamente cunhadas, e as ratoeiras que José fabricou estão prontas para cumprir sua função. Além do mais, não é irrelevante observar que a meticulosidade com que Campin retratou o carpinteiro em seu cenário está na origem de uma célebre divergência de interpretação entre dois grandes historiadores da arte.

Em 1945, Meyer Schapiro dedicou um artigo ao simbolismo do retábulo de Mérode, desenvolvendo as razões pelas quais José era retratado como um fabricante de ratoeiras e lembrando que, antes que o painel fosse atribuído a Campin, seu autor era conhecido pelo nome de "mestre da ratoeira".[477] Esse modesto utensílio estava efetivamente na origem de uma metáfora corrente naquele tempo e extraída da patrística latina: *"muscipula diaboli crux Domini"*, a cruz é uma ratoeira na qual o diabo se faz apanhar, atraído pela carne do Cristo. Schapiro acrescentava que o casto ancião que fazia perfurações ao lado de sua jovem esposa não podia deixar de evocar um sentido sexual oculto, índice de uma tensão típica da pintura da época, dividida entre o simbolismo sagrado e a tentação de investir de uma significação alegórica os objetos do cotidiano; desse modo, escreve ele, "a nova arte aparece, então, como um campo de batalha latente para as concepções religiosas, os novos valores seculares e os desejos subterrâneos dos homens, que se tornaram mais conscientes de si mesmos e da natureza".[478] Ao analisar a mesma obra em 1953, Panofsky elabora a hipótese de que a prancha da qual José se ocupava era destinada a uma tampa de escalfeta, uma intuição frágil, é verdade, já que fundada tão somente na semelhança com a escalfeta retratada por Vermeer em *A leiteira*.[479] Seis anos depois, Schapiro propunha outra interpretação: a prancha perfurada era destinada a cobrir uma caixa de iscas para a pesca, parecida com aquelas mostradas numa iluminura flamenga de 1440 em que a figura principal representa a Encarnação. Ora, segundo Schapiro, as duas imagens têm em comum que a Encarnação se encontra nelas associada a utensílios aparentemente insignificantes — a caixa de iscas e as ratoeiras —, todos destinados a realizar uma captura, isto é, tendo uma função análoga àquela da incorporação divina num corpo de mulher.[480] Que a posteridade tenha preferido dar razão a Panofsky não é o que importa aqui,[481] mas antes o fato de que identificações discordantes tenham sido possibilitadas por uma figuração tão precisa das ferramentas e dos gestos do artesão que ela remeta tanto à história das técnicas quanto à história das religiões. José, sem dúvida, é retratado com seu quinhão de símbolos, mas é também, e sobretudo, retratado no coração de uma cadeia operacional como um sujeito a exercer sua potência de agir sobre as coisas.

Isso significa que a individuação dos artefatos é atrelada de maneira indissolúvel à individuação dos humanos aos quais eles estão ligados. O casal de doadores não figura uma abstração ou um tipo, tal como o personagem atrás deles, cujo vestuário é, no entanto, bastante reconhecível para que se tenha podido ver nele um comissário da cidade de Malines.[482] Quanto a José, ele perdeu sua auréola como todos os personagens da história santa retratados por Campin, ao contrário do que ocorre nas Anunciações italianas da época. Em suma, são pessoas comuns que poderíamos identificar se com elas cruzássemos na rua, meticulosamente representadas em todos os detalhes de sua fisionomia e de seus trajes, e cujas intenções nos parecem facilmente decifráveis. Os doadores estão ali por si mesmos, como testemunho da posição que adquiriram por méritos próprios e em reconhecimento de sua dignidade, e não como símbolos de uma ordem transcendente cuja glória eles celebrassem através de sua devoção.[483]

Campin fez mais do que incluir em seus quadros individualidades reconhecíveis; ele também pintou retratos de indivíduos isolados, uma maneira exemplar de sublinhar a singularidade de cada um deles. Ele se distingue de seus predecessores primeiramente por seus modelos: não são mais reis, príncipes ou grandes prelados figurados na tradição antiga do retrato imperial como encarnações da soberania mundana ou sacerdotal, mas fidalgotes provincianos ou burgueses sem ilustração específica, representados por si mesmos e com uma preocupação nova de ser fiel aos detalhes mais ínfimos de sua fisionomia. É o que se verifica com Robert de Masmines, um cavaleiro da corte de Filipe, o Bom, sobre o qual o mínimo que se pode dizer é que ele não foi retratado a fim de seduzir o espectador por uma beleza lisonjeira ou para incitá-lo a ver nele virtudes propícias à meditação (ilustração 123). Desse personagem de aspecto rude, rosto grosseiro e olhar pouco conciliador, Campin não deixou escapar nada, tanto no plano físico — o lábio inferior espesso, o queixo duplo, as bolsas sob os olhos, a pequena cicatriz na testa, a barba por fazer — quanto moral — uma determinação rabugenta associada a uma certa perplexidade diante dos acasos da vida. Extraordinariamente presente diante de nós, ele é apreendido o mais próximo possível de sua identidade profunda, tal qual ela se expressa apenas em seu rosto, e não como reflexo de um modelo preexistente ou ideal. O mesmo se dá com o casal de anônimos da National Gallery, exceto que Campin foi mais generoso com eles do que com Robert de Masmines (ilustração 124). Sem idealizar de modo algum essa gente de bem e de compostura reservada, ele insuflou em rostos agradáveis à contemplação uma vida interior evidentemente mais rica, uma atitude menos ávida quanto aos prazeres do mundo, uma lucidez plácida em relação àquilo que deles se pode esperar. Ao encomendar seu retrato a um pintor renomado, esse casal seguiu o exemplo dos grandes na corte da Borgonha, não para celebrar sua potência e sua reputação, mas, a exemplo dos doadores do *Tríptico de Mérode*, para colocar em evidência para si mesmo e para seu círculo íntimo o reconhecimento de que gozava e sua decorrente distinção. Conforme escreve Todorov a respeito dos modelos de Campin em geral, "[eles] são designados pelo quadro, sendo que eles mesmos não designam nada. Esses seres são os heróis dos novos tempos, e a pintura canta seu panegírico".[484]

Ainda que atribuir uma origem precisa a fenômenos culturais se revele uma tarefa delicada, talvez até mesmo absurda, é difícil resistir à ideia de que, primeiro entre seus contemporâneos, Robert Campin fez penetrar o indivíduo no centro da figuração — o indivíduo reconhecível por si mesmo e por seu círculo íntimo, o indivíduo dotado de uma subjetividade visível que o torna sem igual, o indivíduo como agente em pleno processo de agir sobre o mundo ou de abraçá-lo por meio dos sentidos e do intelecto. Assim como se poderia escolher datar o nascimento do naturalismo sob sua forma discursiva a partir da publicação, em 1632, do *Diálogo sobre os dois principais sistemas do mundo*, de Galileu, também se poderia remontar aos retratos de Campin, dois séculos antes, os primórdios de uma figuração icônica da interioridade humana que se distingue claramente das convenções tipológicas e glorificantes da pintura antiga. Exceto que o próprio Campin ainda não deposita verdadeiramente em sua obra o índice explícito de sua individualidade: seu estilo é certamente reconhecível, mas ele não assina seus quadros — o que por muito tempo fez com que ele permanecesse no anonimato — e não deixou autorretratos. Ora, a singularidade da interioridade humana é sinalizada no século xv não apenas nos sujeitos figurados, mas também por meio dos sujeitos figurantes. O tema está na moda na Itália no último terço do Quattrocento: "Todo pintor pinta a si mesmo" se torna uma fórmula em voga que Leonardo da Vinci emprega com frequência e que, nele, responde a uma concepção aristotélica da criação artística.[485] Marsilio Ficino lhe confere uma formulação filosófica: "Nas pinturas e nos edifícios, a sabedoria e a habilidade do artista resplandecem. Além disso, podemos ver neles a atitude e a imagem, por assim dizer, de sua mente; pois, nessas obras, a mente expressa e reflete a si mesma de um modo não diferente daquele como um espelho reflete o rosto de um homem que nele se olha".[486] Isso equivale a dizer, em termos que não podem ser mais claros, que a obra do artista se torna a expressão mimética de sua personalidade, o reflexo de sua interioridade a se exprimir sobre uma superfície, o produto de uma individuação da atividade criadora.

Assim como a maioria de seus predecessores, Robert Campin se limita desse modo ao anonimato, talvez em deferência à discrição do apóstolo Paulo, que, em sua carta aos gálatas, afirma que a única coisa da qual se orgulha é a cruz de Jesus Cristo, por meio da qual "o mundo foi crucificado para mim, e eu para o mundo".[487] Afinal, é fato que a manifestação de uma individualidade do pintor que se expressa numa assinatura é raríssima na Idade Média, ao passo que ela se multiplica a partir do final do século xv entre os artistas italianos.[488] Ela até aparece de maneira mais precoce na Europa do Norte, com os miniaturistas Jean Pucelle e Jean Bondol, que assinam manuscritos iluminados desde o século xiv, ou com Jan van Eyck, que data e assina suas obras, colocando inclusive sua marca em *O casal Arnolfini* sob a forma de uma grande inscrição caligrafada na parede, "*Johannes de Eyck fuit hic/1434*", uma curiosa admissão de modéstia, já que, ao mesmo tempo que o artista sinaliza sua presença — como testemunha do casamento, ao que parece — e não aquilo que realizou, ele representa a si mesmo, no ato de pintar a cena, refletido no espelho localizado sob sua rubrica. Por ter sido teorizado de forma reflexiva na Itália, é portanto, de fato, mais ao norte que o processo de individuação do artista se afirma, e de maneira brilhante, quando ele figura a si mesmo como um agente intencional à margem da obra que executou.[489] O primeiro autorretrato desse gênero, o de Jean Fouquet, por volta de 1450, impressiona por sua força expressiva, a despeito de suas dimensões muito reduzidas.[490] Trata-se de um medalhão em esmalte pintado sobre cobre que outrora ornamentava a moldura do díptico da Virgem de Melun, realizado por Fouquet por volta de 1452-1455 para Étienne Chevalier, membro do Conselho do rei Carlos VII (ilustração 125). Nele, Fouquet representa a si mesmo, emoldurado pela própria assinatura, como um homem de rosto regular e marcado pelo domínio de si, fixando o espectador com um olhar a um só tempo firme e contemplativo, sem dúvida uma das expressões mais intensas de subjetividade humana cujos critérios a *ars nova* fixará na Europa pelos séculos vindouros.

Se Robert Campin dá início ao movimento que ocasiona a instauração da singularidade do sujeito humano nas imagens, Jan van Eyck é quem o arremata. Tendo o simbolismo de suas obras sido perscrutado em todas as suas dimensões iconológicas pelos maiores historiadores da arte, não será por esse ângulo que o abordaremos, mas, antes, pelo ponto de vista de uma história da objetivação, outra maneira de considerar o naturalismo sob seu aspecto dinâmico. Cerca de dez anos mais jovem que Campin, Jan van Eyck sem dúvida o conheceu por ocasião de visitas a Tournai, e não é impossível que ele tenha anteriormente frequentado os ateliês de iluminadores parisienses, em especial os irmãos Limbourg, antes de se tornar o pintor oficial de João da Baviera, em Haia, e depois se estabelecer a princípio em Lille e por fim em Bruges, onde passa a última parte de sua vida. Ele se encontra, portanto, no cerne da revolução visual que os pintores do Norte encetaram e cujas inovações técnicas ele aperfeiçoa com um domínio impressionante da pintura a óleo, que nenhum de seus contemporâneos levou a um tal nível de realização — exceto, talvez, seu enigmático irmão Hubert, com quem ele pintou a *Adoração do cordeiro místico*. Para nos convencermos disso, basta compararmos a *Natividade* de

Campin (ilustração 121) com *A Virgem do chanceler Rolin* (ilustração 126), que Van Eyck executou provavelmente por volta de 1435, ou seja, talvez quase vinte anos depois. Todas as novidades pictóricas que Campin havia introduzido são amplificadas, e outras são acrescentadas nessa obra estranha que é uma espécie de tríptico reduzido a uma superfície única cuja parte central não se abre sobre um episódio da história bíblica, mas sobre um vasto rio atravessado por uma ponte, percorrido por barcos e semeado de moinhos flutuantes, cuja vista se prolonga ao longe até as montanhas de onde ele parece descer. Nicolas Rolin, influente ministro de Filipe, o Bom, e aquele que encomendou a obra, a qual ele legou à igreja de Notre-Dame-du-Châtel, de Autun, é representado à esquerda numa atitude piedosa característica dos doadores, enquanto a Virgem, segurando Jesus no colo e sendo coroada por um anjo, encontra-se deslocada para a direita, no lugar do que normalmente seria um painel lateral retratando um ou mais santos associados ao doador ou ao local de culto onde a imagem está localizada. Essa *sacra conversazione* difere, portanto, das pinturas contemporâneas do mesmo gênero na Itália por seu caráter quase profano, a despeito da abundância de símbolos religiosos dos quais ela é constelada, e pelo espaço exorbitante concedido ao chanceler: longe de ser uma variação sobre uma Virgem em majestade cercada de alguns santos personagens, o quadro figura a relação que uma potente notoriedade, firmemente ancorada aqui embaixo, ambiciona estabelecer, por meio de sua devoção ostensiva, com aquilo que o cristianismo tem de mais sagrado na ordem do representável.

Para além da originalidade da composição e do motivo, o quadro é imbatível em revelar o que a maneira de Van Eyck pode ter de excepcional. Na virtuosidade e na minúcia da pincelada, em primeiro lugar, que restitui todos os elementos da cena ao criar a ilusão daquilo que um olhar afiado pode perceber *in vivo*: a cintilação dos veludos, a vibração da luz, o vislumbre de uma paisagem compósita e mil outros detalhes que nos agrada descobrir ao penetrarmos furtivamente nessa suntuosa *loggia*. É também a precisão fotográfica com a qual o rosto do chanceler é retratado, não poupando nenhuma de suas rugas e imperfeições e ao mesmo tempo conferindo à sua expressão uma grande força de caráter, apesar da humildade da postura: ele não é apenas um indivíduo perfeitamente singularizado que se posta ali, diante de nós, mas também um homem excepcional cuja segurança e autoridade correspondem àquilo que se pode esperar de um dos maiores personagens do ducado da Borgonha. Os retratos de Van Eyck têm uma qualidade quase indizível, sem dúvida própria a toda a sua obra. Não que eles sejam tecnicamente mais bem-acabados que os de Campin; eles tendem antes a absolutizar seu sujeito, a encerrá-lo numa perfeição imóvel, numa graça serena que é muito diferente da idealização estética dos pintores italianos. Por conseguinte, eles se tornam protótipos perenes, mas num sentido inverso daquele do retrato tipológico da pintura de ícone herdeira da Antiguidade: não é que uma pessoa seja pintada subsumindo-a sob uma categoria descritiva; é que, ao contrário, Van Eyck apreende um sujeito humano com uma perfeição tal que faz dele um tipo genérico reduzido a um único exemplar; em suma, um indivíduo.

Todos os principais especialistas em Van Eyck notaram a dimensão contemplativa, a suspensão da ação que caracteriza seus quadros.[491] Isso é, em parte, um efeito do tratamento original da luz, que banha o espaço com uma impalpável nebulosidade dourada cujo resultado é desrealizar o que está retratado ao mesmo tempo que o unifica, é abolir o fluxo do tempo. Em contraste com Campin, Van Eyck também chega a dilatar o espaço de maneira contínua, unificando os planos sem cesura, um efeito particularmente visível em *A Virgem do chanceler Rolin*: o encadeamento está ali assegurado pela tripla arcada do vão, pelo parapeito que sobrepaira ao rio e pela ponte que o transpõe, com a "visão telescópica dos longes" e a "visão microscópica do primeiro plano" integrando-se harmoniosamente.[492] Essa continuidade não deve nada à proporcionalidade da construção perspectiva — os pontos de fuga se dispersam no quadro, no qual é possível arrolar uma dezena deles, espalhados numa zona um pouco acima do ponto em que o rio atinge o sopé das montanhas; ela resulta de uma multiplicação das imagens no interior da imagem, uma expressão do infinito no finito que congela o movimento num estado de coisas absoluto. Essa dilatação do infinitamente pequeno ao infinitamente grande ultrapassa a circunscrição da moldura e, então, apaga o plano do quadro, produzindo um efeito de imersão na cena que Paul Philippot define assim: "[uma] presença imóvel das coisas envoltas no meio ambiente, imagem de uma interioridade que se unifica sem se centrar na atividade da pessoa".[493] Somos menos espectadores dos quadros de Van Eyck do que por eles induzidos a nos colocar num estado de recolhimento tranquilo, a nos imergir nas imagens mentais que o pintor forjou do mundo e que ele nos sugere compartilhar.

Paradoxalmente, a sensação de onipresença que o pintor suscita em nós sinaliza a substituição de uma visão cósmica por uma visão local, a passagem do olhar de Deus quando apreende o conjunto daquilo que criou para o olhar adotado por um humano qualquer quando ele é arrastado para dentro de uma representação pictórica munida de uma unidade própria e vive a experiência do pequeno mundo autônomo no interior do qual o artista lhe concedeu a ocasião de se movimentar pelo pensamento. Paralela ao advento da subjetividade humana na construção florentina da objetividade geométrica, essa substituição operada por Van Eyck desvela com igual segurança a passagem do analogismo medieval para o naturalismo moderno, a transição de um mundo profuso, ao qual um princípio extra-humano confere uma coerência que em vão nos esforçamos em figurar, para um microcosmo instaurado pela pintura a fim de que a mente dos humanos nela recupere a eternidade do ser, despojada, porém, da transcendência de suas origens. Para que a *res extensa* se encarnasse num conceito, era necessário poder tornar visíveis continuidades materiais encadeadas em cascata por meio de determinações recíprocas; era necessário, portanto, que um observador descrevesse da melhor maneira possível em imagem seres e fenômenos que bastassem a si mesmos.

INSTAURAR A NATUREZA

Robert Campin, uma vez mais. É efetivamente a esse pintor de identidade por tanto tempo incerta que se credita a invenção da paisagem moderna, no mínimo desse dispositivo de enquadramento do espaço que é a janela no interior de um cômodo pela qual se desvela um vislumbre de uma parcela da região, nitidamente recortado por meio desse artifício e, assim, tornado independente da cena retratada no primeiro plano.[494] Embora ocupe uma parte ínfima de *A Virgem com guarda-lume de vime*, a paisagem que Campin nela figura ao reservar, através de uma vidraça, uma vista sobre uma cidade agitada por atividades é o equivalente a um quadro dentro de um quadro: graças a esse procedimento elementar, a representação de paisagens se desprende das finalidades alegóricas ou edificantes para se converter em gênero autônomo claramente designado como tal (ilustrações 127 e 128). É o que ocorre igualmente, no *Tríptico de Mérode*, com a cena urbana que ocupa o fundo do ateliê de José ou que se deixa entrever atrás dos doadores no vão da porta: personagens ali se dedicam às suas ocupações em seu ambiente usual, indiferentes ao que se passa no primeiro plano (ilustração 122). Avalia-se o efeito produzido pela "janela flamenga" comparando-se essas paisagens cuidadosamente circunscritas com aquela que o próprio Campin insere como fundo em sua *Natividade*, à maneira de uma cortina de teatro (ilustração 129). Uma estrada arenosa serpenteia ali rumo a uma extensão de água sobre a qual uma embarcação navega amurada a estibordo, sendo que tudo nesse espetáculo concorre para sustentar a ilusão de uma vista real: as sombras respeitam a orientação do sol, as árvores que bordejam a vala de água enegrecida estão recém--podadas, sebes de ramos entrelaçados protegem as pastagens, as diferenças de escala são basicamente obedecidas e a sinuosidade do caminho contribui para emendar os planos, cada qual acentuado pelo uso da perspectiva cromática que faz sucederem-se cores vivas, seguidas dos verdes e dos azuis, e, por fim, os cinza azulados e os brancos no horizonte. Conforme escreve Todorov a respeito dessa paisagem, "[ela] é abarcada num único relance, como em nenhum outro quadro anterior ou contemporâneo".[495] E, no entanto, se quisermos apreendê-la como uma totalidade autônoma, é preciso poder fazer uma abstração do restante, tanto dos personagens do primeiro plano quanto dos outros elementos das terras remotas situadas à esquerda — o eremitério ao pé dos picos acidentados, o imponente castelo na colina, a cidade fortificada —, que não condizem de forma alguma com ela. A janela flamenga abole essa fragmentação com uma elegante simplicidade ao enquadrar a região numa abertura, condição da autonomia figurativa da paisagem, certamente, mas também indicação das limitações necessárias ao seu advento, uma vez que torna patente que ela pode existir apenas a partir de um ponto de vista situado de maneira inequívoca, tornando-se esse dispositivo de circunscrição, dessa forma, uma espécie de equivalente, para os artistas do Norte, do plano de intersecção produzido pela pirâmide visual de Brunelleschi.

Por certo, já se haviam anteriormente figurado colinas e rios, campos e castelos, mas, na maioria dos casos, era de maneira esquemática e metafórica, para ilustrar conceitos de lugares em vez de sítios reais, e não para tornar presente à vista uma fração do mundo verossímil e, talvez, reconhecível. O precedente mais ilustre é, sem dúvida, o afresco dito "do bom governo", executado quase um século antes, entre 1338 e 1339, por Ambrogio Lorenzetti no palácio comunal de Siena. Nas três paredes da sala dos Nove — local onde se reunia o conselho de cidadãos que governava a cidade —, o pintor sienense retratou figuras alegóricas que representam o bom governo (a Paz, a Justiça, a Concórdia...) e o mau (a Tirania, a Avareza, a Vaidade...), ladeadas por seus respectivos efeitos na cidade e no campo, que dela depende: uma cidade opulenta e industriosa se opõe a edifícios degradados, entre os quais erram cidadãos maltratados pela soldadesca, enquanto uma paisagem agreste com verdes colinas semeadas de cultivos bem cuidados, percorrida por mercadores prósperos e camponeses atarefados, vem contrastar com um espetáculo de desolação coberto de culturas abandonadas em outeiros áridos a circundar um vilarejo em chamas do qual se aproxima um inquietante bando armado. A representação dos efeitos do bom governo atraiu particularmente a atenção dos historiadores da arte pela plausibilidade de sua aparência e pelos detalhes "realistas" que a enfeitam (ilustração 130). Ritmado por um rio encaixado nas encostas que desemboca numa planície costeira pantanosa, o relevo do campo reflete a realidade do território sienense da época, atravessado pelo Ombrone e recentemente ampliado pela Maremma; quanto à cidade, cujos edifícios típicos da arquitetura local são, porém, todos diferentes entre si, ela fervilha de cenas da vida cotidiana que levam à adesão do curioso a que esse espetáculo obriga a nos tornarmos. Em suma, ficamos tentados a ver no afresco de Lorenzetti uma paisagem autêntica, talvez até mesmo o índice de uma antecipação, pela pintura sienense, de um gênero que florescerá nos países do Norte apenas no século seguinte.[496]

Infelizmente, o "realismo" estético do afresco só o é a nossos olhos e à custa de um anacronismo patente. Segundo as palavras de Patrick Boucheron, "essa ilusão mimética da semelhança jamais pode ser [nessa época] o tema do quadro", o qual deve ser apreendido como uma transposição figurativa do programa político do governo comunal, com suas esperanças e suas angústias, mesclando de maneira inextrincável um código alegórico e um registro documental.[497] É este último que explica a impressão de "*déjà-vu*" suscitada pelas representações de castelos e de burgos fortificados, dos quais o afresco está repleto, estranhamente evocadoras de sítios reais. Ora, essas vistas fazem alusão aos "retratos topográficos" encomendados pelos Nove a artistas, em especial a Simone Martini, mais velho que Lorenzetti e seu mestre, a fim de registrar em imagens as cidades e praças-fortes recém-adquiridas por Siena.[498] O rigor da figuração era aqui uma exigência de quem a havia encomendado e tinha uma função performativa: ela tornava efetiva a inclusão de um local na malha administrativa e na memória territorial da cidade. Não surpreende, portanto, que Lorenzetti tenha esmaltado seu afresco com "citações" de retratos topográficos, sem por isso obrigar a si mesmo a retratar de maneira mimética sítios reais. Com efeito, os únicos edifícios identificáveis, a silhueta do Domo e seu campanário (bem à esquerda) e a Porta Romana (bem à direita), não são semelhantes em todos os aspectos, uma maneira de idealizar a cidade sem designá-la como tal. Além disso, longe de compor um panorama que se desenrola continuamente a partir de um único ponto de observação, o afresco justapõe diversos pontos de vista distintos sobre a cidade e o campo, um caleidoscópio de sítios, de seres e de acontecimentos que não é comparável nem à paisagem enquadrada na janela flamenga nem à natureza objetivada pela perspectiva linear.

Em matéria de obsessão mimética e de preocupação com o detalhe, os produtores de imagem italianos haviam se antecipado, porém, em algumas décadas aos artistas do Norte. É o caso, por exemplo, dessa especialidade dos ateliês lombardos da segunda metade do Trecento que são as coletâneas de modelos de cartas, personagens e sainetes divertidos em homenagem aos iluminadores, tal como a caderneta de ilustração de Giovannino de'Grassi conservada na biblioteca Angelo Mai, de Bérgamo, que comporta inúmeros desenhos à pena realçados com aquarela que representam com notável precisão, na forma e no movimento, um viveiro variegado de pássaros e de animais, domésticos e selvagens. Na mesma época, os ateliês do norte da Itália também estavam envolvidos na produção de uma obra, o *Tacuinum sanitatis*, uma espécie de guia de saúde e manual de economia doméstica do mundo rural, derivado originalmente de um tratado neo-hipocrático traduzido do árabe para o latim na segunda metade do século XIII e depois difundido sob uma forma simplificada e abundantemente ilustrada a partir de 1380. Os iluminadores lombardos e venezianos nele retrataram toda sorte de frutas, flores, legumes, plantas medicinais, mas também, à maneira de um almanaque, os modos de cultivo ou as vestimentas a serem usadas segundo a estação. Guardado na biblioteca da Universidade de Liège, um dos seis exemplares sobreviventes procede igualmente do ateliê de Giovannino de'Grassi. A originalidade dessas ilustrações, na maioria das vezes desfraldadas sobre uma página inteira, deve-se ao fato de que elas figuram as plantas não como numa prancha botânica de um tratado médico — encontramos algumas delas impressionantemente precisas desde o século VI —, mas situadas em seu ambiente e no contexto em que são usadas. Daí a grande novidade desses pequenos instantâneos campestres que oferecem um testemunho fiel da vida no campo na Itália do Norte no final do século XIV (ilustração 131). E, no entanto, conforme observou Otto Pächt, os pintores italianos do Quattrocento não souberam tirar partido dessa descoberta do mundo animal e vegetal feita por seus predecessores, empregando esse novo registro, quando muito, para "ser exibido em acessórios e ornamentos"; e ele acrescenta: "Foi o Norte [...] que absorveu a lição implícita no naturalismo descritivo e individualizante do

Trecento do norte da Itália e quase que subitamente produziu um estilo naturalista homogêneo. [...] Por isso, no Norte, a descoberta da natureza significou finalmente e necessariamente a descoberta da pintura de paisagem".[499]

Falar de "descoberta" a propósito da natureza e da paisagem é ao mesmo tempo certeiro e ambíguo. Certeiro, porque tornar a natureza aparente como um todo numa imagem era algo que supunha, conforme já vimos, a aplicação de dispositivos de enquadramento — a janela flamenga e a perspectiva florentina — que permitissem subtrair os elementos físicos do meio para fins de edificação, ou para a carga semântica, da cena religiosa do primeiro plano: desatrelados da ação principal, as árvores, os animais, os rios, os edifícios perdem toda conexão intrínseca com o espaço sagrado, às vezes em detrimento de uma ligação verossímil com ele, para adquirir uma existência independente e explicitar sua unidade. Tendo-se iniciado com os miniaturistas franceses do último terço do século XIV, esse processo de autonomização atinge seu termo logo que a figuração do mundo fenomenal começa a ser objetivada a partir da maneira como um sujeito externo à imagem constrói os parâmetros dela, ou quando o vislumbre de um ambiente exterior disposto numa abertura se dilata até a dimensão do quadro, e que emerge uma paisagem na qual os sujeitos humanos se tornam secundários, até mesmo indiscerníveis — em *O êxtase de santa Maria Madalena*, de Joachim Patinir, por exemplo (ilustração 132). Porém, dizer que a natureza e a paisagem foram "descobertas", como se elas sempre tivessem estado ali, à disposição de olhos suficientemente abertos, é minimizar a importância dos procedimentos visuais que permitiram instaurar, por meio de um ato criativo, essas novas entidades ontológicas; é negligenciar também o fato de que "espaços naturais" haviam sido retratados antes, em especial na Roma antiga. Sem querer entrar aqui no mérito da espinhosa questão de saber se os romanos tinham um senso da paisagem, seria impossível, no entanto, deixar de examinar brevemente o estatuto que esse gênero de figuração poderia assumir para eles.[500]

A Roma imperial nos legou alguns testemunhos de representações de ambiente típicas — essencialmente, mosaicos e os célebres afrescos pompeanos do Museu Arqueológico de Nápoles —, das quais se pode duvidar que tenham tido por ambição figurar um distanciamento do mundo físico, que teria sido concebido como um espaço homogêneo digno de ser instituído e descrito por si mesmo. Afinal, a "paisagem" icônica em Roma é, a princípio, um ornamento, um agrupamento aprazível de pequenos detalhes localizados à margem da grande pintura, aquela das histórias, ou então tratados à parte, como um cenário. Uma certa tradição, aliás, considerou de maneira análoga o "realismo" das escolas francesa e flamenga no século xv. Ao comentar as conferências proferidas por John Constable entre 1833 e 1836 a respeito da história da paisagem, Alain Mérot observa que o pintor tem somente desprezo pelo prosaísmo dos artistas do Norte e pela indignidade dos "miseráveis objetos" introduzidos em seus quadros de história, não muito diferentes, no fundo, daquilo que ele chama de "arabescos" da arte paisagística romana. No pensamento de Constable, essas trivialidades contrastam com o sentido da composição, a grandeza, a potência de expressão dos artistas italianos, para quem a paisagem é, antes de tudo, uma orquestração da cena sagrada.[501] Em sua *História natural*, Plínio, o Velho, evoca esses detalhes aprazíveis que embelezavam os temas da história: sobre Protógenes pintando nos Propileus de Atenas, ele escreve: "[...] ele acrescentou pequenos navios de guerra nas composições que os pintores chamam de 'motivos secundários' (*parergia*)".[502] Essa expressão grega, *parergia*, estava em uso entre os autores do Renascimento para qualificar de maneira elevada a pintura de paisagem vinda do Norte: os "motivos secundários" são aquilo que é acessório, que está na periferia da história principal e que enfeita por meio de detalhes agradáveis de se olhar. Tradutor do sofista Filóstrato, Blaise de Vigenère definiu assim, em 1578, esses elementos marginais: "Filóstrato tem o costume de, às vezes, entrelaçar pequenas brincadeiras ou gracejos, com os quais ele se diverte como que para um descanso do tema principal, nem mais nem menos que os pintores, entre suas obras, fazem perspectivas, figuras de arbustos, de bichinhos, velhas ruínas e demolições de edifícios, montanhas e vales [...], que servem para enriquecer e dar graça à sua tarefa [...]. Os gregos os chamam de *parerga*, ou acréscimos supérfluos, além do que é necessário".[503] Em suma, a paisagem como "*parergue*" —

parergo, em português —, para retomar a expressão afrancesada tal como Poussin ainda a utiliza um século depois, é uma ornamentação bastante frívola, ainda que possa atestar uma grande habilidade. Plínio, uma vez mais, quando evoca o pintor Studius, diz que ele foi um especialista em vistas "de cidades à beira-mar, de aspecto muito agradável, representadas em paredes ao ar livre", e isso "a um preço de custo mínimo".[504] A pintura de paisagem é então tratada em Roma como um gênero em si, mas um gênero desconsiderado e mal remunerado, uma arte decorativa que vem à margem dos grandes temas ou adicionalmente a eles, uma atitude condescendente que vai perdurar entre os artistas italianos, os quais confiam de bom grado aos pintores flamengos o cuidado de executar as paisagens que ornamentam o plano de fundo de seus quadros, cuja cena central reservam para si.

É, portanto, por um curioso capricho da história que um gênero menor, pertencente à Antiguidade romana da decoração de interiores e pouco estimado em seus primórdios pelos artistas do Renascimento italiano, tenha conhecido na Europa do Norte uma mutação tal que merecesse, com toda a justiça, ser visto como o sintoma de uma nova maneira de objetivar as qualidades do mundo. A invenção da visão panorâmica tem grande responsabilidade nisso. Em contraste com o cubo bem delimitado e construído à maneira de um palco de teatro cuja inspiração os pintores italianos encontraram em Vitrúvio, a paisagem panorâmica é uma especialidade do Norte. Um de seus exemplos mais espetaculares é *A pesca milagrosa*, de Konrad Witz, uma cena bíblica que o pintor de Basileia situa no coração de uma ampla vista da extremidade ocidental do lago Léman, bordejada por um terreno arborizado dominado ao longe pela crista de Voirons, o Môle e o monte Salève, primeira paisagem a retratar um sítio real na pintura moderna (ilustração 133). Ainda melhor que na paisagem de fundo de *A Virgem do chanceler Rolin*, o olhar aqui mergulha rumo ao infinito graças a uma largura e uma profundidade de campo consideráveis, combinadas a uma série de detalhes que reforçam a verossimilhança do espetáculo, desde a deformação das pernas de são Pedro pela refração da luz na água até a linha de estacas que afloram na superfície do lago para impedir que os barcos atraquem na margem.

A figuração de uma parcela da região tende, assim, a uma descrição exaustiva do mundo e de suas singularidades, no entanto reduzidas a uma medida comum, a visão subjetiva que delas tem o pintor, uma descrição que, conforme escreve Alain Mérot, "poderia ser infinitamente continuada, não tendo aqui as laterais do quadro um papel construtivo, mas apenas materializando o recorte arbitrário que o pintor efetua na profusão do visível".[505] Com o espaço panorâmico de Witz e Patinir, o espaço-ambiente de Campin e Van Eyck, o espaço com ponto de fuga único dos artistas florentinos, ganhou assim direito de cidadania um esquema figurativo que unifica o espaço da *res extensa* graças à potência de agir de um humano decidido a abraçar o mundo.

Própria ao naturalismo, a representação imagética das continuidades físicas entre os existentes exige que eles sejam retratados em toda a sua diversidade e com técnicas semelhantes no interior de um espaço homogêneo onde cada um deles ocupe uma posição que possa ser dedutivamente conectada àquela dos outros. Daí o fato, tantas vezes salientado, de que a paisagem e a natureza-morta são — com o retrato, afirmação da singularidade humana — expressões emblemáticas da pintura moderna. Essa celebração do cotidiano é muito mais que uma descoberta tardia da beleza das coisas comuns; ao se pôr a figurar rios e montanhas, cestos de frutas e buquês de flores, os artistas europeus conferem subitamente uma expressão visível ao fato de que todos os elementos do mundo estão submetidos às mesmas condições materiais, que eles são comensuráveis entre si e com o humano, o qual é apenas um componente entre outros. As diversas técnicas de enquadramento da imagem tornam isso inteiramente manifesto, em especial a *commensuratio* teorizada por Alberti em *De pictura*, a saber, a construção de proporções harmoniosas no interior da representação em função da distância calculada em relação ao espectador que olha o centro do quadro. Ora, a ideia de que a composição dos elementos do mundo está submetida a uma relação regulada se impôs na época para muito além da pintura. Ao mesmo tempo que se tornam comensuráveis os objetos na imagem icônica, transpõe-se o espaço nas cartas geográficas e mensura-se o tempo com o relógio mecânico: Brunelleschi, o inventor da perspectiva, era também um especialista em relojoaria, e Florença era, então, a capital europeia da cartografia.[506] Essa comensurabilidade geral significava que o mundo se tornara geometrizável, ou seja, que o sujeito humano havia construído uma representação verdadeira dele a partir de seu ponto de vista.

A história da arte tem o costume de chamar de "realista" essa técnica de produção do visível, um qualificativo, no entanto, muito mal escolhido. Afinal, nada autoriza a afirmar que aquilo que é apreendido pelo olho e depois restituído o mais aproximadamente possível numa construção geométrica seria mais "real" — ou verdadeiro, ou investido de evidência existencial, ou em conformidade com a natureza das coisas — do que aquilo que dão a ver outros modos de figuração que empregam outros procedimentos de visualização. Franz Boas já o havia dito em meados dos anos 1920, à margem de sua descrição da representação desdobrada na arte dos povos da costa noroeste da América do Norte. Representar um urso pela junção de suas duas faces laterais ao longo de uma linha mediana imaginária reproduz de maneira mais exata as propriedades do objeto retratado do que a visão frontal de ponto de vista único, uma técnica ilusionista que escamoteia uma parte daquilo que se deveria mostrar (ilustração 5). Ora, conforme escreve Boas, "este [último] método é mais realista que o outro apenas se alegarmos que a essência do realismo é a reprodução de uma única e momentânea imagem visual e se a essa seleção do que aparece para nós como característica proeminente for conferido um valor primordial".[507] Em outras palavras, longe de ser o *summum* da imitação mimética do real — entendido no sentido do conjunto das qualidades que determinam a identidade das coisas —, o "realismo" oferece dele, ao contrário, uma visão empobrecida, uma vez que afasta da imagem traços que contribuiriam para torná-la mais fiel àquilo que ela representa. O realismo não é, portanto, de modo algum o sintoma de uma eventual superioridade da figuração naturalista na apreensão do mundo fenomenal, mas antes um "visualismo", isto é, uma técnica de eficácia sem precedentes para emular em imagens aquilo que é percebido por um olho humano.

O naturalismo nascente repousa num extraordinário passe de mágica: tornar invisível o mecanismo de produção das objetividades que ele figura à custa de uma dissimulação na construção perspectiva da arbitrariedade do ponto de vista subjetivo sobre o qual a geometrização do mundo se baseia.[508] Essa relação ambígua entre o objetivo e o subjetivo, entre a autonomização das coisas e o recuo do sujeito humano que a torna possível, é constitutiva do novo regime ontológico e daquilo que lhe assegura dinamismo histórico. Afinal, se as prerrogativas da interioridade se afirmam no início de maneira contundente, primeiro nos retratos flamengos, depois na literatura humanista e no *cogito* cartesiano, elas acabam pouco a pouco, no decorrer dos séculos seguintes, por entrar em contradição com a universalidade dos princípios da fisicalidade. A partir de então firmemente estabelecidas como o esqueleto metafísico dos novos tempos, as "leis da natureza" não podiam deixar que prosperasse de maneira indefinida, fora de sua jurisdição, o resíduo imaterial a que chamamos mente, quer seja ela o apanágio de um humano ou a expressão da identidade de um coletivo. Desde Julien de La Mettrie, as diferentes versões do materialismo são empregadas para essa normalização, um movimento que se acelera nas últimas décadas do século xx, quando filósofos e biólogos fixam como objetivo explicar a consciência, a subjetividade, as escolhas morais, os particularismos culturais e até mesmo a criação artística como propriedades emergentes ou consequências adaptativas de funções biológicas e de mecanismos neurais desenvolvidos quando da filogênese humana. Ora, aqui também, as imagens anteciparam em muito a expressão discursiva dessa redução do moral ao físico; elas o fizeram através de um processo de imanentização no decorrer do qual os ocupantes do mundo aos poucos se transformam naquilo que são em referência exclusiva a si mesmos, e não mais como impressões ou sucedâneos de um modelo divino transcendente e irrepresentável.

Nos quadros e iluminuras executados pelos pintores da *ars nova*, as representações visualistas dos personagens e do âmbito de sua vida cotidiana são ainda subjugadas a um objetivo superior, geralmente de natureza edificante. Sem dúvida, a periferia das imagens adquire sua independência; as paisagens, os edifícios, os animais, os móveis e as ferramentas, esse cenário de uma perturbadora exatidão no qual se discernem as ranhuras da madeira, o reflexo da luz nos cobres e os ecos do vento na ondulação das águas, tudo isso reivindica a atenção ao concreto e o desejo de reproduzir sua infinidade de nuances. Porém, a cena central continua a ser o foco dos sentidos e o princípio de organização que dá coerência e justificativa à imagem: um episódio da história sagrada na maioria das vezes, uma cena extraída de um repertório de situações e de condições — a pastora ou o arquiteto, as atividades agrícolas desse ou daquele mês, um evento de caça com lança ou falcão — ou, ainda, tema de predileção da pintura flamenga, uma evocação dos vícios e das virtudes. Em suma, à exceção dos retratos sem cenário de um Campin ou de um Van Eyck, que precocemente escapam a toda determinação transcendente, o naturalismo dos primórdios se aninha sobretudo nos detalhes.

Será preciso esperar pelos pintores holandeses do século XVII para que esses detalhes, ao açambarcarem todo o espaço da tela, acabem por constituir o próprio sujeito do quadro. Não que os temas tomados de empréstimo da mitologia, das Santas Escrituras ou da história tenham por isso desaparecido; eles constituíam, sem dúvida, o essencial da produção de imagens das Províncias Unidas. Ela foi gigantesca, e somente uma pequena parte dela subsiste: segundo uma estimativa plausível, não menos que 5 milhões de quadros teriam sido pintados na Holanda do século de ouro, sem contar todos os outros tipos de imagem, desde placas de estabelecimentos comerciais até a faiança decorada.[509] No entanto, ao lado dos temas históricos e alegóricos, nasce ali uma nova pintura de gênero que infunde ao mundo material, em sua agradável banalidade, uma dignidade e uma beleza pacíficas que ninguém antes soube reproduzir dessa forma. *De Hollandse huisvrouw* [A dona de casa holandesa] e *De kruidenierswinkel* [A mercearia do vilarejo], de Gerard Dou, a *Vrouw die groenten bereidt en een kind in een interieur* [Mulher preparando legumes], de Pieter de Hooch, *De pantoffels* [As chinelas], de Samuel van Hoogstraten (ilustração 134), todas essas cenas da vida cotidiana estão bem distantes do ímpeto das histórias sagradas e dos gestos heroicos que transporta o espectador a um plano tão elevado que ele se torna como que alienado de si mesmo. Nas figurações do mundo profano, ao contrário, naqueles jardinzinhos sombreados e naquelas cozinhas com ladrilhos bem encerados, naquelas salas de estar com ricos veludos e naqueles pequenos comércios com balcões opulentos, as coisas existem em si mesmas e sem afetação; conforme escreve Taine, "não é necessário transformá-las para enobrecê-las; para serem dignas de interesse, basta-lhes ser".[510]

Essa ternura pelo real, essa deferência quase servil ao grão do cotidiano, nós as encontramos, evidentemente, nas paisagens, sobretudo talvez naquelas de terras exóticas nas quais a fantasia árcade se impõe com mais dificuldade, tais como as que Frans Post relata do Brasil, onde ele permanece de 1637 a 1644 a convite de Johan Maurits van Nassau-Siegen, governador da colônia neerlandesa. Compostas à maneira das paisagens de Goltzius, Van de Velde, Van Goyen ou Ruisdael como uma superfície não enquadrada na qual se fixam os reflexos do mundo sensível, as cenas brasileiras de Post dão a curiosa sensação de um pedaço da Holanda, com seus imensos céus cobertos de nuvens e seus panoramas infinitos, no qual teriam subitamente proliferado palmeiras e mamoeiros, capivaras e tamanduás, toda a exuberante natureza do Novo Mundo. Há também essa restituição compulsiva da aparência dos seres nas imagens de animais captadas ao natural, inclusive aqueles que a conquista e a exploração tornaram mais familiares, tais como as araras, a pantera ou o quati, que um Pieter Boel não precisou observar em terras exóticas, uma vez que eles aguardavam por seu pincel no viveiro de Versalhes.

Porém, essa ambição de retratar o melhor possível as qualidades secundárias tornou-se patente sobretudo na natureza-morta, um gênero que ganha na época seus títulos de nobreza para prosperar em seguida de maneira contínua, ao longo de toda a trajetória naturalista, até Cézanne, Matisse e Picasso. Em português, assim como nas línguas germânicas, o nome do gênero é um pouco enigmático pela contradição que ele implica: a vida imóvel (*stilleven*, em neerlandês), o movimento da natureza paralisado, o tempo suspenso, como se o artista tivesse o poder de cristalizar os processos orgânicos no instantâneo de uma semelhança a produzir ilusão. Afinal, aqui também, se a escolha dos objetos retratados obedecem muitas vezes a uma simbólica religiosa e edificante, o que impressiona o espectador em primeiro lugar é menos a denúncia das vaidades do que a obsessão mimética, a beleza do trivial e o domínio surpreendente com que os matizes do cotidiano são restituídos. Ora, o paradoxo dessa virtuosidade na reprodução do mundo fenomenal é que, quanto mais o resultado se arroga como uma imitação do real, mais ele aponta para a falsa aparência que constitui sua razão de ser. O copo de cristal que reflete a chama de uma vela e a casca do limão de cuja acidez podemos sentir o gosto suscitam nossa admiração apenas porque os comparamos implicitamente, por um lado, com os modelos que eles reproduzem, por outro, com o medíocre resultado que nós mesmos obteríamos se quiséssemos emular o pintor. Até mesmo os *trompe-l'œil* mais bem-sucedidos não conseguem enganar o olho completamente; e, ao contrário, assim que a ilusão se dissipa, é a destreza do artista no manejo do artifício que impressiona a imaginação, em vez de uma impossível coincidência com um real de contornos maleáveis.

Não podemos senão concordar com Svetlana Alpers quando ela afirma de forma vigorosa que a pintura do século de ouro holandês deve ser essencialmente apreciada por sua virtude descritiva, e isso contra uma tendência recente na história da arte que nela vê, em vez disso, um sistema de alegorias veladas, uma maneira de distribuir lições de moral burguesa sob uma fachada de ilustração fiel do prosaísmo da vida cotidiana.[511] Os primeiros críticos a se expressarem no século XIX a respeito da pintura dos Países Baixos já haviam bem notado que ela é o retrato sem embelezamentos de uma sociedade atenta ao âmbito de sua existência em vez de o suporte falsamente anódino de um simbolismo oculto; conforme escreve Eugène Fromentin em 1876, é "uma arte que se dobra ao caráter das coisas, um saber que esquece de si diante das particularidades da vida, nada de preconcebido, nada que preceda a observação inocente, forte e sensível daquilo que é".[512] Assim como a dos mestres flamengos de duzentos anos antes, a pintura do século de ouro torna manifesta a atenção dedicada à superfície dos existentes e ao desejo de restituir sua diversidade por meio de um tratamento icônico homogêneo. Essa ambição antes de tudo descritiva da figuração, que implica que o objeto de um quadro se torna, para além do que ele acidentalmente representa, o próprio ato de mostrar da melhor maneira possível aquilo que é acessível à vista, pode somente oferecer um contraste com a finalidade da pintura italiana, produto de uma cultura narrativa e discursiva em que se entrelaçam feixes de reminiscências alegóricas, filosóficas e literárias. É por isso que interpretar a arte holandesa numa perspectiva estritamente iconológica, buscando nela detectar um simbolismo característico do modelo do *Ut pictura poesis*, leva a um impasse. Ainda pior é desvalorizar essa arte à custa de uma confusão a respeito da própria finalidade da produção de imagens. Afinal, o objetivo da figuração naturalista emergente pode apenas ser a assunção do visível pela descrição daquilo que é observado, isto é, pela emulação icônica de objetos cuja primeira característica é ocupar uma posição no espaço, um projeto que se presta bem à evidenciação do mobiliário ôntico que compõe o mundo do produtor de imagem e daqueles com quem ele o compartilha. A pintura holandesa faz exatamente isso ao tornar presentes qualidades do mundo como que mediante uma impressão, razão pela qual foi muitas vezes comparada com a fotografia, dois projetos miméticos nos quais o signo vem a ser tão mais icônico quanto mais indicial for. A narração se vale de outros recursos: a encenação de ações cuja memória é conservada em textos faz do espaço e daquilo que ele contém meros auxiliares, uma vez que a narrativa é uma arte do tempo, do encadeamento de episódios, para os quais a linearidade sequencial do discurso é uma ferramenta mais adequada do que a imagem. De fato, em casos bastante raros em que quiseram justificar a própria pintura, os artistas holandeses deram ênfase à obrigação de serem leais ao mundo tal como ele é, uma declaração de humildade em que, no entanto, desponta a soberba de técnicos em plena posse de seus meios miméticos e que é bem sintetizada pelo epitáfio composto por Abraham Ortelius para seu amigo Pieter Brueghel, cujos quadros, diz ele, "eram não tanto obras de arte, mas obras da Natureza".[513]

A celebração de imagens por parecerem "obras da Natureza" atesta o entusiasmo pela observação que toma conta dos Países Baixos no século XVII e que se torna manifesto pelo uso comum, entre as elites, de dispositivos ópticos como o microscópio, o telescópio e a câmara escura. Ver além do visível habitual e restituir fielmente o resultado desse exame é algo da esfera de uma ambição compartilhada pelos artistas e pelos adeptos de uma ciência baconiana, mais assentados na experimentação do que na matematização e menos fascinados pela investigação das causas primeiras do que por uma descoberta de novas dimensões do mundo possibilitada pelo progresso da instrumentação. Não é irrelevante que Leeuwenhoek, durante algum tempo o único europeu a estudar objetos no microscópio, tenha provavelmente conhecido Vermeer, seu concidadão em Delft do qual se torna executor testamentário; tampouco é acidental o fato de que os holandeses tenham sido os primeiros a fabricar telescópios, modelos para aqueles que Galileu manufatura em Pádua, constantemente aperfeiçoados a seguir nos Países Baixos na segunda metade do século XVII, graças à perícia que os polidores de lentes ali adquiriram. Que esse entusiasmo pela descoberta e pela descrição daquilo que não é acessível ao olhar comum tenha se propagado no país de um Van Eyck também não é uma simples coincidência: a confiança depositada por experimentadores como Leeuwenhoek ou Huygens naquilo que seus olhos descobriam em virtude dos novos instrumentos de óptica não pode ser dissociada do hábito adquirido, havia dois séculos, de contemplar pinturas que registram com uma exatidão meticulosa todas as coisas que a visão humana é capaz de apreender. Esse cuidado em copiar o mundo da forma mais aproximada possível acaba, aliás, por dissolver o criador em sua obra, a ponto de os pintores holandeses virem a afirmar que não se deve poder reconhecer num quadro a mão de um artista específico, que é tão somente a simples e discreta mediação da natureza das coisas tal como ela se oferece aos nossos sentidos.[514]

Na Holanda do século de ouro, a convergência entre prática artística e experimentação científica se torna manifesta nos dois casos para os quais Svetlana Alpers chamou justamente a atenção: a relação entre natureza-morta e visão microscópica e aquela entre paisagem e cartografia.[515] O primeiro caso remete ao hábito que têm os pintores holandeses de abrir os objetos representados em suas naturezas-mortas de maneira a revelar seu aspecto oculto: as frutas, as nozes, as tortas, os queijos, os pães, as ostras são descascados, fatiados e entreabertos, os jarros e os copos são entornados para exibir o que lhes vai por dentro, enquanto as bolsinhas deixam escapar as moedas que estão a guardar, e as caixinhas de joias, seu precioso conteúdo. Tomemos, entre tantos outros exemplos análogos, uma natureza-morta de Jan de Heem (ilustração 135). Os objetos que a compõem são retratados não somente abertos, fatiados, destalados, desmanchados, mas também distinguidos pelos jogos de luz sobre suas respectivas superfícies, diferenciando-se assim, pela maneira como é representada sua matéria própria, o vidro, o estanho, a prata, a faiança, a madeira, o tecido, uma ostra ou uma borboleta, um camarão ou bagas de uva. Assim como seus contemporâneos Willem Heda e Willem Kalf, Jan de Heem gosta de figurar limões descascados; a crosta daquele representado por ele se desenrola para revelar um interior luminoso, ao mesmo tempo transparente e profundo, nimbado por uma ligeira umidade, enquanto a polpa felpuda se projeta em pequenas lascas. Antes dos pintores do século de ouro, ninguém havia figurado frutas assim. E com que objetivo? A interpretação iconológica clássica nos ensina que essas imagens são uma advertência: a beleza é transitória, as frutas estão fadadas a ressequir, a glutonaria é condenável, e tudo é vaidade. Será mesmo verdade? Uma arte da ilusão tão consumada, uma tamanha meticulosidade frenética, com o único fim de transmitir uma moral piegas da continência e da resignação? Em vez de uma alegoria convencionada, mais vale ver nesse gênero de pintura um genuíno trabalho de dissecação, o desejo de fazer surgir, por trás das superfícies, a estrutura e a textura interna das coisas. Não se trata de transformar o mundo fenomenal numa abstração submetida a um ponto de vista único, mas de tornar visíveis seus componentes mais elementares em toda a veracidade de uma beleza "natural", uma vez que em consonância com a impressão sensível que eles depositam em nós.

Quanto à cartografia, ela desempenha um papel eminente na cultura visual da Holanda do século XVII. Em primeiro lugar, porque muitos dos mapas são produzidos com fins decorativos para ornamentar as paredes das casas, conforme atestam as vistas de interior retratadas nas pinturas de gênero. Sete quadros de Vermeer contêm mapas — um deles utilizado repetidas vezes —, e o mais famoso, inserido em *A arte da pintura*, oferece um esclarecimento instrutivo a respeito desse tipo de uso. O quadro representa um artista visto de costas, pintando uma mulher vestida como Clio, musa da história. Conforme observa Daniel Arasse, trata-se menos de uma pintura alegórica da arte de pintar do que de uma descrição do mecanismo pelo qual a alegoria da pintura é construída no ateliê do pintor; em suma, é uma figuração dos meios empregados para figurar uma alegoria, uma pragmática visual da eficácia pictórica de um símbolo.[516] Ora, o mapa das Províncias Unidas, que ocupa todo o plano de fundo sobre o qual se destacam o pintor e sua modelo, desempenha um papel central nesse dispositivo de *mise en abyme*. Com efeito, foi em sua borda interna esquerda que Vermeer assinou a tela, conferindo assim a esse mapa atribuído ao desenhista e gravurista Claes Jansz. Visscher o estatuto de um quadro dentro do quadro, superficialmente análogo àqueles com que Vermeer guarnece suas outras cenas de interior. Todavia, o mapa difere aqui de um mero cenário doméstico grosseiramente esboçado; ele é uma figuração bastante completa das Dezessete Províncias dos Países Baixos de autoria de um cartógrafo renomado, uma figuração cujo aspecto geral Vermeer reproduz na representação admiravelmente fiel que ele próprio faz dela, um efeito indicial em cascata reforçado pela palavra *descriptio* traçada na faixa superior, à direita. Na época, emprega-se esse termo sobretudo para designar a cartografia, sendo os especialistas na matéria qualificados como "descritores de mundo" (*Wereltbeschrijver*). Trata-se de uma expressão que bem poderia também ser aplicada a Vermeer e aos pintores holandeses contemporâneos, já que estes igualmente desfraldam em suas telas um saber a respeito do mundo nas quais se combinam elementos e registros bastante diversos, inclusive palavras e vistas cartográficas quando as demandas de uma descrição exaustiva o exigem. Conforme escreve Svetlana Alpers, "[sua arte] não era uma janela no modelo italiano de arte, mas sim, como um mapa, uma superfície sobre a qual se dispõe uma reunião de elementos do mundo".[517]

Além disso, os quadros de paisagem são muitas vezes construídos segundo um esquema derivado de vistas topográficas que representam as cidades tal como figuradas nos atlas corográficos ou nas cartelas laterais das cartas geográficas. Essas vistas que descrevem um sítio preciso em vez de uma região, tão comuns na Holanda do século de ouro, combinam uma representação cartográfica com o apoio de uma linha do horizonte bem elevada, sendo a topografia figurada numa vista aérea oblíqua. Trata-se, portanto, de uma espécie de paisagem, apreendida, porém, a partir de uma certa altura, similar à espantosa vista de Amsterdã por Jan Micker, na qual nuvens invisíveis — e que, supõe-se, pairam acima do pintor — projetam sua sombra sobre a cidade (ilustração 136). Embora utilizem uma construção mais rudimentar, quadros que sobrepõem uma vista aérea a uma descrição cartográfica são documentados nos Países Baixos já no final do século xv; assim, *Enchente no dia de santa Isabel*, um painel lateral de retábulo datado de 1490-1495, atualmente no Rijksmuseum, retrata numa vista aérea os efeitos de um maremoto ocorrido na sequência do rompimento dos diques da região de Wieldrecht, em 19 de novembro de 1421, dia de santa Isabel. Como num mapa, a topografia é exata, e aparece o nome dos vilarejos afetados (no telhado das igrejas); como numa paisagem, as características do relevo, da armação e da vegetação se destacam em elevação, assim como os habitantes e os animais a fugir do desastre. Uma tal porosidade entre a representação cartográfica e a pintura de paisagem não é tão surpreendente se especificarmos que o termo *landschap* — que traduzimos em português como "paisagem" — designa, na realidade, ao mesmo tempo o que o geômetra mensura e aquilo que o artista figura. Esse revestimento semântico sinaliza uma concepção englobante da representação dos locais pela imagem na qual se mesclam todas as técnicas de descrição empregadas concomitantemente pelos cartógrafos, agrimensores e artistas. Herdeira das vistas panorâmicas inventadas pelos artistas do Norte nos séculos anteriores e imbuída do tratamento cartográfico do espaço, a pintura de paisagem do século de ouro privilegia a extensão em detrimento do volume e a distribuição em duas dimensões em detrimento da geometrização ostensiva da profundidade; assim como numa representação topográfica, ela contorna os procedimentos de enquadramento da perspectiva albertiana, atenuando-lhe assim a artificialidade.[518] Por essa razão, em vez de um palco de teatro destinado a magnificar as ações humanas, o quadro se torna uma superfície na qual o mundo deposita os vestígios de sua cintilação, indiferente, por princípio, ao espectador potencial e ao ponto de vista que ele poderia ocupar.

A câmara escura não é estranha ao benefício de que desfruta, entre os pintores holandeses, essa técnica de figuração que visa a fazer da imagem uma impressão da realidade sensível em vez de uma encenação arquitetônica. Samuel van Hoogstraten, famoso pela meticulosidade visualista de suas cenas domésticas (ilustração 134), confeccionou uma caixa de perspectiva conservada na National Gallery de Londres, um cubo cujo interior é pintado à semelhança de um apartamento burguês, mas cuja ilusão de profundidade pode apenas ser experimentada observando-se a cena por dois pequenos visores dispostos nas laterais. Esse engenhoso dispositivo, ao mesmo tempo que restringe ao exterior o corpo físico do observador, incorpora opticamente este último ao mundo reconstituído pela caixa. Pelo visor da esquerda, com efeito, o espectador furtivo vê através de uma janela uma contraparte de si mesmo sob a forma de um *voyeur* que observa uma mulher que está lendo, sem que ela o saiba, enquanto o visor da direita, ao contrário, transforma o contemplador em contemplado, uma vez que ele se torna, no centro da caixa, o objeto invisível no qual um cão fixa o olhar.[519] Hoogstraten é também o autor de um manual de pintura publicado em 1678, *Inleyding tot de Hooge Schoole der Schilderkonst* [Introdução à escola superior de pintura], que oferece um esclarecimento precioso a respeito das concepções holandesas da arte e do papel que a ilusão de óptica nela desempenha. Ele declara que a arte do pintor consiste em "acostumar-se a imitar as coisas como elas são", uma afirmação que, no entanto, deve ser qualificada, já que, conforme ele próprio demonstra por meio de seu aparelho, uma tal operação descritiva não resulta da mera captura espontânea das coisas em si, mas demanda um bom conhecimento dos fenômenos ópticos.[520] E, de fato, os historiadores do século xix muito especularam a respeito do papel da câmara escura na arte holandesa, notadamente em Vermeer, a quem alguns atribuíram um uso sistemático desse procedimento a fim de explicar todas as características de sua maneira, desde o tratamento da luz até a organização do espaço.[521] Além do mais, a analogia da pintura do século de ouro com a fotografia retorna sob a pena dos especialistas como um leitmotiv, particularmente a arbitrariedade do enquadramento como que captado no acaso de um instantâneo, mas também a sensação de uma presença imediata das coisas representadas ou essa impressão de que a natureza se reproduz por si mesma, sem passar por um intermediário humano.

Os testemunhos probatórios de um emprego efetivo da câmara escura pelos pintores são, contudo, bastante raros. Por isso, quando Hoogstraten alega em seu tratado que a imagem projetada por esse dispositivo é "uma verdadeira pintura natural",[522] é preciso tomar esse julgamento menos como uma apologia de uma reprodução puramente mecânica do mundo do que como uma metáfora a definir condições ótimas da figuração visualista à maneira holandesa. A câmara escura não é um auxiliar da pintura, mas uma ferramenta de educação da visão que fornece uma experiência direta das coisas visíveis, sem espectador para fixar uma posição e sem escala humana para colocar a imagem ao alcance de um olhar humano, duas características que lembram a *Vista de Delft*, de Vermeer, sem que, no entanto, jamais se tenha podido estabelecer que ele tenha se servido de uma câmara escura para essa tela. Se a arte descritiva holandesa parece ser o produto desse instrumento óptico, é, então, por não exibir nenhum antropocentrismo manifesto, e isso em perfeito contraste com o quadro albertiano, cujo ponto de partida não é o mundo do qual nossa vista se impregna à maneira de uma superfície atingida por raios luminosos, mas um espectador cujo olhar está à procura de figuras — sobretudo humanas — dispostas num espaço todo construído expressamente para acolhê-las, figuras cuja aparência calculada é função de seu afastamento daquele que as observa.

Se um dos dois índices do afloramento do naturalismo nas imagens é uma figuração cada vez mais bem realizada da continuidade física dos seres e das coisas num espaço homogêneo, então fica claro que esse movimento seguiu duas vias distintas, ainda que ambas fundadas na ambição visualista de imitar da melhor maneira possível aquilo a que a visão humana dá acesso. A mais conhecida, razão pela qual pouco a evocamos aqui, poderia ser chamada de a via do Sul, uma vez que surgiu na Itália com Brunelleschi e Alberti antes de divergir mais ao norte com o Viator e Dürer.[523] Essa via é a da perspectiva dita "artificial", um meio prático de estabelecer uma relação métrica rigorosa e recíproca entre a forma dos objetos tal como situados no espaço e suas respectivas representações gráficas. Ora, conforme propõe William Ivins em seu livro sobre a racionalização do olhar no Renascimento, o alcance dessa descoberta supera amplamente a fabricação das imagens, já que permite passar de uma geometria euclidiana, baseada na intuição tátil-muscular, para um tratamento geométrico do espaço, fundado na intuição visual: no tato, duas retas paralelas não se encontram; na visão, elas convergem para o infinito.[524] Admitir que as relações exteriores dos objetos — tal como suas formas visíveis — é que se transformam quando mudam de lugar, premissas da perspectiva artificial, implica "homogeneidade de espaço [e] uniformidade de natureza [...], dois pressupostos básicos subjacentes a todas as grandes generalizações científicas, ou leis da natureza".[525] A perspectiva albertiana isola, assim, um fragmento do mundo para transformá-lo em natureza graças a reparametrizações do fluxo visual: primeiro, a decomposição do visível em pontos discretos, tornados independentes das determinações espaçotemporais; depois, a recomposição desses pontos num espaço geométrico unificado que confere coerência e continuidade aos mais diversos objetos colocados em seu interior por um espectador demiurgo, necessariamente externo ao enquadramento objetivo por ele instaurado a partir da posição subjetiva que ele ocupa. Conforme escreve o especialista em lógica Jean Nicod em seu livro sobre a filosofia da geometria: "A ordem das vistas torna-se, assim, o único espaço fundamental da natureza".[526]

Como acabamos de ver, os artistas do Norte exploraram toda uma outra via para dispor um arranjo das qualidades do mundo num espaço unificado. O espaço-ambiente de um Campin ou de um Van Eyck, as vistas panorâmicas de um Witz ou de um Patinir, as paisagens praticamente cartográficas dos pintores do século de ouro resultam da circunscrição contingente de uma fração do real operada por um olhar quase fortuito; eles apagam a presença central do sujeito que percebe para fundi-lo numa superfície em que os vestígios do mundo são impressos e que não mais é delimitada pelo olho de um espectador a ordenar um ponto de fuga. A arbitrariedade ainda está presente, tanto que os pintores holandeses do século XVII nada ignoram da construção perspectiva, mas ela muda de natureza: a um sujeito imperial que recompõe o mundo num sistema de coordenadas definidas a partir de sua posição substitui-se o recorte empírico e temporário de um fenômeno observado sob o melhor ângulo, uma demarcação do campo visual análoga àquela que a placa de vidro sob a objetiva do microscópio ou a folha de papel que recebe a imagem invertida pela *camera obscura* tornam possível. A diferença em relação à via do Sul é patente: ao diluir o controle de um agente ordenador, os pintores do Norte conseguem descrever as continuidades entre os objetos que eles retratam de maneira mais "natural", isto é, dissimulando o caráter transcendente das leis da natureza por trás da evidência da experiência visual, fonte de uma objetividade imediata. Essa dissolução do sujeito na imanência das coisas percebidas não estará isenta de consequências sobre o destino que o naturalismo reserva à interioridade humana.

Paradoxalmente, de fato, a destituição da transcendência é acompanhada de um repatriamento do mistério no cotidiano da vida: tal como retratados pelos mestres holandeses, os locais mais familiares, os personagens mais comuns, os objetos mais habituais, pelo simples fato de serem mostrados por si mesmos, adquirem uma perturbadora profundidade. Por que precisamente eles estão ali? Por que nos são mostrados assim? O que se esconde por trás de tão excessiva transparência? Esse resíduo enigmático do visualismo é particularmente notável no caso dos humanos. Falsamente planos, realizando ações cujo sentido é muitas vezes por demais evidente para que seja perfeitamente convincente, eles são retratados envolvidos em relações que se diriam bastante serenas e, no entanto, difíceis de decifrar. É o ensinamento oferecido pela pintura dita "de gênero", que encontra grande sucesso nos Países Baixos e na qual se distinguem pintores tão célebres quanto Jan Steen, Gerard Dou, Samuel van Hoogstraten, Gerard Ter Borch, Gabriel Metsu ou Pieter de Hooch. Seus quadros evocam cenas do cotidiano, geralmente povoadas por personagens anônimos, às vezes teatralizadas em interações cuja natureza e desfecho são deixados aos cuidados do espectador para adivinhá-los. Dona de casa, mãe de família, soldado, menina, criada, mas também cortesã, alcoviteira ou burguês desfrutador, todos os seres figurados são tipos, e não individualidades identificáveis. Em contraste com o retrato, outra fonte importante de renda para os pintores da época e no qual o ambiente do modelo contribui para assentar sua identidade, a pintura de gênero coloca os personagens antes a serviço da identificação das ações que eles realizam ou das situações nas quais eles são apanhados.[527] Contudo, essa identificação costuma ser custosa, já que as cenas retratadas, por mais convencionais que às vezes possam se afigurar, raramente deixam transparecer as verdadeiras causas daquilo que se desenrola na tela, dando assim ao espectador uma grande amplitude de interpretação quanto aos motivos e às intenções dos protagonistas. A exemplo de *A arte da pintura*, de Vermeer, a maioria das cenas são descrições pragmáticas das molas propulsoras da ação que se abstêm de precisar a significação de que ela se reveste, tanto para aqueles que nela estão envolvidos quanto para os que a contemplam. O resultado é que os atores silenciosos figurados em seus respectivos papéis de composição se apresentam a nós com uma interioridade evanescente e um eu indecidível, uma vez que encarnam a simples instanciação típica daquilo que uma cena típica exige.

Tomaremos apenas alguns exemplos, a começar por Pieter de Hooch, visto que ele parece dar razão aos historiadores que desenvolvem uma abordagem alegórica e narrativa da pintura holandesa. Várias de suas telas efetivamente ilustram as virtudes domésticas tal como as mulheres as encarnam, mães exemplares e donas de casa envolvidas com as funções de sua condição, as quais ele louva com um domínio excepcional da luz. Ainda que com menor frequência e aparentemente com o objetivo de repreender, ele retrata também a embriaguez e o amor venal, sobretudo nos quadros que figuram uma mulher bebendo vinho em companhia de homens de atitude duvidosa. E, no entanto, essas cenas não são tão fáceis de interpretar, na medida em que deixam transparecer benevolência para com personagens cuja conduta, em princípio, é reprovada. Tomemos uma delas, *Drinkend en converserend gezelschap* [Pessoas bebendo num pátio interno], conservada pela National Gallery da Escócia (ilustração 137). A tela figura um quintal que se abre no centro, através de uma grande porta, para um corredor que conduz a um canal sombreado e cujo lado direito, em recuo, é abrigado por um caramanchão sob o qual dois homens estão sentados à mesa. É ali que, diríamos, a ação se passa: um dos homens observa uma jovem em pé diante da mesa que olha fixamente, com ar incerto, para o copo que tem na mão. No centro da imagem, uma menina visivelmente alegre está sentada na entrada do corredor e aconchega no colo seu cão, uma dessas evocações do tema da felicidade doméstica pelas quais De Hooch é famoso. Qual das duas cenas dá o tom do quadro? Trata-se de uma licenciosa que negligencia a própria filha ou irmãzinha para beber e flertar com soldados? Ou, então, de uma esposa que por um momento faz companhia ao marido que está recebendo um amigo e se questiona a respeito da qualidade do vinho servido? Ninguém pode dizer ao certo. Sobretudo porque, num quadro que retoma o mesmo cenário e a mesma disposição arquitetônica, *De binnenplats van een huis in Delft* [Pátio de uma casa em Delft] (1658), De Hooch coloca no espaço sob o caramanchão, antes ocupado pela mesa e pelos homens a beber, uma mãe e sua filha, cujos traços são idênticos — e também a roupa, no caso da menina — aos das personagens da outra tela. Sua afetuosa cumplicidade se banha na mesma luz serena do primeiro quadro, sinal de que esse pequeno pátio de Delft pode acolher indistintamente toda sorte de personagens, às vezes os mesmos, cujo comportamento difícil de decifrar nos leva a perguntar se eles têm uma natureza própria, se não são a simples emanação de situações enigmáticas, um modo de destituir esses citadinos pacíficos de qualquer singularidade, até mesmo de qualquer consistência moral.

A indeterminação dos seres é ainda mais nítida nos quadros de Gerard Ter Borch. A ambiguidade de suas cenas de gênero não procede tanto da margem reservada ao espectador para interpretar uma ação quanto da vontade de tornar impenetrável a interioridade daqueles que ele retrata, ao figurá-los de costas, por exemplo, de maneira a dissimular os índices que os rostos poderiam revelar ou ao justapor numa mesma cena personagens ostensivamente reunidos por uma atividade conjunta, mas na qual cada um evolui numa esfera vedada aos outros. *De leesles* [A aula de leitura] (1652), no Louvre, é uma boa ilustração disso. Sobre um fundo uniformemente escuro, uma mulher sentada de perfil segura um livro grosso de bordas cinabrinas que um menino de longos cabelos ruivos, visto de frente, está a ler, com o dedo pousado sobre a página. Costuma-se reconhecer no leitor o meio-irmão do pintor, Moses, ao passo que a mulher seria Wiesken Matthys, mãe do menino e madrasta de Gerard Ter Borch. Ela, que não observa nem o livro nem o menino, tem os olhos perdidos no vazio: ela escuta a leitura ou está entregue a devaneios? São eles alegres ou sombrios? Têm relação com aquilo que está sendo lido — a Bíblia, talvez — ou são a ruminação de uma decepção, de uma desilusão? Ninguém pode dizê-lo, e, mais que uma aula de leitura, é a indecidibilidade o verdadeiro tema do quadro.

O mesmo se verifica em *De brief* [A carta], uma tela de pragmática ainda mais complexa, embora explore um tema repisado da pintura de gênero ao qual Ter Borch consagrou diversos quadros (ilustração 138). Uma mulher sentada diante de um estojo de escrita aparenta ser a autora de uma carta que outra mulher, em pé, está a ler; é possível também que a carta lida tenha sido endereçada à mulher sentada e que ela pergunte à mulher em pé o que convém considerar antes de responder. O assunto em questão parece ser da esfera do registro amoroso e das confidências entre amigas íntimas, mas nada nos obriga a acreditar nisso. Trata-se, talvez, de duas irmãs que recebem uma notícia desagradável a respeito do estado de sua fortuna ou uma mensagem anunciando um luto entre pessoas de seu círculo íntimo. O terceiro personagem, o menino que limpa a mesa e a quem nenhuma das duas mulheres presta atenção, é ainda mais sibilino; é, talvez, um jovem criado cujo modelo seria de novo Moses, com sua cabeleira ruiva. Ele está evidentemente fascinado pela leitora, porventura sua irmã, Gesina, sem que se saiba se é a jovem ou o conteúdo da carta que o cativa. Esse modo de tornar múltiplos os sentimentos possíveis entre os personagens é amplificado pela maneira como se tornam múltiplos os reflexos de luz retratados com virtuosidade sobre a seda do vestido, sobre os móveis encerados, sobre o lustre, sobre o jarro e a bandeja de prata vermelha, e sem que se aviste a fonte dessa claridade, situada fora do enquadramento. É como se a luz e o foro íntimo compartilhassem a mesma constituição: só se podem enxergá-los difratados em mil nuances, jamais diretamente.

Dessa forma, a pintura de gênero holandesa atesta que a interioridade distintiva dos humanos se tornou indecisa, dois séculos apenas depois de ter sido afirmada vigorosamente pelos mestres flamengos da *ars nova*. Longe de compor catálogos de virtudes desejáveis e de vícios a serem combatidos, banais ilustrações de livros de emblemas, as pequenas cenas imaginadas por um De Hooch ou um Ter Borch evidenciam a ambivalência das escolhas, a complexidade dos comportamentos e a impenetrabilidade dos sentimentos; eles tornam visível o fato de que a alma ou a mente não são perceptíveis senão por efeitos de superfície difíceis de decodificar, emanando propriedades das ações e talvez mesmo das coisas, propriedades essas que os humanos reverberam quase à sua revelia, assim como a polpa do limão, o cobre da jarra e o tafetá do vestido reverberam uma luz difusa e em si mesma inapreensível. Já no início do século, o pintor e desenhista Jacob de Gheyn, o Jovem, aplicou-se a mostrar os múltiplos aspectos das coisas que se oferecem à vista, eliminando a subjetividade de seus personagens: seja saturando apenas sua aparência física pela variação dos ângulos de visão sob os quais ele os figurava, seja retratando suas disposições atencionais como um eco da ação na qual eles estavam envolvidos.[528] A pintura de gênero confirma essa tendência ao dissipar a ideia de que a interioridade seria um atributo intrínseco aos humanos, uma vez que ela a expõe constituída pelo encontro conjuntural de suas ações, transformada como que num meio intersubjetivo, num ambiente moral que ilumina cada agente com um reflexo particular, no qual a singularidade dos personagens se atenua. Sob o pincel dos artistas holandeses, a alma imortal herdada da Gênese separou-se de seu modelo transcendente e começou a trilhar o longo caminho que a tornará cada vez mais subserviente às determinações do mundo físico.

Se a pintura do século de ouro oferece um bom exemplo dessa dinâmica própria às imagens naturalistas, que vê pouco a pouco prevalecerem sobre a narração e a edificação moral as exigências de exatidão descritiva, é no século seguinte, em especial na França, que o divórcio será finalmente consumado entre as normas acadêmicas do belo e a preocupação em reproduzir as coisas tal como se considera que elas sejam em si mesmas. A figuração do corpo humano será o pretexto para isso, e o ensinamento da anatomia nas belas-artes proporcionará um dos principais palcos do confronto. Não que a dissecação e a representação anatômica tenham esperado pelo século XVIII para se tornarem comuns na Europa. As imagens anatômicas do Renascimento são bem conhecidas, notadamente as de Leonardo da Vinci, Michelangelo e sobretudo Vesalius, cujo tratado de anatomia *De humani corporis fabrica* (1543) desfrutou de considerável difusão ao longo de vários séculos, quando suas cerca de trezentas ilustrações ainda não haviam sido simplesmente pilhadas por autores subsequentes. Além do mais, a dissecação não é uma inovação atribuível a alguns livres-pensadores do Renascimento que teriam afrontado as interdições da Igreja, uma vez que o hábito de abrir e inspecionar cadáveres remonta no mínimo ao início do século XIV na Itália do Norte.[529] Ela ali prospera fora das instalações universitárias, graças a um conjunto de práticas perfeitamente reconhecidas: o embalsamento por evisceração nos rituais fúnebres, o desmembramento de restos mortais sagrados que o culto das relíquias tornou necessário, as autópsias requeridas pela justiça penal, até mesmo o parto post mortem por cesariana. Quanto às imagens que se baseiam na dissecação, elas aparecem a partir da primeira metade do século XIV para se tornarem bastante comuns no século seguinte. A representação anatômica na Europa tem, portanto, uma longa história, e observa-se inclusive, desde o Renascimento, uma oposição que prosseguirá por muito tempo entre uma abordagem bastante realista, ilustrada por Vesalius, Charles Estienne, Leonardo da Vinci ou Baccio Bandinelli, e outra mais idealista, que privilegia a procura pela harmonia geométrica em detrimento da fidelidade à anatomia, da qual Dürer é o mais eminente representante. O que o século XVIII traz de novidade é a libertação progressiva da figuração do corpo humano em relação ao cânone da beleza antiga, um movimento de imanentização iniciado no Renascimento com o deslocamento do modelo da perfeição humana a partir de um ideal divino irrepresentável na direção de uma interioridade autônoma e que se concretiza no final do século das Luzes por meio do apagamento da armadura espiritual que por muito tempo havia servido para amarrar no corpo a memória fundadora do Cristo feito homem.

A emancipação de um ideal físico oriundo da Antiguidade não se realiza sem oposição.[530] A Academia Real de Pintura e Escultura, criada em 1648 em Paris, faz predominar o ponto de vista dos artistas até os anos 1740, ainda que sejam cirurgiões a garantir a continuidade dos cursos de anatomia. A busca de uma excessiva exatidão anatômica é considerada como um desvio da procura pelo belo, uma subserviência às ciências por parte das artes liberais, que não tinham por missão descrever a realidade, mas retratar as paixões; a busca da expressão, adquirida por meio do estudo de modelos vivos e consoante os desenhos dos mestres, deve assim primar sobre a estrita conformidade aos esqueletos e aos músculos dissecados. As coisas começam a mudar com a nomeação como professor de anatomia, em 1746, do cirurgião Jean-Joseph Sue, autor de um *Abrégé de l'anatomie du corps de l'homme* [Compêndio da anatomia do corpo do homem] (1748), no qual transparecem as concepções mecanicistas de Descartes: o corpo é uma máquina articulada feita de alavancas, bombas e foles, mais próxima de um engenho hidráulico do que de uma estátua de Praxiteles. Nesse mesmo ano, Julien de La Mettrie publica *L'Homme-machine* [O homem-máquina], a primeira obra que, de maneira explícita, faz da mente um prolongamento físico do cérebro. A despeito do escândalo que o livro suscita, as teses mecanicistas encontram certo sucesso, em todo caso por curiosidade ou em suas manifestações mais pitorescas. Em sua linha de frente, figuram os autômatos de Jacques de Vaucanson, *Le Joueur de flûte* [O flautista] ou *Le Canard digérateur* [O pato que digere] (1738), que os parisienses admiram pelo realismo de seus movimentos e pela maneira como eles simulam as funções de órgãos internos, como a respiração ou a digestão. Vaucanson logo se vê na concorrência com outros hábeis mecânicos, tais como Peter Kinzing e David Roentgen — que fabricam, em 1772, uma admirável *Joueuse de tympanon* [Xilofonista] para Maria Antonieta — ou a família Jaquet-Droz, na Suíça. Abrem-se inúmeros gabinetes de anatomia também em Paris, e publicam-se livros impressionantes que introduzem a anatomia na vida cotidiana, como o de Albinus, que mostra escorchados esguios e contemplativos posando numa natureza selvagem ao mesmo tempo pacífica e exuberante, ou os de Jacques-Fabien Gautier-Dagoty, cujas pranchas seduzirão os surrealistas por seu erotismo macabro, povoadas que são por graciosas e provocantes jovens com a carne nua e as vísceras complacentemente expostas.

O entusiasmo do público com esses corpos esfolados e esses autômatos que emulam a vida pouco contribuiu, no entanto, para aproximar a visão do corpo segundo a Academia daquela com a qual se preocupam os anatomistas: a primeira defende uma estética à flor da pele, empenhada em restituir os movimentos de superfície de um organismo tomado pelas paixões, enquanto os últimos se consagram a explorar e descrever o corpo profundo, a aparelhagem oculta de ossos, músculos e tendões que constitui a estrutura material das expressões morais. Ora, essas perspectivas aparentemente antitéticas são apenas as duas faces de um mesmo desejo de penetrar no mistério das relações entre o físico e o espiritual do qual os dois primos Fragonard oferecem uma declinação exemplar: Jean-Honoré, o pintor do frívolo e da volúpia alegre, incomparável para reproduzir o contorno leitoso de uma coxa ou o arredondado de um seio, e Honoré, o severo anatomista que inventa uma técnica de preservação de cadáveres que lhe permite expô-los em poses espetaculares. Conforme escreve Philippe Comar, "o século XVIII, leve, brilhante, galante, espiritual, sedutor, é também aquele em que se disseca, escorcha, amputa, eviscera, mumifica com um ardor jamais visto".[531] A história da arte reteve sobretudo os nomes de pintores delicados da interioridade e dos afetos, os Boucher, Watteau, Greuze, Fragonard, para quem as emoções do coração são aliás indissociáveis daquelas do corpo, deixando as imagens do homem-máquina, os escorchados, os autômatos, as ceras anatômicas para a história das ciências e das técnicas. Porém, como não ver que são essas imagens — às quais é preciso acrescentar a flora e a fauna ilustradas de regiões distantes, os primeiros desenhos etnográficos, os levantamentos topográficos — que, na realidade, atestam o mais veementemente possível a evolução da ontologia naturalista rumo a uma redução da interioridade e do fluxo da vida a parâmetros inteligíveis já que figuráveis em sua dimensão física?

A entrada para a Academia, em 1769, do famoso *Écorché au bras tendu* [Escorchado com o braço estendido], de Jean-Antoine Houdon, marca uma reviravolta. A estátua é uma réplica do estudo preparatório para um são João Batista que o jovem artista acaba de realizar na Academia da França em Roma, onde ele acompanha assiduamente as aulas de anatomia que o cirurgião Séguier ministra sobre cadáveres. E é quando ele se prepara para completar seu estudo anatômico, recobrindo-o com pele e vestimentas, que todos aqueles que haviam visto a figura o exortam a fazer um molde dela, pois julgam ser a melhor representação anatômica jamais executada até então. De fato, a estátua é fiel à anatomia sem ser perfeitamente exata: os volumes são simplificados e as formas, depuradas para se conformarem à estética clássica, e os músculos são, às vezes, exageradamente contraídos a fim de acentuar o dinamismo do movimento. O sucesso imediato do escorchado de Houdon, na França e na Europa, onde é rapidamente adquirido pela maior parte das academias, exerce um efeito cascata e suscita entre os artistas um vivo interesse pelos estudos anatômicos. A dissecação integra, dali em diante, o currículo da Escola de Desenho, novo nome da Academia após sua abolição, em 1793, pela Convenção. Jean-Joseph Sue, filho e homônimo do antecessor, nela professa não apenas o estudo do cadáver, mas também o da fisiognomonia, da qual é um ardente propagador. Ao ensinamento da correspondência entre formas anatômicas e traços psíquicos, agrada-lhe acrescentar aquele das diferenças entre os sexos, idades, tipos, raças e hábitos corporais, em suma, o princípio de uma antropologia física comparada que se liga ao estudo sistemático das variações da singularidade moral em função das variações das características físicas. O aprendizado da dissecação desempenha um papel central nessa atualização: o artista, numa abordagem que lembra a deferência a uma "visão natural", da qual se vangloriava a pintura do século de ouro holandês, deve ser capaz de explicar em sua obra aquilo que ele testou quando "levou o escalpelo para dentro do labirinto dessa máquina admirável".[532] E isso não somente por uma preocupação de exatidão mimética, mas porque a experiência do corpo desventrado, cortado em pedaços, desmontado e remontado, leva-nos a nos desfazer de todas as imagens preexistentes, de todas as convenções prévias que regem a figuração do corpo humano. Pouco a pouco se estabelece, assim, uma espécie de equivalente figurativo da dúvida metódica por meio do qual, graças à prática da dissecação, o artista se liberta dos esquemas visuais transmitidos pela tradição ao reconstituir corpos completos a partir de seus componentes elementares.

No final do século XVIII, os escorchados e os manequins anatômicos desfizeram o vínculo entre o corpo e a beleza interior que o Nu havia mantido por tanto tempo reunidos; eles revelam inequivocamente que, por trás da pele diáfana e das carnes macias, esconde-se o mesmo tipo de músculo e de víscera que aqueles dos animais. O corpo se torna, então, verdadeiramente nu, de uma nudez terrível porque despojada de sua epiderme ao mesmo tempo que da trama espiritual que a revestia de uma lembrança de encarnação. Não é mais a "cifra sensível da interioridade", para retomar a fórmula de Jean-Marie Schaeffer,[533] mas uma figuração de superfície, física de lado a lado, abrindo caminho rumo a duas possibilidades equivalentes que o século seguinte irá explorar: a Olympia de Manet, heroína impudica do teatro sem profundidade em que nossos desejos afloram, e a imagética científica, vestígio indicial imperfeito de um mundo material com a autonomia incessantemente diferida. É esta última via que seguiremos aqui para completar um esboço já por demais profuso.

A OBJETIVIDADE IMPOSSÍVEL

Portador de uma contradição inicial entre a universalidade afirmada das leis da natureza e a singularidade obstinada dos humanos, o naturalismo desenvolveu-se promovendo um conhecimento do mundo que se pretendia cada vez mais incólume a ideias preconcebidas e velhos hábitos arraigados de um sujeito conhecedor. A conquista da objetividade à custa de um apagamento da interioridade humana manifestou-se da maneira mais nítida nas imagens, e é essencialmente por meio delas que se pode reconstituir sua história.[534] Com efeito, na segunda metade do século XVIII, instala-se um regime figurativo de fidelidade à natureza que, conforme acabamos de ver com o papel dos estudos anatômicos nas belas-artes, exerce uma função reguladora sobre a identificação e a reprodução convertida em imagem de objetos orgânicos: ele provê uma descrição padronizada que permite as generalizações e as comparações. A multiplicação dos atlas científicos nessa época contribui, e não pouco, para a difusão de um ideal de normatividade no âmbito das comunidades eruditas, já que essas coletâneas de imagens, a princípio geográficas e anatômicas, por vezes oriundas de uma colaboração, consolidam a solidariedade de um coletivo em torno de questões empíricas que lhe são próprias. Ora, os atlas sofrem uma mutação no início do século xviii. Os estudiosos naturalistas dos séculos anteriores haviam reagido contra as generalizações abstratas dos escolásticos, e sua atenção estava, portanto, voltada ao anormal e ao particular, do mesmo modo que os pintores do século de ouro, obcecados pelo detalhe e atentos às mínimas variações da matéria, pareciam unânimes em responder ao imperativo baconiano de descrever a superfície das coisas em toda a sua diversidade fenomenal. Uma nova geração assume uma atitude oposta ao se empenhar em discernir regularidades por trás da cintilação dos particularismos, recusando com isso as imagens que descrevem as exceções da natureza em benefício daquelas que servem para fazer com que surjam constantes. O projeto figurativo se torna tipológico: para além das aparências bastante diferentes que um órgão ou um esqueleto pode assumir, o modelo normalizado de sua configuração ideal permite identificá-lo sob seus aspectos tanto normais quanto patológicos. Com as viagens de exploração e conquista dessa segunda metade do século xviii, os atlas passam a abarcar domínios de saber mais numerosos, em especial a botânica, a zoologia e a mineralogia, de maneira que as imagens que eles contêm em grande quantidade, longe de serem ilustrações pitorescas, acabam por cumprir a função de gabaritos a fim de calibrar uma infinidade de objetos naturais muitas vezes antes desconhecidos.

Figurar o tipo subjacente de uma planta, de um animal ou de um conjunto de órgãos equivale a tornar visíveis suas características sintéticas, quaisquer que sejam as variações que os diversos espécimes que temos à vista necessariamente apresentam. Trata-se, portanto, de uma construção intelectual cuja realização não existe em nenhum indivíduo particular e que pode ser aplicada seja como uma imagem ideal, isto é, a síntese de uma série de casos particulares, seja como uma imagem característica, isto é, representando um objeto singular, mas que assume o valor de tipo para toda a classe de objetos da qual é considerado representativo.[535] A redução da diversidade das expressões morfológicas de um objeto natural a um arquétipo visa a expressar sua verdade, amalgamando traços característicos que nenhum indivíduo possui integralmente, a fim de que esse objeto se torne reconhecível à primeira vista graças a uma espécie de cédula de identidade convertida em imagem. Dessa forma, o respeito ao "natural" se manifesta por meio de uma escolha subjetiva do descritor em benefício de uma objetividade identificável por um coletivo especialista como a norma consensual do objeto descrito. Além disso, e salvo raras exceções, não são os próprios naturalistas que produzem a imagem que encarna a síntese típica, mas ilustradores que trabalham sob seu controle minucioso, obrigados a reformular de modo ininterrupto seus desenhos até que correspondam exatamente à ideia que o especialista formou do objeto natural que eles têm por missão ilustrar. A ambição de realizar imagens fiéis à natureza é, portanto, mediada aqui por um filtro subjetivo que não é mais, como antes, aquele do artista que seria influenciado por um cânone estético, uma vez que o produtor de imagem se vê, a partir de então, reduzido a registrar e restituir da melhor maneira possível o arquétipo formado na mente de um especialista cujo olhar foi exercitado por meio de múltiplos encontros com os espécimes que esse paradigma agrega.

A eliminação das variações numa síntese convertida em imagem conduziam, assim, a quase-ficções entre observadores que eram, no entanto, escrupulosos. Por isso é que a preocupação em retratar arquétipos é suplantada a partir dos anos 1840 por aquilo que Lorraine Daston e Peter Galison chamam de "a objetividade mecânica", ou seja, o emprego de técnicas de figuração em que o papel do observador é reduzido ao mínimo, essencialmente graças a dispositivos de registro mais ou menos automáticos, entre os quais a fotografia é o melhor exemplo.[536] Afinal, os estudiosos tomam consciência muito cedo das possibilidades oferecidas pelo daguerreótipo, cujo resultado "pertence quase inteiramente à natureza", conforme defende o botânico Pierre-Jean-François Turpin em 1839,[537] uma observação que faz eco à avaliação já evocada de Ortelius a respeito das pinturas de Brueghel de que seriam menos obras de arte do que "obras da Natureza". O ideal indicial da marca que anima a pintura holandesa se vê realizado aos olhos dos cientistas quase dois séculos depois na fotografia. No mesmo ano de 1839, François Arago, físico especialista em luz e secretário permanente da Academia de Ciências, presta contas diante de seus colegas, em termos igualmente entusiasmados, de sua visita ao ateliê de Louis Daguerre, onde ele participa com o fotógrafo na produção de uma vista do Boulevard du Temple, em Paris, a partir da janela de um imóvel. A altíssima definição da imagem deixa-o admirado: ela permite ver, graças a uma lupa, detalhes que a visão natural não detecta, como as hastes dos para-raios sobre o telhado dos edifícios. No entanto, a imagem não mostra tudo; devido ao tempo de exposição, os objetos móveis desapareceram, a começar pelo intenso tráfego de pedestres e de veículos puxados por animais no bulevar. Arago está sem dúvida consciente dessa ausência, mas isso não o impede de afirmar que "a imagem e o objeto são completamente iguais", já que a luz por si só reproduz as formas e as proporções dos objetos externos, como se a natureza se atualizasse por conta própria sobre uma placa prateada.[538]

Ao menos na medida da exatidão mimética por ela permitida, aquilo que chama a atenção dos estudiosos na fotografia é a possibilidade de servir-se dela como de um instrumento de investigação que engendra imagens livres da interpretação humana, portanto, verdadeiramente objetivas. Em que exatamente elas o seriam? Todos os cientistas da segunda metade do século XIX sabem que as imagens fotográficas podem ser manipuladas, que elas são da esfera do artifício, que exigem uma competência técnica. A natureza não se imprime por si mesma sobre placas reativas, e a ascensão das fotografias artísticas — as primeiras são acolhidas no Salon de 1859, em Paris — torna cada um deles ciente de que os clichês podem ser retocados de modo extensivo. A objetividade da fotografia proviria, portanto, menos de sua virtude imagética intrínseca do que da proteção que ela ofereceria aos cientistas contra as projeções inconscientes de suas ideias preconcebidas e de suas teorias sobre seus objetos de estudo. É particularmente esse o caso na antropologia física, em que os estudiosos logo se dão conta de que a enorme variedade de espécimes pelos quais eles se interessam pode conduzir à idealização de tipos humanos segundo convenções artísticas europeias, razão pela qual os manuais de fotografia científica recomendam aos etnógrafos que utilizem a fotografia em vez do desenho. Conforme escreve em 1884 Eugène Trutat, um ardente defensor da fotografia nas ciências naturais, "basta folhear as pranchas da grande viagem de Dumont d'Urville para perceber que o desenhista, qualquer que fosse aliás seu talento, não sabia ver e desenhava sempre homens da raça branca, que ele coloria em seguida de preto ou de vermelho", um julgamento que faz eco ao que o anatomista Étienne Serres escrevia cerca de trinta anos antes a respeito da aparência física do ameríndios tal como retratada pelos viajantes: "[...] as figuras contidas em suas obras são quase sempre os tipos europeus trajados à maneira americana".[539]

E, contudo, assim como os antropólogos não deixam de notar, a fotografia se revela incapaz de resolver os problemas que eles se colocam. Por um lado, ela contribui sem dúvida alguma para colocar em prática o vasto programa de Paul Broca de um estudo das raças humanas baseado na coleta documental do maior número possível de espécimes para grupo de controle que permita a classificação. Fiéis aos preceitos do método de Claude Bernard, que dissocia a observação da experimentação, os antropólogos se deslocam pouco e confiam a viajantes a missão de recolher fatos supostamente brutos dos quais extraem os materiais de seu estudo da diversidade racial e cultural. Com essa finalidade, eles redigem instruções bastante precisas concernentes à coleta de dados para que ela se opere segundo princípios metodológicos uniformes, devendo-se privilegiar a fotografia para a padronização do objeto por ela possibilitada. Assim, Broca determina que se reproduzam por meio da fotografia "1) cabeças nuas que deverão sempre, sem exceção, ser tomadas exatamente de frente ou exatamente de perfil [...], 2) retratos de corpo inteiro, tomados exatamente de frente, com o sujeito em pé, nu tanto quanto possível e com os braços ao longo do corpo";[540] a incorporação de uma escala graduada visa a facilitar a medição diretamente sobre a prancha e, portanto, a comparação. Dessa forma, a figuração normalizada da variedade humana por meio da fotografia supostamente elimina os vieses e os erros imputáveis ao observador.

Por outro lado, a objetividade mecânica assim obtida permanece de pura fachada. Em primeiro lugar, porque a exigência estipulada pelas instruções aos viajantes de fotografar os tipos humanos mais característicos de uma raça implica, por parte do operador da câmera, um trabalho de idealização inteiramente subjetivo: é preciso, de fato, que ele compare de modo empírico os múltiplos indivíduos que encontra para distinguir entre eles traços físicos comuns e daí extrair um tipo genérico, antes de achar a encarnação concreta desse gabarito mental num espécime a ser fotografado. De maneira mais geral, muitos antropólogos duvidam que se possa mesmo isolar tipos morfológicos humanos sintetizando informações fornecidas por fotografias, uma vez que o tipo, por definição uma representação ideal, não poderia estar plenamente presente em nenhum indivíduo. Esse ponto de vista, cada vez mais dominante no final do século XIX, encontra em Paul Topinard um defensor eloquente: "Os tipos não se tocam com os dedos [...], eles se veem por meio dos olhos da mente", uma vez que, acrescenta ele, "nem o tipo nem a raça são, no estado atual da humanidade, realidades objetivas".[541]

Será que se pode, contudo, considerar a hipótese, graças à fotografia, de fazer com que um referente objetivo corresponda àquilo que veem "os olhos da mente"? Foi essa a tentativa de Francis Galton no final dos anos 1870 ao inventar um dispositivo mecânico de abstração padronizada de tipos humanos, um sintetizador fisiognomônico que funcionava por sobreposição óptica de rostos oriundos de "grupos criminais tipos"; o resultado são retratos fotográficos compósitos em que nenhum traço é próprio a um indivíduo específico, mas que apresentam, porém, "ares de família" em relação a cada um dos indivíduos que tenha servido para constituir o tipo.[542] Conforme escreve Galton a respeito de sua figura imaginária, na qual se acredita, no entanto, reconhecer uma pessoa real, "é o retrato de um tipo, não de um indivíduo".[543] Com esse procedimento de fabricação de tipos fisiognomônicos, uma nova etapa é superada na redução dos meandros da interioridade a parâmetros físicos — aqui, as supostas disposições para o crime.

Não apenas a moral se torna uma propriedade do biológico, mas a própria produção da imagem tipo de uma interioridade desviante se faz, em princípio, sem intervenção da interioridade do experimentador, graças a um mecanismo de fusão automatizada. No entanto, a eliminação da subjetividade do observador na produção de imagens científicas jamais foi levada a cabo. O próprio Galton era obrigado a fazer escolhas na massa de fotografias de indivíduos passíveis de participar da constituição de um tipo por sobreposição de traços. Além disso, a técnica de amalgamação em si engendrava resultados aleatórios. Assim, Topinard observa com severidade que a fotografia compósita que deveria proporcionar "a média mais maravilhosa com que se poderia sonhar" era, na realidade, incapaz de fornecer tipos estáveis, sendo que a fisionomia final variava em função da ordem com que se sobrepunham os sujeitos selecionados para formar a imagem.[544]

Pode parecer paradoxal que se tenha continuado, no século xx, a fazer uso de imagens icônicas como auxiliares do conhecimento do corpo humano ou de outros objetos e fenômenos naturais, na medida em que os cientistas tinham bons motivos para colocar em dúvida sua utilidade: seja porque os métodos empregados não conseguem eliminar a subjetividade perceptiva, pois deixam uma margem grande demais para as manipulações humanas, seja porque, ao contrário, tendo a preocupação com a objetividade conduzido a privilegiar ferramentas automáticas de registro que respeitam a singularidade dos objetos, a própria utilidade das imagens como instrumentos de padronização e de difusão desses objetos se torna questionável. E, no entanto, se excetuarmos um punhado de especialistas em lógica, matemáticos e físicos, os cientistas do século xx não julgaram conveniente se privarem do recurso às imagens icônicas para estabelecer e transmitir regularidades naturais, mesmo quando dados numéricos são suficientes para isso e quando a observação é mediada por uma instrumentação que não restitui diretamente uma figuração mimética.[545] Acrescentar a medida à imagem para melhor descrever graças a uma grade de coordenadas é, afinal de contas, uma prática antiga cuja origem se encontra na *Geografia* de Ptolomeu. O procedimento teve até mesmo aplicações em anatomia a partir do século XVI com o atlas de Bartolomeo Eustachi, no qual cada figura que representa um órgão é bordejada de escalas graduadas que permitem localizar essa ou aquela parte do corpo por intermédio daquilo que o autor chama de uma "altitude" e uma "latitude", autorizando assim um sistema bastante preciso de remissões às descrições detalhadas dos órgãos e de suas funções no texto que acompanha as pranchas.[546] O valor até hoje atribuído à imagem científica deve, assim, ser procurado antes em suas virtudes objetivantes do que em sua aptidão para descrever objetivamente: ela desencadeia uma experiência visual análoga àquela que seria suscitada pela observação direta daquilo que ela representa, um meio de adquirir familiaridade com um objeto ou um fenômeno cuja existência e propriedades parecem garantidas por aquilo que a imagem dá a ver.

A impossibilidade de realizar plenamente o programa naturalista de uma redução da interioridade singular dos humanos a determinações físicas universais assume uma forma exemplar nas técnicas não invasivas de imagética cerebral desenvolvidas no decorrer das últimas décadas do século XX. Essas técnicas permitem efetivamente visualizar a infraestrutura física de operações cognitivas complexas, graças a ferramentas de registro automático das quais, no entanto, nem toda subjetividade humana desapareceu. Nelas, a interioridade observada e convertida em imagem certamente se torna uma função da fisicalidade, sem por isso, entretanto, conseguir eliminar a interioridade observadora e imagética. Isso é bastante nítido na mais espetacular das técnicas, a tomografia por emissão de pósitrons (TEP) aplicada ao estudo do cérebro. A TEP fornece imagens tomográficas da atividade metabólica das moléculas nos organismos vivos por meio de emissões captadas por um detector de pósitrons oriundos da desintegração de um produto ligeiramente radioativo injetado no sujeito observado. O marcador em geral utilizado para a TEP do cérebro é o oxigênio 15, cuja acumulação é causada pelo aumento local do débito sanguíneo que se produz sempre que uma região do cérebro vê sua atividade se intensificar. A técnica é, então, preciosa para as neurociências cognitivas, já que as radiações emitidas por esse isótopo indicam a localização precisa de uma atividade metabólica do cérebro, portanto, uma ativação de uma ou mais partes desse órgão por ocasião de uma tarefa atribuída ao sujeito submetido à experiência. Duas constatações emergem imediatamente dessa caracterização sucinta: de um lado, aquilo que a cintilografia detecta é um aporte de energia numa região do cérebro, e não uma atividade cognitiva; de outro, o resultado dessa localização não é uma imagem, mas um conjunto de dados numéricos tratado em seguida por um sistema informatizado mediante um algoritmo de reconstrução a fim de obter imagens. A TEP, portanto, não entrega uma figuração direta do pensamento, mas as coordenadas, faixa por faixa, das zonas do cérebro envolvidas numa operação ou num estado mental.

Antes de considerar os vieses subjetivos a que essa técnica induz, observemos a princípio aqueles que resultam da situação experimental. O primeiro decorre da necessidade de determinar um sujeito dito "normal" a fim de constituir a referência de controle da experiência, sem dúvida a dificuldade mais antiga da imagética científica, conforme acabamos de ver, uma vez que ela exige a especificação daquilo que é um objeto típico em relação ao qual serão examinadas variações. Em sua notável etnografia dos praticantes da neuroimagética, Joseph Dumit colocou claramente em evidência os critérios que condicionam, nos Estados Unidos, a seleção de um sujeito normal.[547] Trata-se quase sempre de um homem branco, destro, que fala inglês de maneira fluente, isento de qualquer patologia neurológica, mental e fisiológica, tendo passado com sucesso por uma bateria de exames clínicos e psicológicos destinados a avaliar tendências como a "ideação incongruente" ou o "comportamento incomum". Por conversão reflexiva, pode-se supor que uma canhota haitiana recém-imigrada para o Brooklyn, imaginativa, disléxica e coberta de amuletos — uma poeta, talvez — representaria o ápice da anormalidade. Uma vez escolhido o sujeito por sua perfeita conformidade com um ideal-tipo implícito, é preciso ainda definir inequivocamente as tarefas a serem executadas, que vão desde comparações entre operações cognitivas ou emoções elementares até comparações entre sujeitos — mentalmente são e esquizofrênico, por exemplo. Ora, essas tarefas devem ser discretas a fim de que a imagem obtida indique claramente a localização no cérebro dessa ou daquela atividade: o sujeito que lê uma palavra não deve, além disso, sentir tristeza ou inquietação, sendo que esse imperativo de segmentação das modalidades funcionais da interioridade dentro do fluxo dos estados mentais não é a menor das dificuldades que esse dispositivo experimental coloca. Por isso é que a maioria dos pesquisadores em neurociências que utilizam a TEP são também modularistas, isto é, estão convencidos de que cada tipo de atividade cognitiva corresponde a um módulo especializado apenas na execução da atividade em questão, de maneira que a modularidade como teoria do funcionamento da mente está, a partir de então, estreitamente correlacionada com um dispositivo experimental que ao mesmo tempo a pressupõe — cada operação mental é isolável — e pretende verificá-la, dando-lhe visibilidade.

Além do que há de arbitrário na definição e na escolha de um sujeito normal e da tarefa mais ou menos "discretizada" que ele deve cumprir, a transformação em imagens sintéticas, por meio de um algoritmo, dos dados numéricos detectados por cintilografia responde também a opções muito amplamente subjetivas. Com efeito, o resultado da detecção é um espaço tridimensional constituído de pequenos blocos adjacentes, os voxels, sendo designado a cada um deles um valor numérico que representa a quantidade de atividade reconstruída sobre uma seção de uma faixa do cérebro durante o escaneamento. Uma vez ajustada essa digitalização do cérebro a um modelo — por exemplo, outro cérebro digitalizado que cumpre a função de gabarito — a fim de fixar aos voxels uma localização anatômica, estes podem ser tornados visíveis, ou seja, transformados em pixels. O método mais simples consiste em atribuir a cada valor numérico uma tonalidade de cinza; ou então, quando as variações são diminutas, cores que o olho possa discriminar melhor. As cores são escolhidas de maneira arbitrária — são chamadas, aliás, de "pseudocores" — para acentuar pequeníssimas variações numéricas que, por essa via, são transformadas em contrastes visuais fortemente marcados. O resultado é uma imagem anatômica no interior da qual regiões do cérebro aparentemente homogêneas são segmentadas de maneira nítida em função do tipo de ativação mensurada, um artifício icônico do qual os utilizadores da técnica têm plena consciência; tal como admite de bom grado Michel Ter-Pogossian, um dos inventores da tomografia por emissão de pósitrons, "[as cores] significam o que quer que se queira que elas signifiquem", e acrescenta: "as pessoas têm evidentemente uma tendência a usar as escalas [de cores] que realçam o que elas desejam realçar".[548] Isso é demonstrado de maneira impressionante pela justaposição operada por um especialista em medicina nuclear, Brian Murphy, de quarenta imagens coloridas de uma faixa de cérebro, aparentemente todas distintas, ainda que representem exatamente a mesma coisa, a saber, os mesmos valores numéricos provenientes da cintilografia de um mesmo sujeito, cada qual tornada visível por meio de uma escala diferente de pseudocores (ilustração 139). Realizada para incentivar a prudência na interpretação dos resultados, essa demonstração fornece a prova perceptiva de que, conforme declara seu autor, "com o ajuste certo, é possível fazer com que quase qualquer característica sobressaia".[549]

Então, por que usar imagens se os valores numéricos bastam para estabelecer aquilo que o pesquisador pretende mostrar? Afinal, são claramente esses valores que fundamentam as conclusões, e não as fotografias coloridas, estas empregadas nos artigos de neurociências para ilustrar o argumento, razão pela qual se escolherão geralmente as mais espetaculares.[550] As imagens, na verdade, não têm aqui uma função descritiva ou normatizadora; elas são produzidas e publicadas apenas por sua qualidade ostensiva, a fim de reforçar o efeito de persuasão de argumentos científicos apresentados de maneira discursiva e baseados em dados estatísticos, os únicos a merecerem crédito nesse campo. Apesar disso, apesar das declarações prudentes dos utilizadores da TEP em neurociências, apesar de admitirem que as imagens são mostradas sobretudo para ilustrar valores numéricos e que não constituem provas em si mesmas, apesar do reconhecimento de que aquilo que é mensurado pela TEP é a indicação de um processo metabólico no cérebro e não diretamente uma atividade cognitiva, apesar da aceitação de que, em virtude da variedade de tipos de *scanner* e da ausência de normalização no uso de pseudocores, as imagens são muito frequentemente impossíveis de serem comparadas entre um estudo e outro, apesar, portanto, de todas as precauções tomadas pelos pesquisadores para especificar os limites dos resultados que eles apresentam, há como que uma esperança messiânica no uso da neuroimagética que leva a acreditar que a visualização das tarefas cognitivas acabará por fornecer uma chave física do funcionamento da interioridade, cumprindo assim o destino lógico do naturalismo de reduzir uma de suas premissas à outra.

Dessa forma, um longo ciclo parece se fechar numa apoteose materialista cujos contornos o último terço do século xix já anunciava: o modelo subjacente da perfeição, o ideal do belo eclipsavam-se agora da cena artística, sem dúvida por muito tempo, talvez para sempre. Com o desenvolvimento da fotografia, com os primeiros êxitos dos impressionistas, a imagem deixava de ser um princípio incorporado, uma representação de outra coisa que não ela mesma, para não ser mais que uma presença, uma aparição, um vestígio sensível. A interioridade começava a se ausentar do corpo dos humanos, e isso em grande parte graças ao progresso das técnicas de captura e de reprodução de dimensões da matéria corporal outrora invisíveis: Muybridge e Marey decompunham o movimento em suas placas fotográficas, Röntgen desvelava esqueletos vivos, o microscópio eletrônico nos fazia acessar o infinitamente pequeno, e a neuroimagética mostrava aos incrédulos, e em cores, que a consciência e o pensamento são tão somente efeitos de processos físico-químicos. Após seis séculos de experimentação com as imagens, o naturalismo parecia ter conseguido, ao materializar a mente, transformar o inefável em figurável, como uma impressão, e não mais como um sucedâneo.

E eis que a interioridade, por fim ostensivamente reduzida a um fenômeno físico, põe-se a ressurgir ali onde não se esperava, na multiplicidade de opções subjetivas abertas àqueles mesmos que acreditavam validar em suas imagens a constatação de seu desaparecimento. Afinal, empenhando-se em figurar o pensamento em ação, os neurofisiologistas são também dependentes dessa psicologia do senso comum, que é como o ruído de fundo da coisa mental: eles imaginam (experiências), inferem (com maior ou menor precisão), querem convencer (com imagens), aspiram ao reconhecimento (de seus pares e do grande público), sofrem a angústia (do fracasso e da insignificância), experimentam a embriaguez (do sucesso e da notoriedade) etc.; em suma, sua atividade de pesquisador se nutre dia após dia de redes de representações do mundo e de si mesmos das quais não apenas eles são incapazes de se abstraírem, mas que constituem inclusive o motor de sua inventividade. Levado pela empolgante perspectiva de desvelar em imagens, enfim objetivas, os recursos mais secretos da mente humana, o militante consumado do naturalismo não atentou o bastante para o fato de que a interioridade é mais do que um mecanismo computacional análogo a uma máquina de Turing, que o materialismo exige sempre um ponto de vista sobre aquilo que ele torna manifesto e que este não pode ser a simples sentinela do homem interior — "Não estou simplesmente alojado em meu corpo, assim como um piloto em seu navio", segundo a célebre formulação de Descartes; de fato, meu corpo sou eu, um eu indissoluvelmente composto de físico e de moral, conforme bem havia observado esse sutil teórico do naturalismo em sua sexta *Meditação*, de maneira que, ao fazer da vida interior o efeito emergente de um sistema eletroquímico-mecânico, é na realidade o corpo como componente do eu que se esvanece.[551] Afinal, com a aniquilação de um ego considerado ilusório, o corpo nem seria mais meu, já que nenhum eu teria nele persistido para experimentar sua posse, nenhuma consciência subjetiva permaneceria à espreita para objetivar um mundo material tornado tão inútil quanto silencioso.[552] Dividido, tanto no fronte da figuração como nos de outros modos de existência, entre a irredutibilidade obstinada de um eu loquaz e a aspiração de tudo submeter às leis da natureza, o naturalismo segue aprofundando sua contradição.

12

A objetivação do subjetivo

Das escolhas formais típicas da representação naturalista sobre uma superfície plana, tudo parece ter sido dito por exclusão: elas são aquelas que nenhum outro regime figurativo executou. Do mesmo modo que a física galileana reduz o mundo sensível a um conjunto de pontos discretos definíveis por meio de coordenadas espaçotemporais, a variante depurada da transformação projetiva própria da pintura pós-albertiana também consegue eliminar as características fenomenais associadas aos objetos que ela representa — a dimensão, a forma, a distância, o paralelismo, a perpendicularidade — para reconstituí-las por meio de uma transposição calculada numa malhagem que simula a experiência da visão. Enquanto a física matemática se despedia das qualidades secundárias nas quais o analogismo havia encontrado uma fonte e um estímulo para seus exercícios de ontologia aplicada, a perspectiva linear conseguia essa proeza de se apropriar das qualidades primárias — as propriedades geométricas das coisas — para transformá-las num agrupamento de qualidades secundárias matematicamente construído por um sujeito. Que uma conversão formal tão radical permita, no entanto, a possibilidade de interpretar as imagens que ela engendra é algo que depende em parte da domesticação do olhar, que torna quase "natural" a perspectiva artificial na opinião daqueles que foram criados em coletivos nos quais ela foi adotada. Depende também do fato de que essas imagens infiéis às invariantes primitivas dos objetos que elas figuram sejam, pelo contrário, fiéis a essas invariantes derivadas que são os gradientes por meio dos quais percebemos, de maneira contínua em nossos deslocamentos, a profundidade de um campo e a dimensão relativa dos objetos dentro desse campo.[553] Assim, a perspectiva linear transpõe numa imagem fixa esse movimento constante de reajustamento dos objetos em nosso campo visual; ela permite a captura e a perenização de um minúsculo intervalo de tempo apreendido por um sujeito que percebe: tal aspecto fugaz do mar e do céu em tal momento do dia, em tal lugar, em tal estação, tal expressão de um personagem em tal época de sua vida em tal circunstância, tal acontecimento congelado para sempre em gestos e atitudes. Cada imagem se torna um instantâneo, mas um instantâneo para uma pessoa, uma extensão compartilhável do olhar que ela tem sobre o mundo num local e num momento precisos. A exemplo da física naturalista nascente, que consegue decompor cada estado de uma situação material calculando num instante t a massa, a velocidade, a aceleração e a trajetória dos corpos que nela estão visivelmente presentes, a perspectiva linear consegue decompor cada estado de uma situação subjetiva para reconstituir, de maneira verossimilhante, a aparência sob a qual as coisas se apresentam num instante t aos olhos do espectador que as contempla. Aí reside a diferença principal entre a construção projetiva a uma distância moderada e as outras transformações: todas as imagens figurativas retratam muitos aspectos do mundo tal como ele é visto por um sujeito — quer ele seja humano, animal, espírito ou divindade — sem que, no entanto, o ponto de vista desse sujeito esteja nelas presente; apenas as imagens naturalistas prolongam a esfera do eu no espaço em que seu olhar é objetivado.

Não é o menor dos paradoxos que esse movimento projetivo, característico da ambição "realista" da representação naturalista, tenha encontrado sua consumação com o advento da pintura não figurativa. Os artistas dos quais se diz terem inventado a abstração empenharam-se de fato em criar um espaço pictórico radicalmente diferente daquele de seus predecessores, uma vez que ele se tornava o próprio sujeito da obra ao prescindir de referências de uma realidade externa, ao mesmo tempo que se mantinham fiéis à exigência fundamental da figuração naturalista de ser um projeto descritivo. Na virada dos anos 1910, o importante para Wassily Kandinsky, Piet Mondrian, Sonia e Robert Delaunay, Kasimir Malévitch não era mais a descrição dos seres e das coisas tal como a pintura do século de ouro holandês havia conduzido ao mais alto grau de realização — e tal como a fotografia, concorrente nessa ambição imitativa, havia em seguida dificultado sua busca; era a própria experiência da descrição que importava figurar, a abordagem ao mesmo tempo intelectual e sensível por meio da qual o mundo é apreendido e reproduzido. Pode-se, com efeito, chamar isso de uma abstração, no sentido do movimento que refina pouco a pouco um conteúdo representado até escamoteá-lo na forma de sua materialização, que se faz, então, representação da ideia de um objeto ou ainda, conforme escrevem Gilles Deleuze e Félix Guattari a respeito da arte abstrata, "não mais uma sensação de mar ou de árvore, mas uma sensação do conceito de mar e do conceito de árvore".[554]

Um pintor ilustra bem a evolução na arte contemporânea do programa descritivo do naturalismo que chega a privar os objetos retratados de suas articulações de superfície e das falsas aparências da perspectiva linear, de maneira a tornar tangível sobre a tela apenas a operação mental que a representação de uma parcela do mundo envolve. Trata-se de Mondrian, um herdeiro da cultura visual da Holanda do século XVII cuja abstração rigorosa resulta das soluções que ele apresenta ao dilema de representar em duas dimensões um mundo tridimensional, sem camuflar essa passagem numa geometria ilusionista. Mais vale, nesta circunstância, não darmos demasiado crédito ao discurso teosófico sibilino, em cujos termos acontece a Mondrian expressar os efeitos que ele busca obter, e nos concentrarmos, em vez disso, na maneira como ele aos poucos desenvolveu em suas telas uma relação singular entre as figuras e o fundo. Tem-se o costume de dizer que a abstração se insinuou na obra de Mondrian entre 1911 e 1912, mais precisamente entre duas versões de sua *Natureza-morta com vaso de gengibre* (ilustração 140). A primeira versão toma de empréstimo ao cubismo com mão leve: sobre uma mesa abarrotada de utensílios e mantimentos estilizados encontra-

-se entronizado um vaso azul esverdeado, no centro exato da tela e em meio ao cenário montado pelo artista, que se estende por planos sucessivos até a parede do fundo, onde se discerne uma janela. Os objetos são reduzidos a superfícies encastradas umas nas outras, com contornos regulares nitidamente delimitados por traços, no gênero de Cézanne ou das paisagens que Braque pintou em Estaque alguns anos antes. Se a centralidade e a cor do vaso permanecem na segunda versão, assim como as indicações de volume para alguns objetos, por outro lado a profundidade de campo desapareceu, substituída por um entrecruzamento de linhas verticais e horizontais sobre o qual não se sabe mais se ele representa o fundo trazido para o primeiro plano ou as figuras da natureza-morta transformadas em fundo. Entre as duas versões, Mondrian convenceu-se a aceitar que o quadro é uma superfície plana e decidiu tirar partido disso.

Num artigo tão breve quanto influente, Clement Greenberg definiu o modernismo na pintura, e o caráter particular de sua abordagem crítica, como um efeito de uma tendência que, desde Manet, não deixou de se acentuar, de enfrentar com franqueza a limitação da planicidade do quadro.[555] Certamente, os pintores de épocas anteriores não ignoravam essa dimensão de sua própria arte, que eles tornaram visível como o inevitável substrato sobre o qual se apoiava a ilusão de restituir um espaço em três dimensões no qual o espectador podia imaginar-se entrando. Os modernistas subverteram essa prioridade, incitando o espectador a tomar consciência da planicidade de suas pinturas antes de observar o que elas contêm. Afinal, muitos deles não abandonaram o princípio de representar objetos presentes no mundo de maneira que possamos identificá-los; aquilo a que eles renunciaram, e firmemente, é o princípio de representar "o tipo de espaço que objetos reconhecíveis podem habitar".[556] Com a veemência de quem pratica, Dubuffet havia dito isso vinte anos antes, quando declarava querer "fazer falar na superfície sua própria linguagem de superfície", seguindo um pouco o manifesto de um grupo de artistas norte-americanos, entre os quais Rothko e Newman, que escreveram em 1943 no *New York Times*: "Somos pelas formas planas, porque elas destroem a ilusão e revelam a verdade".[557] Os pioneiros da abstração foram os primeiros a tirar partido desse desejo de deixar de ludibriar com o espaço pictórico, inventando técnicas que aboliam o contraste entre figuras e fundo, um meio de escapar do face a face naturalista entre o sujeito e o mundo. Entre eles, Mondrian o fez da maneira mais radical, não eliminando completamente a terceira dimensão — a primeira marca sobre um quadro instaura a sua planicidade —, mas substituindo por índices puramente ópticos, por retas visíveis que se entrecruzam, uma cenografia em *trompe-l'œil* cujo arranjo é disposto por meio de retas invisíveis convergentes em direção a um ponto de fuga.

E, no entanto, é através da pintura de paisagem, a forma mais clássica de imitação da natureza, que Mondrian descobre as soluções que lhe permitem escapar das representações naturalistas do espaço, ao mesmo tempo que segue com o programa descritivo do naturalismo. Nos anos 1910-1915, assim como Cézanne antes dele, Mondrian vai pouco a pouco, obra após obra, e com uma meticulosidade obsessiva, simplificar e geometrizar a massa e o contorno de determinados objetos dos quais são feitas suas paisagens familiares: a princípio árvores e fachadas, depois vistas do litoral do mar do Norte, extensões arenosas e pôlderes, os vastos céus sedimentados pelas nuvens, a horizontalidade marinha e a perpendicularidade dos quebra-mares que a dinamizam. Três paisagens à beira-mar, distribuídas em intervalos regulares entre 1906 e 1915, ilustram melhor que um longo comentário esse movimento gradual de estilização dos planos, dos ritmos e das linhas de força de um sítio abarcado pela vista (ilustrações 141 a 143). Dividida em duas superfícies equivalentes e contrastadas por suas respectivas tonalidades, a primeira paisagem ainda indica a profundidade por meio da escala ao pontuar o horizonte com um trem e um moinho minúsculos; a segunda retrata a linha da costa obliquamente, com as dunas de Domburg à esquerda e o mar à direita, este último figurado como uma massa ligeiramente convexa em virtude do movimento da maré, o que se torna manifesto pela terceira paisagem marinha, reduzida a pequenos traços, mas inscrita numa oval que vem estruturar no primeiro plano a verticalidade de um quebra-mar, um modo de inflar o espaço, conservando ao mesmo tempo sua planicidade, um procedimento do qual o artista fará amplo uso.

A paixão pela exatidão descritiva que leva Mondrian a recuar na direção de formas cada vez mais despojadas e a declarar um espaço em que a profundidade é suplantada pela curvatura lembra curiosamente aquilo que eram as condições ótimas da figuração holandesa três séculos antes, tal como a definia Eugène Fromentin a propósito das paisagens panorâmicas de Ruisdael; ao evocar "o campo circular da visão" do pintor, ele acrescenta que "seu olho tem a propriedade das câmaras escuras": a matéria visual é absorvida e reproduzida, o real tornado presente, como se nenhuma mediação humana houvesse intervindo.[558] Por conseguinte, e sem fazer da origem neerlandesa de Mondrian um traço cultural trans--histórico, não podemos deixar de nos surpreender com a coincidência entre as visadas pictóricas do pintor e aquelas que Svetlana Alpers demonstrou caracterizarem a ambição descritiva da pintura holandesa do século de ouro, em contraste com a tradição narrativa da pintura histórica.[559] Identifica-se claramente nele — mas também, é verdade, em Kandinsky ou nos Delaunay — a aspiração a retratar objetos que reflitam a luz em vez de mostrá-los esculpidos pela luz e pela sombra, ao que se acrescenta a prioridade outorgada à superfície, à cor, à frontalidade dos objetos em lugar de sua distribuição num espaço inteligível ou, ainda, o objetivo de prolongar a imagem para além do enquadramento, induzindo um espaço virtual propício para receber um espectador flutuante, livre da posição imperial que o pintor albertiano lhe impunha.

Mondrian também leva adiante o projeto descritivo da paisagem holandesa sob um aspecto mais particular. Lembramo-nos das afinidades formais que emergem nos Países Baixos do século XVII entre as técnicas dos pintores de paisagem e aquelas dos cartógrafos, tanto umas quanto as outras "descritoras de mundo" empenhadas em povoar os sítios que elas representam com informações e signos bastante diversos, em todo caso difíceis de totalizar a partir de uma perspectiva paisagística única, como seria a do espectador que abarca uma parcela de uma região através de uma janela. Algumas cartas corográficas se assemelham a paisagens, notadamente com a manutenção de uma linha do horizonte posicionada bem alta e a figuração de detalhes topográficos em vista aérea oblíqua, enquanto paisagens são organizadas como mapas, fervilhando de indicações que permitem identificar locais. É em alguns desenhos de observação executados por Hendrick Goltzius bem no início do século XVII que essa continuidade é mais manifesta. A *Paisagem de dunas perto de Haarlem* é exemplar de seu método: a linha do horizonte bordeja o terço superior do desenho, e as torres e campanários vistos de cima fornecem outras tantas referências topográficas que localizam cidades e aldeias (ilustração 144). Não apenas o desenho de Goltzius é construído à maneira de uma vista corográfica, mas com isso também anuncia a tradição de paisagem panorâmica que irá se desenvolver na pintura holandesa; afinal, conforme observa Alpers, "a superfície e a extensão são ressaltadas à custa do volume e da solidez".[560] Além disso, e ao modo de uma representação cartográfica, *Paisagem de dunas perto de Haarlem* não é construída como um palco, centrado e enquadrado pelo e para o olhar do espectador; a amplitude da terra foi transformada numa superfície em duas dimensões que extravasa os limites do desenho, o qual reconcilia em si o espaço mais amplo em cujo interior ele se inscreve e indica, ao mesmo tempo, seu prolongamento virtual, indiferente, ao que parece, a quem o contempla.

Como não fazer um paralelo entre o desenho de Goltzius e a *Paisagem de pôlder com um trem no horizonte* (ilustração 141)? Como não imaginar que é essa tradição descritiva que Mondrian tinha em mente e cuja continuidade ele assegurou quando deu início ao seu movimento de abstração estilizada? Longe de romper com a tradição naturalista, Mondrian a conduz à quintessência de seu princípio em suas obras da época, esforçando-se para figurar não mais somente a paisagem de um Goltzius, sem ponto de fuga nem circunscrição, mas a própria experiência do olhar que constitui tal vislumbre. Uma vez descartado o artifício de substituir a experiência sensível por uma construção perspectiva, ele irá materializar de modo completamente diferente essa experiência, e de maneira bastante concreta, erguendo uma linha perpendicular à imagem — o quebra-mar que avança para dentro das águas — a fim de devolver à paisagem marinha uma profundidade reconciliada com sua planicidade, ou seja, sem solução de continuidade entre a figura e o fundo (ilustração 143). Nas diversas paisagens que figuram quebra-mares realizadas por Mondrian entre 1914 e 1915, a imagem está encerrada numa oval que exprime uma experiência perspectiva já evidente na série das "dunas" de 1909-1910: o arqueamento do horizonte marinho e a sensação que ele traduz do abaulamento do mar.[561] O oceano é apenas uma superfície estacionária depositada entre o horizonte e o areal, ocasionalmente agitado pelo marulho e pela rebentação; se quisermos permanecer fiéis à ambição de descrever a experiência visual de sua apreensão, é preciso mostrá-lo sublevado pela maré que vai ao encontro do observador, é preciso, portanto, tornar o espaço convexo e como que cortado pelo quebra-mar na borda do qual o pintor está postado. Curvatura e direcionalidade permitem que não se traia a profundidade de campo, isto é, a realidade da sensação que se retrata, respeitando ao mesmo tempo a bidimensionalidade da superfície sobre a qual o movimento do mar se desenrola.

Tendo chegado ao fim de sua ascese mimética após a Grande Guerra, Mondrian abandona qualquer referente imediato a um mundo exterior. Ele continua certamente a figurar, não mais objetos e aquilo que os rodeia, mas o "fundamento das coisas" — os termos são dele — através da expressão, em esquemas visuais, dos princípios de sua relação sensível com o real.[562] A imagem se torna o efeito exclusivo de linhas retas que se entrecruzam, de signos simples e universais que remetem aos vestígios dinâmicos de uma realidade invisível, de índices, portanto, em vez de ícones a fazer as vezes de aspectos reconhecíveis do mundo. Contudo, essa mudança de Mondrian na busca de uma verdade que se abstraia do engodo da imitação nem por isso impede o prosseguimento da luta contra a falsa profundidade. Os quadrados e os retângulos, a partir de então onipresentes, ainda ameaçam se destacar do fundo e atentar contra a planicidade, sobressair como figuras por uma ínfima variação de tonalidade, por um relevo puramente óptico. Conforme observa Pierre Schneider, é a necessidade de reprimir essa rebelião do fundo, incessantemente a ponto de estourar, que conduz Mondrian na direção de suas soluções mais originais: em *New York* (1941-1942), por exemplo, em que ele faz passarem linhas vermelhas sobre linhas pretas como que para impedir estas últimas de se descolarem da superfície, ou em *Composição em amarelo com linha dupla* (1932), na qual a duplicação da linha horizontal cruzando a linha vertical parece como que um reforço para reduzir a sublevação do fundo.[563] No mesmo espírito das paisagens panorâmicas de Goltzius e de seus sucessores, enfim, Mondrian se esforça por abolir a fronteira entre o quadro e o espaço exterior; desse modo, em *Composição com duas linhas* (1931), as duas retas que se cruzam na parte inferior à esquerda na tela disposta em forma de losango incitam o espectador a prolongar para fora dela os quatro quadrados que elas encetam. Então, naturalista, Mondrian? Sem dúvida, pois, tendo banido os céus, os areais e as ondas, nem por isso ele renunciou a tornar visível a sensação da natureza por meio da representação imagética das leis físicas de sua percepção.

Aquilo que Mondrian alcança com linhas, Kandinsky obtém pelas cores. A partir dos anos 1910, o pintor russo instalado na Baviera e seus camaradas do *Blaue Reiter* também se despedem do mundo exterior em sua versão visualista a fim de figurar preferencialmente a experiência sensível que sua representação pictórica envolve. Ora, a exemplo de Mondrian, Kandinsky chega a essa modalidade de abstração através de uma depuração progressiva da pintura de paisagem na qual a construção de diferentes planos e a disposição dos objetos distribuídos na profundidade de campo que eles recortam não são substituídas, como no primeiro, por divisões ortogonais, mas por uma insurreição colorida igualmente eficaz para turvar a distinção entre figuras e fundo. Em duas telas de 1909, *A montanha azul* e *Quadro com arqueiro*, tanto uma quanto a outra figurando cavaleiros imersos numa paisagem da qual eles mal se distinguem, Kandinsky subverte a tradicional divisão de tarefas entre a cor e o desenho — aquela tendo por missão animar o espaço recortado por este último — ao definir apenas pelo cromatismo o espaço da representação: o movimento, a delimitação das superfícies, a própria existência das figuras não são mais determinadas pelo traço e pelo contorno, mas por violentos contrastes de cor, de maneira que o objeto da obra em si, qualificado por seu título, poderia ser indiferentemente o fundo (em *A montanha azul*) ou a figura (em *Quadro com arqueiro*), uma vez que nenhum dos dois poderia exercer uma prevalência sobre o outro.[564] A aceitação da planicidade do suporte passa aqui pela fusão numa experiência visual ritmada pela luz, que é simultaneamente a do movimento dos cavaleiros, a do ambiente em que eles se situam e a do espaço que a todos contém. Assim como em Mondrian, mas dessa vez graças ao cromatismo, a experimentação da forma é que é o tema do quadro; não uma representação descritiva, mas a descrição dos fundamentos de uma representação.

13.

Detectar a semelhança

Em seu longo deslizamento rumo aos tempos modernos, as elites europeias serviram-se com liberalidade, dentro do repertório conceitual legado pelos gregos e pelos romanos, de ferramentas por meio das quais qualificavam — ora de maneira reflexiva, ora de maneira programática — as mutações que elas atravessavam. Por mais banal que seja, a constatação merece ser lembrada tamanha a sua pertinência para o campo da figuração. Sobretudo na Itália, o naturalismo nascente não deixou de legitimar sua nova maneira de fazer imagens, buscando para si justificativas na Antiguidade, particularmente nas observações que Platão e Aristóteles consagram à *mimésis*, numa época em que já se havia passado na Grécia "da presentificação do invisível à imitação da aparência".[565] Sem dúvida, reata-se no Renascimento o fio de uma arte de retratar com fidelidade os seres e os lugares cujo esboço havia sido proposto pelos mundos grego e romano; contudo, a continuidade parece notável menos no conteúdo e nas formas das obras — o que quer que às vezes os próprios artistas digam a esse respeito — do que na ambição imitativa, recuperada através dos séculos, como um fim desejável e, sobretudo, como um meio de obter efeitos de realidade que induzam à possível confusão da representação com a coisa representada. De fato, qual maneira seria mais imediata de outorgar uma potência de agir às imagens do que fazê-las semelhantes, tão semelhantes que acabassem por enganar o olho, dando a ilusão de serem a própria realidade, e não seu substituto? Afinal de contas, o mito fundador da figuração naturalista não é o célebre concurso de imitação que, 2 mil anos antes da *ars nova*, viu oporem-se Zêuxis e Parrásio? Enquanto o cacho de uvas retratado por Zêuxis atrai pássaros que vêm debicá-las, o véu que cobria a pintura de Parrásio engana Zêuxis, que, desejando afastá-lo, percebe que ele é pintado.[566] Um havia ludibriado pássaros gulosos, o outro havia iludido o olhar experiente de um pintor.

Tomando para si os valores associados pelos antigos à *mimésis*, os teóricos das imagens que começam a dar forma ao naturalismo herdam também ambiguidades e paradoxos desse horizonte estético. De meados do século XV até o final do século XVIII, de Alberti a Auguste Schlegel, jamais cessou o debate a respeito daquilo que distingue uma imitação autêntica de uma cópia servil, bem como da própria natureza do objeto que pode ou deve ser imitado: a natureza ou a ideia, o visível ou o invisível? Lembremos que, em grego, *mimésis* remete primeiramente à expressão de qualidades interiores por meio das artes do palco e da música, e não carrega de imediato, portanto, o sentido de uma duplicata exata de um ser ou de um lugar. O termo é empregado para a reprodução de qualidades exteriores somente a partir do século V, e é principalmente a esse sentido aplicado às artes visuais que será dirigida a célebre crítica da *mimésis* por Platão: ela é falsa, pois engana os sentidos, e até mesmo duplamente falsa, já que produz sucedâneos de sucedâneos, sendo os próprios objetos do mundo sensível que servem de modelo ao pintor apenas simples reflexos de realidades inteligíveis.[567] A despeito dessa condenação aparentemente peremptória, Platão é sensível ao charme da poesia mimética, conforme demonstra sua admiração por Homero, e mesmo aos ensinamentos que a pintura pode oferecer quando o artista sabe dirigir seu olhar ao "verdadeiro absoluto" para estabelecer as leis do belo.[568] É que a *mimésis* é criticável somente do ponto de vista do conhecimento empobrecido que ela fornece e quando se pretende colocá-la em pé de igualdade com a metafísica, ao passo que seu emprego com fins puramente estéticos por parte dos maiores artistas proporciona aos sentidos uma satisfação legítima.[569]

A oposição em relação a Aristóteles é, portanto, menos acentuada do que frequentemente se afirma. Embora a *Poética* diga respeito à *mimésis* teatral e literária, nela Aristóteles postula que a imitação pode ser certeira ao mesmo tempo que inadequada a seu modelo, desde que se considere a atividade mimética não em função daquilo que ela alega copiar — caso da pintura imitativa —, mas relativa ao efeito de evidência ou de plenitude que seu resultado produz sobre o espectador — a representação teatral. Assim, desde a origem estão presentes duas acepções de *mimésis* que serão intensamente discutidas a partir do Renascimento: ora, para Platão, uma "imitação" agradável, mas inferior do ponto de vista do conhecimento que ela propõe a respeito do objeto figurado, ora, para Aristóteles, uma "representação" que coloca em evidência as relações ocultas existentes entre os objetos representados.[570] Acrescentemos uma última nuance, que fará todo o sentido nas controvérsias estéticas do naturalismo. Desde o início da *Poética*, Aristóteles associa, de maneira aparentemente paradoxal, *mimésis* e *poiésis*, imitação e faculdade de criar, já que as duas são indissociáveis a seus olhos: toda *mimésis* autêntica é também *poiésis* na medida em que a imitação não se contenta em reproduzir um modelo preexistente, e toda *poiésis* é ao mesmo tempo *mimésis*, uma vez que ela se apoia necessariamente no real.[571]

O palco está erguido para que se recupere, a partir do século xv, o grande impulso imitativo da época greco-romana, em parte refreado durante a Idade Média em virtude da influência neoplatônica que, em detrimento da descrição fiel da natureza, privilegia uma busca tipicamente analogista de concordâncias entre o estado espiritual do artista e aquilo que ele descobre no mundo visível. Os artesãos da renovação, ao inventarem ferramentas formais que lhes permitiam atingir um grau de ilusão até então inigualável, descobrem na estética da *mimésis* uma teoria das imagens que corresponde melhor aos efeitos que eles procuravam produzir nos espectadores. No entanto, se a definição da finalidade das artes visuais como imitação se impõe de maneira inconteste desde o Renascimento até o final do século XVIII, os primeiros a promoverem essa abordagem na Itália são artistas que, ao que parece, não têm conhecimento da *Poética* de Aristóteles, que depois fornecerá seu suporte doutrinal.[572] Os debates eruditos que se iniciam entre os humanistas a partir da segunda metade do século XVI a respeito da tradução de *mimésis* em língua vulgar se desenvolvem, assim, sobre o terreno de uma ambição imitativa, nascida nos ateliês e promovida pelos artistas, cuja teoria se fará apenas mais tarde, com a redescoberta de textos da Antiguidade. De resto, essa teoria é tudo menos unitária. O pintor deve imitar a natureza tão exatamente quanto seus meios o permitam ou deve ele tornar visível a imagem ideal da beleza, combinando numa síntese imagética os diversos materiais que ele observa? Entretanto, a verdadeira inovação da teoria humanista da imitação em relação à *mimésis* aristotélica é a ideia de que a arte não apenas deve imitar a natureza, mas deve imitar também — ou, para alguns, emular — a maneira como os antigos a imitavam. Em qualquer um dos casos, impõe-se o princípio de que a semelhança desejável da figuração com o objeto figurado não é fruto unicamente de uma técnica aperfeiçoada da imitação e do emprego de ferramentas ilusionistas que a tornam possível; ela procede de uma educação do olhar tanto do artista como do especialista quanto aos critérios que permitem sobrevir a confusão requintada ou inquietante entre o real e sua representação. Tal como em outros modos de figuração, a agência das imagens não é exercida aqui de maneira indiscriminada: somos sensíveis a elas apenas se tivermos aprendido — neste caso, no âmbito de uma elite — como reconhecer nelas, com toda a certeza, as manifestações dentro do exercício mimético proposto à visão.

A anexação do projeto da *mimésis* pelas artes visuais sofre uma inflexão na França no século XVII quando artistas, ao também lerem a *Poética*, novamente se questionam a respeito dos meios a serem empregados para estabelecer a melhor semelhança com o objeto ou com a ação que eles retratam e a respeito das razões pelas quais alguns desses meios são mais eficazes que outros. Afinal, não se trata somente de imitar com verossimilhança; a fim de que a imagem desenvolva ao máximo sua ilusão, ela deve também agradar, tocar, emocionar. Conforme escreve Poussin a um correspondente, "[a pintura] é uma imitação feita com linhas e cores numa superfície qualquer de tudo que se vê sob o sol, sua finalidade é o deleite".[573] O efeito de real que a figuração mimética suscita, a autonomia ativa com que ela infunde as imagens veem-se assim reforçados pelos afetos que elas desencadeiam no espectador, convidado a compartilhar os movimentos da alma, do coração e do intelecto que o artista tornou visíveis. O mesmo princípio de prazer vale para a poesia dramática, e o encontramos reafirmado de maneira inequívoca sob a pena de Racine, de Corneille e de muitos outros, por vezes ancorado indevidamente na autoridade da *Poética*.[574] Essa continuidade na referência à *mimésis* como objetivo da figuração é, porém, enganosa: recuperando, para além dos comentários dos humanistas italianos, uma intuição pela qual Aristóteles se distingue de Platão, os pintores e escritores franceses vão deslocar o sentido da imitação, desde a procura por condições ótimas da semelhança que se mantém fiel à maneira grandiosa dos antigos até a ideia de que a imagem é um sistema de signos visuais que remetem ao objeto retratado, o qual não precisa ser escrupulosamente imitado, contanto que sua evocação, com alguns traços de pena ou de pincel, seja sugestiva o bastante para permitir ao espectador formar em sua mente uma imagem exata desse objeto. Sem que as técnicas tenham mudado, um ideal da representação como relação entre coisas que incluem a expectativa do receptor começa a substituir um ideal da reprodução mimética. Descartes passou por ali com seu conceito fulcral de que as ideias são "imagens das coisas", não porque aquelas se assemelhem a estas à maneira de um reflexo num espelho, mas porque elas se referem àquilo de que são a representação como um conjunto de signos pictóricos daquilo cujo lugar ocupam.[575]

Descartes e, em certa medida, Port-Royal. A despeito da controvérsia entre Descartes e Arnauld que trata justamente da natureza das falsas representações — as quais podem ser tanto falsas imagens de coisas realmente existentes quanto verdadeiras imagens de coisas que não existem —, os especialistas em lógica de Port-Royal apoiam sua teoria do signo linguístico em fundamentos cartesianos.[576] Contribuidores ilustres da problemática emergente da representação, eles diferem, porém, por sua teoria do signo visual, das concepções da imitação em voga na época. Com efeito, para Arnauld e Nicole, os signos visuais têm um caráter equívoco em virtude de serem indissoluvelmente unidos a seus referentes e, assim, alienarem-se naquilo que representam.[577] Enquanto na linguagem o objeto desaparece no signo, na pintura é o signo que desaparece no objeto. Longe de ser um objetivo desejável, esse escamoteamento enganoso da realidade merece a reprovação aos olhos dos jansenistas, uma vez que transforma indevidamente a representação pictórica num substituto verossimilhante daquilo de que ela é o signo, conferindo-lhe uma agência especiosa, tanto para os sentidos quanto para a razão.

Louis Marin mostrou como Philippe de Champaigne, o "pintor jansenista", havia tentado escapar dessa supressão do signo no objeto, da qual se pode dizer que constitui a base da potência de agir concedida às imagens em regime naturalista.[578] Pouco considerado pelos poussinianos ou pelos admiradores de Le Brun devido ao estatismo severo e arcaizante de suas telas, o pintor, por outro lado, cai nas graças de algumas pessoas de Port-Royal, conforme atestam os comentários do teólogo jansenista Martin de Barcos a respeito tanto de sua pintura quanto dos critérios a que as artes visuais devem satisfazer.[579] Para Barcos, é preciso que a obra de arte exponha francamente sua condição de signo, sobretudo sinalizando isso para aqueles que a observam; é preciso ainda que ela seja verdadeira, e não somente verossímil, pois é apenas de sua fidelidade absoluta àquilo que ela representa que a pintura extrai sua legitimidade. Conforme assinala Louis Marin a propósito dessa exigência de Barcos: "[...] imitar exatamente as coisas, submeter-se em todos os aspectos ao objeto é a regra da representação da verdade divina, de sua vida e de seu movimento".[580] Em outras palavras, a ilusão visual é que é condenável para um cristão, não a imagem sincera, desde que ela não dissimule seu estatuto de representação sob artifícios aprazíveis. Podem-se conciliar os dois, o respeito à verdade do modelo e a ostensão da conformidade significante, sem trair um nem outro? É lícito duvidar disso. O próprio Philippe de Champaigne só o conseguiu ajustando escrupulosamente as cenas de história (religiosa), as quais ele representa à letra de seu desenrolar, desde então reduzidas a ilustrações hieráticas privadas de dinamismo, sinopses convertidas em imagem que se animam menos pelo impulso de seus personagens do que pelos sinais que eles dirigem ao espectador de que a ação que estão figurando encontra-se em conformidade com aquilo que os textos dizem.

Uma subordinação tão rigorosa da *mimésis* às exigências da devoção e da edificação moral permanece, entretanto, rara na grande pintura clássica. Mais comum é a visão amável da imitação oferecida por Félibien em *Le Songe de Philomathe* [O sonho do filomático]. Nele, esse teórico das belas-artes, amigo de Poussin e protegido do rei, relata um diálogo nos jardins de Versalhes entre duas figuras alegóricas, Pintura e Poesia, que fazem valer com eloquência, e às vezes um pouco de acidez, seus respectivos méritos, esta última em versos.

> Não preciso, como você, diz Pintura à sua irmã Poesia, de diferentes idiomas para cada nação: tenho somente uma maneira de me expressar que todas elas entendem; e tanto o mais bárbaro quanto o mais polido compreendem de imediato tudo o que quero lhes dizer. [...] Exponho coisas que parecem tão reais que enganam os sentidos. Faço, por meio de uma agradável e inocente magia, com que os olhos mais sutis acreditem ver em minhas obras aquilo que ali não está. Faço aparecerem corpos viventes em sujeitos que não têm nem corpo nem vida. Represento mil ações diferentes, e por toda parte dir-se-ia haver agitação e movimento. Descubro campos, pradarias, animais e mil outras espécies de objetos que existem apenas por meio de sombras e de luzes, e pelo segredo de uma ciência toda divina com a qual sei enganar os olhos.[581]

Sem dúvida atualmente ingênuo, depois das investidas de um Nelson Goodman contra a iconicidade e a exposição de nossos contemporâneos a imagens exóticas que os seduzem essencialmente pelo caráter enigmático daquilo que elas representam, o primeiro argumento de Pintura faz valer a universalidade da identificação da relação analógica entre o signo visual e seu referente, no que diz respeito à relatividade e à convencionalidade dos signos linguísticos. A observação traduz bem aquilo que por muito tempo foi uma tranquila garantia da *mimésis* naturalista: por toda parte, os códigos da semelhança são idênticos, e basta imitar com talento para fazer surgir aos olhos de qualquer receptor que seja, independentemente da tradição figurativa na qual ele tenha crescido, "coisas que parecem tão reais que enganam os sentidos". Dessa forma, a potência de agir das imagens ilusionistas da pintura clássica se exerce em qualquer lugar e a qualquer tempo, sobre "o mais bárbaro" assim como sobre o mais civilizado, graças à miragem que os artistas conseguem suscitar, desde que, no entanto, eles dominem essa "ciência toda divina", que pode ser apanágio somente de alguns — à frente dos quais estão os membros da Academia Real de Pintura e Escultura. A enganação é assumida sem vãos escrúpulos — uma "inocente magia" —, pois, para além da virtuosidade que ela torna manifesta e da qual não é descabido obter glórias, ela permite, graças às imagens, engendrar um mundo mais diverso, povoado de "corpos viventes" agitados pelo movimento em paisagens que amplificam a experiência sensível dos seres e das coisas ao multiplicar as ocasiões de encontrá-los.

A fanfarrice de Pintura não poderia durar para sempre e, a partir do final do século seguinte, já se coloca em dúvida que o objetivo das artes visuais seja imitar a natureza. Os românticos alemães desempenham um papel decisivo nessa contestação da *mimésis*, em especial Auguste Schlegel, que, em suas "Conferências sobre a literatura e as belas-artes", de 1801-1802, ergue-se contra a reverência excessiva dos modernos em relação a Aristóteles e critica a desordem conceitual engendrada pelo axioma de que a arte deve imitar a natureza: "A indeterminação e a polissemia dos conceitos de *natureza* e de *imitação*", escreve ele, "causaram aqui os mais graves mal-entendidos e acarretaram uma série de contradições diversas".[582] Alguns anos depois, Hegel insiste veementemente, com mais brutalidade ainda, quando afirma: "Pode-se dizer de maneira geral que, ao querer rivalizar com a natureza por meio da imitação, a arte permanecerá sempre abaixo da natureza e poderá ser comparada a um verme se esforçando para se igualar a um elefante".[583] Não é que a imitação da natureza seja desprovida de interesse, contanto que — como na pintura holandesa, escreve ele mais adiante — os artistas que retratam o mundo saibam superar a cópia, necessariamente inferior a seu modelo, e exaltar em suas restituições os detalhes fugazes da textura das coisas ou da fisionomia dos humanos, detalhes esses apreendidos em sua singularidade e desde então investidos de um valor que a natureza, indiferente àqueles que a tornam significante, não poderia por si só instituir. Certamente aqui nos afastamos da estética de Aristóteles, de Félibien ou do abade Batteux, mas os pintores contemporâneos do filósofo cujas obras sabemos que ele viu — em especial as paisagens de Caspar David Friedrich ou de Carl Friedrich Lessing — nem por isso deixaram de se inspirar na natureza para dela oferecer uma versão magnificada, ao mesmo tempo tributária dos códigos de construção do espaço herdados do Renascimento e, com maestria, testemunha da eficácia das técnicas pictóricas desenvolvidas pela figuração naturalista para simular a visão humana. O movimento prossegue até os impressionistas, que, com um frenesi visualista inigualável, obstinam-se em imitar todos os estados da natureza tal como eles se imprimem na retina, sob todas as condições atmosféricas e em todas as estações. Qual artista pintou de maneira mais verídica do que Monet, em *Banhistas na Grenouillère*, as pequenas vagas de um rio que ondula rumo à margem em círculos concêntricos sob a luz filtrada pelas árvores de uma bela tarde de verão? Como um rumor que emanasse da tela, acreditamos perceber o marulhar que baliza os barcos e o casco do cabaré flutuante, os gritos dos banhistas misturados ao burburinho dos clientes, enquanto um vago odor de fritura, de limo e de absinto abre caminho até nossas narinas (ilustração 145). Pedra angular da potência de agir própria da pintura naturalista, a *mimésis* lança ali seus últimos fulgores.

E, no entanto, será que chegamos a ser ludibriados por esses quadros que, de Van Eyck a Monet, convidam-nos a atravessar a transparência invisível a fim de ingressar nos pequenos mundos que eles reanimam assim que a eles dirigimos o nosso olhar? Sim e não. Há quase 250 anos, bem antes dos debates a respeito da agência das imagens, Marmontel já havia analisado com impressionante perspicácia a ambivalência da "semi-ilusão" que nos afeta diante de uma pintura ou de uma representação teatral, quando cedemos a "um erro constante e incessantemente mesclado com uma reflexão que o desmente".[584] A virtuosidade suprema dos grandes ilusionistas da *mimésis*, e a razão de seu sucesso contínuo, é ter conseguido melhor que outros ludibriar nossos sentidos e nosso entendimento, entorpecendo nossa intuição episódica de que se trata de um engano, graças ao deslumbramento de nos ser oferecido o espetáculo da verdadeira vida; conforme observa Marmontel, "quanto mais a ilusão é viva e intensa, mais ela age sobre a alma e, consequentemente, menos ela deixa de liberdade à reflexão e de apego à verdade".[585] Ora, e é aqui que a contribuição de Marmontel a respeito da potência de agir das imagens se prova decisiva, a ilusão deve ser "temperada" para produzir seu efeito, pois um excesso de mimetismo provoca inquietação, estimulando o ceticismo da razão diante de um ícone demasiadamente fiel, mas que jamais terá, entretanto, todas as qualidades do modelo. Por isso é que os artistas, conscientes que são da impossibilidade de copiar o real em todos os aspectos, devem saber tirar partido desse entendimento de seus limites: "[...] quando, por meio de uma semelhança perfeita, fosse possível criar uma plena ilusão, a arte deveria evitá-la, assim como a escultura a evita ao não colorir o mármore, temendo torná-lo assustador".[586]

Há, porém, algo mais. A "semi-ilusão" é, na realidade, a própria fonte do fascínio que experimentamos ao contemplar uma imitação de uma parcela do real que nosso julgamento nos faz discernir com clareza não ser o estrito equivalente daquilo que ela retrata, mas que, se ela o fosse, nos impediria de desfrutar plenamente da virtuosidade do artista; é isso que observa Marmontel quando escreve que, se "a ilusão fosse completa, o espectador, acreditando ver a natureza, esqueceria a arte e seria privado, pela força da ilusão, de um dos prazeres do espetáculo".[587] Renunciando à satisfação "de admirar no quadro a superioridade da pintura em relação ao modelo", renunciaríamos também a fazer a experiência sensível da potência de agir do pintor delegada por ele na imagem. Ora, esta, graças ao espelho que ela nos entrega de uma maneira de sermos atentos ao mundo no qual nos reconhecemos, constitui sem dúvida o fundamento da dileção que um moderno experimenta diante da figuração mimética. Lévi-Strauss não dizia outra coisa quando, ao comentar em *O pensamento selvagem* a reprodução feita por Clouet "fio a fio, e num escrupuloso *trompe-l'œil*", do colarinho de renda de Elizabeth da Áustria, imputava uma das razões da emoção que essa visão suscita ao fato de que o espectador de um quadro — sempre um modelo reduzido daquilo que ele figura, ou seja, uma experiência ostensiva daquilo de que ele é o objeto — se vê assim colocado em posição de reconfigurar a obra por meio do pensamento, deixando que lhe venham imagens fugazes da maneira como ele mesmo a teria realizado; tendo potencialmente em conta o conjunto das variantes formais a que o quadro se presta, o espectador é "desse modo transformado — sem que ele mesmo o saiba — em agente".[588] Custa-nos, no entanto, acreditar que seja universal uma tal aptidão para substituir-se ao artista, imaginando, num devaneio semiconsciente, um repertório de alternativas para as escolhas pictóricas que ele operou. É preciso de fato, para um exercício desse tipo, que a representação visualista da natureza (do mundo, das pessoas, das coisas) tenha se tornado o objetivo principal da atividade figurativa a fim de que o especialista, com o olhar exercitado pela observação de milhares de soluções particulares para a construção bidimensional do visível — como era o caso de Lévi-Strauss, filho de pintor —, encontre na contemplação da tela, com sua participação mais ou menos consciente no esforço de composição do artista, o meio de ativar as figuras que este último deixou à sua disposição.

Voltemos à observação de Marmontel de que um efeito de mimetismo levado longe demais acaba por destruir a ilusão. Ela está de acordo com a constatação feita pelos especialistas em robótica contemporâneos de que um androide que se assemelhe demais a um humano por sua aparência e seu comportamento suscita inquietação, até mesmo rejeição. Mesmo que o robô imite à perfeição um homem ou uma mulher, a confusão entre um e outro não pode ser completa, e aqueles que interagem com ele não deixarão, em algum momento, de verem frustradas suas expectativas ao descobrirem o toque emborrachado de uma mão de silicone ou o caráter mecânico das expressões faciais. Os detalhes realistas que fazem do androide um humano verossímil aparecerão, assim, por aquilo que são, artificiais, impedindo qualquer retorno à ilusão e, ao contrário, amplificando o aspecto mecânico do robô. Masahiro Mori, um especialista em robótica japonês, foi o primeiro a teorizar a respeito desse fenômeno nos anos 1970, conferindo-lhe uma forma gráfica simples, própria para impressionar a mente.[589] Ela toma o aspecto de uma curva que expressa o crescimento da sensação de familiaridade com humanos e não humanos, animados e não animados, desde a frágil identificação experimentada com robôs industriais, passando pelos animais de pelúcia e os bonecos, para culminar com os robôs androides, ápices do antropomorfismo. Ora, observa Mori, a sensação de familiaridade declina bruscamente quando se percebe que uma mão protética é, na realidade, uma mão falsa ou que um cadáver não mais se parece com uma pessoa que goza de boa saúde, embora sua aparência humana ainda seja discernível; em contrapartida, a curva volta a subir com uma estátua de madeira do Buda, cujo rosto expressa bondade e serenidade, ou no caso das marionetes do teatro japonês de *bunraku*, engenhosamente animadas por manejadores no entanto bastante visíveis. Mori denomina "vale da estranheza" (*valley of the uncanny*) o afundamento da curva da familiaridade entre os dois picos.[590]

Assim como Marmontel havia pressentido e os especialistas em robótica confirmaram de maneira experimental, a virtuosidade na imitação não é suficiente para que a *mimésis* realize seu prodígio ao dotar de uma agência própria as imagens produzidas por sua mediação. A lição dessa ambição figurativa é que a cumplicidade ativa do receptor da imagem é sempre necessária. Conforme observava Ernst Gombrich a respeito dos impressionistas, esses artistas, que tinham porém a reputação de levar em consideração apenas o registro físico de suas percepções, somente alcançaram seus fins "transferindo um pouco da carga da criação para o observador".[591] Mesmo sob a forma de uma cópia autenticada, a figura de um humano — robô ou estátua — ainda deve ser capaz de suscitar uma adesão, exibindo, aos olhos daqueles que com ela se confrontam, índices suficientes para que apreciem a verdade da semelhança a um modelo e, ao mesmo tempo, inverossimilhanças suficientes para que conduzam a imaginação a compensar a defasagem com o real insuflando-lhe uma vida ilusória.

114. *Outubro*, de Paul de Limbourg e diversos outros artistas, miniatura extraída de *As riquíssimas horas* do duque de Berry, primeira metade do século xv

116. Retrato de Rodolfo IV de Habsburgo, anônimo, antes de 1365

117. Afresco anônimo dito "de Terentius Neo e sua esposa"

118. Retrato pintado sobre tela de uma mulher chamada Aline, Hauara, séculos I-II d.C.

119. *O Cristo e são João*, escultura atribuída ao mestre Heinrich de Constance, convento de Katharinental, em Turgóvia, *c.* 1305

123. Robert Campin, *Retrato de Robert de Masmines*, c. 1425

124. Robert Campin, *Um cavalheiro e uma dama*, entre 1420 e 1438

125. Jean Fouquet, *Autorretrato*, medalhão em esmalte pintado sobre cobre, *c.* 1450

126. Jan van Eyck, *A Virgem do chanceler Rolin*, *c.* 1435

128. Robert Campin, *A Virgem com guarda-lume de vime* (detalhe)

130. Ambrogio Lorenzetti, *Os efeitos do bom governo na cidade e no campo*, afresco (detalhe), 1339

131. *Outono*, iluminura do *Tacuinum sanitatis in medicina*, Itália do Norte, antes de 1400

132. Joachim Patinir, *O êxtase de santa Maria Madalena*, c. 1512-1515

133. Konrad Witz, *A pesca milagrosa*, 1444

135. Jan Davidsz. de Heem, *Natureza-morta com limão descascado, c.* 1650

138. Gerard Ter Borch, *A carta*, 1660-1665

139. Imagens TEP idênticas ilustrando diferentes escolhas de "pseudocores" para as mesmas variáveis numéricas, 1996

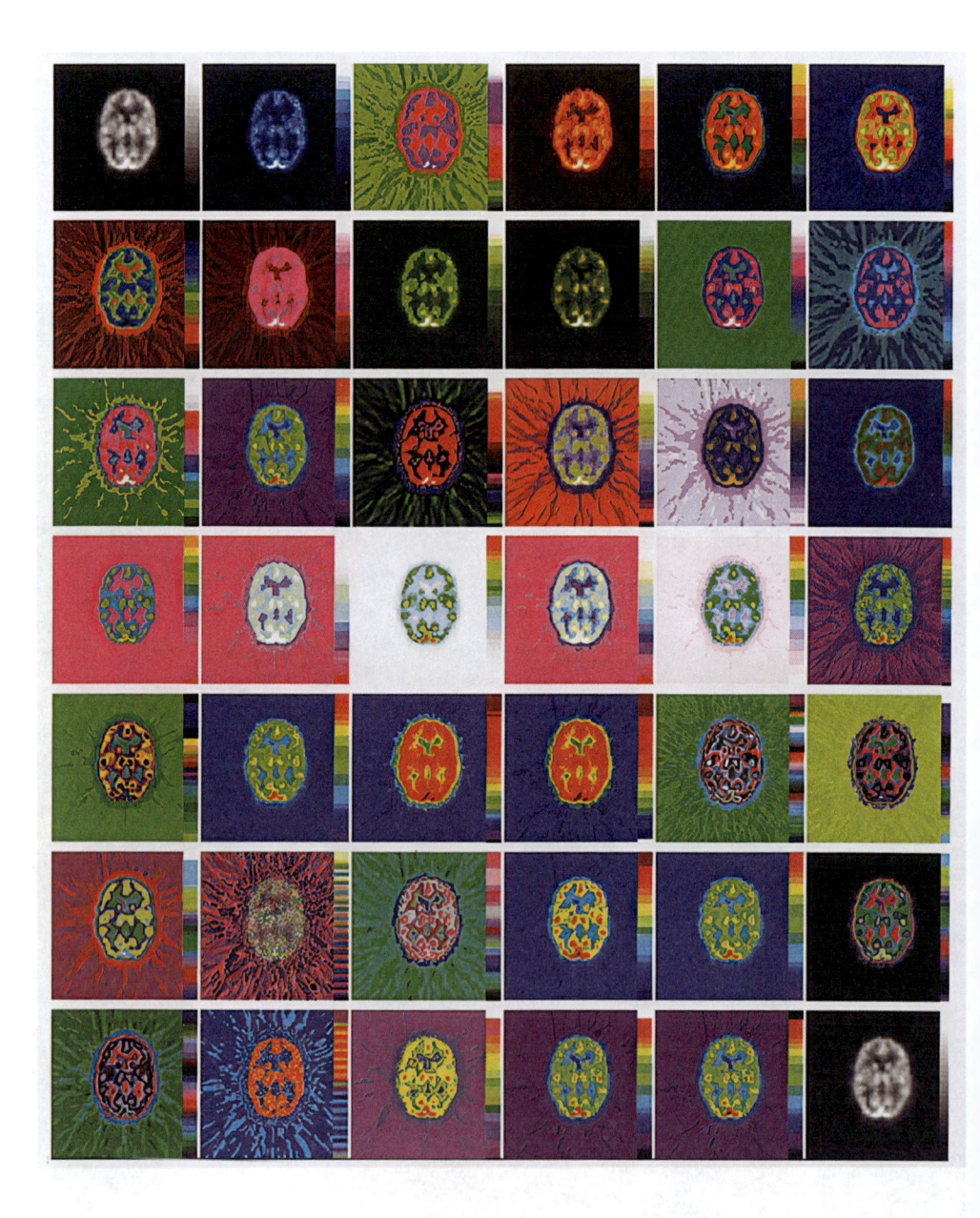

140. Piet Mondrian, *Natureza-morta com vaso de gengibre I*, 1911 (acima);
Piet Mondrian, *Natureza-morta com vaso de gengibre II*, 1912 (abaixo)

141. Piet Mondrian, *Paisagem de pôlder com um trem no horizonte*, 1906-1907

142. Piet Mondrian, *Vista a partir das dunas com mar e quebra-mares, Domburg*, 1909

143. Piet Mondrian, *Quebra-mar e oceano 5*, 1915

144. Hendrick Goltzius, *Paisagem de dunas perto de Haarlem*, 1603

145. Claude Monet, *Banhistas na Grenouillère*, 1869

Variação 2

Jogar com todos os quadros

Algumas das obras mais admiradas na arte dos últimos 150 anos desviaram-se do itinerário do naturalismo, tal como acabamos de delinear, a fim de acolher intuições visuais que o academismo de cada geração havia impedido de florescerem. De fato, todo humano, e *a fortiori* todo produtor de imagem, traz em si, a título de potencialidades geralmente não realizadas, o conjunto do imaginário ontológico do qual cada modo de figuração representa apenas uma variante. "Grande coisa!", dirão. Não sabemos que as estampas japonesas despertaram o interesse de um Manet, de um Degas, de um Whistler, que Picasso, Braque ou Brancusi ficaram admirados com as máscaras e efígies da África e da Oceania, que o grande trânsito de imagens ocasionado pela segunda expansão colonial afetou, tanto no fundo quanto na forma, os códigos europeus da representação? Seria, portanto, bastante previsível que expressões figurativas radicalmente estranhas à estética da ontologia naturalista deslizassem para dentro das obras dos pintores e escultores mais abertos às lições de uma alteridade subitamente tornada muito visível. Trata-se, quando muito, de uma questão de influência, de difusão de um estilo, de propagação de um gosto. Talvez, mas com a condição de deixar claro que, para os maiores artistas do século xx, em todo caso, as imagens extraeuropeias foram menos uma fonte de inspiração do que um desencadeador visual, uma estimulação de recursos já presentes em cada um deles. André Derain soube dizer isso melhor que ninguém quando relata, numa carta a Matisse, sua descoberta da arte extraeuropeia no British Museum:

> Vi o mundo inteiro, mais ainda do que se tivesse vivido ali, pois cada forma, em sua linguagem universal, ensinou-me as aspirações, as ideias de outras raças, de outros tempos, e disso tirei satisfação não em conhecer suas formas exatas — dessas ideias —, isso é impossível, mas de ver seu berço constante — e de não ser estrangeiro a nenhuma dessas formas plásticas. Eu as conhecia todas antes de vê-las, porque todas tinham a expressão de seus meios. [...] Expandi, portanto, minha consciência para outra coisa que não as palavras.[592]

Se Derain tem a revelação súbita de que essa formas exóticas lhe são familiares sem que ele jamais as tenha visto, é porque seu encontro com elas nas galerias do British Museum deu-lhe um vislumbre de um repertório plástico que já se encontrava à flor de sua consciência, pronto para ser ativado por uma solicitação acidental. É provavelmente um sentido análogo que deve ser conferido à resposta lapidar dada por Picasso à enquete do crítico de arte Florent Fels: "Arte negra? Desconheço!".[593] É claro, teria ele podido acrescentar, que gosto de me cercar de tikis polinésios, de máscaras fang, de postes esculpidos kanaks, e, no entanto, nada sei a respeito do que significam para aqueles que os produzem e os utilizam, sei somente que nenhum desses objetos me é impenetrável, que eles se apoderam do mundo por meios análogos aos que eu emprego. Assim como o caso tsimshian havia oferecido o exemplo de uma fórmula de coabitação entre imagens ontologicamente díspares, a arte contemporânea propõe uma outra na qual não é inútil nos determos por um momento, nem que seja apenas para dissipar as ambiguidades do primitivismo.

Destacou-se muitas vezes a ruptura que o cubismo provocou com a antiga obsessão de emular volumes numa superfície plana que a geometria representacional do naturalismo havia tornado sua palavra de ordem durante cinco séculos. Pela primeira vez na arte europeia desde o final da Idade Média, pintores davam as costas às estipulações do tratamento do espaço que pouco a pouco se haviam imposto após Alberti, substituindo um ponto de vista único por pontos de vista múltiplos e preferindo o uso bidimensional de pequenos planos interdependentes em lugar do simulacro verossímil de formas em três dimensões. Desse modo, os princípios de composição de imagens adotados pelos cubistas tornavam suas obras muito mais próximas dos afrescos nos túmulos do vale do Nilo do que das telas de alguns de seus contemporâneos, no entanto talentosos, tais como Pierre Bonnard ou Maurice Denis. Seria certo dizer que Braque, Picasso ou Gris efetuavam um retorno a um regime figurativo, aquele do Egito antigo, que, como vimos, é típico de uma ontologia analogista? Sem dúvida, não de forma consciente, ainda que o Aduaneiro Rousseau pensasse de outra maneira, a julgar pela famosa observação que ele dirige a Picasso: "Somos os dois maiores pintores desta época, você no gênero egípcio, eu no gênero moderno".[594] Os cubistas tentavam antes uma experiência sobre a forma, empenhando-se em representar o visível não do modo como se pode reconstruí-lo pelo *trompe-l'œil* da perspectiva monofocal, mas tal como se pode apreendê-lo por um movimento dinâmico, isto é, introduzindo sob uma forma nova essa dimensão volátil da representação pictórica que é o tempo. Se o cubismo desagrega o contexto espacial daquilo que ele representa, é para melhor mostrar os objetos na sucessão de seus diferentes aspectos, um efeito caleidoscópico que passa pela fragmentação metódica de suas respectivas unidades perceptivas e pela contestação de sua simultaneidade. Ou ainda, dito nos termos mais enfáticos de Apollinaire ao celebrar seus amigos cubistas, "os jovens pintores [...] se afastam cada vez mais da antiga arte das ilusões de óptica e das proporções locais para expressar a grandeza das formas metafísicas".[595]

Desde Cézanne, e de maneira mais resoluta a partir do cubismo, setores inteiros da arte europeia começam a se libertar dos cânones iconográficos do naturalismo, antecipando no campo da figuração uma desintegração provável dos princípios sobre os quais essa ontologia se baseava, uma evolução cujos sintomas começaram a ser perceptíveis em outras áreas somente mais tarde. Esse pressentimento estético da desagregação da modernidade que se processa aos solavancos ao longo de todo o século xx ressoa, assim, como um eco distante a anunciar o provável encerramento do ciclo do naturalismo, inaugurado anteriormente por outra premonição icônica. Tal como, no início do século xv, os pintores do Norte souberam tornar visíveis, com desconcertante clareza, as premissas de uma ontologia nova bem antes de sua formulação discursiva, também certos artistas das duas primeiras décadas do século xx pressagiaram em suas obras a deliquescência desse regime figurativo, enquanto, naquele mesmo momento, um Mondrian, um Malévitch ou um Kandinsky, apoderando-se da própria experiência da descrição como sujeito da obra, renovavam, ao contrário, sua ambição ao explorar novas maneiras de construir um espaço pictórico livre da ilusão da profundidade. Essas metamorfoses da imagética naturalista confirmam uma intuição profética de Walter Benjamin, quando ele escreve que "sempre foi uma das tarefas mais importantes da arte criar uma demanda para cuja plena satisfação o momento ainda não é chegado".[596] Será que hoje podemos entrever o que as obras dos cubistas e de seus sucessores gestavam como antecipações de mundos novos? A declaração de divórcio que eles lançavam diante de todos conteria signos mais discretos a anunciar os contornos ontológicos de tempos vindouros e que o retrospecto nos permitiria decifrar?

Não há respostas muito seguras para essas questões. Quando muito, pode-se tomar nota da constatação de que, ao se libertar da cultura visual do naturalismo, os artistas souberam primeiro dar livre curso a uma intuição das formas e dos movimentos que os fazia encontrar, às vezes sem que tomassem conhecimento disso, modos de figuração que correspondiam melhor à sua sensibilidade ou à sua inspiração da hora. O momento histórico, a emulação no âmbito de pequenos círculos solidários, a observação de imagens exóticas conduziram pioneiros a liberar sua capacidade para induzir premissas ontológicas diferentes — capacidade na maioria das vezes inibida pela educação e pelo ambiente — a fim de que elas abrissem caminho até o visível. Analisar uma tal emancipação permanecendo ao mesmo tempo fiel às condições em que ela se produz para cada artista não é algo simples, e admito muito prontamente os limites do exercício, em especial o tratamento um pouco irreverente a que sou levado a submeter grandes nomes da arte contemporânea. Afinal, é com razão que os historiadores da arte se esforçam para destacar as singularidades dos artistas, qualificando meticulosamente as particularidades da época em que eles trabalham, as influências que recebem ou rejeitam, as mais diminutas circunstâncias de sua biografia, de maneira a se aproximarem ao máximo do mistério de sua imaginação criadora. Trata-se, infelizmente, de um recurso que um antropólogo envolvido num projeto comparativo em escala planetária não seria capaz de mobilizar, uma vez que não é sob o aspecto de suas relações com Cézanne ou Degas que as obras dos artistas contemporâneos me interessam, mas sim nas afinidades e nos contrastes formais que elas apresentam com a iconografia dayak ou com os rituais amazônicos.

Libertar-se dos códigos iconográficos de seus contemporâneos e, assim, escapar ao tipo de mundiação que eles expressam não é de maneira nenhuma algo novo. Bastará recordar a bula analogista na qual Arcimboldo faz desabrochar em Praga sua arte das quimeras, enquanto os pintores de sua época, ao contrário, empenham-se por toda parte na Europa em estabilizar a figuração naturalista, construindo espaços visuais fiáveis. Pode-se pensar também nas produções de arte bruta, *naïve* ou popular, essas obras de produtores de imagem — alienados, marginais, autodidatas — cujo espírito criador não foi domesticado pela arte oficial e que, conforme escreve a respeito deles Dubuffet, "extraem tudo [...] *de seu próprio patrimônio*".[597] Pode-se dizer o mesmo dos artistas classificados no "primitivismo": é também "de seu próprio patrimônio" que eles extraem os recursos de sua insurreição contra a arte ilusionista, da qual buscam se emancipar. Tanto assim que as imagens estendem seu esquematismo para muito além de um limite qualquer de validade ontológica, ávidas que são por perpetuarem-se nessa vida póstuma cara a Warburg e um meio para que formas que correspondem a modos de figuração já passados continuem a inocular o imaginário coletivo. A figuração é o campo por excelência em que a liberdade de inferência concedida àqueles que desejam apreendê-la, pois que ela é incólume a restrições proposicionais impostas pela ordem do discurso, permite incorporar em formas inéditas intuições ontológicas que contrastam com aquelas veiculadas por uma estética dominante.

Não há dúvida de que tal movimento foi facilitado, na virada do século xx, pelo imenso afluxo de imagens vindas dos quatro continentes possibilitado pelas conquistas coloniais. Antes, os artistas europeus certamente não ignoravam por completo tradições icônicas diferentes das suas, quer tenham elas estado visíveis nos gabinetes principescos de curiosidades, quer tenham resultado do entusiasmo por motivos decorativos e estilos pictóricos — chineses, egípcios, japoneses — que o desenvolvimento das trocas econômicas suscitava entre os amantes da arte. A chegada em massa de estátuas e máscaras pilhadas na África e na Oceania aos museus de etnografia da Alemanha, da França e do Reino Unido, e em seguida para os galeristas, transformou no entanto o cenário, a princípio pela estranha novidade de sua feitura, mas também porque os primeiros estudos iconológicos a elas consagrados contribuíam para propagar a ideia de que esses objetos rituais, dos quais ainda se ignorava quase tudo na época, podiam com toda razão serem tomados, simplesmente em virtude de suas qualidades plásticas, por uma arte autêntica e potente, cuja irrupção na cena lânguida da estética ocidental conduziria a uma salutar renovação.[598]

Aqui não é o lugar de nos estendermos sobre o primitivismo, um fenômeno que os historiadores da arte estudaram em profundidade.[599] Recordemos apenas que o entusiasmo com que os artistas acolheram a estatuária africana e oceânica a partir do final do século xix jamais se prolongou até o desejo de conhecer as circunstâncias da fabricação e do uso desses objetos, o simbolismo do qual eles eram portadores, os cânones formais aos quais respondiam e as condições de sua transplantação para fora de seu local de origem. As motivações por trás da paixão pelos "fetiches" atestada pela vanguarda não deixam de lembrar aquelas de uma das primeiras tentativas de encarar com seriedade imagens pagãs estranhas às tradições artísticas do mundo ocidental e das grandes civilizações do Extremo Oriente, quando Aby Warburg visitou os hopi em 1896. Contudo, por mais diligente que tenha sido sua enquete, por mais duráveis que fossem os vestígios que essa descoberta de rituais e de estatuetas mágicas tenha sido capaz de deixar nele, Warburg não era antropólogo, e era a Grécia antiga dos mistérios e dos transes, decapada de sua historiografia estetizante e revelada em seu páthos potente, que ele via em filigranas nos desertos do Arizona e do Novo México.[600] Essas humanidades periféricas que Warburg e, depois, os surrealistas descobriram na América do Norte existiam, a seus olhos, menos por si próprias, tal como etnólogos especialistas em culturas do sudoeste dos Estados Unidos tentaram decifrar, do que pelo contraponto que elas ofereciam à sociedade tecnicista e desencantada da qual provinham esses estetas viajantes. Ao observar cerimônias com desenrolar enigmático, ao colecionar Katsinam e máscaras, podia-se ter a impressão de que algo da graça primitiva e misteriosa que outrora infundia a antiguidade pagã havia igualmente deslizado para dentro desses objetos e dessas danças, parecendo assim tornar a fechar, por um breve instante, o longuíssimo parêntese da arte clássica.

Mesmo os pintores que viajam para longe parecem pouco curiosos a respeito das culturas visuais próprias aos lugares que eles visitam. É o caso de Gauguin, comprador no ano de 1889, em Paris, de duas estatuetas do Congo, uma das quais ele retrabalhará e assinará de próprio punho, indicando assim um potente desejo de identificação com o mundo considerado mais espontâneo e autêntico de onde ela provém; é certo que ele se mantém fiel a essa comoção original quando parte para se instalar no Taiti, mas sem que por isso ele ali aprofunde, nem em suas telas nem num projeto intelectual, o conhecimento e a interpretação da estética polinésia, que permanece para ele uma mera fonte de citações pictóricas. O mesmo se dá com Nolde, visitante assíduo do museu etnográfico de Berlim antes de partir em expedição durante um ano na Nova Guiné, de onde ele traz de volta inúmeras aquarelas de cenas captadas ao vivo, sem que aliás se possa discernir em sua obra profusa o menor empréstimo de códigos estéticos extraeuropeus, a não ser, talvez, por uma certa crueza das cores que ele emprega. Quanto às coleções de arte "primitiva" de Braque, Picasso, Derain, Vlaminck, Tzara ou Apollinaire, sobre as quais tanto se glosou, elas valem mais a seus olhos por sua carga de mistério e seu efeito subversivo contra o academismo do que pelas significações de que teriam sido investidas por aqueles que eram sua fonte e com os quais nenhum desses artistas e poetas se preocupa verdadeiramente. Conforme disse Picasso, ainda assim o mais primitivista entre seus contemporâneos, "as estátuas africanas que estão espalhadas um pouco por toda parte na minha casa são mais testemunhas que exemplos".[601]

É que a revolução cubista já havia se iniciado quando os artistas que a animam tomam conhecimento da arte tribal; essa sua ambição de superar a restituição sensível daquilo que é percebido, à maneira dos impressionistas, para, em vez disso, transformar a superfície pintada num espaço conceitual dissociado dos reflexos do mundo, havia começado a se realizar antes que seu conhecimento da estatuária africana e oceânica se refinasse. Ao contrário da lenda propagada por seus amigos, em especial por Daniel-Henry Kahnweiler, Picasso não pintou *Les Demoiselles d'Avignon* em consequência da revelação de uma espécie de morfologia protocubista que o teria atingido ao observar as estátuas no museu de etnografia do Trocadéro, uma vez que a estrutura geral do quadro já estava fixada muitos meses antes dessa suposta epifania. E aquilo que se concorda em reconhecer nessa tela como "rostos africanos" (as duas moças da direita) eram, na realidade, o resultado de tentativas plásticas iniciadas muito anteriormente.[602] As imagens exóticas não serviram de modo algum à vanguarda como modelos figurativos que abrissem uma via rumo a formas alternativas de mundiação reconhecidas como tais; em vez disso, elas estimularam a superação das convenções "visualistas" que a arte europeia abraçara havia séculos, a fim de dar livre curso às intuições ontológicas cuja manifestação fora até então rechaçada. Conforme escreve William Rubin, o interesse desses artistas pela arte tribal "representava uma afinidade eletiva".[603]

Se o primitivismo na arte não é uma imitação da arte "primitiva", pode esta ao menos ajudar a reconhecer essas intuições fora da norma transformadas em norma na arte contemporânea? Pode-se detectar nelas a expressão formal de um modo de figuração que se distinguiria claramente daquele da ontologia naturalista ou que proporia uma hibridação original com ele? Três precauções de método deveriam permitir escapar de especulações hermenêuticas não controladas, cujo risco é assumido por esse tipo de projeto. Em primeiro lugar, poderemos aceitar, sob certas condições, a declaração de artistas que reivindicam para si uma filiação, uma tendência ou uma corrente de pensamento que se vinculem de maneira manifesta a um ou outro dos modos de figuração não naturalistas. Em seguida, poderemos admitir que se anuncie numa obra uma influência ligada a uma cultura visual de origem cujo regime ontológico seja nitidamente identificável, ainda que, caso comum, o artista que é dela o autor resida e crie numa das grandes metrópoles da arte internacional, e não em seu país de nascimento. Por fim, poderemos reconhecer que essa ou aquela obra de um artista evoca essa ou aquela ontologia, porque os dispositivos formais de que ela dá mostras são da mesma natureza daqueles empregados nas figurações por meio das quais essa ontologia habitualmente se torna visível. Seria derrisório querer classificar as inúmeras tendências da arte contemporânea apenas a partir desses critérios, e é por isso que os exemplos que se seguem têm por único objetivo indicar algumas pistas a serem exploradas para um estudo antropológico mais sistemático da mestiçagem figurativa.[604]

Não somos obrigados a acreditar nos artistas que invocam como fonte de inspiração uma tradição não europeia idealizada da qual eles, com bastante frequência, têm apenas um conhecimento lacunar. Os surrealistas eram particularmente propensos a esse passe de mágica, mesmo aqueles que fizeram o esforço de ir à fonte. A viagem de Artaud entre os tarahumaras, a de Breton nas reservas pueblos ou a longa estadia de Max Ernst no Arizona são escapadas místicas, animadas pelo desejo desesperado de recuperar um estado anterior da civilização em que as imagens conservariam uma força da qual o cristianismo em grande parte as despojou. Ao fazê-lo, e conforme bem enxergou Barnett Newman, eles caíram no ligeiro erro que os cubistas essencialmente evitaram: enriquecer o repertório das formas por empréstimo e analogia, servindo-se em especial da imagética oceânica, sem por isso colocar em questão o espaço pictórico próprio da arte ocidental dentro do qual essas formas foram inseridas.[605] Por isso é que, dando as costas à prática de citações encastradas, que é a menos interessante das formas de hibridação icônica, nós nos voltaremos preferencialmente para os modos operativos que artistas reivindicam como sua maneira de dar a ver mais do que é diretamente mostrado, maneira essa que eles reconhecem, no entanto, ter-lhes sido sugerida por tradições que não se ensinam nas escolas de belas-artes. Jackson Pollock e Joseph Beuys são emblemáticos dessa atitude. Tanto um quanto o outro se dizem influenciados pelo xamanismo e pela fusão com as forças naturais, sem que nem sempre consigamos discernir, numa retórica bastante nebulosa, se eles se referem a uma comunhão de tipo animista com os não humanos ou a uma procura por harmonia com o cosmos, mais característica das ontologias analogistas. É por essa razão que devemos buscar menos naquilo que eles dizem do que naquilo que fazem a chave das intuições cujas consequências figurativas eles desenvolveram.

A lenda familiar afirma que Pollock teria descoberto muito jovem as civilizações ameríndias do sudoeste dos Estados Unidos ao explorar com seus irmãos os sítios pré-históricos perto de Phoenix, no Arizona.[606] Alguns anos depois, ele adquire uma coleção de monografias sobre os ameríndios publicada pelo Bureau of American Ethnology [Departamento de Etnologia Americana], uma leitura reservada na época aos antropólogos profissionais; por isso é que, uma vez instalado em Nova York, ele faz, com muita naturalidade, visitas regulares ao Museum of the American Indian [Museu do Indígena Americano], onde fica particularmente fascinado pela arte da costa Noroeste e pelas máscaras esquimós. Ele se familiariza com trabalhos científicos sobre o xamanismo ameríndio e conhece John Graham, um artista e crítico especialista no primitivismo na arte, bom conhecedor do xamanismo siberiano — ele era de origem russa — e, assim como ele, um junguiano convicto. Na exposição *Indian Art of the United States* [Arte indígena dos Estados Unidos], realizada em 1941 no Museu de Arte Moderna de Nova York, Pollock observa navajos criando pinturas de areia de composição complexa antes de apagá-las para recomeçar no dia seguinte. O caráter ritual e efêmero dessa produção de imagens o entusiasma pelas analogias que suscita com aquilo que deve ser, segundo ele, a missão do artista, "que lida com o momento e a eternidade".[607] Uma segunda exposição no Museu de Arte Moderna de Nova York, em 1946, consagrada às "artes dos mares do Sul", fez com que ele descobrisse as extraordinárias esculturas da região do Sepik, na Nova Guiné, com suas formas tão singulares, ao mesmo tempo icônicas, já que figuram espíritos humanoides, e depuradas até a abstração, graças ao recorte dinâmico dos corpos e aos encadeamentos circulares de órgãos heterogêneos — a ponta do nariz ligada à ponta do queixo ou uma caixa torácica que se desenrola em ganchos. E, no entanto, a atitude de Pollock em relação às imagens tribais permanece ambígua. Por um lado, de todos os artistas nova-iorquinos da época interessados pela iconografia ameríndia e pelo primitivismo — Barnett Newman, Richard Pousette-Dart, Adolph Gottlieb —, ele é sem dúvida aquele que tomou de empréstimo esses registros da maneira mais sistemática, por vezes de modo bastante reconhecível. Por outro lado, assim como Picasso havia feito anteriormente com a "arte negra", ele também não deixou de insistir no fato de que suas referências à arte ameríndia eram acidentais.[608] E é verdade que telas como *Birth* [Nascimento] (c. 1941), *Guardians of the Secret* [Guardiões do segredo] (1943) ou *Totem Lesson I* [Aula de totem I] (1944) e *Totem Lesson II* [Aula de totem II] (1945) estão saturadas de figuras e de símbolos mitológicos, de totens e de máscaras, mas deformados, metabolizados, alterados ao sabor da fantasia do artista em improvisações que remetem às metamorfoses rituais do xamã, ou seja, à capacidade com a qual ele é creditado de adotar o ponto de vista de não humanos, portanto, de lhes dar a ver seu corpo sob a perspectiva segundo a qual eles percebem a si mesmos.

Pôde-se reconhecer dois períodos na incorporação que Pollock fez da imagética xamânica ameríndia. No primeiro, ele se serve dela como de um meio icônico para explorar o vaivém entre seu inconsciente — "a fonte de minha pintura é o inconsciente" — e o inconsciente coletivo junguiano, marcado pela ideia de que arquétipos míticos revelam e dão forma à experiência humana fundindo o consciente e o inconsciente.[609] A partir de 1947, as obras de Pollock se tornam cada vez menos icônicas, e o uso de referências ameríndias desaparece em benefício da colocação da arte em cena como um processo qualificado de xamânico graças à técnica do *dripping*, que consiste em percorrer a passos largos telas de formato muito grande estendidas no chão, fazendo pingar a tinta ou lançando-a (ilustração 146). Esse método de dispersão evoca a figuração de semeaduras ou de gotas de chuva nas culturas ameríndias do Sudoeste, ou seja, uma ação de fecundação, de conexão entre o macrocosmo e o microcosmo das quais as pinturas navajos são testemunha e que, desse modo, colocam essas grandes telas de Pollock sob o regime figurativo do analogismo. Assim como para os *nierika* huichol tradicionais, o que conta aqui não é tanto aquilo que é figurado, mas a própria operação da figuração, no decorrer da qual um indivíduo inspirado tece vínculos materiais, filamentos de pintura, para conectar elementos esparsos e conectar a si mesmo com esses elementos. Aparentemente mais abstratas que as obras precedentes, as telas do período do *dripping* são, na realidade, muito mais concretas, já que o artista se inspira nos ameríndios, que "consideravam a natureza em si mesmos em vez de a natureza como um motivo";[610] elas possuem a força conjunta e integradora das figurações analogistas, que fundem o gesto e a imagem tanto quanto a imagem e o fundo, a fim de tornar visível não um objeto tomado isoladamente, mas o somatório das relações que lhe permitem existir dentro de um processo englobante.

A mitologia pessoal de Beuys é mais prolixa, mais emaranhada, mais sombria também que a de Pollock, talvez deliberadamente. Afinal, suas declarações sobre o xamanismo, as sociedades primitivas, o animismo embaralham as pistas interpretativas e mergulham os comentadores numa massa conturbada de símbolos que agarram a mente a suas asperezas, sem revelar grande coisa do que está em jogo naquilo que ele dá a ver. Devemos, no entanto, dar-lhe crédito pela experiência fundadora, seja ela real ou fictícia, da qual ele fez um leitmotiv: mobilizado na Luftwaffe durante a guerra, ele é abatido sobre a Crimeia, recolhido por nômades tártaros, que o teriam trazido de volta à vida alimentando-o com mel, untando-o com gordura e agasalhando-o com cobertas de feltro. A projeção de sua *persona* como um soldado derrotado e ferido se incorpora de diversas maneiras em sua obra, ao mesmo tempo que o feltro domina como envoltório protetor e regenerador. Essa matéria oriunda de uma técnica de feitura bastante antiga, a prensagem de fibras ou pelos, torna-se um instrumento de metamorfose, uma espécie de casulo terapêutico que modifica aquilo que ela reveste, a exemplo de uma de suas obras mais conhecidas (no centro Pompidou), o piano de cauda em seu invólucro de feltro cinza estampado com duas cruzes vermelhas que parece se converter num organismo arcaico e plácido, ou, ainda, a exemplo desse transformador metonímico muito simples no qual consiste o chapéu com que Beuys se encontrava constantemente paramentado. O artista não toma de empréstimo das civilizações pré-modernas formas, motivos ou cores, quando muito um continente amorfo que lhe permita edificar um espaço não "visualista" da representação, designando ritualmente, isto é, pela decomposição e entrechoque de registros ontológicos, coisas que ele mantém em certa medida invisíveis.[611]

É numa de suas obras mais comentadas, *I Like America and America Likes Me* [Eu gosto da América e a América gosta de mim], que Joseph Beuys melhor desenvolve seu método de extensão de um imaginário para o qual o espectador é convidado a participar por sua liberdade inferencial, estimulado, se tanto, por alguns índices enigmáticos (ilustração 147). A ação se desenrolou em maio de 1974, durante cinco dias, entre sua residência em Düsseldorf e a galeria René Block, em Manhattan. Transportado desde a Alemanha numa maca, enrolado num cobertor de feltro, Beuys é levado de avião e de ambulância numa grande jaula construída para a ocasião em que ele irá participar, ao longo de três dias, da vida de um coiote selvagem recém-capturado. Ele brinca com o animal, entrega-lhe sua bengala para ser mordiscada, deixa que ele despedace o cobertor que o envolve e compartilha sua existência na palha com uma cumplicidade manifesta. Beuys retorna em seguida para Düsseldorf da mesma maneira como tinha ido. Enquanto para os euramericanos o coiote é um personagem ridículo e vil, um covarde devorador de galinhas e carneiros, ele é um símbolo prezado pela América indígena, a imagem clássica do enganador nos mitos em que ele triunfa sobre seus adversários pela astúcia, e um dos heróis criadores nas cosmologias mesoamericanas. Por meio dessa coabitação lúdica com o animal, Beuys parece ter querido abolir a fronteira entre natureza e cultura que os colonos impuseram aos povos e às paisagens americanas, restaurar a possibilidade de uma interação que se desenvolve entre dois agentes sensíveis, até mesmo embaralhar as pistas, questionando a identidade ontológica dos protagonistas, dos quais não se sabe mais muito bem, ao final de três dias, quem é o animal cuja interioridade humana transparece e quem é o humano cujo comportamento indica um devir animal. Ao suscitar uma extensão da imagem mental da obra em relação ao dispositivo cênico bastante simples que lhe serve de suporte, Beuys, para além do discurso convencionado a respeito do animismo, manifesta com força seu princípio constitutivo.

Outra forma de emancipação ontológica é mais da esfera da sobrevivência transfigurada e se manifesta quando o produtor de imagem, criado num meio ainda não submergido pelos códigos visualistas do naturalismo, teve posteriormente de contemporizar com o mundo da arte contemporânea. A experiência é comum para artistas da Ásia, da África ou oriundos de povos autóctones oceânicos e americanos, obrigados a trocar seu local de origem por paragens mais cosmopolitas.

Gonkar Gyatso fez uma entrada notável que chamou a atenção na Bienal de Veneza, em 2009, com sua obra *The Shambala in Modern Times* [Shambala nos tempos modernos] (ilustração 148). Nascido em Lhasa em 1961, mas residente em Londres e hoje de nacionalidade britânica, ele estuda inicialmente a pintura chinesa no departamento de belas-artes do Instituto de Nacionalidades de Pequim e a pintura tibetana tradicional em Dharamsala, antes de ir fazer sua formação no Chelsea College of Art and Design. Sua obra é bastante influenciada pela arte dos thangkas tibetanos, aquelas pinturas religiosas sobre tela ou sobre seda que figuram em geral cosmogramas místicos do tipo mandala ou, então, divindades do budismo tibetano. Elas podem ser consideradas como imagens exemplares da figuração analogista. Em primeiro lugar, porque dão ênfase à relação entre macrocosmo e microcosmo, incitando o espectador a conectar a esfera de sua espiritualidade individual à figura do Buda, frequentemente retratado em posição central para fixar a mente como um suporte de meditação e que se considera englobar em si todas as potencialidades do mundo. Em seguida, porque oferecem uma síntese, diagramática ou literal, dos elementos desse mundo e dos princípios de sua composição, envolta no Buda ou se desenrolando a partir dele. Diversas obras de Gonkar Gyatso manifestam claramente essa filiação sob a forma de uma silhueta do Buda contendo uma multiplicidade de objetos díspares. Entre elas, *The Shambala in Modern Times* é uma das mais conhecidas. O halo em torno da cabeça do Buda forma uma extraordinária coleção de singularidades, mas a maioria delas são "modernas" de fato: nele distinguimos fragmentos de texto em línguas e grafias diversas, figurinhas de desenhos animados, pictogramas, fotos de máquinas e aparelhos eletrodomésticos, personagens conhecidos, logotipos de grandes marcas, em suma, uma barafunda característica das figurações analogistas estruturada aqui pela irradiação a partir da cabeça do Buda, que funciona como um centro de totalização (ilustração 149). O conteúdo reflete o fervilhar de objetos técnicos e a proliferação da estupidez mercantil cujo costume o naturalismo disseminou por toda parte, ao passo que a estrutura se mantém impecavelmente analogista em seu englobamento cósmico.

Nascida em Nairóbi em 1972, Wangechi Mutu foi criada no Quênia antes de ir estudar no Reino Unido e depois nos Estados Unidos, onde se formou em antropologia na New School for Social Research e em belas-artes na Parsons School of Design e em Yale; ela mora e trabalha no Brooklyn. Wangechi Mutu domina com igual maestria tanto a escultura quanto o vídeo, a pintura ou as performances, mas é nas colagens que sua originalidade se manifesta de maneira mais nítida. Ela as cria reunindo materiais reciclados em superfícies pintadas com pedaços de ilustrações tiradas de revistas de moda, da *National Geographic* ou de livros sobre arte africana. Seus sujeitos são principalmente personagens femininas compósitas e erotizadas, quimeras africanas inquietantes por sua monstruosidade sedutora, mas nas quais, diferentemente da maioria dos híbridos analogistas usuais, é difícil determinar a proveniência dos enxertos. Por conseguinte, a ambiguidade própria a qualquer quimera é amplificada, uma vez que ora é a miscelânea que salta aos olhos sem que se consiga distinguir de que ela é feita, ora é o inverso, quando uma silhueta mutante e liquefeita explode como um quebra-cabeça dinâmico. Reconhecemos, é claro, na obra de Wangechi Mutu elementos de origem africana, e não surpreende que ela seja classificada na corrente do afrofuturismo, sobretudo após sua participação na exposição itinerante *Africa Remix*. Seus híbridos, porém, estendem-se pelas dimensões de um mundo multicultural em que, ao contrário das imagens de Gonkar Gyatso, as tradições locais não mais subsistem a não ser como índices de uma identidade evanescente e a ser continuamente requalificada. Nesse sentido, suas colagens oferecem um bom exemplo figurativo daquilo que poderia ser um universalismo pictórico de tipo analogista.

Simon Tookoome, de quem já vimos um desenho no capítulo 2 (ilustração 22), é fisicamente mais vinculado a uma tradição local. Nascido em 1934 e falecido em 2010, ele passou a maior parte da vida numa pequena comunidade de Baker Lake, no território canadense de Nunavut, onde sobrevivia exclusivamente da caça até cerca de seus trinta anos e era conhecido por suas aptidões de contador de histórias. Tookoome inclui-se entre aqueles escultores inuítes talentosos que renovaram a arte muito antiga das pequenas estatuetas em marfim de morsa ao alterar a escala e empregar materiais novos, conservando ao mesmo tempo os temas clássicos do imaginário inuíte, em especial as metamorfoses entre humanos e animais. A despeito desse enraizamento sólido, Tookoome também pode ser considerado uma figura da arte internacional contemporânea. Em primeiro lugar, pelo fato de que suas estatuetas são menos convencionais no estilo "inuíte moderno" do que aquelas de muitos dos artistas inuítes, os quais buscam acima de tudo responder à demanda do mercado por obras imediatamente identificáveis como "xamânicas"; em seguida, porque ele realizou inúmeros desenhos e litografias, um meio de expressão bem menos corrente entre os inuítes do que a escultura; uma dupla originalidade que se traduziu pelo acolhimento de suas obras em grandes museus e galerias da Europa e da América do Norte. Apesar dessa inserção sólida nos circuitos da arte internacional, as imagens de Simon Tookoome se inscrevem da maneira mais nítida possível na iconografia animista. Prova disso é *Inuk Imagines Dog Animals* [Inuk imagina animais cães] (ilustração 150), uma cena que ilustra o tema clássico da comutação de pontos de vista, em sua variante inuíte bastante comum da face arregaçada. Lembraremos que, quando um humano alterna para o ponto de vista de um animal, ele vê sua face não tal como ela habitualmente é, no caso, de um cão, mas tal como o animal vê a si mesmo, isto é, seja com um rosto humano a refletir sua interioridade, seja com a face de outro animal, em geral um predador, se a face exterior for a de um animal pacífico. O processo é equiparado ao desvelamento do próprio rosto, como quando se abaixa o capuz de uma parca. Tookoome, um especialista na condução de parelhas de trenó, figura o cão ora sob sua forma de cão, à esquerda, ora com sua face de cão arregaçada sob o rosto de sua alma de tipo humano, à direita.

A maneira mais simples de afiliar uma obra contemporânea a um regime ontológico não naturalista é colocar em evidência que os meios formais dos quais ela se serve são análogos àqueles comumente empregados nesse ou naquele outro modo de figuração, desde que, é claro, o dispositivo visual em questão não seja uma mera citação extraída de uma imagem que tenha marcado o artista. Esse parece ser o caso numa obra de Victor Brauner chamada *Force de concentration de Monsieur K* [Força de concentração do sr. K] (ilustração 151). Na mitologia pessoal de Brauner, o sr. K encarna a estupidez malvada e satisfeita, um alter ego do Ubu, de Jarry. Esse talentoso intérprete do surrealismo representou-a, então, sob inúmeros avatares, em especial em *L'Étrange Cas de Monsieur K* [O estranho caso do sr. K] (1933), uma tela que pertenceu a André Breton, na qual o personagem aparece em 36 encarnações, sozinho ou copulando com uma série de parceiros, nu ou vestido como militar, padre, policial, banqueiro, expressando sucessivamente a presunção, a tolice, a lubricidade, a violência, a propensão para o mal e para a opressão. *Force de concentration de Monsieur K*, ao contrário, é construída à maneira de um díptico, uma organização formal característica de muitas obras de Brauner que chamam a atenção para a dualidade essencial dos seres. O personagem barrigudo aparece assim desdobrado: carmesim e maculado com nódoas de sangue, ele está recortado à esquerda sobre um fundo branco, enquanto, à direita, com a pele esbranquiçada e os olhos embaciados, ele se destaca sobre um fundo preto. Em ambas as manifestações, entretanto, seu corpo está salpicado de pequenos bonecos de celuloide, uma disposição que não pode deixar de evocar a estátua do deus A'a da ilha de Rurutu (ilustração 104), em cujo corpo proliferam réplicas dela mesma em outra escala, como que emergindo da pele. Pudemos ver no capítulo 8 que, ao figurar na superfície dessa efígie polinésia a rede das divindades menores da qual ela constitui a totalização expressiva, o genial produtor de imagem que a esculpiu conseguiu tornar tangível uma característica, ainda que fortemente abstrata, das ontologias analogistas, a saber, que uma singularidade ostensível pode, de fato, representar uma rede de relações e expressar desse modo a dialética sutil que esse esquema de mundiação sustenta entre a unidade e a multiplicidade. Infelizmente, é provável que não se trate aqui de uma invenção independente: exposta no British Museum e com frequência reproduzida, a estátua de A'a era presumivelmente conhecida por Victor Brauner, que teria, portanto, repetido, talvez sem ter consciência disso, o efeito espetacular de reverberação metonímica graças ao qual a estátua polinésia subjuga todos os seus espectadores.[612] Ao que tudo indica, o repugnante sr. K é analogista apenas por acidente.

O mesmo não ocorre com outra obra de Brauner, um pouco posterior, que atende pelo enigmático título de *Conciliation extrême* [Conciliação extrema] (ilustração 152). Pode-se, sem dúvida, ver nessa jovem com duas faces uma ilustração do tema brauneriano da dualidade: a bela e a fera, a inocência e a selvageria, a pureza e a ferocidade, reunidas numa mesma pessoa e escondidas, para aquelas citadas em segundo lugar, atrás da cabeça. Existe entre os achuar da Amazônia um espírito mestre da caça que exibe as mesmas características; Jurijri se apresenta com um rosto afável, mas oculta no occipício uma monstruosa boca canibal com que ele ataca os caçadores indelicados. É impossível que Brauner tivesse conhecimento de Jurijri, mas, por outro lado, como não ver no retrato da inquietante bifronte uma figuração daquilo que o mestre da caça ilustra, a saber, a comutação animista de pontos de vista? Típico das máscaras que figuram espíritos, esse mecanismo revela uma invariante das representações da oscilação num ser de suas qualidades humanas — a subjetividade encarnada num rosto — e não humanas — o corpo bestial; e foi provavelmente assim que Brauner o explorou em sua tela, sem que aliás possamos afirmar que a totalidade de sua obra seja marcada por intuições animistas.

Afinal, a exemplo de Brauner e ao contrário dos casos que examinamos anteriormente, muitos artistas contemporâneos manifestam no próprio âmago de sua obra um grande ecletismo ontológico. Salvador Dalí é a melhor expressão disso. Embora sua obra aparente ser ainda mais difícil de inserir numa ontologia específica, uma vez que ele mesmo se empenhou em fornecer chaves de interpretação por meio de filosofias estéticas que oscilavam entre o esoterismo e a extravagância, parece não restar dúvida de que uma grande parte dela é emblemática da figuração analogista. Tomaremos apenas um exemplo, bastante eloquente, é verdade, o de *Galatea das esferas* (ilustração 153). O quadro parte de um jogo de palavras: ele representa ao mesmo tempo Gala, a musa, companheira e modelo de Dalí, e a ninfa Galateia, uma das nereidas, celebrada por Ovídio por seu desafortunado idílio com o pastor Ácis e pela paixão erótica que lhe devotava o ciclope Polifemo. A imagem de Galateia é colocada a serviço de uma harmonia pitagórica das esferas na qual o rosto da ninfa se torna ao mesmo tempo o centro do macrocosmo onde se espalham corpos celestes e o centro do microcosmo a partir do qual se difundem partículas subatômicas sem contato entre si. Em suma, a figuração de uma correspondência analogista plenamente clássica à qual fazem eco telas como *O homem invisível* (1933), *Criança "geopolítica" observando o nascimento do homem novo* (1943) ou *A Madona de Port Lligat* (1950).

E, no entanto, Salvador Dalí também pintou um quadro de inspiração bastante diferente, cujo título pouco conciso indica de imediato que ele repousa numa ilusão de óptica: *50 quadros abstratos que a dois metros se convertem em três Lênins disfarçados de chinês e a seis metros formam a cabeça de um tigre real* (ilustração 154). Assim como a maioria das pinturas de Dalí, trata-se de uma obra virtuosa, de uma grande inventividade na construção geométrica, uma vez que induz a um deslocamento, segundo a distância de observação, entre o detalhe dos elementos do fundo e a forma geral que seu agrupamento compõe, deslocamento esse que repousa sobre o clássico efeito "pato-coelho", em virtude do qual se pode ver alternadamente as cabeças de Lênin ou a face do tigre, mas jamais ambas ao mesmo tempo. O resultado é ainda uma comutação, que autoriza a oscilação entre dois pontos de vista sobre um mesmo sujeito cuja identidade é, a bem dizer, difícil de definir. Deve-se ver ali um felino animado por uma interioridade leninista? Uma tríade chinesa capaz de assumir a aparência de um tigre? A aliança do doutor Fu Manchu e da revolução bolchevique a encarnar-se num predador? Sem dúvida, o princípio da metamorfose por permutação das perspectivas está presente, mas como que suspenso e inacabado, por falta de uma franca tematização, por parte do quadro, de uma experiência animista, um regime de existência com o qual Dalí não parece muito ter afinidades.

Tanto assim que a inversão entre o fundo e a figura é um artifício que o pintor catalão utilizou em outras ocasiões, por exemplo, no *Retrato de Gala olhando o mar Mediterrâneo que a 20 metros de distância se transforma em retrato de Abraham Lincoln*, e antes para satisfazer o gosto surrealista de jogar com o quiproquó perceptivo, provocando o advento de uma imagem escondida em outra, do que pelo real desejo de figurar pontos de vista alternados sobre um ser (ilustração 155). Trata-se aqui menos de uma comutação animista do que de um exercício magistral de composição analogista em que Dalí multiplicou as correspondências, os encaixamentos e os jogos de escala, sobretudo entre a figura principal de Gala (que forma uma parte do rosto de Lincoln) e Gala novamente, mas incluída em medalhão com um quinto de sua dimensão anterior e em outra pose, e entre o rosto de Lincoln (como sujeito principal do quadro visível a vinte metros) e mais uma vez o seu rosto, mas quase indiscernível no canto inferior esquerdo como um agregado de células coloridas.

A construção do espaço pictórico é aparentemente convencional, com um efeito de perspectiva monofocal acentuado pelos ladrilhos do chão, pela profundidade do vão da janela realçada por blocos ou pelo ponto de fuga situado no centro da tela, diante do olhar de Gala; contudo, tanto o Cristo crucificado no céu visto verticalmente de cima quanto a inversão entre figuras e fundo em função da distância de observação subvertem os códigos da figuração teatral albertiana, ao mesmo tempo que dão a impressão superficial de que eles estão sendo respeitados. Apesar da bufonaria assumida de Salvador Dalí, apesar do ecletismo com que ele se compraz, a virtuosidade de seus jogos de óptica dizem mais sobre a confusão ontológica na qual mergulhou, na metade do século xx, a figuração naturalista do que as obras e os propósitos de artistas muito mais de vanguarda ou com uma filosofia mais segura: por trás do personagem ladino e interessado, delineia-se a ingenuidade desconcertante de um pintor que, para além das aptidões de escola, não sabe resistir à cândida fantasia de suas intuições visuais.

146. Jackson Pollock trabalhando. Ao fundo a obra
One: Number 31 [Um: número 31], 1950

148. Gonkar Gyatso, *The Shambala in Modern Times*, 2008

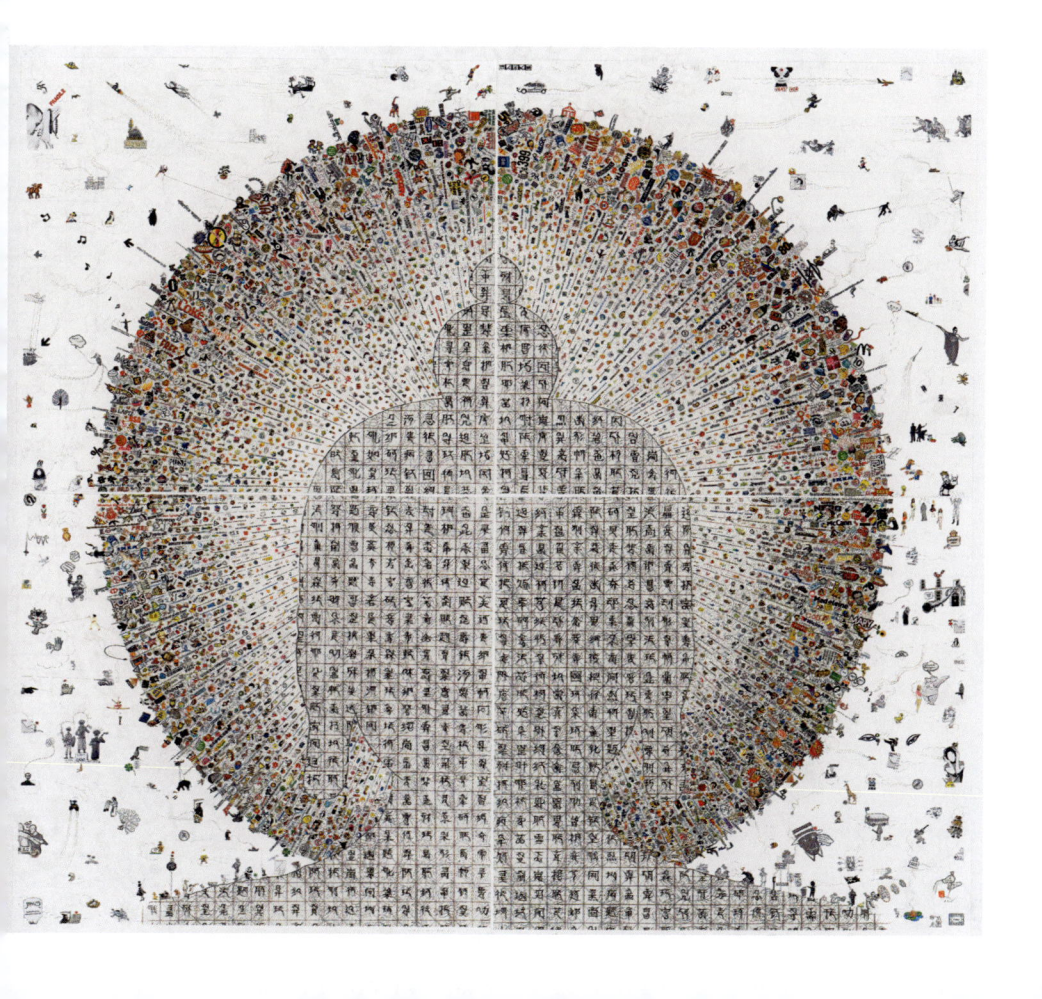

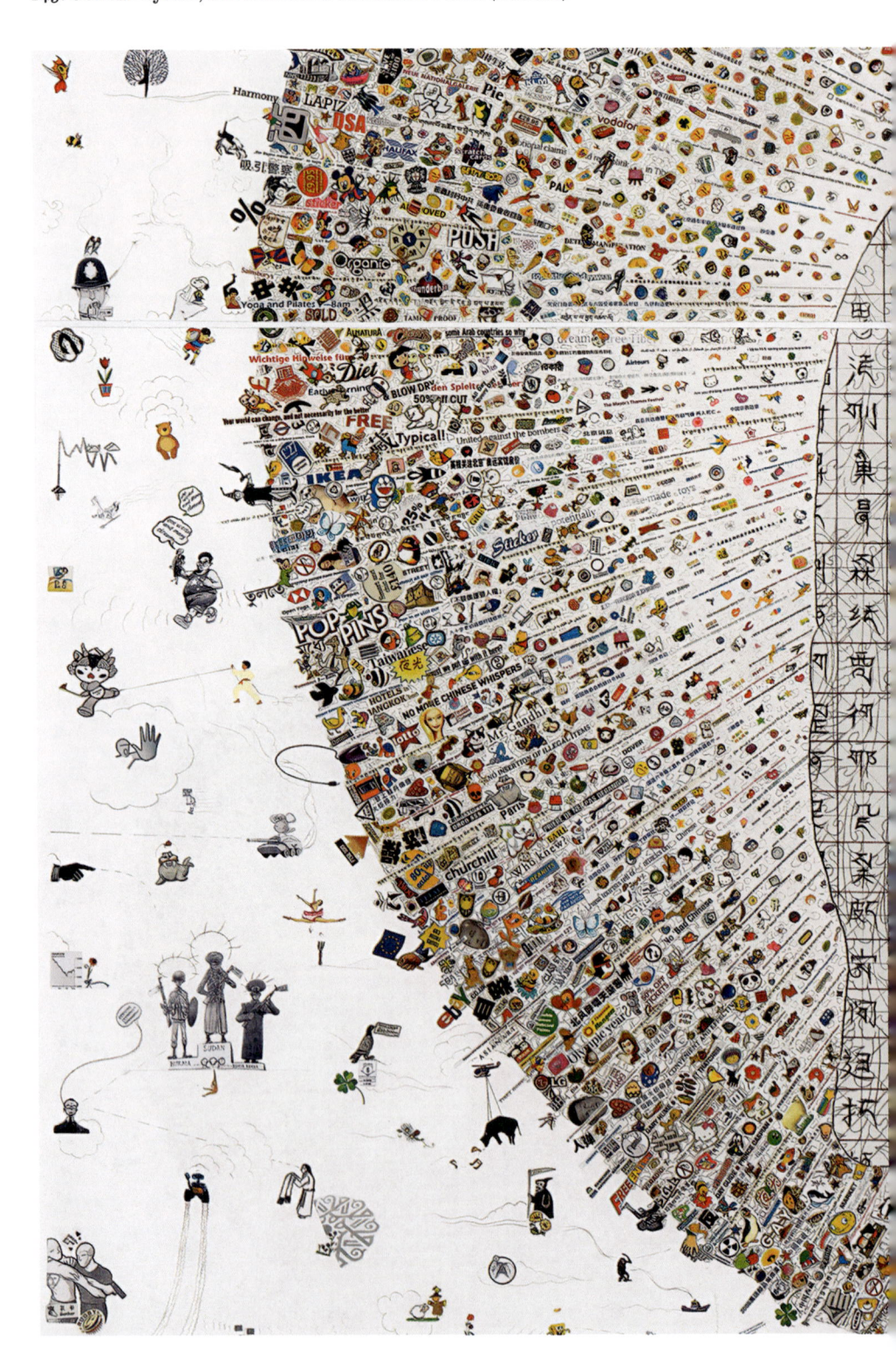

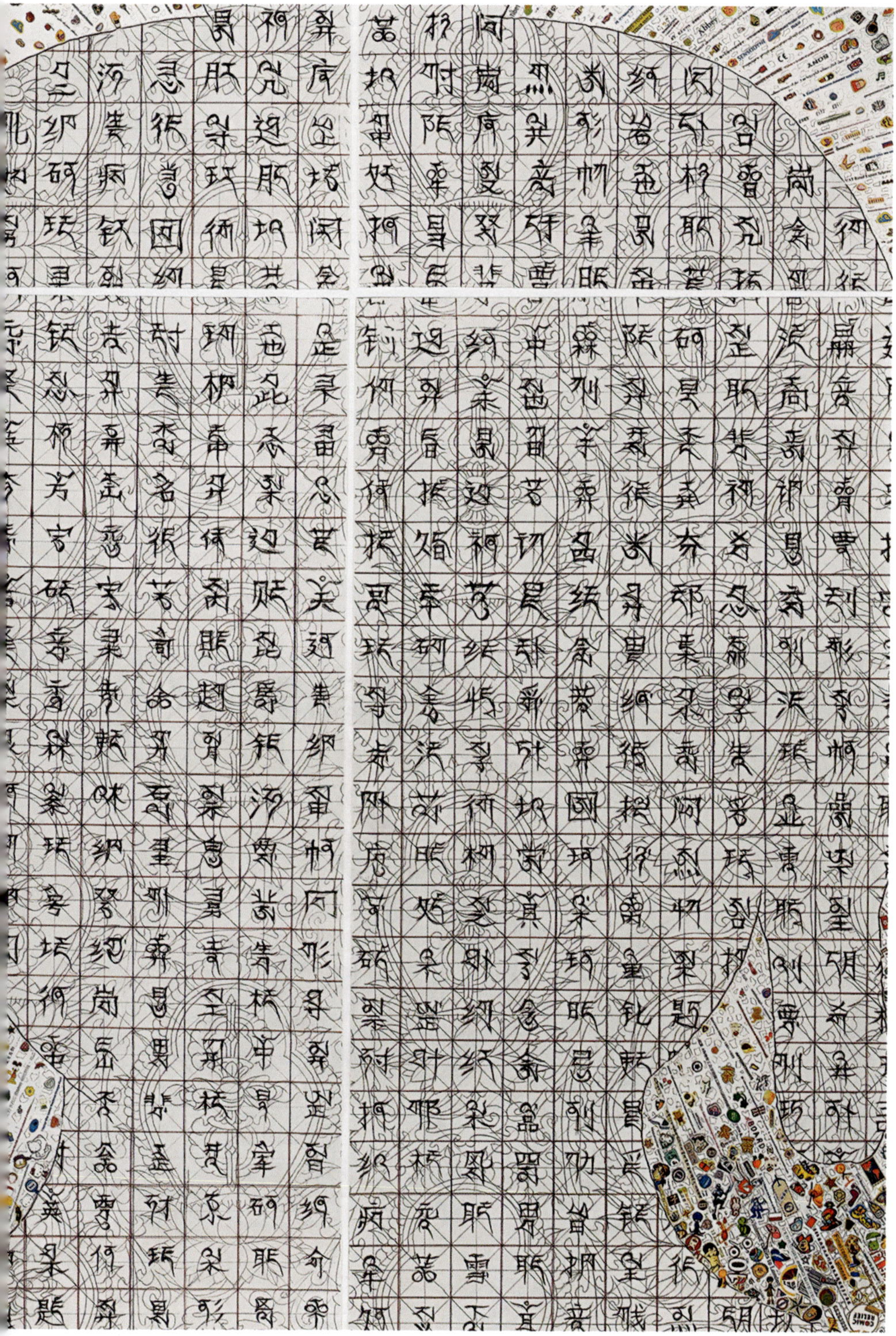

150. Simon Tookoome, *Inuk Imagines Dog Animals*, 1981

151. Victor Brauner, *Force de concentration de Monsieur K*, óleo sobre tela com a incorporação de bonecos de celuloide, 1934

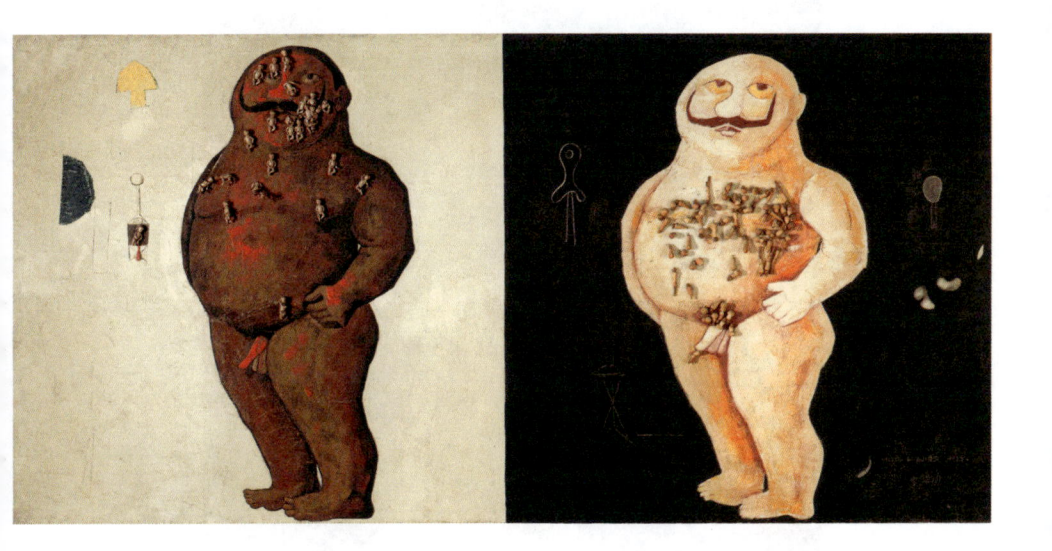

153. Salvador Dalí, *Galatea das esferas*, 1952

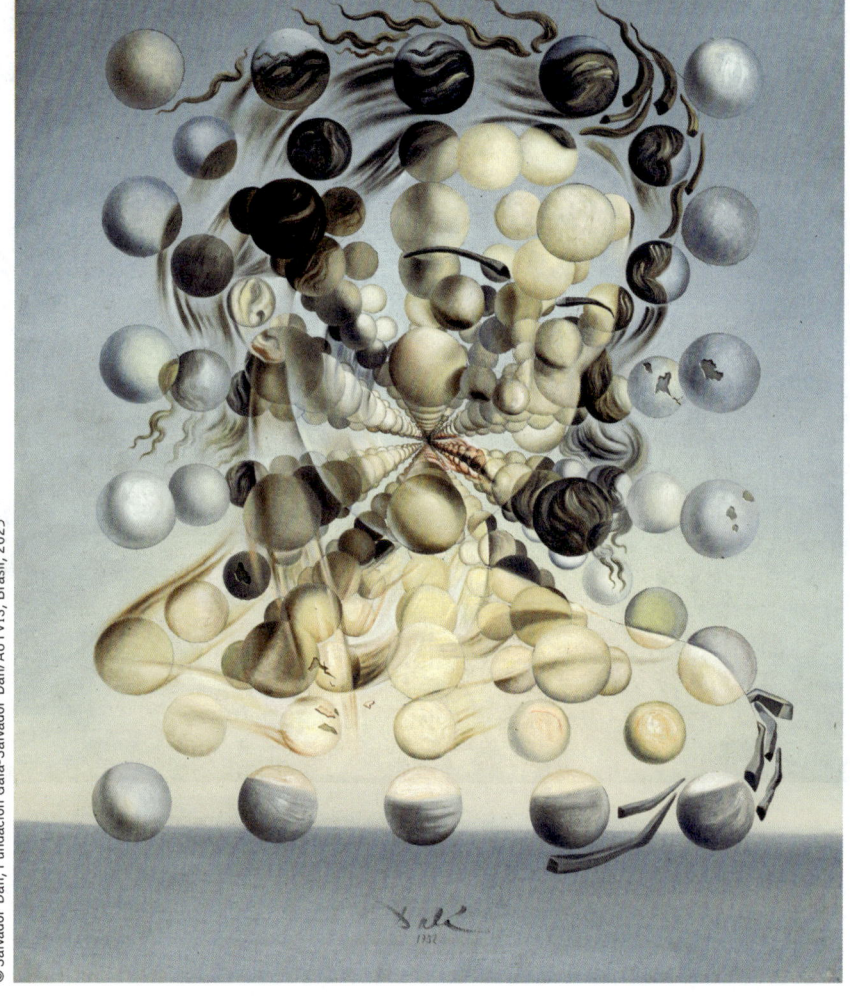

154. Salvador Dalí, *50 quadros abstratos que a dois metros se convertem em três Lênins disfarçados de chinês e a seis metros formam a cabeça de um tigre real*, 1963

155. Salvador Dalí, *Retrato de Gala olhando o mar Mediterrâneo que a vinte metros de distância se transforma em retrato de Abraham Lincoln (Homenagem a Rothko)*, c. 1976

156. Painéis esculpidos *poupou*, alpendre da casa Te Tokanganui-a-Noho
em Te Kuiti, Nova Zelândia

Conclusão

Chamarei de imagem a essa impressão de realidade enfim
plenamente encarnada que nos vem paradoxalmente
de palavras desviadas da encarnação.

YVES BONNEFOY, *Lieux et destins de l'image*[613]

Fazer imagem

Desde que, à custa do desvio de uma máxima de Horácio e de uma manipulação da *Poética* de Aristóteles, a doutrina do *Ut pictura poesis* se tornou a carta figurativa da modernidade nascente, adquiriu-se na Europa o costume de colocar em pé de igualdade a descrição pelas palavras e a descrição pelas imagens. Em princípio, se não na prática, artistas e poetas convergiam na direção de um mesmo objetivo: retratar fielmente os seres e as coisas, exaltando-lhes a beleza. Certamente poderíamos argumentar a respeito da preeminência de um registro sobre o outro: pode-se afirmar, assim como Pintura lança diante de Poesia em *Le Songe de Philomathe*, que "os Deuses trouxeram você à luz apenas para me fazer companhia",[614] mas o fato é que se presumia que uma mesma preocupação figurativa animava os dois projetos. Vista em retrospecto, contudo, a convergência era ainda menos plausível, uma vez que a paisagem, o retrato, as cenas de gênero, a natureza-morta, gêneros pictóricos pouco considerados por mentes brilhantes e, no entanto, emblemáticos da revolução figurativa naturalista, encontravam apenas de modo imperfeito seu equivalente na arte poética. Menos de um século após o diálogo de

Félibien, Lessing tentou dar fim a esse paralelismo entre poesia e pintura, sustentando que elas se prestam mal à comparação, já que a primeira, de ordem sequencial, representa por meio de signos arbitrários ações que se sucedem no tempo, ao passo que a segunda, de ordem sincrônica, representa por meio de signos "naturais" corpos que coexistem no espaço.[615] A despeito da repercussão de suas teses, o autor do *Laocoonte* não conseguiu, no entanto, desatrelar de maneira duradoura imagens pictóricas de imagens literárias, tão profundo era, desde o Renascimento, o hábito de associá-las num plano conceitual. O romantismo retoma esse tema do pareamento sob outro ângulo, o da fraternidade dos poetas e dos artistas, aliança de circunstância contra o academismo que jamais desembocará na verdadeira fusão das artes que um Byron ou um Delacroix desejam, sem dúvida porque eles não contemplam outros meios para alcançá-la senão instando à alma daqueles a quem destinam suas obras os mesmos impulsos que os estimulam em sua própria alma quando são transportados nas asas da criação.[616] É preciso aguardar os desenvolvimentos modernos da teoria dos signos, de Peirce a Austin, para que sejam colocadas novamente não apenas a questão dos contrastes entre signos linguísticos e signos icônicos, mas também, um pouco mais tarde e de forma inovadora, a da potência de agir conferida às palavras e às imagens — o poder performativo daquelas, a agência destas —, cujos efeitos os românticos sabiam manipular sem muito se incomodar em compreender seus mecanismos.

Para além das diferenças já apontadas por Lessing na natureza dos signos que elas empregam e em suas relações com o tempo e o espaço, imagens literárias e imagens icônicas parecem ainda se distinguir pelo maior ou menor rigor aparente dos princípios de produção aos quais estão submetidas. O paradoxo de seus destinos cruzados vem efetivamente do fato de que a convencionalidade manifesta dos signos e das regras por meio dos quais as palavras suscitam efeitos convertidos em imagem parece estar na razão inversa da liberdade concedida àqueles que as leem ou as escutam para imaginarem seus ecos, ao passo que o contrário se produziria com as imagens pictóricas: a possibilidade de reconhecer aquilo que elas tornam presente e de ser por ele afetado decorreria de uma aptidão aberta a todos os humanos de detectar semelhanças que não teria necessidade alguma de obedecer a preceitos estritos. Conforme declara Pintura a Poesia no imorredouro diálogo de Félibien: "Figurei imagens não semelhantes às que você constrói, minha irmã, que cada um pode considerar a seu modo e representar para si mesmo como lhe aprouver, mas imagens genuínas, e nas quais a natureza parecia ter formado uma segunda pessoa".[617] Em outras palavras, as imagens poéticas tomariam forma à vontade na mente de cada um ao sabor de sua sensibilidade e de seu humor, conduzidas, no entanto, por um fluxo fônico e gráfico estruturado pelas normas habituais de uma língua (de sua gramática, de seu vocabulário, de sua fonética, de sua prosódia, de sua retórica, de sua versificação), enquanto as imagens visuais imporiam a todos que as observam a mesma percepção de um objeto, "natural" e "genuíno", tornando assim supérfluo, para apreciá-las, o domínio de um código formal análogo àquele que rege as expressões discursivas. Licença associativa suscitada por um meio restritivo, num caso, firme direcionamento da atenção e da ideação ocasionado por um meio transparente e de uso espontâneo, no outro.

Não é nada disso, evidentemente. Todo este livro sustenta mesmo o contrário, sendo sua ambição mostrar que as regras da imaginação visual são tão exigentes e logicamente articuladas quanto as da imaginação linguageira; que as formas do visível, embora respondendo a uma sintaxe de gênero diferente daquela que articula as formas do dizível, não são menos estruturantes que elas; e que é preciso, para começar a elucidá-las, um esforço coletivo análogo àquele outrora feito pelos pioneiros da gramática comparada, esforço ao qual este ensaio pretende oferecer sua contribuição. Nele, defendeu-se efetivamente que, a despeito de sua atordoante diversidade, não apenas as imagens icônicas podem ser apreendidas segundo suas modalidades próprias de figurar regimes de mundiação complementares àquilo que deles a linguagem revela, mas que essas modalidades, assim como os regimes que elas tornam visíveis, são outras tantas transformações umas das outras. O sistema de continuidades e descontinuidades percebidas pelos humanos entre o que os aproxima e o que os distingue dos não humanos opera como uma matriz contrastiva que permite mostrar simultaneamente aquilo que tradições iconográficas retiveram por seleção e omissões em sua figuração das esferas da experiência humana, a natureza dos procedimentos formais que elas empregaram para construir um espaço representacional e nele gerir pontos de vista correspondentes a seu gênero de mundiação, e os diversos tipos de agência conferidos às imagens em função das disposições que cada regime de existência reconhece aos seres que ele abriga. Quatro modos de identificação — animismo, totemismo, analogismo e naturalismo — são declinados e assim se apresentam em simetria segundo três registros da figuração: ontológico (os tipos de objeto e de relação dos quais o mobiliário dos mundos é constituído), formal (o modo como as propriedades desse mobiliário são tornadas ostensivas nas imagens) e pragmático (os meios empregados para que essas imagens exibam uma potência de agir em determinadas circunstâncias). Após ter explorado à vontade o dédalo desse edifício transformacional, sem dúvida não é inútil retornar brevemente à lógica de seu plano de conjunto.

ONTOLOGIAS

Nas costas brumosas da Colúmbia Britânica, na Terra de Arnhem, nas terras altas do Tibete, nos ateliês de artistas de Paris, Nova York ou Berlim, os produtores de imagem expõem o mobiliário dos mundos que eles habitam figurando, de maneira mais ou menos reconhecível, os objetos de que esses mundos são constituídos — cérebros, itinerários meditativos, protótipos ancestrais, porções de terras ou espíritos canibais. Além disso, esses objetos mantêm entre si, no império dos signos, relações ostensivas segundo o regime ontológico no qual são reconhecidos, do encastramento recursivo à comutação de pontos de vista, da simultaneidade do continente e do conteúdo à heterogeneidade do todo e das partes. Cada uma dessas relações pode, por sua vez, ser subsumida a um esquema relacional elementar que estrutura, num lugar e numa época, a maneira como os humanos experimentam a vida: uma relação de sujeito a sujeito generalizada para a maioria dos habitantes do cosmos no caso do animismo, uma relação de inerência a uma classe e a locais compartilhada por um bloco de humanos e de não humanos no caso do totemismo, uma metarrelação que confere dinamismo e coerência a relações subordinadas no caso do analogismo e, para o naturalismo, uma relação de objetivação na qual o sujeito é condição de existência do objeto.

Vejamos o que ocorre no animismo, que joga sem cessar com o equívoco induzido por imagens de corpos específicos representando espíritos e por imagens de espíritos tornados fisicamente visíveis por meio de atributos de espécie. Com efeito, sua característica fundamental, aquilo que o define como ontologia, é menos a ideia de que o reino das almas se prolonga para além dos humanos do que a intuição mais elementar, e mais vigorosa, de que a distinção entre o corpo e o espírito atravessa a maioria dos existentes. Os meios de figurar uma tal propriedade e as consequências que ela implica se desenvolvem numa gama de procedimentos icônicos, alguns deles imediatamente evocadores do mecanismo que representam, outros mais complexos e cuja compreensão é acessível somente quando iluminada pelas teorias visuais locais. Entre os primeiros, a representação do movimento em suspenso ocupa um lugar privilegiado: é a maneira mais simples de indicar que um animal, fixado num impulso de fuga ou de captura, manifesta-se como um sujeito intencional, a exemplo das estatuetas de marfim, tão expressivas em sua simplicidade, das quais os povos do Norte gostavam de se cercar. Inserir num corpo animal um rosto humano a servir de índice de interioridade, assim como o fazem os yupiit com suas máscaras, é outra maneira, ainda mais literal, de representar a dualidade dos existentes. Os yupiit acrescentam também membros humanos, às vezes somente mãos, a máscaras de aves aquáticas ou de moluscos a fim de significar que esses espíritos animais têm uma potência de agir análoga à dos humanos. A subjetividade animal, portanto, expressa-se aqui por meio de disposições físicas e não somente morais: é por ser representada de modo a suscitar a impressão de que poderia se apoderar de um objeto e manipulá-lo como um humano que a imagem da ostra ou da mobelha parece dotada de uma interioridade da mesma natureza daqueles cuja intencionalidade preênsil é por ela reproduzida.

Esse jogo do corpo e do espírito se torna mais complexo quando é preciso figurar determinadas propriedades que dele derivam, por exemplo, a oscilação entre um ou outro dos pontos de vista que os dois planos do ser possibilitam: se tomar consciência da fisicalidade de um animal é vê-lo com os traços de sua espécie, então perceber sua interioridade é vê-lo como um humano. Essa definição mínima da metamorfose pode receber uma expressão icônica ao se explorarem os mecanismos visuais da comutação, desde as máscaras com abas que revelam uma interioridade humanoide sob o avatar animal até os diferentes tipos de mudança de perspectivas possibilitados por máscaras que combinam de ambos os lados de um eixo vertical ou horizontal uma fração de rosto humano e uma fração de face animal.

Contudo, a questão ainda se complica quando a polaridade entre o ícone e aquilo cujo lugar ele ocupa se inverte completamente, como é o caso do hábito inuíte de considerar as imagens em miniatura de animais e de artefatos como "almas" a constituir o protótipo e, de fato, o modo de ser genuíno do objeto que elas representam, uma vez que ele seja amplificado à dimensão sob a qual é comumente encontrado. Assim como a alma *tarniq* de um humano ou de um animal existe sob a forma de uma imagem minúscula de sua pessoa alojada em seu corpo, também uma efígie em miniatura é menos a imitação do que o modelo daquilo que ela figura, a síntese encarnada de suas qualidades. Temos ali uma variante da comutação que joga com uma mudança de escala, e não mais de perspectiva: o corpo-alma em miniatura englobado num corpo ou figurado em três dimensões toma a forma de uma interioridade material, ao passo que as expressões ampliadas do homúnculo, do animálculo ou do modelo reduzido, a saber, o homem, a mulher, o caribu ou a chaleira encontrados na vida cotidiana, tornam-se signos corporais da interioridade física da qual eles são a projeção. Com esse sutil jogo de escala, a figuração mais "realista" da metamorfose, tal como a executam as máscaras com abas ou as pinturas corporais, aparece como um luxo ou uma redundância inútil. Afinal, as imagens inuítes não são exegeses gráficas de acontecimentos que lhes são externos, mas agentes causais que têm um efeito sobre o mundo: elas operam transformações, condensam relações, tornam seres presentes. É somente agora, e porque a experiência da relação com os animais e os espíritos perdeu, no Grande Norte, a intensidade de outrora, que a metamorfose exige ser ilustrada de maneira mais literal nas esculturas ditas "de transformação", como se os artistas devessem se convencer de que não se trata de uma ilusão que passou a ser incompatível com a vida moderna.

A hipótese animista de que quase todos os objetos do mundo são compostos instáveis de corpos e de espíritos acarreta uma última consequência: cada sujeito intencional, humano ou não humano, vê os outros segundo aquilo que lhe ditam suas aptidões físicas — essencialmente, como predadores ou presas —, enquanto vê a si mesmo com os olhos de sua interioridade. Sendo esta modelada sobre aquela dos humanos, ele se percebe, então, independentemente de sua forma corporal, como um humano, no mínimo como uma incorporação da condição humana. Ora, as capacidades antes consideráveis do corpo dos humanos, assim como de outros organismos, foram reduzidas a seu estado presente quando do processo de especiação cujo desenrolar é reconstituído pelos mitos, de maneira que uma contradição irresoluta se desenvolve no animismo, sul-americano em todo caso, entre animais que apreendem a si mesmos como humanos e humanos que gostariam de recuperar sua plenitude tomando de empréstimo disposições aos corpos animais. A expressão figurativa dessa contradição não é visível de imediato para olhares não informados, pois ela assume justamente o aspecto de um mimetismo ontológico que se declina em função dos tipos de olhar que se considera que as diferentes pessoas humanas e não humanas lancem sobre si mesmas e sobre os outros. Daí procedem os métodos de camuflagem empregados pelos humanos a fim de se fazerem passar por essa ou aquela espécie animal que tem a ingenuidade de acreditar ser a única a conhecer as pinturas com que ela ornamenta aquilo que imagina ser um corpo humano; daí procede a pilhagem dos atributos animais mais ostensivos — plumas, presas, garras, bicos ou pelagens — a fim de incorporá-los nos tantos adereços que funcionam como próteses metafísicas; daí procede a confecção de corpos-vestimentas adequados à ideia que os espíritos têm da própria aparência tal como a visão que dela teve o espírito do xamã; daí procede, enfim, o hábito dos povos circumpolares de sempre manter os corpos animais em mente cercando-se de suas imagens, não apenas como uma propedêutica da atenção à caça e um signo de conivência com os espíritos mestres que regem seus destinos, mas também para se persuadirem de que, nesse mundo de identidades em fluxo, determinadas formas permanecem idênticas a si mesmas. As imagens são os espíritos de corpos que se deixam ver somente através do espírito dos outros.

Das três transformações figurativas australianas que examinamos nestas páginas, a representação das silhuetas animais é, sem dúvida, aquela que exprime com mais força e concisão a essência do totemismo: um ser imóvel e atemporal, retratado sem fundo nem par, revela em sua anatomia englobante as partições do corpo social e a complementaridade que rege as interações entre seus segmentos. Tomaremos o cuidado de não conjecturar que essas imagens dos protótipos originários sob seu avatar animal sejam mais típicas porque mais antigas. Sua antiguidade é certamente atestada por pinturas encontradas nos abrigos rochosos da Terra de Arnhem que descreviam com grande exatidão uma espécie da megafauna extinta havia muitas dezenas de milênios.[618] No entanto, ainda que tenha sido de uso mais efêmero, o estilo narrativo característico da Austrália central deixou-lhe também vestígios precoces em sítios distribuídos por todo lado no continente sob a forma de motivos incisados na rocha, remontando a mais de 12 mil anos no caso dos mais antigos, e que se assemelham fortemente aos pictogramas descritos pelos etnógrafos contemporâneos.[619] Não se trata, portanto, de uma questão de datação que leva a considerar as figurações animais como uma expressão mais adequada do totemismo, mas o fato de as pictografias, tratadas aqui como uma das maneiras de tornar visível a ação fundante dos seres do Sonho, não são em nada específicas desse modo de identificação, uma vez que são encontradas em todas as latitudes e associadas a regimes ontológicos bastante diversos. Qualquer que seja a extraordinária inventividade formal que essa expressão gráfica possa ter demonstrado na arte contemporânea do deserto central, a linguagem pictográfica que ela emprega não lhe é própria. Quanto às composições complexas das pinturas yolngu que cruzam numa mesma imagem a figuração de corpos, locais e trajetos, sejam elas mais tardias ou não que os outros dois estilos dos quais elas são uma transformação estrutural, podemos vê-las, a exemplo das pinturas kunwinjku em raios x, como que centradas nas representações hieráticas dos seres do Sonho em torno dos quais se desenvolve em contraponto a narração entrecruzada de suas façanhas. Em suma, com o perdão por esta tautologia, a melhor figuração totêmica ainda é a figura do totem.

Mesmo que se tenha de tomar com grande precaução esse gênero de analogia, não se pode deixar de ficar impressionado com a similitude entre as representações aborígenes dos seres do Sonho e as imagens de animais na iconografia do Paleolítico superior europeu. Sem dúvida, de Chauvet a Altamira, os animais das cavernas ornamentadas não são figurados como silhuetas inertes cujo interior é visível; eles são, ao contrário, retratados com um notável dinamismo nas posturas, tendo o relevo das paredes servido para atualizar formas de corpos contidas em potência nas depressões e protuberâncias ou para suspender o impulso de um movimento por meio de escorços audaciosos. Contudo, esse realismo morfológico e cinético que em nada cede ao realismo anatômico das pinturas da Terra de Arnhem não é, não mais na Europa do que na Austrália, uma figuração da natureza; os animais são como que projetados um a um sobre a superfície rochosa, sem que jamais se retrate ambiente algum, nem mesmo o chão que eles pisam. Afinal, é uma iconografia quase que exclusivamente animal: os humanos são raríssimos na arte parietal europeia, e suas interações com os animais, ainda mais raras; quando muito três, entre milhares de pinturas e gravuras, podem eventualmente ser interpretadas como cenas de caça.[620] Assim como também na Austrália setentrional, cada animal é representado de perfil, ângulo sob o qual ele é mais típico, em que ele melhor encarna sua espécie; e cada um se dá a ver como autônomo, sem referente externo nem companheiro, mesmo quando outros indivíduos da mesma espécie a ele se sobrepõem, emaranham-se em seu contorno, parecem segui-lo ou precedê-lo, destacar-se dele como que em leque ou enfrentá-lo cabeça contra cabeça.

Há, de fato, algumas imagens que parecem representar enfrentamentos entre animais de uma mesma espécie — felinos, bisões, rinocerontes; bem mais comuns, no entanto, são os casos em que um animal é duplicado por sobreposições parciais, inversões de ambos os lados de um eixo de simetria ou translações num friso, de maneira que ele não interage de modo algum com seus congêneres, mas representa outras tantas iterações de um modelo único. E quando várias espécies estão presentes simultaneamente na mesma parede, trata-se com frequência de sobreposições a respeito das quais se pôde demonstrar que elas haviam sido feitas sucessivamente por série de espécie, seja logo na sequência, seja, às vezes, em épocas muito diversas.[621] À diferença de outras tradições parietais, em especial na África, a iconografia do Paleolítico europeu parece, assim, pouco interessada em figurar grupos de animais da mesma espécie tal como eles se deslocam no seu meio ou em relatar um encontro entre homens e animais, ou mesmo em mostrar circunstâncias em que animais de espécies diferentes interagem — uma cena de predação, por exemplo. Assim como as pinturas de protótipos animais da Terra de Arnhem, essa imagética não retrata nem acontecimentos singulares nem situações "naturais"; ela reproduz sem trégua, da maneira mais reconhecível possível, exemplares de espécies animais, cada qual representado sobre uma mesma superfície e, por vezes, em combinação com um número bastante elevado de outros exemplares, cada um deles, porém, num espaço figurativo que lhe é próprio.

Tomando nota de algumas dessas características da iconografia do Paleolítico europeu, Alain Testart propôs ver nelas índices de uma possível "religião totêmica".[622] Com base numa análise formal rigorosamente conduzida e em oposição a habituais interpretações "xamânicas", ele observa que as representações parietais são guiadas por três regras estritas. Em primeiro lugar, as imagens de animais são realizadas separadamente segundo a espécie à qual eles pertencem e jamais uns em relação com os outros. A isso acrescenta-se a muito escassa presença de imagens de humanos ou de antropoides — elas são mais comuns na arte mobiliária — e o fato de que suas raras ocorrências os retratam de maneira parcelar, inacabada ou caricatural, em perfeito contraste com a exatidão mimética dos animais, como se preferencialmente se tivesse escolhido figurar estes últimos para dizer algo a respeito dos homens.[623] Segundo Testart, essa imagética taxonômica não contaria, portanto, histórias, não descreveria comportamentos, não reconstituiria episódios míticos; ela seria a expressão de um sistema de pensamento que utiliza a linguagem das descontinuidades entre espécies para significar a segmentação social. Teremos reconhecido aqui uma versão da teoria lévi-straussiana do totemismo que nele vê um dispositivo classificatório universal a utilizar os desvios diferenciais observáveis entre espécies naturais a fim de conceitualizar os desvios diferenciais instituídos entre grupos sociais.[624]

Não é essa a ideia do totemismo desenvolvida nesta obra, em que se preferiu ver sob esse termo, e permanecendo fiel aos materiais etnográficos australianos, uma ontologia singular que postula a existência, no âmbito de uma classe de humanos e de não humanos, de qualidades físicas e morais compartilhadas porque procedentes de um mesmo protótipo originário, qualidades essas que diferem em bloco daquelas que caracterizam outros conjuntos de humanos e de não humanos oriundos de outros protótipos. Pouco importa, porém, essa divergência de abordagem, já que os comentários de Testart a respeito da arte do Paleolítico são plenamente compatíveis com a concepção ontológica do totemismo que desenvolvo nestas páginas e com as imagens australianas que a figuram. Que melhor expressão do totemismo, de fato, num ou noutro dos sentidos que acabamos de evocar, do que animais retratados espécie por espécie, cada um por si, minuciosamente restituídos em sua autorreferencialidade massiva e cuja identidade que apresentam com os humanos — seja ela de substância, de essência ou de organização classificatória — só pode ser tornada plenamente visível ao se omitirem ostensivamente da cena de um mundo subdividido aqueles que outrora imaginaram essas partições e que as mantêm desde então através do trabalho do rito?

★

Figurar uma ontologia analogista é um meio de superar o pânico do diverso, de mesclar a constatação de que o mundo, os seres, as situações, a natureza própria de cada coisa são irremediavelmente singulares com a esperança de encontrar o caminho que permitirá manter em conjunto todos esses particularismos. A fim de tornar flagrante que o sujeito da imagem é a afinidade entre os elementos mostrados, e não um eu comum que reflete a si mesmo à sua "maneira", os produtores de imagem do analogismo tendem a multiplicar esses elementos, forçando assim a atenção do espectador na direção das conexões que os unem. E como a profusão turva a visão, nem sempre identificamos de pronto aquele que é o esquema dominante desse regime figurativo, a saber, a relação englobante que ordena relações disseminadas numa totalidade sociocósmica difícil de representar como um todo. Por conseguinte, essa metarrelação se torna visível menos pela exibição de objetos reconhecíveis do que pela força de evidência que ela confere aos esquemas visuais que organizam esses objetos e às séries de analogias em cascata que eles suscitam. Por sorte, esses esquemas são pouco numerosos e mais facilmente discerníveis na medida em que cada zona do arquipélago analogista oferece deles uma paleta mais ou menos completa, um arquipélago cuja consistência ontológica, para além das diferenças nos modos de vida, nas estruturas políticas e nas instituições, afirma-se precisamente, acima de tudo, na recorrência, e na exclusividade, dos mecanismos que estruturam as imagens produzidas em seu âmbito.

Eles são, a princípio, as quimeras, agregados de qualidades díspares cujo agrupamento num organismo que parece capaz de uma vida autônoma as distingue dos simples quadros de atributos da heráldica totêmica. A quimera é a expressão mais depurada daquilo que o analogismo se empenha em tornar sensível numa imagem, a saber, a disparidade dos componentes da mistura e a coerência da relação que a disposição deles evidencia: trata-se aqui do vínculo funcional das partes anatômicas que permite a um dragão voar e a um centauro galopar, um princípio ostensivo de estruturação do diverso que faz esquecer a estranheza de seu resultado. Os outros operadores visuais do analogismo são apenas variações sobre esse tema da rede nas quais difere somente o tipo de conexão que serve para cimentar os elementos. Às redes orgânicas da quimera, baseadas na compatibilidade mecânica, somam-se assim as redes hipostasiadas num princípio de totalização parcial nitidamente explicitada (a máscara de exorcismo no Sri Lanka ou os bastões genealógicos na Polinésia), as redes que mobilizam peças bastante heterogêneas reunidas para contribuir com um objetivo comum (as *mesas*), as redes fundadas na determinação de cada elemento por uma totalidade abstrata e irrepresentável que, no entanto, imprime ares de família a cada um deles (os Katsinam dos hopi).

Outro gênero de estrutura conjuntiva que os produtores de imagem analogistas tinham prazer em figurar sob formas bastante diversas é a rede de correspondências entre o macrocosmo e o microcosmo, um campo de predileção para os imaginários férteis da ramificação e que apenas essa ontologia soube valorizar. As relações entre a pessoa humana e o universo encontram uma maneira de nela se expressarem tanto em corpos constelados de signos quanto em cosmogramas de aparências muito variadas, sendo algumas dessas relações reduzidas a um sistema de parâmetros espaciais, outras desenvolvidas em paisagens nas quais se refletem as qualidades interiores daqueles que as contemplam. A hierarquia, enfim, outra característica distintiva dessa ontologia, encontra no encaixamento recursivo dos esquemas fractais o princípio classificatório elementar que torna manifesta uma distribuição em ordem decrescente. A subsunção de cada elemento àquele que o engloba assume ali uma forma enfática em decorrência da similitude de forma em outra escala (estruturas de aldeia da África austral com motivos huichol). Aqui também, de uma maneira bastante simples, a recursividade permite tornar visíveis esses dois traços típicos das ontologias analogistas que são o princípio hierárquico — o escalonamento proporcional dos motivos — e o dinamismo dos fluxos que o anima — o efeito de onda produzido pela justaposição de um mesmo motivo em dimensões decrescentes.

Trata-se do mesmo jogo recursivo atestado pelos motivos em contas de vidro coladas na cabaça huichol, mas no modo de uma variação de forma, e não mais de escala: o losango que figura a ponta de uma estrela se torna uma parte de um botão de peiote e, em seguida, a base da cabeça de um cervo, sendo que cada bifurcação representa uma metamorfose lógica entre referentes de tamanhos bastante distintos. Em contraste com os mecanismos de comutação de perspectiva empregados para figurar a metamorfose animista — máscaras com abas ou assimétricas, pinturas e ornamentos corporais — que suscitam um movimento de mudança de ponto de vista, efetivo ou imaginário, dirigido a um ser presente em suas obras, a transformação da estrela em botões de peiote e destes em cabeças de cervo é aqui contínua e confinada à esfera dos signos, as entidades das quais eles são ícones, sendo ao mesmo tempo de naturezas muito diferentes. Assim como na famosa ilusão visual do pato-coelho, a metamorfose animista se opera no olhar e se ancora na fisiologia da percepção; em contrapartida, a transformação analogista é desencadeada pelo esquematismo do motivo, um exercício mental da mesma ordem daquele aplicado pelo biólogo D'Arcy Thompson quando ele demonstra como a geometria permite passar por uma série de transições contínuas de uma forma anatômica a outra fazendo variar os parâmetros de um espaço de coordenadas.[625]

Por mais irritante que possa ser para o leitor a repetição contínua das características do modo de identificação naturalista, de tão óbvias que elas parecem ser (humanos e não humanos obedecem a determinações físicas universais, mas apenas os primeiros gozam de uma consciência reflexiva), é preciso, no entanto, afirmar e reafirmar sem descanso a sua excepcionalidade, do mesmo modo que é preciso insistir na originalidade do regime icônico por intermédio do qual essas características assumiram uma forma figurada. Afinal, a ilusão visualista tornou-se para os modernos uma segunda natureza que lhes parece tão intuitivamente acertada em sua maneira de descrever o mundo "tal como ele é" quanto o são todas as evidências indiscutíveis que a acompanham, desde a ideia de que a natureza, num outro sentido, apresenta-se a nós espontaneamente como uma totalidade cognoscível até a de que as instituições e os costumes são passíveis de aperfeiçoamento, de maneira que a própria transgressão dessa ilusão, na arte contemporânea, é mais frequentemente vista como a inevitável transformação daquilo que ela supera — como é, de fato, o caso de Mondrian ou Kandinsky — do que como o sintoma de um modo de figuração mais versátil. E, no entanto, nenhum produtor de imagem em outro lugar que não a Europa pensou em mostrar aquilo que artistas começaram a retratar em seus quadros no século xv, a saber, o inventário do mundo mais escrupulosamente possível fiel ao que um olho humano é capaz de nele detectar, um resultado obtido pela restituição da trama contínua das qualidades secundárias (uma preocupação compartilhada por certas figurações analogistas) e, ao mesmo tempo, da invenção de um espaço pictórico que seria exatamente homólogo ao espaço perceptivo (algo que ninguém jamais havia pensado em fazer). Poderíamos considerar essa mutação, alternadamente ou conjuntamente, como o efeito de um progresso técnico (dos pigmentos, da transposição geométrica), de uma laicização do olhar (mais sensível às realidades mundanas) ou de uma extensão do domínio submetido à sua curiosidade (o céu pela luneta astronômica, a Terra pelos primórdios da expansão colonial). Há, de fato, provavelmente um pouco de tudo isso. Porém, o que a *ars nova* sinaliza com mais certeza ainda é uma mudança ontológica súbita — em algumas décadas, quando muito — da relação dos humanos com aquilo que não são eles, uma tomada de poder por parte das imagens sobre um mundo que se tornou menos inefável. E essa captura conceitual e sensível nela assumiu a forma de uma relação de objetivação: a de um sujeito em vias de autonomização, assenhorando-se de toda a diversidade de fenômenos para dá-los a ver a partir apenas de seu ponto de vista, num espaço homogêneo reconstruído matematicamente e, por isso, resguardado dos caprichos de influências externas.

Na medida em que cada regime figurativo dá a ver o que mais lhe importa, corpos formados de olhares e espíritos que vagueiam entre corpos para o animismo, redes de correspondências mais ou menos transitivas para o analogismo, protótipos encarnados sem cenário nem ação para o totemismo, dificilmente nos surpreenderá a natureza dos objetos com que os modernos povoam suas representações: interioridades humanas distintivas — a pintura da alma na arte do retrato — e configurações materiais em que a contiguidade visual substituiu as associações simbólicas — a imitação da natureza na arte da paisagem —, objetos que certamente não são de todo novos, mais aos quais novas técnicas de fabricação do espaço dão uma proeminência sem precedentes. Ora, a instauração da objetividade da natureza, a grande questão da ontologia naturalista, foi operada por duas vias distintas, como se a necessidade urgente desse acontecimento tivesse estimulado ao mais alto grau as imaginações. A continuidade dos existentes humanos e não humanos unificados por um mesmo regime físico explicitou-se, então, tanto na construção geométrica, inventada pelos artistas toscanos a fim de homogeneizar as coisas e os seres por sua comensurabilidade no interior de um espaço infinito, quanto no espaço-ambiente composto em pequenas pinceladas pelos pintores do Norte, como meio de acessar a riqueza do real na profusão de seus detalhes. No primeiro caso, e a despeito dos retratos impressionantes de um Leonardo ou de um Antonello da Messina, é sobretudo sob a forma subjacente do olhar organizador da perspectiva linear que o sujeito vem a ocupar plenamente seu posto, ao passo que, no segundo, é pela fidelidade obsessiva à idiossincrasia individual que o mesmo resultado é obtido. Longe de introduzir a desordem do diverso, o acúmulo de detalhes volta a centralizar e torna homogênea a singularidade existencial de uma fisionomia, assim como adensa a unidade de uma cena.

Quer ela esteja perfeitamente calibrada, com seu ponto de fuga centrado a recolher o feixe simétrico das convergências, quer ela seja empregada preferencialmente para escalonar planos numa visão panorâmica, a perspectiva linear, em todo caso, distingue-se claramente das aspirações pluralistas de outros modos de figuração por sua maneira de colocar o mundo em cena a partir de um único ponto de vista. Ela se distingue muito particularmente do animismo, uma ontologia na qual cada tipo de existente intencional possui um ponto de vista legítimo sobre o mundo, excluindo assim a possibilidade de uma posição recuada a partir da qual uma perspectiva única pudesse ser instituída. Contudo, o monopólio antropocentrado do ordenamento visual instaurado pelo naturalismo contrasta também com a variedade de situações de observação que a figuração analogista autoriza: enquanto esta organiza a abundância das singularidades do mundo ao realçar alguns dos pareamentos aos quais elas se prestam, sem por isso jamais impor um ponto de vista totalizante, aquele conta, exclusivamente para essa operação, com a verossimilhança perceptiva estabelecida pelo interesse de um humano conhecedor por um objeto de conhecimento.

Há, porém, algo mais. Uma contradição inicial do naturalismo imprime a ele um impulso temporal orientado que as outras ontologias parecem ignorar, pelo menos a julgar pela documentação muitas vezes bastante lacunar que permite reconstituir seu desenvolvimento cronológico. Imputar aos humanos — animais como quaisquer outros no plano físico — uma interioridade ímpar só poderia conduzir à tentativa de explicá-la como um efeito de superfície, ainda a ser descoberto, dos mecanismos materiais que animam o vivente. Foi preciso muito tempo para que a intenção pudesse se deparar com um início de realização argumentada, de fato somente a partir do momento em que o programa fisicalista em filosofia encontrou, nas últimas décadas do século xx, a instrumentação adequada que permitisse abrir um acesso aos fenômenos físico-químicos que se considerava servirem de base à consciência, à memória ou ao raciocínio. Ora, os primeiros sintomas dessa ambição de reduzir o moral ao físico se anunciaram na figuração bem antes de prosperarem nos laboratórios. Vemos seu vestígio naquilo que chamei de imanentização das imagens, um processo no decorrer do qual a representação dos seres e das coisas pouco a pouco mostrou-os desvinculados de qualquer princípio transcendente — divino, ético ou estético —, para fazer deles não mais que entidades autorreferenciais. Da natureza-morta como exercício de dissecação às cenas enigmáticas da pintura de gênero holandesa, das paisagens que parecem depositadas sobre uma superfície pelo pincel luminoso de uma *camera obscura* aos primeiros daguerreótipos, um movimento geral dissolve a interioridade própria aos humanos na descrição dos recursos pragmáticos das situações em que eles se embatem, um movimento que se esforça para eliminar a subjetividade obstinada dos observadores ao desatrelar o registro daquilo que eles observam dos dispositivos de objetivação em que esta detém o papel principal. Que um tal movimento reste inacabado, e provavelmente inacabável, não é o que importa aqui, mas, em vez disso, que essa inacababilidade seja intrínseca à figuração naturalista e a ela comunique, consequentemente, o dinamismo teleológico do qual outros modos de figuração parecem desprovidos. E talvez a história, esse regime cumulativo de temporalidade cuja eflorescência acompanha aquela do naturalismo, seja afinal apenas outra forma dessa tensão ontológica rumo a um destino sempre a ponto de se fazer.

FORMAS

O naturalismo não soube fazer emergir senão tardiamente sujeitos coletivos — a sociedade, a cultura, o povo, a classe, a nação; em contrapartida, a instituição do sujeito individual é constitutiva de seu advento. Não apenas o indivíduo como um valor e um programa de emancipação que Louis Dumont contrastou com os agentes empíricos das sociedades holistas, não apenas o indivíduo senhor e dono de si mesmo cuja genealogia Crawford Brough Macpherson retraçou na constituição da filosofia política moderna, mas também e sobretudo o indivíduo responsável pelo mundo, pois que dele sabe formular o quadro de inteligibilidade.[626] É esse sujeito conhecedor, herói da epistemologia kantiana, que produz e manipula a rede de coordenadas por meio da qual os elementos da natureza podem ser situados e seus movimentos, descritos, e é ele que se introduz de maneira sub-reptícia na estrutura das imagens para melhor fazer esquecer que sua objetividade aparente é o efeito de um artifício. Ninguém, em nenhuma outra parte ou nenhum outro tempo, havia assim ousado impor uma perspectiva humana sobre o mundo, maquiada num vislumbre acidental através da dádiva de uma janela. É certo que dificilmente se poderia ignorar que são humanos que pintam, desenham e gravam, tendo alguns entre eles, em Florença, Atenas ou Hangzhou, ganhado mesmo uma reputação que dura até os dias de hoje. No entanto, em virtude das escolhas formais dos produtores de imagem, ouvia-se na maioria das vezes que os objetos retratados representavam seres, locais ou fenômenos dos quais os humanos não participavam verdadeiramente, protótipos totêmicos, divindades, cosmogêneses, espíritos, lugares encantados cujo ponto de vista, potência genésica ou atmosfera própria se buscava reproduzir, minimizando tanto quanto possível o papel da ação humana em sua aparição figurada. E isso é possível, evidentemente, porque, assim como a natureza dos objetos figurados e a dos vínculos intrínsecos que organizam sua disposição, também a própria forma no interior da qual tanto uns quanto os outros são acolhidos, a configuração de sua presença no espaço, o ângulo e a distância a partir dos quais eles devem ser observados, o maior ou menor desvio que essas variáveis geométricas apresentam em relação às características da visão humana, tudo isso constitui outros tantos índices quanto às expressões que pode adotar aqui ou ali o grande movimento diferenciador da mundiação.

Compreenderemos a partir de então o privilégio tão generalizado concedido pela maioria das tradições iconográficas aos pontos de observação múltiplos e à transformação métrica vista no infinito óptico, os meios mais seguros de desassociar de uma intencionalidade humana demasiadamente manifesta os objetos aos quais se deu acesso à visibilidade (tabela 6). As únicas exceções, salvo a figuração naturalista, situam-se nos polos extremos daquilo que se poderia chamar de efeito de esquematismo da bidimensionalidade. Trata-se, por um lado, de determinados desenhos xamânicos recentes da Amazônia animista, que são todos cédulas de identidade a sintetizar as diversas aparências de espíritos comumente invisíveis e, de outro, paisagens japonesas no estilo *yamato-e*, que presumem, assim como nas paisagens europeias, que o espectador se sobrepõe ao pintor no local preciso de onde a cena é vislumbrada. O infinito óptico (o objeto retratado conserva um tamanho idêntico qualquer que seja sua posição na profundidade) impõe-se em ambos os casos, assim como se impôs em todas as tradições pictóricas, tirante a pintura chinesa de *shan--shui* e a pintura europeia pós-Renascimento, como o melhor meio para estabilizar numa imagem plana as propriedades invariantes do referente; em contrapartida, as razões para adotar um ponto de vista único diferem completamente nas duas iconografias.

MODO DE FIGURAÇÃO	PONTO DE VISTA	DISTÂNCIA	GEOMETRIA	2D/3D
animista Motivos sobre um volume	único	infinita	métrica	3D
Desenhos xamânicos contemporâneos	múltiplo	infinita	métrica	2D
totemista Austrália — Kunwinjku (raios x, vistas frontal ou sagital)	múltiplo	infinita	métrica	2D
Austrália — Yolngu (vistas frontal, sagital e transversal)	múltiplo	infinita	métrica	2D
Austrália — Deserto central (episódios sobrepostos; vistas transversais)	múltiplo	infinita	métrica	2D
Costa Noroeste: "configurativo"	múltiplo	infinita	métrica	2D
Costa Noroeste: "distributivo"	múltiplo	infinita	métrica	2D
Costa Noroeste: "expansivo"	múltiplo	infinita	métrica e afim	2D
analogista Huichol (*nierika* contemporâneos)	múltiplo	infinita	métrica	2D
Iluminuras romanas	múltiplo	infinita	afim	2D
Estilo japonês *yamato-e*	único	infinita	afim	3D
Paisagens chinesas	único	moderada a distante	projetiva (espaço) afim (edifícios)	3D
naturalista (pintura europeia séculos xv-xx)	único	mediana	projetiva	3D

TABELA 6 — TIPOS DE GEOMETRIA REPRESENTACIONAL
SEGUNDO OS MODOS DE FIGURAÇÃO

No caso amazônico, o desenho é tão somente um memento, produzido aliás a pedido, que serve para indicar o aspecto geral de um espírito em suas diferentes metamorfoses; ele torna visível uma imagem mental e constitui uma espécie de "traçado" para a realização de uma máscara-traje, única figuração que nos interessa e que, uma vez confeccionada e colocada em movimento, será necessariamente vista sob todos os seus aspectos. No caso japonês, em contrapartida, o ponto de vista único é um artifício narrativo que permite estender sobre um rolo a sequência de episódios de uma mesma história, cada qual representado a partir da mesma posição de topo do pintor-observador e integrado num espaço pictórico contínuo; cada qual, porém, separado do subsequente pelo desenrolar progressivo da tela, à maneira da sucessão dos planos de um filme. A cinética aqui está na leitura, e não na imagem em si, que autoriza somente um único ponto de vista a cada mudança de plano.

Voltemos um instante à raridade das figurações bidimensionais no mundo animista e, portanto, ao fato de que as questões de transposição de forma não se colocam verdadeiramente. Os habitantes desse arquipélago não são, contudo, nem tímidos quando se faz necessário tornar presentes criaturas de conformação incomum, nem inábeis quando se põem a imitar no marfim, na madeira ou na pedra os não humanos metamórficos cuja existência eles compartilham. É por isso que essa raridade se deve antes ao fato de que recursos mais espetaculares — dançarinos mascarados, alucinações controladas, polifonias xamânicas, corpos transfigurados — estão disponíveis para colocar em movimento aquilo que imagens planas lutam para emular: o deslocamento entre o ponto de vista do envoltório físico e aquele da interioridade, a sucessão caleidoscópica das perspectivas, a camuflagem ontológica dos humanos quando se cobrem de despojos animais. O fascínio dos ameríndios da Amazônia pelo cinema, aquele ao qual eles assistem e, cada vez mais, o que eles criam, explica-se em parte por esse dinamismo em três dimensões de sua ação figurativa que se expressa melhor na cenografia dos rituais e dos filmes que eles realizam acerca de si mesmos para preservar a própria memória. Ao mesclar registros documentais de cerimônias e recriações ficcionais do universo mítico ao qual elas remetem, esses filmes têm a particularidade de instaurar um constante vaivém entre o que está dentro e o que está fora do campo, o ponto de vista enquadrado e o ponto de vista em filigrana.[627] Afinal, a intervalos regulares, os bastidores convidam a si mesmos para os interstícios da cena principal, seja para filmar as atividades necessárias ao bom andamento das cerimônias — a cozinha, a recepção dos convidados, a retribuição aos participantes —, seja para proporcionar um vislumbre da floresta e de seus anfitriões, na periferia imediata do espaço habitado, de onde procede o olhar alternativo que os não humanos têm sobre os humanos. Por conseguinte, o campo isolado pela câmera não representa um ponto de vista soberano, mas um recorte móvel no âmbito de um campo mais vasto no qual ele pode mudar a qualquer momento; analisado por Deleuze para o cinema em geral,[628] esse rodopio entre dentro e fora do campo se torna aqui um meio de dissociar a sequência audível dos enunciados e a simultaneidade visível dos corpos, como é o caso quando do encontro de espíritos na floresta. Ao romper a evidência da continuidade sensorial, ao introduzir uma dúvida naquilo que ela permite comprovar do mundo, a oscilação entre o campo e aquilo que está além dele atrai assim a atenção para esses dois traços cruciais da figuração animista que são a alternância dos pontos de vista e o efeito comutativo que condiciona a passagem de um ao outro.

Teremos notado que todas as opções formais típicas da figuração totemista — pontos de observação múltiplos, infinito óptico, escolha da bidimensionalidade, geometria métrica — encontram-se também nas imagens analogistas, salvo algumas exceções no Extremo Oriente. No que tange ao totemismo, essas escolhas não têm nada de surpreendente. Basta apenas recordar em que elas melhor coincidem com aquilo que os produtores de imagem do totemismo aspiram a mostrar, tanto aqueles da Austrália aborígene quanto os da costa Noroeste especializados em brasões, a saber, um protótipo que encarna um repertório de qualidades a se irradiar para um coletivo que a ele deve sua singularidade ontológica (na Austrália) ou certas aptidões transmissíveis (na costa pacífica). É preciso, então, tornar múltiplos os pontos de observação sob os quais se apresenta esse paradigma de maneira a exibir todas as qualidades de que seu corpo é portador, um corpo que será tornado hipervisível por meio de seu desdobramento, até mesmo de sua deslocação, no espaço pictórico (costa Noroeste) ou pela exposição simultânea de seu envoltório e aquilo que ele contém (Austrália). Logo, a escolha do infinito óptico parece ser óbvia: sendo o protótipo um gabarito, e não uma figura no mundo, não há necessidade alguma de que ele apareça com verossimilhança na companhia de seus semelhantes — isto é, com um tamanho proporcional à distância em que estará situado relativamente a eles; quanto à indiferença no que tange à restituição da tridimensionalidade, ela advém do fato de que a simulação ilusionista do volume impediria a exibição das qualidades da figura totêmica segundo uma multiplicidade de pontos de observação. Encarnação de atributos inalteráveis e atemporais, o totem não pode senão ser independente de qualquer olhar deformador lançado sobre ele, razão para se adotar a transformação métrica ao figurá-lo, pois que ela assegura a invariância de sua forma, permite uma identificação inequívoca quando o número de pontos de observação se mantém razoável e é garantia contra todo risco de subjetivação contingente do mesmo tipo daquele introduzido pela construção de uma perspectiva de ponto de fuga único.

À primeira vista, as transposições geométricas mais comuns das iconografias analogistas em duas dimensões quase não diferem daquelas às quais recorrem os produtores de imagem totemistas. Em que, então, distinguem-se os dois regimes figurativos no plano formal? Em primeiro lugar, pelo fato de que as imagens analogistas figuram sempre agrupamentos de itens provenientes de fontes heterogêneas, por vezes numa extrema profusão, ao passo que as do regime totemista retratam figuras isoladas e imutáveis, sem fundo algum, privadas de qualquer referência a uma exterioridade significativa. Mesmo quando as quimeras analogistas são representadas sem contexto, elas se distinguem claramente dos brasões, às vezes compósitos, da costa Noroeste porque, à diferença destes últimos, sua organização interna não chama a atenção tanto para o detalhe dos atributos (por exemplo, para a combinação vez por outra paradoxal de duas qualidades) quanto para os modos de vinculação dos componentes (a compatibilidade funcional dos elementos orgânicos ou a expressão metonímica do todo em cada uma de suas partes). No entanto, a originalidade formal das imagens analogistas aparece mais claramente sobretudo se as consideramos como soluções intermediárias — logicamente, e não historicamente — entre esses dois ideais-tipos que são a "forma totemista" (uma figura isolada retratada sem fundo a uma distância infinita sob pontos de vista múltiplos por meio de transformação métrica num estilo bi-dimensional) e a "forma naturalista" (figuras múltiplas retratadas sobre um fundo independente e sob um ponto de vista único a uma distância mediana por meio de transformação projetiva num estilo que emula a tridimensionalidade).

As imagens analogistas têm efetivamente aqui a particulari-dade de se empenharem em multiplicar os pontos de vista, não pelo englobamento ostensivo de um conteúdo por um continente (o estilo "raios x" dos kunwinjku) nem pelo nivelamento das face-tas de um objeto sobre um plano uniforme, por mais complexa que seja a decomposição resultante (o estilo "distributivo" da costa Noroeste), mas servindo-se de uma recursividade deslizante que, num conjunto emaranhado de figuras, faz de algumas delas partes de figuras mais amplas, de maneira que a diversidade de escalas numa mesma imagem autoriza uma vagueação do olhar, passan-do quase sem solução de continuidade de um objeto a outro com uma dimensão completamente diferente na realidade, por meio de encastramento ou prolongamento. Os quadros *nierika* contem-porâneos ou as *teste composte* de Arcimboldo oferecem boas ilus-trações disso. Em virtude de sua disposição intrincada, os pontos de observação múltiplos não são mais aqui uma maneira de tor-nar visíveis o maior número de qualidades de um objeto, como é o caso nas imagens totemistas; eles delineiam trajetos diversifica-dos para os olhos, escandidos por reajustes constantes de focais, ao longo de figuras bidimensionais transitivas, as quais se apoiam umas nas outras com o intuito de afirmar que, a exemplo do mun-do que elas figuram, cada qual é tão somente uma câmara de eco que reverbera a totalidade formada por sua junção.

Embora adotem um ponto de vista único, e não mais múltiplo, combinado a uma geometria afim, e não mais métrica, as pinturas sobre rolo no estilo *yamato-e* são, no entanto, fiéis ao esquematis-mo pictórico analogista em virtude de preservarem o princípio do infinito óptico. Ao conservarem as mesmas dimensões das figu-ras que elas contêm independentemente de sua profundidade no campo, as cenas retratadas negam ao observador qualquer privi-légio em sua construção: animados pela leitura que se desenrola, os episódios se sucedem, encadeados entre si por índices visuais, mas numa perfeita exterioridade no que se refere ao observador que os contempla de cima. Quanto à pintura chinesa de paisagem, a mais próxima da pintura europeia pós-albertiana por sua forma, ela também se distingue nitidamente desta última por suas escolhas aparentemente contraintuitivas para um olho habituado à pintura moderna: o alongamento dos planos em direção ao alto resultante de uma vista distante, a interposição metódica de vazios, nuvens e faixas de bruma como meio de separar os planos, o paralelismo das construções que se desenvolve de acordo com linhas oblíquas. Disso resulta uma certa irrealidade dos locais representados, que, longe de abolir pela *mimésis* e pela perspectiva linear o desvio entre a coisa vista na natureza e a coisa vista sobre o rolo, incita, pelo contrário, o espectador, poupado pela tentação de confundir os dois regimes de existência, a se deixar encantar pelas correspondências entre suas disposições internas e aquilo que a paisagem lhe revela das disposições do mundo.

AGÊNCIAS

Para além dos vislumbres que um regime figurativo propõe acerca do mobiliário de um mundo e das relações entre os objetos que o compõem, para além do que ele deixa transparecer dos procedimentos formais que constroem o espaço pictórico e orientam a maneira de ver dos espectadores, ele se caracteriza também pelo gênero de agência conferido às imagens por aqueles aos quais elas se destinam, pela natureza dos locais e das ocasiões em que elas se animam e pelo dispositivo relacional em cujo âmbito essa animação se torna operante. Ora, as imagens e as particularidades de seus comportamentos enquanto agentes comuns da vida social não escapam ao carrossel de transformações que distribui existentes e seus predicados pela superfície da terra; e é por essa régua que se devem medir as modalidades de sua animação. Seria sem dúvida arriscado pretender que cada regime ontológico sob o qual são figuradas imagens coincidiria com um único tipo de potência de agir que somente a elas pertencesse; as funções que se fez com que elas assumissem, as circunstâncias de sua ostensão e as redes sociais em que se inserem são por demais diversas para que tais correspondências possam ser, sob todos os aspectos, sistemáticas. São discerníveis, no entanto, formas dominantes das quais se ofereceu nestas páginas apenas um vislumbre, na expectativa de que ele seja suficiente para conservar a esperança de ver esses objetos semânticos tão singulares escaparem um dia da extrema fragmentação do tratamento ao qual seus analistas os submetem.

Animar uma imagem imputando-lhe, no momento propício, o mesmo gênero de atividade intencional dos seres que ela torna presentes e que a ela delegam sua potência de agir; reproduzir as pegadas dos formadores do mundo a fim de reativar a capacidade genésica que eles ali deixaram e orientar seu efeito; interagir com uma imagem tratada a cada instante como um agente eminente do coletivo ao qual se pertence e esperar que ela se comporte segundo as regras que ali vigoram; por fim, imitar o melhor possível os reflexos das coisas na expectativa de que a agência desenvolvida pelo espectador para se apropriar da imagem será confundida com aquela que o artista nela injetou. Eis quatro maneiras de converter artefatos icônicos em agentes: imputando-lhes intenções, manipulando seus vestígios, interpretando seu comportamento, iludindo-se a respeito de sua realidade. É muitas vezes necessário que diversos desses mecanismos sejam ativados paralelamente, já que nem sempre é fácil transformar uma coisa inerte, ou movida por artifícios manifestos, em simulacro convincente de um ser animado. O mesmo se dá com aquelas estatuetas de animais esculpidos que se chamam *ongon* na Sibéria e que se considera servirem de intermediários perante o Espírito da Floresta para o favorecimento da caça.[629] A elas é conferida uma potência de agir em modo animista, tomando-se o cuidado de situar sua fonte numa interioridade invisível da mesma natureza que a dos humanos, uma espécie de pessoa no interior da pessoa que será figurada pelos condutos — os olhos, a boca — que lhe dão acesso; porém, tratam-se os *ongon* também segundo uma lógica analogista, ou seja, como seres que obedecem a um código social: eles recebem manifestações de consideração, são entretidos com palavras agradáveis, são alimentados regularmente com pedaços de carne dispostos numa cavidade que figura a boca ou em bolsos reservados para esse fim. Em suma, não contente em se imputar um espírito a essas estatuetas, faz-se igualmente "como se" elas seguissem os modos de fazer dos humanos.

Poderíamos multiplicar os exemplos. Contentemo-nos em lembrar aquele das estátuas búdicas de abades japoneses que são a um só tempo a expressão eminente de uma rede social da qual elas são o núcleo, a imitação fascinante da aparência do santo homem que elas celebram e o índice de sua presença graças aos testemunhos biográficos que elas contêm ou até mesmo porque são eventualmente confeccionadas com seu corpo mumificado. As correspondências entre regimes figurativos e maneiras de dar vida às imagens devem, portanto, ser tomadas como indicações de tendências em vez de determinações estritas do gênero de potência de agir que se atribui aqui ou ali às representações.[630] A verdade é que as diversas maneiras locais de animar artefatos icônicos, tributárias que são de uma coloração geral dos sistemas de interpretação por uma ontologia dominante, tendem a privilegiar o tipo de agência mais comumente concedido por um coletivo a não humanos cuja existência ele reconhece. De fato, cada modo de identificação suscita uma teoria da ação que teremos todas as oportunidades de encontrar em funcionamento na colocação das imagens em marcha.[631] Tomaremos como testemunho as diferentes espécies de provas às quais as imagens devem se submeter a fim de dar mostras da legitimidade de sua potência de agir.

Em regime animista, espera-se das imagens que elas tornem ativas as interioridades das quais são o suporte, que o espírito desse ou daquele animal revelado por uma máscara ou cuja voz o xamã faz ouvir esteja bem presente e que contribua para a operação que o mobiliza. Ai dos humanos que o convocaram se ele se furtar ao convite, se ele se mantiver inexpressivo e silencioso! No que tange às figurações totemistas, sua validação remete menos a um efeito de presença do que à reprodução apropriada das pegadas dos seres que conferiram ordem e sentido ao mundo; é preciso haver veracidade o bastante para que a manipulação desses vestígios — condição da reativação do esforço genésico inicial — não possa ser contestada. Apenas os humanos que extraem desses seres a própria identidade ontológica têm o direito de expor seus índices, o que explica a desventura dos pintores pintupi narrada no capítulo 5; recordaremos que vizinhos pitjantjatjara que haviam ido ver suas telas num museu de Perth exigiram, e conseguiram, que a maioria delas fosse ocultada do olhar do público, uma vez que retratavam motivos dos quais esses visitantes também eram proprietários. As imagens do mundo analogista devem preferencialmente passar por uma prova de realismo experimental, ou seja, atestar que se comportam de maneira autônoma, respeitando o tipo de conduta delas esperado. Um episódio relatado por Denis Vidal acerca das divindades do Himalaia oferece uma ilustração disso.[632] Designado para uma aldeia daqueles vales remotos onde divindades em palanquim se expressam por meio de seus movimentos a respeito das questões do mundo, um jovem médico indiano desconfiava da realidade do fenômeno e experimentou fazer um teste: tendo obtido o privilégio de portar, por ocasião de uma festa, a efígie da divindade local, ele se convenceu de que era mesmo esta, e não seus portadores, que fazia com que se mexesse a forma móvel que a representava. Confessando-se incapaz de detectar uma farsa, a testemunha podia apenas ratificar a autenticidade não tanto do artefato que se agitava sobre seu ombro, mas das manifestações divinas das quais ele era o suporte. Quanto aos produtos da *mimésis* naturalista, à sua capacidade, a um só tempo, de emocionar e, assim como alega Pintura à sua irmã Poesia, de fazer "aparecerem corpos viventes em sujeitos que não têm nem corpo nem vida", eles são apreciados graças ao olho do conhecedor, formado pela frequentação das obras. Sem dúvida, os critérios da imitação bem-sucedida se alteram ao sabor da evolução dos códigos e das técnicas da verossimilhança figurativa; a questão aqui, no entanto, é sempre a boa formação do olhar, esse olhar especialista que permite julgar a conformidade da obra ao modelo e sobre o qual os próprios artistas chamaram a atenção em imagem, segundo atesta a voga contínua por quatro séculos do tema pictórico da visita ao gabinete do colecionador, ao museu de arte ou ao ateliê do pintor. "Figurar", escreve Jean Rouaud, "é acrescentar vida à vida",[633] mas é também aprender a reconhecer, sem verdadeiramente tomar consciência disso, aquilo que, numa imagem, faz eco à sua vida própria.

Um etnólogo que indagava um chontal do sul do Estado de Oaxaca a respeito do que ele pensava de animais cujo conhecimento é inútil aos humanos escutou-o responder: "Eles complementam o mundo".[634] O mesmo se poderia dizer das imagens. Algumas delas tornam visíveis seres habitualmente escondidos dos olhares ou que não têm outra aparência conhecida a não ser aquela do artefato no qual se considera que estejam presentes; outras retratam pessoas, locais, organismos, edifícios, acontecimentos, ora reais e conhecidos dos destinatários imediatos, ora descritos em textos e narrativas orais, ou ainda existindo apenas na mente fértil do produtor de imagem que provoca seu advento com a conivência daqueles que aceitam segui-lo em seus caminhos criativos; outras imagens inventariam os vestígios de qualquer natureza deixados por entidades de morfologia instável a fim de que sua atualidade reviva; outras ainda se empenham em figurar afetos e atmosferas, virtualidades e desígnios, correspondências entre domínios distintos, para fazer surgir à vista, e não somente por meio de alegorias interpostas, as infinitas variações do campo moral. Em todos os casos e qualquer que seja a forma que assumam, as imagens acrescentam a diversidade ao mundo ampliando o número de identidades detectáveis entre seus habitantes e a gama de suas expressões. São multiplicadores ontológicos que, conforme vimos nestas páginas, não operavam ao acaso: aquilo que as imagens mostram ou o que elas deixam de mostrar, as técnicas graças às quais elas figuram e constroem um espaço de representação, os meios empregados para que elas se tornem agentes, tudo isso entra em ressonância com algumas maneiras de fazer mundo que também vimos em ação em outros campos da vida social. E, no entanto, a despeito da variedade de seus conteúdos, de suas formas, de seus modos de agir, todas as imagens icônicas compartilham uma mesma ambição: fazer com que apareça diante de nossos olhos o que ali não está, seja ele visível em outra parte ou extinto, atual ou virtual, conhecido ou desconhecido, real ou imaginário. Uma tal constatação, partilhada tanto pelos iconodúlios quanto pelos iconoclastas, desperta, porém, uma suspeita: como garantir que essa missão outorgada às imagens não seria o efeito de um atavismo local que os europeus — por conseguinte, o autor destas linhas — teriam herdado de civilizações do Oriente Próximo antigo e que situaria o valor supremo e o objetivo da figuração na presentificação dos ausentes — os mortos, os deuses, os soberanos?

Afinal, argumentos não faltam a favor de uma maneira propriamente ocidental de incorporar, por meio da figuração, entidades imateriais, longínquas ou desaparecidas.[635] O cristianismo, doutrina singular por excelência, sem dúvida desempenhou nisso um papel preponderante ao vincular o destino da imagem àquele do corpo, numa teoria da materialização que coloca três questões complementares entre si: o que é a imagem de uma realidade irrepresentável? Como dar a ver o invisível no visível? O que é um corpo divino? Lembremos primeiro dessa particularidade oriunda do solo fértil do Oriente Próximo que faz do corpo humano o resultado de uma criação *ex nihilo*, a exemplo de outros corpos certamente, portanto encerrado na dependência do engendrado perante seu engendrador, mas que mantém com ele um vínculo especial pelo fato de que, sinal de distinção, ele foi feito à sua imagem. Ora, essa relação icônica entre um protótipo e a cópia que ele executa de si mesmo encontra-se distorcida desde a origem, já que Deus, não sendo uma realidade sensível, não conseguiria reproduzir a si mesmo num suporte físico de outra maneira senão como um modelo abstrato cuja expressão concreta se viu de imediato comprometida pela Queda e pela distância que ela introduz entre o original e a cópia. Além disso, a reformulação, pelo cristianismo, da ideia da dualidade humana leva a instituir uma segunda dependência, do corpo em relação à alma, esse vestígio imaterial de uma determinação divina depositada no homem, e a transformar o princípio de tal subordinação em fundamento da justeza das condutas e condição da salvação. Por fim, a afirmação inaudita de que Deus se fez homem abala o dogma de sua irrepresentabilidade no sentido de que algo dele pode ser tornado visível, ao menos no gênero de ações que esse corpo possibilita, em especial aquela de consentir no suplício que dará cabo de sua existência terrestre a fim de que seja restabelecida com os humanos a aliança enfraquecida pelo pecado original.

Criação, transcendência, Encarnação, tais são as três extravagâncias do cristianismo que marcam com o selo de sua excepcionalidade a concepção ocidental da imagem como objetivação corporal de uma realidade exterior a ela. Essa maneira sui generis de considerar o corpo-imagem procede da relação ambígua, até mesmo antinômica, entre um modelo e sua impossível instanciação física. Visto ter sido criado à imagem de seu criador, o corpo humano é, ao mesmo tempo, um índice — o vestígio de Deus — e um ícone — a imitação daquele que o moldou; ele se define em relação a este último tanto como a expressão necessariamente imperfeita de um paradigma quanto como o efeito da ação necessariamente perfeita de um ser perfeito. Fonte de muitas disputas, a contradição entre o corpo atual — que atestaria um desígnio divino — e o corpo figurado — que imitaria um modelo inacessível — alimenta a atitude ambivalente do Ocidente para com as imagens, a um só tempo meios de se aproximar de um ideal resguardado da contingência e reflexos ilusórios desse ideal. A Encarnação poderia permitir reconciliar os dois polos preenchendo, em certa medida, o abismo ontológico que separa o criador da criatura. Ela engendra, porém, uma consequência imprevista que explica talvez o iconoclasmo daqueles que recusam a divindade do Cristo: ao fender o absoluto da transcendência, ao permitir que se abolisse uma parte da incomensurabilidade entre a imagem e um modelo que teria permanecido para além do sensível, ela instaura uma afinidade entre presença divina e corpo humano.

É esse subterfúgio que o naturalismo nascente explora quando busca soluções novas para os problemas da figuração. A representação do corpo humano é então resguardada da distância infinita induzida pela transcendência e encontra um arquétipo mais manejável: dominado pela figura do Cristo, o modelo divino se torna mundano e se transforma para os artistas em imagem de si. Conforme observa Jean-Marie Schaeffer, nada ilustra melhor essa conversão do que o célebre autorretrato de Dürer (1500), no qual ele tem a ousadia de pintar a si próprio na atitude e com os traços de um Cristo Salvador do mundo — um gênero bem codificado na época —, conservando, ao mesmo tempo, assim como atestam seus outros autorretratos, a semelhança geral com aquilo que percebe de si mesmo no espelho.[636] A alteridade divina se humaniza para se tornar um reflexo de si, a imitação fiel de um protótipo por demais conhecido para guardar seu mistério. Na estampa do véu de Verônica que ele grava treze anos depois, Dürer remata o deslocamento do ideal divino para o ideal humano pela ponte da Encarnação: o rosto do Cristo impresso no tecido carregado por dois anjos é o dele próprio, aquele do autorretrato de 1500. Com essa captação de identidade por meio da qual o artista, após ter retratado a si mesmo como Cristo, substitui-se a ele como modelo da mais célebre das imagens crísticas, pode-se falar legitimamente de uma secularização, isto é, de uma transferência do divino ao profano do encargo de fornecer um ideal figurável. Por meio dessa glorificação do antropocentrismo, o naturalismo marca com fulgor sua diferença em relação a outras maneiras de dar corpo ao visível e ao invisível.

Ao aclamar no século xx adereços, máscaras e fetiches rapinados dos impérios coloniais, mesmo ao ir visitar ocasionalmente as humanidades periféricas de onde provinha esse butim, artistas europeus tentaram fazer o caminho inverso, o de anular o distanciamento com as imagens pagãs celebrando sua potência mística. Entretanto, esses objetos rituais cuja "espiritualidade" continuamos a admirar pouco têm a ver com essa noção confusa e tipicamente ocidental, forjada para servir de contrapeso ao materialismo e não muito pertinente fora desse contexto. É verdade que, em seus respectivos continentes de origem, máscaras e efígies têm muitas vezes por função tornar presentes "espíritos" — de não humanos ou de antepassados; contudo, esses espíritos são justamente tudo menos "espirituais", na medida em que remetem não à vida da alma, à sua elevação ou à sua salvação, mas às funções práticas que são solicitados a cumprir na vida social. Por isso, a máscara não tem nenhuma significação intrínseca fora de sua ativação num roteiro em que ela vá encarnar uma relação com uma pessoa animal, atestar a presença e a ação continuada de ancestrais, incorporar uma alteridade desejável ou nefasta que deve ser amansada ou esconjurada. De fato, conforme esperamos ter demonstrado nas páginas anteriores, as máscaras se assemelham mais às nossas estátuas de santos ou às nossas relíquias do que a símbolos crísticos: aqueles que as fizeram e as utilizam creditam a elas uma "agência", uma causalidade intencional que é preciso saber mobilizar por meio de enunciados e de encenações específicas. Os espíritos que elas dão a ver são actantes de um coletivo que se estende para muito além dos humanos, e não ectoplasmas enigmáticos e sublimados.

O papel explícito ou furtivo desempenhado pelo problema da Encarnação na arte ocidental dos últimos séculos não significa que a questão da incorporação de seres distantes ou invisíveis não se coloque em outras tradições figurativas. Essa é, muito pelo contrário, a função confiada por toda parte às imagens, mas uma função modulada pela natureza daquilo que é dado a ver, pela identidade daqueles habilitados a torná-lo visível, pelos meios que empregam para dar corpo àquilo que representam e pelas circunstâncias nas quais os existentes figurados se tornam ativos nas redes instituídas que os acolhem ou das quais se tornam pivô. Por toda parte também, esse trabalho multiforme da figuração ao qual este livro é consagrado se sobrepõe ao da "religião", desde que se entenda o termo em seu sentido mais amplo, a saber, como a operação graças à qual os humanos instauram publicamente seres e qualidades ontológicas por meio de enunciados, profecias, rituais, imagens. Religião e figuração são quase sinônimos, de maneira que o apagamento de uma acarreta o desaparecimento da outra, conforme atesta a verdadeira emancipação da arte moderna em relação à tradição cristã e pós-cristã, aquela dos artistas que, depois dos *ready-made* de Duchamp, recusavam-se a partir de então a ceder às miragens da iconicidade. Que ela esteja ancorada nas imanências habituais, caso mais comum, ou que tenha abraçado a incomensurabilidade da transcendência, a religião incorpora irrestritamente. Ela torna presentes em manifestações visíveis e tangíveis alterações do ser, declinações do não eu, potências que contêm todos os seus atos e, sobretudo, a infinita diversidade da gente simples que pulula nas malhas da rede lançada no fluxo do imaginário. Ora, as entidades díspares cujo advento é ocasionado pela religião em todas as regiões da Terra e no coração dos céus que as circundam têm essa particularidade de que, em contraste com os organismos, as montanhas e os conceitos, elas estão geralmente à espera de encarnação. A tópica original do cristianismo, aquilo que por muito tempo o manteve à parte e acima, é na realidade um traço que ele compartilha com os diferentes paganismos: as entidades que influem sobre os destinos de um humano comum se tornam sensíveis apenas em determinadas circunstâncias, na maioria das vezes rituais, e pela mediação infinitamente reverberada de sua figuração icônica ou indicial. Diferem somente as propriedades imputadas a essas virtualidades incorporáveis e, portanto, o gênero de conduta que os humanos delas esperam, o que induz neles uma espécie de etologia dedutiva das boas maneiras de conhecê-las ou de por elas se fazer conhecer.

Ao lançar um olhar retrospectivo sobre aquilo que os modos de figuração descritos nestas páginas instauram, verificam-se, além do Deus dos monoteísmos que mais adiante se tornou Natureza, três grandes classes de invisíveis, por vezes mesclados, em geral distribuídos em coletivos separados: os "espíritos", as "divindades" e aquilo que se poderia chamar de os "antecedentes". Vimos que os espíritos são típicos das ontologias animistas, nas quais se diz de quase todos os existentes, animados ou inanimados, que eles possuem uma interioridade própria, calcada naquela dos humanos, ao mesmo tempo que se distinguem por suas características físicas e pelas ações que elas lhes possibilitam ou impedem de realizar. Cada "corpo" — um urso, um tucano, um trenó, às vezes uma sombra projetada — tem, portanto, um "espírito", mas que pode ser de outro corpo, já que os espíritos vagueiam entre as vestimentas corporais, sem contar que um espírito pode se encontrar sem corpo temporariamente, quando de um sonho, ou definitivamente, no caso dos mortos; ele, então, se manifesta por meio de sons, vestígios, toques, ou permanece visível sob a forma de uma miniatura minúscula de seu corpo "normal". Quando não têm aparência humana, animal ou vegetal, os espíritos se revelam através de presenças, às vezes fugazes, outras estabilizadas, nem perfeitamente visíveis nem completamente invisíveis, cuja existência é comprovada sobretudo pelos efeitos de superfície que eles provocam: o estalido de um galho, um sopro quente, o olhar de um animal. Sua instauração numa figura se opera de forma contínua no ambiente cotidiano, sendo cada corpo potencialmente habitado por um espírito, e até mesmo por vários deles quando um xamã convida seus espíritos auxiliares para nele realizarem um conclave. O corpo é, portanto, a imagem animista por excelência, a vestimenta por meio da qual o espírito acede à visibilidade aos olhos de outro alguém, a exemplo das bandagens com que o homem invisível de H. G. Wells se enfaixa. Não mais que as bandagens, no entanto, essa imagem também não é suficiente para se fazer reconhecer por outro alguém como aquilo que se é verdadeiramente ou para agir de maneira eficaz no mundo. Os humanos confiam às pinturas faciais e aos adereços, aos trajes animais vestidos por cima do corpo-traje, a missão de fornecer à imagem-vestimenta original o dinamismo e a verossimilhança de um veículo, um sobrecorpo que funciona como um uniforme ou um escafandro e que permite ser identificável por meio de uma imagem amplificada de si ou, ao contrário, ir visitar incógnito os não humanos ao adotar a corporeidade deles. Os artefatos rituais, máscaras e trajes, são tão somente um desvio desse corpo-imagem, empregados pelos humanos a fim de facilitar as interações com a multidão discreta dos não humanos que os rodeiam: como nos bailes de máscaras de antigamente, ninguém se engana com essas trocas de identidade, mas mesmo assim delas desfrutam por um momento, com a consciência de se encontrarem no carrossel das falsas aparências.

Embora sejam muitas vezes confundidas com os espíritos com os quais compartilham o modo de existência intencional, as divindades são mais estáveis em seus atributos e suas maneiras de aparecer. São potências especializadas, designadas a unidades sociais, subdivisões do espaço e do tempo, gêneros de prática e de técnica, sendo que cada uma dessas divindades — ou cada um de seus avatares no interior de uma classe ou de uma família sintetizada por um nome — vê a si mesma mais especificamente investida de uma função de intermediação entre os humanos e esse ou aquele setor ou população do cosmos. Enquanto os espíritos são parceiros ou concorrentes que é preciso seduzir, adular ou ludibriar, as divindades estão mais distantes na escala da imanência ao mesmo tempo que mais precisamente situadas no espaço geográfico e social. Elas constituem o objeto de um culto em locais precisos nos quais se considera que residam, a elas se consagram oferendas, preces e sacrifícios em momentos convencionados, e delas se espera que, em retribuição, concedam os desejos a seus devotos no domínio de competência que lhes é reconhecido. Diferentemente dos espíritos, mais nômades, as divindades se encontram assim limitadas a seu domínio de exercício por essa localização, que se torna absoluta quando elas são associadas ou incorporadas a um elemento topográfico, uma imagem ou um edifício — rochedo, montanha, fonte, estátua, templo, oratório, sepultura. Tanto que sua vinculação a um segmento do coletivo sociocósmico, do qual fazem parte — uma linhagem, uma aldeia, um bairro, uma confraria — e de onde eventualmente são oriundos especialistas litúrgicos encarregados de celebrá-las, leva a restringir os benefícios esperados de sua intercessão aos agrupamentos de humanos e de não humanos que lhes são mais próximos e ao campo de intervenção que lhes é fixado. E ainda que o monoteísmo tenha eliminado em muitos lugares esses múltiplos particularismos para fusioná-los num Deus polivalente, desligado dos vínculos territoriais e das afiliações segmentares, não conseguiu fazê-lo plenamente, conforme demonstram a sobrevivência cristã do culto aos santos ou a veneração da qual eles são cercados numa parte do mundo muçulmano.

É, pois, compreensível que a encarnação das divindades seja crucial, uma vez que se espera que elas expressem sinais de consentimento ou mesmo de recusa àquilo que lhes é solicitado, ou até que forneçam indicações a respeito da solução de litígios em curso ou da trajetória de destinos pessoais, razões pelas quais é preciso que elas possam manifestá-las por meio de ações físicas. Sem contar que a adoração e a prece parecem a muitos alcançar seu alvo com mais segurança quando dirigidas a objetos que possam ser identificados e com os quais seja possível identificar-se. Ao contrário dos espíritos, cujas imagens episodicamente ativadas servem apenas para colocar em movimento de maneira ostensiva a interioridade e as capacidades transformadoras dos seres aos quais elas emprestam corpo, a autonomia que se credita às imagens das divindades deriva do fato de que a elas é estipulado um papel social concebido por analogia com aquele que um humano pode exercer, de maneira que essas imagens — ídolos, no sentido original — parecem gozar de uma autonomia de ação. Elas podem também servir de suporte a uma vinculação sincera (devoção, respeito, temor, amor), sem objeto no caso dos espíritos, e funcionar como um objeto mediador (intérprete, porta-voz, destinatário de sacrifício) sobre o qual projetar desejos e aspirações.

Os "antecedentes", por fim, são literalmente aquilo a que se deve remontar no passado para compreender e aceitar a natureza e as condições da ordem presente. No entanto, longe de possuir os poderes cosmogônicos dos quais por vezes certas divindades são investidas, os antecedentes são apenas fontes de propriedades circunscritas a grupos e a territórios locais, determinantes fragmentados. Encontram-se deles dois tipos principais: os ancestrais e os totens. Ainda que se trate, em ambos os casos, de seres dos quais segmentos sociais extraem sua identidade ontológica, razão pela qual muitos antropólogos se servem dos primeiros para designar os últimos, eles nada têm a ver uns com os outros.

Os ancestrais são humanos situados em geração ascendente, nem verdadeiramente mortos nem verdadeiramente vivos, muitas vezes materializados em altares domésticos ou lineares, dos quais os descendentes próximos ou distantes são dependentes em tudo: disposições pessoais, direitos econômicos, estatuto legal, prerrogativas rituais. Os altares de ancestrais na África Ocidental ilustram bem o tipo de função incorporadora atribuída às imagens desse gênero de antecedentes.[637] Dispostas em casas ou em santuários, esculturas de madeira figuram homens ou mulheres adultos, em pé ou sentados numa pose hierática desprovida de qualquer dimensão narrativa: são arquétipos de indivíduos caracterizados por uma fase da vida e um estatuto reconhecível. Ora, essas estátuas, designadas na zona mandê-voltaica por termos que denotam a sombra e o reflexo, são o duplo do ancestral *e* de seu descendente que lhe rende um culto; para que a configuração que os vincula seja efetiva, ela deve se encarnar numa figuração reconhecível pelo ancestral, já que elaborada num estilo idêntico pelos escultores que trabalham para o clã materno. E somente se os ancestrais identificam a si mesmos em suas efígies é que eles vêm habitar esses "nichos icônicos"; estes são, portanto, ao mesmo tempo singularidades, o duplo desse ou daquele antepassado materno que representa o destino de seu descendente, e arquétipos com cuja imagem os viventes devem procurar estar em conformidade. As "pessoinhas de madeira", como são chamadas pelos bambaras as estátuas de ancestrais, são bem diferentes das pessoas animistas: elas não incorporam uma interioridade não humana ativada por ocasião dos rituais, mas encarnam permanentemente a rede de relações sociais que liga o ancestral a seu descendente e a seus familiares, dando ênfase às posições que eles ocupam relativamente entre si, a seus deveres recíprocos, aos ritos que os reúnem. Contudo, a estátua não é nem um símbolo nem um emblema, mas sim uma *pessoinha*, isto é, um artefato habitado por um humano nem completamente morto nem completamente vivo e, por isso, dotado de uma agência própria a despeito de sua imobilidade aparente, mas uma agência cujos efeitos — profiláticos, vindicativos ou reparadores — são perceptíveis apenas por aqueles que a ela estão submetidos, um meio de comprovar uma presença pelos resultados que ela produz.

Os totens são antecedentes de outro gênero. Eles não extraem sua existência perpétua da continuidade genealógica, mas, ao menos na Austrália, de incorporações recursivas e repetidas no tempo. A primeira dessas incorporações é ação de entidades portadoras na maioria das vezes de nomes de animais e de plantas que no passado se materializaram na superfície da terra como figuras de aparência indefinida e de comportamento, no entanto, bastante humano. Esses "seres do Sonho", cada qual constituindo um protótipo de qualidades tanto físicas como morais bem diferenciadas, desapareceram tão subitamente quanto haviam aparecido, não sem que suas ações tivessem dado forma aos locais que eles percorriam, ou seja, um processo de incorporação subjacente, uma vez que os rastros topográficos que eles deixaram foram moldados por seus movimentos e sua anatomia. Não contentes em inadvertidamente dar corpo às regiões, os seres do Sonho também depositaram em sítios precisamente localizados sementes de individuação, as "almas-crianças", que desde então se incorporam, geração após geração, nos humanos e nos não humanos da classe totêmica em cuja origem cada um deles se encontra. Por fim, os aborígenes reativam regularmente, por meio de suas cerimônias, a potência genésica dos seres do Sonho, não solicitando sua presença sob uma forma originária que, de todo modo, ninguém conhece, mas reproduzindo os vestígios distintivos de seus comportamentos passados, signos indiciais de sua materialidade física.[638] Trata-se, portanto, de uma série de encarnações em parte figuradas por imagens. A primeira confere uma aparência física a seres antes invisíveis que serão mais tarde representados por humanos sob o avatar correspondente ao seu nome; a segunda é formadora dos aspectos distintivos dos locais por meio dos vestígios resultantes da moldagem corporal desses seres, vestígios esses que os humanos também vão reproduzir, em especial sobre o próprio corpo; a terceira permite a perpetuação desses seres depois de terem eclipsado a si mesmos, graças à inseminação de corpos humanos e animais por suas emanações; quanto à última encarnação, ela consiste para os humanos em dar corpo a esses seres, de tempos em tempos, imitando suas ações e os sinais que elas deixaram. Antecedentes desde então invisíveis sob sua forma original, os totens não são nada menos que muito concretos, dado que as qualidades ontológicas e os privilégios coletivos que eles transmitem, infundidos nos corpos, objetos e sítios, ativados de maneira mimética em ritos e imagens que descrevem ações e estruturas incorporadas em figuras, asseguram a continuidade ao longo das gerações entre um ponto de origem e aqueles que ele irriga.

No sentido pleno e em todas as modalidades de encarnação que acabamos de evocar, das máscaras ameríndias às estátuas de ancestrais, dos corpos que tomam de empréstimo outros corpos aos corpos transformados em índices de ação, de um irrepresentável tornado visível num humano a um humano que se torna visível por esse intermédio, a imagem é quase sempre religiosa na medida em que torna evidente, para alguns e em algumas circunstâncias, a identidade entre um protótipo e sua imitação. "Figuração" é bem o termo que designa esse curioso passe de mágica, a meio caminho entre a apreensão de uma forma, que evoca por demais a ideia de um original inalterável, e a reprodução de uma imagem, que aponta por demais na direção da cópia, amenizada e em parte desvalorizada, desse original. Ainda que tivesse a iconografia cristã em mente, com seu peso histórico de encarnação, Gadamer não dizia outra coisa quando sublinhava o caráter exemplar da imagem religiosa: "Nela torna-se claro, para além de qualquer dúvida, que a imagem não é uma cópia de um ser figurado, mas se comunica ontologicamente com aquilo que é figurado".[639] Sob o risco de extrapolar os limites daquilo que afirmou o filósofo, pode-se dizer que esse vínculo é ontológico na medida em que a figuração produz certamente novos seres "para complementar o mundo", mas seres que pouco diferem de todos os seus conterrâneos engendrados por um mesmo regime de mundiação — imagens, organismos ou invisíveis em vias de incorporação —, uma vez que seus ares de família decorrem do fato de que eles são regidos por um mesmo modo de existência e de vinda ao mundo. Por isso, essa função de instauração do virtual que a figuração e a religião compartilham é talvez mais inequívoca, no século xx, entre pintores chamados indevidamente de não figurativos, de todo modo muito mais que entre artistas tradicionalmente associados a temáticas religiosas, tais como Barlach, Rouault ou Beckmann, nos quais o que domina em definitivo é o sentimento trágico, o abandono dos homens num período de desespero. Podemos experimentar a figuração daquilo que é pressentido como advento desimpedido de qualquer simbolismo, pura encarnação e força atuante, com Rothko, impregnando-nos lentamente da tela, ela mesma lentamente impregnada, um modo de fazer transparecer na vibração da cor aquilo que jamais poderá ser plenamente representado; podemos experimentá-la com Tàpies, vendo surgir na superfície de suas telas todos esses objetos que eclodem como bolhas a partir de uma fonte escondida da vista; podemos experimentá-la com Soulages quando, imersos na simplicidade da luminosidade negra, não sabemos mais se é o quadro que se anima pela conivência do espectador ou o espectador que volta à vida pela conivência do quadro. E então, de fato, conforme diz Gregório de Nissa, "a pintura muda fala na parede".

Cambridge, outubro de 2014 — Le Coy, dezembro de 2020

Postscriptum

Construções graduais

Os leitores familiarizados com os debates contemporâneos entre historiadores, antropólogos e filósofos a respeito da natureza das imagens terão sem dúvida visto transparecer ao longo destas páginas tanto as afinidades quanto os desacordos que as proposições aqui aventadas manifestam em relação às teorias contemporâneas que tomam por objeto esse campo. É a eles que se dirige este *postscriptum*. Ele tem por função principal reconhecer minhas dívidas: ansioso por apresentar análises e resultados a cada etapa a fim de traçar uma pista interpretativa num material superabundante, nem sempre tomei o cuidado, ao longo do caminho, de dizer em que minha investigação era devedora de meus predecessores e em que eu me diferenciava deles. É esse particularmente o caso de dois aspectos da reflexão a respeito das imagens nos quais, após séculos de estagnação, realizaram-se grandes progressos nas últimas décadas, o de revelar mecanismos de sua iconicidade e o de levar em conta seu papel como agentes sociais. Este livro não poderia ter sido escrito sem as contribuições de autores cujas ideias discuto a seguir e a quem desejo assim prestar homenagem. A essas necessárias considerações, julguei ser útil acrescentar precisões quanto àquilo que as imagens das quais me ocupo não são, a saber, linguagens simbólicas, a fim de melhor especificar aquilo que elas são, e isso em contraste com as características formais de duas dessas linguagens convertidas em imagem, a pictografia e a heráldica, que têm o mérito de serem bastante comuns em escala planetária, e sem dúvida já há muito tempo.

A QUERELA DA SEMELHANÇA

Desde os anos 1960, um número crescente de filósofos e de semiólogos admite que os signos icônicos são de uma espécie inteiramente distinta daquela dos signos linguísticos, uma vez que, à diferença do modelo semiológico outrora apresentado por Saussure, a relação instituída nas imagens entre o signo e aquilo cujo lugar ele ocupa não é arbitrária, mas motivada. Esse movimento caminhou lado a lado com a adoção progressiva da tríade de signos proposta por Peirce: o símbolo, que significa em virtude de uma convenção ou da relação com uma ideia original; o índice ou a marca, que significa em virtude de uma relação direta de causa e efeito; o ícone, que significa em virtude de uma semelhança. Contudo, se as operações que permitem ao signo significar não se prestam a equívocos no caso do símbolo e do índice, a situação é diferente com o ícone. Em que consiste a semelhança nesse caso? Segundo Peirce, ela resulta do fato de que o ícone compartilha com o referente propriedades visuais que permitem identificá-lo: "Absolutamente qualquer coisa [...] é um ícone de qualquer coisa na medida em que seja igual a essa coisa e utilizada como um signo dela".[640] Inspirado por Peirce, ainda que frequentemente acusado de infidelidade pelos peircianos, Charles Morris tornou a definição mais precisa dando ênfase a uma relação de equivalência em vez de analogia: "Um signo icônico [...] é qualquer signo que seja similar em alguns aspectos àquilo que ele denota".[641]

A equivalência entre o signo e elementos daquilo que ele denota suscitou diversas críticas, uma vez que ela é genérica demais e aparenta ser uma tautologia: a iconicidade é fundada na semelhança, a qual é a marca da iconicidade.[642] Ora, essa equivalência é enganosa, pois, se a semelhança é uma relação simétrica, a relação semiótica não o é. A maçã pintada por Cézanne se assemelha bem à maçã que ele tomou como modelo — tem dela ao menos a forma, a cor, os reflexos, se não o volume ou o sabor — e esta, por sua vez, durante os poucos dias em que está em sua plenitude, "assemelha-se" à maçã da tela, como uma expressão dela de alguma forma enriquecida. Contudo, enquanto a maçã do quadro é um signo da maçã pousada sobre o prato no ateliê de Aix ("As frutas gostam que façamos seu retrato", dizia ele), o contrário não é verdade. O ícone não pode ser ao mesmo tempo semelhante (e simétrico) e significante (e assimétrico).[643] Outro argumento contra a iconicidade é a ideia de uma regressão da semelhança ao infinito: na medida em que, sob um aspecto ou outro, qualquer objeto pode ser visto como semelhante a qualquer outro objeto e dele constituir um signo, não há mais limite lógico para a expansão da similaridade entre os objetos do mundo. A maçã pintada em seu prato se faz também o signo de sua proveniência, uma vez que, conforme diz ainda Cézanne, "as frutas nos falam dos campos que elas deixaram";[644] e esses próprios campos, ao menos para os leitores de Virgílio, dão-se a ver como signos pungentes da pátria abandonada ("*nos patriae finis et dulcia linquimus arva*"); e a pátria, por sua vez, passando da terra dos pais para a terra nutriz, torna-se o signo da mãe compartilhada por todas as crianças de um mesmo solo; e a mãe etc. Seguem assim os signos icônicos como na antiga doutrina das assinaturas: saltando de qualidade em qualidade, de metáfora em metáfora, eles colidem uns com os outros, esbarram-se e ecoam a si mesmos no encadeamento infinito de similitudes e de motivações.[645]

Foi para escapar à tautologia da semelhança e ao risco de reverberação infinita por ela acarretado que se desenvolveu uma abordagem convencionalista do signo icônico na segunda metade do século xx. O ícone não é mais naturalmente motivado pelo compartilhamento de propriedades visuais com aquilo que ele denota; a possibilidade de interpretar é a partir de então determinada em parte pelas regras de decifração que lhe são aplicadas de maneira mais ou menos consciente. Umberto Eco e Nelson Goodman são as duas figuras principais dessa reviravolta. Em *La struttura assente*

[A estrutura ausente], Eco reafirma a primazia da semiótica — tão logo percebido, um fenômeno é acometido por um conteúdo semântico e não pode se propagar de um intérprete a outro a não ser como signo — ao mesmo tempo que contesta que o signo icônico possa representar "naturalmente", por simples especularidade, aquilo cujo lugar ele ocupa.[646] Alinhado com o Gombrich de *Arte e ilusão* (1960), Eco vê os signos icônicos como que operando uma mediação entre a experiência perceptiva e a memória de usos anteriores da imagem, de maneira que a semelhança, se ainda se pode chamá-la assim, não se dá mais entre o referente e o signo, como em Peirce, mas entre a cognição visual de um objeto representado iconicamente e os esquemas de percepção culturais que selecionam os estímulos pertinentes para a interpretação desse objeto. A identificação de um signo icônico resultaria, portanto, menos da intuição de uma semelhança do que da mobilização de um re-conhecimento.

Uma tal posição não é, em si, isenta de dificuldades. Em primeiro lugar, é preciso efetivamente supor que o reconhecimento se aplica a objetos comparáveis — de um lado, um referente, de outro, uma gama de signos icônicos que o representam por meio de convenções visuais idênticas; por conseguinte, esses objetos devem possuir ao menos algumas propriedades em comum para que o isomorfismo entre esquema perceptivo e esquema icônico possa funcionar. E, sendo esse o caso, então não se está muito distante daquilo que comumente se entende por semelhança. Sobretudo, à diferença do que se passa com os signos linguísticos, não existe método comprovado para detectar e interpretar com toda a certeza os traços pertinentes por meio dos quais os esquemas icônicos facilmente reconhecíveis se distinguiriam do "ruído de fundo" da imagem. Se, no lexema "paterno", substituo o fonema /p/ pelo fonema /m/, o sentido da palavra será diferente. Qual será o traço pertinente equivalente num signo icônico considerado não motivado? O que me permitirá, *por meio de um mesmo sistema de códigos icônicos*, reconhecer uma arraia e não uma tartaruga numa pintura de Chardin, num motivo de tatuagem maori, num desenho sobre uma máscara amazônica, e como conectar todas essas imagens que obedecem a convenções figurativas distintas a um peixe de corpo plano com nadadeiras em forma de asas? Em suma, se aquilo a que chamo de "filtros ontológicos" cumpre realmente a mesma função que os códigos semióticos que Eco afirma serem necessários à intuição das qualidades dos objetos, eles também não podem ser excessivamente multiplicados sem correr o risco de fragmentar o fenômeno icônico em tantos processos significantes quantos humanos existirem com uma experiência singular do mundo.

Goodman compartilha com Eco a ideia de que nenhuma imagem representa naturalmente aquilo que ela reproduz, de maneira que a intuição de uma semelhança entre os dois seria baseada apenas na identificação, por parte do espectador, de códigos icônicos elaborados e transmitidos culturalmente. À diferença do semiólogo italiano, no entanto, Goodman apoia sua abordagem da obra de arte numa teoria do signo linguístico: as imagens são para ele etiquetas daquilo que elas denotam e pouco diferem nesse sentido dos predicados de uma língua natural.[647] As imagens seriam, portanto, símbolos como os outros que convém interpretar, empenhando-se em compreender aquilo a que elas se referem, de que maneira o fazem e em função de qual sistema de regras sintáticas elas operam, sendo a diferença entre as imagens e os outros tipos de símbolos denotativos simplesmente que elas são mais "densas", isto é, que elas podem comportar um grande número de diferenças internas e denotar assim, com grande precisão, referentes complexos. A questão da semelhança — que Goodman considera como a forma mais ingênua de contemplar a representação — não se coloca verdadeiramente para ele, já que a identificação do objeto figurado depende apenas da seleção de suas qualidades reconhecidas no interior de um quadro conceitual dado. A cultura tem por função estabilizar certos predicados dos objetos representados num contexto particular e segundo convenções particulares, de tal modo que a semelhança nada mais é do que a capacidade de interpretar corretamente uma imagem de acordo com esse contexto e essas convenções. Entretanto, se nenhuma propriedade visual comum me permite vincular a uma arraia o objeto vislumbrado numa natureza-morta de Chardin, numa tatuagem polinésia e no motivo de uma máscara amazônica, então me será necessário, para cada objeto figurado e no âmbito de cada estética local, reconstituir a aparelhagem semântica e sintática por meio da qual a correspondência entre o signo e o referente é estabelecida. Esse privilégio exorbitante concedido à cultura de fixar as regras, sempre relativas, da iconicidade é, na prática, uma prenda envenenada oferecida aos historiadores e aos etnólogos da arte, pois, se seguirmos Goodman, é doravante a eles que cabe inventariar as diferenças nas maneiras de se assemelhar e explicitar a sua lógica.

Além disso, se as obras de arte fossem verdadeiramente como signos linguísticos, isto é, sem nenhuma motivação, então seria necessário aprender o sentido de cada nova imagem — ao menos recuperar a cada vez suas regras de construção —, assim como o faz uma pessoa que aprende as palavras de uma língua natural. Ora, conforme salienta uma crítica de Goodman, não é esse o caso: a partir do momento que conseguimos interpretar corretamente o conteúdo de uma imagem, por vezes na sequência de uma aprendizagem, somos capazes de interpretar imagens novas sem informações suplementares, contanto que o objeto ou a situação representada nos seja familiar.[648] E essa aptidão para o reconhecimento imediato decorre de que as capacidades cognitivas colocadas em movimento nessa operação são as mesmas que aquelas acionadas para a identificação do referente. Pode-se verificar inversamente essa coincidência examinando como os artistas retratam determinados objetos conformando-se ao seu tratamento por meio do sistema visual. É o que se verifica no caso da sombra projetada.[649] Nosso sistema perceptivo é bastante econômico na detecção das sombras e não utiliza para isso mais do que algumas invariantes: as sombras são mais escuras que a superfície sobre a qual aparecem e não lhe afetam a textura e a forma, sendo esses critérios suficientes para não confundir as sombras com um objeto sólido. E os pintores integraram essas características na figuração das sombras representando-as por meio de manchas escuras, sem se preocuparem, na maioria das vezes, em fazer corresponderem exatamente sua forma, sua orientação e sua tonalidade com a projeção realista do objeto do qual elas resultam e com o ambiente em que estão situadas. Na medida em que tenhamos aprendido a discernir sombras numa imagem — e isso, efetivamente, não é em nada espontâneo —, depois então as reconheceremos ali do mesmo modo como as reconhecemos na realidade.

Conforme vimos no primeiro capítulo, a teoria do signo icônico proposta pelo Grupo µ é mais fiel do que aquela de Goodman, ou de Eco, diante dessa constatação de que as imagens mesclam qualidades visuais que permitem espontaneamente identificar um referente e códigos figurativos dos quais é necessário fazer a aprendizagem. De fato, entre as contribuições à teoria do signo do círculo de semiólogos de Liège, destaca-se um *Traité du signe visuel* [Tratado do signo visual] que é uma verdadeira gramática geral da imagem a estabelecer a semiótica dos signos icônicos em novas bases.[650] Diferentemente das teorias semióticas habituais, que são fundadas numa estrutura do signo de natureza diádica (a dualidade do significante e do significado em Saussure) ou triádica (a relação entre interpretante, signo e objeto em Peirce), o Grupo µ propõe uma estrutura em quatro termos, dos quais dois são novidades: o "estímulo" e o "tipo". Lembremos que o estímulo, presente ao mesmo tempo no signo icônico e no signo não icônico, é o elemento físico perceptível — um som, um desenho, uma letra — que o significante emprega como veículo concreto para se expressar, ao passo que o tipo opera apenas no signo icônico sob a forma de um conjunto de atributos visuais que garante a correspondência entre o estímulo (a imagem física) e o referente (aquilo que a imagem figura). Disso resulta que o signo icônico e o signo não icônico não se constituem do mesmo modo. Neste último, o quadrado semiótico assume a forma de uma relação de contiguidade entre o referente, o significado (o conteúdo mental do referente), o significante (a representação acústica do significado) e o estímulo (a ocorrência concreta do significante). A arbitrariedade do signo linguístico não passa mais entre o significante e o significado, como em Saussure, mas entre o estímulo e o referente, de maneira que a distância entre o objeto denotado e os sons que o denotam se vê desdobrada em dois eixos. No signo icônico, em contrapartida, o significado desaparece e se vê substituído pelo tipo, que é um gabarito mental que sintetiza a forma prototípica das características do referente. A noção de tipo, e a arquitetura semiótica no interior da qual ela se insere, lança assim luz nova sobre o papel dos códigos culturais constitutivos da iconicidade — que permanece bastante misterioso em Eco e Goodman —, mantendo ao mesmo tempo o princípio de que algumas propriedades, ao menos do referente, são reproduzidas e identificáveis na imagem que dele se dá. Além disso, a liberalidade do Grupo μ na extensão daquilo que os signos icônicos podem figurar contrasta com as abordagens restritivas da semiologia da imaginação visual, por exemplo a de Goodman, para quem as imagens cujo sujeito é fictício são de "denotação nula", uma vez que não se referem a nada.[651] Compatível tanto com a teoria psicológica do protótipo quanto com o esquematismo ontológico das imagens desenvolvido nestas páginas, aplicável igualmente à figuração mimética e à arte "abstrata", a teoria do signo visual proposta pelo Grupo μ possui muitos trunfos para encerrar 25 séculos de controvérsias sobre a *mimésis*.

A ANIMAÇÃO DAS IMAGENS

Foi preciso esperar pelo final do século xx para que uma abordagem principalmente semiótica das obras de arte começasse a sofrer concorrência por parte de uma abordagem praxiológica das imagens baseada no princípio de que esses signos de um gênero particular são também agentes autônomos e que intervêm na vida social e afetiva dos humanos. É verdade que essa ideia foi explorada por um punhado de precursores, mas agora seus ensinamentos quase caíram no esquecimento. Apenas Warburg sobreviveu a esse turbilhão de intuições desaparecidas, sem dúvida porque ele pôde legar à posteridade, através da biblioteca que ele constituiu e das personalidades que ele inspirou — de Cassirer e Curtius a Gombrich e Saxl —, uma mescla ainda hoje destoante de extrema ousadia intelectual e impecável erudição, composta numa linguagem aforística que se presta a ricas, e por vezes contraditórias, interpretações. O tema da vida das imagens percorre sua obra, e nada o expressa melhor do que a noção de *Pathosformel*, "fórmula de páthos", um tropo visual saturado de afeto que migra de representação em representação ao longo dos séculos e através das culturas.[652] A exemplo do tema de Orfeu esquartejado pelas Bacantes em fúria, essas fórmulas expressivas são gestos, atitudes, interações entre personagens, em geral oriundos da estatuária e da iconografia gregas, que com frequência denotam episódios dramáticos e acontecimentos catárticos relatados na tragédia e nos mitos, e cuja "vida póstuma" (*Nachleben*) pode ser verificada nas imagens do Renascimento, mas também nos ritos, nos espetáculos ao vivo e mesmo em posturas da vida cotidiana que denunciam fortes emoções. A *Pathosformel* é, portanto, mais do que um estereótipo a transcrever de maneira convencional uma carga emotiva numa ação suspensa; é uma atualização recorrente do sentimento da vida em formas reconhecíveis ao longo do tempo. Sem dúvida não foi pequena a contribuição do espetáculo dos rituais hopi, que Warburg testemunhou quando de sua estadia no Arizona, para essa ideia da transformação das imagens em corpos viventes e dos corpos viventes em imagens, uma fórmula guarnecida de antropologia que contrastava com as tendências estetizantes e idealistas da história da arte de seu tempo.[653]

Em contrapartida, quase ninguém hoje se lembra dos contemporâneos de Warburg que, eles também, concederam grande crédito à força das imagens. Um Max Verworn, por exemplo, biólogo berlinense célebre no último terço do século XIX, pioneiro da abordagem celular dos fenômenos fisiológicos, mas igualmente apaixonado pelos mecanismos cognitivos da produção de imagens na arte "primitiva". Como tal, Verworn mantém uma correspondência com os mais eminentes pré-historiadores e antropólogos de seu tempo, notadamente Karl von den Steinen, o grande etnólogo do Brasil central, ele próprio autor de uma teoria da origem da figuração. Numa obra raramente citada hoje em dia, mas à qual Boas faz referência em *Arte primitiva*, Verworn desenvolve a ideia de que "a arte no sentido mais geral e mais original é, conforme o nome sugere, um 'poder', uma capacidade, portanto, de expressar processos de consciência com os meios que o próprio artista cria a fim de que eles sejam percebidos pelos órgãos dos sentidos".[654] Segundo Verworn, as artes visuais têm a faculdade de tornar sensíveis estados e atividades mentais numa imagem de maneira que ela pareça dotada de uma autonomia intencional percebida como uma capacidade de agir.

Quase na mesma época, Charly Clerc se interessa em sua tese de doutorado pelos recursos do culto aos ídolos na Grécia antiga, tal como ele é capaz de restituí-los à luz de testemunhos e, ao mesmo tempo, tal como os autores da Antiguidade tardia fazem a seu respeito o comentário e a crítica.[655] Para ele, trata-se de compreender, servindo-se aliás com discernimento das teorias antropológicas da magia, primordialmente a de Henri Hubert, como imagens podem ser consideradas conscientes e dar a ilusão da vida. O problema colocado pela animação das imagens, segundo ele, é "descobrir o objeto — a forma e a matéria — mediante o qual o poder invisível pode ser posto em ação ou limitado em suas fantasias".[656] Clerc não responde verdadeiramente a essa questão das condições formais necessárias para que uma figuração exerça seu poder, sobretudo por ser mais um teólogo e historiador da literatura do que um especialista em arte; porém, assim como Verworn, ele tem o mérito de colocá-la com clareza.

Esses trabalhos pioneiros, no entanto, não tiveram posteridade imediata, e foi preciso esperar pela última década do século xx para que a ideia de uma potência de agir conferida às imagens fosse mais uma vez retomada.[657] Uma série de grandes livros publicados entre 1989 e 2010 balizam seu desenvolvimento, desde *The Power of Images* [O poder das imagens], de David Freedberg, até *Theorie des Bildakts* [Teoria do ato de imagem], de Horst Bredekamp.[658] Os dois livros que abrem a série, *The Power of Images*, de Freedberg, e *Semelhança e presença*, de Hans Belting, são quase simultâneos e constituem uma reação raivosa de dois reputados historiadores da arte — o primeiro, especialista em arte flamenga e neerlandesa; o segundo, em Idade Média e Renascimento — contra a preocupação excessiva demonstrada por sua profissão no que concerne à gênese individual das obras de arte, à identificação dos objetos que elas representam e às questões de simbolismo, de estilo e de estética que elas levantam; e isso em detrimento do estudo da recepção e da utilização das imagens, dos sentimentos por vezes violentos que elas provocam (entre eles, o iconoclasmo) e da impressão insidiosa que elas suscitam de serem uma encarnação viva daquilo que representam. Os dois livros atribuem uma grande importância às imagens de culto, em especial desde a Antiguidade tardia até o Renascimento, seguindo um percurso indutivo cujo poder de convencimento se exerce primordialmente graças à extraordinária erudição que eles mobilizam: trata-se de reunir um grande número de testemunhos, alguns deles impressionantes, do poder que exercem as imagens sobre aqueles que as observam, da presença que elas tornam manifesta, sem se questionar verdadeiramente a respeito daquilo que possibilita esse fenômeno — que Freedberg qualifica muitas vezes de fusão da imagem e do protótipo — nem examinar em detalhes as condições pragmáticas dessa experiência.[659] Sem dúvida, esses dois livros pioneiros suprimiram em parte as intenções do artista da análise da significação das imagens e, em vez disso, deram ênfase aos usos aos quais elas se prestam, mas eles ainda se interessam pouco pelo estudo das circunstâncias rituais em que elas se animam e das maneiras de observá-las que cada época privilegiou. Ambos os autores invocam com frequência a etnologia, entretanto, mais para traçar paralelos entre as situações que eles analisam na Europa e as atitudes em relação a imagens observadas em culturas exóticas do que realmente para se inspirar no método etnográfico ou mesmo na ambição comparativa da antropologia.

É verdade que a antropologia não tinha muito a oferecer em termos de reflexão geral a respeito das imagens antes da publicação, em 1998, do livro maior de Alfred Gell, *Arte e agência*. O campo de estudo esteve bem presente desde a origem da disciplina sob a rubrica "arte primitiva", mas ali as grandes sínteses e proposições originais eram raras, limitadas a um punhado de autores cujos escritos constantemente citados são, em sua maioria, anteriores à Segunda Guerra Mundial (Franz Boas, Leonhard Adam, Carl Einstein) ou cujas reflexões a respeito da arte são apenas uma faceta entre outras de uma teoria antropológica já firmemente constituída (Gregory Bateson, André Leroi-Gourhan, Edmund Leach ou Claude Lévi-Strauss).[660] Quanto à antropologia da arte em sua prática cotidiana, ela se ocupava sobretudo — e é sempre esse o caso — de descrever e de analisar o contexto social e cultural de produção e de uso dos artefatos não ocidentais que foram investidos pelos ocidentais de uma virtude estética, de modo que sua significação pudesse se tornar acessível ao público que frequenta os museus etnográficos a partir dos mesmos critérios que são aceitos para a apreciação de obras tradicionalmente abrigadas nos museus de arte — categorização, periodização, função, estilo, qualidade de execução, raridade, simbolismo etc. O próprio objeto sobre o qual incide o projeto raras vezes é definido, sendo a arte implicitamente concebida como a manifestação concreta de uma tendência universal à dileção estética na qual o que importa é apreender em cada contexto local seus critérios de apreciação. Assim como Svetlana Alpers ou Michael Baxandall introduzem seus leitores no ateliê dos artistas do século de ouro holandês ou da Itália do Quattrocento a fim de lhes mostrar a maneira como o público da época viam suas obras, também a tarefa que o antropólogo da arte fixou para si é tornar acessíveis todos os elementos da cultura visual por meio da qual os yolngu da Austrália avaliam e interpretam as próprias pinturas ou os yoruba, a própria estatuária.[661]

Não que sejam inúteis estudos que visam a restituir as circunstâncias da produção e do uso de uma imagem, as significações vinculadas a seu emprego ou os critérios localmente compartilhados quanto à qualidade de sua execução, bem ao contrário. Este livro não poderia ter sido escrito sem essas preciosas contribuições. A análise aprofundada do simbolismo do qual são investidas imagens e funções a elas outorgadas em contextos extraeuropeus permite, além do mais, lutar eficazmente contra dois tipos de opiniões falaciosas: de um lado, a ideia de que a arte dita "primitiva" é uma pobre e canhestra prefiguração da arte europeia que possibilita sobretudo lançar um olhar retrospectivo sobre a infância da humanidade e — numa versão caridosa desse preconceito — sobre as pulsões originárias potentes e autênticas que o pensamento racional teria domesticado; de outro, a presunção, comum entre os amantes de arte primitiva, de que, pelo fato de uma estatueta nkisi do Congo ou a efígie de um tiki polinésio serem capazes de nos emocionar, bastaria se deixar seduzir por seu poder de fascinação para apreciá-las plenamente, sem se preocupar em saber o que delas pensavam as pessoas que as fizeram e as utilizaram.[662] Contudo, por mais útil que seja a multiplicação de estudos a respeito das concepções do belo nas civilizações não europeias e das condições da fabricação, do emprego e da recepção dessa categoria de artefatos em que os ocidentais reconhecem um valor estético, uma tarefa desse gênero não pode, a rigor, ser definida como antropológica, uma vez que não é fundada em nenhuma teoria antropológica geral e que seu objetivo não é produzir uma; aqui se está num patamar diferente do trabalho antropológico, análogo àquele de que trata a história da arte e que mais valeria chamar de uma etnologia da arte, ocupando-se aquela dos objetos de arte ocidentais e esta dos artefatos oriundos de culturas não ocidentais contemporâneas que parecem ter com esses objetos ares de família.

O livro de Gell fez com que essa situação evoluísse ao reabilitar o princípio de uma antropologia da arte que seria uma teoria de seu objeto, e não uma descrição de suas supostas expressões. Ele foi, aliás, recebido por certos profissionais desse campo com a mesma mescla de ceticismo irônico e acidez silenciosa que havia saudado a publicação dos livros de Freedberg e Belting quase dez anos antes. É que todos três combatiam sob a mesma bandeira e tinham os mesmos adversários. Com efeito, a ideia capital de *Arte e agência* é que é preciso tratar os objetos de arte não do ponto de vista das significações que lhes são atribuídas ou dos critérios do belo aos quais eles deveriam responder no âmbito de uma estética local, mas antes como agentes dotados de uma intencionalidade delegada, capazes, como tal, de exercer um efeito sobre seu próprio ambiente. Segundo Gell, a arte não é um sistema simbólico comparável a uma linguagem, mas "um sistema de ação destinado a mudar o mundo"[663] e que se encontra em condições de realizá-lo, porque torna plausível que determinados artefatos sejam dotados de uma agência, de uma disposição para agir, a qual é um indicador das intenções das pessoas que os fabricaram ou utilizaram.

Gell inova em relação a Freedberg e a Belting ali onde empreende um duplo deslocamento quanto à definição da natureza e do modo operacional do objeto de arte. Em primeiro lugar, faz dele um signo de um tipo diferente. Tomando de empréstimo seu vocabulário à semiologia de Peirce, ele pede que não se trate o objeto de arte primordialmente como um signo icônico, isto é, exibindo qualidades semelhantes à coisa cujo lugar ele ocupa — a "semelhança" entre um retrato e a pessoa retratada —, mas como um signo indicial que, por sua vez, refere-se ao objeto que ele significa por meio de uma relação de contiguidade ou de influência direta — o catavento é um índice da direção do vento. Por outro lado, e na base dessa reformulação, Gell propõe um mecanismo cognitivo original para explicar o fato de que os objetos de arte parecem animados por uma vida própria. Afinal, se os consideramos como índices, então eles autorizam uma operação de um gênero particular, uma abdução de agência, que é uma maneira de restabelecer a cadeia de causalidades a partir do resultado final e através dos agentes que o engendraram. Uma abdução é efetivamente uma variedade de inferência conjectural fundada na aporia lógica que consiste em afirmar as premissas a partir das consequências, sendo estas representadas pelo objeto de arte enquanto índice de tudo aquilo que pôde contribuir para constituí-lo tal como é. Em outras palavras, um objeto de arte é um índice da presença de uma agência social, porque permite ao mesmo tempo inferir as intencionalidades que acompanharam sua fabricação e ver a ele mesmo, ao término desse processo inferencial, como um agente dotado de uma eficácia própria no campo social. Assim, a agência não está reduzida à esfera dos humanos; ela remete ao fato de que uma disposição para agir pode ser atribuída a uma entidade não humana qualquer contanto que dela se possa inferir, por abdução, uma capacidade de exercer um efeito intencional análoga àquela com que se creditam os humanos.

O argumento é convincente: é verdade que se pode dizer, a respeito de qualquer quadro célebre, que ele nos dá a ver um feixe de intencionalidades diversas condensadas na tela. É, em primeiro lugar, propósito do pintor produzir um agrupamento complexo e por vezes enigmático de formas, cores, atitudes e situações que reterá a atenção do espectador em condições de apreciá-lo; é, em seguida, propósito dos personagens figurados manifestar sua potência, seu caráter, seus dons, sua aparência agradável ou seu desejo de seduzir; é ainda a capacidade do artista de ziguezaguear entre o desejo daqueles que ele figura de serem representados em benefício pessoal e sua ambição própria de dobrá-los às exigências de sua composição; mas é também propósito daqueles que encomendaram o retrato guardar uma recordação de um momento precioso, manifestar a grandeza de sua posição ou lembrar quem eles eram para o uso de gerações futuras; é, além disso, propósito das instituições privadas ou públicas encarregadas de conservar os quadros monopolizar para uso próprio ou propor à apreciação do público esses artefatos venerados graças a um arsenal de medidas econômicas, técnicas e legais; e é igualmente propósito do espectador "compreender" o quadro, desposando as intenções supostas ou conhecidas do artista, até mesmo participando com seu olhar da consumação como obra de arte daquilo que lhe é oferecido à vista; por fim, a própria limitação imposta pela forma e pela matéria do suporte e dos pigmentos pode também ser vista como um parceiro que exerce sua vontade sobre as condições da execução. Em suma, cada quadro reúne um grande número de agentes cujas intenções e estados de espírito podemos estimar, sem que por isso ele mesmo seja dotado de um espírito ou animado por desejos. É isso, para Gell, que faz do objeto de arte um agente. Trata-se, porém, de um agente "secundário", um artefato sem intencionalidade própria por meio do qual os humanos, "agentes primários", distribuem sua potência de agir no decorrer de suas interações com os elementos do mundo. O objeto de arte assim entendido é uma noção puramente relacional e sem conteúdo ontológico: tudo aquilo que é agente perante um paciente exerce uma agência delegada, porque constitui um intermediário material entre pessoas.

Uma das dificuldades que o livro de Gell coloca é a obstinação que ele demonstra em definir como "objetos de arte" (*art objects*) aquilo de que ele se ocupa, uma obstinação compreensível, já que seu projeto se definia na origem como uma crítica e uma superação da "antropologia da arte", mas que o impede de definir de maneira satisfatória aquilo de que trata exatamente sua investigação comparativa. Gell considera efetivamente como objeto de arte qualquer objeto inserido numa rede de relações e que seja "mediador de agência social", isto é, que sirva de intermediário entre intencionalidades humanas que ele encarna e redistribui.[664] Ora, essa função de agente delegado que exerce efeitos sobre o mundo não é suficiente para definir um objeto de arte na medida em que ela se aplica a inúmeros objetos a respeito dos quais é difícil afirmar que tenham uma relação, ainda que indireta, com a arte. Uma vítima sacrificial, por exemplo, é de fato um "mediador de agência social", uma vez que o sacrifício serve para ligar dois termos entre os quais a princípio não existe vínculo algum, sendo o objetivo da operação, para retomar uma definição de Lévi-Strauss, "instaurar um relação de contiguidade, por meio de uma série de identificações sucessivas que podem ser realizadas em ambos os sentidos [...] seja do sacrificante com o sacrificador, do sacrificador com a vítima, da vítima sacralizada com a divindade; seja na ordem inversa".[665] Nesse encadeamento de mediações, a vítima é investida de um agência eminente, mas que não lhe é ontologicamente inerente: um boi é um boi, e é apenas quando se torna uma vítima sacrificial que ele se transforma em portador de agência social; e, no entanto, ele não é um objeto de arte. Uma moeda também é um objeto "mediador de agência social", já que, além de sua função de padrão e de reserva de valor, ela é um meio de troca, investida, portanto, de uma intencionalidade social delegada que lhe confere precisamente seu valor e garante sua eficácia como intermediária material entre os desejos e as necessidades das pessoas humanas; e, no entanto, a moeda não é uma obra de arte em sua função primeira, ainda que possa vir a sê-lo por destinação para os numismáticos. Um exemplar da Constituição francesa enquadra-se no mesmo caso: é, de fato, um objeto "mediador de agência social", visto que o documento encarna um conjunto de desejos, aspirações e motivações conscientemente evocados e compostos em termos inequívocos que forma a base daquilo que vincula e engaja os cidadãos da República Francesa, sem que se possa dizer do objeto em si que ele seja diretamente animado por crenças ou intenções; e, no entanto, uma Constituição também não é um objeto de arte.

À questão de saber como discriminar, em meio a objetos aos quais é imputada uma potência de agir, entre aqueles que são da esfera da arte e os outros, Gell não oferece propriamente uma resposta satisfatória. Segundo ele, a antropologia da arte deve se ocupar das "relações sociais no entorno de objetos mediadores de agência social",[666] objetos esses que podem muito bem ser igualmente animais, plantas, artefatos ou divindades, desde que tratados como agentes sociais diretos ou delegados. A vítima sacrificial, a moeda e a Constituição, porém, enquadram-se nesse caso, e Gell não pretende absolutamente que a antropologia da arte deva se ocupar desse gênero de objeto. Como então distinguir as "relações sociais no entorno de objetos mediadores de agência social" que teriam uma dimensão artística daquelas não a teriam? A resposta de Gell é que "'situações com características artísticas' [art-like *situations*] podem ser distinguidas como aquelas em que o 'índice' material (a 'coisa' visível, física) permite uma operação cognitiva específica que identifico como a abdução de agência".[667] Sem dúvida. Existem, contudo, muitíssimas entidades não humanas a respeito das quais se pode inferir, por abdução, uma capacidade de agir intencionalmente concebida por analogia com a dos humanos, e, no entanto, é impossível dizer da maioria delas que possuam "características artísticas". Na Amazônia, na zona subártica ou na Sibéria, por exemplo, a maior parte dos animais pertence a esse caso, uma vez que lhes é conferida uma interioridade e uma vida social do mesmo tipo daquelas dos humanos; e, no entanto, eles não são tratados como objetos de arte. Em outras palavras, a abdução de agência é uma operação cognitiva que explica, de maneira convincente, a constituição das ontologias animistas, mas não é, em si, um mecanismo suficiente para especificar um objeto de arte. E, de fato, para que haja verdadeiramente uma qualidade artística reconhecida no produto da relação de abdução, é preciso ainda, diz Gell, que "o próprio índice seja visto como o resultado e/ou instrumento de agência social".[668] Muito bem. Contudo, essa definição se aplica do mesmo modo aos contraexemplos anteriores: uma moeda, uma vítima sacrificial, uma Constituição podem igualmente ser vistos como o resultado e/ou instrumento de uma agência social; isso não faz deles objetos de arte.

O último episódio da emancipação das imagens em relação à tutela exclusiva da linguagem, sem dúvida o mais radical, deu-se em Berlim sob a batuta de Horst Bredekamp, ele próprio inspirado por Warburg e sua formulação enigmática *"Du lebst und thust mir nichts"* (Você vive e não me faz nada), uma conjuração dirigida às obras de arte nas quais discernimos signos de vida a fim de que elas permaneçam à distância e não nos façam mal.[669] A proposta de Bredekamp em *Theorie des Bildakts* é efetivamente colocar em evidência que as imagens são um pouco como mortos-vivos: feitas de uma matéria inerte, elas possuem, no entanto, uma força própria e têm até mesmo um "direito à vida", de maneira que agem sobre os humanos por uma espécie de jogo duplo que é a incorporação insidiosa do vivo no inanimado. O conceito central sobre o qual repousa o projeto de Bredekamp é o *Bildakt*, "o ato de imagem", construído por analogia com o ato de linguagem de Austin, um equivalente icônico da enunciação linguística e uma maneira de dar ênfase ao fato de que as imagens não são o índice de uma agência que teria sua fonte fora delas — como é o caso em Gell —, uma vez que elas são em si mesmas animadas por uma "vida própria" (*Eigenleben*) independente daquilo que os humanos fazem dela. Elas não são, portanto, uma consequência ou um reflexo de um real imperioso que existiria independentemente delas, mas uma forma de sua determinação e de seu modo de existência.

Assim como em Freedberg, Belting ou Warburg, o percurso de Bredekamp é indutivo e classificatório; como neles também, ele mobiliza uma atordoante diversidade de casos comentados com o olho treinado de um grande historiador da arte. Entretanto, sua tipologia não se baseia nos gêneros de resposta às imagens, em sua maneira de estarem presentes para aqueles que as veneram ou na constelação que elas constituem em torno de um núcleo endurecido na memória coletiva e que sobrevive em iconografias sucessivas; ela se apoia em três modalidades de sua encarnação. A primeira é o ato imagético "esquemático", que engloba todas as representações convertidas em imagem da forma aparente da vida, o corpo humano primordialmente, desde os autômatos até o campo do *Biofakt*, a saber, os organismos artificializados porque resultantes de um processo técnico. A segunda é o ato imagético "substitutivo", que opera uma substituição do corpo pela imagem e se apoia numa causalidade indicial do gênero ilustrado pela iconografia de santa Verônica empunhando o véu em que ficou impresso o rosto ensanguentado do Cristo. Por fim, o ato imagético "intrínseco" age por si mesmo, a exemplo da máscara de Medusa, que paralisa quem a vê, e sua fonte reivindicada se encontra na noção warburguiana de *Pathosformel*, entendida aqui como um meio de tratar determinadas imagens à maneira de sujeitos autônomos, ao menos no plano semiótico.[670] Em suma, a agência das imagens não é para Bredekamp um efeito derivado das relações sociais no âmbito das quais elas estão inseridas, conforme propõe Gell, ou de diferentes maneiras de fundi-las com o protótipo que elas tornam presente, como sugerem Freedberg e Belting; sua agência é a expressão de uma "força própria" (*Eigenkraft*) independente dos usos a que elas são submetidas e que, para ser colocada em movimento, exige apenas a presença de humanos que a detectem e a atualizem.

Pode-se ver que minha concepção da potência de agir das imagens é mais próxima daquela de Gell, ou seja, de uma agência delegada por humanos a artefatos por meio de um encadeamento complexo de mediações institucionais. Ela concerne a todos os objetos que possuem propriedades icônicas reconhecíveis cuja pragmática dos usos é articulada por dispositivos e que as redes de acolhimento permitem ativar de múltiplas maneiras segundo os regimes figurativos, em circunstâncias sempre particulares e por humanos também sempre particulares. O visitante europeu de um museu de etnografia que observa uma cabeça reduzida shuar numa vitrine poderá sentir toda uma gama de afetos diante desse pequeno rosto encolhido que eventualmente povoará seus pesadelos, mas nem por isso o verá como um transformador de identidade suscetível de criar novas virtualidades de existência, assim como o fazem os shuar. E, a supor que um shuar possa um dia observar os *Banhistas na Grenouillère*, de Monet, numa sala do Metropolitan Museum of Art de Nova York, ele sem dúvida, ao contrário de mim, que estou familiarizado com a pintura e com o local retratado, não escutará marulhar o Sena ao longo da margem nem estrepitar o trem na ponte de Chatou.

LINGUAGENS CONVERTIDAS EM IMAGEM

Certas técnicas icônicas bastante disseminadas não têm por função tornar visível a maneira como um regime figurativo agencia o mobiliário do mundo, mas, em vez disso, a exemplo das ferramentas discursivas das quais elas são com frequência um acompanhamento, servem para comunicar àqueles que sabem decifrá-las informações a respeito de acontecimentos ou de estatutos. É o caso da pictografia e da heráldica, códigos utilizados em regiões diversas do planeta independentemente da ontologia localmente dominante e cuja organização formal, se não o sentido, é identificável à primeira vista. Se na maior parte do tempo é fácil discernir a quais referentes remetem as figuras representadas, a significação de sua composição permanece difícil de interpretar, sendo a iconicidade simplificada e convencionalizada a fim de servir de memento praticamente escritural no primeiro caso, de sistema simbólico de denotação social no segundo.

Uma pictografia é um alinhamento de pictogramas — ou seja, como se disse, signos icônicos que evocam de maneira esquemática aquilo a que se referem — dispostos de tal maneira que permitem figurar uma sequência de ações cuja interpretação é padronizada no âmbito de uma mesma tradição cultural, permanecendo ao mesmo tempo impenetrável fora dela. Ora, o estudo comparativo das pictografias demonstrou que elas sempre constituem o acompanhamento de uma narração, dando ritmo à sua enunciação e favorecendo a rememoração de seus episódios. No início do século xx, Emanuel Löwy já havia lançado luz sobre o papel de fixador de vestígios mnésicos atribuído a desenhos quando propunha ver, em determinados estilos figurativos da Grécia arcaica e do Brasil indígena, uma maneira de representar imagens mentais, razão de seu aspecto rudimentar; a exatidão mimética tornava-se aqui secundária em benefício da economia de meios, isto é, da redução a alguns traços facilmente identificáveis e rapidamente executados.[671] Descobria-se assim que as pictografias primitivas não são escrituras inacabadas, uma tentativa abortada no longo caminho que conduz às culturas letradas, mas, bem ao contrário, uma opção alternativa à escritura em sociedades de tradição oral, uma maneira particular de consolidar, por meio de imagens, a relação entre palavra memorizada e palavra proferida.

As implicações da ideia de que a imagem permite fixar a memória de um texto foram traçadas por Carlo Severi no decorrer dos anos.[672] Ele colocou especialmente em evidência que essa ideia havia sido antecipada por precursores que os historiadores da escritura negligenciaram: desde o franciscano Diego Valadés, que teve a intuição já no século xvi de que os pictogramas mexicanos faziam parte de uma *ars memoriae* tão complexa quanto a que os europeus haviam desenvolvido, até as pesquisas empreendidas por Erland Nordenskiöld nas primeiras décadas do século xx sobre as pictografias dos ameríndios cuna do Panamá, passando pelos trabalhos pioneiros conduzidos por Henry Schoolcraft nos anos 1840 a respeito dos desenhos pictográficos dos dakota e dos ojibwa.[673] O próprio Severi estudou as pictografias dos cuna, observando como os aprendizes de xamã memorizam cantos terapêuticos de vários milhares de versos utilizando imagens que fazem referência a acontecimentos marcantes das viagens de seu mestre nas aldeias dos espíritos. Os cantos que relatam essas peregrinações fazem amplo uso do paralelismo, uma técnica comum nos discursos rituais que consiste em repetir fórmulas idênticas com ligeiras variações, o que facilita a memorização dos enunciados e, por conseguinte, sua estabilidade. Ora, Severi demonstrou que as pictografias cuna são também caracterizadas por uma estrutura de paralelismo: assim, as aldeias dos espíritos representadas por um triângulo são sempre desdobradas e unidas por uma linha, no centro da qual figura o sol, ao passo que os personagens e suas ações diferem em cada uma das aldeias.

O paralelismo figurativo seria característico não somente dos cuna, mas também de outras pictografias nas Américas, em todo caso entre os esquimós do Alasca, os ojibwa, os apaches ocidentais e os sioux, e qualquer que seja aliás o tipo de enunciado codificado ao qual elas correspondam — um canto xamânico, uma narrativa de caça, a relação de proezas guerreiras ou um canto iniciático. Conforme sublinha Severi, a organização dos pictogramas responde em cada caso a convenções diferentes, já que um sistema pictográfico é coerente não tanto em virtude da forma das imagens que ele mobiliza quanto em razão do tipo de relação existente entre a forma de um enunciado codificado e a utilização do pictograma como vestígio mnésico das palavras do enunciador. Dito isso, a repetição em paralelismo e a sequencialidade das imagens são fáceis de identificar em qualquer iconografia, ainda que esses aspectos morfológicos não ofereçam uma chave de acesso automático ao conteúdo semântico da mensagem, que só é interpretável por meio do conhecimento do enunciado ao qual as imagens remetem. Por essa razão, a estrutura formal das pictografias apresenta em toda parte ares de família que tornam esse gênero de figuração imediatamente discernível por analogia, inclusive quando não se encontra disponível nenhuma informação quanto à sua significação, como é o caso, por exemplo, dos desenhos e gravuras rupestres caracterizados, em inúmeros sítios ao redor do mundo, pelo encadeamento e pela reiteração de figuras bastante esquematizadas e que apresentam ligeiras variações.

Essa combinação entre uma função idêntica em toda parte, uma estrutura formal reconhecível sem dificuldade e referentes bastante singularizados encontra-se nos brasões. Os traços principais da heráldica europeia tal como começam a se estabilizar no final da Idade Média[674] não se diferenciam muito daqueles que encontramos em outros lugares: por todo lado, estamos diante de um sistema de imagens figurativas caracterizado pela justaposição de elementos mais ou menos icônicos, geralmente desconectados entre si no espaço figurativo, que formam uma composição cuja morfologia claramente identificável pouco se altera ao longo do tempo e cuja interpretação, em princípio padronizada, fica submetida a fortes variações individuais. É o caso, por exemplo, dos emblemas heráldicos dos ameríndios da costa noroeste do Canadá, em especial aqueles figurados sobre os grandes mastros, ou ainda retratos de ancestrais esculpidos à guisa de brasões nos painéis e nos pilares no interior das grandes-casas maoris.

Lembraremos que a unidade social elementar entre os povos da costa Noroeste era a casa, a qual detinha notadamente como privilégio o direito para seus membros mais titulados de portar certos patrônimos, de usar certas máscaras por ocasião dos ritos, de designar objetos por certos nomes próprios, de executar certos cantos e certas danças, de ocupar certas posições nas cerimônias e de fazer figurarem certos emblemas nas fachadas das habitações, nas vigas e nos pilares internos, nos chapéus e, sobretudo, nos mastros. Estes últimos eram os signos mais espetaculares de uma cultura obcecada pela distinção, na qual o direito de arvorar um brasão era particularmente buscado. Marius Barbeau conjectura que a heráldica vivenciou um grande desenvolvimento nos séculos XVIII e XIX em consequência do contato com os russos e os ingleses: uma casa dos tlingit do Alasca teria assimilado as armas da Rússia imperial — a águia bicéfala — em seu pássaro-trovão mítico, enquanto os haida e os tsimshian teriam adotado como um de seus brasões o castor, emblema de companhias de comércio britânicas.[675] Dito isso, a prática de utilizar para armoriais figuras de animais ou de seres míticos é seguramente mais antiga, uma vez que cada casa era associada a espíritos animais cujas aventuras eram contadas em narrativas ainda hoje conhecidas. Os emblemas podiam também representar personificações de elementos ou de meteoros, de seres humanos, por vezes brancos, geralmente ridicularizados: um missionário protestante e seu cão, um padre ortodoxo ladeado por um anjo ou mesmo um russo culpado de ter assassinado um tlingit. Encontra-se nesse gênero de inovação o mesmo princípio de invenção que caracteriza a heráldica do Antigo Regime. Assim como no caso também dos armoriais europeus, os brasões eram pintados ou esculpidos em quase todos os bens materiais — fachadas de habitações, armas, botes, objetos cerimoniais ou utilitários —, figurados em chapéus, tecidos em vestimentas, tatuados ou desenhados nos corpos. Determinados emblemas podiam ser vendidos, outros caíam em desuso; enquanto alguns emblemas eram vinculados a um título e transmitidos, portanto, como patrimônio da casa, outros eram ligados a uma pessoa e podiam ser trocados ou recebidos em pagamento. Dessa preocupação com as diferenças de classe marcadas por signos icônicos, Franz Boas escreve: "É como se a ideia heráldica tivesse se apoderado da totalidade da vida e a permeasse com a sensação de que a posição social deve ser expressa a todo momento pela heráldica".[676] Vimos que se trata de um julgamento que é preciso nuançar ao mesmo tempo pelo fato de que certas imagens icônicas — as máscaras em especial — não funcionam como armoriais, mas devem ser ativadas em rituais em que elas incorporam um poder que as torna autônomas, e também porque certos brasões, notadamente entre os tsimshian, são mais do que marcas ostensivas de classe e atestam propriedades físicas e morais compartilhadas entre os seres que eles retratam e os humanos habilitados a arvorá-los.

As estátuas de vulto redondo e os painéis esculpidos em baixo-relevo das casas coletivas maoris foram frequentemente associados a brasões.[677] Os maoris eram tão estratificados quanto as tribos da costa Noroeste, igualmente organizados segundo uma divisão tripartite entre escravos, gente comum e aristocratas, estes últimos, além disso, distribuídos num sistema hierárquico de classes que ordenava as linhagens em função de seu grau de proximidade com o ramo mais antigo. A unidade social de base, *whanau*, apresenta muitos dos traços da casa tal como ela se encontra na costa pacífica do Canadá, a começar pela função estruturante da habitação, a grande-casa ou *wharenui*, que adquiriu uma extensão considerável no século xix. Cada casa tinha o mesmo objetivo: tornar tangíveis a riqueza, a grandeza, a habilidade técnica e o patrimônio ancestral daqueles que a edificaram. A presença dos ancestrais era assegurada na casa por dois tipos de objeto: os pilares esculpidos que sustentavam a viga de cumeeira, *pou tokomanawa*, e os painéis em baixo-relevo que formavam o enxaimel das paredes, *poupou* (ilustração 156). Tanto uns quanto os outros figuram ancestrais individualizados, e não genéricos; eles encarnam a genealogia dos habitantes da casa, um pouco à maneira dos retratos de família da aristocracia europeia. A despeito do alto grau de estilização, cada escultura de um ancestral permite identificá-lo precisamente, graças à sua tatuagem e aos objetos e figuras que o acompanham tal como reminiscências biográficas.

O conjunto dos retratos de ancestrais constituía muito mais que uma filiação convertida em imagem: através da figura de cada um deles dava-se a ver a narrativa épica de episódios constitutivos da casa, das guerras, das migrações, das alianças, e, portanto, *in fine*, da legitimação de seus títulos sobre um território, zonas de pesca, locais e recursos.[678] A totalidade da casa funcionava, assim, como um gigantesco brasão, na medida em que a galeria de retratos dos ancestrais era, ao mesmo tempo, o signo icônico da identidade específica da casa e a expressão codificada dos privilégios aos quais eles podiam aspirar. Mais que símbolos, as casas tornavam tangível a presença dos ancestrais e davam corpo ao grupo, já que todo o edifício reproduzia a anatomia de um ancestral: a viga de cumeeira era a coluna vertebral, os caibros formavam as costelas e as traves da armação do telhado, os braços. Quanto aos painéis *poupou*, com essas figuras formidáveis de ascendentes quase não humanos e os elaborados arabescos que as ornamentam, eles transmitem uma energia vibrante, uma vitalidade comunicativa que vão muito além daquilo que a figura de um morto pode evocar. Transcendendo a espécie de estado de assombro que essas imagens engendram em todos aqueles que as observam, os membros da casa que com elas convivem cotidianamente são passíveis de poderem eles mesmos, conforme escreve Nicholas Thomas, "ficar assombrados com seu próprio poder coletivo, uma vez que foram gerados pelo *mana* e pela eficácia incorporados na casa, e, idealmente, recapitulá-lo".[679]

Na Europa do Antigo Regime, na costa noroeste da América do Norte e na Nova Zelândia, encontra-se então, de fato, um mesmo sistema figurativo a denotar posições sociais e genealógicas cujas propriedades formais são estáveis. Quatro delas merecem ser ressaltadas. Um brasão é uma composição mais ou menos complexa de figuras icônicas destacadas umas das outras que fazem referência, muitas vezes de maneira alegórica, a uma qualidade particular (um nome, um acontecimento marcante, uma função, um local) associada a um indivíduo ou a uma pessoa moral, sendo cada motivo, em princípio, decodificável; se a combinação dos elementos é sempre singular (não podem existir dois brasões semelhantes), a organização formal é sempre idêntica no interior de um sistema dado, pois se deve poder reconhecer imediatamente um brasão por aquilo que ele é; quanto mais elevado for o número de posições estatutárias a distinguir, mais complexa será a composição do brasão e, portanto, mais difícil a sua interpretação; um brasão pode ser criado, renovar-se, enriquecer-se, mas ele é transmitido na maior parte dos casos no âmbito de uma linhagem ou de uma casa e encarna, assim, de maneira tangível, uma continuidade genealógica: ele torna visível a duração numa imagem.

Entretanto, se as propriedades formais da imagética heráldica são idênticas nessas três zonas culturais, seus efeitos de agência não o são. Os brasões europeus são signos de identificação e de distinção que têm real função performativa somente quando utilizados como selo e quase sempre em complemento a um texto escrito que eles autenticam. Os brasões da costa Noroeste são agentes já dotados de uma autonomia maior, ainda que tomemos o cuidado de distingui-los de outros tipos de imagem que, nessa região, considerava-se incorporarem um poder não humano; essa autonomia era particularmente notável no caso dos mastros heráldicos erigidos por ocasião de um *potlatch* durante o qual o proprietário do mastro reafirmava em público suas pretensões a determinados privilégios, delegando dessa forma a um objeto figurativo a incumbência de encarnar suas ambições perante outros pretendentes. Por fim, além de as tatuagens maoris constituírem em si espécies de signos heráldicos a indicar marcas de nobreza e de classes na hierarquia social, toda a grande-casa, com suas galerias de ancestrais, podia ser considerada como um brasão, o qual se tornava a encarnação continuada do poder dos antepassados ao mesmo tempo que dos direitos e títulos que estes últimos haviam adquirido em benefício dos viventes e que os viventes ativavam ao contemplá-los.

As pictografias e os brasões são, assim, sistemas de imagens figurativas bastante disseminados pelo planeta, sem que se possa dizer que eles se vinculem de maneira nítida a um regime ontológico dominante. O uso de pictografias é comum entre povos de tradição principalmente oral, quer eles pertençam ao animismo (esquimós, ojibwa, xingu, cuna, nordeste da Sibéria), ao totemismo (deserto central australiano) ou ao analogismo (México antigo e, talvez, Grécia arcaica), ao passo que a heráldica se desenvolveu igualmente bem tanto em regimes analogistas (Idade Média europeia, Nova Zelândia) ou em regimes que combinam o analogismo e o totemismo (parte setentrional da costa Noroeste) quanto em regimes totêmicos estritos, por exemplo, no deserto central australiano, mais uma vez, onde figuras bastante estilizadas que representam totens são pintadas sobre o corpo durante as iniciações para cumprir uma finalidade que claramente não é pictográfica, ou seja, que contribui para a rememoração de uma narrativa, mas sim de tipo emblemático, isto é, que atesta uma posição social.[680] Por fim, o uso dos brasões com seu valor classificatório subsiste em regime naturalista, assim como o dos pictogramas, mesmo que tenham em geral perdido sua função de memento para narrações codificadas.

Quais são, em definitivo, os pontos comuns e as diferenças entre pictografia e heráldica? Em primeiro lugar, trata-se de sistemas de signos icônicos codificados e simplificados, ligados de maneira mais ou menos direta a narrações, dotados de uma função mnemônica no caso da pictografia — na qual eles estruturam um discurso — e de uma função "memorialista" no caso dos brasões — em que atestam uma conexão genealógica que pode ser enunciada. O sentido das pictografias e dos brasões provém da combinação dos signos que eles operam, sendo que cada signo tomado à parte não tem valor a não ser em relação à estrutura no interior da qual ele está inserido, de tipo sequencial na pictografia, de tipo combinatório no caso da heráldica. Isso significa que, ainda que se ignore o sentido de uma pictografia ou de um brasão, sua estrutura formal sui generis permite identificar imediatamente o gênero de imagem com que se está a lidar. Em contrapartida, a decifração de uma pictografia ou de um brasão somente é possível se forem conhecidos os códigos em vigor no coletivo em que esses sistemas de signos são empregados, o qual aliás não é necessariamente homólogo a um recorte linguístico: os códigos dos brasões europeus ou aqueles da costa Noroeste eram comuns a conjuntos nos quais se falavam línguas diferentes, o que também era o caso das pictografias utilizadas pelos indígenas das Planícies. O vínculo entre o signo e o referente, porém, não é o mesmo nos dois sistemas. No caso da pictografia, a interpretação correta do código é dependente do conhecimento do discurso que ele ilustra, ao passo que, no caso da heráldica, a identificação correta dos signos do código — isto é, o reconhecimento do fato de que se trata de um brasão — não predispõe necessariamente à sua intepretação, a qual é apanágio apenas do pequeno núcleo de gente que conhece sua motivação — isto é, os acontecimentos e as pessoas do passado aos quais ele faz referência. Por fim, tanto num caso quanto no outro, a eficácia performativa não está diretamente investida nas imagens, meros signos estereotipados, mas naquilo a que elas remetem: seja, para a pictografia, um discurso que evoca ou engendra ações cujos efeitos sempre se fazem sentir, seja, para os brasões, ações antigas na origem de um privilégio que deve ser validado por um discurso genealógico. Em ambos os casos, o ícone é apenas um eco bastante atenuado de uma agência que se expressa por enunciados e atos cuja eficácia performativa é amplamente independente dos signos que os representam.

Esses exemplos de iconografias transculturais permitem dissipar a ilusão de que cada imagem seria necessariamente reveladora de uma "visão de mundo" particular da qual ela proporia como que uma assinatura decifrável, ilusão essa que se tornou comum em pré-história, em que se tem muitas vezes a tendência a interpretar pinturas ou gravuras parietais como expressivas de um sistema de crenças — em geral, "xamânico" —, quando um exame ainda que superficial de sua estrutura formal permite identificar muitas delas como pictografias, cuja significação está condenada a permanecer opaca, sendo-nos inacessíveis os discursos que esses signos acompanham. A interpretação das cavernas ornamentadas do Paleolítico foi particularmente afetada por esse fenômeno da retrospecção anacrônica, que não tem muitos escrúpulos em projetar num passado distante e a propósito de imagens das quais não se sabe o contexto de produção e de uso matrizes analíticas oriundas de um conhecimento raso da etnografia das sociedades contemporâneas. Essa é a razão pela qual é mais sensato se interessar pelas variações estilísticas das imagens rupestres do que por suas supostas funções e significações.

Agradecimentos

São tantos os que, de uma maneira ou de outra e às vezes sem o seu conhecimento, contribuíram para a eclosão e para a sistematização das ideias apresentadas neste livro que é provável que alguns deles escaparão à minha lembrança. A estes, peço indulgência no momento de expressar minha gratidão.

Sou grato primeiramente às instituições que me permitiram levar a cabo as pesquisas que resultaram nesta obra. De 2006 a 2011, dei uma série de aulas no Collège de France sobre a antropologia das imagens das quais muitos ecos se introduziram nas páginas precedentes. Essa instituição tem esse caráter excepcional de permitir que ensinemos não o que já sabemos, mas aquilo que estamos nós mesmos aprendendo. Aproveitei amplamente essa liberdade para abordar um campo que não era minha especialidade original e que meus colegas me autorizaram a explorar.

Uma residência durante o ano universitário de 2007-2008 na fundação Carl-Friedrich-von-Siemens, em Munique, e a hospitalidade intelectual de seu diretor, Heinrich Meier, permitiram-me estabilizar um pouco o terreno ainda movediço que eu havia começado a desbravar em meu ensino. Pude assim usufruir dos recursos da capital bávara para refinar minhas primeiras hipóteses a respeito da análise comparativa das imagens e ampliar minha base documental; férteis discussões com Claudius Müller, então diretor do Staatliches Museum für Völkerkunde, com Willibald Sauerländer, antigo diretor do Zentralinstitut für Kunstgeschichte, e com Thomas Höllmann, do Institut für Sinologie, muito contribuíram para esses primeiros esclarecimentos.

Foi igualmente em Munique que lancei as bases da exposição acolhida entre fevereiro de 2010 e julho de 2011 pelo museu do Quai

Branly sob o título de *La Fabrique des images* [A fábrica de imagens] e que constituiu, sob muitos aspectos, o trampolim de minhas pesquisas posteriores sobre a figuração. Seu então diretor, Stéphane Martin, generosamente me deu carta branca para conduzir à vontade uma experiência antropológica em seu museu e com as peças de sua coleção; ele também me abriu as portas para uma colaboração com o diretor do museu do Louvre, Henri Loyrette, e com Vincent Pomarède, diretor do departamento de pinturas, que foram do mesmo modo generosos no empréstimo de obras prestigiosas. No museu do Quai Branly, recebi excelente acolhida dos conservadores, muitos dos quais me ofereceram o benefício de seus sábios conselhos, particularmente Christine Barthe, Daria Cevoli, André Delpuech, Constance de Monbrison, Carine Peltier, Philippe Peltier e Nanette Snoep. Entre as pessoas que de uma forma ou de outra me ajudaram quando da preparação dessa exposição e a quem sou devedor por ter progredido em minha compreensão das imagens, gostaria de manifestar um agradecimento especial a Aristóteles Barcelos Neto, Maurice Bloch, Julien Bonhomme, Lucien Castaing-Taylor, Françoise Dussart, Jessica De Largy Healy, Barbara Glowczewski, Wazir-Jahan Karim, Frédéric Laugrand, Marie Mauzé, Johannes Neurath, Patrick Pérez, Perig Pitrou, Allen Roberts e Mary Roberts, Monique Sicard, Romain Simenel, Charles Stépanoff e Michael Taylor.

Uma quarta etapa na elaboração do manuscrito se deu no âmbito do King's College de Cambridge, onde tive a felicidade de ser recebido como *fellow* durante o ano universitário de 2014-2015. Minha intenção era aproveitar ali as condições excepcionais de trabalho para escrever esta obra. Inebriado pelo tempo livre e pelo acesso a uma biblioteca inesgotável, li sem dúvida mais do que deveria, levando de volta comigo, ao final de minha estadia, um manuscrito ainda por terminar, mas pleno de desenvolvimentos virtuais. A não conclusão do livro foi compensada por trocas de uma riqueza enorme com antropólogos e historiadores, à frente dos quais Matei Candea, Adam Chau, James Laidlaw, Geoffrey Lloyd, Stephen Hugh-Jones, Caroline Humphrey, Jean Michel Massing, François Penz, Joel Robbins, Rupert Stasch e Marilyn Strathern.

Algumas das ideias e das interpretações propostas nesta obra foram primeiramente apresentadas no âmbito do Laboratoire d'Anthropologie Sociale, particularmente aos membros da equipe de pesquisa Les Raisons de la Pratique, que ali dirigi; sou grato a esses colegas e amigos pelas observações que a mim formularam, em especial a Stéphane Breton, Florence Brunois, Salvatore D'Onofrio, Pierre Déléage, Brigitte Derlon, Baptiste Gille, Andréa-Luz Gutierrez-Choquevilca, Michael Houseman, Vincent Hirtzel, Monique Jeudy-Ballini, Frédéric Keck, Marika Moisseeff, Carlo Severi, Wiktor Stoczkowski, Alexandre Surrallés e Cédric Yvinec. Entre eles, dirijo um pensamento muito especial a Dimitri Karadimas, amigo que infelizmente partiu cedo demais e colega de reluzente imaginação, cujas ideias poderosamente originais a respeito das imagens ameríndias começam a abrir caminho entre os especialistas.

Expus igualmente as grandes linhas da antropologia da figuração desenvolvidas nestas páginas em cerca de trinta universidades e museus do mundo, recebendo a cada vez em retorno perguntas que me levaram a aprofundar um ou outro ponto. Conservo na memória particularmente, tanto pela pertinência e originalidade das perguntas quanto pela vivacidade da discussão, as palestras que proferi no Institute of Fine Arts de Nova York, no departamento de história da arte da Universidade de Cambridge, no departamento de artes visuais da Universidade da Califórnia em San Diego, no Institut für Kunst-und Bildgeschichte da universidade Humboldt de Berlim, no Museu Nacional de Etnologia de Osaka, na Scuola Superiore di Studi Umanistici da Universidade de Bolonha, nos departamentos de arqueologia das Universidades de Friburgo em Brisgóvia e de Leiden, e por ocasião da palestra Faber que proferi na Universidade de Princeton.

Devo muito também a inúmeras pessoas por trocas, ora ocasionais, ora prosseguidas no longo prazo, mas que me fizeram todas entrever um aspecto do caleidoscópio da figuração. Falta-me espaço para dizer o que devo a cada uma delas, por isso sou obrigado a me decidir apenas a citar-lhes o nome: Jérôme Baschet, Hans Belting, Horst Bredekamp, Hervé Brunon, Jean-Paul Colleyn, Michèle Coquet, Pierre-Olivier Dittmar, Thierry Dufrêne, Jean-Baptiste Eczet (a quem devo, além disso, diversas das fotos do livro), Yolaine Escande, Paolo Fabbri, Carlos Fausto, David Freedberg,

Emmanuel Grimaud, Marcel Hénaff, Claude Imbert, Tim Ingold, Els Lagrou, Nicolas Latsanopoulos, Jean de Loisy, Dimitri Lorrain, Arnaud Morvan, Emiko Ohnuki-Tierney, Alessandro Pignocchi (a quem agradeço também pelo presente de um desenho), Suzanne Preston Blier, Stephen Rostain, Jean-Marie Schaeffer, Jean-Claude Schmitt, Victor Stoichita, Gilles Tarabout, Florencia Tola, Margarita Valdovinos, Denis Vidal, Eduardo Viveiros de Castro, David Wengrow, Jeanette Zwingenberger.

Sophie Bosser e Tiziana Manicone me auxiliaram ao longo dos anos com uma eficiência digna de elogios que me permitiu, entre múltiplas atividades, encontrar o tempo necessário para a pesquisa e a escritura.

Anne-Christine Taylor e Bruno Latour sabem o quanto devo a eles, não apenas porque são meus interlocutores mais próximos e mais constantes já há muito tempo, mas também porque a leitura crítica que fizeram do manuscrito deste livro me proporcionou o olhar externo de que eu precisava para tentar corrigir alguns de seus defeitos; minha gratidão para com eles carece de palavras para se expressar.

Por fim, gostaria de agradecer calorosamente a Pierre Rosanvallon por ter me convidado a publicar este livro em sua coleção e por ter aguardado com uma paciência pouco comum durante todos esses anos em que ele foi gestado; meus agradecimentos também à notável equipe da Seuil, que contribuiu para lhe dar uma forma aceitável, em especial a Julie Clarini, editora generosa e inspirada, Sophie Lhuillier, Benoît Bénard, Bruno Ringeval, às iconógrafas Maryse Hubert e Karine Benzaquin, assim como a Isabelle Creusot.

Notas

INTRODUÇÃO

1   Maurice Merleau-Ponty, 1964, p.85.
2   Philippe Descola, 2019 (1986); 1993b.
3   Philippe Descola, 2014a.
4   Marcel Mauss, 1974, p.130.
5   Philippe Descola, 2005.
6   Marcel Granet, 1968 (1934). Michel Foucault, 1966. Alfredo López Austin, 1988.
7   A formulação mais famosa dessa característica da figuração é de Paul Klee: "A arte não reproduz o visível, ela torna visível". "Confissão criadora", palestra de 1920, in Paul Klee, 1971 (1956), p.34.
8   Erwin Panofsky, 1975 (1927), p.126.
9   Sob o título *La Fabrique des images* [A fábrica de imagens], a exposição, que comportava 160 obras provenientes dos cinco continentes, realizou-se de fevereiro de 2010 a julho de 2011 no mezanino oeste do museu do Quai Branly, com a colaboração do museu do Louvre; cf. o catálogo (Philippe Descola, 2010).
10   Como bem colocado por Michel Foucault, "[...] ainda que se diga o que se vê, o que se vê jamais reside naquilo que se diz, e ainda que se mostre, por imagens, metáforas, comparações, o que se está dizendo, o lugar em que elas resplandecem não é aquele que os olhos descortinam, mas o que as sucessões da sintaxe definem" (Michel Foucault, 1966, p.25).

1. AS DOBRAS DO MUNDO

11   Pierre Francastel, 1967, p.16.
12   A data de 80.000 anos AP (antes do presente, isto é, por convenção, antes de 1950) é hoje a mais antiga reconhecida para uma imagem feita por humanos e corresponde a um bloco de ocre gravado encontrado na caverna de Blombos, na África do Sul (Christopher S. Henshilwood, Francesco d'Errico, Royden Yates et al., 2002).
13   Para retomar o título de um livro de Hans Belting, *Bild und Kult: Eine Geschichte des Bildes vor dem Zeitalter der Kunst* [Semelhança e presença — A história da imagem antes da era da arte] — Hans Belting, 2007 (1990).
14   Leon Battista Alberti, 1868 (1435), p.131.
15   As diferenças entre essas várias abordagens e os pontos em que elas divergem da perspectiva que adotei a respeito da questão são tratados mais livremente no postscriptum deste livro.
16   No brilhante artigo que eles consagram a "*agency*" no *Vocabulaire européen des philosophies* sob a direção de Barbara Cassin, Sandra Laugier e Étienne Balibar estabelecem que esse conceito faz parte dos intraduzíveis, o que não os impede de propor equivalentes, notadamente "agir", "potência de agir", "disposição para a ação" e "agência". Pareceu-me que este último termo, "*agence*", presente no francês desde o século XVI (com outro sentido, é verdade), era menos canhestro que as traduções mais comuns, como "agentividade" ou, pior, "agencidade". Além do mais, e em contraste com um hábito recente da filosofia anglófona que tende a fazer da "*agency*" uma característica própria das ações humanas, ou mesmo quase um sinônimo da intencionalidade no sentido de um estado de consciência que visa a um objeto, a ideia de agência me parece definir de maneira adequada aquilo que faz um agente que atua *motu proprio*, sem que ali esteja implicada uma referência automática à ação humana, sendo, portanto, apropriada para qualificar o que uma imagem faz a um espectador (Barbara Cassin, 2004, pp.26-32).
17   Para Tim Ingold, por exemplo, as imagens de animais que os caçadores-coletores retratam não são representações, ainda que elas possam manifestar uma semelhança com aquilo que retratam (Tim Ingold, 1998, p.182).
18   Alfred Gell, 1998, p.26.
19   Hans Belting, 2007 (1990), p.18.
20   Ibid., cap. 3 e 4.
21   Esse duplo movimento foi bem destacado por Jean-Claude Schmitt, 2002.
22   Alfred Gell, 1998, p.104.
23   James G. Frazer, 1922, cap. 3.
24   Jean-Marie Schaeffer, 2004.
25   Alfred Gell, 1998, p.7.
26   Para os koyukon, cf. Richard K. Nelson, 1983, p.27.

Os achuar cantam *anent*, interpelações mágicas, para suas zarabatanas quando elas estão ligeiramente deformadas, a fim de convencê-las a se endireitarem.

27 Os leitores de Lévi-Strauss terão talvez reconhecido nessa formulação um empréstimo parcial da definição que ele faz do esquema em *O pensamento selvagem*: *"entre praxis et pratiques s'intercale toujours un médiateur, qui est le schème conceptuel par l'opération duquel une matière et une forme* [...] *s'accomplissent comme structure, c'est-à-dire comme êtres à la fois empiriques et intelligibles"* [entre praxis e práticas intercala-se sempre um mediador, que é o esquema conceitual através de cuja operação uma matéria e uma forma [...] realizam-se como estrutura, isto é, como seres ao mesmo tempo empíricos e inteligíveis] (Claude Lévi-Strauss, 1962a, p.173). Ainda que a passagem em questão faça referência a Marx, parece plausível que Lévi-Strauss tenha tido também a arte em mente ao propor essa definição.

28 Erich Auerbach, 1993 (1938).

29 *"Scriptura sancta etiam de rebus gestis prophetans, quodammodo in eo figuram delienat futurorum"* [o Antigo Testamento, ainda que profetize coisas já ocorridas, delineia de certa maneira uma figura das coisas futuras] — Santo Agostinho, *De civitate Dei* (413-426), 17, 8, citado por Erich Auerbach, 1993 (1938), p.43.

30 David Freedberg, 1989, p.54.

31 Alfred Gell, 1998, pp.97-8.

32 Nathan Wachtel, 1990, pp.27-72.

33 Alain Babadzan, 1993. Esse caso também é evocado por Alfred Gell, 1998, pp.106-9.

34 Alain Babadzan, 1993, p.53.

35 Jean-Paul Colleyn, 2009 e 2010.

36 Trata-se, por exemplo, da posição adotada por Jean-Luc Marion quando ele contrapõe ídolo e ícone, o primeiro inteiramente constituído pelo olhar, o segundo tornando presente a camada de invisível por trás do visível (Jean-Luc Marion, 1979).

37 Jean-Pierre Vernant, 1983; Hans Belting, 2007 (1990), pp.9-27.

38 Jean-Pierre Vernant, 1990.

39 Ibid., p.235.

40 Por exemplo, o perfeito ἔοικα, "convém, parece"; o particípio εἰκώς, ἐοικώς, "à semelhança de"; os verbos ἐΐσκω, εἰκάζω, "tornar semelhantes", "assimilar", "conjecturar" etc. (ibid., p.232).

41 Alfred Gell, 1998, por exemplo, cap. 6.

42 Alfred C. Haddon, 1895; Knut Hjalmar Stolpe, 1927; Karl von den Steinen, 2005 (1925-1928).

43 A dissociação figurativa entre dois aspectos de Órion — a forma quadrangular (na verdade, trapezoidal) que corresponde à jangada e o início de zigue-zague das três estrelas dispostas obliquamente no cinturão central que dá a motivação de *utunim* — é comum em outras populações amazônicas, segundo Dimitri Karadimas, 2003.

44 Ibid.

45 Dimitri Karadimas, 2015a.

46 Pierre Déléage, 2007.

47 Anne-Christine Taylor, 2003.

48 Karl von den Steinen, 2005 (1925-1928); Alfred Gell, 1998, cap. 8.

49 Ibid., cap. 6.

50 É o que bem demonstra Oleg Grabar a respeito da escrita árabe, cujas caligrafias decorativas no Corão e nos locais de culto funcionam como um estímulo à meditação totalmente apartado da representação e voltado às imagens interiores (Oleg Grabar, 1992, pp.47 et seq.).

51 Nelson Goodman, 1976, cap. 1.

52 Grupo μ, 1992.

53 Ibid., p.136.

54 Eleanor Rosch, 1973.

55 Vincent Descombes, 1989, p.89.

56 Os *wan wou* ainda persistem vivamente em numerosos aspectos da China contemporânea e urbana, conforme atestam Judith Farquhar e Qicheng Zhang, 2012, uma indicação, entre outras, de que essa nação-continente continua, em grande medida, na esfera de um regime "analogista".

57 Em *Jamais fomos modernos*, Bruno Latour afirma que os modernos não fazem o que dizem e não dizem o que fazem, razão pela qual sua forma de mundiação, o naturalismo, não é verdadeiramente uma mundiação, mas uma simples "constituição" epistemológica cujos termos eles jamais respeitaram (Bruno Latour, 1991). Já expus em outro momento os motivos que me fazem pensar de maneira diferente (Philippe Descola, 2005, pp.106-7).

58 *"L'expérience de la mort a été l'un des moteurs les plus puissants de la production humaine des images. L'image se présente alors comme une réponse à une réaction à la mort envisagée comme absence d'un membre du groupe social ou religieux"* [A experiência da morte foi um dos motores mais potentes da produção humana de imagens. A imagem se apresenta, então, como uma resposta a uma reação à morte considerada como ausência de um membro do grupo social ou religioso] — Hans Belting, 2004 (2001), p.12.

59 Ibid. p.187.

60 Em linhas gerais, e fora da região considerada por Belting, podemos encontrar imagens de mortos individualizados ali onde existe um culto aos ancestrais, ou seja, nas culturas andinas pré-hispânicas, na África Ocidental e em certas partes da Polinésia e da Melanésia. A situação na Ásia é contrastada. Na China antiga, por exemplo, as efígies dos já falecidos e de seu círculo familiar eram enterradas e não serviam, portanto, de memento para os viventes. O hinduísmo vai mais além ao recusar a imagem dos falecidos, que os ritos funerários têm por objetivo separar e distanciar de seus entes queridos a fim de que se tornem, conforme a expressão de Charles Malamoud, "mortos sem face" (Charles Malamoud, 1985). Os aborígenes australianos também não conservam imagens de seus mortos e, sob condição de um inventário sistemático, trata-se de uma prática

que parece igualmente desconhecida no arquipélago animista (na América do Sul das terras baixas, no norte da América do Norte, na região circumpolar, na Sibéria e entre a maioria dos povos autóctones da Insulíndia). Aliás, o mesmo desejo observável na Índia bramânica de interromper qualquer evocação pessoal dos mortos se encontra em diversas sociedades amazônicas que manifestam uma vontade feroz de esquecer os já falecidos e, assim, de banir da memória qualquer imagem deles que nela possa subsistir (cf., por exemplo, Anne-Christine Taylor, 1993b).

61 Carlo Severi, 2007 (2004).

62 Aloïs Riegl, 2014 (1901); o livro do escultor Adolf Hildebrand *Das Problem der Form in der bildenden Kunst* [O problema da forma nas artes visuais] propõe um método de análise espacial das artes plásticas que exerceu considerável influência na estética e na história da arte no início do século xx — Adolf Hildebrand, 2002 (1893).

63 Erwin Panofsky, 1975 (1927).

64 Ibid., p.159.

65 Paul Florensky, 1992 (1919).

66 Ibid., p.76.

67 Como muito acertadamente escreve Aaron Tugendhaft num comentário sobre o livro de Floriênski (Aaron Tugendhaft, 2009, p.8).

68 As soluções ópticas evocadas aqui se inspiram na tipologia de invariantes da representação pictórica proposta por Margaret Hagen em seu principal livro, *Varieties of Realism* (Margaret A. Hagen, 1986).

69 Boas foi o primeiro a ter chamado a atenção para o fato de que a fenda na fronte era o índice que caracterizava a representação desdobrada de animais na arte da costa Noroeste; ela marca efetivamente o início da divisão bilateral, seguindo o arredondado do crânio, como quer a justaposição de dois perfis — Franz Boas, 1955 (1927), pp.224-5 e 235-6.

70 Léonard de Vinci, 1987 (1942), fragmento 545.

71 Robert Smith (1974) mostrou que, nessa excepcional visão aproximada, a laje sobre a qual repousa o Cristo é corretamente figurada para um ponto de observação situado a cerca de um metro e meio do objeto retratado, ao passo que as proporções do corpo do Cristo não correspondem a essa distância, mas a um ponto de vista bem mais afastado.

72 Tawfiq Da'adli, 2019, pp.18-28.

73 Albert Gleizes e Jean Metzinger, 2012 (1912), p.36.

74 Victor I. Stoichita, 2000.

75 Outros exemplares de chapéu trazem animais-brasões mais ostensivamente desdobrados; cf., por exemplo, em Bill Holm, 1965, p.12, fig. 6, um magnífico chapéu-lobo em que os dois lados do animal, de cada lado da copa, estão conectados pelas pontas do focinho.

76 Hermann Hesse, 1946-1947, p.725.

77 Gaston Bachelard, 1961 (1957), pp.141-2.

78 Na psicologia, as interpretações do antropomorfismo (a imputação a um outro não humano de um espírito ou de um comportamento análogo ao de um humano) são muito diversas e contraditórias entre si. Podemos distinguir, por alto, ao menos três abordagens principais: uma abordagem francamente mentalista que pressupõe predisposições inatas a imputar a certos objetos uma teoria do espírito (por exemplo, Justin L. Barrett e Frank C. Keil, 1996, e Pascal Boyer, 1996); abordagens praxiológicas (por exemplo, Stewart E. Guthrie, 1993, Gabriella Airenti, 2015, ou Denis Vidal, 2007, em antropologia), fenomenológicas (por exemplo, Shaun Gallagher e Dan Zahavi, 2008) e "narrativistas" (por exemplo, Shaun Gallagher e Daniel Hutto, 2008) que diferem entre si, mas estão de acordo quanto à inferência da subjetividade das pessoas e dos objetos por meio dos índices visuais e comportamentais que eles nos fornecem; por fim, uma abordagem construtivista do conhecimento fundada no princípio de que as ideias que formamos sobre os objetos ao nosso redor quando da socialização (notadamente o fato de lhes atribuir ou não uma subjetividade) são conceitualizações em perpétuo remanejamento (por exemplo, Alison Gopnik e Andrew N. Meltzoff, 1997).

79 Desenvolvi esse aspecto do pluralismo ontológico em Philippe Descola, 2014b.

I. PRESENÇAS

80   Joë Bousquet, 1979 (1946), p.287.

2. ESPÍRITOS DE CORPO

81   Retomo a expressão "direito de seguimento" de Lévi-Strauss, que a emprega para assinalar que plantas ou animais dotados de alguma característica marcante abrem ao observador "aquilo que poderíamos chamar de um 'direito de seguimento', [que consiste em] postular que essas características visíveis são o índice de propriedades [...] singulares porém ocultas" (Claude Lévi-Strauss, 1962a, p.25). A. Gell chama esse tipo de inferência de "abdução de agência"; para uma discussão a respeito de sua interpretação, ver pp.640-3.

82   Philippe Descola, 2005, cap. 6.

83   Pierre Déléage, 2009, pp.21-2.

84   As principais fontes a respeito das máscaras yup'ik são Ann Fienup-Riordan, 1996; Edward William Nelson, 1900; e Dorothy Jean Ray, 1967.

85   Ann Fienup-Riordan, 1996, p.38.

86   Ibid., pp.69-70.

87   Knud Rasmussen, 1929, pp.58-9.

88   Edward William Nelson, 1900, p.397.

89   Uma historieta relatada e ilustrada por Davidialuk Alasuaq e recolhida por Bernard Saladin d'Anglure, 1979, p.63, que coloca em cena um caçador inuíte que enlouqueceu por ter vislumbrado a verdadeira natureza de um caribu que arregaçou o rosto, revelando um focinho de lobo, foi objeto de um comentário sutil de Tim Ingold em que se afirma particularmente que os animais que se apresentam assim, com o rosto arregaçado, são chamados de "descapuzados" (nasaittuq) e em geral são indivíduos que foram maltratados pelos humanos e que estão decididos a se vingar (Tim Ingold, 1998, p.194). Por mais sedutora que seja essa ideia da retirada do capuz como desvelamento de identidade, ela não parece ser confirmada pela etnografia ou pela linguística, salvo nesse caso preciso. Desse modo, o dicionário esquimó-francês, do padre Schneider, do falar de Ungava traz nasaittuk/tuq, "que não tem chapéu, não tem capuz", mas sem especificar que isso possa ser aplicado a animais (Lucien Schneider, 1970). Acontece também um de caçadores relatarem terem atirado em caribus e perceberem em seguida que se tratava de espíritos ijirait, mas sem mencionar uma retirada de capuz. Agradeço a Frédéric Laugrand, então professor da Universidade Laval, pelas preciosas informações que ele me forneceu a esse respeito.

90   Ann Fienup-Riordan, 1996, p.96.

91   Tim Ingold, 1998, p.196.

92   Ann Fienup-Riordan, 1996, pp.164-5.

93   "[...] [ritual activity focused on] clearing the paths of animals and spirits into and out of the human world" (ibid., p.114).

94   Conforme o contexto, ella pode significar "mundo", "ar" ou "sensibilidade"; Ann Fienup-Riordan traduz essa faculdade para o inglês como awareness (ibid., p.161).

95   Jarich G. Oosten, 1992, p.129.

96   Ann Fienup-Riordan, 1996, p.164.

97   Sob o número de inventário 1884.20.11, a escultura provém da coleção pessoal do general Pitt Rivers, que constituiu o fundo inicial do museu que leva o seu nome; de acordo com a sua ficha catalográfica, ela foi recolhida antes de 1884 entre os esquimós do Alasca sem que se saiba precisamente onde. Agradeço a Jeremy Coote, curador-chefe das coleções do museu Pitt-Rivers, por ter identificado a peça. Ela foi publicada e comentada pela primeira vez por Henry Balfour, 1893, pp.96-7, sendo que a ilustração foi retomada alguns anos depois por Knut Hjalmar Stolpe, 1927, p.82, fig. 38.

98   Henry Balfour, 1893, p.96. Carlo Severi serviu-se repetidamente desse objeto, descrito por ele como uma fivela de cinto siberiana que representa uma cabeça de lobo e um leão-marinho, a fim de ilustrar o que ele chama de "o princípio da quimera", isto é, uma imagem compósita na qual uma forma está escondida em outra forma, um dispositivo icônico que obrigaria o pensamento a um trabalho de decifração e que, por conseguinte, daria uma proeminência particular à imagem — Carlo Severi, 2003, pp.100-1; 2007 (2004), p.61; 2011. Ora, conforme salientou Dimitri Karadimas numa crítica dessa interpretação, é impossível se tratar nesse caso de uma imagem escondida em outra imagem, já que os dois animais não podem ser vistos simultaneamente; é preciso, então, nele enxergar um englobamento, e não uma quimera (Dimitri Karadimas, 2015b); a réplica de Severi a Karadimas aborda outros aspectos de sua crítica, mas deixa esse ponto sem resposta (Carlo Severi, 2015). Knut Stolpe, a quem dessa vez faltou perspicácia, vê apenas um simples "arrependimento do artista", tendo o escultor, segundo ele, mudado de opinião a respeito do que desejava figurar quando passou de uma face à outra (Knut Hjalmar Stolpe, 1927, p.82).

99   Edward William Nelson, 1900, fig. 20, prancha LVIb, botão em marfim descrito em detalhe p.143.

100   Cf. as figuras 25 a 28 do atlas de Stolpe (Knut Hjalmar Stolpe, 1927, p.81).

101   Waldemar Jochelson, 1905, p.659.

102   Ibid., pp.648 e 661, nota 2.

103   A respeito delas, Tim Ingold alude a uma "incorporação material de pensamentos" — material embodiment of thoughts (Tim Ingold, 1998, p.200).

104   Regina Flannery e Mary Elizabeth Chambers, 1985; o "presente etnográfico" se situa nos anos 1930.

105   Ibid., p.6.

106   Knud Rasmussen, 1929, p.58.

107   Cf., por exemplo, Ernest William Hawkes, 1916, p.113, ou Asen Balikci, 1970, p.105.

108   Frédéric Laugrand e Jarich G. Oosten, 2008.

109 Knud Rasmussen, 1908, p.115.

110 Ingo Hessel, 1998, prefácio, p.IX.

111 Maurice Godelier, 1996, cap. 2.

112 Como o faz Ingo Hessel em sua apresentação, aliás extremamente bem documentada, da arte inuíte (Ingo Hessel, 1998, p.21).

113 Citado ibid., p.37.

114 Edmund Carpenter, 1996, p.206.

115 Citado por Ingo Hessel, 1998, p.53.

116 Tim Ingold consagrou a essa máscara um comentário esclarecedor no qual em parte me inspiro (Tim Ingold, 1998, pp.198-9).

117 William O. Pruitt Jr., 1960, p.13.

118 Nelson Graburn afirma que elas custam 50% mais caro que as esculturas de dimensão idêntica com outros temas (Nelson H. H. Graburn, 2005, p.57).

119 Philippe Descola, 2005, pp.191-4.

120 Inspirado por exemplos amazônicos, Eduardo Viveiros de Castro tirou um brilhante partido filosófico dessa dimensão do animismo que ele chamou de "perspectivismo" (Eduardo Viveiros de Castro, 1996; 2009).

121 Bernard Saladin d'Anglure, 2006, pp.177-82.

122 Disso é testemunha a seguinte historieta contada a Rane Willerslev por um caçador yukaghir do alto Kolimá, na Sibéria setentrional: "Eu seguia uma manada de renas, cem cabeças ou mais, havia já bastante tempo, acho que por pelo menos seis horas. Eu estava no rio Popova. Naquela noite, fiz uma fogueira e tomei chá, mas não consegui dormir. Eu não tinha nada para comer e estava com fome e frio. De manhãzinha calcei meus esquis e continuei a seguir a manada. Enquanto procurava o rastro, tive a estranha sensação de estar sendo observado. Ergui os olhos e avistei um velho cerca de vinte metros à minha frente. Ele estava vestido à moda antiga. Sorriu para mim. Perguntei quem ele era, mas ele não me respondeu. Em vez disso, fez um sinal com a mão para que eu o seguisse. Imaginei que ele tivesse uma cabana por perto e alguma comida, então o segui. Eu estava com muita fome. Ele ficou quieto o tempo todo. Notei que suas pegadas eram de rena. 'Estranho', pensei, porque o homem estava usando kamus [esquis revestidos com pele]. Mas depois achei que eu estava apenas alucinando por causa do cansaço e da fome. Subimos uma colina, e atrás dela havia um enorme acampamento com cerca de trinta tendas. Entramos. Havia gente de todas as idades, crianças brincando, homens sentados fumando e mulheres cozinhando. O velho me levou até a sua tenda. Pôs-se a falar com a sua mulher grunhindo como uma rena, e ela lhe respondeu da mesma maneira. Eu não entendia. 'Quem é essa gente?', pensei. A mulher me serviu comida, e vi que não era carne, mas líquen. Comi porque estava com muita fome e não era tão ruim. Conforme o tempo passava, nós ali sentados na tenda, comecei a me esquecer das coisas. Pensei, por exemplo, na minha mulher, que estava em casa esperando por mim, mas me dei conta de que havia esquecido o seu nome. Depois fomos dormir. Sonhei que estava cercado de renas. Alguém me disse: 'Seu lugar não é aqui; vá embora!'. Não sei quem falou. Acordei e achei que tinha de partir. Esgueirei-me para fora da tenda e comecei a caminhar de volta para casa. No vilarejo, as pessoas ficaram muito surpresas ao me ver. Disseram pensar que eu havia morrido. 'Como assim?', perguntei. 'Estive fora apenas por uma semana.' 'Não', elas disseram. 'Não vemos você há mais de um mês.' [...] Parece que as pessoas que encontrei eram renas, e eu deveria tê-las matado, mas naquele momento eu não sabia" (Rane Willerslev, 2007, pp.89-90).

123 André Breton, 1950, p.39.

124 A máscara, atualmente no Museu Americano de História Natural de Nova York, é elucidada com a inscrição "Mask representing, outside, Bull-Head; Haven; inside of Haven, a man" [Máscara representando, externamente, Alcaboz; Corvo; no interior do Corvo, um homem] na prancha XLI de Franz Boas, 1905-1909; o mito a ela relacionado foi publicado separadamente (Franz Boas & George Hunt, 1908, pp.60-71).

125 Ibid., p.66.

126 Jarich G. Oosten, 1992, p.116.

127 Citado por Ann Fienup-Riordan, 1996, p.70.

128 Além da historieta mencionada na nota 9 do caçador inuíte que vê o focinho de um lobo aparecer sob a face de um caribu, Ann Fienup-Riordan assinala que, para os yupiit, baleias podem se mostrar como lobos (Ann Fienup-Riordan, 1994, pp.74-5).

129 Cf. a ilustração de um patulget em Ann Fienup-Riordan, 1996, p.71.

130 Ibid., pp.72-6.

131 Agradeço à professora Wazir-Jahan Karim pelas informações que ela me forneceu a respeito dessa máscara; sobre o espírito tigre moyant melur, cf. sua monografia (Wazir-Jahan Karim, 1981, pp.80-4).

132 Georges Didi-Huberman, 1999.

133 Sally Price e Richard Price, 2005 (1999), p.212.

134 Notaremos, aliás, que os sugpiak da península do Alasca e da ilha Kodiak, intercalados entre esses dois conjuntos, também usam máscaras, mas jamais combinam traços humanos com traços animais, reservando a outros dispositivos icônicos, como os bonés de caça, o encargo de tornar manifesta a interioridade dos não humanos. Emmanuel Désveaux propôs uma elegante análise estrutural das transformações morfológicas entre as máscaras dos três conjuntos, sem contudo abordá-las do ponto de vista que nos interessa aqui (Emmanuel Désveaux, 2002).

135 Claude Lévi-Strauss, 1958, p.273.

136 Philippe Descola, 2005, pp.392-3.

137 Para os nivkhs, cf. Charles Stépanoff, 2010, p.62; para os makuna, cf. Kaj Århem, 1990, pp.108-15; para os chewong, cf. Singe Howell, 1996, p.131.

138 Para uma síntese, cf. Valérie Chaussonnet, 1988.

139 Gudmund Hatt, 1969 (1914), pp.95-7.

140 Kaj Birket-Smith, 1953, p.65.

141 Valérie Chaussonnet, 1988, p.213.

142 Penelope Dransart, 2013.

143 Rane Willerslev, 2007, p.97.
144 Alika Podolinsky Webber, 1983, p.68.
145 Citado por Nastassja Martin, 2016, p.309, nota 47.
146 Franz Boas, 1955 (1927), pp.250-1.
147 Hubert Damisch, 1990.
148 Franz Boas, 1955 (1927), p.251.
149 Id.
150 Hubert Damisch, 1990, p.351.
151 Edward L. Schieffelin, 1987; Steven Feld, 1982.
152 Ibid., pp.66-71 e 235-7.
153 Citado ibid., p.235.
154 Trata-se, por exemplo, das estatuetas em terracota de animais e espíritos, de origem recente e destinadas ao mercado de arte indígena, confeccionadas pelos notáveis ceramistas runa da Amazônia equatoriana, ou ainda as encantadoras cerâmicas em forma de ave que os kali'na comercializam em Caiena.
155 Karl von den Steinen, 1894, pranchas x e xi.
156 Ibid., pp.255-6.
157 Guido Boggiani, 1895; Claude Lévi-Strauss, 1955, pp.150-1.
158 Todas são ações, entre tantas outras, que se considera que os personagens da mitologia achuar com nome de planta e de animal conseguiram realizar antes de se transformarem naquilo que hoje são.
159 Para considerações originais a respeito dessa ideia, cf. Anne-Christine Taylor e Eduardo Viveiros de Castro, 2006.
160 Uma monografia foi inteiramente consagrada ao diadema *paríko* (Sonia Ferraro Dorta, 1981).
161 Lux Vidal, 2007, pp.158-70.
162 Para a classificação achuar dos *yawá* (que, curiosamente, não inclui os pequenos felinos como a jaguatirica ou o gato-maracajá), cf. Philippe Descola, 2019 (1986), pp.135-7. Aliás, a existência de verdadeiras subespécies de jaguar é controversa; de qualquer maneira, ela se basearia na forma do crânio, e não nas variações de pelagem (cf. Shawn E. Larson, 1997).
163 Aristóteles Barcelos Neto, 2002.
164 Aristóteles Barcelos Neto, 2004a.
165 Quadro segundo ibid., p.53.
166 Ibid., pp.66-7.
167 Citado ibid., p.67.
168 Els Lagrou, 2007, pp.193 et seq.
169 Citado ibid., p.103.
170 Lúcia Hussak van Velthem, 2001, p.206.

3. MULTIPLICAR OS PONTOS DE VISTA

171 Pierre Déléage, 2015.
172 Karl von den Steinen, 1894, pp.230-41.
173 Franz Boas, 1955 (1927), p.65.
174 Bruce Albert, 2012.
175 Tomo essa descrição do retrato que o xamã Davi Kopenawa esboça dos espíritos *xapiripë* em Davi Kopenawa e Bruce Albert, 1993; para uma visão mais completa da cosmologia e do xamanismo yanomami, cf. a notável obra a quatro mãos de Davi Kopenawa e Bruce Albert, 2010.
176 Bruce Albert, 2012, p.135.
177 Ibid., p.137; é o próprio Bruce Albert que propõe a aproximação.
178 Charles Stépanoff, 2019.
179 Charles Stépanoff, 2013.
180 A respeito das cestarias como objetos vivos, cf. Lúcia Hussak van Velthem, 2001, p.206, para os wayana; e David M. Guss, 1989, pp.102-3, para os yekwana.
181 Lúcia Hussak van Velthem, 2003, p.129.
182 Sobre o xamã como enunciador múltiplo, cf. especialmente Carlo Severi, 2007 (2004), pp.208-28.
183 Andréa-Luz Gutierrez-Choquevilca, 2011.
184 Ibid., pp.184-99, para os quíchuas, e Philippe Descola, 2019 (1986), pp.371 et seq., para os achuar.
185 Cf., por exemplo, Luis Eduardo Luna e Pablo Amaringo, 1991.

4. IDENTIDADES RELACIONAIS

186 Cf. minha análise da guerra entre os achuar e os shuar (Philippe Descola, 1993a).
187 Anne-Christine Taylor, 1993a, p.98.
188 O ritual de *tsantsa* foi particularmente bem descrito entre os shuar, primeiramente por Rafael Karsten, que pôde observar um ciclo completo no rio Chiguaza em 1918 (Rafael Karsten, 1923; 1935, pp.203-370), e depois pelo missionário salesiano Siro Pellizzaro, que recolheu dos shuar que participaram da "grande festa" não apenas o desenrolar bastante preciso das cerimônias, mas também, e sobretudo, o conjunto de textos cantados e formulados nessa ocasião (Siro Pellizzaro, 1976; 1980). Desses materiais brutos dos quais os shuar não propõem nenhuma exegese, Anne-Christine Taylor apresentou análises tão rigorosas quanto convincentes (Anne-Christine Taylor, 2006; 1993a); nessas suas interpretações é que me baseio aqui.
189 Rafael Karsten, 1935, p.365.
190 Cf., por exemplo, Melissa A. Preissler e Susan Carey, 2004.
191 Judy S. DeLoache e Nancy M. Burns, 1994. A experiência consiste em mostrar a crianças de dois anos e meio de idade a imagem bidimensional de um cômodo na qual está indicado o esconderijo de um brinquedo que elas encontram facilmente uma vez conduzidas para dentro do próprio cômodo. Por outro lado, elas enfrentam mais dificuldade em localizar o brinquedo quando o esconderijo é indicado numa maquete tridimensional do cômodo, que chama a atenção delas por suas características próprias e as desvia de sua função representacional.

II. ÍNDICES

192   Jean Genet, 1949, p.53.

5. TIPOS DE SERES E PERCURSOS DE VIDA

193   As principais fontes da época são as monografias de Walter Baldwin Spencer e Franck J. Gillen, 1899; de Carl Strehlow, 1907-1920; e de Alfred W. Howitt, 1904.
194   Para uma síntese da ontologia totemista no sentido em que a entendemos aqui, cf. Philippe Descola, 2005, cap. 7.
195   Adolphus P.Elkin, 1933, p.129.
196   Id.
197   Essa teoria geral das qualidades totêmicas australianas foi ressaltada por Carl Georg von Brandenstein, 1982.
198   Ibid., p.54.
199   Carl Georg von Brandenstein, 1977.
200   Para um panorama geral, cf. Karel Kupka, 1972.
201   Howard Morphy, 1992.
202   Ibid., p.186.
203   Jessica De Largy Healy, 2010, p.159.
204   Howard Morphy, 1992, p.199.
205   Para ilustrações da dimensão espiritual dessa noção de *rarrk*, cf. o catálogo da exposição consagrada ao artista aborígene John Mawurndjul (Christian Kaufmann, 2005).
206   Howard Morphy, 1991.
207   Ibid., pp.215-44.
208   Ibid., p.222
209   Ibid., p.243.
210   Ibid., p.243.
211   Luke Taylor analisou detalhadamente a iconografia kunwinjku, particularmente em sua monografia (Luke Taylor, 1996).
212   Paul Taçon, 1989.
213   Luke Taylor, 1999, p.50.
214   Walter Baldwin Spencer, 1928, pp.793 et seq.
215   Luke Taylor, 1989.
216   Ibid., p.50.
217   Sandra Le Brun Holmes, 1972, pp.66-71.
218   Luke Taylor, 1989, pp.382-3.
219   Tim Ingold, 1998, p.192.
220   Ian M. Crawford, 1968.
221   Robert H. Layton, 1985, p.446.
222   Ainda que seja conservada pelos humanos, a autopoiese dos *wandjina* retratando a si mesmos em paredes talvez não seja desprovida de um fundamento empírico. Na mesma região de Kimberley notável por suas imagens de *wandjina* (as primeiras não datam muito além de 4000 anos AP), desenvolveu-se antes, entre 17000 e 5000 anos AP, uma arte rupestre distintiva dita "Gwion Gwion" (ou Bradshaw), caracterizada por diversos tipos de silhuetas antropomorfas. Ora, pesquisas recentes sobre a arte rupestre Gwion Gwion mostram que o frescor surpreendente dessas pinturas que são, no entanto, muito antigas poderia se dever à substituição espontânea dos pigmentos originais por um biofilme de microrganismos coloridos que se perpetua no interior do contorno das figuras (Jack Pettigrew, Chloe Callistemon, Astrid Weiler et al., 2010). Os ngarinyin de Kimberley, que reavivavam também as pinturas de *wandjina* (as quais não são afetadas por esse fenômeno), declaram-se guardiãs tradicionais das pinturas Gwion Gwion. Agradeço a Arnaud Morvan por chamar minha atenção para esse ponto.
223   Luke Taylor, 1989, pp.382-4; Charles P. Mountford, 1956, p.461.
224   Geoffrey Bardon e James Bardon, 2006.
225   Nancy D. Munn, 1973, p.32.
226   Ibid., p.50.
227   Claude Lévi-Strauss, 1962a, pp.317 et seq.
228   Ibid., p.321.
229   Richard G. Kimber, 1995, citado por Fred R. Myers, 2002, p.65.
230   Annette B. Weiner, 1992.
231   Fred R. Myers, 2002, pp.39 et seq.; 1999, pp.250 et seq.
232   Robert H. Layton, 1992.

6. UMA HERÁLDICA DAS QUALIDADES

233   Cf. o comentário de Peter Sutton, 1989, p.111.
234   Bill Holm, 1965, pp.11-3.
235   Franz Boas, 1955 (1927), pp.229-30.
236   Ver o exemplo discutido no capítulo 1, pp.72-3.
237   Franz Boas, 1955 (1927), pp.222-4.
238   Em seu famoso ensaio sobre o desdobramento da representação nas artes da Ásia e da América, Lévi-Strauss propõe outra interpretação muito mais especulativa (Claude Lévi-Strauss, 1958, pp.269-94). Reafirmando a sugestão de Boas de uma extensão para as superfícies planas de um procedimento que se impõe no caso de objetos em três dimensões, ele a considera, contudo, insuficiente, pois, segundo ele, nada obriga a se manter fiel às mesmas técnicas ao mudar de suporte. É por essa razão que ele propõe, em vez disso, que se enxergue no desdobramento da representação uma característica das sociedades com máscaras: o ator mascarado se desdobra dando mostras da personalidade dual que ele encarna sempre que alternadamente oculta e revela sua individualidade própria e o ser cujo rosto ele adota. A explicação é engenhosa, mas não permite justificar o fato de que apenas umas poucas tradições iconográficas tenham inventado o desdobramento da representação — de maneira independente, ao que parece —, ao passo que milhares de culturas com máscaras ao redor do mundo não o fizeram. É mais verossímil enxergar nessa técnica figurativa uma variante excepcional de procedimentos muito mais comuns de deslocação da imagem atestados

por toda parte em que se quis representar objetos vistos simultaneamente sob diferentes posições de observação.

239 Cheryl Samuel, 1982, p.22.

240 Tradicionalmente, um homem pinta o padrão dos motivos num tear de três panos no qual são fixados os fios de urdidura em casca de cipreste de Nootka que a tecelã vai em seguida trançar com a lã de cabra-montesa segundo a técnica da corda de três fios.

241 Ibid., p.42.

242 Franz Boas, 1955 (1927), p.203.

243 Como bem observou Margaret A. Hagen, 1986, pp.167-8.

244 Nesse aspecto, a relação entre tridimensionalidade e bidimensionalidade sugerida por Boas continua a ser perfeitamente pertinente.

245 Adapto aqui muito livremente a distinção proposta por Roman Jakobson entre a metáfora e a metonímia: a primeira é uma relação de semelhança interna entre os termos — aqui, a substituição do referente pelo seu signo —, enquanto a segunda é uma relação de semelhança externa entre as relações — aqui, pela conexão entre o índice e aquilo que o produz (Roman Jakobson, 1963, pp.43-67).

7. O PODER DO VESTÍGIO

246 Howard Morphy, 1991; 1992.

247 Nancy D. Munn, 1973.

248 Ibid., p.29.

249 A organização social warlpiri combina três gêneros de metades — patrilineares, matrilineares e geracionais — com um sistema de casamento prescritivo entre quatro pares de subseções no interior dos quais se situam as linhagens patrilineares encarregadas das cerimônias totêmicas; o conjunto fornece uma grade classificatória exaustiva que permite a cada um dentro do coletivo se situar numa posição de parentesco com relação a qualquer outra pessoa. Para as "lojas" de culto, cf. Marvyn J. Meggitt, 1965, pp.206 et seq.; e Nancy D. Munn, 1973, pp.21-7.

250 Ibid., pp.185-6.

251 Ibid., p.30.

252 Ibid., p.31.

VARIAÇÃO 1.
IMAGEM-REPERTÓRIO E IMAGEM-PESSOA

253 Marcel Mauss, 1950, p.391 (o texto original data de 1904-1905).

254 Franz Boas, 1916; Claude Lévi-Strauss, 1962b.

255 Marie-Françoise Guédon, 1984; Marius Barbeau, 1950; Viola Garfield, 1939. Para uma discussão recente sobre o totemismo das populações do norte da costa Noroeste, cf. Marie Mauzé, 1998.

256 Marjorie M. Halpin, 1973.

257 Lembremos que o termo "potlatch" define um conjunto de manifestações festivas que acompanham uma distribuição ostentatória de bens, uma instituição característica das populações da costa noroeste da América do Norte. Essas cerimônias se desenrolavam por ocasião de acontecimentos importantes do ciclo de vida (casamento, funerais, sucessão de um título, iniciação etc.) e no contexto de uma viva rivalidade entres os chefes. Sua manifestação mais espetacular era a distribuição de bens de prestígio e de alimentos por um anfitrião aos visitantes formalmente convidados com vistas à validação pública de prerrogativas familiares. Os recursos mobilizados eram em parte fornecidos por devedores e parentes do anfitrião, e o donatário tinha moralmente a obrigação de entregar ao doador, quando de um *potlatch* subsequente organizado por ele, pelo menos o equivalente àquilo que havia recebido.

258 Claude Lévi-Strauss, 1991, define assim a casa como unidade social: "[trata-se de] uma pessoa moral detentora de um domínio composto ao mesmo tempo de bens materiais e imateriais que se perpetua pela transmissão de seu nome, de sua fortuna e de seus títulos".

259 O termo tsimshian é *səmoʼɔigʼEt* (cf. Marjorie M. Halpin, 1973, p.101); a transcrição de termos tsimshian segue as convenções fonológicas propostas por Marius Barbeau com a assistência de Edward Sapir, sistematizadas por Wilson Duff, 1964, pp.109-10, e adotadas pela maioria de seus sucessores.

260 Marie-Françoise Guédon, 1984, pp.137 et seq.

261 Ibid., p.117.

262 Ibid., pp.141-2.

263 Ibid., p.144.

264 Philip Drucker, 1958, p.141; Marjorie M. Halpin, 1973, p.100.

265 Ibid., pp.113 et seq.; síntese conforme Franz Boas, 1916, pp.970 et seq.; Viola Garfield, 1939, pp.336 et seq.; Edward Sapir, 1915, pp.3 et seq.; e as notas de campo não publicadas de Marius Barbeau e William Beynon às quais Marjorie Halpin faz referência.

266 Tomamos aqui de empréstimo os desenvolvimentos sobre os operadores de diferenciação de brasões propostos por Marjorie M. Halpin, 1973, pp.147 et seq.

267 Ibid., pp.147-8.

268 Claude Lévi-Strauss, 1962b, p.18.

269 Marius Barbeau e William Beynon, 1987,

pp.281-3 (mito narrado por Robert Stewart, de Kincolith, e recolhido por William Beynon em 1952).
270 Ibid., pp.162-4 (mito narrado por John Tate, de Gispaxloats, e recolhido por William Beynon em 1954).
271 Marius Barbeau, 1950, p.790; cf. também Viola Garfield, 1939, p.304; Audrey P.M. Shane, 1984.
272 Marjorie M. Halpin, 1973, p.138.
273 Marius Barbeau, 1929, p.123.
274 Marjorie M. Halpin, 1973, pp.171-2.
275 Ibid., pp.134 et seq.
276 Ibid., p.196.
277 Ibid., p.201.
278 Leonhard Adam, 1936, p.9. Claude Lévi-Strauss retoma esse traço em seu artigo de 1944-1945 "O desdobramento da representação nas artes da Ásia e da América" (retomado in Claude Lévi-Strauss, 1958, p.271).
279 Cf. o comentário dessa peça por Franz Boas, 1955 (1927), pp.191-2.
280 Ibid., p.225.
281 Para um comentário a respeito dessa pintura, cf. Edward Malin, 1999, pp.42-3.
282 Cf. o comentário de Franz Boas, 1955 (1927), p.234, a respeito desse tambor.
283 Marius Barbeau, 1940.
284 Cf. a interpretação de Anne Chapman, 1965, a respeito do mastro tsimshian do chef Kwarhsu, dito "mastro do Urso", atualmente no museu do Quai Branly.

III. CORRESPONDÊNCIAS

285 Citado por Pascale Bourgain, 2000, pp.118-21.

8. EXERCÍCIOS DE COMPOSIÇÃO

286 Para uma apresentação geral do modo de identificação analogista, cf. Philippe Descola, 2005, cap. 9.
287 Émile Durkheim e Marcel Mauss, 1903; Jack Goody, 1976; Claude Lévi-Strauss, 1962a. Deve-se a descrição original da classificação zuñi a Frank Hamilton Cushing, 1896.
288 Arjun Appadurai, 2006.
289 Ibid., p.17.
290 É o acúmulo de mortos na guerra que Freud tem aqui em mente: "Certamente ainda parece ser por acaso aquela bala ter atingido um e não outro, mas a este outro uma segunda bala pode facilmente atingir; o acúmulo põe fim à impressão de acaso" (carta a Frederick van Eeden de 28 de dezembro de 1914 in Sigmund Freud, 1988, p.123).
291 Jean-Claude Bonne, 2009, pp.100-1.
292 Suger, *Scriptum consecrationis ecclesiae sancti Dionysii* (c. 1144), citado ibid., pp.101-2.
293 Emprego aqui o termo "quimera" em seu sentido convencional, e não na acepção dada por Carlo Severi, que com isso o designa como uma imagem compósita na qual uma forma se esconde em outra, de tal sorte que ela incita o pensamento a nela decifrar um sentido oculto, um pouco à maneira das ilusões perceptivas da *Gestaltpsychologie* — Carlo Severi, 2007 (2004). O que Severi chama de "o princípio da quimera" não remete, portanto, a um ser compósito, mas a uma representação capaz de evocar alguma coisa diferente de seu conteúdo manifesto, o que é, afinal de contas, próprio de toda imagem, conforme aliás ele mesmo reconhece (Carlo Severi, 2011, p.11).
294 Léonard de Vinci, 1987 (1942), tomo 2, p.263.
295 Gaëlle Beaujean-Baltzer, 2007.
296 O inventário não ultrapassa uma dezena de casos, alguns difíceis de interpretar, entre os quais os mais conhecidos são "o homem-pássaro" do poço de Lascaux, o painel dos "antílopes" em Pech Merle — híbridos de íbex, cavalo e megaceros — e, na caverna dos Trois-Frères, alguns casos de animais híbridos — uma mescla de rena, bisão e caprídeo, um urso com cabeça de lobo e um urso com cauda de bisão —, aos quais se acrescentam, nesse mesmo local, os dois célebres "feiticeiros" teriantrópicos — um híbrido de humano e rena e um híbrido de humano e bisão.
297 Pascal Boyer, 1994.
298 Dan Sperber, 1996.
299 David Wengrow, 2013.
300 Ibid., p.73.
301 David Wengrow menciona como uma de suas fontes de inspiração o tratamento das quimeras em

minha exposição *La Fabrique des images* [A fábrica de imagens] e no catálogo que a acompanhava; cf. David Wengrow, 2016.

302 Jean-Paul Colleyn, 2006.

303 Dominique Zahan, 1980.

304 Amadou Hampaté Ba, 1973, p.178. Para uma caracterização dos traços "analogistas" da África Ocidental, cf. Philippe Descola, 2005, pp.307-13.

305 Jesse Walter Fewkes, 1914.

306 J. J. Brody, Steven A. LeBlanc e Catherine J. Scott, 1983.

307 J. J. Brody, 1977.

308 Cf., por exemplo, a controvérsia entre Dimitri Karadimas e Carlo Severi a respeito da interpretação da figura do pássaro-serpente na iconografia hopi (Carlo Severi, 2003; Dimitri Karadimas, 2015b).

309 Thérèse Bouysse-Cassagne, 2005.

310 June Nash, 1972. Para um tratamento mais geral do *Tío* nas minas bolivianas, cf. Pascale Absi, 2003.

311 Embora reconhecendo a dimensão compósita das máscaras da Diablada, alguns autores quiseram ver nelas uma imagem oculta que remete, na verdade, a um animal único considerado importante pelas culturas andinas. É assim que Guillermo Delgado-P. acredita discernir na máscara do diabo a figura da lhama, onipresente na economia e no simbolismo andinos, transformada assim num emblema de autoctonia e de resistência anticolonial (Guillermo Delgado-P., 1983). Numa análise infinitamente mais sutil, Dimitri Karadimas considera antes o diabo de Oruro como a personificação de uma divindade pré-colombiana que se reveste da aparência de um pompilídeo, uma vespa parasitoide que se reproduz depositando seus ovos em outros insetos cujo corpo servirá de receptáculo e de alimento às suas larvas (Dimitri Karadimas, 2015c). A inferência baseia-se especialmente em similitudes entre traços da máscara e a morfologia da cabeça da vespa, mas também no fato de que um dos apelidos do famoso Anselmo Belarmino era Nina-Nina, um termo quíchua que designa uma espécie de pompilídeo. Discutir essas interpretações é algo que ultrapassa em muito o meu propósito nestas páginas. A mim, bastará observar que os dois autores não colocam em dúvida o caráter híbrido da máscara da Diablada e que nela veem, tanto um quanto o outro, uma manifestação de resistência à dominação espanhola.

312 Guillermo Delgado-P., 1983, p.139.

313 Pascale Absi, 2003, p.143.

314 Conforme Peter Fingesten, 1970, p.45, citado por Guillermo Delgado-P., 1983, p.138.

315 Victor W. Turner, 1964, p.13; William James, 1918, cap. 13.

316 Ibid., p.506.

317 Ao mobilizar para isso uma abundância de referências entomológicas, Dimitri Karadimas interpreta as imagens de Quetzalcóatl e de outras divindades compósitas pré-colombianas da zona mesoamericana como representando lagartas urticantes da família Saturniidae (Dimitri Karadimas, 2014). As analogias são surpreendentes, de fato, e apresentadas com muito talento, mas o autor não explica em momento algum as razões pelas quais a "forma-lagarta" teria podido adquirir nessas culturas uma proeminência visual tamanha a ponto de se converter num tipo de esquema diretor para a composição das imagens de divindades.

318 Roland Barthes, 1982, p.132.

319 Id.

320 As *teste composte* representam apenas uma parte da produção pictórica de Arcimboldo, mas são aquela que lhe assegurou o sucesso em vida. Para a influência que os *grilli* da Antiguidade — especialmente as imagens de quimeras grotescas gravadas em pedras duras — foram capazes de exercer em sua arte, cf. Jurgis Baltrušaitis, 1955.

321 Michael Barry, 2009.

322 Ibid., p.98.

323 Jürgen Alexander Wurst, 1999.

324 Agradeço a Nicolas Latsanopoulos por ter chamado minha atenção para esse híbrido que ele comentou, com Nicolas Goepfert, em Nicolas Latsanopoulos e Nicolas Goepfert, 2017.

325 Para outras figurações análogas de Aia Apaec, cf. Christopher B. Donnan e Donna McClelland, 1999, fig. 3.44 e 4.66.

326 Anne Marie Hocquenghem, 1987, p.61.

327 Henri-Paul Francfort, 2017.

328 A peça é comentada em Joan Aruz et al., 2000.

329 Outra imagem daquilo que parece ser, à primeira vista, uma "quimera amalgamada", também ela proveniente da cultura cita, não corresponde propriamente aos seres compósitos examinados até agora. Trata-se de um ornamento de escudos de ouro que simula a forma de um peixe e que é encontrado em Vettersfelde (atualmente no oeste da Polônia) na sepultura de um guerreiro cita datada do último quarto do século VI a.C. (Véronique Schiltz, 1944, pp.24-5). O corpo do peixe é inteiramente coberto de animais: duas cabeças de carneiro e uma águia estão representadas na cauda, um tritão arrasta atrás de si um cardume de peixes, o primeiro dos quais ele empunha pela cauda, enquanto dois felinos atacam respectivamente um javali e um cervo. Os animais formam uma ornamentação da qual o corpo do peixe é o suporte em vez de constituí-lo em seu volume, de maneira que é difícil ver nessa imagem uma quimera clássica. Véronique Schiltz a interpreta como uma figuração da cosmologia cita em três níveis correspondentes aos três elementos — a terra, residência dos humanos, o céu e o mundo ctônico, associado à água —, sendo que cada um dos níveis possui sua fauna, que é também diferenciada entre os animais para os quais a morte sobrevém e aqueles que dela padecem. Seria, portanto, mais um cosmograma do que uma verdadeira integração quimérica.

330 Gananath Obeyesekere, 1969.

331 Citado ibid., p.185.

332 Ibid., p.189.

333 Paul Wirz, 1954, pp.60-2.

334 Obeyesekere define Kōla Sanniya como "a pantheistic demon" [um demônio panteísta] (Gananath Obeyesekere, 1969, p.198).

335 Gananath Obeyesekere invoca como mecanismo da cura próprio a esses rituais o argumento bastante banal do efeito psicossomático, por intermédio de uma redução de sintomas físicos a sintomas psíquicos, que seriam mais fáceis de tratar pelo exorcismo (ibid., pp.201-4). De maneira mais criteriosa, Bruce Kapferer propõe enxergar ali antes um efeito catártico de restabelecimento da realidade: a afecção do paciente viria do fato de que ele teria soçobrado na ilusão de que os demônios suplantaram o Buda e os principais deuses benevolentes no topo da hierarquia mística, com o papel do oficiante consistindo, então, em lembrar ao doente que, longe de serem todo-poderosos, os demônios se situam, ao contrário, na parte inferior da escala, submetidos à autoridade do Buda (Bruce Kapferer, 1983, pp.111-28). Evidentemente, é isso que o rito se propõe a fazer.

336 Roger Duff propõe que a cabeça dos deuses-bastão representa Tangaroa, a divindade suprema das ilhas Cook (Roger Duff, 1969, p.61), mas nenhum documento permite corroborar essa interpretação.

337 Para uma síntese recente a respeito da história e do simbolismo desse retábulo, cf. Daniel Le Blévec e Alain Girard, 1991.

338 Jérôme Baschet, 2008, p.170.

339 Cf. a respeito desse tema a análise de Jean Wirth, 2011, p.263.

340 Daniel Le Blévec e Alain Girard, 1991, pp.119 et seq.

341 Douglas Sharon, 2003, p.3.

342 Ibid., p.2.

343 Evon Z. Vogt, 1976, p.11.

344 Cf., por exemplo, a descrição das *mesas* dos chipayas da Bolívia por Nathan Wachtel, 1990, caps. 4-5.

345 Cf. particularmente a monografia de Douglas Sharon, 1978, consagrada ao curandeiro Eduardo Calderón Palomino; para um estudo sobre as *mesas* urbanas no México, cf. Roberto Campos-Navarro, 2003.

346 Citado por Michel Perrin, 2007, p.110.

347 Jesse Walter Fewkes, 1894, p.46.

348 Jesse Walter Fewkes, 1903, p.92, prancha XXXI (consultável *online* em "Hopi Katcinas Drawn by Native Artists" [Katsinam hopi desenhados por artistas nativos], Archive.org, 10 jun. 2009). O auxílio do saudoso Patrick Pérez para identificar e comentar esse Katsina me foi particularmente precioso, assim como, de maneira mais geral, para aprender a navegar pelos entrelaçamentos do mundo hopi. Pode-se encontrar um eco de seu imenso saber em Patrick Pérez, 2004.

349 Michel Foucault colocou em evidência de maneira luminosa essa função hermenêutica da referência ao humano para o pensamento renascentista, um dos mais tipicamente analogistas que existem (Michel Foucault, 1966, pp.37-8).

350 Trata-se do painel B do atlas Mnemosine, em que se exibiam dez imagens da Idade Média e do Re-nascimento figurando corpos humanos, geralmente inseridas no interior de círculos e ligadas por meio de linhas a índices cósmicos (Aby Warburg, 2012).

351 Embora um pouco datado, o estudo que Harry Bober consagrou a essa miniatura permanece sem dúvida o mais rico, e nele me baseei amplamente (Harry Bober, 1948).

352 *Liber divinorum operum* (c. 1170), biblioteca de Lucca, ms 1942, fólio 9r; cf. Victoria Cirlot, 2010.

353 Conferência proferida na Gesellschaft für vergleichende Religionswissenschaft [Sociedade de Estudos Religiosos Comparados] em outubro de 1926 e publicada em inglês em 1957 (Fritz Saxl, 1957).

354 Jérôme Baschet, 2008, pp.294-5.

355 David G. White, 2002, p.189.

356 André Padoux, 2002, p.164.

357 Ibid., p.171.

358 Ibid., p.172.

359 Faço um resumo do texto na versão oferecida por David G. White, 2002, pp.193-5.

360 Ibid., p.195.

361 Para um exemplo de uma rede bastante elaborada de relações entre o homem e o mundo nessas circunstâncias rituais, cf. a descrição das *nyāsa* da deusa Tripurasundarī em André Padoux, 2002, pp.178-81.

362 A respeito da mandala na tradição hindu, cf. Gudrun Bühnemann et al., 2003.

363 Joseph E. Schwartzberg, 1994, pp.701-2.

364 Hans Schärer, 1963 (1946), p.61.

365 Ibid., pp.12-5.

366 Ibid., pp.16-7.

367 Ibid., p.99.

368 Ibid., figs. III-VIII, XII, XIII e XIX.

369 Os dois desenhos foram doados ao Rautens-trauch-Joest-Museum für Völkerkunde de Colônia pela família de Philipp Zimmermann (inv. 51 288 e 51 989); eles foram extensamente comentados por Waldemar Stöhr, 1968, pp.415-8.

370 Hans Schärer, 1963 (1946), cap. 10.

371 "Es ist ein Weltbild" (Konrad Theodor Preuss, 1911, p.297) [N.T.: A expressão foi traduzida por Descola como "image du monde", provavelmente a partir do original em latim "Imago mundi"].

372 Danièle Dehouve, 2011, pp.77 et seq.

373 Trata-se da interpretação da forma simbólica proposta por Erwin Panofsky quando ele a aplica à sua análise da perspectiva — Erwin Panofsky, 1975 (1927), pp.78-9 —, interpretação essa que tem o mérito de ser muito mais clara que as definições propostas pelo próprio Cassirer — por exemplo, Ernst Cassirer, 1976 (1923); 1972 (1925), p.121.

374 A respeito da influência que as pesquisas etnográficas e as teses antropológicas de Konrad Theodor Preuss exerceram sobre a fenomenologia do mito de Ernst Cassirer, particularmente visível em Ernst Cassirer, 1972 (1925), cf. Paulina Alcocer, 2006; Olivia Kindl, 2009; Johannes Neurath e Jesús Jáuregui, 1998, pp.15-60.

375 Konrad Theodor Preuss, 1911, pp.297-9.

376 Devo muito a Margarita Valdovinos, etnóloga mexicana especialista nos cora, pelas informações a respeito da rosácea *chánaka*; cf. Margarita Valdovinos e Johannes Neurath, 2007.

377 Ibid., pp.58-9.

378 François Cheng, 1991, p.12.

379 Ibid., p.140.

380 Ibid., p.141.

381 Rolf A. Stein, 1987.

382 Ibid., p.38.

383 Ibid., p.46.

384 Louis Dumont, 1966.

385 Edwin William Smith e Andrew Murray Dale, 1920, pp.109 et seq.

386 Ibid., p.113.

387 Ron Eglash, 1999, pp.26-9.

388 Citado por Edwin William Smith e Andrew Murray Dale, 1920, p.126.

389 Ibid., p.307.

390 Ron Eglash, 1999, p.29.

391 Benoît Mandelbrot, 1967; para uma visão de conjunto, cf. Benoît Mandelbrot, 1975. O conceito de fractal designa uma classe de objetos geométricos caracterizados pela similitude interna e pela invariância na mudança de escala, propriedades imediatamente reconhecíveis em motivos ou disposições espaciais. É nesse sentido primordial que o entendemos aqui, e não naquele, muito mais frouxo, do qual essa noção foi atualmente revestida por diversos antropólogos. A origem dessa acepção antropológica do fractal remonta a um artigo influente de Roy Wagner que analisa a concepção melanésia da pessoa, definida por ele como uma refração de relações e de instituições cuja existência poderia parecer exterior ao indivíduo — de um ponto de vista eurocêntrico — e que, no entanto, a ele se incorpora para constituí-lo como a réplica de um todo (Roy Wagner, 1991). Embora hoje bastante disseminado em antropologia, esse uso do caráter fractal — ou da holografia — a fim de nomear aquilo que Leibniz chamava com mais precisão de uma causalidade expressiva não faz propriamente justiça à originalidade do conceito geométrico de Mandelbrot, reduzido a uma metáfora da relação entre a parte e o todo nas sociedades holistas. Para uma crítica dos usos metafóricos do fractal nem antropologia, cf. Danièle Dehouve, 2014; Per Hage, 1998.

392 Ron Eglash, 1999, pp.17-8.

393 Conforme observa Danièle Dehouve em sua investigação sobre o uso dos fractais em antropologia, na qual ela questiona aquilo que constitui a prova do início de um movimento ao infinito (Danièle Dehouve, 2014, p.9).

394 Ron Eglash oferece diversos exemplos disso na África (Ron Eglash, 1999, pp.20-38), aos quais se podem acrescentar a arquitetura de determinados templos na Ásia (por exemplo, Borobudur, em Java, ou Kandariya Mahadeva, em Khajuraho, na Índia do Sul) e até mesmo a topografia urbana na China.

395 Ibid., p.45.

396 Carl Lumholtz, 1900; Johannes Neurath e Jesús Jáuregui, 1998; Johannes Neurath, 2010; Olivia Kindl, 2005.

397 Danièle Dehouve, 2011.

398 Olivia Kindl, 2003, p.162 e p.235.

399 Johannes Neurath e Jesús Jáuregui, 1998, p.256.

400 Ibid., p.252.

401 Ao contrário do que escreve Alfred Gell em seu penetrante comentário a respeito dessa estátua (Alfred Gell, 1998, pp.137-9), a efígie de A'a não é, a rigor, um objeto fractal, uma vez que as figuras antropomorfas que recobrem o corpo da divindade diferem dela na forma e na posição que adotam, de maneira que não há aqui nem autossimilaridade verdadeira, nem recursividade contínua.

402 Karl von den Steinen, 2005 (1925-1928).

403 Alfred Gell, 1993, pp.213 et seq.

404 Em sua análise de outros casos polinésios de duplicação de um mesmo motivo sobre duas faces de um artefato que representa um *etua*, Alfred Gell estabelece um paralelo entre esse código estilístico e o desdobramento da representação na iconografia da costa noroeste do Canadá: em ambos os casos, trata-se de respeitar o ângulo de visão sob o qual a entidade convertida em imagem estará nas melhores condições possíveis de exercer seu poder (Alfred Gell, 1998, pp.192-6).

405 Para um comentário aprofundado sobre a clava *u'u*, cf. Alfred Gell, 1998, pp.209-10.

9. ESPAÇOS CONJUNTIVOS

406 O mais sutil desses comentários, e aquele no qual me inspiro, é o de Johannes Neurath, 2010.

407 Ibid., p.209.

408 Miriam Schild Bunim, 1940.

409 Ibid., pp.38-61.

410 Nas iluminuras romanas que comportam edifícios, eles são representados em linha oblíqua, segundo uma geometria afim, sendo as outras figuras retratadas em transformação métrica; a respeito da analogia entre imagem-carta e imagem-iluminura, cf. Mary Carruthers, 2002, pp.160 et seq.

411 A respeito do analogismo da arte romana, cf., por exemplo, Jérôme Baschet, Jean-Claude Bonne e Pierre-Olivier Dittmar, 2012; Pierre-Olivier Dittmar, 2010; Élise Haddad, 2019.

412 A respeito da geometria afim da arte japonesa, cf. Margaret A. Hagen, 1986, pp.190-4.

413 Marcel Granet, 1968 (1934), p.297. Para discussões a respeito do "estatuto ontológico" da China que remetem às categorias por mim propostas, cf. em especial William Matthews, 2017; Patrice Fava, 2013, pp.377 et seq.

414 François Cheng, 1991; François Jullien, 2003.

415 A respeito do tratado que a tradição atribui a Guo Xi, *A alta mensagem das florestas e nascentes*

(*Lin-ts'iuan kao-tche*, final do século X), sem dúvida compilado por seu filho Guo Si, igualmente pintor e letrado de renome, cf. Nicole Vandier-Nicolas, 1966, pp.522-5.

416 Massimo Scolari, 2012 (2005), p.344.

417 Su Shi, poeta, calígrafo e pintor, era célebre por seus escritos sobre arte; a formulação é citada por Yolaine Escande, 2000, p.55.

10. JOGO DE PAPÉIS

418 As marionetes *Sa'lakwmanawyat* são mencionadas, e por vezes descritas, na aldeia de Walpi (primeira mesa) em 1881 (John G. Bourke, 1884, p.84), em 1891 e 1894 (Jesse Walter Fewkes e Alexander M. Stephen, 1893; Jesse Walter Fewkes, 1897, p.291; 1900; 1903), e na aldeia de Hotvela (terceira mesa) em 1934 (Mischa Titiev, 1972) e em 1979 (Armin W. Geertz, 1982); para um panorama mais geral a respeito das marionetes hopi, cf. Armin W. Geertz, 1987.

419 As duas marionetes *Sa'lakwmanawyat* desenhadas em 1899 a lápis e aquarela por um artista hopi instigado por Jesse Walter Fewkes (Jesse Walter Fewkes, 1903, p.88, prancha XXVII) são exatamente semelhantes àquelas que Armin Geertz observou 24 anos mais tarde. De reprodução proibida, elas podem ser consultadas *online* em "Hopi Katcinas Drawn by Native Artists" [Katsinam hopi desenhados por artistas nativos], Archive.org, 10 jun. 2009.

420 Leo Crane, 1925, pp.280 e seq.

421 Armin W. Geertz, 1982, p.171.

422 Inspirada precisamente por uma discussão do caso hopi, a formulação "sei bem... mas mesmo assim" foi forjada por Octave Mannoni para explicar a *Verleugnung* freudiana (a negação do real fundante do fetichismo) e, de maneira mais geral, pelo fato de que uma crença pode ser ao mesmo tempo abandonada e conservada (Octave Mannoni, 1964); quanto à distinção fundamental entre "crer em" e "crer que", ela foi magistralmente analisada por Jean Pouillon, 1979.

423 Citado por Armin W. Geertz, 1982, p.184, tradução da tradução em inglês a partir do hopi por Geertz, grifos meus.

424 Ibid., p.185.

425 Denis Vidal, 1987.

426 Ibid., pp.76-9.

427 Emmanuel Grimaud, 2008.

428 Ibid., p.160.

429 Helmut Brinker, 1997-1998. Para uma perspectivação comparativa da potência de agir imputada aos retratos do Japão medieval, cf. Jeremy Tanner, 2007, pp.73-8.

430 Citado por Helmut Brinker, 1997-1998, p.42, grifo do autor.

431 Robert H. Sharf, 1992.

432 Ichiro Hori, 1962.

433 Helmut Brinker, 1997-1998, p.56.

434 Jeremy Tanner, 2007, pp.77-8.

IV. SIMULACROS

434 Marcel Proust, 1921, p.56.

11. DIANTE DO MUNDO

436 Para uma visão geral a respeito da gênese do naturalismo no sentido em que o entendemos aqui, cf. Philippe Descola, 2005, cap. 3.

437 Albrecht Dürer, projeto de prefácio ao *Traité des proportions du corps humain* [Tratado das proporções do corpo humano] (1512), in *Lettres et écrits théoriques* [Cartas e escritos teóricos], tradução francesa de Pierre Vaisse, Paris, Hermann, 1964, muito criteriosamente citado como epígrafe de uma monografia a respeito da invenção da natureza pela pintura (Nadeije Laneyrie-Dagen, 2010).

438 Erwin Panofsky, 1975 (1927).

439 Giulio Carlo Argan, 1946.

440 Ibid., p.97.

441 Id.

442 Paul Philippot, 2008 (1994), p.19.

443 Ibid., p.26.

444 Ibid., p.32.

445 Nadeije Laneyrie-Dagen, 2010.

446 Ibid., p.63.

447 Ao menos, é essa a hipótese sedutora de Kenneth Clark, 1949, p.31.

448 Svetlana Alpers, 1990 (1983), p.44.

449 Millard Meiss, 1974, tomo 1, pp.195-201.

450 Para uma discussão recente das questões de atribuição, cf. Inès Villela-Petit, 2013.

451 Tzvetan Todorov, 2000-2001, p.96.

452 Inès Villela-Petit, 2004.

453 Hans Belting, 2017 (2013), cap. 8.

454 Georges Chastellain, 1865, tomo 7, pp.219 e seq., citado ibid., p.182.

455 A respeito desse aspecto do retrato, cf. Jean-Luc Nancy, 2000.

456 Citado por Jack J. Spector, 2006, p.82.

457 Tzvetan Todorov observa que, único entre os faraós, Akhenaton fez com que fossem representados nas paredes de seu palácio de Tebas membros de sua família num ambiente íntimo (Tzvetan Todorov, 2000-2001, p.17). É verdade também que, conforme assinala o egiptólogo James Henry Breasted, favoravelmente citado por Freud em seu *Moisés e o monoteísmo*, Akhenaton foi talvez "the first individual in human history" [o primeiro indivíduo da história humana] — Sigmund Freud, 1948 (1939), p.18, nota 1).

458 Erwin Panofsky, 1964, p.16.

459 Cf. os conselhos que Sócrates dá a Parrásio a respeito da necessidade, para um pintor, de imitar a expressão moral da alma — pelo que Parrásio não era propriamente conhecido (Xenofonte, *Memorabilia*, III, 10).

460 Para uma síntese a respeito desse tema, cf. Ranuccio Bianchi Bandinelli, 1965.

461 Para uma análise recente desse afresco, cf. John R. Clarke, 2003, pp.261-8.

462 Ibid., p.264.

463 Ibid., p.267.

464 Para uma visão geral a respeito dos retratos de Faium, cf. Jean-Christophe Bailly, 1997.

465 Foi encontrado somente um retrato de Faium, representando uma mulher, que parece ter sido pintado para ser exposto numa casa: sua moldura está preservada, e ele é pequeno demais para ter servido para cobrir o rosto de uma múmia; cf. Susan Walker, 2000, p.24.

466 Hans Belting, 2007 (1990), p.109.

467 Ibid., p.129.

468 Ibid., p.135.

469 Gilbert Dagron, 2007, p.10.

470 Ibid., pp.86-7.

471 André Grabar, 1979, pp.59-82.

472 Gilbert Dagron, 2007, p.149.

473 Cf., por exemplo, Paul Philippot, 2008 (1994), pp.19 et seq.; Hans Belting, 2007 (1990), cap. 19.

474 Paul Philippot, 2008 (1994), p.29.

475 Segundo uma crônica da época citada por Hans Belting, 2007 (1990), p.561.

476 A respeito de Robert Campin, cf. a magistral monografia de Albert Châtelet, 1996.

477 Meyer Schapiro, 1945.

478 Ibid., p.187.

479 Erwin Panofsky, 1953, p.164.

480 Meyer Schapiro, 1959, p.327.

481 Com exceção de Daniel Arasse, que propõe ver na prancha perfurada um guarda-lume análogo àquele que figura diante da lareira do painel central dessa mesma *Anunciação* (Daniel Arasse, 1976).

482 Helmut Nickel, 1966.

483 O doador seria Peter Engelbrecht, um rico mercador de Malines cuja família, originária de Colônia, era ativa em Flandres no século XV, aqui representado em companhia de sua segunda esposa, Heylwich Bille; cf. Henri Installé, 1992.

484 Tzvetan Todorov, 2000-2001, p.137.

485 Daniel Arasse, 2005 (1997), pp.10 et seq.

486 *Theologia Platonica* (1482), citado por Ernst H. Gombrich, 1972, pp.77-8.

487 Carta aos gálatas 6, 14; trata-se da interpretação proposta por Heinrich Klotz, 1976.

488 Conforme menciona Plínio em sua *História natural* (prefácio, 26-27), os pintores e escultores da Antiguidade apunham o próprio nome em suas obras sob uma forma suspensiva (Fulano de tal *"faciebat"*) a fim de marcar sua incompletude intrínseca, sendo que essa assinatura ao imperfeito se impunha desde 1500 entre os pintores letrados (Charlotte Guichard, 2018, pp.33-49). Na Idade Média, por outro lado, o anonimato é regra para os pintores, mas não para os arquitetos e os escultores; nesse campo, foram recenseadas mais de oitocentas inscrições italianas entre o século VII e meados do século XIV (Albert Dietl, 2009, pp.12-3 et seq.), contra uma meia dúzia de referências, se tanto, para a pintura (Livio Pestili, 2013); um dos casos mais conhecidos é o assinatura, em 1339, por Ambrogio Lorenzetti de seu afresco dito "do bom governo" no palácio comunal de Siena.

489 Daniel Arasse, 2005 (1997), cap. 2.

490 Haveria apenas um caso repertoriado nos séculos anteriores, o do monge georgiano Ioannes Tohabi, do monastério de Santa Catarina, no Sinai, que, no século XI, assinou diversos ícones e introduziu seu autorretrato num deles; cf. Maria Lidova, 2009.

491 Cf. especialmente Otto Pächt, 1994 (1989), pp.119 e seq.; Erwin Panofsky, 1953, cap. 7; Paul Philippot, 2008 (1994), pp.34-6.

492 Erwin Panofsky, 1953, p.181, conforme tradução de Philippe Descola.

493 Paul Philippot, 2008 (1994), p.23.

494 Cf., por exemplo, Alain Roger, 1997, pp.73 et seq.

495 Tzvetan Todorov, 2000-2001, p.119.

496 Tanto assim que, por muito tempo, atribuiu-se a Ambrogio Lorenzetti duas pequenas "paisagens" isoladas, pintadas em tabuinhas e conservadas na pinacoteca de Siena, uma figurando uma cidade à beira-mar, a outra, um castelo às margens de um lago. Abandonadas pelos humanos e desprovidas de qualquer história, essas imagens marcadas por uma espécie de melancolia onírica foram algumas vezes consideradas as primeiras paisagens da Europa moderna. Ora, atualmente elas parecem ser muito mais tardias e nada dever a Lorenzetti, uma vez que teriam sido recortadas de uma obra hoje perdida e datada do século XV — Avraham Ronen, 2006, citado por Patrick Boucheron, 2015 (2013), p.77.

497 Patrick Boucheron, 2015 (2013), p.76.

498 Ibid., pp.77-8.

499 Otto Pächt, 1991 (1950), p.32.

500 O debate prossegue entre os historiadores que defendem a existência de uma abordagem paisagística na Antiguidade (cf., por exemplo, Hervé Brunon, 2006; Jean-Michel Croisille, 2010; Eleanor Winsor Leach, 1988; Agnès Rouveret, 2004) e aqueles que contestam essa tese (Michèle Brunet, 2001; Anne Videau, 1997).

501 Alain Mérot, 2009, pp.29-30.

502 Plínio, o Velho, *Histoire naturelle*, livro XXXV, citado ibid., p.31.

503 Blaise de Vigenère, *Les Images, ou Tableaux de platte peinture de Philostrate* (1578), citado ibid., pp.31-2.

504 Pline l'Ancien, *Histoire naturelle*, livro XXXV, citado ibid., p.34.

505 Ibid., p.76.

506 Daniel Arasse, 2006, p.76.

507 Franz Boas, 1955 (1927), p.72.

508 Trata-se, é claro, da grande lição do célebre ensaio sobre a perspectiva de Erwin Panofsky, 1975 (1927).

509 Maarten Prak, 2005 (2002), p.241.

510 Hippolyte Taine, 1868, p.159.

511 Svetlana Alpers, 1990 (1983), pp.19-25.
512 Eugène Fromentin, 1972 (1876), p.148.
513 Citado por Svetlana Alpers, 1983, p.236, nota 15.
514 Svetlana Alpers, 1990 (1983), nota 2.
515 Ibid., pp.160-1 e cap. 4.
516 Daniel Arasse, 1993, cap. 4.
517 Svetlana Alpers, 1983, p.122.
518 Cf., por exemplo, as análises de Svetlana Alpers, 1990 (1983), pp.241-2, a respeito do desenhista Hendrick Goltzius.
519 Cf. a análise desse dispostivo feita por Celeste Brusati, 1995, pp.181-2.
520 Samuel van Hoogstraten, *Inleyding tot de Hooge Schoole der Schilderkonst* (1678), citado por Svetlana Alpers, 1983, p.241, nota 23.
521 Cf., por exemplo, Daniel A. Fink, 1971.
522 Citado por Svetlana Alpers, 1983, p.240, nota 3.
523 Leon Battista Alberti, *De pictura* (1435); Jean Pèlerin, dito "o Viator", *De artificiali perspectiva* (1505); Albrecht Dürer, *Underweysung der Messung* (1525).
524 William M. Ivins Jr., 1938, p.8.
525 Ibid., pp.9-10.
526 Jean Nicod, 1930, p.182, citado ibid., p.12, nota 18.
527 Tzvetan Todorov, 1997 (1993), p.22.
528 Cf. as análises de Svetlana Alpers, 1990 (1983), pp.155-9.
529 Katharine Park, 2006, cap. 1.
530 Pelo ensino de anatomia nas Belas-Artes de Paris, devo muito a Philippe Comar, 2008.
531 Ibid., p.22.
532 Jean-Joseph Sue filho, *Élémens d'anatomie, à l'usage des peintres, des sculpteurs et des amateurs*, Paris, Méquignon, 1788, p.2, citado ibid., p.33.
533 Jean-Marie Schaeffer, 2006, p.78.
534 Seguiremos aqui a periodização que Lorraine Daston e Peter Galison propuseram em sua notável síntese da questão (Lorraine Daston e Peter Galison, 2007).
535 Ibid., pp.88 et seq.
536 Ibid., cap. 3.
537 Citado por Monique Sicard, 2010, p.113.
538 Citado ibid., p.115.
539 Eugène Trutat, 1884, p.VII; Étienne Serres, "Instructions demandées par M. le Ministre de l'Instruction publique..." [Instruções solicitadas pelo sr. ministro da Instrução Pública], *Comptes rendus hebdomadaires des séances de l'Académie des sciences* [Prestação de contas semanal das sessões da Academia de Ciências], 19 de julho de 1852, citado por Nélia Dias, 1994, p.43.
540 Paul Broca, *Instructions générales pour les recherches anthropologiques* [Instruções gerais para as pesquisas antropológicas], Paris, Masson, 1865, pp.66-7, citado ibid., p.38.
541 Paul Topinard, 1991 (1891), pp.40-1 e 43.
542 Tal como lembrou Carlo Ginzburg, são Francis Galton e seu engenhoso dispositivo que inspiram em Wittgenstein a ideia de caracterizar conjuntos emaranhados de similitudes como tendo "ares de família" (Carlo Ginzburg, 2004, pp.538-9).
543 Francis Galton, 1879, p.133.
544 Paul Topinard, 1991 (1891), p.68.
545 Lorraine Daston e Peter Galison chamam de "objetividade estrutural" a posição compartilhada por estudiosos tão diversos quanto Max Planck, Gottlob Frege, Bertrand Russell, Henri Poincaré ou Rudolf Carnap, que consiste em preferir o uso de estruturas invariantes em vez de imagens para identificar e comunicar regularidades universais (Lorraine Daston e Peter Galison, 2007, cap. 5).
546 A edição completa de *Tabulae anatomicae, novis explicationibus illustratae ab Andrea Maximino* foi publicada em Roma em 1714 (Bartolomeo Eustachi teve apenas algumas pranchas publicadas em vida); cf. o comentário proposto por Rafael Mandressi, 2011.
547 Joseph Dumit, 2004, pp.60-8; sou extremamente grato a esse estudo para minha análise da tomografia por emissão de pósitrons.
548 Citado ibid., pp.93-4.
549 *"It is possible to make almost any feature stand out with the right tweaking"* (citado ibid., p.94).
550 Conforme diz, com uma franqueza desarmante, o psicólogo Richard Haier a respeito da estratégia de publicação nas revistas de ciências cognitivas: "Incluímos uma imagem colorida porque as revistas científicas gostam de imagens coloridas, todos gostam de imagens coloridas — e é disso que se lembram" (citado ibid., p.98).
551 Descartes, *Méditations métaphysiques* (1641), in Descartes, 1967, p.492.
552 É a mensagem de Arthur Danto quando ele escreve: "o corpo que sou eu definhará por si mesmo como conceito, para ser substituído pelo corpo que é meu — ou pelo corpo como tal [...], com o pronome possessivo se retirando inteiramente do discurso, uma vez que não resta nenhum 'eu' para possuí-lo" (Arthur Coleman Danto, 2001, p.130).

12. A OBJETIVAÇÃO DO SUBJETIVO

553 Margaret A. Hagen, 1986, pp.59-72.
554 Gilles Deleuze e Félix Guattari, 1991, p.187.
555 Clement Greenberg, 1961.
556 Ibid., p.103.
557 A citação de Dubuffet foi extraída de "Note pour les fins lettrés" (1946), retomada in Jean Dubuffet, 1967, p.74; o manifesto de Rothko, Newman e outros é citado por Pierre Schneider, 2008, p.120.
558 Eugène Fromentin, 1972 (1876), p.163.
559 Svetlana Alpers, 1990 (1983), p.95.
560 Svetlana Alpers, 1990 (1983), p.139.
561 Cf. Thierry de Duve, 2010, pp.48-9.
562 Piet Mondrian escreve numa carta a Paul Brenner: "Procuro chegar o mais perto possível da verdade e dela tudo abstrair até alcançar o fundamento

(sempre um fundamento visível!) das coisas" (citado por Hans Janssen e Joop M. Joosten, 2002, p.196).

563 Pierre Schneider, 2008, pp.138-9.

564 Cf. a análise de Carlo Severi, 2017, pp.214-28, que propõe situar o *Quadro com arqueiro*, de Kandinsky, no âmbito de um grupo de transformação composto de obras que turvam a relação entre figura e fundo, entre duas pinturas de 1843 de William Turner (*Sombra e escuridão* e *Luz e cor*) e a série *Quebra-mar e oceano*, de Mondrian.

13. DETECTAR A SEMELHANÇA

565 Jean-Pierre Vernant, 1983.

566 Plínio, o Velho, 1848-1850 (*c.* 77), tomo 2, p.473.

567 Platão, República, x, 597e.

568 Ibid., vi, 484c; o paralelo entre pintura e filosofia segue mais adiante (501a-501d).

569 Cf. a respeito desse ponto Daniel Babut, 1985, pp.82 et seq.

570 A respeito da *mimésis* como "representação" em Aristóteles, cf. os comentários sobre a tradução do termo propostos por Jacqueline Lichtenstein no *Vocabulaire européen des philosophies* (Barbara Cassin, 2004, pp.787-9).

571 A respeito dessa questão, cf. os desenvolvimentos de Daniel Babut, 1985, pp.78 et seq.

572 Segundo Jacqueline Lichtenstein (Barbara Cassin, 2004, p.791), a ideia de que a arte deve imitar a natureza está nitidamente expressa desde a primeira metade do século xv entre os artistas humanistas, por exemplo, em Ghiberti (*I commentarii*, 1436) ou em Alberti (*De pictura*, 1435); posteriormente, em Leonardo (*Trattato della pittura*, 1632). A primeira tradução latina da *Poética* data de 1498, e a primeira edição em grego, de 1503.

573 Carta a Fréart de Chambray de 10 de março de 1665, in *Correspondance de Nicolas Poussin*, ed. Charles Jouanny, Paris, Schemit, 1911, no 210, citada por Alain Mérot, 2005, p.12.

574 Por exemplo, Racine em seu prefácio a *Bérénice* (1670) ou Corneille em seu primeiro *Discours* sobre o poema dramático (1660); cf. ainda Jacqueline Lichtenstein no verbete "*mimésis*", de Barbara Cassin, 2004, p.794.

575 Por exemplo, numa passagem célebre da terceira *Meditação*: "Entre os meus pensamentos, alguns são como as imagens das coisas, e é somente a esses que cabe propriamente o nome de ideia" (Descartes, 1967, p.433).

576 Cf., por exemplo, Élodie Cassan, 2013.

577 Antoine Arnauld e Pierre Nicole, 1992 (1662), primeira parte, cap. 4, pp.46-8.

578 Louis Marin, 1971, pp.169-214.

579 Comentários formulados por Barcos nas cartas ao sobrinho de Philippe de Champaigne, também pintor (*Correspondance de Martin de Barcos*, ed. Lucien Goldmann, Paris, PUF 1956, pp.403-6).

580 Louis Marin, 1971, p.190.

581 André Félibien, 1683, p.13.

582 August Wilhelm Schlegel, 2009 (1884), p.76, conforme a tradução francesa das "Vorlesungen über schöne Literatur und Kunst" [Palestras sobre literatura e arte] ministradas na Universidade de Berlim em 1801-1802, reunidas e publicadas por Jakob Minor em 1884.

583 Georg Wilhelm Friedrich Hegel, 1979 (1832), p.37.

584 No artigo "illusion" de seus *Éléments de littérature* — Jean-François Marmontel, 2005 (1787), p.635.

585 Ibid., pp.636-7.

586 Ibid., p.633; a respeito da importância de Marmontel para compreender as "tecnologias do encantamento", cf. Yves Citton, 2014.

587 Jean-François Marmontel, 2005 (1787), p.634.

588 Claude Lévi-Strauss, 1962a, p.36.

589 Masahiro Mori, 2012 (1970); trata-se da tradução em francês do artigo original "*Bukimi no tani*", *Energy*, vol. 7, no 4, 1970, pp.33-5. Para um desenvolvimento mais circunstanciado da problemática do "vale da estranheza", cf. Masahiro Mori, 1981 (1974).

590 Para um fascinante estudo etnográfico dos efeitos do "vale da estranheza" no laboratório de Hiroshi Ishiguro, um especialista em robótica que construiu um androide que era seu sósia, cf. Emmanuel Grimaud e Zaven Paré, 2011.

591 Ernst H. Gombrich, 1985 (1963), p.10; o autor acrescenta: "o pintor conta com nossa prontidão para acolhermos sugestões, interpretarmos contextos e convocarmos nossa imagem conceitual sob sua orientação" (id.).

580

VARIAÇÃO 2.
JOGAR COM TODOS OS QUADROS

592 Carta de Derain a Matisse, março de 1906, reproduzida in Rémi Labrusse e Jacqueline Munck, 2004, p.255.

593 É a famosa resposta dada por Picasso a um questionário sobre "arte negra" que Florent Fels havia dirigido a uma dúzia de artistas, poetas e historiadores da arte e cujos resultados ele publicou em sua revista, *Action*, em abril de 1920.

594 A afirmação é relatada por Fernande Olivier, 1993, p.113.

595 Guillaume Apollinaire, 1913, p.63.

596 Walter Benjamin, 1991, p.462.

597 "L'art brut préféré aux arts culturels" (1949), retomado in Jean Dubuffet, 1967, p.202, grifo meu.

598 *Negerplastik*, o livro de Carl Einstein sobre a escultura africana, desempenhou um papel eminente nesse processo, nem que seja em razão das 119 fotografias que ele contém: além de darem assim a ilusão de que a arte dita "negra" existe sob a forma de um corpus autônomo e padronizado, elas também foram bastante consultadas pelos artistas europeus — Carl Einstein, 1998 (1915).

599 Para pontos de vistas contrastantes a respeito do primitivismo, cf. Robert Goldwater, 1986 (1938), William Rubin, 1987 (1984a) e Philippe Dagen, 2010 (1998).

600 Aby Warburg, 2003.

601 Numa entrevista de 1923 com Florent Fels, citado por William Rubin, 1987 (1984b), p.260.

602 É isso o que bem demonstrou William Rubin (ibid., pp.250-7).

603 William Rubin, 1987 (1984a), p.11.

604 E não um estudo histórico da mestiçagem de imagens no âmbito de uma tradição cultural sob o efeito da colonização, o que os historiadores fazem perfeitamente bem; cf., por exemplo, Serge Gruzinski, 1994.

605 "Art of the South Seas" (1946), retomado in Barnett Newman, 1990, pp.101-2.

606 A maior parte das minhas referências ao primitivismo de Pollock provém de um artigo consagrado a esse tema por um historiador da arte (W. Jackson Rushing, 1986).

607 Citado ibid., p.281.

608 Citado ibid., p.283.

609 A formulação de Pollock "the source of my painting is the unconscious" é citada por Francis V. O'Connor, 1967, p.40.

610 "People living close to nature found nature in themselves rather than nature as a motif" (citado por W. Jackson Rushing, 1986, p.292).

611 Carlo Severi, 1992, mostra a que ponto o projeto figurativo de Joseph Beuys é essencialmente um ato mental que define o espaço em que uma imagem poderá se desenvolver.

612 É igualmente isso o que afirma Evan Maurer, 1987 (1984), p.577, sem aliás fornecer provas circunstanciais que não a justaposição das obras. Sabe-se, além disso, que, cerca de vinte anos após a tela de Brauner, artistas como Roland Penrose, Pablo Picasso e, algum tempo depois, Henry Moore adquirem réplicas em gesso e em bronze da estátua de A'a.

CONCLUSÃO.
FAZER IMAGEM

613 Yves Bonnefoy, 1999, p.26; trata-se de uma retomada de sua aula inaugural no Collège de France.
614 André Félibien, 1683, p.10.
615 Gotthold Ephraim Lessing, 1990 (1766).
616 "Por que não sou poeta?! Porém, ao menos, que eu experimente tanto quanto possível em cada uma de minhas pinturas aquilo que desejo fazer passar na alma dos outros!" (Eugène Delacroix, *Diário*, 25 de abril de 1824); "Eles são, então, profetas, qualquer que seja a forma que suas criações escolham, todos aqueles cujo gênio é uma potência irresistível" (Lord Byron, *A profecia de Dante*, 1821). Os dois textos são citados por Anne Larue, 1998, em sua análise da retomada do *Ut pictura poesis* pelo Romantismo.
617 André Félibien, 1683, p.22.
618 Robert G. Gunn, Leigh C. Douglas e Ray L. Whear, 2011.
619 É o estilo chamado pelos arqueólogos de "Panaramitee"; cf. Natalie R. Franklin, 2011.
620 André Leroi-Gourhan, 1965, pp.361 et seq.
621 A análise de Michel Lorblanchet do painel do friso preto da caverna de Pech Merle revelou, assim, que os quatro conjuntos de espécies retratados e em parte sobrepostos (cavalos, bisões, mamutes e auroques) foram realizados de maneira sucessiva por séries de espécies, provavelmente em continuidade e por um mesmo artista (Michel Lorblanchet, 2010).
622 Alain Testart, 2016.
623 Ibid., p.109.
624 Claude Lévi-Strauss, 1962b.
625 D'Arcy Wentworth Thompson, 1961 (1917).
626 Louis Dumont, 1977; Crawford Brough Macpherson, 1971.
627 Cf., por exemplo, os estudos a respeito do cinema kuikuro (Brasil central) de Bernard Belisário, 2014, e Isabel Penoni, 2018.
628 Gilles Deleuze, 1983, cap. 2.
629 Roberte Hamayon, 1990, pp.405-16.
630 Um tema que já desenvolvi em outra oportunidade (Philippe Descola, 2009).
631 A respeito das teorias da ação próprias a cada um dos quatro modos de identificação, cf. Philippe Descola, 2005, cap. 12.
632 Denis Vidal, 2016, pp.17-9.
633 Jean Rouaud, 2018, p.128.
634 Comunicação oral de Juan Pablo Camacho, Oaxaca, abril de 1993.
635 Faço aqui um resumo dos argumentos desenvolvidos por Jean-Marie Schaeffer, 2006.
636 Ibid., p.70; para uma análise da dimensão crística desse autorretrato de Dürer, cf. Erwin Panofsky, 1995 (1955), pp.43-4.
637 Michèle Coquet e Michael Houseman, 2006.
638 É com justa razão que Durkheim chama de ritos "miméticos" ou "imitativos" cerimônias nas quais os arunta (aranda) mimetizam os processos ecossistêmico (simbiose) e ontogenético (metamorfose) relativos a insetos que levam o nome de seres do Sonho — Émile Durkheim, 1960 (1912), pp.501-18. Trata-se, aqui também, de dar corpo ao reproduzir um movimento de desenvolvimento biológico, e não mais de encaminhamento e de interação.
639 Hans-Georg Gadamer, 1996 (1960), p.125.

POSTSCRIPTUM.
CONSTRUÇÕES GRADUAIS

640 "Anything whatever [...] is an Icon of anything in so far as it is like that thing and used as a sign of it" (Charles Sanders Peirce, 1932, no 247).

641 "An iconic sign [...] is any sign which is similar in some respect to what it denotes" (Charles W. Morris, 1946, p.191).

642 Para uma síntese recapitulativa do debate contemporâneo a respeito do iconismo (numa perspectiva peirciana), cf. Simone Morgagni e Jean-Marie Chevalier, 2012.

643 O argumento da simetria provém de Thomas A. Sebeok, 1976, p.128.

644 As observações de Cézanne foram extraídas de uma carta ao poeta Joachim Gasquet (Joachim Gasquet, 1921, p.202).

645 O argumento da regressão foi retomado por Nelson Goodman, 1970, na sequência de Arthur Kalmer Bierman, 1963; a referência a Virgílio remete a uma passagem célebre na primeira écloga das Bucólicas: "E nós, expulsos da terra de nossos pais, deixamos os doces campos, fugimos de nossa pátria" (Virgílio, 1845, p.1).

646 Umberto Eco, 1972 (1968).

647 Nelson Goodman, 1976, cap. 1.

648 Flint Schier, 1986, p.43.

649 Roberto Casati, 2004.

650 Grupo µ, 1992.

651 Nelson Goodman, 1976, p.22.

652 A primeira referência à Pathosformel aparece num artigo de Warburg a respeito do tema da morte de Orfeu, "Dürer und die italienische Antike" (1906), traduzido para o francês em Aby Warburg, 1990, pp.159-66. A respeito da Pathosformel, além dos comentários de Ernst H. Gombrich, 1970, pp.181 et seq., cf. notadamente o belo artigo de Giovanni Careri, 2003, e o ensaio de Agamben "Aby Warburg e la scienza senza nome" (1984), traduzido para o francês em Giorgio Agamben, 1998, pp.9-43.

653 A respeito das relações entre os ritos hopi e as festas do Renascimento em Warburg, cf. Philippe-Alain Michaud, 1998, pp.141 et seq.

654 "Kunst im allgemeinsten und ursprünglichsten Sinne ist, wie das Wort schon sagt, ein „Können", also eine Fähigkeit, Bewußtseinsvorgänge mit selbstgeschaffenen Mitteln zum sinnlich-wahrnehmbaren Ausdruck zu bringen" (Max Verworn, 1920, p.8). Cf. também Franz Boas, 1955 (1927), p.14, nota 1.

655 Charly Clerc, 1915. David Freedberg cita longamente a introdução dessa obra, na qual Clerc aborda questões de método (David Freedberg, 1989, p.39) e parece aliás ter se inspirado para sua própria análise do culto dos ídolos na Grécia naquilo a que Clerc chama com humor de sua periegese, a saber, sua peregrinação pelas fontes a respeito da adoração de imagens.

656 Charly Clerc, 1915, p.81.

657 Horst Bredekamp, por sua vez, antecipa em algumas décadas a origem dessa genealogia da potência de agir das imagens, remontando ao ensaio de Henri Lefebvre Critique de la vie quotidienne, no qual este último anuncia que "a imagem é ato", uma fórmula retomada na sequência por Philippe Dubois a propósito da fotografia, que ele caracteriza como "ato icônico" (Horst Bredekamp, 2010, p.48; Henri Lefebvre, 1961, p.290; Philippe Dubois, 1990, p.13).

658 Por ordem de publicação, as principais obras que consideram as imagens como agentes intencionais são David Freedberg, 1989; Hans Belting, 2007 (1990); Alfred Gell, 1998; W. J. Thomas Mitchell, 2005; Horst Bredekamp, 2010. Em filosofia, pode-se citar a obra precursora de Jean-Marie Schaeffer, 1996; em antropologia, um artigo contemporâneo ao livro de Gell (Liza Bakewell, 1998).

659 É justo, no entanto, recordar que David Freedberg lançou-se, uma dezena de anos após a publicação de seu livro, ao estudo sistemático das bases neurais da empatia e da emoção estética, em estreita colaboração com reputados neurofisiologistas, como Vittorio Gallese, um dos descobridores dos neurônios-espelho. Também nesse campo, portanto, Freedberg revelou-se um precursor.

660 Cf. Franz Boas, 1955 (1927); Leonhard Adam, 1940; Carl Einstein, 1998 (1915); para os contemporâneos, cf. Gregory Bateson, 1973; André Leroi-Gourhan, 1964, em especial as páginas a respeito do "estilo funcional"; Edmund Leach, 1973; Claude Lévi-Strauss, 1962a; 1975.

661 Svetlana Alpers, 1990 (1983); Michael Baxandall, 1985 (1972).

662 A respeito dos colecionadores de arte primitiva, cf. Brigitte Derlon e Monique Jeudy-Ballini, 2008.

663 Alfred Gell, 1998, p.6.

664 Ibid., p.7.

665 Claude Lévi-Strauss, 1962a, pp.297-8.

666 Alfred Gell, 1998, p.7.

667 Ibid., p.13.

668 Ibid., p.15.

669 Horst Bredekamp, 2010, pp.21-2. Para o comentário a respeito da formulação de Warburg, cf. Ernst H. Gombrich, 1970, p.71; e sobretudo Spyros Papapetros, 2012.

670 Horst Bredekamp, 2010, pp.298 et seq.

671 Emanuel Löwy, 1900; para uma descrição do ambiente intelectual em cujo âmbito Löwy elaborou suas teses a respeito da imagem-memória, cf. Alice A. Donohue, 2011.

672 Carlo Severi, 2007 (2004).

673 Diego Valadés, 1989 (1579); Erland Nordenskiöld, 1928; Henry Rowe Schoolcraft, 1851.

674 Michel Pastoureau, 1979.

675 Marius Barbeau, 1950.

676 Franz Boas, 1955 (1927), p.280.

677 Cf., por exemplo, Claude Lévi-Strauss, 1958, p.283.

678 Nicholas Thomas, 1995b, pp.62-4.

679 Nicholas Thomas, 1995a, p.111.

680 Roman Black, 1964, pp.20-1.

Bibliografia geral

ABSI, Pascale. *Les Ministres du Diable. Le travail et ses représentations dans les mines de Potosi, Bolivie.* Paris: L'Harmattan, 2003.

ADAM, Leonhard. "North-West American Indian Art and Its Early Chinese Parallels", *Man: Journal of the Royal Anthropological Institute of Great Britain and Ireland*, vol. 36, nº 3, 1936. pp.8-11.

____. *Primitive Art.* Harmondsworth: Allen Lane-Penguin, 1940.

AGAMBEN, Giorgio. *Image et mémoire*, trad. fr. Marco Dell'Omodarme et al. Paris: Hoëbeke, 1998.

AIRENTI, Gabriella. "The Cognitive Bases of Anthropomorphism: From Relatedness to Empathy", *International Journal of Social Robotics*, vol. 7, nº 1, 2015. pp.117-127.

ALBERT, Bruce. "Taniki" in Hervé Chandès (org.), *Histoires de voir. Catalogue de l'exposition.* Paris: Fondation Cartier pour l'Art Contemporain, 2012. pp.134-137.

ALBERTI, Leon Battista. *De Pictura.* Bari: Laterza, 1980.

____. *De la statue et de la peinture* (1435), trad. fr. Claudius Popelin. Paris: Lévy, 1868.

ALCOCER, Paulina. "La forme interne de la conscience mythique. Apport de Konrad Theodor Preuss à la *Philosophie des formes symboliques* de Ernst Cassirer", *L'Homme*, nº 180, 2006. pp.139-170.

ALPERS, Svetlana. *L'Art de dépeindre. La peinture hollandaise au xviie siècle* (1983), trad. fr. Jacques Chavy. Paris: Gallimard, 1990.

____. *The art of describing: Dutch art in the seventeenth century.* Chicago: The University of Chicago Press, 1983.

APOLLINAIRE, Guillaume. *Les Peintres cubistes. Méditations esthétiques.* Paris: Eugène Figuière & Cie, 1913.

APPADURAI, Arjun. "The Thing Itself", *Public Culture*, vol. 18, nº 1, 2006. pp.15-22.

ARASSE, Daniel. "À propos de l'article de Meyer Schapiro, 'Muscipola [*sic*] Diaboli': le 'réseau figuratif' du rétable de Mérode", in id. (org.), *Symboles de la Renaissance*, tomo 1. Paris: Presses de l'École Normale Supérieure, 1976. pp.47-51.

____. *L'Ambition de Vermeer.* Paris: Adam Biro, 1993.

____. *Le Sujet dans le tableau. Essais d'iconographie analytique* (1997). Paris: Flammarion, 2005.

____. *Histoires de peintures.* Paris: Gallimard, 2006.

ARGAN, Giulio Carlo. "The Architecture of Brunelleschi and the Origins of Perspective Theory in the Fifteenth Century", *Journal of the Warburg and Courtauld Institutes*, vol. 9, 1946. pp.96-121.

ÅRHEM, Kaj. "Ecosofía Makuna", in François Correa (org.), *La selva humanizada. Ecología alternativa en el trópico húmedo colombiano.* Bogotá: Instituto Colombiano de Antropología, 1990. pp.105-122.

ARNAULD, Antoine e NICOLE, Pierre. *La Logique, ou l'Art de penser* (1662). Paris: Gallimard, 1992.

ARUZ, Joan et al. (org.). *The Golden Deer of Eurasia: Scythian and Sarmatian Treasures from the Russian Steppes.* Nova York (N.Y.); New Haven (Conn.); Londres: Metropolitan Museum of Art; Yale University Press, 2000.

AUERBACH, Erich. *Figura* (1938), trad. fr. Marc-André Bernier. Paris: Belin, 1993.

BABADZAN, Alain. *Les Dépouilles des dieux. Essai sur la religion tahitienne à l'époque de la découverte.* Paris: Éditions de la Maison des Sciences de l'Homme, 1993.

BABUT, Daniel. "Sur la notion d''imitation' dans les doctrines esthétiques de la Grèce classique", *Revue des études grecques*, nº 98, 1985. pp.72-92.

BACHELARD, Gaston. *La Poétique de l'espace* (1957). Paris: PUF, 1961.

BAILLY, Jean-Christophe. *L'Apostrophe muette. Essai sur les portraits du Fayoum.* Paris: Hazan, 1997.

BAKEWELL, Liza. "Image Acts", *American Anthropologist*, vol. 100, nº 1, 1998. pp.22-32.

BALFOUR, Henry. *The Evolution of Decorative Art: An Essay upon Its Origin and Development as Illustrated by the Art of Modern Races of Mankind.* Nova York (N.Y.): Macmillan, 1893.

BALIKCI, Asen. *The Netsilik Eskimo.* Garden City (N.Y.): Natural History Press for the American Museum of Natural History, 1970.

BALTRUŠAITIS, Jurgis. *Le Moyen Âge fantastique. Antiquités et exotismes dans l'art gothique.* Paris: Armand Colin, 1955.

BARBEAU, Marius. *Totem Poles of the Gitksan, Upper Skeena River, British Columbia.* Ottawa: F. A. Acland, 1929.

____. "The Modern Growth of the Totem Pole on the Northwest Coast", in *Smithsonian Institution Annual Report 1939.* Washington (D.C.): Government Printing Office, 1940. pp.491-498.

____. *Totem Poles.* Ottawa: National Museum of Canada, 1950.

____ e BEYNON, William. *Tsimshian Narratives*, tomo 1. Ottawa: Canadian Museum of Civilization, 1987.

BARCELOS NETO, Aristóteles. *A arte dos sonhos: uma iconografia ameríndia.* Lisboa: Assírio & Alvim; Museu Nacional de Etnologia, 2002.

____. "As máscaras rituais do Alto Xingu um século depois de Karl von den Steinen", *Bulletin de la Société Suisse des Américanistes*, nº 68, 2004a. pp.51-71.

____. *Visiting the Wauja Indians: Masks and Other Living Objects from an Amazonian Collection.* Lisboa: Museu Nacional de Etnologia, 2004b.

BARDON, Geoffrey e BARDON, James. *Papunya, A Place Made after the Story: The Beginnings of the Western Desert Painting Movement.* Aldershot: Lund Humphries Ltd, 2006.

BARRETT, Justin L. e KEIL, Frank C., "Conceptualizing

a Nonnatural Entity: Anthropomorphism in God Concepts", *Cognitive Psychology*, vol. 31, nº 3, 1996. pp.219-247.

BARRY, Michael. "'J'ai vu démons et diables de par le monde'. Le débordement du désert des démons de l'Iran vers l'Inde: l'apparition des monstres composites", in Jean-Hubert Martin (org.), *Une image peut en cacher une autre: Arcimboldo, Dalí, Raetz*. Boulogne-Billancourt: Beaux Arts Éditions, 2009. pp.93-110.

BARTHES, Roland. *L'Obvie et l'Obtus. Essais critiques iii*. Paris: Seuil, 1982.

BASCHET, Jérôme. *L'Iconographie médiévale*. Paris: Gallimard, 2008.

—, BONNE, Jean-Claude e DITTMAR, Pierre-Olivier. *Le Monde roman. Par-delà le bien et le mal*. Paris: Arkhê, 2012.

BATESON, Gregory. "Style, Grace, and Information in Primitive Art" in Anthony Forge (org.), *Primitive Art and Society*. Londres: Oxford University Press, 1973. pp.235-255.

BAXANDALL, Michael. *L'Œil du Quattrocento. L'usage de la peinture dans l'Italie de la Renaissance* (1972), trad. fr. Yvette Delsaut. Paris: Gallimard, 1985.

BEAUJEAN-BALTZER, Gaëlle. "Du trophée à l'œuvre: parcours de cinq artefacts du royaume d'Abomey", *Gradhiva*, nº 6, 2007. pp.70-85.

BELISÁRIO, Bernard. "Os Itseke e o fora-de-campo no cinema Kuikuro", *Devires. Cinema e Humanidades*, vol. 11, nº 2, 2014. pp.98-121.

BELTING, Hans. *Image et culte. Une histoire de l'art avant l'époque de l'art* (1990), trad. fr. Frank Muller. Paris: Cerf, 2007.

___. *Pour une anthropologie des images* (2001), trad. fr. Jean Torrent. Paris: Gallimard, 2004.

___. *Faces. Une histoire du visage* (2013), trad. fr. Nicolas Weill, Paris: Gallimard, 2017.

BENJAMIN, Walter. "Das Kunstwerk im Zeitalter seiner technischen Reproduzierbarkeit", in *Gesammelte Schriften/Walter Benjamin. Unter Mitw. von Theodor W Adorno und Gershom Scholem*. Frankfurt: Rolf Tiedemann und Hermann Schweppenhauser, 1991.

___. *L'Œuvre d'art à l'époque de sa reproductibilité technique* (1939), trad. fr. Maurice de Gandillac. Paris: Gallimard, 2000.

BIANCHI BANDINELLI, Ranuccio. "Il ritratto nell'antichità", in *Enciclopedia dell'Arte Antica*, tomo 6. Roma: Istituto della Enciclopedia Italiana, 1965. pp.695-738.

BIERMAN, Arthur Kalmer. "That There Are No Iconic Signs...", *Philosophy and Phenomenological Research*, vol. 23, nº 2, 1963. pp.243-249.

BIRKET-SMITH, Kaj. *The Chugach Eskimo*. Copenhague: National-museets Skrifter, 1953.

BLACK, Roman. *Old and New Australian Aboriginal Art*. Sydney: Angus & Robertson, 1964.

BOAS, Franz. *The Kwakiutl of Vancouver Island*. Leiden; Nova York (N.Y.): Brill-Stechert, 1909.

___. "Tsimshian Mythology. Based on Texts Recorded by Henry W. Tate", in *Annual Report of the Bureau of American Ethnology, 1909-1910*. Washington (D.C.): Smithsonian Institution, 1916. pp.29-1037.

___. *Primitive Art* (1927). Nova York (N.Y.): Dover, 1955.

___e HUNT, George. *Kwakiutl Texts*. Leiden; Nova York (N.Y.): Brill-Stechert, 1908.

BOBER, Harry. "The Zodiacal Miniature of the *Très Riches Heures* of the Duke of Berry — Its Sources and Meaning", *Journal of the Warburg and Courtauld Institutes*, vol. 11, 1948. pp.1-34.

BOGGIANI, Guido. *I Caduvei (Mbayá o Guaycurú). Viaggi d'un artista nell'America Meridionale*. Roma: Ermanno Loescher, 1895.

BONNE, Jean-Claude. "Le végétalisme de l'art roman: naturalité et sacralité", in Agostino Paravicini Bagliani (org.), *Le Monde végétal. Médecine, botanique, symbolique*. Florença: Sismel-Edizioni del Galluzzo, 2009. pp.95-120.

BONNEFOY, Yves. *Lieux et destins de l'image. Un cours de poétique au Collège de France, 1981-1993*. Paris: Seuil, 1999.

BOUCHERON, Patrick. *Conjurer la peur. Essai sur la force politique des images, Sienne, 1338* (2013). Paris: Seuil, 2015.

BOURGAIN, Pascale (org.). *Poésie lyrique latine du Moyen Âge*. Paris: Librairie Générale Française, 2000.

BOURKE, John G. *The Snake-Dance of the Moquis of Arizona: Being a Narrative of a Journey from Santa Fé, New Mexico, to the Villages of the Moqui Indians of Arizona, with a Description of the Manners and Customs of this Peculiar People....* Londres: Sampson Low, Marston, Searle & Rivington, 1884.

BOUSQUET, Joë. *Le Meneur de lune* (1946), in *Œuvre romanesque complète*, tomo 2. Paris: Albin Michel, 1979. pp.240-336.

BOUYSSE-CASSAGNE, Thérèse. "El carnaval de Oruro: la virgen del socavón, el diablo y el otorongo de la mina", in Antonio Garrido Aranda (org.), *El mundo festivo en Espana y América*. Córdoba: Universidad de Córdoba, 2005. pp.405-425.

BOYER, Pascal. *The Naturalness of Religious Ideas: A Cognitive Theory of Religion*. Berkeley (Calif.): University of California Press, 1994.

___. "What Makes Anthropomorphism Natural: Intuitive Ontology and Cultural Representations", *Journal of the Royal Anthropological Institute*, vol. 2, nº 1, 1996. pp.83-97.

BRANDENSTEIN, Carl Georg von. "Aboriginal Ecological Order in the South-West of Australia — Meanings and Examples", *Oceania*, vol. 47, nº 3, 1977. pp.170-186.

___. *Names and Substance of the Australian Subsection System*. Chicago (Ill.); Londres: University of Chicago Press, 1982.

BREDEKAMP, Horst. *Theorie des Bildakts: Über das Lebensrecht des Bildes*. Berlin: Suhrkamp, 2010.

BRETON, André. "Note sur les masques à transformation de la côte pacifique du Nord-Ouest", *Neuf*, nº 1, 1950. pp.36-41.

BRINKER, Helmut. "Facing the Unseen: On the Interior Adornment of Eizon's Iconic Body", *Archives of Asian Art*, vol. 50, 1997-1998. pp.42-61.

BRODY, J. J. *Mimbres Painted Pottery*. Albuquerque (N.M.): School of American Research-University of New Mexico Press, 1977.

—, LEBLANC, Steven A. e SCOTT, Catherine J. *Mimbres Pottery: Ancient Art of the American Southwest*. Nova York (N.Y.): Hudson Hills Press, 1983.

BRUNET, Michèle. "Le courtil et le paradis", in Jean-Pierre Brun e Philippe Jockey (org.), *Techniques et sociétés en Méditerranée*. Paris: Maisonneuve & Larose, 2001. pp.157-168.

BRUNON, Hervé. "L'essor artistique et la fabrique culturelle du paysage à la Renaissance. Réflexions à propos de recherches récentes", *Studiolo. Revue d'histoire de l'art de l'Académie de France à Rome*, nº 4, 2006. pp.261-290.

BRUSATI, Celeste. *Artifice and Illusion: The Art and Writing of Samuel van Hoogstraten*. Chicago (Ill.); Londres: University of Chicago Press, 1995.

BÜHNEMANN, Gudrun et al. *Maṇḍalas and Yantras in the Hindu Tradition*. Leiden; Boston (Mass.): Brill, 2003.

CAMPOS-NAVARRO, Roberto. "Curanderos' Altar-Mesas in Mexico City", in Douglas Sharon (org.), *Mesas and Cosmologies in Mesoamerica*. San Diego (Calif.): San Diego Museum of Man, 2003. pp.19-24.

CARERI, Giovanni. "Aby Warburg. Rituel, *Pathosformel* et forme intermédiaire", *L'Homme*, nº 165, 2003. pp.41-76.

CARPENTER, Edmund. "Image Making in Arctic Art", in György Kepes (org.), *Sign, Image, Symbol*. Londres: Studio Vista, 1966. pp.206-225.

CARRUTHERS, Mary. *Machina Memorialis. Méditation, rhétorique et fabrication des images au Moyen Âge* (1998), trad. fr. Fabienne Durand-Bogaert. Paris: Gallimard, 2002.

CASATI, Roberto. "Methodological Issues in the Study of the Depiction of Cast Shadows: A Case Study in the Relationships between Art and Cognition", *Journal of Aesthetics and Art Criticism*, vol. 62, nº 2, 2004. pp.163-174.

CASSAN, Élodie. "La *Logique* de Port-Royal: une logique cartésienne?", in Delphine Kolesnik-Antoine (org.), *Qu'est-ce qu'être cartésien?*. Lyon: ENS Éditions, 2013. pp.159-177.

CASSIN, Barbara (org.). *Vocabulaire européen des philosophies. Dictionnaire des intraduisibles*. Paris: Seuil; Le Robert, 2004.

CASSIRER, Ernst. "Der Begriff der symbolischen Form im Aufbau der Geisteswissenschaften" (1923), in *Wesen und Wirkung des Symbolsbegriff*. Darmstadt: Wissenschaftliche Buchgesellschaft, 1976. pp.171-200.

____. *La Philosophie des formes symboliques 2. La pensée mythique* (1925), trad. fr. Jean Lacoste. Paris: Minuit, 1972.

CHAGNON, Napoleon A. *Studying the Yanomamö*. Nova York (N.Y.): Holt, Rinehart & Winston, 1974.

CHAPMAN, Anne. *Mâts totémiques de la côte nord-ouest de l'Amérique du Nord*. Paris: Muséum National d'Histoire Naturelle, 1965.

CHASTELLAIN, Georges. *Œuvres*, ed. Joseph Kervyn de Lettenhove. Bruxellas: Heussner, 1865.

CHÂTELET, Albert. *Robert Campin, le maître de Flémalle. La fascination du quotidien*. Antuérpia: Fonds Mercator, 1996.

CHAUSSONNET, Valérie. "Needles and Animals: Women's Magic", in William W. Fitzhugh e Aron Crowell (org.), *Crossroads of Continents: Cultures of Siberia and Alaska*. Washington (D.C.): Smithsonian Institution Press, 1988. pp.209-226.

CHENG, François. *Vide et plein. Le langage pictural chinois*. Paris: Seuil, 1991.

CIRLOT, Victoria. "Figura y visión del misterio trinitario: Hildegard von Bingen y Gioacchino da Fiore", in Alessandro Ghisalberti (org.), *Pensare per figure. Diagrammi e simboli in Gioacchino da Fiore*. Roma: Viella, 2010. pp.205-217.

CITTON, Yves. "Conclusion: Histoire de l'illusion immersive et archéologie des media", in id. e Angela Braito (org.), *Technologies de l'enchantement. Pour une histoire multidisciplinaire de l'illusion*. Grenoble: ELLUG, 2014. pp.309-346.

CLARK, Kenneth. *Landscape into Art*. Londres: John Murray, 1949.

CLARKE, John R. *Art in the Lives of Ordinary Romans: Visual Representations and Non-Elite Viewers in Italy, 100 B.C.-A.D. 315*. Berkeley (Calif.); Londres: University of California Press, 2003.

CLERC, Charly. *Les Théories relatives au culte des images chez les auteurs grecs du iie siècle après J.-C.* Paris: Fontemoing, 1915.

COLLEYN, Jean-Paul. *Ciwara, chimères africaines*. Milão; Paris: 5 Continents; Musée du Quai Branly, 2006.

____. "Un élégant quadrupède", in id., Nanette Jacomijn Snoep, Philippe Beaujard et al., *Recettes des dieux: esthétique du fétiche*. Paris; Arles: Musée du Quai Branly; Actes Sud, 2009. pp.36-37.

____. *Boli*. Montreuil : Gourcuff Gradenigo, 2010.

COMAR, Philippe. "Une leçon d'anatomie à l'école des Beaux-Arts", in id. (org.), *Figures du corps*. Paris: Éditions des Beaux-arts de Paris, 2008. pp.19-65.

COQUET, Michèle e HOUSEMAN, Michael. "Le corps et ses doubles", in Stéphane Breton (org.), *Qu'est-ce qu'un corps? Afrique de l'Ouest, Europe occidentale, Nouvelle-Guinée, Amazonie*. Paris: Musée du Quai Branly; Flammarion, 2006. pp.25-57.

CRANE, Leo. *Indians of the Enchanted Desert: An Account of the Navajo and Hopi Indians and the Keams Canon Agency*. Boston (Mass.): Little, Brown & Co, 1925.

CRAWFORD, Ian M. *The Art of the Wandjina: Aborigi-

586

nal Cave Paintings in Kimberley, Western Australia. Melbourne; Nova York (N.Y.): Oxford University Press, 1968.

CROISILLE, Jean-Michel. *Paysages dans la peinture romaine. Aux origines d'un genre pictural*. Paris: Picard, 2010.

CUSHING, Frank Hamilton. *Outlines of Zuni Creation Myths: Extract from the Thirteenth Annual Report of the Bureau of Ethnology for 1891-92*. Washington (D.C.): Government Printing Office, 1896.

DA'ADLI, Tawfiq. *Esoteric Images: Decoding the Late Herat School of Painting*. Leiden; Boston (Mass.): Brill, 2019.

DAGEN, Philippe. *Le Peintre, le Poète, le Sauvage. Les voies du primitivisme dans l'art français* (1998). Paris: Flammarion, 2010.

DAGRON, Gilbert. *Décrire et peindre. Essai sur le portrait iconique*. Paris: Gallimard, 2007.

DAMISCH, Hubert. "Paradoxe du danseur kwakiutl. Note sur le dédoublement de la représentation", in Sylvie Devers (org.), *Pour Jean Malaurie. 102 témoignages en hommage à quarante ans d'études arctiques*. Paris: Plon, 1990. pp.347-351.

DANTO, Arthur Coleman. *The Body/Body Problem: Selected Essays*. Berkeley (Calif.): University of California Press, 2001.

DASTON, Lorraine e GALISON, Peter. *Objectivity*. Nova York (N.Y.): Zone Books, 2007.

DE LARGY HEALY, Jessica. "L'art de la connexion: traditions figuratives et perception des images en terre d'Arnhem australienne", in Philippe Descola (org.), *La Fabrique des images. Visions du monde et formes de la représentation*. Paris: Somogy; Musée du Quai Branly, 2010. pp.147-161.

DEHOUVE, Danièle. *L'Imaginaire des nombres chez les anciens Mexicains*. Rennes: Presses Universitaires de Rennes, 2011.

____. "La notion de fractale en anthropologie", Ethnographiques.org, dez. 2014.

DÉLÉAGE, Pierre. "Les répertoires graphiques amazoniens", *Journal de la Société des Américanistes*, vol. 93, nº 1, 2007. pp.97-126.

____. *Le Chant de l'anaconda. L'apprentissage du chamanisme chez les Sharanahua (Amazonie occidentale)*. Nanterre: Société d'Ethnologie, 2009.

____. "The Origin of Art According to Karl von den Steinen", ArtHistoriography.WordPress.com, jun. 2015.

DELEUZE, Gilles. *L'Image-mouvement. Cinéma 1*. Paris: Minuit, 1983.

____e GUATTARI, Félix. *Qu'est-ce que la philosophie?* Paris: Minuit, 1991.

DELGADO-P., Guillermo. "The Devil Mask: A Contemporary Variant of Andean Iconography in Oruro", in N. Ross Crumrine e Marjorie M. Halpin (orgs.), *The Power of Symbols: Masks and Masquerade in the Americas*. Vancouver: University of British Columbia Press, 1983. pp.131-148.

DELOACHE, Judy S. e BURNS, Nancy M. "Early Understanding of the Representational Function of Pictures", *Cognition*, vol. 52, nº 2, 1994. pp.83-110.

DERLON, Brigitte e JEUDY-BALLINI, Monique. *La Passion de l'art primitif. Enquête sur les collectionneurs*. Paris: Gallimard, 2008.

DESCARTES. *Œuvres philosophiques*, ed. Ferdinand Alquié, tomo 2. Paris: Classiques Garnier, 1967.

DESCOLA, Philippe. *La Nature domestique. Symbolisme et praxis dans l'écologie des Achuar* (1986), nova edição revista e ampliada com um prefácio. Paris: Éditions de la Maison des Sciences de l'Homme, 2019.

____. "Les affinités sélectives. Alliance, guerre et prédation dans l'ensemble jivaro", *L'Homme*, nº 126-128, 1993a. pp.171-190.

____. *Les Lances du crépuscule. Relations jivaros, haute Amazonie*. Paris: Plon, 1993b.

____. *Par-delà nature et culture*. Paris: Gallimard, 2005.

____. "La doppia vita delle immagini", in Fabrizio Desideri, Giovanni Matteucci e Jean-Marie Schaeffer (orgs.), *Il fatto estetico. Tra emozione e cognizione*. Pisa: Edizioni ETS, 2009. pp.149-162.

____(org.). *La Fabrique des images. Visions du monde et formes de la représentation*. Paris: Somogy-Musée du Quai Branly, 2010.

____. *La Composition des mondes. Entretiens avec Pierre Charbonnier*. Paris: Flammarion, 2014a.

____. "Modes of Being and Forms of Predication", *Hau: Journal of Ethnographic Theory*, vol. 4, nº 1, 2014b. pp.271-280.

DESCOMBES, Vincent. *Philosophie par gros temps*. Paris: Minuit, 1989.

DÉSVEAUX, Emmanuel. "Kodiak, ou la transformation inattendue", in id. (org.), *Kodiak, Alaska. Les masques de la collection Alphonse Pinart*. Paris: Adam Biro-Musée du Quai Branly, 2002. pp.92-122.

DIAS, Nélia. "Photographier et mesurer: les portraits anthropologiques", *Romantisme*, vol. 24, nº 84, 1994. pp.37-49.

DIDI-HUBERMAN, Georges. *Ouvrir Vénus: nudité, rêve, cruauté. L'image ouvrante 1*. Paris: Gallimard, 1999.

DIETL, Albert. *Die Sprache der Signatur: die mittelalterlichen Künstlerinschriften Italiens*, parte 1. Berlim: Deutscher Kunstverlag, 2009.

DITTMAR, Pierre-Olivier. *Naissance de la bestialité. Une anthropologie du rapport homme-animal dans les années 1300*, tese de doutorado, EHESS, 2010.

DONNAN, Christopher B. e MCCLELLAND, Donna. *Moche Fineline Painting: Its Evolution and Its Artists*. Los Angeles (Calif.): Fowler Museum of Cultural History; University of California Los Angeles, 1999.

DONOHUE, Alice A. "New Looks at Old Books: Emanuel Löwy, *Die Naturwiedergabe in der älteren griechischen Kunst*", ArtHistoriography. WordPress. com, dez. 2011.

DRANSART, Penelope. "Dressed in Furs: Clothing and Yaghan Multispecies Engagements in Tierra del Fuego", in id. (org.), *Living Beings: Perspectives* on *Interspecies Engagements*. Londres: Blooms-bury, 2013. pp.183-204.

DRUCKER, Philip. *The Native Brotherhoods: Modern Intertribal Organizations on the Northwest Coast*. Washington (D.C.): Smithsonian Institution, 1958.

DUBOIS, Philippe. *L'Acte photographique, et autres essais*. Paris: Nathan, 1990.

DUBUFFET, Jean. *Prospectus et tous écrits suivants*, ed. Hubert Damisch, tomo 1. Paris: Gallimard, 1967.

DUFF, Roger (org.). *No Sort of Iron: Culture of Cook's Polynesians*. Christchurch: Art Galleries and Museums' Association of New Zealand, 1969.

DUFF, Wilson. *The Indian History of British Columbia*, tomo 1. Victoria (B.C.): Provincial Museum of Natural History and Anthropology, 1964.

DUMIT, Joseph. *Picturing Personhood: Brain Scans and Biomedical Identity*. Princeton (N.J.); Oxford: Princeton University Press, 2004.

DUMONT, Louis. *Homo hierarchicus. Le système des castes et ses implications*. Paris: Gallimard, 1966.

____. *Homo aequalis i. Genèse et épanouissement de l'idéologie économique*. Paris: Gallimard, 1977.

DURKHEIM, Émile. *Les Formes élémentaires de la vie religieuse. Le système totémique en Australie* (1912). Paris: PUF, 1960.

____e MAUSS, Marcel. "De quelques formes primitives de classification. Contribution à l'étude des représentations collectives", *Année sociologique*, nº 6, 1903. pp.1-72.

DUVE, Thierry de. "Face-à-face", in Brigitte Leal (org.), *Mondrian*. Paris: Centre Pompidou, 2010. pp. 49-50.

ECO, Umberto. *La Structure absente. Introduction à la recherche sémiotique* (1968), trad. fr. Uccio Esposito-Torrigiani. Paris: Mercure de France, 1972.

EGLASH, Ron. *African Fractals: Modern Computing and Indigenous Design*. New Brunswick (N.J.): Rutgers University Press, 1999.

EINSTEIN, Carl. *La Sculpture nègre* (1915), trad. fr. Liliane Meffre. Paris: L'Harmattan, 1998.

ELKIN, Adolphus P. "Studies in Australian Totemism: The Nature of Australian totemism", *Oceania*, vol. 4, nº 2, 1933. pp.113-131.

ESCANDE, Yolaine. "Pin, bambou et prunus: les 'trois amis du froid' dans la peinture chinoise", in Jean-Pierre Cléro e Alain Niderst (org.), *Le Végétal*. Rouen: Publications de l'Université de Rouen, 2000. pp.31-66.

FARQUHAR, Judith e ZHANG, Qicheng. *Ten Thousand Things: Nurturing Life in Contemporary Beijing*. Cambridge (Mass.): MIT Press, 2012.

FAVA, Patrice. *Aux portes du ciel: la statuaire taoïste du Hunan. Art et anthropologie de la Chine*. Paris: Les Belles Lettres; École Française d'Extrême-Orient, 2013.

FELD, Steven. *Sound and Sentiment: Birds, Weeping, Poetics, and Song in Kaluli Expression*. Filadélfia (Pa.): University of Pennsylvania Press, 1982.

FÉLIBIEN, André. *Le Songe de Philomathe*. Paris: Mabre-Cramoisy, 1683.

FERRARO DORTA, Sonia. *Paríko, etnografia de um artefato plumário*. São Paulo: Edição do Fundo de Pesquisas do Museu Paulista da Universidade de São Paulo, 1981.

FEWKES, Jesse Walter. "Dolls of the Tusayan Indians", *Internationales Archiv für Ethnographie*, vol. 7, 1894. pp.45-73.

____. "Tusayan Katcinas", in *Annual Report of the Bureau of American Ethnology, 1893-1894*. Washington (D.C.): Government Printing Office, 1897. pp.245-313.

____. "A Theatrical Performance at Walpi", *Proceedings of the Washington Academy of Science*, vol. 2, nº 33, 1900. pp.605-629.

____. "Hopi Katcinas Drawn by Native Artists", in *Annual Report of the Bureau of American Ethnology, 1899-1900*. Washington (D.C.): Government Printing Office, 1903. pp.4-126.

____. *Archaeology of the Lower Mimbres Valley, New Mexico*. Washington (D.C.): Smithsonian Institution, 1914.

____e STEPHEN, Alexander M. "The Pá-lü-lü-kon-ti: a Tusayan Ceremony", *Journal of American Folklore*, vol. 6, nº 23, 1893. pp.269-284.

FIENUP-RIORDAN, Ann. *Boundaries and Passages: Rule and Ritual in Yup'ik Oral Tradition*. Norman (Okla.): University of Oklahoma Press, 1994.

____. *The Living Tradition of Yup'ik Masks: Agayuliyararput, Our Way of Making Prayer*. Seattle (Wash.); Londres: University of Washington Press, 1996.

FINGESTEN, Peter. *Eclipse of Symbolism*. Columbia (S.C.): University of South Carolina Press, 1970.

FINK, Daniel A. "Vermeer's Use of the Camera Obscura — A Comparative Study", *The Art Bulletin*, vol. 53, nº 4, 1971. pp.493-505.

FITZHUGH, William W. e CROWELL, Aron (org.). *Crossroads of Continents: Cultures of Siberia and Alaska*. Washington (D.C.): Smithsonian Institution Press, 1988.

FLANNERY, Regina e CHAMBERS, Mary Elizabeth. "Each Man Has His Own Friends: The Role of Dream Visitors in Traditional East Cree Belief and Practice", *Arctic Anthropology*, vol. 22, nº 1, 1985. pp.1-22.

FLORENSKY, Paul. *La Perspective inversée* suivi de *L'Iconostase* (1919), trad. fr. Françoise Lhoest. Lausanne: L'Âge d'Homme, 1992.

FOUCAULT, Michel. *Les Mots et les Choses. Une archéologie des sciences humaines*. Paris: Gallimard, 1966.

FRANCASTEL, Pierre. *Medieval Painting: 20,000 Years of World Painting ii*. Nova York (N.Y.): Dell, 1967.

FRANCFORT, Henri-Paul. "L'aigle qui marche et le cerf qui vole : images d'hybrides ornithologiques en Asie centrale ancienne", in Pascale Linant de Bellefonds e Agnès Rouveret (org.), *L'Homme-animal dans les arts visuels. Image et créatures hybrides dans le temps et dans l'espace*. Paris:

Les Belles Lettres-Presses Universitaires de Paris Nanterre, 2017. pp.222-237.

FRANKLIN, Natalie R. "Rock Art in South Australia: Analyses of Panaramitee Tradition Engravings and Paintings", *Journal of the Anthropological Society of South Australia*, vol. 34, 2011. pp.56-89.

FRAZER, James G. *The Golden Bough: A Study in Magic and Religion*, edição abreviada. Londres: Macmillan, 1922.

FREEDBERG, David. *The Power of Images: Studies in the History and Theory of Response*. Chicago (Ill.); Londres: University of Chicago Press, 1989.

FREUD, Sigmund. *Moïse et le monothéisme* (1939), trad. fr. Anne Berman. Paris: Gallimard, 1948.

____. *Œuvres complètes. Psychanalyse*, tomo 13. Paris: PUF, 1988.

FROMENTIN, Eugène. *Les Maîtres d'autrefois* (1876). Paris: Garnier, 1972.

GADAMER, Hans-Georg. *Vérité et méthode. Les grandes lignes d'une herméneutique philosophique* (1960), ed. Pierre Fruchon, Jean Grondin e Gilbert Merlio, trad. fr. Étienne Sacre e Paul Ricœur. Paris: Seuil, 1996.

____. *Wahrheit und Methode: Grundzüge Einer Philosophischen Hermeneutik*. Tübingen: Mohr Siebeck, 1960.

GALLAGHER, Shaun e HUTTO, Daniel. "Understanding Others Through Primary Interaction and Narrative Practice", in Jordan Zlatev, Timothy P. Racine, Chris Sinha e Esa Itkonen (orgs.), *The Shared Mind: Perspectives on Intersubjectivity*. Amsterdã: John Benjamins, 2008. pp.17-38.

GALLAGHER, Shaun e ZAHAVI, Dan. *The Phenomenological Mind: An Introduction to Philosophy of Mind and Cognitive Science*. Abingdon; Nova York (N.Y.): Routledge, 2008.

GALTON, Francis. "Composite Portraits, Made by Combining Those of Many Different Persons into a Single Resultant Figure", *Journal of the Anthropological Institute of Great Britain and Ireland*, vol. 8, 1879. pp.132-144.

GARFIELD, Viola. *Tsimshian Clan and Society*. Seattle (Wash.): University of Washington, 1939.

GASQUET, Joachim. *Cézanne*. Paris: Bernheim; Jeune, 1921.

GEERTZ, Armin W. "The Sa'lakwmanawyat Sacred Puppet Ceremonial among the Hopi Indians in Arizona: A Preliminary Investigation", *Anthropos*, vol. 77, nº 1-2, 1982. pp.163-190.

____. *Children of Cottonwood: Piety and Ceremonialism in Hopi Indian Puppetry*. Lincoln (Neb.): University of Nebraska Press, 1987.

GELL, Alfred. *Wrapping in Images: Tattooing in Polynesia*. Oxford: Clarendon Press, 1993.

____. *Art and Agency: An Anthropological Theory*. Oxford: Clarendon Press, 1998.

GENET, Jean. *Journal du voleur*. Paris: Gallimard, 1949.

GINZBURG, Carlo. "Family Resemblances and Family Trees: Two Cognitive Metaphors", *Critical Inquiry*, vol. 30, nº 3, 2004. pp.537-556.

GLEIZES, Albert e METZINGER, Jean. *Du cubisme* (1912). Paris: Hermann, 2012.

GODELIER, Maurice. *L'Énigme du don*. Paris: Fayard, 1996.

GOLDWATER, Robert. *Primitivism in Modern Art* (1938). Cambridge (Mass.); Londres: The Belknap Press of Harvard University Press, 1986.

GOMBRICH, Ernst H. *Meditations on a Hobby Horse, and Other Essays on the Theory of Art* (1963). Chicago (Ill.): University of Chicago Press, 1985.

____. *Aby Warburg: An Intellectual Biography, with a Memoir on the History of the Library by F. Saxl*. Londres: The Warburg Institute, 1970.

____. *Symbolic Images: Studies in the Art of the Renaissance*. Londres: Phaidon, 1972.

GOODMAN, Nelson. "Seven Strictures on Similarity", in Lawrence Foster e Joe William Swanson (orgs.), *Experience and Theory*. Amherst (Mass.): University of Massachusetts Press, 1970. pp.19-29.

____. *Languages of Art: An Approach to a Theory of Symbols*, 2ª ed. Indianapolis (Ind.): Hackett Publishing Company, 1976.

GOODY, Jack. "Civilisation de l'écriture et classification, ou l'art de jouer sur les tableaux", *Actes de la recherche en sciences sociales*, vol. 2, nº 1, 1976. pp.87-101.

GOPNIK, Alison e MELTZOFF, Andrew N. *Words, Thoughts, and Theories*. Cambridge (Mass.): MIT Press, 1997.

GRABAR, André. *Les Voies de la création en iconographie chrétienne, Antiquité et Moyen Âge*. Paris: Flammarion, 1979.

GRABAR, Oleg. *The Mediation of Ornament*. Princeton (N.J.): Princeton University Press, 1992.

GRABURN, Nelson H. H. "From Aesthetics to Prosthetics and Back: Materials, Performance and Consumers in Canadian Inuit Sculptural Arts; or, Alfred Gell in the Canadian Arctic", in Michèle Coquet, Brigitte Derlon e Monique Jeudy-Ballini (org.), *Les Cultures à l'œuvre. Rencontres en art*. Paris: Adam Biro-Éditions de la Maison des Sciences de l'Homme, 2005. pp.47-62.

GRANET, Marcel. *La Pensée chinoise* (1934). Paris: Albin Michel, 1968.

GREENBERG, Clement. "Modernist Painting", *Arts Yearbook*, vol. 4, 1961. pp.101-108.

GRIMAUD, Emmanuel. *Dieux et robots. Les théâtres d'automates divins de Bombay*. Apt: L'Archange Minotaure, 2008.

____ e PARÉ, Zaven. *Le Jour où les robots mangeront des pommes. Conversations avec un androïde*. Paris: Petra, 2011.

GRUPO μ (Francis Édeline, Jean-Marie Klinkenberg, Philippe Minguet). *Traité du signe visuel. Pour une rhétorique de l'image*. Paris: Seuil, 1992.

GRUZINSKI, Serge. *L'Aigle et la Sibylle. Fresques indiennes du Mexique*. Paris: Imprimerie Nationale, 1994.

GUÉDON, Marie-Françoise. "An Introduction to Tsimshian World View and Its Practitioners", in Margaret Seguin (org.), *The Tsimshian: Images of the Past, Views for the Present*. Vancouver: University of British Columbia Press, 1984. pp.137-159.

GUICHARD, Charlotte. *La Griffe du peintre. La valeur de l'art (1730-1820)*. Paris: Seuil, 2018.

GUNN, Robert G., DOUGLAS, Leigh C. e WHEAR, Ray L. "What Bird Is That? Identifying a Probable Painting of *Genyornis newtoni* in Western Arnhem Land", *Australian Archaeology*, vol. 73, 2011. pp.1-12.

GUSS, David M. *To Weave and Sing: Art, Symbol and Narrative in the South American Rainforest*. Berkeley; Los Angeles (Calif.): University of California Press, 1989.

GUTHRIE, Stewart E. *Faces in the Clouds: A New Theory of Religion*. Nova York (N.Y.); Oxford: Oxford University Press, 1993.

GUTIERREZ-CHOQUEVILCA, Andréa-Luz. "*Sisyawaytii tarawaytii*: sifflements serpentins et autres voix d'esprits dans le chamanisme quechua du haut Pastaza (Amazonie péruvienne)", *Journal de la Société des américanistes*, vol. 97, nº 1, 2011. pp.179-221.

HADDAD, Élise. *Le Bien à l'épreuve du mal. À partir du tympan de Beaulieu-sur-Dordogne, adversité apocalyptique et image analogiste*, tese de doutorado, EHESS, 2019.

HADDON, Alfred C. *Evolution in Art, as Illustrated by the Life-Histories of Designs*. Londres: Walter Scott, 1895.

HAGE, Per. "Austronesian Chiefs: Metaphorical or Fractal Fathers?", *Journal of the Royal Anthropological Institute*, vol. 4, nº 4, 1998. pp.786-789.

HAGEN, Margaret A. *Varieties of Realism: Geometries of Representational Art*. Cambridge: Cambridge University Press, 1986.

HALPIN, Marjorie M. *The Tsimshian Crest System: A Study Based on Museum Specimens and the Marius Barbeau and William Beynon Field Notes*, tese de doutorado, University of British Columbia, 1973.

HAMAYON, Roberte. *La Chasse à l'âme. Esquisse d'une théorie du chamanisme sibérien*. Nanterre: Société d'Ethnologie, 1990.

HAMPATÉ BA, Amadou. "La notion de personne en Afrique noire", in *La Notion de personne en Afrique noire*. Paris: Éditions du CNRS, 1973. pp.181-192.

HATT, Gudmund, "Arctic Skin Clothing in Eurasia and America: An Ethnographic Study" (1914), *Arctic Anthropology*, vol. 5, nº 2, 1969. pp.1-132.

HAWKES, Ernest William. *The Labrador Eskimo*. Ottawa: Government Printing Bureau, 1916.

HEGEL, Georg Wilhelm Friedrich. *Esthétique* (1832), trad. fr. Samuel Jankélévitch. Paris: Flammarion, 1979.

_____. *Vorlesungen über die Ästhetik*. Berlim: De Gruyter, 2018.

HENSHILWOOD, Christopher S., D'ERRICO, Francesco, ROYDEN, Yates et al. "Emergence of Modern Human Behavior: Middle Stone Age Engravings from South Africa", *Science*, vol. 295, nº 5558, 2002. pp.1278-1280.

HESSE, Hermann. "Petit portrait biographique", *Fontaine*, nº 57, 1946-1947. pp.709-725.

HESSEL, Ingo. *Inuit Art: An Introduction*. Londres: British Museum Press, 1998.

HILDEBRAND, Adolf. *Le Problème de la forme dans les arts plastiques* (1893), trad. fr. Éliane Beaufils. Paris; Budapeste; Turim: L'Harmattan, 2002.

HOCQUENGHEM, Anne Marie. *Iconografía Mochica*. Lima: Fondo Editorial de la Pontificia Universidad Católica del Perú, 1987.

HOLM, Bill. *Northwest Coast Indian Art: An Analysis of Form*. Seattle (Wash.): University of Washington Press, 1965.

HOLMES, Sandra Le Brun. *Yirawala: Artist and Man*. Brisbane: Jacaranda Press, 1972.

HORI, Ichiro. "Self-Mummified Buddhas in Japan: An Aspect of the Shugen-do ('Mountain Ascetism') Sect", *History of Religions*, vol. 1, nº 2, 1962. pp.222-242.

HOWELL, Signe. "Nature in Culture or Culture in Nature? Chewong Ideas of 'Humans' and Other Species", in Philippe Descola e Gísli Pálsson (orgs.), *Nature and Society: Anthropological Perspectives*. Londres: Routledge, 1996. pp.127-144.

HOWITT, Alfred W. *The Native Tribes of South-East Australia*. Londres: Macmillan, 1904.

INGOLD, Tim. "Totemism, Animism, and the Depiction of Animals", in Marketta Seppälä, Jari-Pekka Vanhala e Linda Weintraub (orgs.), *Animal, Anima, Animus*. Pori: FRAME; Pori Art Museum, 1998. pp.181-207.

INSTALLÉ, Henri. "Le triptyque Mérode: évocation mnémonique d'une famille de marchands colonais, réfugiée à Malines", *Handelingen van de Koninklijke Kring voor Oudheidkunde, Letteren en Kunst van Mechelen*, vol. 96, nº 1, 1992. pp.55-154.

IVINS JR., William M. *On the Rationalization of Sight, with an Examination of Three Renaissance Texts on Perspective*. Nova York (N.Y.): Metropolitan Museum of Art, 1938.

JAKOBSON, Roman. *Essais de linguistique générale*, trad. fr. Nicolas Ruwet. Paris: Minuit, 1963.

JAMES, William. *The Principles of Psychology*, tomo 1. Nova York (N.Y.): Henry Holt, 1918.

JANSSEN, Hans e JOOSTEN, Joop M. (orgs.). *Mondrian, de 1892 à 1914. Les chemins de l'abstraction*. Paris: Musée d'Orsay; Réunion des Musées Nationaux, 2002.

JOCHELSON, Waldemar. *The Koryak: Material Culture and Social Organization*. Leiden; Nova York (N.Y.): Brill-Stechert, 1905.

JULLIEN, François. *La grande image n'a pas de forme*. Paris: Seuil, 2003.

KAPFERER, Bruce. *A Celebration of Demons: Exorcism and the Aesthetics of Healing in Sri Lanka*. Bloomington (Ind.): Indiana University Press, 1983.

KARADIMAS, Dimitri. "Le masque de la raie: étude

ethno-astronomique de l'iconographie d'un masque rituel miraña", *L'Homme*, nº 165, 2003. pp.173-204.

____. "Voir une chenille, dessiner un serpent à plumes. Une relecture analogique de l'hybridité et des êtres imaginaires en Mésoamérique préhispanique", *Journal de la Société des Américanistes*, vol. 100, nº 1, 2014. pp.7-43.

____. "Casse-tête caribe, jeu d'images. Analyses iconographiques des motifs des massues *circum*-*caribes*, des ciels-de-case wayana et des vanneries yekuana", *L'Homme*, nº 214, 2015a. pp.37-74.

____. "L'anti-chimère ou la chimère sans Principe", Ethnographiques.org, set. 2015b.

____. "The Nina-Nina, the Devil and Oruro: The Origins of a Diabolical Figure", *Indiana*, vol. 32, 2015c. pp.23-45.

KARIM, Wazir-Jahan. *Ma' Betisék Concepts of Living Things*. Londres: Althone Press, 1981.

KARSTEN, Rafael. *Blood Revenge, War and Victory Feasts among the Jibaro Indians of Eastern Ecuador*. Washington (D.C.): Government Printing Office, 1923.

____. *The Head-Hunters of Western Amazonas: The Life and Culture of the Jibaro Indians of Eastern Ecuador and Peru*. Helsinque: Societas Scientiarum Fennica, 1935.

KAUFMANN, Christian (org.). *"Rarrk", John Mawurndjul: Journey through Time in Northern Australia*. Belair: Crawford House Publishing, 2005.

KIMBER, Richard G. "Politics of the Secret in Contemporary Western Desert Art", in Christopher Anderson (org.), *Politics of the Secret*. Sydney: University of Sydney, 1995. pp.123-142.

KINDL, Olivia. *La jícara huichola. Un microcosmos mesoamericano*. Cidade do México: Instituto Nacional de Antropología e Historia-Universidade de Guadalajara, 2003.

____. "L'art du nierika chez les Huichol du Mexique. Un 'instrument pour voir'", in Michèle Coquet, Brigitte Derlon e Monique Jeudy-Ballini (orgs.), *Les Cultures à l'œuvre. Rencontres en art*. Paris: Adam Biro-Éditions de la Maison des Sciences de l'Homme, 2005. pp.225-248.

____. "Le concept de 'forme symbolique': un outil d'analyse pour l'anthropologie de l'art?", Actes-Branly.revues.org, 28 jul. 2009.

KLEE, Paul. *Théorie de l'art moderne* (1956), trad. fr. Pierre-Henri Gonthier. Paris: Denoël, 1971.

KLOTZ, Heinrich. "Formen der Anonymität und des Individualismus in der Kunst des Mittelalters und der Renaissance", *Gesta*, vol. 15, nº 1-2, 1976. pp.303-312.

KOPENAWA, Davi e ALBERT, Bruce. "Les ancêtres animaux", in *Yanomami, l'esprit de la forêt*. Paris: Fondation Cartier pour l'Art Contemporain; Actes Sud, 1993. pp.67-87.

____. *La Chute du ciel. Paroles d'un chaman yanomami*. Paris: Plon, 2010.

KUPKA, Karel. *Peintres aborigènes d'Australie*. Paris: Société des Océanistes, 1972.

KUTSCHER, Gerdt. *Nordperuanische Gefässmalereien des Moche-Stils*. Munique: C. H. Beck, 1983.

LABRUSSE, Rémi e MUNCK, Jacqueline. "Derain in London (1906-1907): Letters and Sketchbook", *The Burlington Magazine*, vol. 146, nº 1213, 2004. pp.243-260.

LAGROU, Els. *A fluidez da forma: arte, alteridade e agência em uma sociedade amazônica (Kaxinawa, Acre)*. Rio de Janeiro: TopBooks, 2007.

LANEYRIE-DAGEN, Nadeije. *L'Invention de la nature. Les quatre éléments à la Renaissance ou le peintre premier savant*. Paris: Flammarion, 2010.

LARSON, Shawn E. "Taxonomic Re-Evaluation of the Jaguar", *Zoo Biology*, vol. 16, nº 2, 1997. pp.107-120.

LARUE, Anne. "De l'*Ut pictura poesis* à la fusion romantique des arts", in Joëlle Caullier (org.), *La Synthèse des arts*. Villeneuve-d'Ascq: Presses du Septentrion, 1998. cap. 3.

LATOUR, Bruno. *Nous n'avons jamais été modernes. Essai d'anthropologie symétrique*. Paris: La Découverte, 1991.

LATSANOPOULOS, Nicolas e GOEPFERT, Nicolas. "Un mélange des genres plus qu'ordinaire: panorama de l'hybridité homme-animal en Mésoamérique et dans les Andes", in Pascale Linant de Bellefonds e Agnès Rouveret (orgs.), *L'Homme-animal dans les arts visuels. Image et créatures hybrides dans le temps et dans l'espace*. Paris: Les Belles Lettres; Presses Universitaires de Paris Nanterre, 2017. pp.50-61.

LAUGRAND, Frédéric e OOSTEN, Jarich G. "When Toys and Ornaments Come Into Play: The Transformative Power of Miniatures in Canadian Inuit Cosmology", *Museum Anthropology*, vol. 31, nº 2, 2008. pp.69-84.

LAYTON, Robert H. "The Cultural Context of Hunter-Gatherer Rock Art", *Man*, vol. 20, nº 3, 1985. pp.434-453.

____. "Traditional and Contemporary Art of Aboriginal Australia: Two Case Studies", in Jeremy Coote e Anthony Shelton (orgs.), *Anthropology, Art, and Aesthetics*. Oxford: Clarendon Press, 1992. pp.137-159.

LE BLÉVEC, Daniel e GIRARD, Alain. "Le *Couronnement de la Vierge* d'Enguerrand Quarton. Nouvelle approche", *Comptes rendus des séances de l'Académie des Inscriptions et Belles-Lettres*, vol. 135, nº 1, 1991. pp.103-126.

LEACH, Edmund. "Levels of Communication and Problems of Taboo in the Appreciation of Primitive Art", in Anthony Forge (org.), *Primitive Art and Society*. Londres: Oxford University Press, 1973. pp.221-34.

LEACH, Eleanor Winsor. *The Rhetoric of Space: Literary and Artistic Representations of Landscape in Republican and Augustan Rome*. Princeton (N.J.): Princeton University Press, 1988.

LEFEBVRE, Henri. *Critique de la vie quotidienne ii.*

Fondements d'une sociologie de la quotidienneté. Paris: L'Arche, 1961.

LEROI-GOURHAN, André. *Le Geste et la Parole. Technique et langage*, tomo 1. Paris: Albin Michel, 1964.

___. *Préhistoire de l'art occidental*. Paris: Mazenod, 1965.

LESSING, Gotthold Ephraim. *Laocoon, ou Des frontières de la peinture et de la poésie* (1766), trad. fr. A. Courtin revista e corrigida. Paris: Hermann, 1990.

LÉVI-STRAUSS, Claude. *Tristes tropiques*. Paris: Plon, 1955.

___. *Anthropologie structurale*. Paris: Plon, 1958.

___. *La Pensée sauvage*. Paris: Plon, 1962a.

___. *Le Totémisme aujourd'hui*. Paris: PUF, 1962b.

___. *La Voie des masques*. Genebra: Albert Skira, 1975.

___. "Maison", in Michel Izard, Pierre Bonte et al. (orgs.), *Dictionnaire de l'ethnologie et de l'anthropologie*. Paris: PUF, 1991.

LIDOVA, Maria. "The Artist's Signature in Byzantium: Six Icons by Ioannes Tohabi in Sinai Monastery (11th-12th Century)", *Opera. Nomina. Historiae*, vol. 1. pp.77-98.

LÓPEZ AUSTIN, Alfredo. *The Human Body and Ideology: Concepts of the Ancient Nahuas*. Salt Lake City (Utah): University of Utah Press, 1988.

LORBLANCHET, Michel. *Art pariétal. Grottes ornées du Quercy*. Rodez: Le Rouergue, 2010.

LÖWY, Emanuel. *Die Naturwiedergabe in der älteren griechischen Kunst*. Roma: Verlag von Loescher, 1900.

LUMHOLTZ, Carl. "Symbolism of the Huichol Indians", *Memoirs of the American Museum of Natural History*, vol. 3, nº 1, 1900. pp.1-228.

LUNA, Luis Eduardo e AMARINGO, Pablo. *Ayahuasca Visions: The Religious Iconography of a Peruvian Shaman*. Berkeley (Calif.): North Atlantic Books, 1991.

MACPHERSON, Crawford Brough. *La Théorie politique de l'individualisme possessif de Hobbes à Locke* (1962), trad. fr. Michel Fuchs. Paris: Gallimard, 1971.

MALAMOUD, Charles. "Les morts sans visages: remarques sur l'idéologie funéraire dans le Brâhmanisme", in Gherardo Gnoli e Jean-Pierre Vernant (orgs.), *La Mort, les morts dans les sociétés anciennes*. Cambridge; Paris: Cambridge University Press; Éditions de la Maison des Sciences de l'Homme, 1985. pp.441-453.

MALIN, Edward. *Northwest Coast Indian Painting: House Fronts and Interior Screens*. Portland (Or.): Timber Press, 1999.

MALLERY, Garrick. "Picture-writing of the American Indians", in J. W. Powell (org.), *Tenth Annual Report of the Bureau of Ethnology, Smithsonian Institution* (*1888-1889*). Washington (D.C.): Government Printing Office, 1893. pp.4-222.

MANDELBROT, Benoît. "How Long Is the Coast of Britain? Statistical Self-Similarity and Fractional Dimension", *Science*, vol. 156, nº 3775, 1967. pp.636-638.

___. *Les Objets fractals. Forme, hasard et dimension*. Paris: Flammarion, 1975.

MANDRESSI, Rafael. "Images, imagination et imagerie médicales", in Christian Jacob (org.), *Les Lieux de savoir* 2. *Les Mains de l'intellect*. Paris: Albin Michel, 2011. pp.649-670.

MANNONI, Octave. "'Je sais bien... mais quand même'. La croyance", *Les Temps modernes*, nº 212, 1964. pp.1262-1286.

MARIN, Louis. *Études sémiologiques. Écritures, peintures*. Paris: Klincksieck, 1971.

MARION, Jean-Luc. "Fragments sur l'idole et l'icône", *Revue de métaphysique et de morale*, vol. 84, nº 4, 1979. pp.433-445.

MARMONTEL, Jean-François. *Éléments de littérature* (1787), ed. Sophie Le Ménahèze. Paris: Desjonquères, 2005.

MARTIN, Nastassja. *Les Âmes sauvages. Face à l'Occident, la résistance d'un peuple d'Alaska*. Paris: La Découverte, 2016.

MATTHEWS, William. "Ontology with Chinese Characteristics: Homology as a Mode of Identification", *Hau: Journal of Ethnographic Theory*, vol. 7, nº 1, 2017. pp.265-285.

MAURER, Evan. "Dada et surréalisme", in William Rubin (org.), *Le Primitivisme dans l'art du xxe siècle: les artistes modernes devant l'art tribal*. Paris: Flammarion, 1987. pp.535-594.

MAUSS, Marcel. *Sociologie et anthropologie*. Paris: PUF, 1950.

___. *Œuvres 2. Représentations collectives et diversité des civilisations*. Paris: Minuit, 1974.

MAUZÉ, Marie. "Rivages totémiques", *Systèmes de pensée en Afrique noire*, nº 15, 1998. pp.127-168.

MEGGITT, Mervyn J. *Desert People: A Study of the Walbiri Aborigines of Central Australia*. Chicago (Ill.); Londres: University of Chicago Press, 1965.

MEISS, Millard, com a assitência de Sharon Off Dunlap Smith e Elizabeth H. Beatson, *French Painting in the Time of Jean de Berry: The Limbourgs and Their Contemporaries*. Nova York (N.Y.): George Braziller; The Pierpont Morgan Library, 1974.

MERLEAU-PONTY, Maurice. *L'Œil et l'Esprit*. Paris: Gallimard, 1964.

MÉROT, Alain. "Nicolas Poussin et la notion de nature", *Le Fablier. Revue des Amis de Jean de La Fontaine*, nº 16, 2005. pp.11-15.

___. *Du paysage en peinture dans l'Occident moderne*. Paris: Gallimard, 2009.

MICHAUD, Philippe-Alain. *Aby Warburg et l'image en mouvement*. Paris: Macula, 1998.

MITCHELL, W. J. Thomas. *What Do Pictures Want? The Lives and Loves of Images*. Chicago (Ill.)-Londres: University of Chicago Press, 2005.

MORGAGNI, Simone e CHEVALIER, Jean-Marie. "Iconicité et ressemblance: une remontée sémiotique aux sources de la cognition", *Intellectica*, vol. 58, nº 2, 2012. pp.91-171.

MORI, Masahiro. "La vallée de l'étrange" (1970), *Gradhiva*, nº 12, 2012. pp.26-33.

____. *The Buddha in the Robot: A Robot Engineer's Thoughts on Science and Religion* (1974), trad. ingl. Charles S. Terry. Tóquio: Kosei Publishing, 1981.

MORPHY, Howard. *Ancestral Connections: Art and an Aboriginal System of Knowledge*. Chicago (Ill.); Londres: University of Chicago Press, 1991.

____. "From Dull to Brilliant: The Aesthetics of Spiritual Power among the Yolngu", in Jeremy Coote e Anthony Shelton (orgs.), *Anthropology, Art, and Aesthetics*. Oxford: Clarendon Press, 1992. pp.181-208.

MORRIS, Charles W. *Signs, Language, and Behavior*. Nova York (N.Y.): Prentice Hall, 1946.

MOUNTFORD, Charles P. (org.). *Records of the American-Australian Scientific Expedition to Arnhem Land 1: Art, Myth and Symbolism*. Melbourne: Melbourne University Press, 1956.

MUNN, Nancy D. *Walbiri Iconography: Graphic Representation and Cultural Symbolism in a Central Australian Society*. Chicago (Ill.): University of Chicago Press, 1973.

MYERS, Fred R. "Aesthetics and Practice: A Local Art History of Pintupi Painting", in Howard Morphy e Margo Smith Boles (orgs.), *Art from the Land: Dialogues with the Kluge-Ruhe Collection of Australian Aboriginal Art*. Charlottesville (Va.): University of Virginia, 1999. pp.219-259.

____. *Painting Culture: The Making of an Aboriginal High Art*. Durham (N.C.): Duke University Press, 2002.

NANCY, Jean-Luc. *Le Regard du portrait*. Paris: Galilée, 2000.

NASH, June. "The Devil in Bolivia's Nationalized Tin Mines", *Science & Society*, vol. 36, nº 2, 1972. pp.221-233.

NELSON, Edward William. *The Eskimo about Bering Strait: Extract from the Eighteenth Annual Report of the Bureau of American Ethnology*. Washington (D.C.): Government Printing Office, 1900.

NELSON, Richard K. *Make Prayers to the Raven: A Koyukon View of the Northern Forest*. Chicago (Ill.): University of Chicago Press, 1983.

NEURATH, Johannes. "Simultanéité de visions: le *nierika* dans les rituels et l'art des Huichols", in Philippe Descola (org.), *La Fabrique des images. Visions du monde et formes de la représentation*. Paris: Somogy-Musée du Quai Branly, 2010. pp.205-213.

____ e JÁUREGUI, Jesús (orgs.). *Fiesta, literatura y magia en el Nayarit. Ensayos sobre coras, huicholes y mexicaneros de Konrad Theodor Preuss*. Cidade do México: Instituto Nacional Indigenista; Centro Francés de Estudios Mexicanos y Centroamericanos, 1998.

NEWMAN, Barnett. *Selected Writings and Interviews*. Nova York (N.Y.): Knopf, 1990.

NICKEL, Helmut. "The Man Beside the Gate", *The Metropolitan Museum of Art Bulletin*, vol. 24, nº 8, 1966. pp.237-244.

NICOD, Jean. *Foundations of Geometry and Induction: Containing Geometry in a Sensible World and the Logical Problem of Induction, with Prefaces by Bertrand Russell and André Lalande*. Londres: Kegan Paul-Trench, Trübner & Co, 1930.

NORDENSKIÖLD, Erland. *Picture-Writing and Other Documents by Néle, Paramount Chief of the Cuna Indians and Reuben Pérez Kantule, His Secretary*. Gotemburgo: Elanders Boktryckeri Aktiebolag, 1928.

O'CONNOR, Francis V. *Jackson Pollock*. Nova York (N.Y.): Museum of Modern Art, 1967.

OBEYESEKERE, Gananath. "The Ritual Drama of the *Sanni* Demons: Collective Representations of Disease in Ceylon", *Comparative Studies in Society and History*, vol. 11, nº 2, 1969. pp.174-216.

OLIVIER, Fernande. *Picasso et ses amis*. Paris: Stock, 1993.

OOSTEN, Jarich G. "Representing the Spirits: The Masks of the Alaskan Inuit", in Jeremy Coote e Anthony Shelton (orgs.), *Anthropology, Art, and Aesthetics*. Oxford: Clarendon Press, 1992. pp.113-134.

PÄCHT, Otto. "Early Italian Nature Studies and the Early Calendar Landscape", Journal of the Warburg and Courtauld Institutes, vol. 13, nº 1/2, 1950. p.32.

____. *Le Paysage dans l'art italien. Les premières études d'après nature dans l'art italien et les premiers paysages de calendriers* (1950), trad. fr. Patrick Joly. Saint-Pierre-de-Salerne: Gérard Monfort, 1991.

____. *Van Eyck and the Founders of Early Netherlandish Painting* (1989), trad. ingl. David Britt. Londres: Harvey Miller, 1994.

PADOUX, André. "Corps et cosmos. L'image du corps du yogin tantrique", in Véronique Bouillier e Gilles Tarabout (orgs.), *Images du corps dans le monde hindou*. Paris: CNRS Éditions, 2002. pp.163-187.

PANOFSKY, Erwin. *La Perspective comme forme symbolique* (1927), trad. fr. Guy Ballangé. Paris: Minuit, 1975.

____. *Early Netherlandish Painting, Its Origins and Character*. Cambridge (Mass.): Harvard University Press, 1953.

____. *The Life and Art of Albrecht Dürer* (1955). Princeton (N.J.): Princeton University Press, 1995.

____. *Tomb Sculpture: Four Lectures on Its Changing Aspects from Ancient Egypt to Bernini*. Nova York (N.Y.): Harry N. Abrams, 1964.

PAPAPETROS, Spyros. "Darwin's Dog and the Parasol: Cultural Reactions to Animism", e-flux.com, jul. 2012.

PARK, Katharine. *Secrets of Women: Gender, Generation, and the Origins of Human Dissection*. Nova York (N.Y.): Zone Books, 2006.

PASTOUREAU, Michel. *Traité d'héraldique*. Paris: Picard, 1979.

PEIRCE, Charles Sanders. *Collected Papers of Charles Sanders Peirce*, tomo 2, ed. Charles Hartshorne e Paul Weiss. Cambridge (Mass.): Belknap Press, 1932.

593

PELLIZZARO, Siro. *Arútam. Mitos y ritos para propiciar a los espíritus.* Sucúa: Centro de Documentación, Investigación y Publicaciones, 1976.

____. *La tsantsa. Celebración de la cabeza cortada.* Sucúa: Centro de Documentación, Investigación y Publicaciones, 1980.

PENONI, Isabel. "Réappropriations contemporaines du rituel. Regards croisés sur le cinéma kuikuro (Haut-Xingu, Brésil) et le festival traditionnel luvale (Haut-Zambèze, Angola)", *Gradhiva*, nº 28, 2018. pp.195-219.

PÉREZ, Patrick. *Les Indiens Hopi d'Arizona. Six études anthropologiques.* Paris: L'Harmattan, 2004.

PERRIN, Michel. *Voir les yeux fermés. Arts, chamanisme et thérapie.* Paris: Seuil, 2007.

PESTILI, Livio. "The Artist's Signature as a Sign of Inauthenticity", *Notes in the History of Art*, vol. 32, nº 3, 2013. pp.5-16.

PETTIGREW, Jack, CALLISTEMON, Chloe, WEILER, Astrid et al. "Living Pigments in Australian Bradshaw Rock Art", Antiquity.ac.uk, dez. 2010.

PHILIPPOT, Paul. *La Peinture dans les anciens Pays-Bas, xve-xvie siècles* (1994). Paris: Flammarion, 2008.

PLÍNIO, O VELHO. *Histoire naturelle* (verso 77), trad. fr. Émile Littré. Paris: Dubochet, 1848-1850.

PODOLINSKY WEBBER, Alika. "Ceremonial Robes of the Montagnais-Naskapi", *American Indian Art Magazine*, vol. 9, nº 1, 1983. pp.60-77.

POUILLON, Jean. "Remarques sur le verbe 'croire'", in Michel Izard e Pierre Smith (orgs.), *La Fonction symbolique. Essais d'anthropologie.* Paris: Gallimard, 1979. pp.43-51.

PRAK, Maarten. *The Dutch Republic in the Seventeenth Century: The Golden Age* (2002), trad. ingl. Diane Webb. Cambridge: Cambridge University Press, 2005.

PREISSLER, Melissa A. e CAREY, Susan. "Do Both Pictures and Words Function as Symbols for 18- and 24-Month-Old Children?", *Journal of Cognition and Development*, vol. 5, nº 2, 2004. pp.185-212.

PREUSS, Konrad Theodor. "Die Opferblutschale der alten Mexikaner erläutert nach den Angaben der Cora-Indianer", *Zeitschrift für Ethnologie*, vol. 43, nº 2, 1911. pp.293-306.

PRICE, Sally e PRICE, Richard. *Les Arts des Marrons* (1999), trad. fr. Michèle Baj-Strobel. La Roque-d'Anthéron: Vents d'ailleurs, 2005.

PROUST, Marcel. *Le Côté de Guermantes iii.* Paris: Gallimard, 1921.

PRUITT JR., William O. *Behavior of the Barren-Ground Caribou.* Fairbanks (Alaska): University of Alaska, 1960.

RASMUSSEN, Knud. *The People of the Polar North.* Londres: Kegan Paul-Trench, Trübner & Co, 1908.

____. *Report of the Fifth Thule Expedition 1921-24*, vol. 7, nº 2, *Intellectual Culture of the Iglulik Eskimos.* Copenhague: Gyldendalske Boghandel, Nordisk Forlag, 1929.

RAY, Dorothy Jean. *Eskimo Masks: Art and Ceremony.* Seattle (Wash.): University of Washington Press, 1967.

RIEGL, Aloïs. *L'Industrie d'art romaine tardive* (1901), trad. fr. Marielène Weber e Sophie Yersin Legrand. Paris: Macula, 2014.

ROGER, Alain. *Court traité du paysage.* Paris: Gallimard, 1997.

RONEN, Avraham. "Due paesaggi nella Pinacoteca di Siena già attribuiti ad Ambrogio Lorenzetti", *Mitteilungen des Kunsthistorischen Institutes in Florenz*, vol. 50, nº 3, 2006. pp.367-400.

ROSCH, Eleanor. "Natural Categories", *Cognitive Psychology*, vol. 4, nº 3, 1973. pp.328-350.

ROUAUD, Jean. *La Splendeur escamotée de frère Cheval, ou le Secret des grottes ornées.* Paris: Grasset, 2018.

ROUVERET, Agnès. *"Pictos ediscere mundos.* Perception et imaginaire du paysage dans la peinture hellénistique et romaine", *Ktema. Civilisations de l'Orient, de la Grèce et de Rome antiques*, nº 29, 2004. pp.325-344.

RUBIN, William. "Le primitivisme moderne: une introduction" (1984a), in id. (org.), *Le Primitivisme dans l'art du xxe siècle: les artistes modernes devant l'art tribal.* Paris: Flammarion, 1987. pp.1-82.

____. "Picasso" (1984b) in id. (org.), *Le Primitivisme dans l'art du xxe siècle: les artistes modernes devant l'art tribal*, op. cit. pp.241-344.

RUSHING, W. Jackson. "Ritual and Myth: Native American Culture and Abstract Expressionism", in Maurice Tuchman e Judi Freeman (org.), *The Spiritual in Art: Abstract Painting, 1890-1985.* Nova York (N.Y.): Abbeville Press, 1986. pp.273-295.

SALADIN D'ANGLURE, Bernard, com a colaboração de Michael Mautaritnaaq e Johanne Mark (orgs.), *Inuit and Caribou.* Quebec: Association Inuksiutiit Katimajiit, 1979.

____. *Être et renaître inuit, homme, femme ou chamane.* Paris: Gallimard, 2006.

SAMUEL, Cheryl. *The Chilkat Dancing Blanket.* Norman (Okla.); Londres: University of Oklahoma Press, 1982.

SAPIR, Edward. *A Sketch of the Social Organization of the Nass River Indians.* Ottawa: Government Printing Bureau, 1915.

SAXL, Fritz. "Microcosm and Macrocosm in Medieval Pictures", in id. (org.), *Lectures i.* Londres: The Warburg Institute; University of London, 1957. pp.58-72.

SCHAEFFER, Jean-Marie. *Les Célibataires de l'art. Pour une esthétique sans mythes.* Paris: Gallimard, 1996.

____. "Objets esthétiques?", *L'Homme*, nº 170, 2004. pp.25-46.

____. "La chair est image", in Stéphane Breton (org.), *Qu'est-ce qu'un corps? Afrique de l'Ouest, Europe occidentale, Nouvelle-Guinée, Amazonie.* Paris: Musée du Quai Branly; Flammarion, 2006. pp.58-81.

SCHAPIRO, Meyer. "'Muscipula Diaboli': The Symbolism of the Mérode Altarpiece", *The Art Bulletin*, vol. 27, nº 3, 1945. pp.182-187.

____. "A Note on the Mérode Altarpiece", *The Art Bulletin*, vol. 41, nº 4, 1959. pp.327-328.

SCHÄRER, Hans. *Ngaju Religion: The Conception of God among a South Borneo People* (1946), trad. Ingl. Rodney Needham. Haia: Martinus Njhoff, 1963.

SCHIEFFELIN, Edward L. *The Sorrow of the Lonely and the Burning of the Dancers*. Nova York (N.Y.): St. Martin's Press, 1987.

SCHIER, Flint. *Deeper into Pictures: An Essay on Pictorial Representation*. Cambridge: Cambridge University Press, 1986.

SCHILD BUNIM, Miriam. *Space in Medieval Painting and the Forerunners of Perspective*. Nova York (N.Y.): Columbia University Press, 1940.

SCHILTZ, Véronique. *Les Scythes et les nomades des steppes, viiie siècle avant J.-C.-ier siècle apres J.-C.* Paris: Gallimard, 1994.

SCHLEGEL, August Wilhelm. *La Doctrine de l'art. Conférences sur les belles lettres et l'art* (1884), trad. Fr. Marc Géraud e Marc Jimenez. Paris: Klincksieck, 2009.

SCHMITT, Jean-Claude. *Le Corps des images. Essais sur la culture visuelle au Moyen Âge*. Paris: Gallimard, 2002.

SCHNEIDER, Lucien. *Dictionnaire esquimau-français du parler de l'Ungava*, nova edição ampliada. Quebec: Presses de l'université Laval, 1970.

SCHNEIDER, Pierre. "Une profondeur étrangère", in Mark Alizart (org.), *Traces du sacré. Visitations*. Paris: Centre Pompidou, 2008. pp.119-148.

SCHOOLCRAFT, Henry Rowe. *Historical and Statistical Information Respecting the History, Condition and Prospects of the Indian Tribes of the United States: Collected and Prepared under the Direction of the Bureau of Indian Affairs per Act of Congress of March 3rd, 1847*. Filadélfia (Pa.): Lippincott, Grambo & Co, 1851.

SCHWARTZBERG, Joseph E. "Cosmography in Southeast Asia", in John Brian Harley e David Woodward (orgs.), *The History of Cartography: Cartography in the Traditional East and Southeast Asian Societies*. Chicago (Ill.): University of Chicago Press, 1994. pp.701-740.

SCOLARI, Massimo. *Oblique Drawing: A History of Anti-Perspective* (2005), trad. Ingl. Jenny Condie Palandri. Cambridge (Mass.): MIT Press, 2012.

SEBEOK, Thomas A. *Contributions to the Doctrine of Signs*. Bloomington (Ind.); Lisse: Indiana University Press; Peter de Ridder Press, 1976.

SEVERI, Carlo. "Présences du primitif. Masques et chimères dans l'œuvre de Joseph Beuys", *Les Cahiers du Musée National d'Art Moderne*, nº 42, 1992. pp.30-47.

____. "Warburg anthropologue ou le déchiffrement d'une utopie. De la biologie des images à l'anthropologie de la mémoire", *L'Homme*, nº 165, 2003. pp.77-128.

____. *Le Principe de la chimère. Une anthropologie de la mémoire* (2004). Paris: Éditions Rue d'Ulm-Musée du Quai Branly, 2007.

____. "L'espace chimérique. Perception et projection dans les actes de regard", *Gradhiva*, nº 13, 2011. pp.9-47.

____. "Zoologie ou Anthropologie de la mémoire? Réponse à Dimitri Karadimas", Ethnographiques.org, set. 2015.

____. *L'Objet-personne. Une anthropologie de la croyance visuelle*. Paris: Éditions Rue d'Ulm; Musée du Quai Branly, 2017.

SHANE, Audrey P. M. "Power in Their Hands: The Gitsonk", in Margaret Seguin (org.), *The Tsimshian: Images of the Past, Views for the Present*. Vancouver: University of British Columbia Press, 1984. pp.160-173.

SHARF, Robert H. "The Idolization of Enlightenment: On the Mummification of Ch'an Masters in Medieval China", *History of Religions*, vol. 32, nº 1, 1992. pp.1-31.

SHARON, Douglas. *Wizard of the Four Winds: A Shaman's Story*. Nova York (N.Y.); Londres: Free Press, 1978.

____. (org.). *Mesas and Cosmologies in Mesoamerica*. San Diego (Calif.): San Diego Museum of Man, 2003.

SICARD, Monique. "La 'photo-graphie', entre nature et artefact", in Philippe Descola (org.), *La Fabrique des images. Visions du monde et formes de la représentation*. Paris: Somogy; Musée du Quai Branly, 2010. pp.113-124.

SMITH, Edwin William e DALE, Andrew Murray. *The Ila-Speaking Peoples of Northern Rhodesia*. Londres: Macmillan, 1920.

SMITH, Robert. "Natural versus Scientific Vision: The Foreshortened Figure in the Renaissance", *Gazette des beaux-arts*, nº 84, 1974. pp.239-248.

SPECTOR, Jack J. "Freud, collectionneur d'art", in Roland Jaccard (org.), *Freud. Jugements et témoignages*. Paris: PUF, 2006. pp.79-100.

SPENCER, Walter Baldwin. *Wanderings in Wild Australia*, tomo 2. Londres: Macmillan, 1928.

____ e GILLEN, Franck J. *The Native Tribes of Central Australia*. Londres: Macmillan, 1899.

SPERBER, Dan. *La Contagion des idées. Théories naturalistes de la culture*. Paris: Odile Jacob, 1996.

STEIN, Rolf A. *Le Monde en petit. Jardins en miniature et habitation dans la pensée religieuse d'Extrême-Orient*. Paris: Flammarion, 1987.

STEINEN, Karl von den. *Unter den Naturvölkern Zentral-Brasiliens*. Berlim: Dietrich Reimer Verlag, 1894.

____. *Les Marquisiens et leur art. Étude sur le développement de l'ornementation primitive des mers du sud d'après des résultats personnels de voyage et les collections des musées* (1925-1928) vol. 2, trad. Fr. Almut e Jean Pagès. Papeete: Musée de Tahiti et des îles, 2005.

STÉPANOFF, Charles. "Corps et âmes d'animaux en Sibérie: de l'Amour animique à l'Altaï analogique", in Philippe Descola (org.), *La Fabrique des images. Visions du monde et formes de la repré-*

sentation. Paris: Somogy; Musée du Quai Branly, 2010. pp.61-69.

___. "Dessins chamaniques et espace virtuel dans le chamanisme khakasse", *Gradhiva*, nº 17, 2013. pp.144-169.

___. *Voyager dans l'invisible. Techniques chamaniques de l'imagination*. Paris: La Découverte, 2019.

STÖHR, Waldemar. "Über einige Kultzeichnungen der Ngadju-Dayak", *Ethnologica*, vol. 4, 1968. pp.394-419.

STOICHITA, Victor I. *Brève histoire de l'ombre*. Genebra: Droz, 2000.

STOLPE, Knut Hjalmar. *Collected Essays in Ornamental Art*, trad. Ingl. H. C. March. Estocolmo: Aftonbladets Tryckeri, 1927.

STREHLOW, Carl. *Die Aranda- und Loritja-Stämme in Zentral-Australien*. Frankfurt do Meno: Joseph Baer, 1907-1920.

SUTTON, Peter (org.). *Dreamings: The Art of Aboriginal Australia*. Nova York (N.Y.): Viking-The Asia Society Galleries, 1989.

TAÇON, Paul. "Art and the Essence of Being: Symbolic and Economic Aspects of Fish among the Peoples of Western Arnhem Land, Australia", in Howard Morphy (org.), *Animals into Art*. Londres: Unwin Hyman, 1989. pp.236-250.

TAINE, Hippolyte. *Philosophie de l'art dans les Pays-Bas. Leçons professées à l'École des Beaux-arts*. Paris: Germer Baillière, 1868.

TANNER, Jeremy. "Portraits and Agency: A Comparative View", in id. E Robin Osborne (orgs.), *Art's Agency and Art History*. Malden (Mass.); Oxford: Blackwell, 2007. pp.70-94.

TAYLOR, Anne-Christine. "Les bons ennemis et les mauvais parents. Le traitement de l'alliance dans les rituels de chasse aux têtes des Shuar (Jivaro) de l'Équateur", in Élisabeth Copet-Rougier e Françoise Héritier-Augé (org.), *Les Complexités de l'alliance 4. Économie, politiques et fondements symboliques*. Paris: Éditions des Archives Contemporaines, 1993ª. pp.73-105.

___. "Remembering to Forget: Jivaroan Ideas of Identity and Mortality", *Man*, vol. 28, nº 4, 1993b. pp.653-678.

___. "Les masques de la mémoire. Essai sur la fonction des peintures corporelles jivaro", *L'Homme*, nº 165, 2003. pp.223-248.

___. "Devenir jivaro. Le statut de l'homicide guerrier en Amazonie", in id. E Salvatore D'Onofrio (orgs.), *La Guerre en tête*. Paris: L'Herne, 2006. pp.67-84.

___ e VIVEIROS DE CASTRO, Eduardo. "Un corps fait de regards", in Stéphane Breton (org.), *Qu'est-ce qu'un corps? Afrique de l'Ouest, Europe occidentale, Nouvelle-Guinée, Amazonie*. Paris: Musée du Quai Branly; Flammarion, 2006. pp.148-199.

TAYLOR, Luke. "Seeing the 'Inside': Kunwinjku Paintings and the Symbol of the Divided Body", in Howard Morphy (org.), *Animals into Art*. Londres: Unwin Hyman, 1989. pp.371-389.

___. *Seeing the Inside: Bark Painting in Western Arnhem Land*. Oxford: Clarendon Press, 1996.

___. "Flesh, Bone and Spirit: Western Arnhem Land Bark Painting", in Howard Morphy e Margo Smith Boles (orgs.), *Art from the Land: Dialogues with the Kluge-Ruhe Collection of Australian Aboriginal Art*. Charlottesville (Va.): University of Virginia, 1999. pp.27-56.

TESTART, Alain. *Art et religion de Chauvet à Lascaux*. Paris: Gallimard, 2016.

THOMAS, Nicholas. "Kiss the Baby Goodbye: 'Kowhaiwhai' and Aesthetics in Aotearoa New Zealand", *Critical Inquiry*, vol. 22, nº 1, 1995a. pp.90-121.

___. *Oceanic Art*. Londres: Thames & Hudson, 1995b.

THOMPSON, D'Arcy Wentworth. *On Growth and Form* (1917), ed. abreviada John T. Bonner. Cambridge: Cambridge University Press, 1961.

TISDALL, Caroline. *Joseph Beuys: Coyote*. Londres: Thames & Hudson, 2008.

TITIEV, Mischa. *The Hopi Indians of Old Oraibi: Change and Continuity*. Ann Arbor (Mich.): University of Michigan Press, 1972.

TODOROV, Tzvetan. *Éloge du quotidien. Essai sur la peinture hollandaise du xviie siècle* (1993). Paris: Seuil, 1997.

___. *Éloge de l'Individu. Essai sur la peinture flamande de la Renaissance*. Paris: Adam Biro, 2000-2001.

TOPINARD, Paul. *L'Homme dans la nature* (1891). Paris: Jean-Michel Place, 1991.

TRUTAT, Eugène. *La Photographie appliquée à l'histoire naturelle*. Paris: Gauthier-Villars, 1884.

TUGENDHAFT, Aaron. "Paradise in Perspective: Thoughts from Pavel Florensky", Kronos.org.pl, jan. 2009.

TURNER, Lucien. *Ethnology of the Ungava District, 1889-90*. Washington (D.C.): Government Printing Office, 1894.

TURNER, Victor W. "Betwixt and Between: The Liminal Period in *rites de passage*", in Melford E. Spiro e June Helm (orgs.), *Symposium on New Approaches to the Study of Religion: Proceedings of the 1964 Annual Spring Meeting of the American Ethnological Society*. Seattle (Wash.): University of Washington Press, 1964. pp.4-20.

VALADÉS, Diego. *Retórica cristiana* (1579), ed. e trad. esp. Esteban J. Palomera. Cidade do México: Fondo de Cultura Económica, 1989.

VALDOVINOS, Margarita e NEURATH, Johannes. "Instrumentos de los dioses. Piezas selectas de la colección Preuss", *Artes de México*, nº 85, 2007. pp.50-63.

VAN DER HAMMEN, María Clara. *El manejo del mundo. Naturaleza y sociedad entre los Yukuna de la Amazonia colombiana*. Bogotá: Tropenbos, 1992.

VAN VELTHEM, Lúcia Hussak. "The Woven Universe: Carib Basketry", in Colin McEwan, Cristiana Barreto e Eduardo Neves (orgs.), *Unknown Amazon: Culture in Nature in Ancient Brazil*. Londres: The British Museum Press, 2001. pp.198-213.

____. *O belo é a fera : a estética da produção e da predação entre os Wayana*. Lisboa: Assírio & Alvim; Museu Nacional de Etnologia, 2003.

VANDIER-NICOLAS, Nicole. "La peinture chinoise à l'époque Song", *Cahiers de Civilisation Médiévale*, nº 36, 1966. pp.513-532.

VERNANT, Jean-Pierre. "De la présentification de l'invisible à l'imitation de l'apparence", in *Image et signification. Rencontres de l'École du Louvre*. Paris: La Documentation Française, 1983. pp.25-37.

____. "Figuration et image", *Mètis. Anthropologie des mondes grecs anciens*, nº 5, 1990. pp.225-238.

VERWORN, Max. *Die Anfänge der Kunst*, 2ª ed. Jena: Fischer, 1920.

VIDAL, Denis. "Une négociation agitée. Essai de description d'une situation d'interaction entre des hommes et des dieux", *Études rurales*, nº 107-108, 1987. pp.71-83.

____. "Anthropomorphism or Sub-Anthropomorphism? An Anthropological Approach to Gods and Robots", *Journal of the Royal Anthropological Institute*, vol. 13, nº 4, 2007. pp.917-933.

____. *Aux frontières de l'humain. Dieux, figures de cire, robots et autres artefacts*. Paris: Alma, 2016.

VIDAL, Lux. "A pintura corporal e a arte gráfica entre os Kayapó-Xikrin do Cateté", in id. (org.), *Grafismo indígena. Estudos de Antropologia Estética*. São Paulo: Studio Nobel; Edusp, 2007. pp.143-190.

VIDEAU, Anne. "Fonctions et représentations du paysage dans la littérature latine", in Michel Collot (org.), *Les Enjeux du paysage*. Bruxelas: Ousia, 1997. pp.32-53.

VILLELA-PETIT, Inès. "Dialogues de Pierre Salmon", in Élisabeth Taburet-Delahaye (org.), *Paris, 1400. Les arts sous Charles VI*. Paris: Fayard-Réunion des Musées Nationaux, 2004. pp.120-123.

____. "Der Meister zwischen den Kampagnen: Barthélemy d'Eyck", in id., Patricia Stirnemann e Emmanuelle Toulet (orgs.), *Les Très Riches Heures. Das Meisterwerk für den Herzog von Berry*. Lucerna: Quaternio Verlag, 2013. pp.125-143.

VINCI, Léonard de. *Les Carnets de Léonard de Vinci* (1942), ed. Edward MacCurdy, trad. fr. Louise Servicen. Paris: Gallimard, 1987.

VIRGILE. *Œuvres complètes*, ed. Charles Nisart. Paris: Dubochet, 1845.

VIVEIROS DE CASTRO, Eduardo. "Os pronomes cosmológicos e o perspectivismo ameríndio", *Mana*, vol. 2, nº 2, 1996. pp.115-144.

____. *Métaphysiques cannibales*, trad. fr. Oiara Bonilla. Paris: PUF, 2009.

VOGT, Evon Z. *Tortillas for the Gods: A Symbolic Analysis of Zinacanteco Rituals*. Cambridge (Mass.): Harvard University Press, 1976.

WACHTEL, Nathan. *Le Retour des ancêtres. Les Indiens Urus de Bolivie, xxe-xvie siècle. Essai d'histoire régressive*. Paris: Gallimard, 1990.

WAGNER, Roy. "The Fractal Person", in Maurice Godelier e Marilyn Strathern (orgs.), *Big Men and Great Men: Personifications of Power in Melanesia*. Cambridge; Paris: Cambridge University Press; Éditions de la Maison des Sciences de l'Homme, 1991. pp.159-173.

WALKER, Susan (org.). *Ancient Faces: Mummy Portraits from Roman Egypt*. Nova York (N.Y.): Metropolitan Museum of Art; Routledge, 2000.

WARBURG, Aby. *Essais florentins*, trad. fr. Sybille Müller. Paris: Klincksieck, 1990.

____. *Le Rituel du serpent. Récit d'un voyage en pays pueblo*, trad. fr. Sibylle Müller, Philip Guiton, Diane H. Bodart. Paris: Macula, 2003.

____. *L'Atlas Mnémosyne. Avec un essai de Roland Recht*, trad. fr. Sacha Zilberfarb. Paris: L'Écarquillé--Institut National d'Histoire de l'Art, 2012.

WEINER, Annette B. *Inalienable Possessions: The Paradox of Keeping-While-Giving*. Berkeley (Calif.): University of California Press, 1992.

WENGROW, David. *The Origins of Monsters: Image and Cognition in the First Age of Mechanical Reproduction*. Princeton (N.J.); Oxford: Princeton University Press, 2013.

____. "The Origins of Monsters: A Précis", CognitionAndCulture.net, 10 jan. 2016.

WHITE, David G. "Le monde dans le corps du Siddha. Microcosmologie dans les traditions médiévales indiennes", in Véronique Bouillier e Gilles Tarabout (orgs.), *Images du corps dans le monde hindou*. Paris: CNRS Éditions, 2002. pp.189-212.

WILLERSLEV, Rane. *Soul Hunters: Hunting, Animism, and Personhood among the Siberian Yukaghirs*. Berkeley (Calif.): University of California Press, 2007.

WIRTH, Jean. *L'Image à la fin du Moyen Âge*. Paris: Cerf, 2011.

WIRZ, Paul. *Exorcism and the Art of Healing in Ceylon* (1941). Leiden: Brill, 1954.

WURST, Jürgen Alexander. *Das Figurenalphabet des Meisters E.S.* Munique: Tuduv, 1999.

ZAHAN, Dominique. *Antilopes du soleil. Arts et rites agraires d'Afrique noire*. Viena: Schendl Verlag, 1980.

Índice dos nomes de lugares e de povos

Índice onomástico

Índice dos conceitos

Lista das ilustrações

30. Máscara ma'bétisek figurando um espírito tigre *moyang melur*, esculpida pelo xamã Ahmad Kassim, Malásia; coleção particular.

31. Arabescos no espaldar de uma cadeira alsaciana; Musée Alsacien, Estrasburgo. Borda ornamental de uma prancha para triturar amendoins saamaka, Suriname; coleção John C. Walsh, Boston; a partir de Sally PRICE e Richard PRICE, 2005 (1999), p. 212.

32. Pinturas para as danças kwakiutl do urso e da rã; a partir de Franz BOAS, 1955 (1927), pp.250-255, fig. 264 e 265.

33. Trajes kaluli em repouso e em movimento; a partir das fotos de Steven FELD, 1982, pp.234-235, fotografias 6 e 7.

34. Adereço de penas baniwa, Amazônia brasileira; museu do Quai Branly, Paris, inv. 70.2008.41.1.1-3.

35. Um yanomami da aldeia de Mishimishimaböwei-teri, Venezuela; fotografia de Napoleon A. CHAGNON, 1974, p.12.

36. Desenho wauja: o avatar rã "normal" (*eyusi*), por Kamo; extraído de Aristóteles BARCELOS NETO, 2002, fig. 61.

37. Desenho wauja: o avatar rã-Yerupoho (*Yerupoho eyusi*), por Kamo; extraído de Aristóteles BARCELOS NETO, 2002, fig. 63.

38. Desenho wauja: o avatar rã *apapaatai* (*apapaatai eyusi*), por Kamo; extraído de Aristóteles BARCELOS NETO, 2002, fig. 47.

39. Desenho wauja: o avatar rã *apapaatai* "monstro" (*apapaatai iyajo eyusi*), por Kamo; extraído de Aristóteles BARCELOS NETO, 2002, fig. 62.

40. Máscaras wauja do tipo *eyusi* (rã), macho e fêmea, feitas por Itsautaku; Museu Nacional de Etnologia, Lisboa, inv. BB 683 e BB 687.

41. Desenho wauja: o traje-serpente de Arakuni, por Aulahu; extraído de Aristóteles BARCELOS NETO, 2002, fig. 53.

42. Encontro na praça da aldeia entre uma máscara de espírito *apapaatai* e uma criança assustada, wauja, Brasil.

43. Taniki, *Visão xamânica*, caneta hidrográfica sobre papel, 1978-1981; Fondation Cartier pour l'Art Contemporain, Paris.

44. Shuar do rio Chiguaza, Amazônia equatoriana, 1917; Kulttuurien museo, Helsinki; Finish Heritage Agency, VKK 721:285, Helsique.

45. O lago de Djarrakpi, pintura sobre casca de árvore de Banapana Maymuru, do clã Manggalili; foto de Howard MORPHY, 1991, fig. 10.1, p.219.

46. Pintura de um canguru, kunwinjku, Alligator River, Terra de Arnhem, Austrália, *c.* 1915; museu do Quai Branly, Paris, inv. 71.1935.9.2.

47. Pintura rupestre de um peixe barramundi, Bala-Uru, Deaf Adder Gorge, Território do Norte, Austrália, início do século XX; fotografia extraída de Paul TAÇON, 1989, caderno nº 2.

48. Um *mimih* caçando um canguru, pintura de Dick Nguleingulei Murrumurru, *c.* 1980; National Museum of Australia, Canberra.

49. Pintura de "Namanjwarre, o crocodilo de estuário", de Bobby Barrdjaray Nganjmirra, *c.*1985; Kluge-Ruhe Aboriginal Art Collection of the University of Virginia, Charlottesville, inv. 1989.7005.007.

50. Um humano e Kandakidj, o ser do Sonho Canguru-Antílope, desenho a partir de uma pintura de Yirawala na Australian National Gallery; extraído de Luke Taylor, 1989, p.376.

51. Pinturas em casca de árvore realizadas por Yirawala, representando Lumaluma em diversos estágios de seu desmembramento; Australian National Gallery, Canberra.

52. Reprodução de uma pintura rupestre de *wandjina*; fonte não identificada.

53. Figuração em modo dito "raios x" (frente) e em modo topográfico (verso) do ser do Sonho Barramundi sobre um objeto sagrado kunwinjku da cerimônia *mardayin*; a partir de Charles P. MOUNTFORD, 1956, p. 461, pranchas 148F e 148G; objeto recolhido por C. P. Mountford e fotografado por Jean Truran.

54. *Sonho das larvas witchetty*, pintura sobre tela de Paddy Japaljarri Sims, warlpiri, Yuendumu, Território do Norte, Austrália; museu do Quai Branly, Paris, inv. 72.1991.0.56.

55. Alguns motivos *guruwari* de pegadas, warlpiri; desenho do autor a partir de Nancy D. MUNN, 1973, p.134.

56. Alguns motivos *guruwari* de deslocamentos, warlpiri; desenho do autor a partir de Nancy D. MUNN, 1973, p.134.

57. Churinga figurando a mais velha das mulheres que acompanham os homens do ser do Sonho Ukakia, aranda; a partir de Walter Baldwin SPENCER ee Franck J. GILLEN, 1899, p.149.

58. Wuta Wuta Tjangala, *Ngurrapalangunya*, 1974; o esboço é de Fred MYERS, *Painting Culture*, 2002, p.42.

59. Old Mick Tjakamarra, *O sonho da água das crianças com gambás*, 1973; ©Papunya Tula Artists.

60. Clifford Possum Tjapaltjarri, *Five Dreamings*, 1976; fotografia extraída de Peter SUTTON, 1989, p.111.

61. Pintura representando um tubarão galhudo malhado, haida; desenho extraído de Garrick MALLERY, 1893, p.402, prancha XXV.

62. Prato em ardósia gravada representando um tubarão, anônimo, haida, final do século XIX; American Museum of Natural History, Nova York, inv. 16/603.

63. Manta de dança *chilkat*, tlingit, modo "distributivo", último terço do século XIX; American Museum of Natural History, Nova York, inv. 16.1/1842.

64. Tony Hunt, artista kwakwaka'wakw (kwakiutl), executando a "dança do adereço de cabeça" coberto por uma manta *chilkat* cujo direito de uso ele herdou de sua trisavó tlingit; fotografia Jorgen V. Svendsen.

65a. Representação ritual do ser totêmico Noite (*Munga*) por indivíduos warlpiri durante uma cerimônia *banba*; desenho de Alessandro Pignocchi a partir de uma fotografia de Nancy D. MUNN, 1973, p.134.

65b. Motivos de Noite sobre os ombros, o torso e as coxas, assim como as varas; a partir de Nancy D. MUNN, 1973, p.196.

66. Skateen, um chefe Lobo tsimshian da aldeia Gitlaxdamks, Colúmbia Britânica, *c.* 1890; fotografia extraída de Marius BARBEAU e William BEYNON, 1987, p.283; British Columbia Provincial Archives, foto 87678.

67. Máscara *naxnɔ'x* de águia-pessoa, tsimshian; Musée Canadien de l'Histoire, Gatineau, inv. VII-C-1349.

68. O chefe Səmədi.'k, de Kitwanga, Colúmbia Britânica; fotografia Marius Barbeau, 1923; Musée Canadien de l'Histoire, Gatineau, negativos 59730 e 59746.

69. Adereço de cabeça cerimonial representando o brasão da Águia, tsimshian, segunda metade do século XIX; American Museum of Natural History, Nova York, inv. 16/249.

70. Capa de chefe, em lã debruada de arminho, apresentando dois brasões de águia segurando flechas em suas garras, em botões de madrepérola de abalone, tsimshian, último terço do século XIX; American Museum of Natural History, Nova York, inv. 16/360.

71. Brasão pintado no frontão de uma casa tsimshian da aldeia de Lax Kw'alaams, Fort Simpson, Colúmbia Britânica; recolhido por James G. Swan em 1875; American Museum of Natural History-Smithsonian Institution, Washington, inv. E410732-0.

72. Tambor decorado com uma águia, tsimshian, último terço do século XIX; American Museum of Natural History, Nova York, inv. 16/748.

73. Raghubir Singh, *Pavement Mirror Shop*, Howrah, Bengala Ocidental, 1991.

74. Máscara de tipo Koma Ba contra feitiçaria, etnia maou, Costa do Marfim; museu do Quai Branly, Paris, inv. 73.15583.

75. Homem-tubarão identificado com Beanzim, escultura de Sossa Dede, Abomei, Benim; museu do Quai Branly, Paris, inv. 71.1893.45.3.

76. Dançarinos da sociedade iniciática Ciwara, aldeia de Dyélé, Mali, 1986; fotografia Catherine de Clippel, 1986.

77. Cimeira da sociedade iniciática Ciwara, região de Buguni, Mali; museu do Quai Branly, Paris, inv. 71.1930.26.3.

78. Cerâmica mimbres (1000-1200 d.C.) figurando um híbrido de cascavel do Texas e de peru. Peça 28, NAN Ranch Ruin, Grant County, Novo México; Nan Ranch Collection, 2011.26.9-1353 (28:199), Western New Mexico University Museum.

79. Grande máscara da Diablada de Oruro, Bolívia; museu do Quai Branly, Paris, inv. 71.1971.64.1.

80. *Codex florentin*, livro XI, fólio 63, ilustrações de quatro espécies de híbridos lexicais nauatle, Ms Med. Palat. 220, fólio 214 v.; Biblioteca Laurenziana, Florença.

81. *Os demônios cavalgam e conduzem a montaria da alma, esse elefante compósito*, anônimo, escola mogol, início do século XVI; BNF, Paris, manuscritos, cota Smith-Lesouëf 247.

82. *Borâq, a esfinge compósita do Profeta*, anônimo, escola do Decão, Índia do Sul muçulmana, meados do século XVIII; museu Guimet, Paris, inv. MA2754.

83. Dois "demônios" *div* num jardim, tapete de lã Mohtasham, Kashan, Irã, início do século XX; Museum Fünf Kontinente, Munique, coleção Karl Schlamminger, inv. 01-323-490.

84a. Cabeça da divindade Aia Apaec, cerâmica mochica, Peru; Art Institute of Chicago, inv. 1955.2321.

84b. Projeção plana da cerâmica de Aia Apaec; a partir de Gerdt KUTSCHER, 1983, fig. 277.

85. Cervo com cabeças de ave de rapina, arte das estepes, Verkhné-Oudinsk, Buriácia, idade do ferro; museu Hermitage, São Petersburgo.

86. Máscara de Kōla Sanniya, Sri Lanka, *c.* 1890; Museum Fünf Kontinente, Munich, inv. B. 3454.

87. Deus-bastão, Rarotonga, ilhas Cook, antes de 1830; Museum Fünf Kontinente, Munique, inv. L. 900.

88. Enguerrand Quarton, retábulo da *Coroação da Virgem*, 1454; museu Pierre-de-Luxembourg, Villeneuve-lès-Avignon.

89. *Mesa* do *curandero* Marco Mosquera, Cajamarca, Peru; fotografia extraída de Michel PERRIN, 2007, p.108.

90. Alguns bonecos de Katsinam hopi, Arizona, século XX. De cima para baixo e da esquerda para a direita: 1) *Hee'e'e*, Laboratório de Antropologia Social, Collège de France, Paris; 2) *SioSalakoKatsina*, "Katsina-Shalako-Zuñi", Laboratório de Antropologia Social; 3) *Qoia*, ou *Kau-a*, museu do Quai Branly, Paris, inv. 71.1954.45.4, doador Byron Harvey; 4) Provavelmente *WupaMoKatsina*, "Katsina-Boca-Longa", museu do Quai Branly, inv. 71.1954.45.7, doador Byron Harvey; 5) Provavelmente *Tasap Yeibichai*,

"Avô-Falante-de-Navajo", museu do Quai Branly, inv. 71.1954.45.9, doador Byron Harvey; 6) *Hilili*, Laboratório de Antropologia Social; 7) *SakwaQa'öKatsina*, "Katsina-do-Milho-Azul", Laboratório de Antropologia Social; 8) *YooyangwKatsina*, "Katsina-da-Chuva", Laboratório de Antropologia Social; 9) *KokpölöMana*, "Dama-Mosca-da-Morte", Laboratório de Antropologia Social; 10) *SakwaWakaKatsina*, "Katsina-Vaca-Azul", Laboratório de Antropologia Social; 11) *KokpölöMana*, Laboratório de Antropologia Social; 12) *SioQa'öKatsina*, "Katsina-do-Milho-Zuñi", Laboratório de Antropologia Social; 13) Provavelmente *Talavahi*, "Aquele-do-Alvorecer-que-Pinta", Laboratório de Antropologia Social; 14) *Tsoputsi*, "O-Mohave", Laboratório de Antropologia Social; 15) *Hilili*, de costas, Laboratório de Antropologia Social.

91. Boneco (*tihu*) hopi figurando *WupaMoKatsina*, "Katsina-Boca-Longa"; desenho extraído de Jesse Walter FEWKES, 1894, prancha VI, fig. 8.

92. *O corpo zodiacal*, miniatura atribuída a um dos irmãos Limbourg, realizada entre 1411 e 1416; extraída de *As riquíssimas horas* do duque de Berry, primeira metade do século XV, museu Condé, Chantilly, ms. 65, fólio 14.

93. *O homem microcosmo*, iluminura do *Glossário* de Salomão de Constança; manuscrito copiado em 1165 no convento de Prüfening, próximo a Ratisbonne; Bayerische Staatsbibliothek, Munique, cód. lat. 13002, fólio 7v.

94. Um *yogin* levando no corpo os índices de correspondências com o macrocosmo, imagem anônima pintada por um artista indiano a pedido de um oficial britânico, *c.* 1930; British Library, add. 24099, fólio 118.

95. Cosmograma da rota da alma dos mortos rumo ao mundo do alto, tinta sobre papel europeu, dayak ngaju, *c.* 1905; Rautenstrauch-Joest-Museum für Völkerkunde, Colônia, inv. 51288.

96a. Cabaça votiva (*jícara*) cora, México; Museum für Völkerkunde-Ethnologisches Museum, Berlim, coleção Konrad Theodor Preuss, inv. IV ca 34.916.

96b. Esquema da cabaça cora; a partir de Konrad Theodor PREUSS, 1911, p.298.

97. Rosácea votiva (*chánaka*) cora, México; Museum für Völkerkunde-Ethnologisches Museum, Berlim, coleção Konrad Theodor Preuss, inv. IV ca 34878.

98. Incensório *boshanlu*, bronze incrustado de ouro, dinastia Han Ocidental, século II a.C., encontrado no túmulo do príncipe Liu Sheng, Mancheng, Hebei, China; Museu Provincial de Hebei.

99. Mapa da aldeia de Lubwe, território ila, *c.* 1905; a partir de Edwin William SMITH e Andrew Murray DALE, 1920, p.112.

100. Modelo fractal de uma aldeia ila obtido por simulação; a partir de um desenho de Ron EGLASH, 1999, p.27, fig. 2.3.

101. Um *peyotero* huichol a caminho do deserto de Wirikuta, San Luis Potosí, México, carregando em seu cesto um *tsikuri*; arquivos de John e Colette Lilly.

102. Cabaça huichol feita em Tateikie, San Andrés Cohamiata, México; arquivos de Olivia Kindl.

103. Motivos da cabaça huichol; desenho do autor a partir de um esquema de Olivia KINDL, 2003, p.235, fig. 99.

104. Estátua do deus A'a, Rurutu; recolhida em 1821; British Museum, Londres, inv. Oc,LMS.19.

105. Clava *u'u* das ilhas Marquesas; museu do Quai Branly, Paris, inv. 71.1887.31.1.

106. Esquema da clava *u'u*; a partir de Karl von den STEINEN, 2005 (1925), p.163.

107. Interpretação da clava *u'u* segundo Karl von den STEINEN, 2005 (1925), p.163; desenho do autor.

108. José Benítez Sánchez, *La Visión de Tatutsi Xuweri Timaiweme*, *nierika* em fio de lã colado com cera sobre compensado, 1980; Instituto Nacional de Antropología e Historia, México.

109. Iluminura da bíblia de Souvigny representando a Gênese no estilo clunisiano, anônimo, final do século XII; biblioteca municipal de Moulins, Ms 1, fólio 4v.

110. Um episódio da fundação do templo de Hase-dera, pintura sobre rolo de papel, anônimo, século XVI; Seattle Art Museum, cota 57.15.1.

111. *Outono no vale do rio Amarelo*, atribuído a Guo Xi, tinta e cores sobre seda (seção de um rolo), século XI; Freer Gallery of Art, Washington, cote F1916.538.

112. As duas marionetes hopi *Sa'lakwmanawyat* na cena da kiva, rodeadas por Katsinam mascarados, Hotvela, terceira mesa, Arizona, 1979; esboço extraído de Armin W. Geertz, 1982, p.176.

113. Estátua de Eizon por Zenshun e assistentes, madeira pintada, *c.* 1280; Templo Saidaiji (budismo Shingon-risshu), Nara, Japão.

114. *Outubro*, de Paul de Limbourg e diversos outros artistas, miniatura extraída de *As riquíssimas horas* do duque de Berry, primeira metade do século XV; museu Condé, Chantilly, ms. 65, fólio 10.

115. *Pierre Salmon em conversa com Carlos VI*, iluminura atribuída ao mestre de Boucicaut ou ao mestre de Mazarine, *c.* 1412; extraída de *Dialogues de Pierre Salmon et Charles VI*, manuscrito da biblioteca de Genebra, ms. fr. 165, fólio 4.

116. Retrato de Rodolfo IV de Habsburgo, anônimo, antes de 1365; Diözesanmuseum, Viena.

117. Afresco anônimo dito "de Terentius Neo e sua esposa"; Pompei-Museo Archeologico Nazionale, Nápoles.

118. Retrato pintado sobre tela de uma mulher chamada Aline, Hauara, séculos I-II d.C.; Ägyptisches Museum-Neues Museum, Berlim, inv. 11411.
119. *O Cristo e são João*, escultura atribuída ao mestre Heinrich de Constance, convento de Katharinental, em Turgóvia, *c.* 1305; museu Mayer van den Bergh, Antuérpia.
120. Jean Bondol, *Jean de Vaudetar oferecendo uma Bíblia historial a Carlos V*, miniatura, 1372; museu Meermanno-Maison do livro, Haia, ms. 10 B 23 F2r.
121. Robert Campin, *Natividade*, entre 1418 e 1432; Musée des Beaux-Arts de Dijon.
122. Robert Campin, *Anunciação* ou *Tríptico de Mérode* (painéis laterais), entre 1425 e 1428; Metropolitan Museum of Art, The Cloisters, Nova York.
123. Robert Campin, *Retrato de Robert de Masmines*, *c.* 1425; museu Thyssen-Bornemisza, Madri.
124. Robert Campin, *Um cavalheiro e uma dama*, entre 1420 e 1438; National Gallery, Londres.
125. Jean Fouquet, *Autorretrato*, medalhão em esmalte pintado sobre cobre, *c.* 1450; museu do Louvre, Paris, departamento de objetos de arte, inv. OA. 56.
126. Jan van Eyck, *A Virgem do chanceler Rolin*, *c.* 1435; museu do Louvre, Paris, departamento de pinturas, inv. 1271.
127. Robert Campin, *A Virgem com guarda-lume de vime*, entre 1425 e 1430; National Gallery, Londres.
128. Robert Campin, *A Virgem com guarda-lume de vime* (detalhe).
129. Robert Campin, *Natividade* (detalhe).
130. Ambrogio Lorenzetti, *Os efeitos do bom governo na cidade e no campo*, afresco (detalhe), 1339; Palácio Comunal, Siena.
131. *Outono*, iluminura do *Tacuinum sanitatis in medicina*, Itália do Norte, antes de 1400; Österreichische Nationalbibliothek, Viena.
132. Joachim Patinir, *O êxtase de santa Maria Madalena*, *c.* 1512-1515; Kunsthaus, Zurique.
133. Konrad Witz, *A pesca milagrosa*, 1444; museu de arte e de história de Genebra.
134. Samuel van Hoogstraten, *Vue d'intérieur, ou les Pantoufles*, *c.* 1650; museu do Louvre, Paris, departamento de pinturas, inv. R.F. 3722.
135. Jan Davidsz. de Heem, *Natureza-morta com limão descascado*, *c.* 1650; museu do Louvre, Paris, departamento de pinturas, inv. 1320.
136. Jan Christiaensz. Micker, *Vista aérea de Amsterdã*, *c.* 1652; Amsterdam Museum.
137. Pieter de Hooch, *Buveurs dans une cour intérieure*, 1658. Coleção particular.
138. Gerard Ter Borch, *The Letter*, 1660-1665; Royal Collection, Londres.
139. Imagens TEP idênticas ilustrando diferentes escolhas de "pseudocores" para as mesmas variáveis numéricas, 1996.
140. Piet Mondrian, *Natureza-morta com vaso de gengibre I*, 1911; museu municipal de Haia. Piet Mondrian, *Natureza-morta com vaso de gengibre II*, 1912; museu municipal de Haia.
141. Piet Mondrian, *Paisagem de pôlder com um trem no horizonte*, 1906-1907; museu d'Orsay, Paris.
142. Piet Mondrian, *Vista a partir das dunas com mar e quebra-mares, Domburg*, 1909; Museum of Modern Art, Nova York.
143. Piet Mondrian, *Quebra-mar e oceano 5*, 1915; Museum of Modern Art, Nova York.
144. Hendrick Goltzius, *Paisagem de dunas perto de Haarlem*, 1603; museu Boijmans-Van Beuningen, Roterdã.
145. Claude Monet, *Banhistas na Grenouillère*, 1869; Metropolitan Museum of Art, Nova York.
146. Hans Namuth, Jackson Pollock trabalhando em *Autumn Rhythm, number 30*, 1950; Courtesy Center for Creative Photography, University of Arizona, Tucson.
147. Joseph Beuys, *I Like America and America Likes Me*, 1974; ação com coiote na galeria René Block, Nova York; fotografia Caroline Tisdall.
148. Gonkar Gyatso, *The Shambala in Modern Times*, 2008; Museum of Fine Arts, Boston, inv. 2010.755.
149. Gonkar Gyatso, *The Shambala in Modern Times* (detalhe).
150. Simon Tookoome, *Inuk Imagines Dog Animals*, 1981; University of Lethbridge Art Gallery, Alberta.
151. Victor Brauner, *Force de concentration de Monsieur K*, óleo sobre tela com a incorporação de bonecos de celuloide, 1934; centro Pompidou, Paris.
152. Victor Brauner, *Conciliation extrême*, 1941; Galerie de la Béraudière, Bruxelas.
153. Salvador Dalí, *Galatea das esferas*, 1952; fundação Gala-Salvador Dalí, Figueres.
154. Salvador Dalí, *50 quadros abstratos que a dois metros se convertem em três Lênins disfarçados de chinês e a seis metros formam a cabeça de um tigre real*, 1963; fundação Gala-Salvador Dalí, Figueres.
155. Salvador Dalí, *Retrato de Gala olhando o mar Mediterrâneo que a 20 metros de distância se transforma em retrato de Abraham Lincoln (Homenagem a Rothko)*, *c.* 1976; fundação Gala-Salvador Dalí, Figueres.
156. Painéis esculpidos *poupou*, alpendre da casa Te Tokanganui-a-Noho em Te Kuiti, Nova Zelândia; fotografia Augustus Hamilton, *c.* 1910; National Library of New Zealand, Wellington, cota MNZ-2203-1/2-F.

Créditos fotográficos

Nascido em Paris em 1949, Philippe Descola é um dos principais antropólogos de sua geração. Formado em filosofia pela École normale supérieure de Saint-Cloud, fez seu doutorado em antropologia na École pratique des hautes études, sob a orientação de Claude Lévi-Strauss, com uma tese baseada em seu trabalho de campo junto aos achuar da Amazônia equatoriana entre 1976 e 1979. Ensinou a partir de 1987 na École des hautes études en sciences sociales e, em 2000, foi nomeado para uma cátedra de antropologia no Collège de France. Em 2012, recebeu a medalha de ouro do Centre national de la recherche scientifique. Suas pesquisas investigam os modos de socialização da natureza, a formação das noções de "natureza" e "cultura" e as diferentes ontologias que daí derivam. É autor de obras como *La Nature domestique* (1986), *Les Lances du crépuscule* (1993; edição brasileira: *As lanças do crepúsculo*, trad. de Dorothée de Bruchard, 2006), *Par-delà nature et culture* (2005; edição brasileira: *Para além de natureza e cultura*, tradução de Andrea Daher e Luiz César de Sá), *Diversité des natures, diversité des cultures* (2010, publicado na coleção Fábula sob o título de *Outras naturezas, outras culturas*, tradução de Cecília Ciscato, 2016) e *La Composition des mondes* (2014).

SOBRE A TRADUTORA

Nascida em São Paulo em 1968, Mônica Kalil formou-se em comunicação social pela ESPM (1989) e administração de empresas pela FGV (1991) antes de voltar-se para as letras e o mercado editorial. Mestre em estudos da tradução pela Universidade de São Paulo (2017), com uma dissertação sobre Marguerite Yourcenar, integrou também, como preparadora de texto, a equipe da Comissão da Verdade da mesma universidade (2016-2017). Entre suas traduções mais recentes, destaca-se *Sobre a violência e sobre a violência contra as mulheres*, de Jacqueline Rose (Fósforo, 2022).

SOBRE ESTE LIVRO *As formas do visível*, São Paulo, Editora 34, 2023
TÍTULO ORIGINAL *Les Formes du visible* ©Philippe Descola, 2021/
©Éditions du Seuil, 2021 EDIÇÃO Mônica Kalil, Samuel Titan Jr.
TRADUÇÃO Mônica Kalil PREPARAÇÃO Rafaela Biff Cera REVISÃO
Tomoe Moroizumi, Lia Fugita, Josias Andrade PROJETO GRÁFICO
Raul Loureiro ESTA EDIÇÃO ©Editora 34 Ltda., São Paulo; 1ª edição,
2023. A reprodução de qualquer folha deste livro é ilegal e configura apropriação indevida dos direitos intelectuais e patrimoniais
do autor. A grafia foi atualizada segundo o Acordo Ortográfico da
Língua Portuguesa de 1990, que entrou em vigor no Brasil em 2009.

**AMBASSADE
DE FRANCE
AU BRÉSIL**

**INSTITUT
FRANÇAIS**

*Liberté
Égalité
Fraternité*

*Cet ouvrage, publié dans le cadre du Programme d'Aide
à la Publication année 2023 Carlos Drummond de Andrade
de l'Ambassade de France au Brésil, bénéficie du soutien du
Ministère de l'Europe et des Affaires étrangères.*

Este livro, publicado no âmbito do Programa de Apoio
à Publicação ano 2023 Carlos Drummond de Andrade
da Embaixada da França no Brasil, contou com o apoio do
Ministério francês da Europa e das Relações Exteriores.

CIP — BRASIL. CATALOGAÇÃO-NA-FONTE
(SINDICATO NACIONAL DOS EDITORES DE LIVROS, RJ, BRASIL)

DESCOLA, PHILIPPE, 1949
AS FORMAS DO VISÍVEL: UMA ANTROPOLOGIA
DA FIGURAÇÃO / PHILIPPE DESCOLA; TRADUÇÃO DE
MÔNICA KALIL — SÃO PAULO: EDITORA 34, 2023
(1ª EDIÇÃO).
768 P. (COLEÇÃO FÁBULA)

ISBN 978-65-5525-162-3

TRADUÇÃO DE: LES FORMES DU VISIBLE:
UNE ANTHROPOLOGIE DE LA FIGURATION

1. ENSAIO FRANCÊS. 2. ANTROPOLOGIA CULTURAL.
I. KALIL, MÔNICA. II. TÍTULO. III. SÉRIE.

CDD - 306

TIPOLOGIA Abril PAPEL Offset 90g/m²
IMPRESSÃO Ipsis Gráfica e Editora, em setembro de 2023 TIRAGEM 3000

editora 34

Editora 34 Ltda. Rua Hungria, 592
Jardim Europa CEP 01455-000
São Paulo — SP Brasil
Tel/Fax (11) 3816-6777
www.editora34.com.br